Photoshop+Illustrator

회사 실무에 힘을 주는
포토샵 + 일러스트레이터 CC

유진영 지음

정보문화사
Information Publishing Group

회사 실무에 **힘**을 주는
포토샵 + 일러스트레이터 CC

초판 1쇄 인쇄 | 2017년 04월 20일
초판 1쇄 발행 | 2017년 04월 25일

지 은 이 | 유진영
발 행 인 | 이상만
발 행 처 | 정보문화사

책 임 편 집 | 최동진
기획·편집진행 | 오렌지페이퍼
디 자 인 | 디자인 허브

주   소 | 서울시 종로구 대학로 12길 38 (정보빌딩)
전   화 | (02)3673-0037(편집부) / (02)3673-0114(代)
팩   스 | (02)3673-0260
등   록 | 1990년 2월 14일 제1-1013호
홈 페 이 지 | www.infopub.co.kr

I S B N | 978-89-5674-741-5

이 책은 저작권법에 따라 보호받는 저작물이므로 무단 전재와
무단 복제를 금하며, 이 책 내용의 전부 또는 일부를 사용하려면 반드시
저작권자와 정보문화사 발행인의 서면동의를 받아야 합니다.

※ 책값은 뒤표지에 있습니다.
※ 잘못된 책은 구입한 서점에서 바꿔 드립니다.

Photoshop CC + Illustrator CC 차례

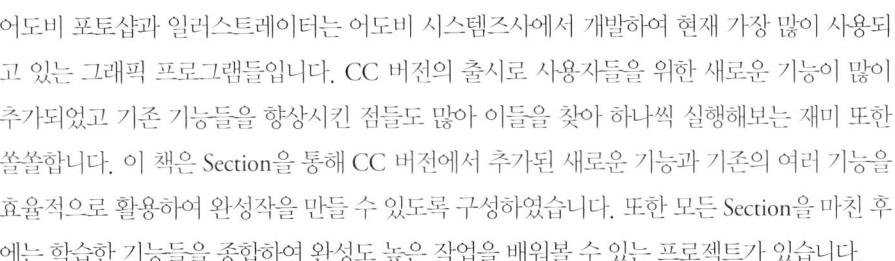

어도비 포토샵과 일러스트레이터는 어도비 시스템즈사에서 개발하여 현재 가장 많이 사용되고 있는 그래픽 프로그램들입니다. CC 버전의 출시로 사용자들을 위한 새로운 기능이 많이 추가되었고 기존 기능들을 향상시킨 점들도 많아 이들을 찾아 하나씩 실행해보는 재미 또한 쏠쏠합니다. 이 책은 Section을 통해 CC 버전에서 추가된 새로운 기능과 기존의 여러 기능을 효율적으로 활용하여 완성작을 만들 수 있도록 구성하였습니다. 또한 모든 Section을 마친 후에는 학습한 기능들을 종합하여 완성도 높은 작업을 배워볼 수 있는 프로젝트가 있습니다.

이 책을 집필한 저자 역시 처음 포토샵과 일러스트레이터를 공부할 때는 이 프로그램들이 가지고 있는 많은 기능들 때문에 막막하기만 하였습니다. 조금씩 공부해나가도 앞으로 공부해야할 기능이 많이 남아 있었으며, 더 빨리 더 잘하게 되고 싶은 마음뿐이었습니다. 하지만 하루아침에 실력자로 만들어줄 그런 마법 같은 노하우는 없습니다. 모든 분야가 그렇지만 포토샵과 일러스트레이터도 꾸준히, 그리고 열심히 배우는 것이 중요합니다.

이 책에서 제시하는 방법만이 정답은 아닙니다. 같은 목적의 작업을 하더라도 여러 가지 방법이 존재하므로 도구의 특징과 원리를 이해하고 사용하는 이미지의 상태에 따라, 작업 목적에 따라 최적의 방법을 선택하여 작업하는 것이 가장 중요합니다. 책에서 제시한 방법을 그대로 따라하여 터득한 후 다른 사진들에 적용해보고, 대화상자나 패널의 옵션을 다르게 설정해보거나, 기존의 과정을 생략하거나 새로운 과정을 추가하는 방식으로 자신만의 노하우를 만드는 것이 좋습니다.

이 책이 부디 포토샵과 일러스트레이터에 관심이 많은 학생과 이미 디자인 관련 업계에서 일하고 있는 모든 분들께 도움이 되길 바랍니다.

사진 촬영에 도움을 준 송아와 상식, 일러스트 디자인에 도움을 준 종현 고맙습니다.

유진영

Photoshop CC + Illustrator CC | 미리보기

Part
사용자에게 필요한 내용을 효율적으로 학습할 수 있도록 구성하였습니다.

Section
제목과 도입문을 통해 섹션에서 배울 내용을 한눈에 파악할 수 있습니다.

예제/완성 파일
각 섹션에서 배울 내용을 따라할 수 있도록 시작 파일을 제공합니다.

Keyword
섹션에서 중요하게 다루는 도구 및 기능을 표시합니다.

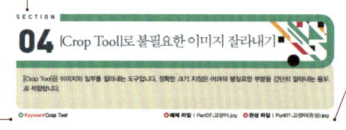

이 책의 본문을 따라하기 위해 필요한 예제 파일 및 완성 파일은 정보문화사 홈페이지(http://www.infopub.co.kr) 자료실에서 다운로드가 가능합니다.

따라하기
실무 예제를 실제로 따라하는 내용입니다. 친절한 설명과 그림을 참고하여 이미지를 수정해봅니다.

Point
따라하기에서 필요한 정보나 주의사항 등을 제공합니다.

Level UP
배우는 내용에 대한 추가적인 설명, 각 항목에 대한 자세한 설명을 담고 있습니다.

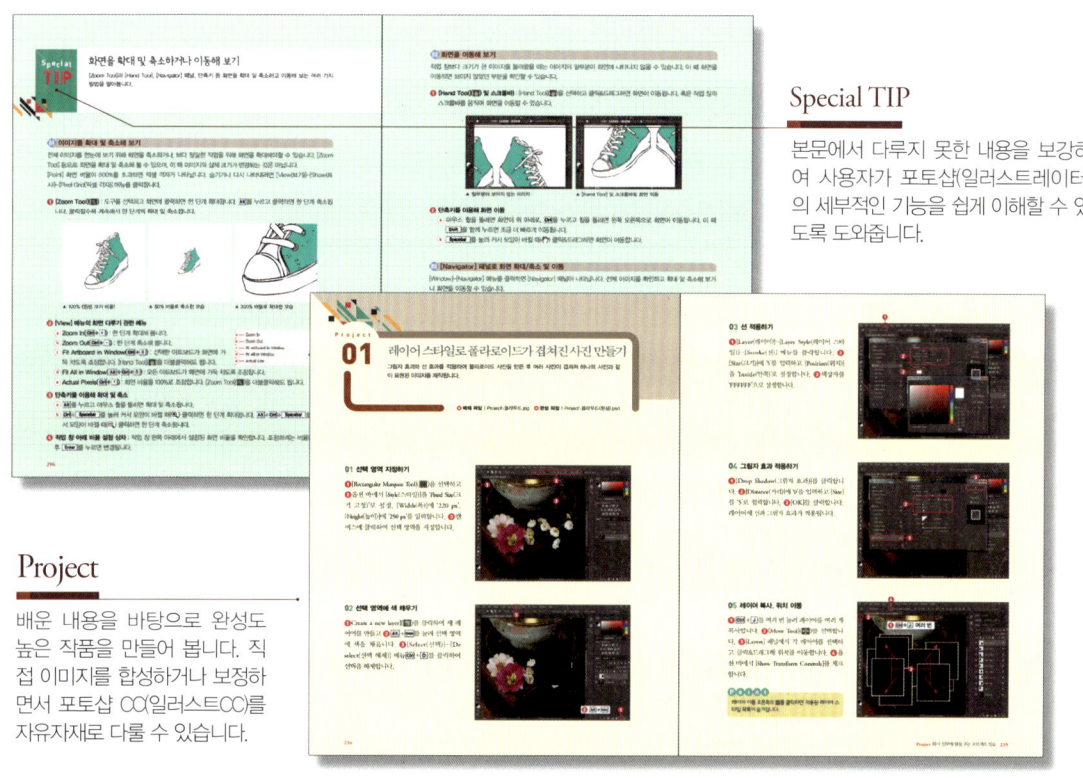

Special TIP
본문에서 다루지 못한 내용을 보강하여 사용자가 포토샵(일러스트레이터)의 세부적인 기능을 쉽게 이해할 수 있도록 도와줍니다.

Project
배운 내용을 바탕으로 완성도 높은 작품을 만들어 봅니다. 직접 이미지를 합성하거나 보정하면서 포토샵 CC(일러스트CC)를 자유자재로 다룰 수 있습니다.

Photoshop CC + Illustrator CC | 차례

I Adobe Photoshop CC

PART 01 처음 만나는 포토샵 CC

- **Section 01** 포토샵 CC 시작하기 20
  - **Level UP** 작업 영역 밝기 조절하기 22
- **Section 02** 포토샵 CC 시험 버전 다운로드 받고 설치하기 31
- **Section 03** 화면을 확대 및 축소하거나 이동하여 보기 34
  - **Level UP** 화면을 확대 및 축소하거나 이동할 수 있는 조작법 더 살펴보기 36
- **Section 04** [Crop Tool]로 불필요한 이미지 잘라내기 38
- **Section 05** 이미지를 원하는 크기와 용량으로 변경하여 저장하기 41
  - **Level UP** CC 버전에서 새로워진 [Image Size] 대화상자 살펴보기 46
- **Section 06** 캔버스 크기 변경하고 이미지 파일 가져오기 47
  - **Level UP** [New] 대화상자 살펴보기 52
  - **Level UP** [Canvas Size] 대화상자 살펴보기 53
- **Section 07** 기울어진 사진의 수평이나 수직을 바로 잡기 54

PART 02 레이어와 기본 도구로 이미지 편집하기

- **Section 01** 레이어 선택하고 위치 이동하기 58
  - **Level UP** 이동 작업의 공통 조작법 살펴보기 61
  - **Level UP** [Move Tool] 옵션 바 살펴보기 62
- **Section 02** 레이어 크기 조절 및 회전하기 63

Level **UP** [Transform Controls] 옵션 바 살펴보기　67

Section 03　선택 영역을 설정한 후 안쪽에 색상 채우기　68

Level **UP** 만들기 작업의 공통 조작법 살펴보기　70

Section 04　사진의 가장자리가 점차적으로 투명해지는 이미지 만들기　73

Level **UP** [Marquee Tool] 옵션 바 살펴보기　76

Section 05　선택 영역의 이미지를 복사하고 붙여넣기　77

Level **UP** [Edit] 메뉴의 선택 영역 이미지 편집하기　80

Special **TIP** 실행한 작업 취소하여 되돌리기, 초기 상태로 복원하기　81

Section 06　마스크 만들어 일부분만 흑백 사진으로 만들기　83

Level **UP** 마스크가 만들어진 레이어 살펴보기　86

Section 07　비슷한 색상 영역을 한번에 선택하기　87

Level **UP** [Magic Wand Tool]의 옵션 바 살펴보기　89

Section 08　원하는 영역을 빠르게 선택하고 다른 이미지와 합성하기　90

Level **UP** [Quick Selection Tool] 옵션 바 살펴보기　92

Section 09　클리핑 마스크로 모서리가 둥근 사진 테두리 만들기　93

Section 10　블렌드 모드로 밝기 및 대비 보정하기　96

Section 11　블렌드 모드 설정하여 서로 다른 이미지 합성하기　98

Section 12　글자 입력하고 [Character] 패널로 서식 변경하기　101

Level **UP** 글자체(폰트) 다운로드 받기, 컴퓨터에 설치하기　102

Level **UP** [Type Tool] 옵션 바, [Character(글자)] 패널 살펴보기　104

Section 13　[Character Styles] 패널로 글자 스타일 적용하기　106

Level **UP** [Character Styles] 패널 살펴보기　109

Section 14　[Warp Text]로 글자 모양을 왜곡하기　110

Level **UP** [Warp Text(텍스트 뒤틀기)] 대화상자　113

Photoshop CC + Illustrator CC 차례

Section 15 글상자 만들어 글자 입력하고 단락 서식 설정하기 114
　　　　　Level UP [Paragraph(단락)] 패널 살펴보기 117
Section 16 폴라로이드 사진 만들고 크기 조절 및 회전하기 118
　　　　　Level UP [Transform Controls] 옵션 바 살펴보기 123
Section 17 [Distort] 메뉴로 왜곡하여 휴대폰 화면 바꾸기 124
　　　　　Level UP 레이어의 누적 순서 변경하는 두 가지 방법 127

PART 03 다양한 방법으로 페이팅 및 드로잉하기

Section 01 [Color] 패널과 [Swatches] 패널로 색상 설정하기 130
Section 02 그레이디언트로 사진에 무지개 넣기 133
　　　　　Level UP [Gradient Tool]의 옵션 바 살펴보기 136
Section 03 그레이디언트로 야경 사진에 색감 추가하기 137
Section 04 패턴 만들고 패턴으로 페인팅하기 141
　　　　　Level UP [Fill(칠)] 대화상자 살펴보기 146
Section 05 [Brush] 패널로 브러시 설정하여 사용하기 148
　　　　　Level UP [Brush] 패널과 [Brush Tool] 옵션 바 살펴보기 151
Section 06 패스로 드로잉하기 154
Section 07 [Custom Shape Tool]로 사진을 우표로 만들기 156
　　　　　Level UP 벡터 드로잉 도구의 'Path(패스)' 모드 옵션 바 살펴보기 159
　　　　　Level UP 레이어 병합하기 161
Section 08 패스를 따라 흐르는 글자를 입력하기 162

Level UP 벡터 드로잉 도구의 'Shape(모양)' 모드 옵션 바 살펴보기   166

Level UP 레이어를 잠금 설정하여 보호하기   168

Section 09   [Content-Aware]로 이미지의 결함을 쉽게 수정하기   169
Section 10   [Spot Healing Brush Tool]로 이미지의 결함을 쉽게 수정하기   172
Section 11   [Healing Brush Tool]을 이용하여 샘플 소스를 자연스럽게 복제하기   175

Level UP [Healing Brush Tool] 옵션 바 살펴보기   177

Section 12   [Patch Tool]로 이미지를 자연스럽게 붙여 넣기   178

Level UP [Patch Tool], [Spot Healing Brush Tool] 옵션 바와 [Clone Source] 패널 살펴보기   180

PART 04 사진을 효과적으로 후보정하기

Section 01   [Shake Reduction] 필터로 흔들린 사진 선명하게 만들기   184
Section 02   [Smart Sharpen] 필터로 흐릿한 사진을 선명하게 만들기   186

Level UP [Sharpen(선명 효과)] 필터 살펴보기   188

Section 03   [Iris Blur] 필터로 조리개 흐림 효과 적용하기   189
Section 04   [Tilt-Shift] 필터로 미니어처 사진 만들기   192
Section 05   디지털 카메라로 촬영한 사진을 [Adjustments] 패널로 후보정하기   195

Level UP [Properties] 패널 살펴보기   197

Section 06   자동 보정 기능과 [Brightness/Contrast]로 밝고 선명하게 보정하기   198
Section 07   [Color Lookup]으로 사진의 색감을 간단하게 변경하기   201

Level UP [Color Lookup(색상 검색)] 메뉴 알아보기   203

Section 08   [Vibrance]로 사진의 채도 조절하기   204

Photoshop CC + Illustrator CC 　차례

Section 09	어두운 영역 효과적으로 보정하고 화이트 밸런스 맞추기	206
	Level UP [Photo Filter(포토 필터)] 설정 화면 살펴보기　208	
Section 10	[Hue/Saturation]으로 특정 색상 영역의 색조 변경하기	209
Section 11	[Hue/Saturation]으로 모노톤 이미지 만들기	212
Section 12	[Color Balance]로 다양한 색감의 사진 만들기	215
	Level UP [Color Balance(색상 균형)] 설정 화면 살펴보기　219	
Section 13	[Selective Color]로 특정 색상 영역만 보정하여 선명한 사진 만들기	220
	Level UP [Selective Color(선택 색상)] 설정 화면 살펴보기　223	
Section 14	[Black&White]로 색감이 풍부한 흑백 사진 만들기	224
Section 15	색연필 및 연필로 부드럽게 스케치한 이미지 만들기	227
	Level UP 그룹을 만들어 레이어 정리하기　231	

Project 회사 실무에 힘을 주는 프로젝트 실습

Project 01	레이어 스타일로 폴라로이드가 겹쳐진 사진 만들기	234
Project 02	레이어 스타일 적용하여 나무 액자 만들기	238
	Level UP 레이어의 일부분을 오리거나 복사하여 새 레이어로 만들기　243	
Project 03	원근 변형하여 접힌 사진 효과 만들기	244
Project 04	레이어 스타일로 아쿠아 느낌의 글자 만들기	249
	Level UP 레이어 스타일이 적용된 레이어 살펴보기　252	
Project 05	브러시로 타이틀 배경 이미지 만들기	253
Project 06	연필로 밑그림을 스케치한 듯한 이미지 만들기	260

Project 07 크라프트지 위에 그린 만화 효과 만들기 263
Project 08 [Oil Paint] 필터로 예술 작품 흉내 내기 266
Project 09 어안 렌즈로 촬영한 듯한 사진 만들기 270
 Level UP [Filter Gallery(필터 갤러리)] 대화상자 살펴보기 273

Ⅱ Adobe Illustrator CC

PART 01 일러스트레이터 시작하기

Section 01 일러스트레이터 CC 시작하기 278
 Level UP 작업 영역 밝기 조절하기 285
 Level UP [Workspace] 메뉴 살펴보기 286
Section 02 새 도큐먼트 만들고 AI 형식과 JPEG 형식으로 저장하기 288
 Level UP [New Document] 대화상자 살펴보기 292
Section 03 새 아트보드 만들고 아트보드 정렬하기 293
 Level UP 도큐먼트 정렬하여 보기 295
 Special TIP 화면을 확대 및 축소하거나 이동해 보기 296
Section 04 오브젝트 선택하고 이동하기 298
Section 05 크기 조절 및 회전하고 복사하기 301
 Special TIP 오브젝트를 잠그거나 숨기기, 실행한 작업을 취소하거나 복구하기 304
Section 06 [Color Picker] 대화상자와 [Color] 패널로 색 설정하기 306
 Level UP [Tool] 패널 색상 설정 화면 살펴보기 310
Section 07 [Swatches] 패널과 스와치 라이브러리로 색 설정하기 311

Photoshop CC + Illustrator CC 차례

PART 02 기본 조작법과 드로잉 익히기

- **Section 01** 드로잉의 기본 구조인 패스 이해하기 316
- **Section 02** [Pen Tool]로 직선 패스 만들기 318
  - **Level UP** 패스 작업 중 화면 다루기 320
  - **Level UP** 사각형 격자 모양 패스 쉽게 만들기 321
- **Section 03** [Pen Tool]로 곡선 패스 만들기 322
  - **Level UP** 기준점의 종류 이해하고 기준점에 따른 패스 수정 방법 알아보기 326
- **Section 04** [Curvature Tool]로 자연스러운 곡선 패스 만들기 327
- **Section 05** [Pencil Tool]로 자유 곡선 그리기 330
  - **Level UP** [Pencil Tool] 사용에 유용한 팁 알아보기 332
- **Section 06** [Shaper Tool]로 도형 만들고 수정하기 333
- **Section 07** 도형 도구와 그리기 모드로 캐릭터 그리기 338
  - **Level UP** 오브젝트의 누적 순서 이해하기 342
- **Section 08** 도형 도구와 그리기 모드로 카메라 그리기 343
  - **Level UP** 별 모양 오브젝트 쉽게 만들기 348
- **Section 09** 오브젝트의 누적 순서 변경하기 349
- **Section 10** 직접 선택 도구로 기준점 및 패스 수정하기 351
- **Section 11** 기준점의 위치를 이동하여 패스 형태 변형하기 354
- **Section 12** 끊어진 패스를 연결하기 357
  - **Level UP** [Convert Anchor Point Tool]로 기준점 전환하기 360
- **Section 13** [Join Tool]로 패스 연결하기 361
- **Section 14** [Width Tool]로 선 모양 변형하기 365
- **Section 15** [Appearance] 패널과 [Stroke] 패널로 오브젝트 꾸미기 368
  - **Level UP** [Stroke] 패널 살펴보기 371

Section 16　[Scale] 대화상자로 오브젝트의 크기 조절하기　374
Section 17　[Rotate Tool]과 [Rotate] 대화상자로 오브젝트 회전하기　377
　　　　　　Level UP [Rotate] 대화상자 살펴보기　381
Section 18　[Type Tool]로 글자 입력하고 [Character] 패널로 서식 설정하기　382
　　　　　　Level UP 글자 오브젝트 관련 팁　384
　　　　　　Level UP [Character] 패널 살펴보기　387
Section 19　[Touch Type Tool]로 글자 수정하기　388
Section 20　글자 스타일을 만들고 다른 글자에 서식 빠르게 적용하기　391
　　　　　　Level UP 특수 문자 쉽게 입력하기　394
Section 21　패스를 따라 글자를 입력하여 라벨 만들기　395

PART 03　다양한 방법으로 페인팅하기

Section 01　라이브 페인트(Live Paint)로 페인팅하기　402
Section 02　[Recolor Artwork] 대화상자로 오브젝트 색상 변경하기　407
Section 03　그레이디언트 만들고 오브젝트에 적용하기　412
Section 04　[Pattern Options] 패널로 패턴 만들고 오브젝트에 적용하기　417
　　　　　　Level UP [Swatches] 패널 살펴보기　421
Section 05　패턴 브러시와 아트 브러시로 편지지 만들기　422
　　　　　　Level UP [Brushes] 패널 살펴보기　425
Section 06　산포 브러시 만들고 일러스트에 적용하기　426
Section 07　오브젝트를 심벌로 등록하고 심벌 도구 활용하기　430

Photoshop CC + Illustrator CC 차례

Section 08 블렌드 효과 적용하여 자연스럽게 변하는 일러스트 만들기 435
Section 09 열린 패스에 블렌드 효과를 적용하여 일러스트 완성하기 438

PART 04 일러스트 작업에 유용한 고급 효과 배우기

Section 01 클리핑 마스크 만들고 격리 모드에서 편집하기 444
  Level UP 격리 모드 살펴보기 448
Section 02 [Make with Top Object] 메뉴로 오브젝트 변형하기 449
  Level UP [Envelope Distort] 메뉴로 변형한 오브젝트 다루기 453
Section 03 [Make with Warp] 메뉴로 오브젝트 변형하기 454
Section 04 원근감 드로잉 활용하여 일러스트 완성하기 458
Section 05 [Scribble] 이펙트로 오브젝트에 손그림 효과 적용하기 463
Section 06 [Extrude & Bevel] 메뉴로 3D 그래프 만들기 466
  Level UP [3D Extrude & Bevel Options] 대화상자 살펴보기 470
Section 07 [Revolve] 메뉴로 3D 유리병 만들기 471
  Level UP [3D Revolve Options] 대화상자 살펴보기 475
Section 08 입력한 데이터를 그래프로 만들기 476
Section 09 일반 그래프를 일러스트 그래프로 만들기 479

Project 회사 실무에 힘을 주는 프로젝트 실습

Project 01 그레이디언트 메시 만들어 오브젝트에 색 변화주기 484
Project 02 [Tabs] 패널을 이용해 캘린더 만들기 489
Project 03 [Appearance] 패널로 그래픽 스타일 만들기 492
Project 04 브러시 만들어서 일러스트 꾸미기 499
Project 05 심벌 라이브러리의 오브젝트로 엠블럼 만들기 506
             Level UP [Symbols] 패널 살펴보기 510
Project 06 비트맵 이미지를 패스로 만든 후 색상 설정하기 511
             Level UP [Image Trace] 패널 살펴보기 514
             Level UP [Transform] 패널로 오브젝트 정확하게 변형하기 515

찾아보기 516

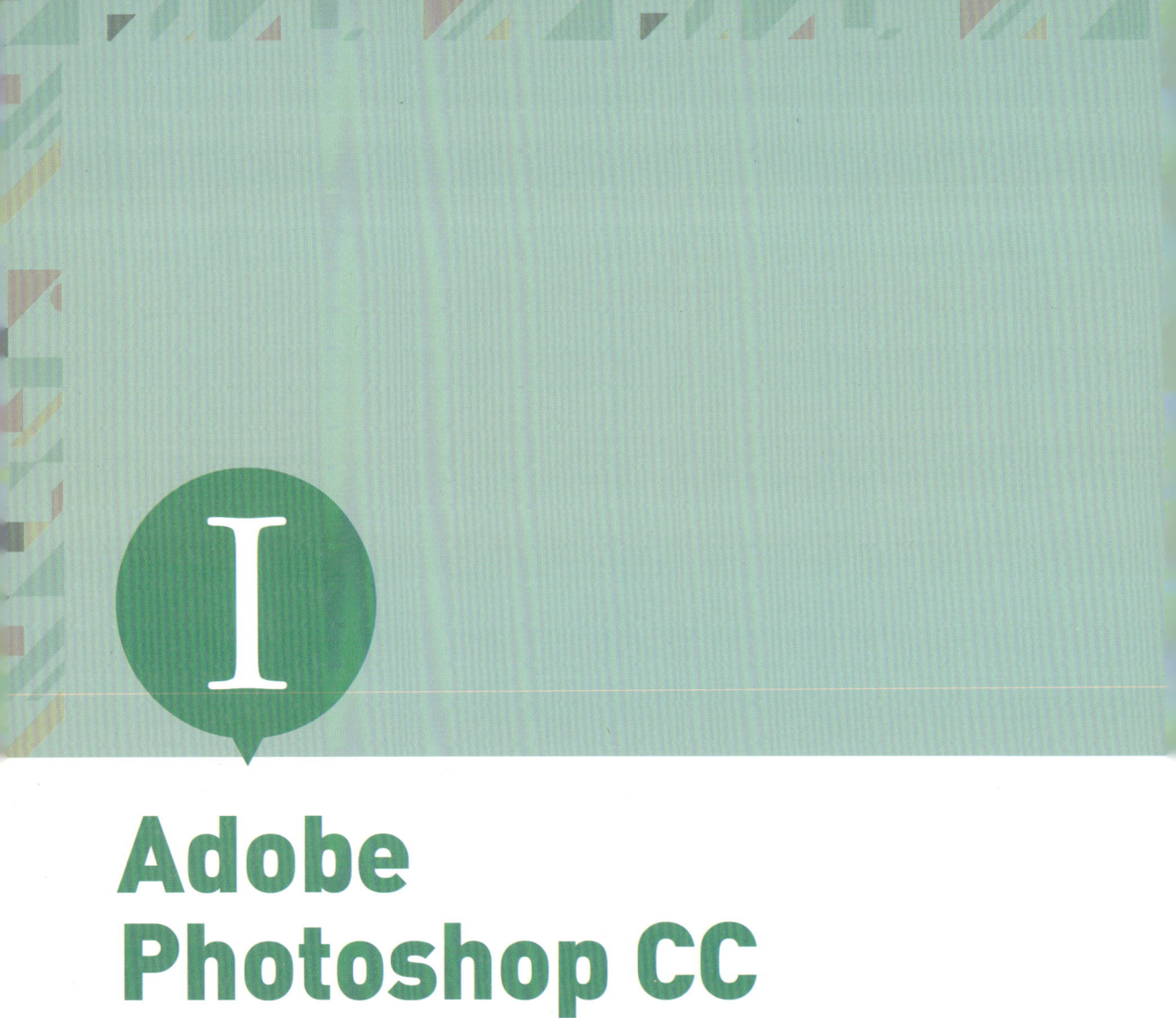

I
Adobe Photoshop CC

Part 01 처음 만나는 포토샵 CC
Part 02 레이어와 기본 도구로 이미지 편집하기
Part 03 다양한 방법으로 페이팅 및 드로잉하기
Part 04 사진을 효과적으로 후보정하기
Project 회사 실무에 힘을 주는 프로젝트 실습

Ps

Part 01

처음 만나는 포토샵 CC

포토샵 활용 예를 간단히 살펴보고 포토샵을 실행했을 때의 화면 구성과 [Tool] 패널의 도구, 새 파일을 만들고 저장하는 방법, 이미지를 자르거나 작업 면적을 확장시키는 방법 등 프로그램의 기본적인 요소를 알아보고 기울어진 사진의 수직이나 수평을 바로 잡는 방법, 색상 모드를 변경하는 방법 등을 알아봅니다.

SECTION

01 포토샵 CC 시작하기

어도비 포토샵(Adobe Photoshop)은 어도비 시스템즈사에서 개발한 그래픽 편집 프로그램입니다. 프로그램 초기에는 기능이 많지 않았지만 계속된 업데이트로 기능이 추가되면서 이제는 대표적인 그래픽 프로그램이 되었습니다.

○ **Keyword** 포토샵 CC, 화면 구성, [Tool] 패널 도구

포토샵 CC 버전의 시작 화면 살펴보기

Adobe Photoshop CC(이하 포토샵 CC)를 실행하면 그림과 같은 화면이 나타납니다. 시작 화면은 CC 버전에서 추가되었습니다.

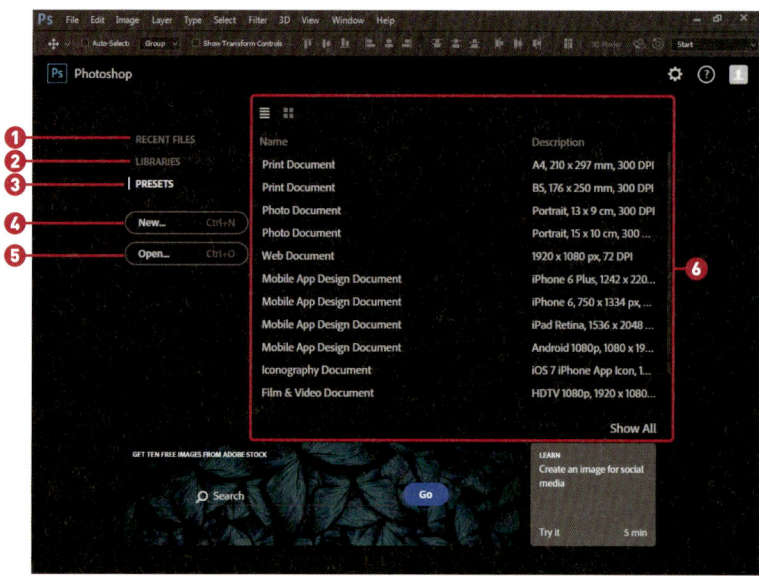

① **RECENT FILES** : 최근 불러왔던 파일의 목록이 나타납니다.

② **LIBRARIES** : 라이브러리에 추가한 파일의 목록이 나타납니다. 라이브러리는 CC 버전에서 추가된 기능입니다.

③ **PRESETS** : 옵션 설정이 저장되어 있는 프리셋을 선택합니다. 'International Paper'로 설정하면 A4, A5 등의 크기를 설정할 수 있습니다.

❹ **New** : 새 파일을 만듭니다.
❺ **Open** : 파일을 불러옵니다.
❻ [RECENT FILES]이나 [LIBRARIES], [PRESETS]를 클릭했을 때 해당 메뉴의 목록이 나타납니다.

포토샵 CC 버전 화면 구성 살펴보기

Adobe Photoshop CC에서 이미지를 작업할 때는 그림과 같은 화면에서 이루어집니다. 작업 영역의 화면 구성을 살펴봅니다.

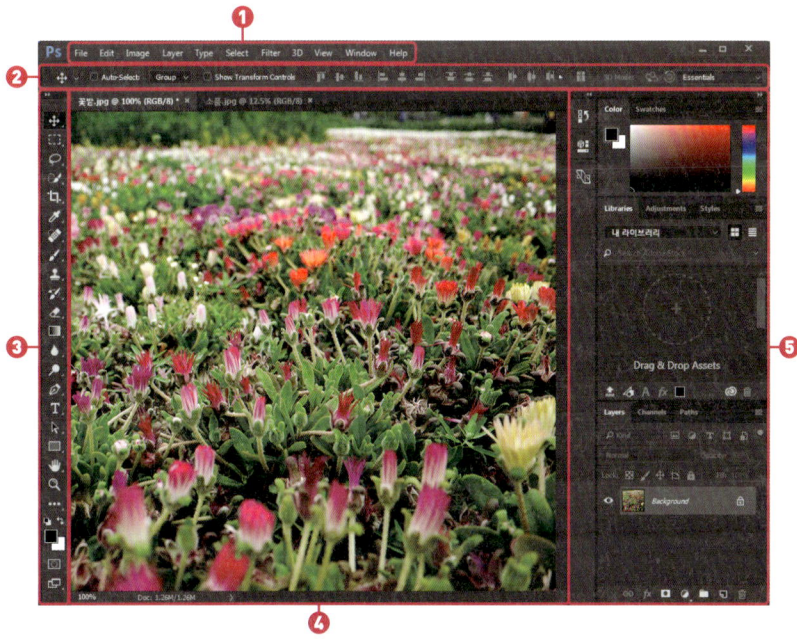

❶ **메뉴 바** : 작업에 필요한 명령들이 주제별로 정리되어 있습니다. 클릭하면 해당 주제와 관련된 명령들이 담긴 메뉴 화면이 펼쳐집니다.

❷ **옵션 바** : [Tool] 패널에서 선택한 도구의 옵션 설정 항목이 나타납니다.

❸ **[Tool] 패널** : 작업에 사용하는 67가지의 도구가 있습니다. 이 도구를 사용하여 이미지를 선택하고 이동하거나 글자 입력, 그리기 등의 작업을 할 수 있습니다.

❹ **작업 공간** : 불러오거나 새로 만든 파일을 작업하는 공간입니다. 더블클릭하면 파일을 불러올 수 있는 [Open] 대화상자가 나타납니다.

❺ **패널** : [Tool] 패널의 도구와 함께 작업에 사용하는 보조 팔레트입니다. 모두 29가지 종류가 있으며, 메뉴 바에서 [Window] 메뉴를 클릭하면 모든 패널 목록이 나타납니다. 작업 영역에 펼쳐져 있는 패널은 체크 표시가 되어 있으며, 숨겨져 있는 패널은 표시되지 않습니다. 메뉴를 클릭하면 패널이 나타나거나 숨겨집니다.

Level UP

작업 영역 밝기 조절하기

CC 버전에서는 아래 두 가지 방법으로 작업 영역의 밝기를 조절할 수 있습니다.

- [Edit]–[Preferences]–[Interface] 메뉴를 클릭합니다. [Color Theme] 항목에서 색상을 선택하고 [OK]를 클릭합니다.
- Shift + F1 을 누르면 한 단계 어둡게, Shift + F2 를 누르면 한 단계 밝게 변경됩니다.

▲ 가장 어두운 화면

▲ 기본 설정 밝기 화면

▲ 중간 밝기 화면

▲ 가장 밝은 화면

메뉴 바 살펴보기

클릭하면 해당 주제와 관련된 메뉴가 펼쳐집니다. 단축키로 메뉴를 불러오려면 Alt 를 누른 후 밑줄이 표시된 알파벳을 키보드에서 누르면 됩니다. (한글 버전에서는 Alt 와 함께 괄호 안의 알파벳을 누르면 됩니다.) 실행할 수 있는 명령은 검은색 글자로, 실행할 수 없는 메뉴는 회색 글자로 나타납니다.

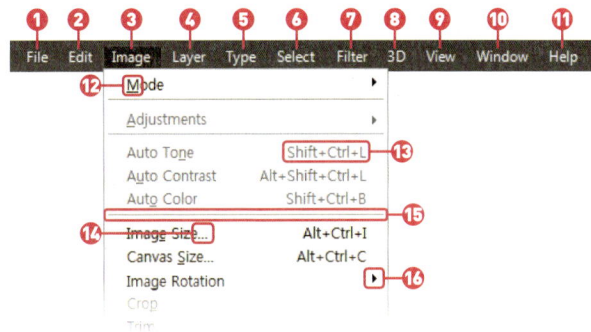

❶ **File** : 새 파일 만들기, 불러오기, 저장하기 등의 명령이 있습니다. (Alt + F)
❷ **Edit** : 편집과 환경 설정 등의 명령이 있습니다. (Alt + E)
❸ **Image** : 이미지의 속성을 변경하는 명령이 있습니다. (Alt + I)
❹ **Layer** : 레이어 작업과 관련된 명령이 있습니다. (Alt + L)
❺ **Type** : 문자 작업과 관련된 명령이 있습니다. (Alt + Y)
❻ **Select** : 선택 영역을 다루는 명령이 있습니다. (Alt + S)
❼ **Filter** : 특수 효과 명령이 있습니다. (Alt + T)
❽ **3D** : 3D 작업과 관련된 명령이 있습니다. (Alt + D)
❾ **View** : 화면 확대 및 축소, 눈금자 보기 등의 명령이 있습니다. (Alt + V)
❿ **Window** : 숨겨진 보조 패널을 불러오거나 작업 영역을 변경하고 작업 창을 정렬하는 명령이 있습니다. (Alt + W)
⓫ **Help** : 도움말과 프로그램 정보 등을 확인합니다. (Alt + H)
⓬ 밑줄이 표시된 알파벳을 키보드에서 누르면 해당 메뉴가 실행됩니다. 밑줄은 단축키로 메뉴를 불러왔을 때만 나타납니다.
⓭ 해당 메뉴의 단축키입니다. 메뉴를 직접 클릭하지 않아도 단축키를 누르면 작업 도중 언제든지 명령이 실행됩니다.
⓮ 옵션 설정을 위한 대화상자가 나타나는 메뉴입니다.
⓯ 범주가 비슷한 메뉴를 구분 짓는 선입니다.
⓰ 해당 메뉴에 마우스를 이동시키면 숨겨진 메뉴가 나타납니다.

[Tool] 패널 살펴보기

작업에 사용하는 67가지의 도구가 있는 패널입니다. [Tool] 패널을 숨기거나 다시 나타내려면 [Window]-[Tools] 메뉴를 클릭합니다.

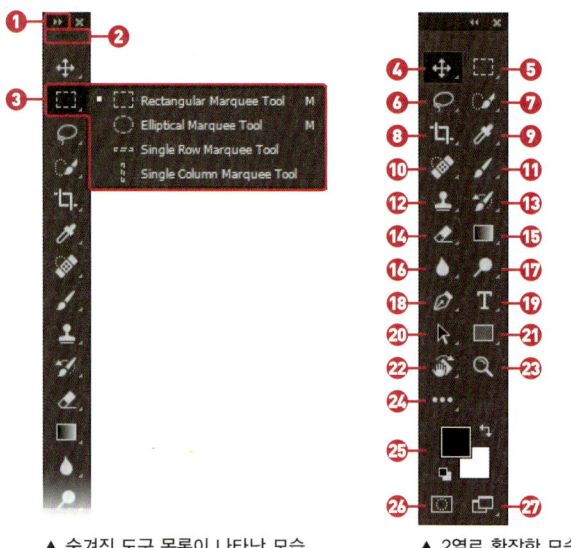

▲ 숨겨진 도구 목록이 나타난 모습　　▲ 2열로 확장한 모습

❶ 패널을 2열로 확장하거나 1열로 축소합니다.

❷ 클릭&드래그하면 패널의 위치가 이동됩니다.

❸ 아이콘을 클릭하면 해당 도구가 선택됩니다. 도구 아이콘 오른쪽 아래의 작은 삼각형은 숨겨진 도구가 있음을 의미합니다. 아래 세 가지 방법으로 숨겨진 도구를 확인하거나 선택할 수 있습니다.
- 아이콘을 클릭한 채 1초 정도 기다리거나, 마우스 오른쪽 버튼을 클릭하면 숨겨진 도구의 목록이 나타납니다.
- Alt 를 누르고 도구 아이콘을 클릭할 때마다 숨겨진 도구가 차례대로 선택됩니다.
- Shift 와 도구의 단축키를 함께 누를 때마다 숨겨진 도구가 차례대로 선택됩니다.

❹ Move Tool(＋) : [Layers] 패널에서 선택한 레이어나 글자 오브젝트 등의 위치를 이동시킵니다.
Artboard Tool(□) : 새 아트보드를 만들거나 관리하는 도구입니다. CC 버전에서 추가되었습니다.

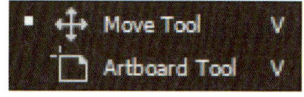

❺ Rectangular Marquee Tool(▢) : 사각형 선택 영역을 만듭니다.
Elliptical Marquee Tool(○) : 원형 선택 영역을 만듭니다.
Single Row Marquee Tool(═) : 세로 길이가 1 px(픽셀)인 가로선 선택 영역을 만듭니다.
Single Column Marquee Tool(║) : 가로 넓이가 1 px(픽셀)인 세로선 선택 영역을 만듭니다.

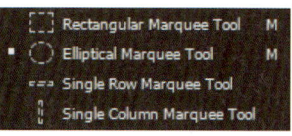

❻ **Lasso Tool**(): 올가미를 이용하여 다양한 형태의 선택 영역을 만듭니다.

Polygonal Lasso Tool(): 다각형 선택 영역을 만듭니다.

Magnetic Lasso Tool(): 색상 차이가 있는 경계를 자동으로 찾아 선택 영역으로 만듭니다.

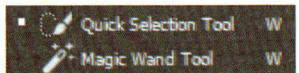

❼ **Quick Selection Tool**(): 브러시를 이용하여 드래그하는 부분을 재빠르게 선택 영역으로 만듭니다.

Magic Wand Tool(): 클릭한 지점과 비슷한 색상 영역을 한꺼번에 선택 영역으로 만듭니다.

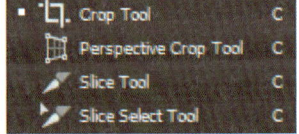

❽ **Crop Tool**(): 이미지의 일부를 잘라냅니다.

Perspective Crop Tool(): 원근을 변형하여 자릅니다.

Slice Tool(): 이미지를 여러 조각으로 분할합니다.

Slice Select Tool(): 분할한 영역을 선택하고 편집합니다.

❾ **Eyedropper Tool**(): 클릭한 지점의 색상을 전경색이나 배경색으로 설정합니다.

3D Material Eyedropper Tool(): 3D 오브젝트에 칠해진 재질을 추출합니다.

Color Sampler Tool(): 클릭하는 지점의 색상 정보를 [Info] 패널에서 확인합니다. 최대 4개 지점의 정보를 확인할 수 있습니다.

Ruler Tool(): 두 점 사이의 길이와 각도, 위치를 측정합니다.

Note Tool(): 메모를 입력합니다.

Count Tool(): 숫자를 차례대로 표시합니다.

❿ **Spot Healing Brush Tool**(): 사진의 결점을 빠르게 보완합니다.

Healing Brush Tool(): 샘플 소스와 서로 혼합하여 자연스럽게 수정합니다.

Patch Tool(): 선택 영역의 이미지와 서로 혼합하여 자연스럽게 수정합니다.

Content-Aware Move Tool(): 선택 영역의 이미지를 자연스럽게 이동시킵니다.

Red Eye Tool(): 인물 사진에서 눈이 빨갛게 찍히는 현상을 완화시킵니다.

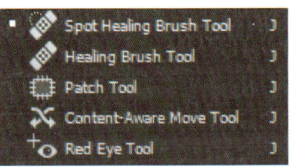

⓫ **Brush Tool**(): 붓을 이용하여 부드러운 선을 그립니다.

Pencil Tool(): 연필을 이용하여 딱딱한 선을 그립니다.

Color Replacement Tool(): 특정 부분의 색을 다른 색으로 바꿉니다.

Mixer Brush Tool(): 이미지의 색상을 붓으로 섞은 효과를 만듭니다.

⓬ **Clone Stamp Tool**(): 특정 부분의 이미지를 복제합니다.

Pattern Stamp Tool(): 특정 부분에 패턴을 칠합니다.

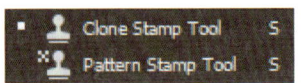

⑬ **History Brush Tool()** : 특정 부분의 이미지를 초기 상태로 복원합니다.

Art History Brush Tool() : 이미지를 복원하면서 미술 효과를 적용합니다.

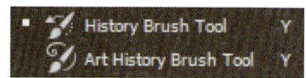

⑭ **Eraser Tool()** : 특정 부분을 지웁니다.

Background Eraser Tool() : 사진의 배경을 쉽게 지웁니다.

Magic Eraser Tool() : 클릭한 지점과 비슷한 색상 영역을 한꺼번에 지웁니다.

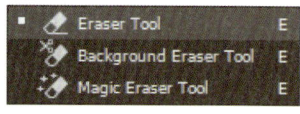

⑮ **Gradient Tool()** : 그레이디언트 효과를 적용합니다.

Paint Bucket Tool() : 특정 색상이나 패턴으로 채웁니다.

3D Material Drop Tool() : 3D 오브젝트에 재질을 칠합니다.

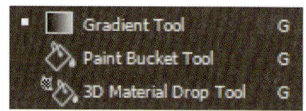

⑯ **Blur Tool()** : 특정 부분을 흐리게 만듭니다.

Sharpen Tool() : 특정 부분을 선명하게, 날카롭게 만듭니다.

Smudge Tool() : 특정 부분을 손가락으로 문지른 듯이 번지는 효과를 줍니다.

⑰ **Dodge Tool()** : 특정 부분을 밝게 만듭니다.

Burn Tool() : 특정 부분을 어둡게 만듭니다.

Sponge Tool() : 특정 부분의 채도를 높이거나 낮춥니다.

⑱ **Pen Tool()** : 기준점을 직접 만들어 패스를 만듭니다.

Freeform Pen Tool() : 드래그하여 자유로운 곡선 패스를 그립니다.

Add Anchor Point Tool() : 패스에 기준점을 추가합니다.

Delete Anchor Point Tool() : 특정 기준점을 제거합니다.

Convert Point Tool() : 직선을 곡선으로, 곡선을 직선으로 변환합니다.

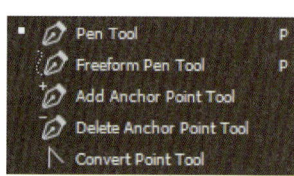

⑲ **Horizontal Type Tool()** : 글자를 가로로 입력합니다.

Vertical Type Tool() : 글자를 세로로 입력합니다.

Horizontal Type Mask Tool() : 가로로 입력한 글자를 선택 영역으로 만듭니다.

Vertical Type Mask Tool() : 세로로 입력한 글자를 선택 영역으로 만듭니다.

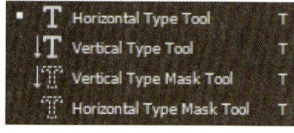

⑳ **Path Selection Tool()** : 패스를 선택하고 위치를 이동시킵니다.

Direct Selection Tool() : 기준점을 선택하여 패스의 형태를 수정합니다.

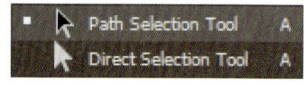

㉑ Rectangle Tool(🔲) : 사각형을 만듭니다.
　Rounded Rectangle Tool(🔲) : 모서리가 둥근 사각형을 만듭니다.
　Ellipse Tool(⭕) : 원을 만듭니다.
　Polygon Tool(⬡) : 다각형을 만듭니다.
　Line Tool(／) : 직선을 그립니다.
　Custom Shape Tool(✦) : 다양한 모양의 도형을 만듭니다.

㉒ Hand Tool(✋) : 화면을 이동해 봅니다.
　Rotate View Tool(🔄) : 화면을 회전시켜 봅니다.

㉓ Zoom Tool(🔍) : 화면을 확대 및 축소해 봅니다.

㉔ Edit Toolbar(•••) : [Tool] 패널을 편집합니다.

㉕ 색상 설정 : 색상자에 색상을 설정하여 페인팅 작업을 합니다. 왼쪽 상단의 색상자를 전경색, 오른쪽 하단의 색상자를 배경색이라 부릅니다.

㉖ Edit in Quick Mask Mode(🔲) : 클릭하면 퀵 마스크 모드로 전환됩니다.

㉗ 화면 모드 변경 : 아이콘을 클릭하고 1초간 기다리거나 오른쪽 버튼을 누르면 화면 모드 선택 메뉴가 나타납니다. 화면 모드는 열려 있는 파일이 1개 이상일 때 전환할 수 있으며, 단축키인 F를 누르면 화면 모드가 차례대로 변경되고 Shift + F를 누르면 반대 순서로 변경됩니다.

　[Standard Screen Mode](🔲) : 기본 화면 모드입니다.
　[Full Screen Mode With Menu Bar](🔲) : 표준 화면 모드에 비해 자유로운 면이 있습니다.
　[Full Screen Mode](🔲) : 전체 화면으로 전환합니다. 화면 측면에 마우스 포인터를 가져가 1초간 기다리면 숨겨져 있던 [Tool] 패널, 보조 패널들이 나타납니다. F나 Esc를 누르면 [Standard Screen Mode]로 돌아갑니다.

▲ 기본 화면 모드

▲ Tab을 눌러 옵션 바, 패널을 숨긴 모습 (Standard)

▲ Full Screen Mode

패널 구성 살펴보고 조작법 익히기

패널의 구성 요소를 살펴본 후 패널 조작 방법을 알아봅니다. 패널을 합치거나 연결하면 하나의 패널처럼 함께 이동하거나 닫을 수 있습니다.

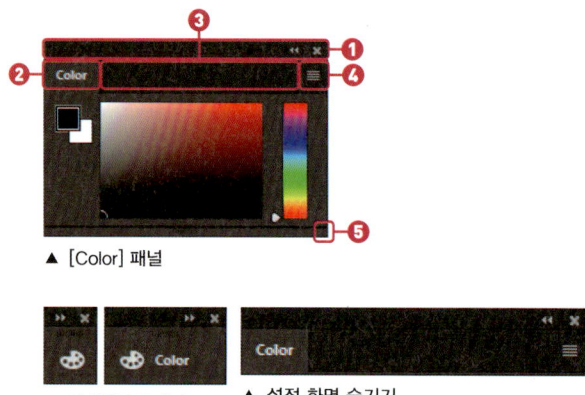

▲ [Color] 패널

▲ 아이콘으로 축소   ▲ 설정 화면 숨기기

❶ **제목 표시줄** : 클릭&드래그하면 연결된 패널들이 모두 이동되고, 더블클릭하면 아이콘으로 축소되거나 확장됩니다.

❷ **탭** : 패널 이름이 표시됩니다. 클릭&드래그하면 해당 패널이 그룹에서 분리와 함께 이동됩니다. 더블클릭하면 아래 화면이 숨겨지거나 다시 나타납니다.

❸ **탭 표시줄** : 클릭&드래그하면 합쳐진 패널들이 한꺼번에 분리 및 이동됩니다.

❹ **목록 단추(▼≡)** : 클릭하면 해당 패널의 숨겨진 메뉴가 나타납니다.

❺ 클릭&드래그하면 패널의 크기가 조절됩니다. 일부 패널은 불가능합니다.

- **패널 합치기** : 제목 표시줄이나 탭, 탭 표시줄을 클릭한 채 다른 패널의 탭이나 탭 표시줄로 드래그 합니다. 하늘색 사각형이 나타날 때 마우스 버튼을 놓으면 기존 패널과 가져간 패널이 하나의 패널로 합쳐집니다. 탭을 클릭&드래그해 순서를 변경할 수 있습니다.

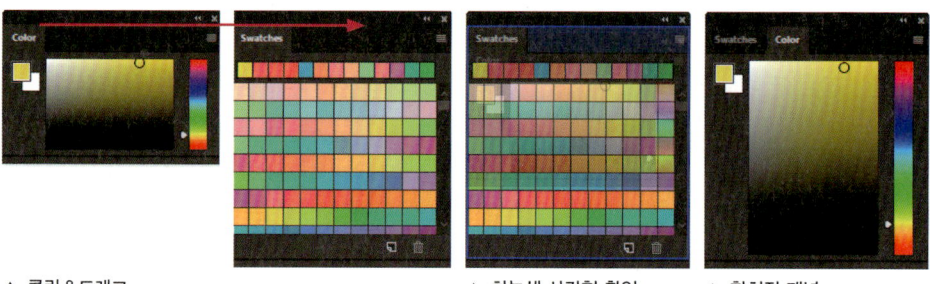

▲ 클릭&드래그   ▲ 하늘색 사각형 확인   ▲ 합쳐진 패널

- **패널 연결하기** : 다른 패널의 왼쪽이나 오른쪽, 위나 아래의 가장자리로 드래그 합니다. 하늘색 선이 나타날 때 마우스 버튼을 놓으면 두 패널이 연결됩니다.

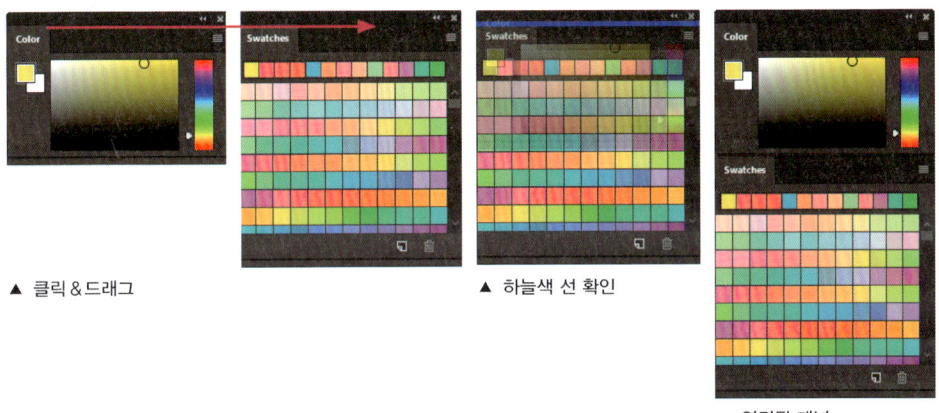

▲ 클릭&드래그　　　　　　▲ 하늘색 선 확인

▲ 연결된 패널

화면 구성을 작업 목적에 맞게 전환하기

[Window]-[Workspace] 메뉴를 이용하여 화면 구성을 작업 목적에 맞게 전환할 수 있습니다. 모니터 해상도를 고해상도로 설정할 경우 옵션 바 오른쪽 끝에 나타나는 선택 상자로도 화면 구성 전환이 가능합니다.

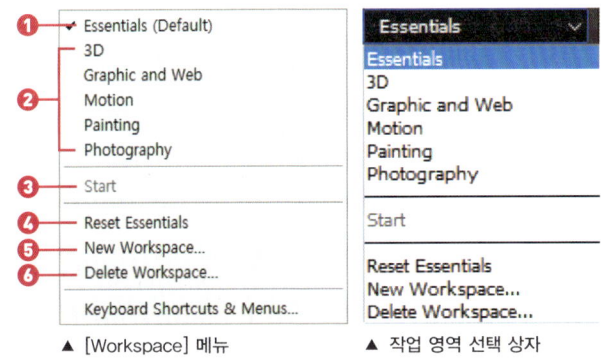

▲ [Workspace] 메뉴　　　　▲ 작업 영역 선택 상자

❶ **Essentials Default** : 프로그램을 처음 실행했을 때 설정되어 있는 기본 화면 구성입니다.

❷ **3D/Graphic and Web/Motion/Painting/Photography** : 3D, 그래픽과 웹, GIF 애니메이션 혹은 동영상 편집, 페인팅 및 드로잉, 사진 수정 작업, 글자 입력 작업에 적합한 화면 구성으로 전환합니다.

❸ **Start** : CC 버전에서 추가된 시작 화면입니다.

❹ **Reset Essentials** : 설정되어 있는 화면 구성을 초기화합니다. 예를 들어 화면 구성을 [Painting]로 전환하였을 경우 [Painting]의 초기 상태로 돌아갑니다.

❺ **New Workspace** : 현재 화면 구성을 새 작업 영역으로 저장합니다. 앞서 배운 패널 조작으로 사용자만의 작업 영역을 만든 후 저장하여 사용할 수 있습니다.

❻ **Delete Workspace** : 저장된 작업 영역을 삭제합니다.

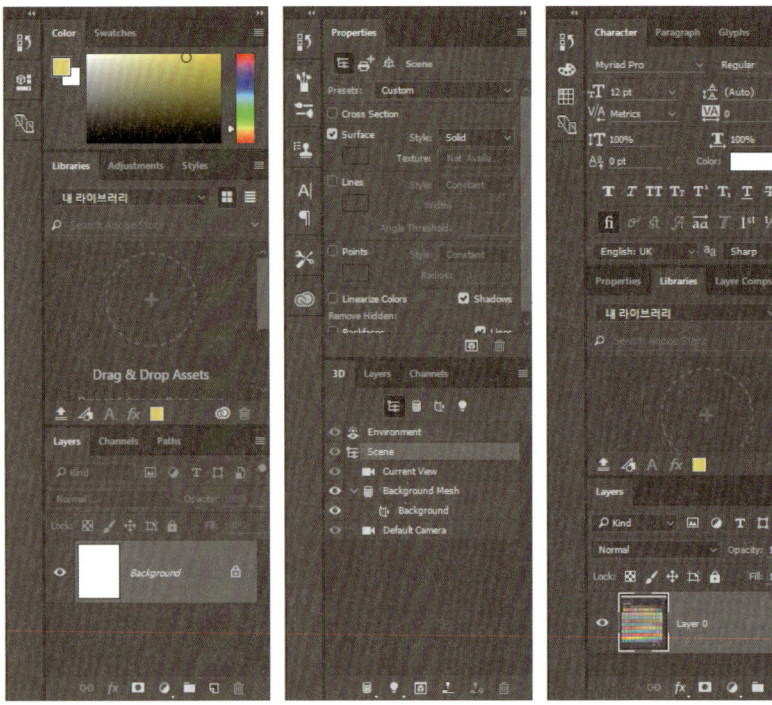

▲ Essentials Default　　▲ 3D　　▲ Graphic and Web

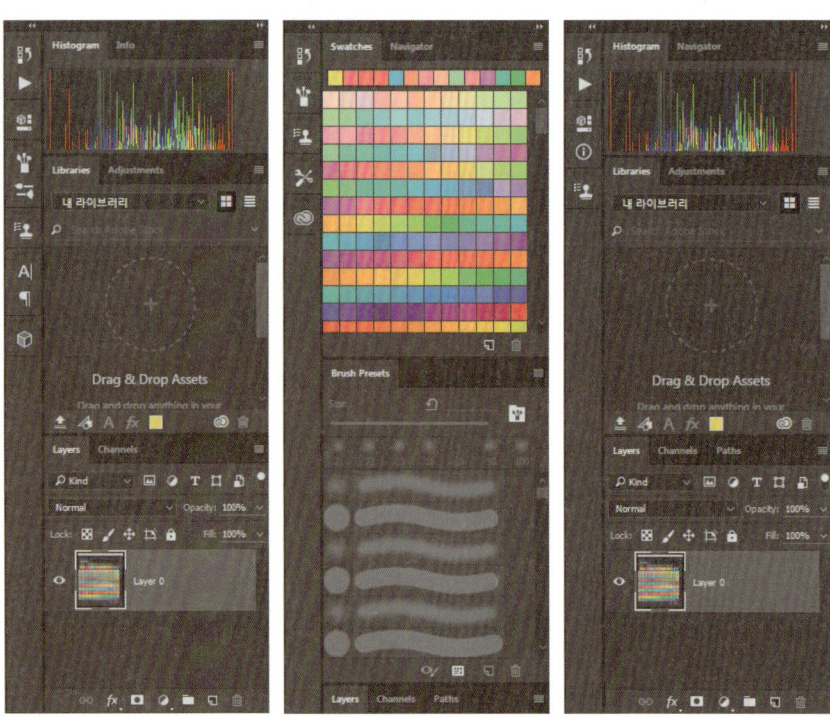

▲ Photography　　▲ Painting　　▲ Motion

SECTION 02 포토샵 CC 시험 버전 다운로드 받고 설치하기

어도비 공식 홈페이지에서 30일 기간 한정 버전을 무료로 다운로드 받을 수 있습니다. 다운로드 받는 방법, 설치하는 방법을 따라해 내 컴퓨터에 프로그램을 설치합니다.

○ Keyword 포토샵 CC, 시험 버전, 다운로드, 설치

01 공식 홈페이지 접속

❶ 인터넷으로 어도비 공식 홈페이지(hpp://adobe.com/kr)에 접속합니다. ❷ [메뉴]에서 [Photoshop]을 클릭하여 포토샵 페이지로 이동한 후 [무료 시험 버전]을 클릭합니다.

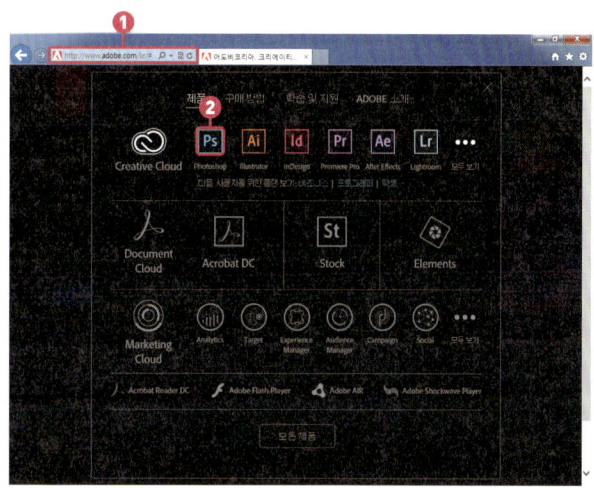

02 로그인 및 가입

❶ [나의 기술 수준]을 선택한 후 ❷ 로그인하면 설치 프로그램인 [Creative Cloud] 프로그램의 설치가 시작됩니다. 혹 [어도비 ID]가 없을 경우 가입하여 로그인합니다.

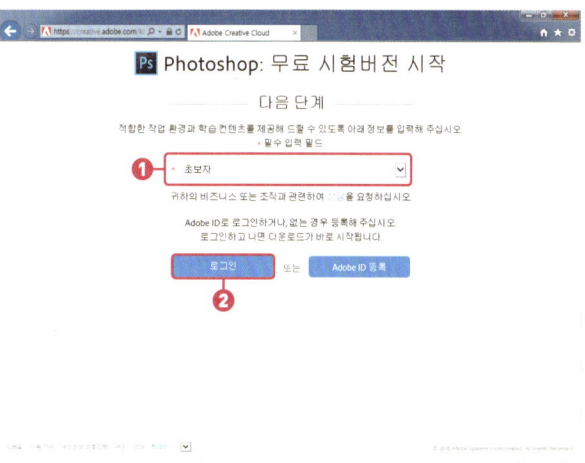

Point
[Creative Cloud]는 어도비의 제품을 설치하고 관리하는 프로그램입니다. 제품을 사용하려면 해당 프로그램을 먼저 설치해야만 합니다.

03 [Creative Cloud] 실행

❶[Creative Cloud] 프로그램의 설치가 완료되면 실행합니다. ❷오른쪽 상단의 (⚙)아이콘을 클릭하고 ❸[환경 설정] 메뉴를 클릭합니다.

04 언어 설정

❶[Creative Cloud]를 클릭한 후 ❷[Apps]의 [앱 언어]를 [English (International)]로 설정합니다. ❸(◁)를 클릭하여 처음 화면으로 돌아갑니다.

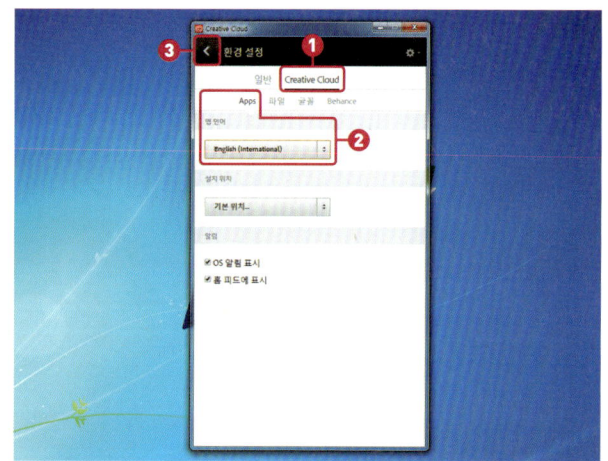

05 시험 버전 설치

❶[Photoshop CC]의 [시험 사용]을 클릭합니다. 시험 버전 프로그램의 다운로드 및 설치가 시작됩니다. 설치가 완료될 때 까지 기다립니다.

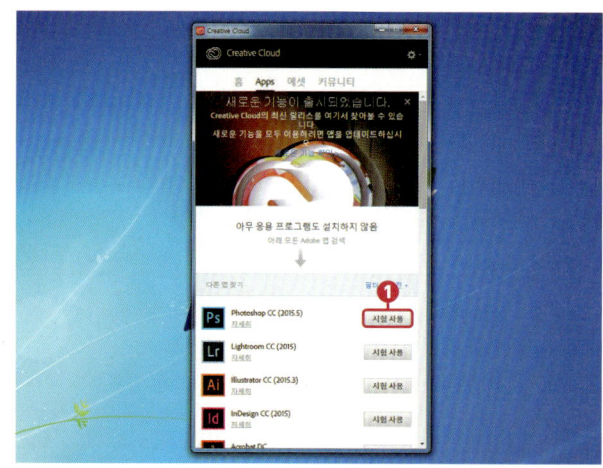

06 프로그램 실행

❶ 설치가 완료되면 프로그램을 실행합니다.
❷ [Edit]-[Preferences]-[General] 메뉴(Ctrl
+K)를 클릭합니다.

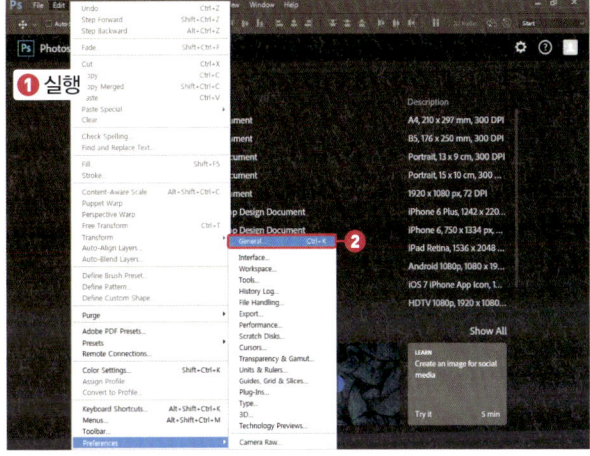

07 환경 설정

❶ 왼쪽 목록에서 [Sections & Rulers]를 클릭
합니다. ❷ [Sections]의 [Rulers]를 'Pixels'로
설정합니다. ❸ [OK]를 클릭하여 설정을 적용
합니다

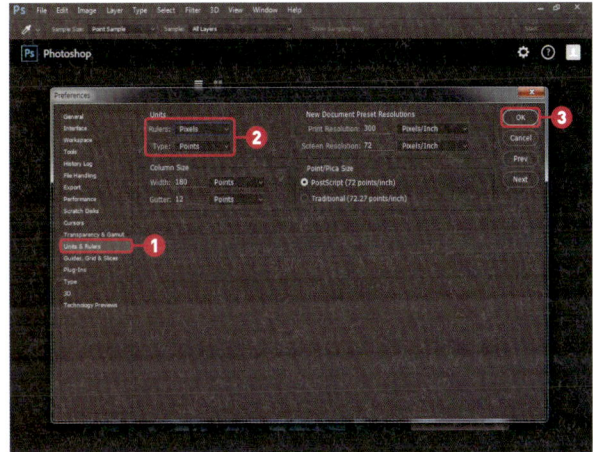

SECTION 03 화면을 확대 및 축소하거나 이동하여 보기

화면을 확대하거나 축소하여 작업해야하는 경우 [Zoom Tool]() 등으로 화면 비율을 조정할 수 있습니다. 이미지의 실제 크기가 변경되는 것은 아닙니다.

○ **Keyword** 화면 확대, 화면 축소, 화면 이동 ○ 예제 파일 | Part01\소녀.jpg

01 포토샵 CC 실행하기

❶ 포토샵 CC를 실행합니다. [Open]을 클릭합니다. 혹은 [File]-[Open] 메뉴를 클릭해도 됩니다. 단축키는 (Ctrl + O)입니다.

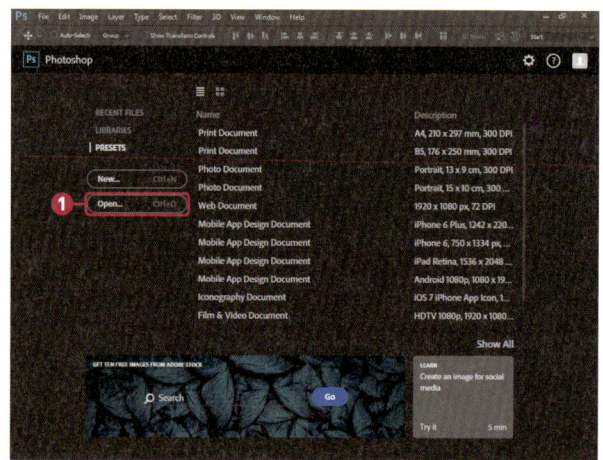

02 불러올 파일 선택하기

❶ [열기] 대화상자가 나타납니다. 예제 파일 '소녀.jpg'를 선택합니다. ❷ [열기]를 클릭합니다. 선택한 파일이 불러와집니다.

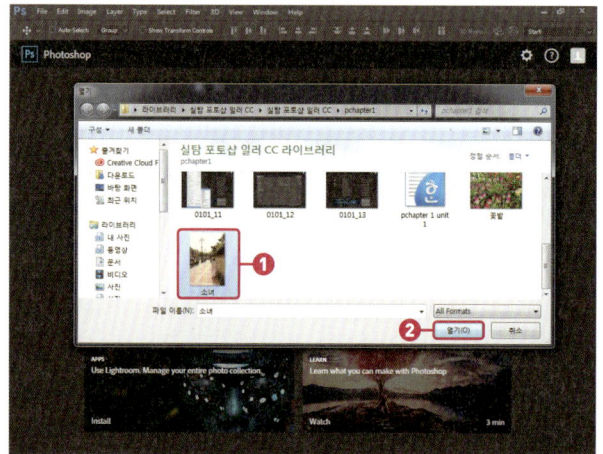

03 100% 비율로 조정하기

❶ [Zoom Tool]()을 더블클릭합니다. ❷ 화면 비율이 '100%'로 조정됩니다. '100%'로 설정된 상태에서는 이미지를 원본 크기로 볼 수 있습니다.

Point
[View]-[100%] 메뉴(Ctrl+1)를 클릭해도 됩니다.

04 화면 확대하기

❶ 옵션 바에서 (🔍)을 클릭합니다. ❷ 화면을 클릭하면 한 단계 확대됩니다. 클릭할 때마다 한 단계씩 계속해 확대됩니다. 또는 [View]-[Zoom In] 메뉴(Ctrl++)를 클릭해도 됩니다.

Point
화면 비율이 500%를 넘어갈 경우 픽셀 그리드가 나타납니다. 그리드를 보이지 않게 하거나 다시 나타나게 하려면 [View]-[Show]-[Pixel Grid] 메뉴를 클릭합니다.

05 화면 축소하기

❶ 옵션 바에서 (🔍)를 클릭합니다. ❷ 화면을 클릭하면 한 단계 축소되고, 클릭할 때마다 한 단계씩 계속해 축소됩니다. 또는 [View]-[Zoom Out] 메뉴(Ctrl+-)를 클릭해도 됩니다.

Point
Alt를 누르고 있는 동안 일시적으로 🔍로 전환되어 화면을 확대할 수 있습니다. 반대로 🔍를 선택한 상태에서 Alt를 누르고 있으면 🔍로 전환됩니다.

06 화면 이동하기

❶[Zoom Tool](🔍)을 더블클릭하여 100% 비율로 조정합니다. ❷[Hand Tool](✋)을 선택한 후 ❸화면을 클릭&드래그 합니다. 드래그하는 방향으로 화면이 이동되어 해당 부분의 이미지를 볼 수 있습니다.

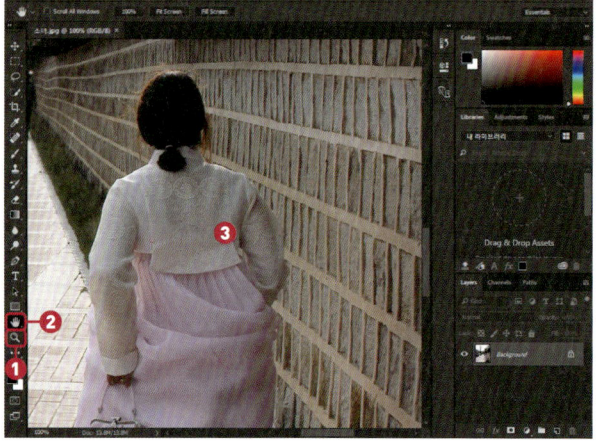

> **Point**
> 작업창의 스크롤바를 이용하여 화면을 이동해도 됩니다.

07 화면 크기에 맞게 비율 자동 조정하기

❶[Hand Tool](✋)을 더블클릭합니다. 이미지 전체가 화면에 가득 차도록 비율이 자동 조정됩니다. 설정되는 비율은 창 크기와 이미지의 크기에 따라 달라집니다.

> **Point**
> [View]-[Fit on Screen] 메뉴(Ctrl + 0)를 클릭해도 됩니다.

Level UP

화면을 확대 및 축소하거나 이동할 수 있는 조작법 더 살펴보기

단축키를 이용하여 확대 및 축소
- Alt 를 누르고 마우스 휠을 돌리면 확대 및 축소됩니다. 이 때 Shift 를 함께 누르면 더 빠르게 확대 및 축소됩니다.
- Ctrl + Spacebar 를 눌러 커서 모양이 바뀔 때(🔍) 클릭하면 한 단계 확대됩니다. Alt + Shift 를 눌러 커서 모양이 바뀔 때 (🔍) 클릭하면 한 단계 축소됩니다.

단축키를 이용하여 화면 이동
- 마우스 휠을 돌리면 화면이 위 아래로, Ctrl 을 누르고 휠을 돌리면 왼쪽 오른쪽으로 화면이 이동됩니다. 이 때 Shift 를 함께 누르면 조금 더 빠르게 이동됩니다.
- Spacebar 를 눌러 커서 모양이 바뀔 때(✋) 클릭&드래그하면 화면이 이동됩니다.

- H 를 누르면서 화면에 클릭하면 일시적으로 100% 비율로 조정됩니다. 드래그하여 사각형의 위치를 움직인 후 마우스를 떼면 해당 위치의 이미지로 이동됩니다.

[Navigator] 패널로 화면 확대/축소 및 이동

[Window]-[Navigator] 메뉴를 클릭하면 [Navigator] 패널이 나타납니다. 전체 이미지를 확인하고 확대 및 축소하여 보거나 화면을 이동할 수 있습니다.

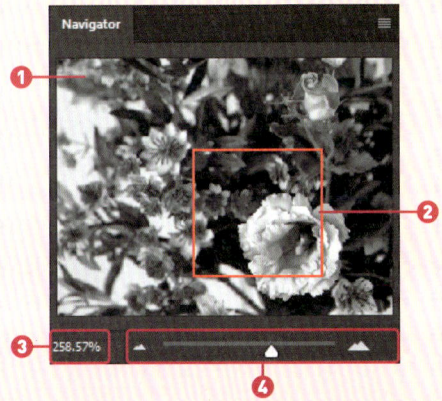

❶ 작업 중인 파일의 전체 이미지를 확인합니다.
❷ 화면에 나타나고 있는 이미지를 빨간색 사각형으로 표시합니다. 클릭&드래그해 화면을 이동할 수 있습니다.
❸ 설정된 화면 비율을 확인합니다. 원하는 비율로 조정하려면 수치를 입력한 후 Enter 를 누릅니다.
❹ 슬라이더를 움직이거나 (▲) 혹은 (▲)를 클릭하여 화면을 축소 및 확대합니다.

화면 회전하여 보기

[Rotate View Tool]( )으로는 화면을 회전하여 볼 수 있습니다. 이미지가 실제로 회전되는 것은 아닙니다. 이 도구는 [OpenGL] 기능을 활성화해야 사용할 수 있습니다.

- [Rotate View Tool]( )을 선택한 후 클릭&드래그하면 화면이 회전됩니다.
- 정확한 각도로 회전하려면 옵션 바에서 [Rotation Angle]의 입력 상자에 각도를 입력하고 Enter 를 누릅니다.
- 초기화(0°)하려면 옵션 바에서 [Reset View]를 클릭하거나 [Rotate View Tool]( )을 더블클릭합니다.

▲ 회전하기 전의 모습(0°)

▲ [Rotate View Tool]로 회전하는 모습

SECTION 04 [Crop Tool]로 불필요한 이미지 잘라내기

[Crop Tool]은 이미지의 일부를 잘라내는 도구입니다. 정확한 크기 지정은 어려워 불필요한 부분을 간단히 잘라내는 용도로 적합합니다.

◉ **Keyword** Crop Tool　　　　◉ 예제 파일 | Part01\고양이.jpg　　◉ 완성 파일 | Part01\고양이(완성).jpg

01 도구 선택하기

❶ [File]-[Open] 메뉴(Ctrl+O)를 클릭하여 예제 파일 '고양이.jpg'을 불러옵니다. ❷ [Crop Tool](⌧)을 선택합니다.

02 자르기 상자 만들기

❶ 화면을 클릭&드래그 합니다. 해당 영역이 상자로 선택되고 나머지 부분은 반투명한 검은색으로 칠해집니다. 상자로 선택된 부분은 남겨질 부분이며, 검은색으로 칠해진 부분은 버려질 것입니다.

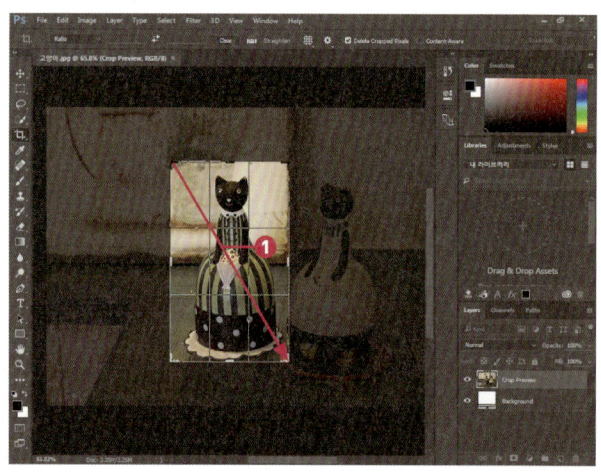

03 자르기 상자 위치 이동하기

❶ 상자에 마우스를 위치시키면 커서 모양(▶)이 바뀝니다. 클릭&드래그하면 상자의 위치가 이동됩니다.

04 자르기 상자 크기 조절하기

❶ 상자의 가장자리에 마우스를 위치시키면 커서 모양이 화살표 모양(↖)으로 바뀝니다. 클릭&드래그해 상자의 크기를 조절합니다.
❷ Enter 를 눌러 자르기 작업을 완료합니다.

05 자르기 완성하기

❶ 자르기 상자 안의 이미지만 남겨지고 나머지 이미지들은 잘려나갑니다.

06 다른 이름으로 저장

❶ [File]-[Save As] 메뉴(Shift + Ctrl + S)를 클릭합니다. [다른 이름으로 저장] 대화상자가 나타납니다. [파일 형식]이 'JPEG'로 설정되어 있습니다. ❷ [파일 이름]을 '고양이(완성)'으로 입력합니다. ❸ [저장]을 클릭합니다.

07 JPEG 형식 옵션 설정하기

❶ [JPEG Options] 대화상자가 나타납니다. [Quality]를 '12'로 설정합니다. ❷ [Format Options]를 'Baseline(Standard)'로 설정합니다. ❸ [OK]를 클릭합니다.

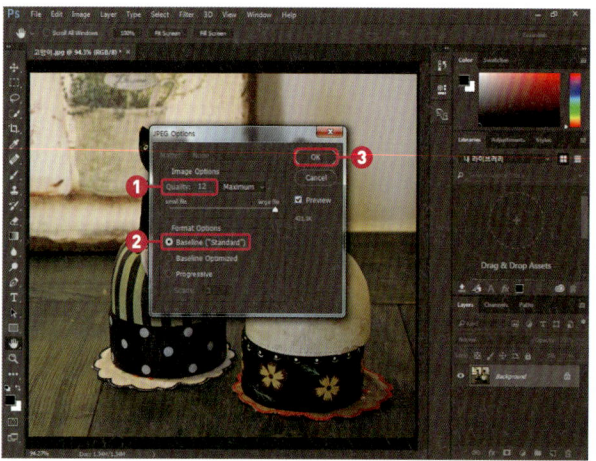

SECTION 05 이미지를 원하는 크기와 용량으로 변경하여 저장하기

[Image Size] 대화상자와 [Crop] 메뉴로 원하는 크기로 이미지 크기를 변경한 후 [Save for Web] 대화상자를 이용하여 원하는 용량으로 이미지를 저장하는 방법을 알아봅니다.

○ **Keyword** [Image Size] 대화상자, [Crop] 메뉴, [Save for Web] 대화상자   ○ **예제 파일** | Part01\소품.jpg   ○ **완성 파일** | Part01\소품(완성).jpg

01 100% 비율로 보기

❶ [File]-[Open] 메뉴(Ctrl+O)를 클릭하여 예제 파일 '소품.jpg'을 불러옵니다. ❷ [Zoom Tool](🔍)을 더블클릭하여 화면 비율을 '100%'로 조정합니다.

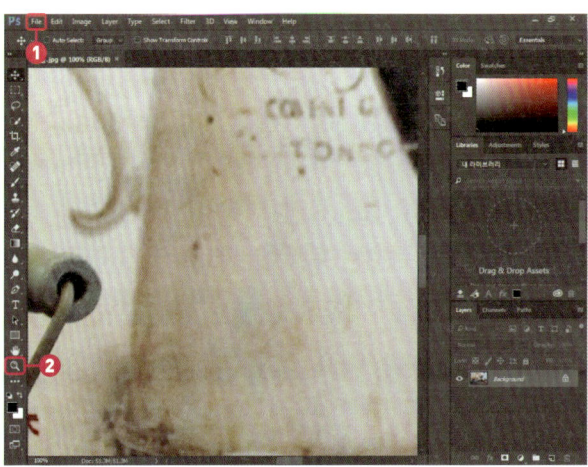

02 이미지 크기 확인하기

❶ [Image]-[Image Size] 메뉴(Alt+Ctrl+I)를 클릭합니다. [Image Size] 대화상자가 나타납니다. ❷ [Width]와 [Height]를 확인합니다. 현재 이미지의 크기는 가로 5184 픽셀, 세로 3456 픽셀입니다.

03 이미지 전체 크기 변경하기

❶ 이번 실습에서 필요한 이미지의 크기는 가로 685 픽셀, 세로 655 픽셀의 이미지입니다. [Width]를 '685'로 설정합니다. [Height]가 자동으로 '457'로 설정됩니다. 세로 크기가 필요한 크기보다 작아지기 때문에 설정된 크기로는 변경하지 않습니다.

04 이미지 전체 크기 변경하기

❶ [Height]를 '655'로 설정합니다. [Width]가 '983'으로 자동 설정됩니다. 가로 크기가 필요한 크기보다 여유롭게 남습니다. ❷ [OK]를 클릭하여 설정된 크기로 변경합니다.

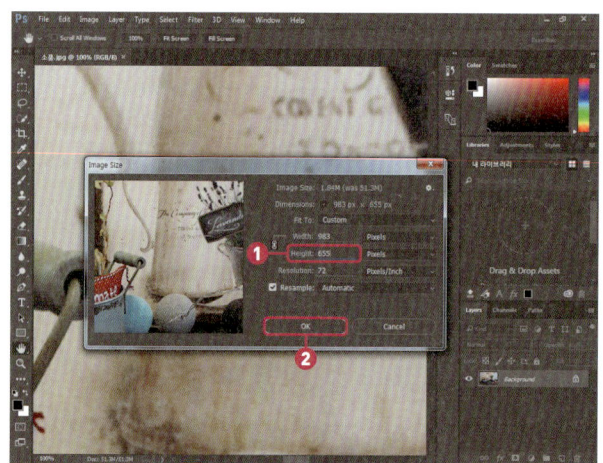

05 선택 영역 설정하기

❶ [Hand Tool](🖐)을 더블클릭합니다. 창 크기에 맞춰 화면 비율이 자동 조정됩니다. ❷ [Rectangular Marquee Tool](▭)을 선택하고 ❸ 옵션 바에서 [Style]을 'Fixed Size'로 설정합니다. [Width]를 '685', [Height]를 '655'로 설정합니다.

06 선택 영역 만들기

❶ 화면을 클릭합니다. 설정한 크기의 선택 영역이 만들어집니다. 선택 영역은 움직이는 점선으로 표시됩니다. ❷ [Image]-[Crop] 메뉴를 클릭합니다.

07 남겨진 이미지 확인하기

❶ 선택 영역 안의 이미지가 남겨지고 나머지 이미지들이 잘려 나갑니다. ❷ [Select]-[Deselect] 메뉴(Ctrl+D)를 클릭하여 선택 영역을 없앱니다. ❸ Ctrl+0을 눌러 창 크기에 맞게 화면 비율을 조정합니다.

08 이미지 크기 확인하기

❶ [Image]-[Image Size] 메뉴(Alt+Ctrl+I)를 클릭합니다. ❷ 현재 이미지의 전체 크기는 가로 685 픽셀, 세로 655 픽셀로, 필요한 크기와 일치합니다. [OK]를 클릭합니다. ❸ [File]-[Export]-[Save for Web] 메뉴(Shift+Alt+Ctrl+S)를 클릭합니다. [Save for Web] 대화상자가 나타납니다.

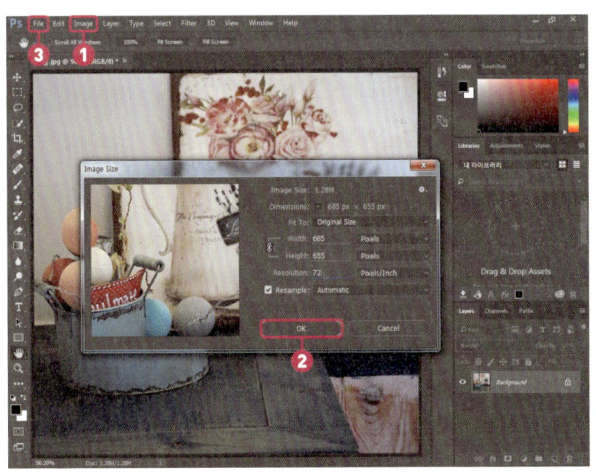

09 저장 옵션 설정하기

❶ [2-Up] 탭을 클릭합니다. 왼쪽은 원본 이미지, 오른쪽은 저장될 이미지가 미리보기로 나타납니다. ❷ 형식을 [JPEG]로 설정, [Quality]를 '100'으로 설정한 후 [Progressive]와 [Embed Color Profile]을 체크합니다. ❸ 오른쪽 미리보기에서 저장될 용량을 확인합니다. '395.2K'입니다.

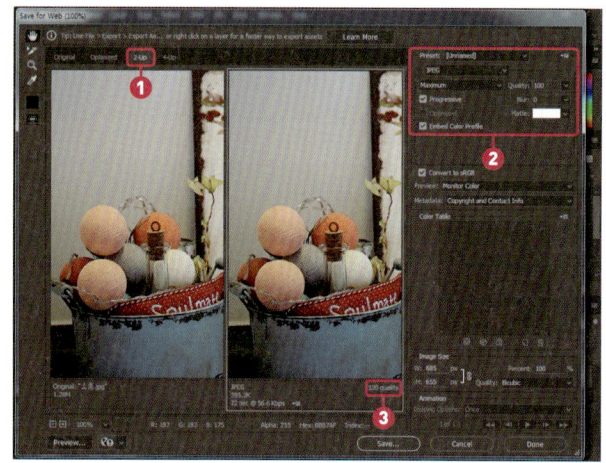

10 이미지 최적화 설정하기

❶ ▼▤를 클릭하여 [Optimize to File Size] 메뉴를 클릭합니다. ❷ [Optimize to File Size] 대화상자에서 [Desired File Size]를 '300'으로 설정합니다. [Current Settings]와 [Current Slice]를 선택한 후 ❸ [OK]를 클릭합니다.

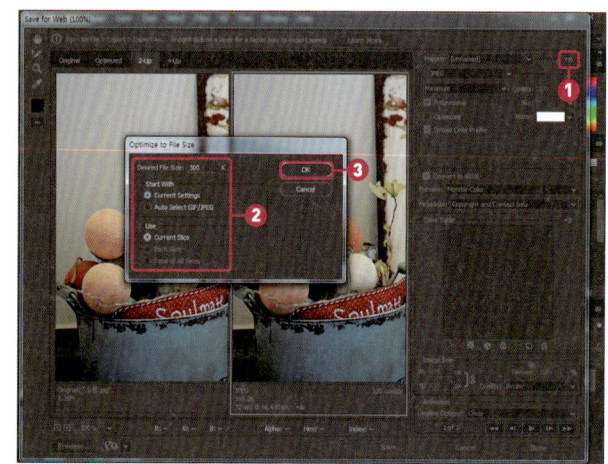

11 최적화된 이미지 확인하기

❶ 오른쪽 미리보기에서 저장될 이미지의 화질과 아래 나타나는 용량을 확인합니다. '298.2K'로 대화상자에서 설정한 크기보다 적은 용량으로 설정되었습니다. ❷ [저장]을 클릭합니다.

12 JPEG 형식으로 저장하기

❶[파일 이름]을 '소품(완성)'으로 입력합니다. ❷[Format]을 'Image Only', [Settings]를 'Default Settings'로 설정합니다. ❸[저장]을 클릭합니다.

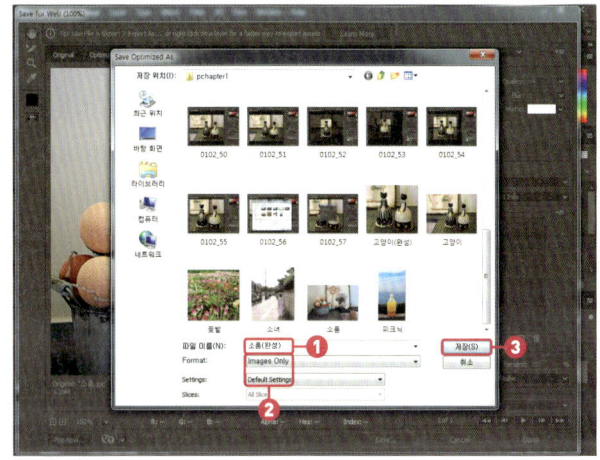

13 경고 메시지 확인하기

❶파일 이름 일부에 한글이 들어가면 일부 웹 브라우저나 서버와 호환되지 않는다는 경고 메시지가 나타납니다. [OK]를 클릭합니다.

웹으로 업로드 해야 할 파일의 이름은 영문으로 입력하는 것이 좋습니다.

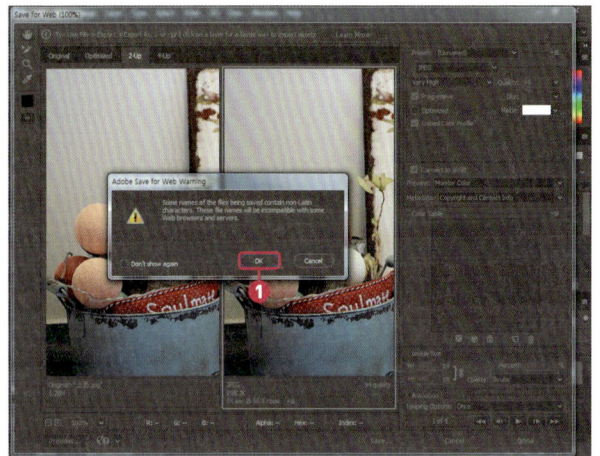

Level UP

CC 버전에서 새로워진 [Image Size] 대화상자 살펴보기

[Image]-[Image Size] 메뉴(Alt+Ctrl+I)를 클릭하면 [Image Size] 대화상자가 나타납니다. 이미지의 전체 크기를 확인하고 변경하는 대화상자로 디지털 카메라로 촬영한 사진, 스캔한 사진 등을 필요한 크기로 변경해야할 경우에 사용합니다. CC 버전에서 대화상자의 모습이 보다 단순하게 바뀌었습니다.

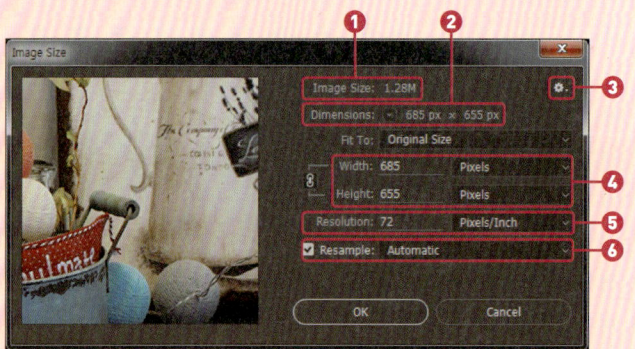

❶ **Image Size** : 해당 파일의 용량을 나타냅니다.
❷ **Dimensions** : 가로 크기와 세로 크기를 확인합니다. 단위를 변경하여 볼 수도 있습니다.
❸ **Scale Styles** : (⚙)를 클릭하면 나타납니다. 체크 표시하면 파일 내에 존재하는 모든 레이어 스타일 효과에도 이미지 크기 변경에 영향을 줍니다.
❹ **Width & Height** : 입력하는 크기로 이미지의 크기가 변경됩니다. 오른쪽 상자를 클릭하여 단위를 설정할 수 있습니다. (🔗)를 활성화하면 원본 크기의 비율을 유지하면서 크기를 변경할 수 있습니다.
❺ **Resolution** : 해상도를 변경합니다.
❻ **Resample** : 크기를 변경할 때 처리하는 방식을 선택할 수 있습니다. 체크 해제하면 문서 크기와 해상도만 변경할 수 있습니다.

SECTION 06 캔버스 크기 변경하고 이미지 파일 가져오기

[Canvas Size] 대화상자로 캔버스 크기를 변경하는 방법, [Place Embedded] 메뉴로 이미지 파일을 캔버스 내로 가져오는 방법 등을 알아봅니다.

◎ **Keyword** [Canvas Size] 대화상자, [Place Embedded] 메뉴   ◎ **예제 파일** | Part01\피크닉.jpg   ◎ **완성 파일** | Part01\피크닉(완성).psd

01 새 파일 만들기

❶ [New]를 클릭합니다. 또는 [File]-[New] 메뉴를 클릭해도 됩니다.

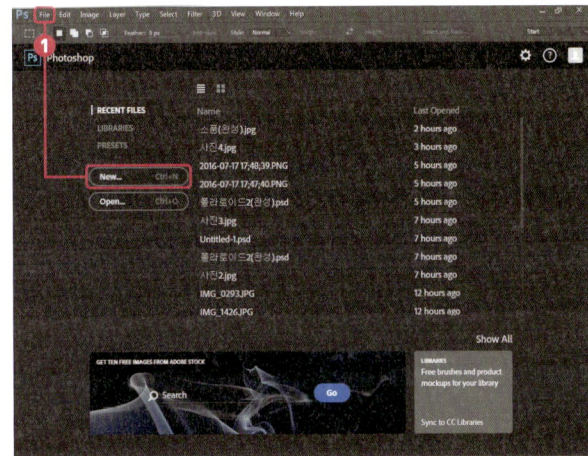

Point
[File]-[New] 메뉴의 단축키는 Ctrl + N 입니다.

02 [New] 대화상자 설정하기

❶ [New] 대화상자가 나타납니다. [Width] 오른쪽 상자를 'Pixels'로 설정합니다. [Width]를 '342', [Height]를 '659', [Resolution]을 '72'로 설정합니다. [Color Mode]를 'RGB Color'로 설정합니다. ❷ [OK]를 클릭합니다.

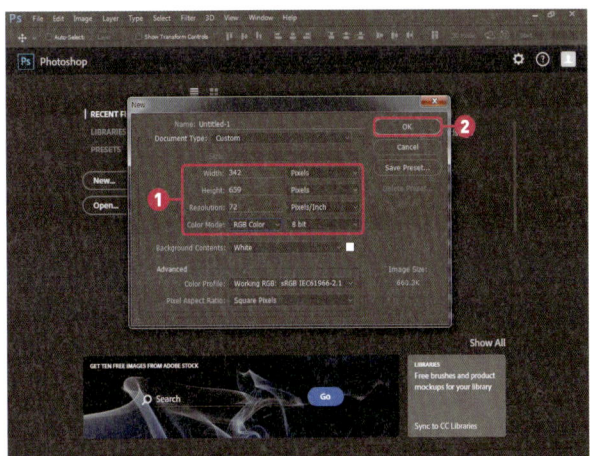

03 이미지 가져오기

❶ 가로 342, 세로 659 픽셀 크기의 새 파일이 만들어졌습니다. ❷ [File]-[Place Embedded] 메뉴를 클릭합니다.

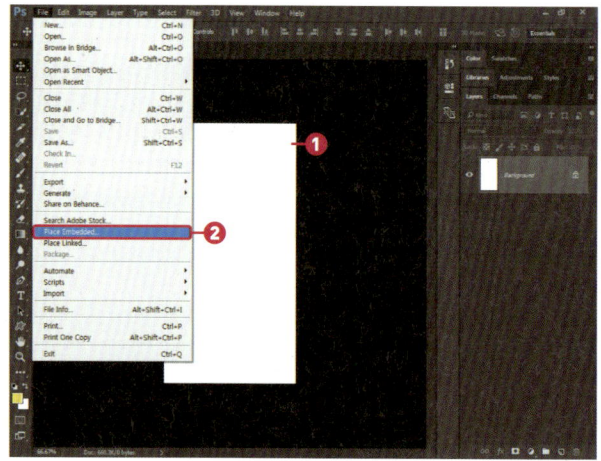

04 파일 선택하기

❶ [Place Embedded] 대화상자가 나타납니다. '피크닉.jpg' 파일을 선택합니다. ❷ [Place]를 클릭합니다.

05 가져온 파일 확인하기

❶ '피크닉.jpg' 파일의 이미지가 캔버스로 불러와졌습니다. ❷ 옵션 바에서 ✔를 클릭합니다. 혹은 Enter 를 눌러도 됩니다. 이미지 가져오기가 완료됩니다. ❸ [Zoom Tool](🔍)을 더블클릭하여 100% 비율로 조정합니다.

06 캔버스 크기 변경하기

❶ [Image]-[Canvas Size] 메뉴를 클릭합니다.
❷ 선택 상자를 'Percent'로 설정합니다. [Width]를 '200'으로 설정한 후 ❸ [Anchor]에서 오른쪽 아래 가운데 칸을 클릭합니다. ❹ [OK]를 클릭합니다.

Point
[Image]-[Canvas Size] 메뉴의 단축키는 Alt + Ctrl + C 입니다.

07 변경된 캔버스 확인하기

❶ 캔버스의 가로 크기가 두 배로 늘어나 빈 공간이 만들어졌습니다. [Canvas Size] 대화상자에서 [Anchor]를 오른쪽 아래 가운데 칸을 클릭하였기 때문에 빈 공간은 이미지의 왼쪽으로 생깁니다.

08 이미지 가져오기

❶ [File]-[Place Embedded] 메뉴를 클릭합니다. [Place Embedded] 대화상자가 나타납니다. ❷ '피크닉.jpg' 파일을 선택하고 ❸ [Place]를 클릭합니다.

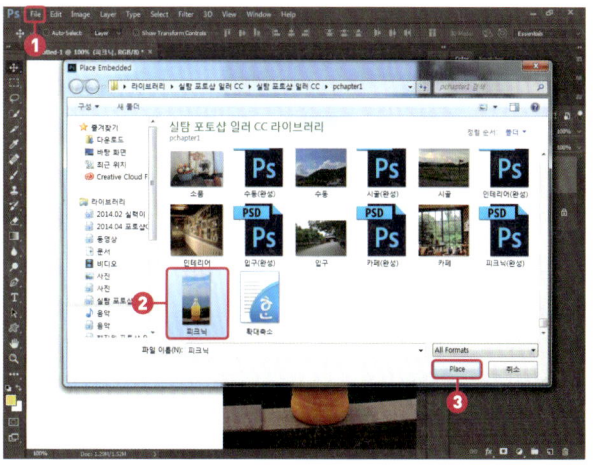

09 위치 이동하기

❶ '피크닉.jpg' 파일의 이미지가 캔버스로 불러와졌습니다. 클릭&드래그해 위치를 이동시킵니다. ❷ 옵션 바에서 ✔를 클릭합니다. 혹은 Enter 를 눌러도 됩니다. 이미지 가져오기가 완료됩니다.

10 흑백 사진 만들기

❶ [Image]-[Adjustments]-[Black & White] 메뉴를 클릭합니다. ❷ [Auto]를 클릭합니다. ❸ [OK]를 클릭합니다.

11 완성

❶ 가져온 이미지의 색상이 흑백으로 바뀝니다.

12 JPEG 형식으로 저장하기

❶ [File]-[Save As] 메뉴(Shift+Ctrl+S)를 클릭합니다. ❷ [다른 이름으로 저장] 대화상자가 나타납니다. [파일 형식]이 'Photoshop'으로 설정되어 있습니다. [파일 이름]을 '피크닉(완성)'으로 설정합니다. ❸ [저장]을 클릭합니다.

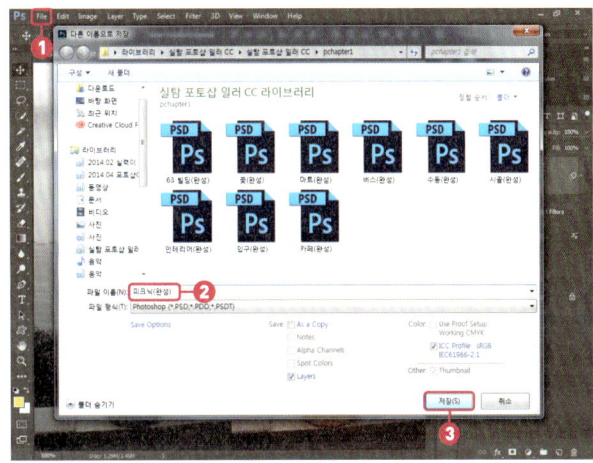

13 경고 메시지 확인하기

❶ [Photoshop Format Options] 대화상자가 나타납니다. [Maximize Compatibility]를 체크한 후 ❷ [OK]를 클릭합니다.

> **Point**
> [Maximize Compatibility]는 호환성 최대화 옵션입니다. 체크 해제하면 다른 응용 프로그램이나 다른 버전의 포토샵에서 충돌이 발생할 수 있습니다.

[New] 대화상자 살펴보기

[File]-[New] 메뉴(Ctrl+N)를 클릭하면 새 파일을 만들 수 있는 [New] 대화상자가 나타납니다. 대화상자가 열려 있는 상태에서 (Alt)를 누르면 [Cancel] 버튼이 [Reset]으로 바뀌고, 클릭하면 대화상자의 모든 옵션 설정이 초기화됩니다. 다른 대화상자에서도 같은 방법으로 조작할 수 있지만 일부 대화상자에서는 작동하지 않습니다.

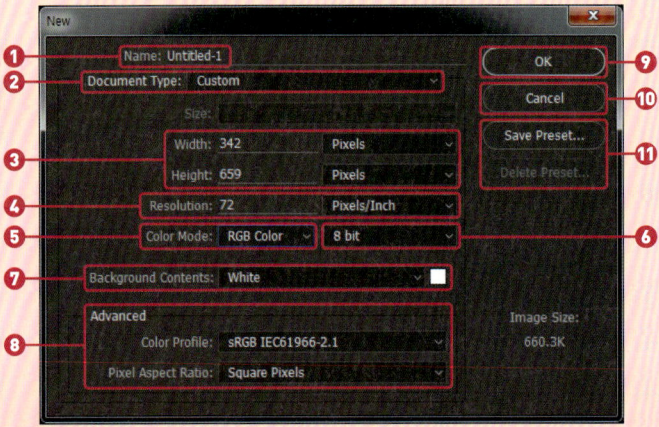

❶ **Name** : 파일의 이름을 입력합니다.
❷ **Preset** : [Size]와 함께 옵션 설정이 저장되어 있는 프리셋을 선택합니다. 'International Paper'로 설정하면 A4, A5 등의 크기를 설정할 수 있습니다.
❸ **Width/Height** : 캔버스의 가로 너비와 세로 높이를 입력합니다. 오른쪽 선택 상자에서는 단위를 선택합니다. 모니터(화상) 작업의 경우 Pixels, 인쇄물 작업의 경우 Centimeters(센티미터) 등의 단위를 설정하면 됩니다.
❹ **Resolution** : 해상도를 설정합니다. 모니터 이미지는 72(Pixels/Inch)를, 인쇄물 이미지는 보통 300(Pixels/Inch) 이상의 해상도를 사용합니다.
❺ **Color Mode** : 모니터 이미지는 RGB Color 모드를, 인쇄물 이미지는 CMYK Color 모드를 선택합니다. 파일을 만든 후 [Image]-[Mode] 메뉴로 변경할 수 있습니다. 자세한 사항은 Part 3 Section 1을 참고합니다.
❻ **비트 심도** : 사용할 수 있는 색상의 최대 수를 결정합니다. 기본 설정인 '8 Bit'를 선택하면 됩니다.
❼ **Background Contents** : 배경색을 설정합니다.
❽ **Advanced** : 클릭하면 숨겨진 옵션이 나타납니다.
  • **Color Profile** : 색 공간을 선택합니다. 사용하는 색 공간에 따라 많은 색상을 표현하고 양질의 이미지를 만들 수 있지만 포토샵에서 작업하는 색상과 웹에서 나타나는 색상의 차이를 방지하려면 기본 설정인 'sRGB IEC61966-2.1'를 선택하는 것이 안전합니다.
  • **Pixel Aspect Ratio** : 비트맵 이미지의 기본 단위인 픽셀의 비율을 설정합니다. 특별한 경우가 아닌 이상 기본 설정인 'Square Pixels'를 선택합니다.
❾ **OK** : 설정한 값으로 새 파일이 만들어집니다.
❿ **Cancel** : 파일을 만들지 않고 대화상자를 닫습니다.
⓫ **Save/Delete Preset** : 대화상자의 옵션 설정을 프리셋으로 저장하거나, 저장한 프리셋을 삭제합니다. 프리셋(사전 설정)은 미리 등록된 설정 값을 불러오는 기능으로, 반복 작업을 줄일 수 있어 유용합니다.

Level UP

[Canvas Size] 대화상자 살펴보기

[Image]-[Canvas Size] 메뉴()를 클릭하면 [Canvas Size] 대화상자가 나타납니다. 작업 가능한 전체 이미지 영역을 늘리거나 줄이는데 사용합니다.

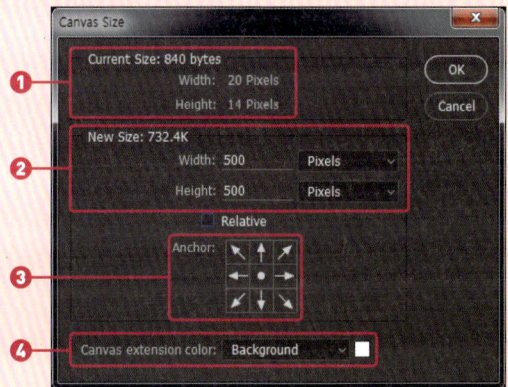

❶ **Current Size** : 현재 캔버스의 크기를 확인합니다.
❷ **New Size** : 수정하려는 크기를 입력합니다. [Relative]를 체크하면 현재 크기에서 입력한 값만큼 늘리거나 줄입니다. (줄일 때는 마이너스 부호를 붙이면 됩니다.)
❸ **Anchor** : 크기를 변경할 때 기준이 될 위치를 지정합니다. 9개의 칸 중 하나를 클릭하면 해당 지점이 기준이 되어 (●)와 함께 주변으로 화살표가 나타납니다. 이 화살표 방향으로 크기가 늘어나거나 줄어들게 됩니다.
❹ **Canvas extension color** : 크기를 늘릴 경우 추가되는 빈 공간에 채워질 색상을 설정합니다. 'Background(배경)' 레이어가 있을 경우만 설정 가능하며, 없을 경우 투명한 공간이 추가됩니다.

SECTION

07 기울어진 사진의 수평이나 수직을 바로 잡기

[Crop Tool] 옵션 바의 [Straighten] 기능으로 이미지를 회전시켜 기울어져 촬영된 사진의 수평이나 수직을 똑바로 수정합니다.

○ **Keyword** Crop Tool, 안내선   ○ 예제 파일 | Part01\입구.jpg   ○ 완성 파일 | Part01\입구(완성).psd

01 도구 선택하기

❶ [Crop Tool](🔲)을 선택합니다. ❷ 옵션 바에서 [📷],Straighten]을 클릭하여 활성화합니다.

02 직선 그리기

❶ 클릭&드래그해 기울어진 선을 따라 직선을 그립니다. 직선의 각도가 '5.1°'로 표시되면 마우스 버튼에서 손을 놓습니다.

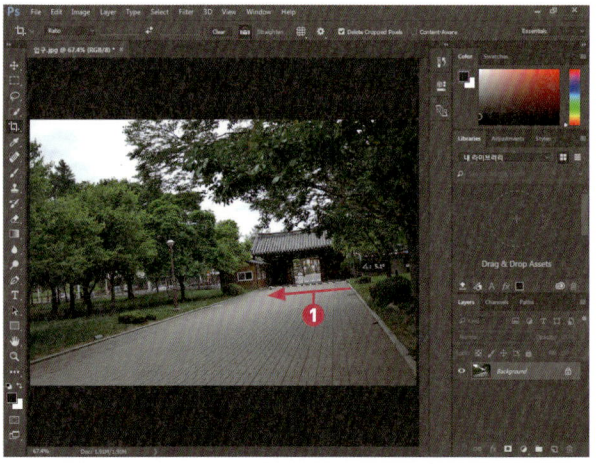

03 자르기 상자 확인하기

❶ 직선의 각도를 기준으로 이미지가 회전되고 빈 공간 없이 깔끔하게 자르기 상자가 만들어집니다. Enter 를 눌러 자르기 작업을 완료합니다.

Point
옵션 바의 를 클릭해도 자르기 작업이 완료됩니다. 이 버튼은 1024x768 해상도 이하에서는 나타나지 않습니다.

04 회전된 이미지 확인하기

❶ 기울어져 있던 사진의 수평이 제대로 맞춰졌습니다. ❷ [View]-[Ruler] 메뉴(Ctrl + R)를 클릭합니다. 작업 창 위쪽과 왼쪽으로 눈금자가 나타납니다.

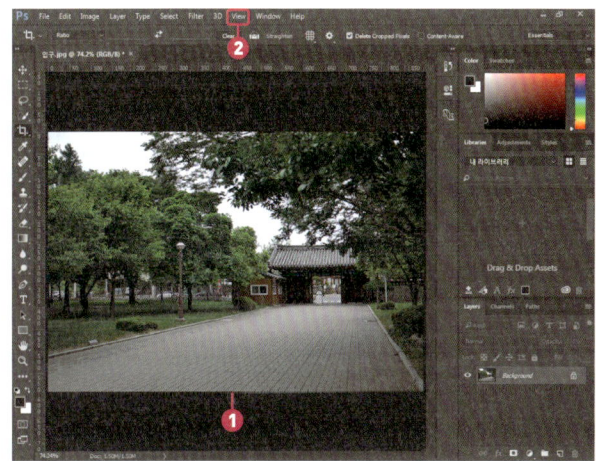

Point
수평 및 수직이 제대로 맞춰지지 않았을 경우 [History] 패널을 통해 이전 단계로 돌아간 후 1번 과정부터 반복 실행하면 됩니다.

05 안내선을 만들어 확인하기

❶ 가로 눈금자를 클릭&드래그해 안내선을 만듭니다. ❷ 이미지가 제대로 회전되었는지 확인합니다. ❸ [View]-[Rulers] 메뉴(Ctrl + R)를 클릭하면 눈금자가 숨겨집니다.

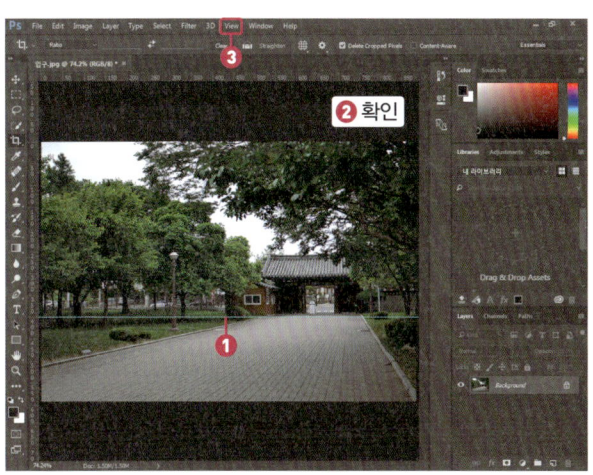

Point
[View]-[Clear Guides] 메뉴를 클릭하면 안내선이 삭제됩니다.

Part 02

레이어와 기본 도구로 이미지 편집하기

Part 2에서는 포토샵으로 간단한 작업을 할 때 기본적으로 알아두어야 할 도구와 기능, 조작법들로 내용을 구성하였습니다. 이미지 편집을 위한 레이어 조작법과 선택 영역 설정, 마스크, 블렌드 모드 및 레이어 스타일 효과 적용, 문자 입력과 서식 설정, 레이어 변형 및 왜곡 메뉴 등을 알아봅니다.

SECTION 01 레이어 선택하고 위치 이동하기

레이어를 선택하는 방법, 위치를 이동하는 방법을 알아봅니다. [Move Tool]은 선택한 레이어나 안내선의 위치를 이동하는 도구이며, 배워볼 레이어 선택 방법 중 몇 가지는 [Move Tool]을 선택했을 때만 가능합니다.

○ **Keyword** 레이어, [Layers] 패널, Move Tool   ○ **예제 파일** | Part02\레이어 선택.psd

01 썸네일 설정하기

❶ [Layers] 패널의 목록 단추(≡)를 클릭하고 [Panel Options] 메뉴를 클릭합니다. ❷ 가장 큰 이미지와 ❸ [Layer Bounds]를 클릭한 후 ❹ [OK]를 클릭합니다.

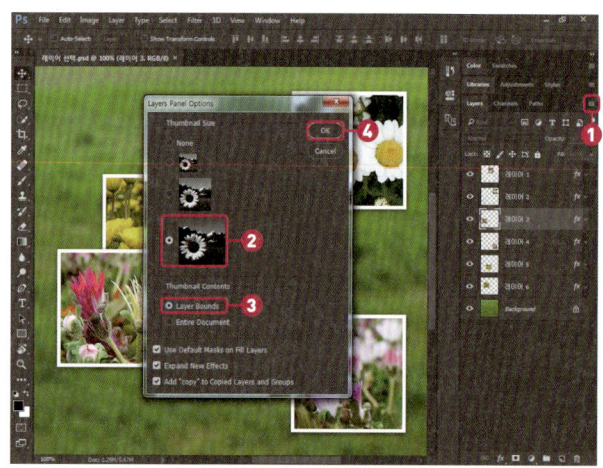

02 [Layers] 패널에서 레이어 선택하기

❶ 썸네일의 크기가 커지고, 빈 공간 없이 레이어 이미지만 나타납니다. ❷ [Layers] 패널에서 '레이어 3' 레이어를 클릭합니다. 해당 레이어가 선택됩니다.

Point

원하는 레이어를 동시 선택하려면 Ctrl을 누르고 클릭합니다. 연속된 레이어를 동시 선택하려면 Shift를 누르고 클릭합니다.

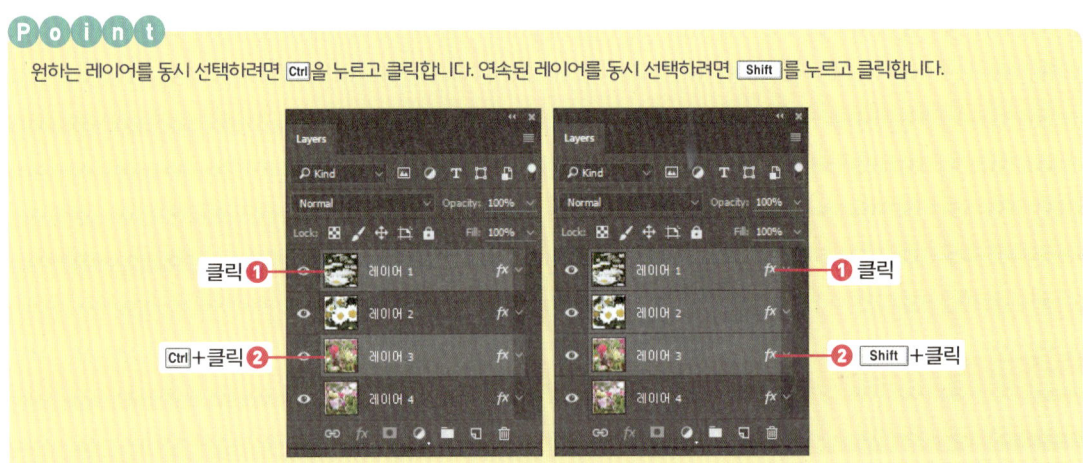

03 겹쳐져 있는 레이어 선택하기

❶ 마우스 오른쪽 버튼을 클릭하면 해당 위치에 존재하는 레이어의 목록이 나타납니다. ❷ 메뉴를 클릭한 후 ❸ 해당 레이어가 선택되었는지 [Layers] 패널을 확인합니다.

Point

다른 도구를 선택한 상태에서는 레이어 목록이 나타나지 않습니다.

04 자르기 상자 크기 조절하기

❶ [Move Tool](🕂)을 선택하고 ❷ 옵션 바에서 [Auto-Select]를 체크합니다. ❸ 캔버스에 클릭하면 ❹ 해당 위치의 레이어가 자동 선택됩니다. [Layers] 패널을 확인합니다.

Point

여러 레이어가 겹쳐져 있을 경우 해당 위치의 최상위 레이어가 선택되며, 'Background(배경)' 레이어는 선택되지 않습니다.

05 레이어 동시 선택하기

❶ Shift 를 누르고 다른 위치에 클릭합니다.
❷ 선택되어 있던 레이어와 클릭한 위치의 레이어가 동시 선택됩니다.

> **Point**
> 캔버스의 빈 공간에서 클릭&드래그하면 해당 영역 안에 존재하는 모든 레이어가 동시 선택됩니다.

06 단축키로 자동 선택하기

❶ 옵션 바에서 [Auto-Select]를 체크 해제합니다. ❷ Ctrl 을 누르고 캔버스에 클릭합니다.
❸ [Auto-Select]가 체크되어 있을 때처럼 클릭한 위치의 레이어가 자동 선택됩니다.

> **Point**
> Shift + Ctrl 을 누르고 다른 위치에 클릭하면 선택되어 있던 레이어와 클릭한 위치의 레이어가 동시 선택됩니다.

07 단축키로 자동 선택하기

❶ Alt 를 누르고 캔버스에 마우스 오른쪽 버튼을 클릭합니다. ❷ 마찬가지로 [Auto-Select]가 체크되어 있을 때처럼 클릭한 위치의 레이어가 자동 선택됩니다.

> **Point**
> - Alt + Shift 를 누르고 마우스 오른쪽 버튼을 클릭하여 레이어를 동시 선택할 수 있습니다.
> - 두 단축키(Ctrl +클릭, Alt +우클릭)의 차이는 [Level Up]을 참고합니다.

08 레이어 위치 이동하기

❶ 클릭&드래그하면 레이어의 위치가 이동됩니다. 앞서 배운 레이어 선택 방법으로 각 레이어를 선택한 후 위치를 이동시켜 봅니다.

09 썸네일 설정 초기화하기

❶ [Layers] 패널의 목록 단추(≡)를 클릭하고 [Panel Options] 메뉴를 클릭합니다. ❷ 가장 작은 이미지와 ❸ [Entire Document]를 클릭한 후 ❹ [OK]를 클릭합니다.

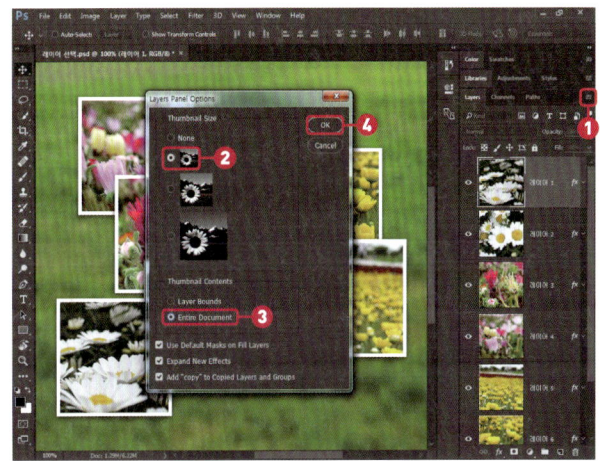

Level UP

이동 작업의 공통 조작법 살펴보기

이동 작업을 할 때 공통으로 적용되는 조작법을 살펴봅니다. (Move Tool(✥), Crop Tool(🔲), Perspective Crop Tool(🔳), Slice Tool(✂), Slice Select Tool(✂), Path Selection Tool(▶), Direct Selection Tool(▶))

- **이동 방향 제한** : 클릭&드래그해 이동하는 도중 Shift 를 누르면 수평이나 수직, 대각선 방향으로 이동이 제한됩니다.
- **복사와 함께 이동** : 마우스를 이동시켜 Alt 를 눌러 커서 모양이 바뀔 때(▶) 클릭&드래그하면 복사와 함께 이동됩니다. 일부 도구는 작동하지 않습니다.
- **단축키로 이동** : 방향키(←, →, ↑, ↓)를 누를 때마다 해당 방향으로 1픽셀씩 이동합니다. Shift 와 함께 누르면 10픽셀씩 이동합니다.

[Move Tool] 옵션 바 살펴보기

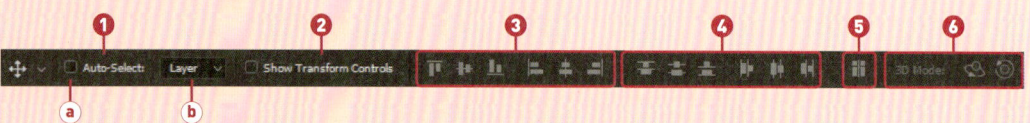

❶ Auto-Select

ⓐ 기본 설정인 체크 해제 상태에서는 [Layers] 패널에서 레이어를 직접 선택해야 합니다. 체크하여 기능을 활성화하면 캔버스에 클릭하여 해당 위치에 존재하는 최상위 레이어를 자동 선택할 수 있습니다. 직관적인 선택을 할 수 있어 편리하지만 레이어가 많을 경우 정확도가 떨어져 불편할 수 있습니다.

ⓑ 체크하여 기능을 활성화했을 때 자동 선택 단위를 설정합니다.
- [Group]으로 설정하면 클릭한 위치에 존재하는 레이어의 소속 그룹을 선택합니다. 소속 그룹과 상관없이 레이어를 선택하려면 [Layer]로 설정하면 됩니다.
- 체크 해제 상태에서도 단축키를 눌러 기능을 사용할 수 있습니다. Ctrl을 누르고 캔버스에 클릭하면 [Group]으로 설정한 것과 같은 선택을, Alt를 누르고 캔버스에 마우스 오른쪽 버튼을 클릭하면 [Layer]로 설정한 것과 같은 선택을 할 수 있습니다.

❷ Show Transform Controls : 체크하면 선택한 레이어 주위로 변형 테두리 상자가 나타납니다. 클릭&드래그해 크기를 조절하거나 방향을 회전할 수 있습니다.

❸ 정렬 : 두 개 이상의 레이어를 선택하면 활성화됩니다. 레이어를 조건에 맞게 정렬합니다.
- (Align top edges) : 수직선의 위쪽을 기준으로 하여 X축 정렬합니다.
- (Align vertical centers) : 수직선의 가운데를 기준으로 하여 X축 정렬합니다.
- (Align bottom edges) : 수직선의 아래쪽을 기준으로 하여 X축 정렬합니다.
- (Align left edges) : 수평선의 왼쪽을 기준으로 Y축 정렬합니다.
- (Align horizontal centers) : 수평선의 가운데를 기준으로 Y축 정렬합니다.
- (Align right edges) : 수평선의 오른쪽을 기준으로 Y축 정렬합니다.

❹ 분포 : 세 개 이상의 레이어를 선택하면 활성화됩니다. 선택한 레이어를 균등한 간격으로 분포합니다.
- (Distribute top edges) : 각 레이어의 위쪽을 기준으로 Y축 간격이 같게 분포합니다.
- (Distribute vertical centers) : 각 레이어의 중심을 기준으로 Y축 간격이 같게 분포합니다.
- (Distribute bottom edges) : 각 레이어의 아래쪽을 기준으로 Y축 간격이 같게 분포합니다.
- (Distribute left edges) : 각 레이어의 왼쪽을 기준으로 X축 간격이 같게 분포합니다.
- (Distribute horizontal centers) : 각 레이어의 중심을 기준으로 X축 간격이 같게 분포합니다.
- (Distribute right edges) : 각 레이어의 오른쪽을 기준으로 X축 간격이 같게 분포합니다.

❺ Auto-Align Layers( ) : 선택한 레이어를 자동 정렬하여 파노라마 사진을 만듭니다.

❻ 3D Mode : 3D 오브젝트를 이동하거나 회전합니다. 3D 작업을 할 때 활성화됩니다.

SECTION

02 레이어 크기 조절 및 회전하기

[Move Tool]을 이용하여 다른 캔버스의 레이어를 작업 중인 캔버스로 가져오는 방법, [Show Transform Controls(변형 컨트롤 표시)] 기능을 이용하여 레이어의 크기를 조절하거나 회전하는 방법을 알아봅니다.

○ **Keyword** 레이어, [Layers] 패널, Transform　○ **예제 파일** | Part02\벚꽃 사진.psd, 폴라로이드.psd　○ **완성 파일** | Part02\폴라로이드(완성).psd

01 모든 레이어 선택하기

두 예제 파일을 모두 불러옵니다. ❶ '벚꽃 사진.psd' 탭을 클릭합니다. ❷ '벚꽃 사진' 레이어를 클릭합니다. 해당 레이어가 선택됩니다.

02 선택한 레이어 가져가기

❶ [Move Tool](✥)을 선택합니다. ❷ 캔버스를 클릭한 상태에서 '폴라로이드.psd' 탭으로 드래그한 후 1초 정도 기다립니다.

03 선택한 레이어 가져오기

'폴라로이드.psd' 파일로 화면이 전환됩니다. ① 캔버스로 드래그하면 흰색 사각형이 나타나면서 커서 모양이 바뀝니다. (🖐) 마우스 버튼에서 손을 뗍니다.

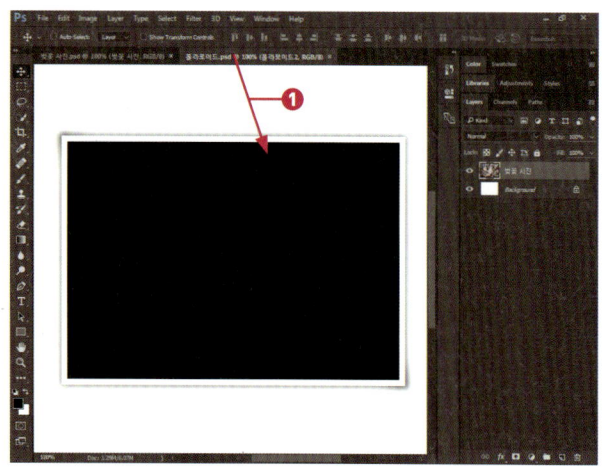

04 겹칠 순서 변경 및 위치 이동하기

'여행 사진.psd' 파일에서 선택했던 레이어들이 표시됩니다. ① [Layer]-[Arrange]-[Send Backward] 메뉴를 클릭합니다. 레이어의 누적 순서가 바뀝니다. ② 클릭&드래그해 검은색 사각형이 보이지 않도록 레이어의 위치를 이동합니다.

> **Point**
> 단축키는 Ctrl + [입니다. 화살표 키(←, →, ↑, ↓)를 누르면 해당 방향으로 1픽셀씩 이동합니다.

05 선택한 레이어 합치기

① [Select]-[All Layers] 메뉴를 클릭합니다. 'Bakcground' 레이어를 제외한 모든 레이어들이 모두 동시 선택됩니다. ② [Layer]-[Merge Layers] 메뉴(Ctrl + E)를 클릭합니다.

06 레이어 복사하기

❶ '폴라로이드2' 레이어를 클릭한 채 패널 아래의 [Create a new layer](🗔)로 드래그 합니다. ❷ 레이어가 복사됩니다.

07 변형 테두리 상자 나타내기

❶ 옵션 바에서 [Show Transform Controls]를 체크합니다. 레이어 주위로 변형 테두리 상자가 나타납니다.

08 레이어 회전하기

❶ 모서리 조절점의 조금 바깥에 마우스를 가져갑니다. 커서 모양이 꺾은 화살표(↻)로 바뀌면 클릭&드래그 합니다. 레이어의 중심을 기준으로 회전됩니다.

09 레이어 크기 조절하기

❶ 모서리 조절점에 마우스를 가져갑니다. 커서가 대각선 화살표 모양(↖↘)으로 바뀌면 Shift 를 누르고 클릭&드래그 합니다. 원본 비율을 유지하면서 크기가 변경됩니다.

> **Point**
> Shift 를 누르지 않고 클릭&드래그하면 원본 비율이 유지되지 않습니다.

10 입력한 비율로 크기 조정하기

❶ 옵션 바에서 ∞ 를 클릭하여 활성화한 후 ❷ [W]에 '65%'를 입력하고 ❸ 옵션 바에서 ✓ 를 클릭하거나 Enter 를 눌러 변형 작업을 완료합니다.

> **Point**
> ∞ 를 활성화하였기 때문에 W 값을 입력하면 H 값이 자동으로 조정됩니다.

11 반복 작업하기

❶ 8번~10번 과정을 참고하여 '폴라로이드2' 레이어의 크기를 변경하고 회전한 후 위치를 이동하여 그림과 같이 만듭니다.

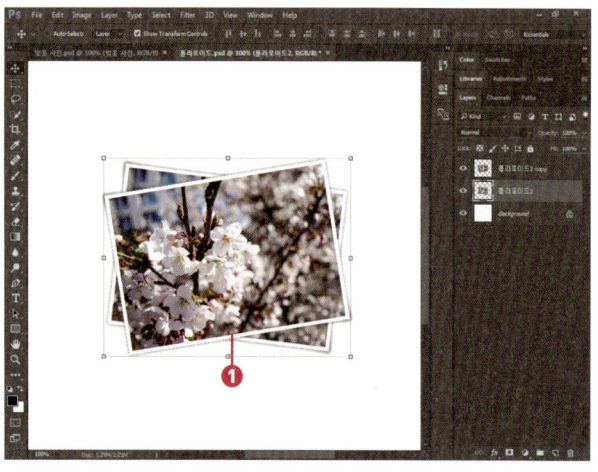

> **Point**
> 크기 변경 및 회전을 하기 전에 [Layers] 패널에서 해당 레이어를 선택해야 합니다.

[Transform Controls] 옵션 바 살펴보기

[Move Tool] 옵션 바의 [Show Transform Controls] 옵션을 체크한 후 변형 테두리 상자를 클릭하거나 조절점을 움직이면 나타나는 옵션 바입니다. 뒷 페이지에서 배울 [Select]-[Transform Selection] 메뉴, [Edit]-[Free Transform] 메뉴 등에서도 같은 옵션 바가 나타나므로 알아두도록 합니다.

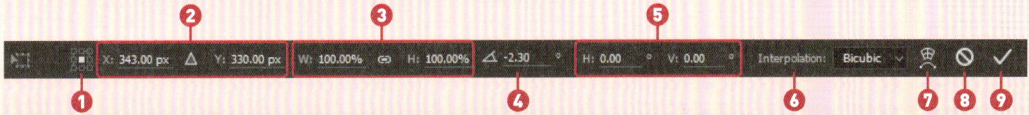

❶ (Reference point location) : 위치 이동, 크기 조절 및 회전 등의 변형 작업을 할 때 기준이 될 참조점을 설정합니다. 기본 설정인 가운뎃점은 레이어의 중심을, 나머지 8개점은 각 모서리와 각 변 중심의 조절점입니다.
❷ X/Y : 설정한 참조점을 기준으로 레이어의 위치를 좌표로 표시합니다. 좌표를 입력하여 다른 위치로 이동할 수 있습니다. △를 클릭하면 참고점 위치에서 입력하는 수치만큼 이동합니다.
❸ W/H : 원본 크기의 백분율로 크기를 변경합니다. 정확한 수치로 변경하려면 수치와 함께 단위를 입력하면 됩니다. ⌘를 클릭하면 크기를 변경할 때 원본 크기의 비율이 유지됩니다.
❹ △ : 설정한 참조점 위치를 기준으로 입력한 각도만큼 레이어를 회전합니다.
❺ H/V : 수평 및 수직으로 기울여 왜곡합니다.
❻ Interpolation : 크기를 변경할 때 처리하는 방식을 설정합니다. 설정에 따라 결과가 조금씩 달라집니다.
❼ : 클릭하면 레이어를 자유롭게 왜곡하거나, 특정 모양으로 왜곡합니다.
❽ : 변형 작업을 취소합니다.
❾ : 변형 작업을 완료합니다.

SECTION 03 선택 영역을 설정한 후 안쪽에 색상 채우기

선택 영역을 설정한 후 선택 영역을 따라 테두리를 만드는 방법, 선택 영역 안쪽에 색을 채우는 방법, 선택 영역 설정을 해제하는 방법을 알아봅니다.

○ **Keyword** 선택 영역, 레이어, [Stroke] 대화상자　　○ **예제 파일** | Part02\캐릭터.jpg　　○ **완성 파일** | Part02\캐릭터(완성).psd

01 새 레이어 만들고 색상 설정하기

❶ [Layers] 패널에서 [Create a new layer](아이콘)를 클릭합니다. 새 레이어가 만들어집니다.
❷ [Tool] 패널 아래의 아이콘을 클릭한 후 ❸ 아이콘을 클릭합니다.

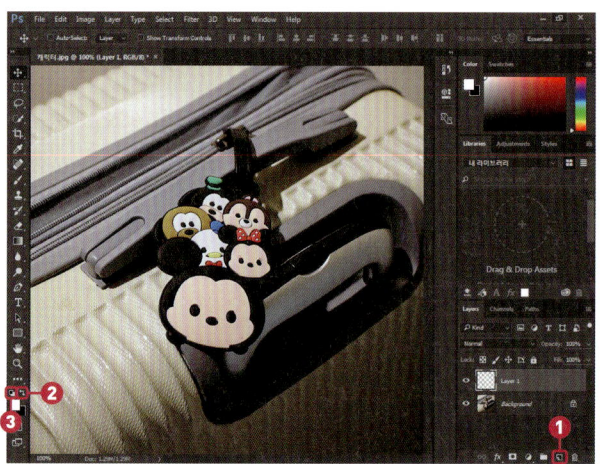

02 캔버스 전체 선택하기

❶ [Select]-[All] 메뉴(Ctrl+A)를 클릭합니다. 캔버스 전체가 선택 영역으로 설정됩니다. ❷ [Edit]-[Stroke] 메뉴를 클릭합니다.

03 [Stroke] 대화상자 설정하기

❶ [Width]에 '15 px'을 입력합니다. ❷ [Location]을 'Inside'로 설정한 후 ❸ [OK]를 클릭합니다.

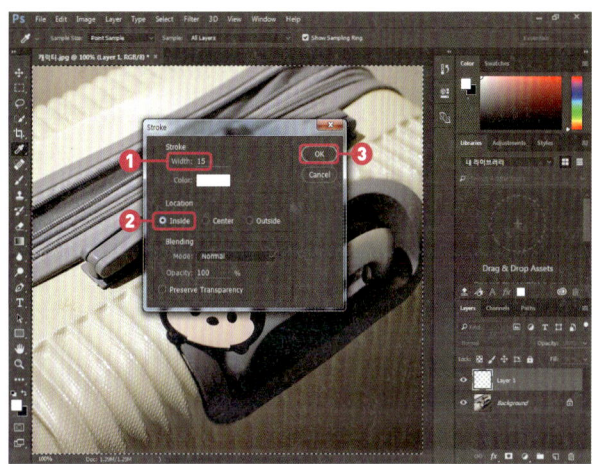

04 테두리 생성, 선택 영역 해제하기

선택 영역의 안쪽으로 15 픽셀 굵기의 테두리가 만들어졌습니다. ❶ [Select]-[Deselect] 메뉴(Ctrl + D)를 클릭하여 선택 영역 설정을 해제합니다.

05 새 레이어 생성, 선택 영역 설정하기

❶ Alt + Shift + Ctrl + N 을 눌러 새 레이어를 만듭니다. ❷ [Rectangular Marquee Tool]을 선택하고 ❸ 클릭&드래그 합니다. 사각형 선택 영역이 설정됩니다.

Level UP

만들기 작업의 공통 조작법 살펴보기

만들기 관련 도구를 사용할 때 공통으로 적용되는 조작법입니다. (선택 영역 : Rectangular Marquee Tool(▣), Elliptical Marquee Tool(◉), 자르기 상자 : Crop Tool(⛶), Perspective Crop Tool(⛶), 분할 영역 : Slice Tool(✂), 글상자 : Horizontal Type Tool(T), 도형 : Custom Shape Tool(✿))

- 클릭&드래그하면 클릭한 지점을 시작으로 만들어집니다.
- Alt 를 누르고 클릭&드래그하면 클릭한 지점이 중심이 되어 만들어집니다.
- Shift 를 누르고 클릭&드래그하면 가로 너비와 세로 높이가 같은 비율로 만들어집니다.

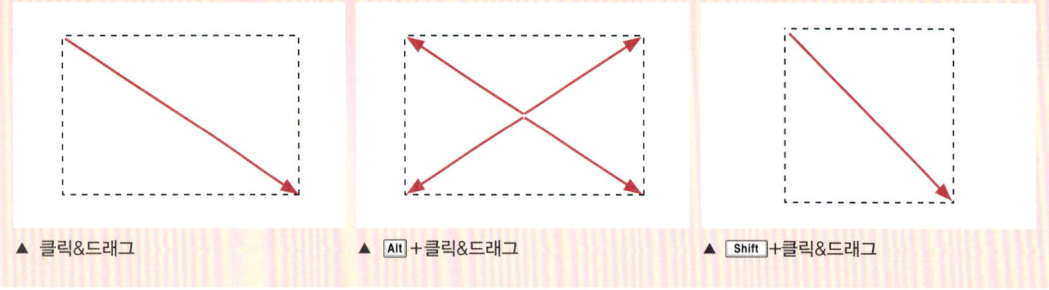

▲ 클릭&드래그   ▲ Alt +클릭&드래그   ▲ Shift +클릭&드래그

06 선택 영역 위치 이동하기

❶ 선택 영역에 마우스를 위치시키면 커서 모양이 ▧로 바뀝니다. 클릭&드래그하면 선택 영역의 위치가 이동됩니다. ❷ [Select]-[Transform Selection] 메뉴를 클릭합니다.

07 선택 영역 회전하기

변형 테두리 상자가 나타납니다. ❶모서리 바깥쪽으로 마우스를 위치시켜 꺾은 화살표 모양(↻)으로 커서가 바뀔 때 클릭&드래그하면 회전됩니다. ❷✓를 클릭합니다.

> **Point**
> 모서리에 마우스를 위치시켜 대각선 화살표 모양(⤢)으로 커서가 바뀔 때 클릭&드래그하면 크기가 조절됩니다.

08 [Stroke] 대화상자 설정하기

선택 영역이 회전되었습니다. ❶[Edit]-[Stroke] 메뉴를 클릭합니다. ❷[Width]에 '6 px'을 입력합니다. ❸[Location]을 'Inside'로 설정한 후 ❹[OK]를 클릭합니다.

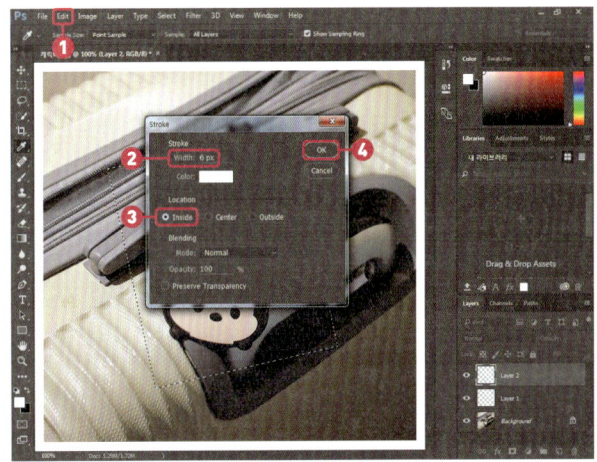

09 선택 영역 해제하기

❶선택 영역에 마우스를 위치시켜 커서 모양이 ▷일 때 클릭합니다. 선택 영역이 해제됩니다. ❷5번~8번 과정을 참고하여 그림과 같이 만듭니다.

> **Point**
> 선택한 도구가 [Rectangular/Elliptical Marquee Tool] (▭/◯)일 경우 선택 영역 밖 아무 곳이나 클릭해도 선택 영역이 해제됩니다.

PART 02 레이어와 기본 도구로 이미지 편집하기 **71**

10 정원 선택 영역 설정하기

❶ [Elliptical Marquee Tool](◯)을 선택합니다. ❷ Shift 를 누르고 클릭&드래그하면 가로 너비와 세로 높이가 같은 정원 선택 영역이 설정됩니다.

> **Point**
> [Rectangular Marquee Tool](▭)에 마우스 오른쪽 버튼을 클릭하면 숨겨진 도구 목록이 나타나 [Elliptical Marquee Tool](◯)을 선택할 수 있습니다.

11 선택 영역에 전경색 채우기

❶ 새 레이어를 만든 후 ❷ Alt + Delete 를 누릅니다. 선택 영역 안쪽으로 흰색(전경색)이 채워집니다. ❸ 10번~11번 과정을 참고하여 그림과 같이 만듭니다.

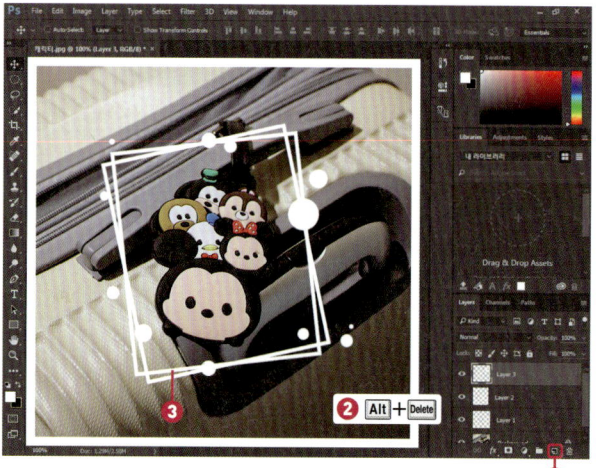

> **Point**
> 배경색을 채우는 단축키는 Ctrl + Delete 입니다.

S E C T I O N

04 사진의 가장자리가 점차적으로 투명해지는 이미지 만들기

선택 영역에 페더(Feather)를 설정하여 사진의 가장자리가 점차적으로 투명해지는 이미지를 만듭니다. 투명한 영역을 웹에 업로드하여 유지하려면 GIF 형식이나 PNG 형식으로 저장해야 합니다.

● **Keyword** 선택 영역, 레이어, Feather　　● 예제 파일 | Part02\민들레.jpg　　● 완성 파일 | Part02\trans_photo.png

01 배경 레이어를 일반 레이어로 변환하기

❶ [Layers] 패널에서 'Background' 레이어의 (🔒)를 클릭합니다. 해당 아이콘이 없어지고 'Background' 레이어의 잠금이 해제되어 일반 레이어가 됩니다.

02 Feather 설정하기

❶ [Rectangular Marquee Tool](▢)을 선택합니다. ❷ 옵션 바에서 [Feather]의 입력 상자에 '30 px'을 입력하고 ❸ Enter 를 누릅니다.

03 선택 영역 설정하기

❶ 클릭&드래그해 사각형 선택 영역을 설정합니다. [Feather]를 설정하였기 때문에 가장자리가 둥근 사각형으로 선택 영역이 설정됩니다.

> **Point**
> [Feather]는 선택 영역의 가장자리를 흐리게 만듭니다. 선택 영역 설정 후 추가로 작업해야 확인할 수 있습니다 (오리기, 색 채우기, 필터 효과 적용 등).

04 선택 영역 반전, 이미지 지우기

❶ [Select]-[Inverse] 메뉴(Shift+Ctrl+X)를 클릭하여 선택 영역을 반전합니다. ❷ [Edit]-[Cut] 메뉴(Ctrl+X)를 클릭하여 선택 영역의 이미지를 잘라냅니다.

> **Point**
> 배경 레이어가 없는 상태에서 이미지를 잘라냈기 때문에 투명한 영역이 나타납니다. [Edit]-[Cut] 메뉴를 누를 때마다 가장자리가 점점 더 투명해집니다.

05 선택 해제, 저장하기

❶ [Select]-[Deselect] 메뉴(Ctrl+D)를 클릭하여 선택을 해제합니다. ❷ [File]-[Export]-[Save for Web] 메뉴(Alt+Shift+Ctrl+S)를 클릭합니다.

06 PNG 파일로 저장하기

❶ 대화상자가 나타납니다. [Preset]을 'PNG-24'로 설정합니다. ❷ [Transparency]를 체크하고 ❸ [Save]를 클릭합니다.

Point
PNG-8이나 GIF 형식으로 저장하면 투명한 영역이 부자연스럽게 나타날 수 있습니다. 원본과 가까운 부드러운 투명도를 유지하려면 PNG-24 형식으로 저장해야 합니다. JPEG 형식은 투명도를 지원하지 않습니다.

07 파일 이름 입력하기

❶ [파일 이름]을 'trans_photo'로 입력하고 ❷ [저장]을 클릭합니다.

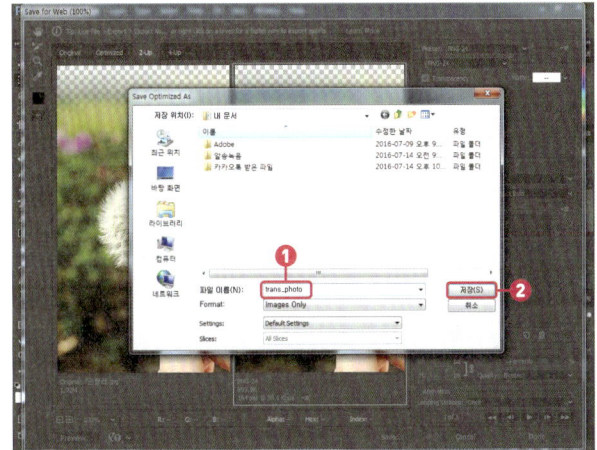

08 저장하지 않고 닫기

❶ [Feather] 입력 상자에 기본 설정인 '0 px'을 입력하고 ❷ Enter 를 누릅니다. ❸ [File]-[Close] 메뉴를 클릭(Ctrl + W)한 후 ❹ 확인 메시지에서 [No]를 클릭하여 저장하지 않고 닫습니다.

[Marquee Tool] 옵션 바 살펴보기

기본 선택 영역 도구(Rectangular/Elliptical/Single Row/Single Column Marquee Tool)의 옵션 바입니다. 일부 옵션은 다른 선택 도구의 옵션과 같은 기능이므로 알아두는 것이 좋습니다.

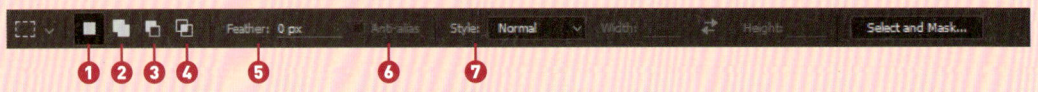

❶ **New selection**(▢) : 새로운 선택 영역을 설정합니다. 기본 설정입니다. 선택 영역이 설정된 상태에서 [Shift]를 누르면 (▢), [Alt]를 누르면 (▢), [Alt]+[Shift]를 누르면 (▢)로 일시 전환됩니다.

❷ **Add to selection**(▢) : 기존 선택 영역과 새로 설정하는 선택 영역을 합치거나 다중 선택합니다.

❸ **Subtract from selection**(▢) : 기존 선택 영역에서 새로 설정하는 선택 영역을 뺍니다. 다른 모드에서 [Alt]를 누르면 일시적으로 해당 모드를 사용할 수 있습니다.

❹ **Intersect with selection**(▢) : 기존 선택 영역과 새로 설정하는 선택 영역이 교차하는 부분만 선택합니다.

❺ **Feather** : 값(0~1000 px)을 높게 설정할수록 선택 영역의 가장자리가 흐려집니다. 이 옵션은 선택 영역 설정 후 추가로 작업해야 확인할 수 있습니다.

❻ **Anti-alias** : 체크한 후 선택 영역을 설정하면 경계 부분이 부드럽게 처리됩니다. [Elliptical Marquee Tool](◯)을 선택했을 때 사용할 수 있습니다. [Feather]와 마찬가지로 선택 영역을 설정한 후 추가로 작업해야 확인할 수 있습니다.

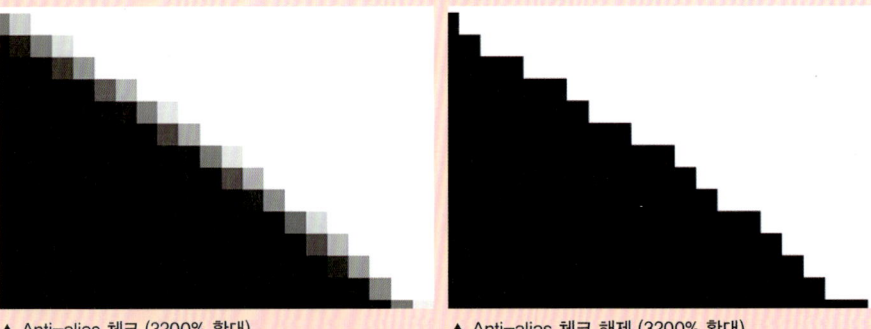

▲ Anti-alias 체크 (3200% 확대)　　　　▲ Anti-alias 체크 해제 (3200% 확대)

❼ **Style**
- **Normal** : 크기 제한 없이 자유롭게 선택 영역을 설정합니다.
- **Fixed Ratio** : 입력한 폭(Width), 높이(Height)의 비율을 유지하여 선택합니다.
- **Fixed Size** : 입력한 크기로 선택 영역을 설정합니다. 단위를 직접 입력하면 다른 단위로 변경됩니다. (⇌)를 클릭하면 'Width'와 'Height'의 입력 값이 서로 교체됩니다.

SECTION 05 선택 영역의 이미지를 복사하고 붙여넣기

설정한 선택 영역의 크기를 [Info] 패널에서 확인할 수 있습니다. 정확한 크기로 선택 영역을 설정한 후 클립보드로 복사하고, 다른 캔버스에 붙여넣기 합니다.

● **Keyword** 선택 영역, 복사하기, 붙여넣기   ● 예제 파일 | Part02\4 Photos.psd, 예제 사진들.psd   ● 완성 파일 | Part02\4 Photos(완성).psd

01 선택 영역 설정하기

❶ [Rectangular Marquee Tool](▭)을 선택합니다. ❷ 클릭&드래그해 파란색 사각형을 선택 영역으로 설정합니다.

Point
화면을 확대하면 보다 정확하게 선택할 수 있습니다.

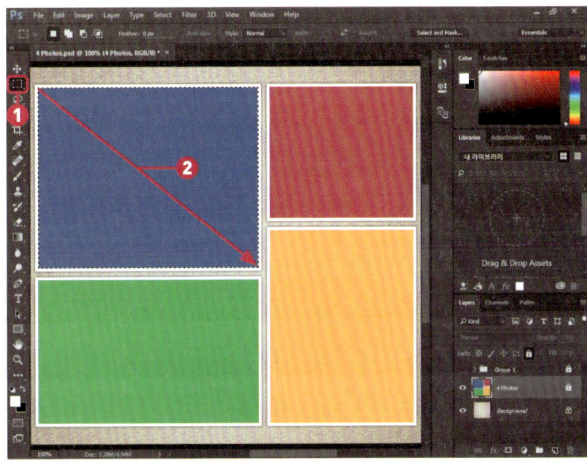

02 선택 영역의 크기 확인하기

❶ [Window]-[Info] 메뉴(F8)를 클릭합니다. [Info] 패널이 나타납니다. ❷ ✛를 클릭하고 [Pixels] 메뉴를 클릭합니다. ❸ ▭에 선택 영역의 크기가 나타납니다. (W: 385, H: 307)

03 선택 영역 크기 설정하기

① '예제 사진들.psd' 파일을 불러옵니다. ② 옵션 바에서 [Style]을 'Fixed Size'로, [Width]와 [Height]를 [Info] 패널에서 확인한 크기 (W: 385, H: 307)로 입력합니다.

> **Point**
> F8을 누르면 [Info] 패널이 숨겨집니다.

04 선택 영역의 이미지 복사하기

① 클릭하여 입력한 크기의 선택 영역을 설정한 후 ② 클릭&드래그해 선택 영역의 위치를 이동합니다. ③ [Edit]-[Copy] 메뉴를 클릭 Ctrl + C 하면 선택 영역의 이미지가 클립보드로 복사됩니다.

> **Point**
> 클립보드는 임시 기억 장소입니다. 포토샵 외에도 컴퓨터에서 글자나 그림을 복사하기 명령을 사용하면 클립보드로 임시 저장되고, 붙여넣기 명령으로 복사한 내용을 붙여 넣을 수 있습니다. 기억할 수 있는 내용은 한가지뿐이라서 다른 내용을 복사하면 이전 내용은 지워지고 마지막으로 복사한 내용만 붙여 넣을 수 있습니다.

05 복사 이미지 붙여넣기

① Ctrl + Tab 을 누릅니다. '4 Photos.psd' 파일로 화면이 전환됩니다. ② [Edit]-[Paste] 메뉴(Ctrl + V)를 클릭합니다. ③ 복사한 이미지가 새 레이어로 붙여집니다.

06 선택 영역의 크기 확인하기

① [Style]을 'Normal'로 설정합니다. ② 초록색 사각형을 선택 영역으로 설정합니다. ③ [Info] 패널에서 선택 영역의 크기 (W: 385, H: 244)를 확인합니다. ④ Ctrl + Tab 을 누릅니다.

07 선택 영역 크기 설정, 레이어 숨기기

① [Style]을 'Fixed Size'로, [Width]와 [Height]를 [Info] 패널에서 확인한 크기(W: 385, H: 244)로 입력합니다. ② '사진1' 레이어의 👁 를 클릭하여 숨기고 ③ '사진2' 레이어를 선택합니다.

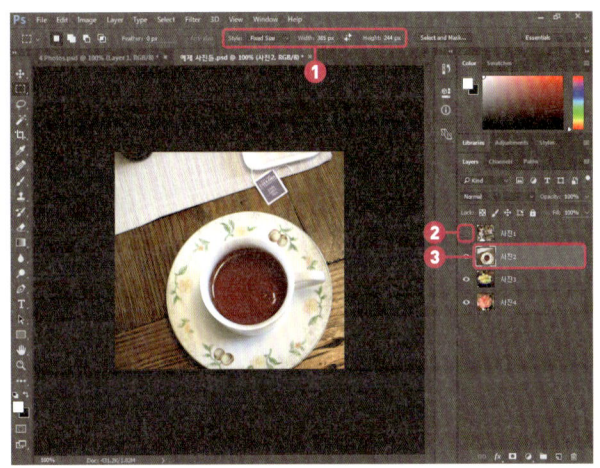

08 선택 영역 설정하고 복사하기

① 캔버스에 클릭하여 선택 영역을 다시 설정한 후 위치를 이동합니다. ② Ctrl + C 를 눌러 클립보드로 복사합니다. ③ Ctrl + Tab 을 눌러 '4 Photos.psd' 파일로 화면을 전환합니다.

PART 02 레이어와 기본 도구로 이미지 편집하기 79

09 완성하기, 숨겨진 그룹 나타내기

❶ Ctrl + V 을 눌러 복사한 이미지를 붙여 넣습니다. ❷ 앞의 과정을 반복하여 그림과 같이 완성합니다. ❸ 'Group 1' 그룹의 빈 상자(■)를 클릭하여 나타나게 합니다.

Level UP

[Edit] 메뉴의 선택 영역 이미지 편집하기

[Edit] 메뉴를 클릭하여 선택 영역의 이미지를 잘라 내거나 복사 및 붙여 넣는 명령들을 살펴봅니다.

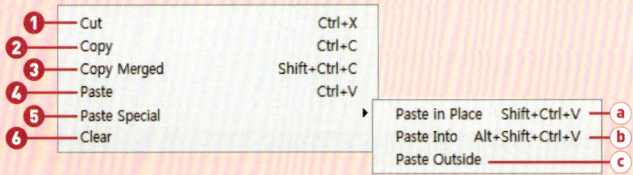

❶ **Cut**(Ctrl + X, F2) : 선택 영역의 이미지를 클립보드로 복사한 후 잘라냅니다. 잘라낸 영역은 투명한 영역(빈 공간)이 되어 하위 레이어가 나타납니다. 'Background'를 잘라내면 설정된 배경색이 채워집니다.

❷ **Copy**(Ctrl + C, F3) : 선택 영역의 이미지를 클립보드로 복사합니다. 선택한 레이어(1개)에서만 복사합니다.

❸ **Copy Merged** (Shift + Ctrl + C) : 선택 영역의 이미지를 클립보드로 복사합니다. [Copy] 메뉴와는 달리 레이어를 모두 병합한 것처럼 화면에 보이는 이미지 그대로를 복사합니다. 작업하는 레이어가 많을 경우 유용합니다.

❹ **Paste**(Ctrl + V, F4) : 클립보드로 복사한 이미지를 새 레이어로 붙여 넣습니다. 선택 영역이 있을 때는 선택 영역의 중심을 기준으로, 선택 영역이 없을 때는 캔버스의 가운데로 붙여집니다.

❺ **Paste Special** : 클립보드로 복사한 이미지를 다양한 방법으로 붙여 넣습니다.
　ⓐ **Paste in Place**(Shift + Ctrl + V) : 잘라내거나 복사했던 위치 그대로 붙여 넣습니다.
　ⓑ **Paste Into**(Alt + Shift + Ctrl + V) : 선택 영역 안으로 붙여 넣습니다.
　ⓒ **Paste Outside** : 선택 영역 밖으로 붙여 넣습니다.

❻ **Clear** : 선택 영역의 이미지를 제거합니다. [Cut] 메뉴와 비슷하지만 이 명령은 클립보드로 복사하지 않습니다.

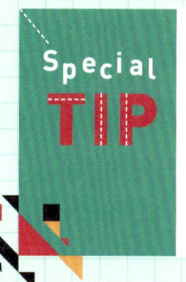

실행한 작업 취소하여 되돌리기, 초기 상태로 복원하기

[Edit] 메뉴, [History] 패널을 이용하여 실행한 작업을 취소하는 방법과 [History Brush Tool]을 이용하여 일부분만 초기 상태로 복원하는 방법을 알아봅니다.

01 실행한 작업을 취소하는 메뉴들

- **마지막 작업 취소하기** : [Edit(편집)]-[Undo(실행 취소)] 메뉴(Ctrl+Z)를 클릭하면 마지막으로 실행한 작업을 취소합니다. [Redo(다시 실행)] 메뉴를 클릭하면 취소한 작업을 다시 실행합니다.
- **순서대로 작업 취소하기** : [Edit]-[Step Backward(이전 단계)] 메뉴(Alt+Ctrl+Z)를 클릭하면 실행했던 작업을 순서대로 취소합니다. [Step Forward(다음 단계)] 메뉴(Shift+Ctrl+Z)는 반대로 취소한 작업을 순서대로 다시 실행합니다.
- **처음 상태로 되돌리기** : [File(파일)]-[Revert(되돌리기)] 메뉴(F12)를 클릭하면 작업 중인 파일을 처음 불러왔을 때의 상태로 되돌립니다.

02 [History(작업 내역)] 패널로 작업 기록 확인하기

[History(작업 내역)] 패널은 실행하는 작업이 순서대로 기록됩니다. 기본적으로 20회의 내역이 기록되며, 기록 횟수를 변경하려면 [Edit(편집)]-[Preferences(환경 설정)]-[Performance(성능)] 메뉴를 클릭한 후 나타나는 대화상자에서 [History States(작업 내역 상태)] 항목을 설정합니다.

1. 파일을 만들거나 불러왔을 때의 초기 상태로 돌아갑니다.
2. **Snapshot(스냅숏)** : 작업하는 도중 현재의 상태를 스냅숏으로 찍어서 작업하는 동안 언제든지 그 상태로 되돌아갈 수 있습니다. 파일을 닫으면 스냅숏도 함께 사라집니다.
3. 실행했던 작업 내역을 확인합니다. 클릭하면 해당 단계의 상태로 되돌아갑니다.
4. **Sets the source for the history brush( )** : [History Brush Tool]( )로 복원할 때 사용할 상태 소스를 설정합니다. 기본적으로는 초기 상태로 설정되어 있으며, 스냅숏이나 작업 내역으로 설정할 수 있습니다.
5. **Create new document from current state( )** : 현재 상태를 새 파일로 만듭니다.

❻ **Create new snapshot(　)** : 현재 상태를 스냅숏으로 만듭니다.
❼ **Delete current state(　)** : 선택한 작업 내역이나 스냅숏을 삭제합니다.

03 [History Brush Tool]로 특정 부분만 복원하기

[History Brush Tool](　)을 이용하면 이미지의 특정 부분만 [History] 패널에서 설정한 복원 대상의 상태로 복원할 수 있습니다. 복원은 선택한 레이어 단위로 이루어집니다.

▲ 원본 사진　　　　▲ 회색 음영 색조로 변경　　　　▲ [History Brush Tool]로 일부분을 복원한 모습

❶ 도구를 선택한 후 옵션 바에서 ❷ 브러시 모양과 크기 등을 설정합니다. ❸ [History] 패널에서 복원 대상을 설정합니다. 기본적으로는 초기 상태로 설정되어 있습니다. ❹ 붓으로 그림을 그리 듯 캔버스에 클릭&드래그 합니다. 해당 부분이 초기 상태로 복원됩니다.

SECTION 06 마스크 만들어 일부분만 흑백 사진으로 만들기

퀵 마스크 모드에서는 정밀하지 않지만 빠르게 선택 영역을 설정할 수 있습니다. 퀵 마스크로 선택 영역을 설정한 후 마스크를 만들어 사진의 일부분만 흑백 사진으로 만듭니다.

◎ **Keyword** 마스크, 퀵 마스크 모드, 선택 영역 ◎ 예제 파일 | Part02\떨어진 꽃.jpg ◎ 완성 파일 | Part02\떨어진 꽃(완성).psd

01 레이어 복사하기

❶ 레이어를 클릭한 채 [Create a new layer](⬜)로 드래그(Ctrl + J)하여 레이어를 복사합니다. ❷ [Image]-[Adjustments]-[Desaturate] 메뉴(Shift + Ctrl + U)를 클릭합니다.

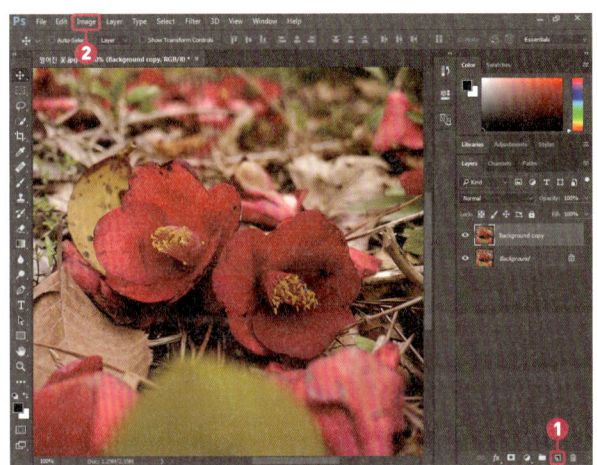

02 퀵 마스크 모드로 전환하기

회색 음영 이미지가 만들어집니다. ❶ [Edit in Quick Mask Mode](◻)를 클릭합니다. 아이콘이 ◉로 바뀌고 퀵 마스크 모드로 전환됩니다.

03 브러시 크기 설정하기

❶ [Brush Tool](🖌)을 선택합니다. ❷ 옵션 바에서 ∨를 클릭한 후 ❸ [Size]를 '50 px'으로 설정합니다. ❹ ⇆를 클릭하여 전경색, 배경색을 기본 색상으로 재설정합니다.

04 브러시로 칠하기

❶ 전경색이 검은색으로 설정되어 있습니다. 클릭&드래그하면 해당 부분이 반투명한 빨간색으로 칠해집니다. ❷ ⬛를 클릭합니다. 전경색이 흰색으로 교체됩니다.

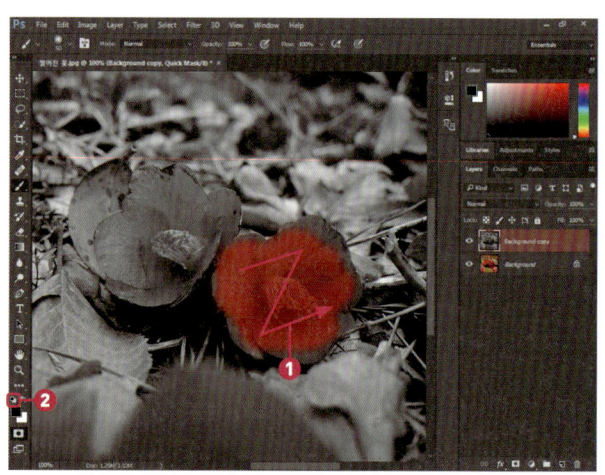

05 브러시로 칠하기

❶ 클릭&드래그하면 빨간색으로 칠해진 부분이 지워집니다. 브러시 크기를 조절해가며 꽃을 빨간색으로 칠합니다.

> **Point**
> 마우스 오른쪽 버튼을 클릭하면 브러시 설정 팝업 창이 나타납니다.

06 설정된 선택 영역 확인하기

❶ [Edit in Standard Mode](■)를 클릭합니다. ❷ 퀵 마스크 모드가 종료되고 일반 모드로 돌아옵니다. 빨강색으로 칠하지 않은 부분이 선택 영역으로 설정됩니다.

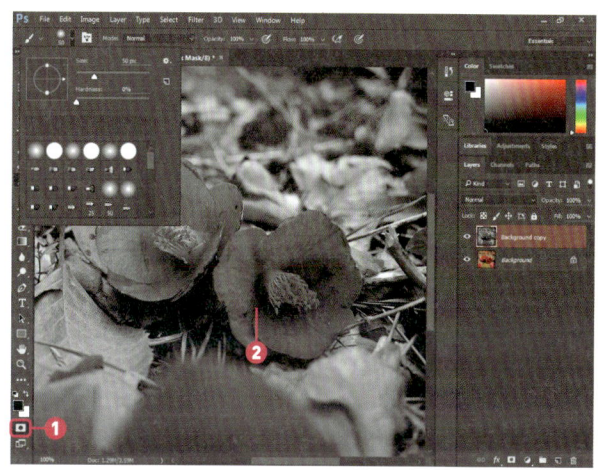

07 마스크 만들어 완성하기

❶ [Add layer mask](■)를 클릭하여 선택 영역을 마스크로 만듭니다. 선택되었던 영역에는 'Layer 1' 레이어가 나타나고 선택되지 않았던 영역에는 하위 레이어가 나타납니다.

마스크가 만들어진 레이어 살펴보기

마스크가 만들어진 레이어는 레이어 썸네일 오른쪽에 마스크 썸네일이 나타납니다.

❶ 레이어 썸네일입니다. 클릭하면 흰색 외곽선이 나타나고 레이어가 선택됩니다. 이 상태에서는 레이어를 편집할 수 있습니다.

❷ 마스크 썸네일입니다. 클릭하면 흰색 외곽선이 나타나고 마스크가 선택됩니다. 이 상태에서는 마스크를 편집할 수 있습니다. 더블클릭하면 [Properties] 패널의 마스크 설정 화면이 나타납니다.

- `Shift`를 누르고 썸네일을 클릭하면 빨강색 X 표시가 나타나고 캔버스에는 마스크가 적용되지 않은 원본 레이어의 모습이 나타납니다. `Shift`를 누르고 썸네일을 클릭하면 원래대로 돌아옵니다.
- `Alt`를 누르고 썸네일을 클릭하면 캔버스에 마스크 이미지가 나타납니다. 선택 영역 도구나 페인팅 도구로 편집할 수 있습니다. `Alt`를 누르고 썸네일을 클릭하거나 아무 레이어의 👁를 클릭하면 원래대로 돌아옵니다.
- `Ctrl`을 누르고 썸네일을 클릭하면 마스크의 50% 이상 밝은 영역이 선택 영역으로 불러와집니다. 레이어를 선택 영역으로 불러오는 방법과 같습니다.
- 마스크에 마우스 오른쪽 버튼을 클릭하여 [Delete Layer/Vector Mask] 메뉴를 클릭하면 마스크가 삭제됩니다.
- 마스크에 마우스 오른쪽 버튼을 클릭하여 [Apply Layer Mask] 메뉴를 클릭하면 마스크 모양으로 레이어를 잘라내고 마스크는 삭제됩니다.

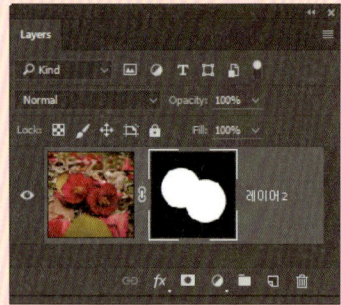

▲ 마스크가 만들어진 레이어

▲ 마스크 삭제

▲ 마스크 적용

❸ 🔗 아이콘이 있을 때는 위치를 이동하거나 변형하면 레이어와 마스크에 동일하게 작업이 이루어집니다. 클릭하여 아이콘을 없애면 개별적으로 이동하거나 변형할 수 있습니다.

S E C T I O N

07 비슷한 색상 영역을 한번에 선택하기

[Magic Wand Tool]은 동일한 색상 영역을 한꺼번에 선택하는 도구입니다. 옵션 바의 설정으로 비슷한 색상 영역을 선택하는 범위를 설정할 수 있습니다.

● **Keyword** 선택 영역, Magic Wand Tool   ● **예제 파일** | Part02\폴라로이드2.jpg, 예제 사진.jpg   ● **완성 파일** | Part02\폴라로이드2(완성).psd

01 레이어 불러오기

❶ '폴라로이드2.jpg' 파일을 불러오고 ❷ [File]-[Place Embedded] 메뉴를 클릭합니다. ❸ '예제 사진.jpg' 파일을 선택합니다. ❹ [Place]를 클릭합니다.

02 불러와진 레이어 확인하기

❶ 선택한 파일이 레이어로 불러와집니다. 옵션 바에서 [W]와 [H]를 '100%'로 설정합니다. ❷ ✓를 클릭하거나 Enter 를 누릅니다. ❸ '예제 사진' 레이어의 👁를 클릭하여 보이지 않게 숨깁니다.

03 도구 옵션 설정하기

❶ [Magic Wand Tool](🪄)을 선택합니다. ❷ 옵션 바에서 [Tolerance]에 '1' 입력, [Anti-alias]와 [Sample All Layers]를 체크, [Contiguous]를 체크 해제합니다.

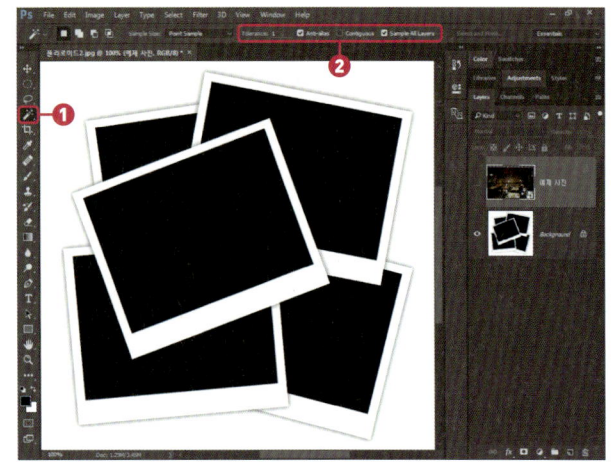

04 동일한 색상 영역 선택하기

❶ 검은색 영역을 클릭합니다. 클릭한 지점의 색상과 동일한 색상 영역이 한꺼번에 선택 영역으로 설정됩니다.

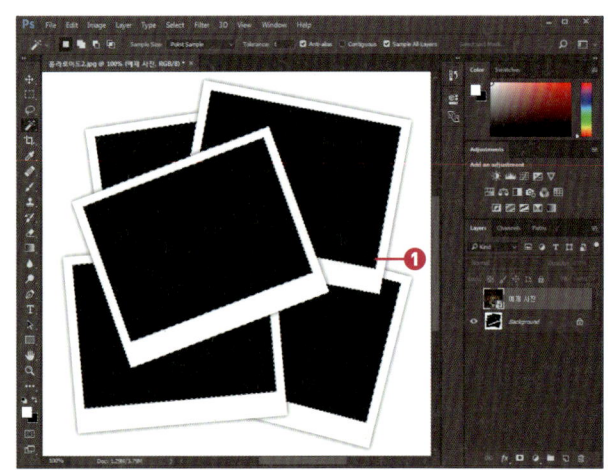

05 선택 영역을 마스크로 만들기

❶ ■를 클릭하여 숨긴 레이어를 다시 나타나게 합니다. ❷ [Layers] 패널 아래의 [Add layer mask(◯)]를 클릭합니다. 선택 영역이 마스크로 만들어집니다.

06 마스크 편집하기

❶ 마스크가 만들어진 레이어의 아이콘을 클릭하여 없앱니다. ❷ 레이어 썸네일을 클릭하여 선택합니다. ❸ 클릭&드래그 합니다. 썸네일의 위치는 그대로 유지되면서 레이어 이미지의 위치만 이동됩니다.

Level UP

[Magic Wand Tool]의 옵션 바 살펴보기

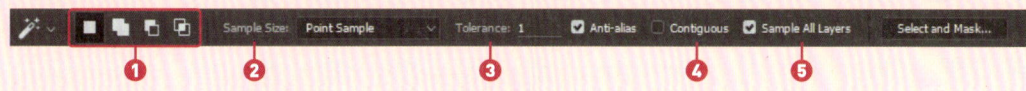

❶ [Marquee Tool] 옵션 바 설명과 같습니다.
❷ **Sample Size** : 'Point Sample'은 클릭하는 지점의 색상을, '3 by 3 Average(3x3 평균값)'는 클릭하는 지점을 중심으로 가로 세로 3픽셀 면적의 평균 색상을 기준으로 비슷한 색상 영역을 찾습니다.
❸ **Tolerance** : 클릭한 지점과 비슷한 색상으로 이루어진 영역을 찾을 때 검색 범위(0~255)를 설정합니다. 수치가 낮을수록 클릭한 지점의 색상과 근접한 색상이 선택됩니다.
❹ **Contiguous** : 체크하면 클릭한 지점과 근접한 범위 내에서만 찾아 선택합니다. 해제하면 이미지의 전체에서 찾습니다.
❺ **Sample All Layers** : 체크하면 모든 레이어에서 색상 영역을 찾아 선택합니다. 해제하면 선택한 레이어에서 찾습니다.

SECTION

08 원하는 영역을 빠르게 선택하고 다른 이미지와 합성하기

[Quick Selection Tool]은 그림을 그리 듯 클릭&드래그해 비슷한 색상 영역을 한꺼번에 선택하는 도구입니다. 원하는 영역을 빠르게 선택할 수 있어 편리합니다.

○ **Keyword** Quick Selection Tool, Place Embedded, 선택 영역 ○ **예제 파일** | Part02\드라마 촬영지.jpg, 구름 사진.jpg ○ **완성 파일** | Part02\드라마 촬영지(완성).psd

01 파일 불러오기

❶ 예제 파일인 '드라마 촬영지.jpg' 파일을 불러옵니다. ❷ [File]-[Place Embedded] 메뉴를 클릭합니다.

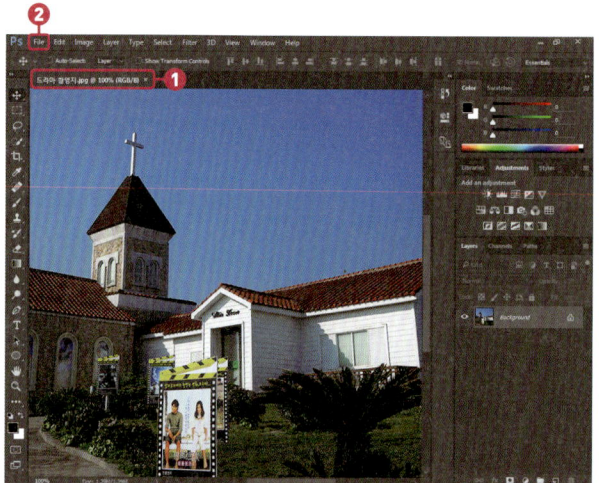

02 레이어 가져오기

❶ '구름 사진.jpg' 파일을 레이어로 가져옵니다. ❷ ✓를 클릭한 후 ❸ 레이어의 👁를 클릭하여 보이지 않게 숨깁니다. ❹ 'Background' 레이어를 선택합니다.

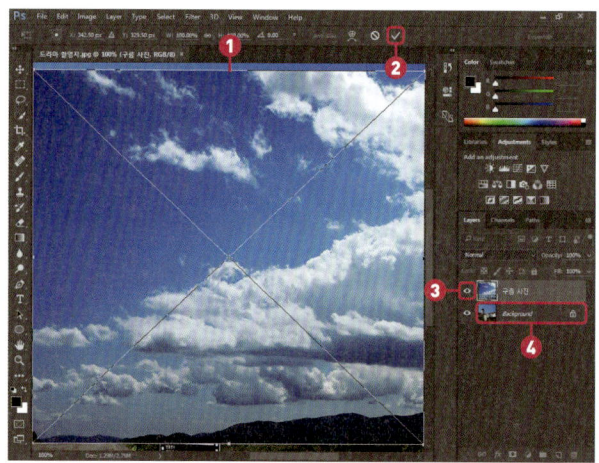

03 선택 영역 설정하기

❶ [Quick Selection Tool](　)을 선택하고 ❷ 옵션 바에서 [Auto-Enhance(자동 향상)]를 체크합니다. ❸ 하늘을 클릭&드래그 합니다. 하늘 전체가 한꺼번에 선택 영역으로 설정됩니다.

04 직선 그려서 선택 영역 설정하기

❶ [Polygonal Lasso Tool](　)을 선택하고 ❷ Alt 를 눌러 커서 모양이 바뀐 상태에서(　) 설정된 선택 영역의 안쪽에 클릭합니다. ❸ 드래그하여 모서리에 클릭합니다. 직선이 그려집니다.

화면을 적당히 확대하면 편리합니다.

05 직선 그려서 선택 영역 설정하기

❶ 같은 방법으로 각 모서리를 클릭하여 직선 패스를 그립니다. ❷ 시작 지점에 마우스를 위치시켜 　로 커서가 바뀌면 클릭합니다. 선택 영역이 설정됩니다.

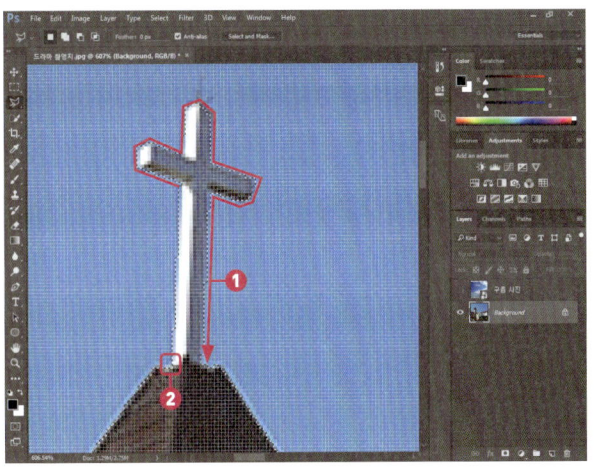

06 선택 영역을 마스크로 만들기

❶ ■를 클릭하여 숨긴 레이어를 다시 나타나게 합니다. ❷ [Layers] 패널 아래의 [Add layer mask(◻)]를 클릭합니다. 선택 영역이 마스크로 만들어집니다.

07 레이어 위치 이동하기

❶ 🔒를 클릭하여 아이콘을 없앤 후 ❷ 레이어 썸네일을 클릭합니다. 흰색 외곽선이 나타납니다. ❸ [Move Tool](✥)을 선택하고 ❹ 클릭&드래그해 구름 사진의 위치를 이동합니다.

Level UP

[Quick Selection Tool] 옵션 바 살펴보기

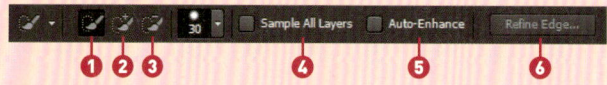

❶ ✏(New selection) : 새로운 선택 영역을 지정합니다.
❷ ✏(Add to selection) : 기존 선택 영역과 새로 설정하는 선택 영역을 합치거나 다중 선택합니다. 기본 설정이며, [Alt]를 누르면 ✏로 일시적 전환됩니다.
❸ ✏(Subtract from selection) : 기존 선택 영역에서 새로 설정하는 선택 영역이 제외됩니다.
❹ Sample All Layers(모든 레이어 샘플링) : 체크하면 모든 레이어에서 비슷한 영역을 선택합니다. 해제하면 선택한 레이어에서 선택합니다.
❺ Auto-Enhance(자동 향상) : 체크하면 선택 영역의 가장자리를 보다 부드럽게 선택합니다.
❻ Refine Edge(가장자리 다듬기) : 선택한 영역의 가장자리를 다듬는 [Refine Edge] 대화상자를 불러옵니다.

SECTION 09 클리핑 마스크로 모서리가 둥근 사진 테두리 만들기

클리핑 마스크는 레이어 마스크와는 조금 다른 개념입니다. 회색 음영 이미지를 만드는 것이 아닌, 하위 레이어에 클리핑하여 하위 레이어의 모양으로 잘라낸 것처럼 만듭니다.

● **Keyword** 클리핑 마스크, 레이어 마스크 　 ● 예제 파일 | Part02\군것질.psd 　 ● 완성 파일 | Part02\군것질(완성).psd

01 레이어 편집, 배경색으로 채우기

예제 파일을 불러오고, ❶ Ctrl + J 를 눌러 레이어를 복사합니다. ❷ 복사한 레이어의 ■를 클릭하여 보이지 않게 숨긴 후 ❸ 'Background' 레이어를 선택하고 ❹ Ctrl + Delete 를 눌러 흰색을 채웁니다.

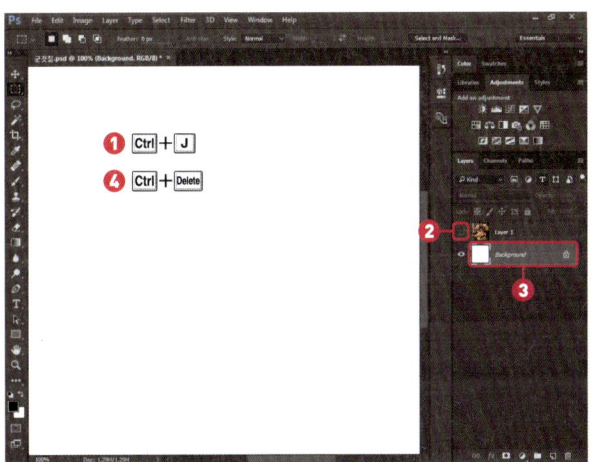

Point
다른 색으로 채워질 경우 [Tool] 패널 아래의 ⬒를 클릭한 후 단축키를 다시 누릅니다.

02 모서리가 둥근 사각형 만들기

❶ [Rounded Rectangle Tool](▢)을 선택합니다. ❷ 캔버스에 클릭합니다. ❸ [Width] '325 px', [Height] '295 px', [Radii] '25 px'으로 설정하고 ❹ [OK]를 클릭합니다.

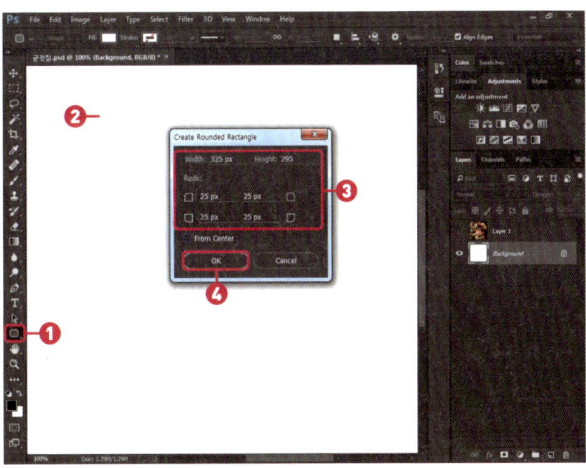

03 만들어진 도형 복사하기

입력한 크기의 모서리가 둥근 사각형이 만들어집니다. ① `Alt`+`Delete`를 눌러 전경색으로 채웁니다. ② [Move Tool](⊕)을 선택합니다. ③ `Alt`를 누르고 클릭&드래그하면 도형이 복사됩니다. ④ 같은 방법으로 두 개 더 복사합니다.

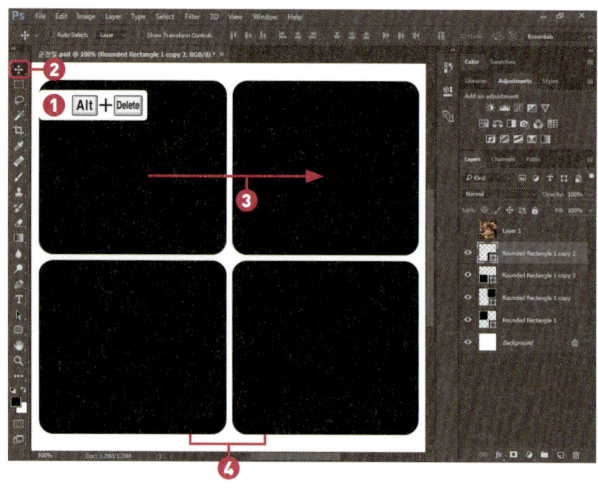

04 선택한 레이어 합치기

① 도형 레이어를 모두 선택하고 ② [Layer]-[Merge Shapes] 메뉴(`Ctrl`+`M`)를 클릭합니다. 선택한 레이어들이 합쳐집니다.

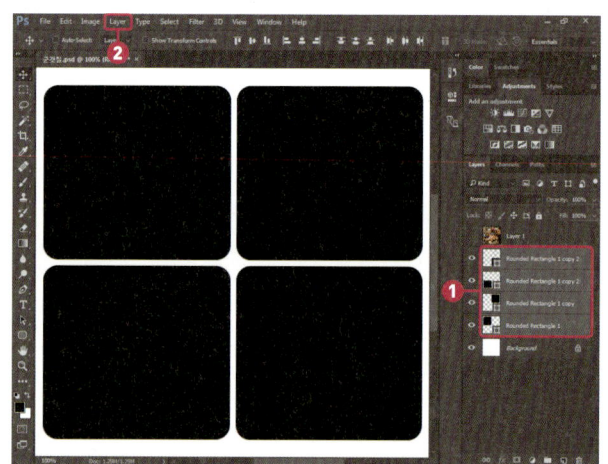

05 클리핑 마스크 만들기

① ■를 클릭하여 레이어를 보이게 합니다. ② [Layers] 패널에서 도형 레이어와 'Layer 1' 레이어 사이에 마우스를 위치시켜 `Alt`를 누르고 커서 모양이 바뀌면(↓⌐) 클릭합니다.

06 적용된 클리핑 마스크 확인하기

❶ 클리핑 마스크가 만들어져 도형 레이어의 면적에 'Layer 1' 레이어 이미지가 나타납니다.
❷ 'Layer 1' 레이어를 선택한 후 ❸ [Edit]-[Free Transform] 메뉴를 클릭합니다.

07 선택한 레이어 크기 조절하기

❶ 옵션 바에서 [체인]를 클릭하여 활성화합니다. [W]에 '97%'를 입력한 후 Enter 를 누르면 [H]도 '97%'로 설정됩니다. ❷ ✓를 클릭하여 크기 조절을 완료합니다.

08 완성

❶ 크기가 조절되었습니다.

SECTION 10 블렌드 모드로 밝기 및 대비 보정하기

동일한 레이어를 복사한 후 블렌드 모드를 설정하여 밝기와 대비를 보정합니다. 간단하게 이미지를 보정할 수 있는 방법입니다.

◎ **Keyword** 블렌드 모드 ◎ 예제 파일 | Part02\꽃꽃꽃.jpg ◎ 완성 파일 | Part02\꽃꽃꽃(완성).psd

01 레이어 복사하기

❶ 'Background(배경)' 레이어를 클릭한 채 [Layers(레이어)] 패널 아래의 [Create a new layer](🗔)로 드래그 합니다. 선택한 레이어가 복사됩니다.

02 블렌딩 모드 변경하기

❶ 복사된 'Layer 1' 레이어의 블렌드 모드를 [Screen(스크린)]으로 설정(Shift + Alt + S) 합니다. 이미지가 밝게 보정됩니다.

03 레이어 복사, 블렌드 모드 변경하기

❶ Ctrl + J 를 누릅니다. 레이어가 복사됩니다. ❷ 복사된 레이어의 블렌드 모드를 [Soft Light(소프트 라이트)]로 설정(Shift + Alt + F)합니다. 강한 대비로 보정됩니다.

> **Point**
> 사진의 밝은 부분과 어두운 부분의 차이를 대비라고 합니다.

04 레이어 복사, 블렌드 모드 변경하기

❶ Ctrl + J 를 누릅니다. 레이어가 복사됩니다. ❷ 복사된 레이어의 블렌드 모드를 [Multiply(곱하기)]로 설정(Shift + Alt + M)합니다. ❸ [Opacity(불투명도)]를 '40%'로 설정합니다.

SECTION

11 블렌드 모드 설정하여 서로 다른 이미지 합성하기

블렌드 모드 설정에 따라 서로 다른 이미지를 자연스럽게 합성할 수도 있습니다. 밑그림 스케치 이미지와 물감 페인팅 이미지를 서로 합성합니다.

● **Keyword** 블렌드 모드　● **예제 파일** | Part02\밑그림 스케치.jpg, 물감 소스1.psd, 물감 소스2.psd　● **완성 파일** | Part02\밑그림 스케치(완성).psd

01 예제 파일 확인하기

❶ [File(파일)]-[Open(열기)] 메뉴(Ctrl+O)를 클릭하여 예제 파일을 불러옵니다. 연필로 밑그림을 스케치한 이미지가 나타납니다.

02 파일을 레이어로 가져오기

❶ [File]-[Place Embedded] 메뉴를 클릭하여 ❷ '물감 소스1.psd' 파일을 가져옵니다. ❸ 참조점을 ▦로 설정하고 [X]와 [Y]를 '0 px', [W]와 [H]를 '100%'로 설정합니다. ❹ ✓를 클릭하여 완료합니다.

> **Point**
> 가져온 레이어의 위치가 캔버스와 정확히 일치하지 않으므로 위치를 재조정하는 것입니다.

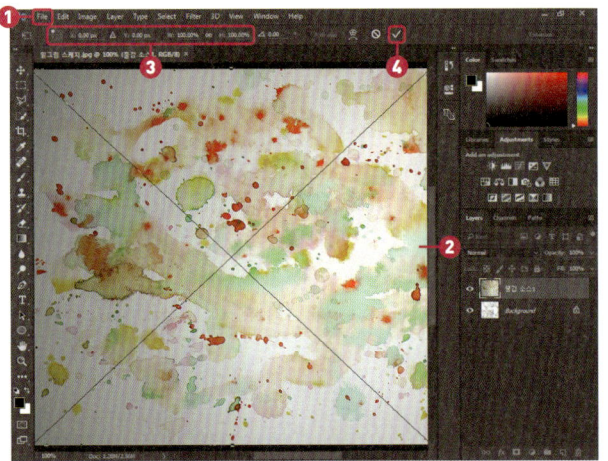

03 블렌드 모드 설정하기

① '물감 소스1' 레이어의 블렌드 모드를 [Linear Burn(선형 번)]으로 설정(Shift + Alt + A)합니다. [Opacity]를 '50%'로 설정합니다.

04 레이어 복제, 블렌드 모드 설정하기

① Ctrl + J 를 눌러 레이어를 복제하고 ② 블렌드 모드를 [Soft Light(소프트 라이트)]로 설정(Shift + Alt + M)합니다. [Opacity]를 '100%'로 설정합니다.

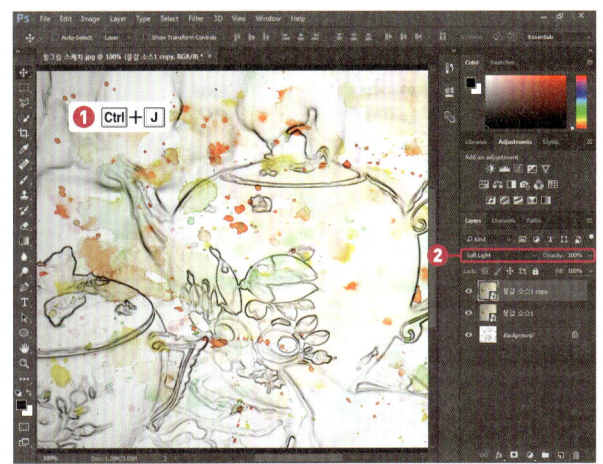

05 파일을 레이어로 가져오기

① [File]-[Place Embedded] 메뉴를 클릭하여 '물감 소스2.psd' 파일을 가져옵니다. ② 참조점을 ▦로 설정하고 [X]와 [Y]를 '0 px', [W]와 [H]를 '100%'로 설정합니다. ③ ✔를 클릭하여 완료합니다.

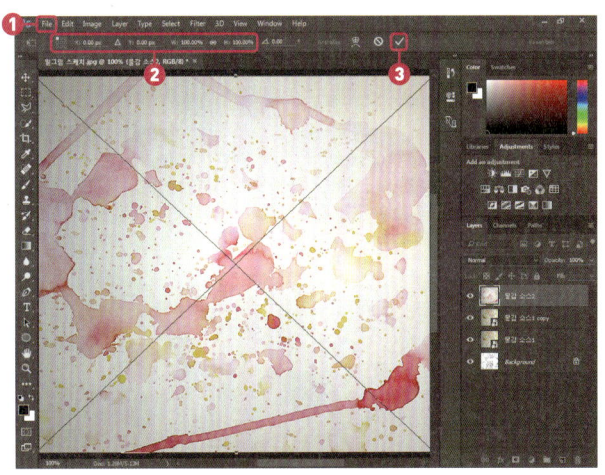

06 블렌드 모드 설정하기

① '물감 소스2' 레이어의 블렌드 모드를 [Linear Burn(선형 번)]으로 설정(Shift + Alt + A)합니다. [Opacity]를 '35%'로 설정합니다.

07 레이어 복사하고 블렌드 모드 설정하기

① 'Background' 레이어를 선택하고 ② Ctrl + J 를 눌러 복사합니다. ③ 레이어의 순서를 최상위로 변경합니다. ④ 블렌드 모드를 [Color Burn], [Opacity]를 '50%'로 설정합니다.

Point

예제 파일로 제공하는 이미지들(Part02\물감 소스1~4.psd)로 다른 사진과 합성해 보세요.

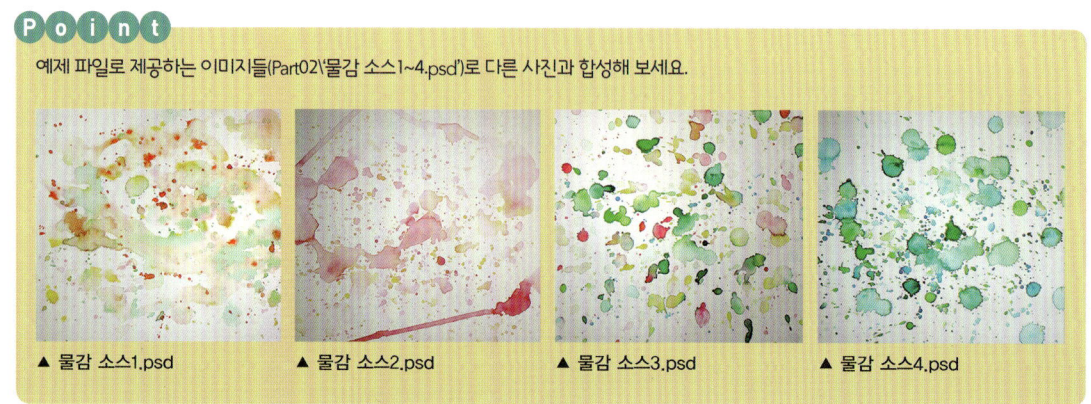

▲ 물감 소스1.psd   ▲ 물감 소스2.psd   ▲ 물감 소스3.psd   ▲ 물감 소스4.psd

S E C T I O N

12 글자 입력하고 [Character] 패널로 서식 변경하기

[Type Tool]로 글자를 입력하고 글자 내용을 수정하는 방법, 옵션 바와 [Character] 패널로 서식을 변경하는 방법을 알아봅니다.

● **Keyword** [Character] 패널, 글자, Type Tool   ● **예제 파일** | Part02\글자 입력하기.jpg   ● **완성 파일** | Part02\글자 입력하기(완성).psd

01 글자 입력하기

❶ [Horizontal Type Tool](T)을 선택하고 ❷ 옵션 바에서 T(글자 크기)를 '72 pt'로 설정한 뒤 ❸ 캔버스를 클릭합니다. ❹ 커서가 나타나면 글자를 입력하고 ❺ ✓를 클릭하여 입력을 완료합니다.

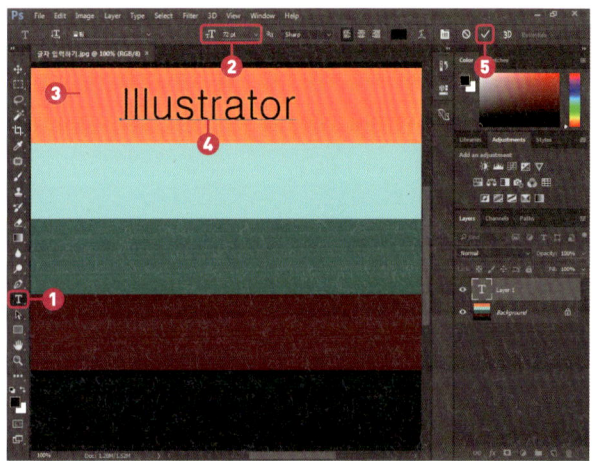

02 글자 내용 수정하기

❶ 글자에 마우스를 위치시켜 커서 모양이 바뀌면(I) 클릭합니다. ❷ 클릭&드래그해 블록 설정한 후 ❸ 글자를 다시 입력합니다. ❹ ✓를 클릭하면 수정이 완료됩니다.

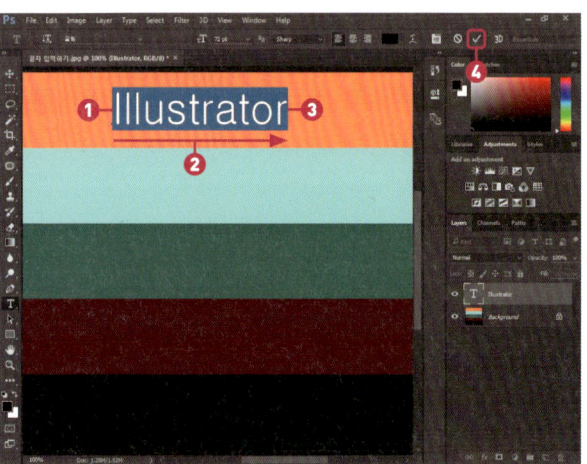

03 글자체, 글자 크기 변경하기

❶ [Layers(레이어)] 패널에서 글자 레이어의 아이콘(T)을 더블클릭합니다. ❷ 글자 전체가 블록 설정됩니다. ❸ 옵션 바에서 글자체(폰트) 'Sanchez', T(글자 크기) '85 pt'로 설정합니다.

Level UP

글자체(폰트) 다운로드 받기, 컴퓨터에 설치하기

글자체 다운로드 받기

❶ http://www.dafont.com에 접속합니다. (따라하기에서 사용한 대부분의 영문 글자체를 다운로드 받을 수 있습니다.) ❷ 오른쪽 입력 상자에 글자체 이름을 입력하고 [Search]를 클릭합니다. 글자체가 검색됩니다. ❸ [Download]를 클릭하여 다운로드 받습니다.

다운로드 받은 글자체 컴퓨터에 설치하기

❶ 다운로드 받은 글자체 파일을 잘라내기하거나 복사한 후 ❷ 내 컴퓨터에서 'Windows'가 설치된 드라이브(기본: C)로 들어갑니다. ❸ [Windows]-[Fonts] 폴더로 들어가서 글자체 파일을 폴더에 붙여 넣습니다. ❹ 포토샵을 재실행합니다.

한글 글자체 이름 한글로 표시하기

포토샵에서는 한글 글자체의 이름도 영문으로 표시됩니다. [Preference(환경설정)]-[Type(글자)] 메뉴를 클릭하고 [Show Font Names in English(글꼴 이름을 영어로 표시)]를 해제하면 한글 이름으로 나타납니다.

한글 글자체 이름 한글로 표시하기

설치한 글자체를 사용하여 작업하더라도 해당 글자체가 설치되지 않은 컴퓨터에서는 경고 메시지가 나타나며, 제대로 편집할 수 없습니다. 이 경우 다른 글자체로 대체하거나, 글자 레이어를 일반 레이어로 변환하면 다른 컴퓨터에서도 안전하게 확인할 수 있습니다. (일반 레이어로 변환된 후 내용을 수정하거나 서식을 변경할 수 없습니다.)

04 글자 색상 변경하기

❶ 옵션 바에서 색상자를 클릭합니다. ❷ [Color Picker] 대화상자가 나타납니다. [#]를 'faf0d5'로 설정하고 ❸ [OK]를 클릭합니다. 글자 색상이 변경됩니다. ❹ ✓를 클릭합니다.

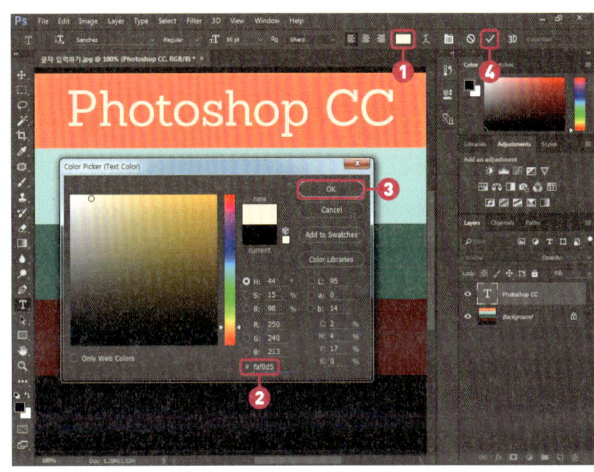

Point

- 옵션 바에서 ✓를 클릭합니다.
- Ctrl + Enter 를 누르거나 숫자 키패드에서 Enter 를 누릅니다.
- [Tool] 패널에서 임의의 도구를 클릭하거나 [Layers] 패널에서 임의의 레이어를 클릭합니다.

05 [Character] 패널로 서식 변경하기

❶ 옵션 바에서 📋를 클릭합니다. [Character (글자)] 패널이 나타납니다. ❷ VA (자간)를 '50'으로 설정하고 ❸ T를 클릭합니다. 글자가 굵어집니다.

Point

글자와 글자 사이의 간격을 자간이라 합니다.

06 새 글자 입력하기

❶ [Horizontal Type Tool](T)을 선택하고 ❷ 캔버스에 클릭하여 ❸ 새로운 글자를 입력합니다. ❹ [Move Tool]()로 ❺ 글자의 위치를 이동합니다.

Point

옵션 바에서 ✓를 클릭해야 글자 입력이 완료됩니다.

07 서식 변경하기

❶ [Character] 패널의 색상자를 클릭하고 대화상자에서 [#]를 '3f6163'로 설정한 뒤 [OK]를 클릭합니다. ❷ 글자체 'Bebas Neue', (글자 크기) '100 pt', (자간) '50'으로 설정합니다.

> **Point**
> 설정된 전경색이나 배경색을 글자에 칠하려면 Alt + Delete 나 Ctrl + Delete 를 누릅니다.

08 마무리하기

❶ 앞서 배운 글자 입력, 서식 변경 방법으로 그림과 같이 만들어 완성합니다.

Level UP

[Type Tool] 옵션 바, [Character(글자)] 패널 살펴보기

[Type Tool]( )의 옵션 바와 [Character(글자)] 패널에서 글자 서식을 설정할 수 있습니다. 블록 설정한 경우 해당 글자의 서식을, 블록 설정을 하지 않을 경우 선택한 글자 레이어 전체의 서식을 설정합니다.

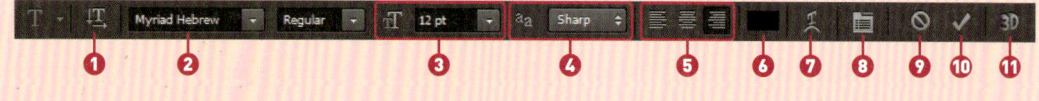

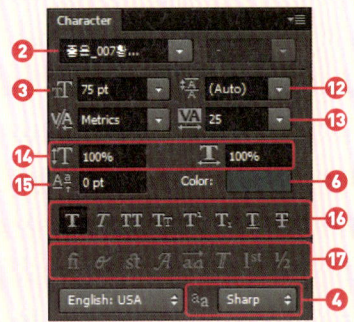

❶ 🔲(Toggle text orientation) : 글자를 가로 읽기나 세로 읽기로 전환합니다.
❷ 현재 설정된 글자체(폰트)를 확인하고 변경합니다.
❸ 🔲 : 현재 설정된 글자 크기를 확인하고 변경합니다.
❹ 🔲 : 글자에 적용할 앤티 앨리어스(Anti-alias) 방식을 설정합니다.
  • None(없음) : 'Anti-alias'를 적용하지 않습니다.
  • Sharp(선명하게) : 가장 선명한 상태로 나타납니다.
  • Crisp(뚜렷하게) : 약간 선명한 상태로 나타납니다.
  • Strong(강하게) : 글자가 굵게(강하게) 나타납니다.
  • Smooth(매끄럽게) : 글자가 매끄럽게 나타납니다.

❺ 🔲 : 글자를 정렬합니다(왼쪽, 가운데, 오른쪽).
❻ 현재 설정된 글자 색상을 확인하고 변경합니다.
❼ 🔲(Create warped text) : 글자를 왜곡합니다.
❽ 🔲(Toggle panels) : [Character(글자)], [Paragraph(단락)] 패널을 불러옵니다.
❾ 🔲 : 글자 입력 및 수정을 취소합니다.
❿ 🔲 : 글자 입력 및 수정을 완료합니다.
⓫ 🔲 : 글자 레이어를 3D 오브젝트로 만듭니다.
⓬ 🔲 : 행간(행 사이의 간격)을 설정합니다(기본설정: Auto).
⓭ 🔲 : 자간(글자 사이의 간격)을 설정합니다(기본설정: 0).
⓮ 🔲, 🔲 : 글자의 세로 및 가로 비율을 설정합니다(기본설정: 100%).
⓯ 🔲 : 기준선의 위치를 설정합니다.
⓰ 글자의 속성을 설정합니다.
  • 🔲 : 글자를 굵게 만듭니다.
  • 🔲 : 글자를 오른쪽으로 기울입니다.
  • 🔲 : 영문자를 모두 대문자로 변경합니다.
  • 🔲 : 영문자를 모두 소문자로 변경합니다.
  • 🔲 : 위첨자를 만듭니다.
  • 🔲 : 아래첨자를 만듭니다.
  • 🔲 : 글자에 밑줄을 긋습니다.
  • 🔲 : 글자 중간에 취소를 표시하는 줄을 긋습니다.

⓱ 오픈폰트 글자 속성을 설정합니다.

SECTION

13 [Character Styles] 패널로 글자 스타일 적용하기

[Character Styles] 패널을 이용하면 설정한 글자 서식을 다른 글자에 바로 적용할 수 있어 편리합니다.

○ **Keyword** 글자, Type Tool, [Character Styles] 패널   ○ 예제 파일 | Part02\목차.psd   ○ 완성 파일 | Part02\목차(완성).psd

01 글자 서식 설정하기

❶ '목차1 내용' 레이어를 선택합니다. ❷ [Character(글자)] 패널을 불러옵니다. ❸ 서식을 설정합니다. 선택한 글자 레이어의 서식이 변경됩니다.

- 글자체: 나눔바른고딕, 글자 크기(🆃): 18 pt, 행간(🅰): 24pt, 자간(🆅🅰): 50

> **Point**
> [Window(창)]-[Character] 메뉴를 클릭하면 패널이 나타납니다.

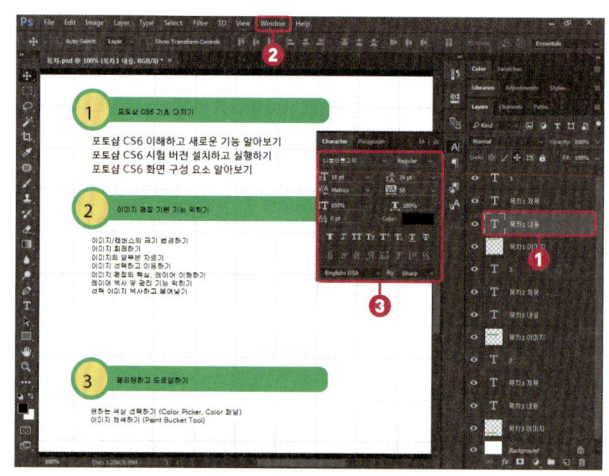

02 글자 스타일 만들기

❶ 글자 레이어 아이콘(🆃)을 더블클릭하여 블록 설정합니다. ❷ [Character Styles(글자 스타일)] 패널을 불러와 ❸ [Create new Character Style](📄)를 클릭합니다.

> **Point**
> [Window(창)]-[Character Styles] 메뉴를 클릭하면 패널이 나타납니다.

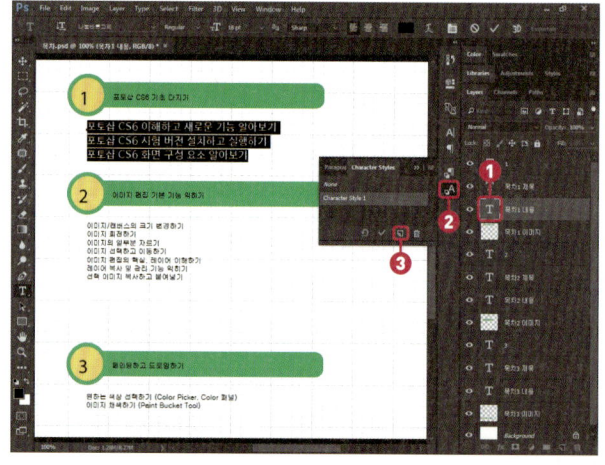

106

03 글자 스타일 적용하기

블록 설정한 글자의 서식이 'Character Style 1'로 등록됩니다. ❶ '목차2 내용', '목차3 내용' 레이어를 동시 선택하고 ❷ 'Character Style 1'를 클릭한 후 ❸ [Clear Override](🔄)를 클릭합니다. 글자 스타일이 적용됩니다.

> **Point**
> 글자 스타일이 제대로 적용되지 않을 경우, 글자 레이어 아이콘(🇹)을 더블클릭하여 블록 설정한 후 [Clear Override](🔄)를 클릭하면 됩니다.

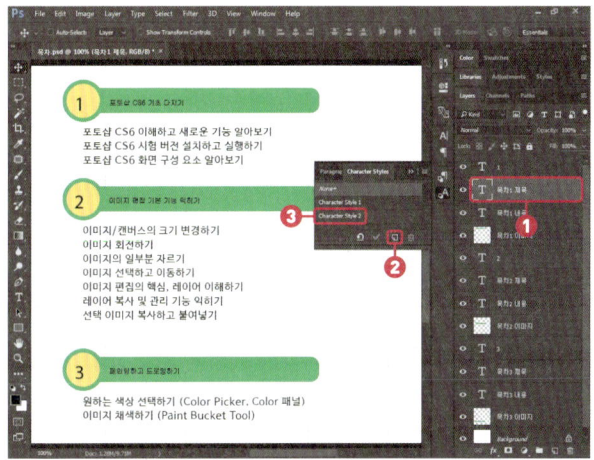

04 글자 스타일 만들기

❶ '목차1 제목' 레이어를 선택합니다. ❷ [Create new Character Style](🆕)를 클릭합니다. ❸ 'Character Style 2'가 만들어집니다. 더블클릭합니다.

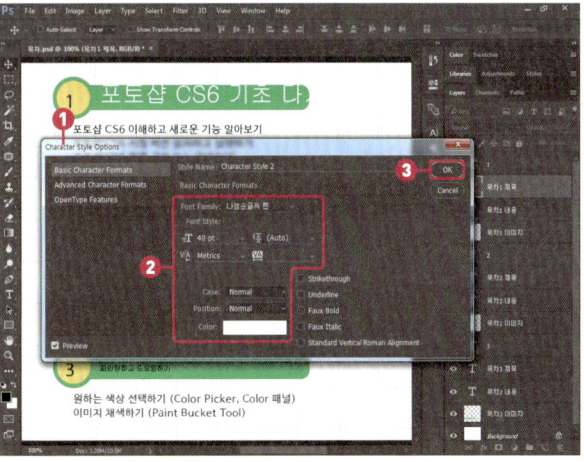

05 글자 스타일 설정하기

❶ 대화상자가 나타납니다. ❷ 서식을 설정한 후 ❸ [OK]를 클릭합니다.

- Font Family(글꼴 모음): 나눔손글씨 펜, Font Style(글꼴 스타일): Bold, 🇹(글자 크기): 40 pt, 🆅🅰(자간): 0, Color(색상): #FFFFFF

06 글자 스타일 적용하기

❶ [Clear Override](🔄)를 클릭합니다. 선택한 레이어에 설정한 글자 스타일의 서식이 설정됩니다.

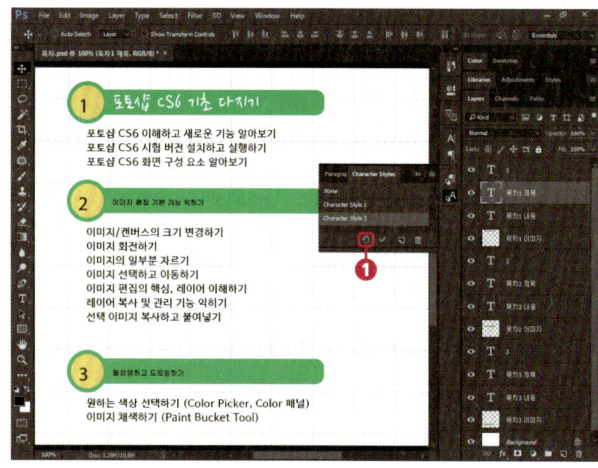

07 글자 스타일 적용하기

❶ '목차2 제목', '목차3 제목' 레이어를 동시에 선택합니다. ❷ 'Character Style 2'를 클릭한 후 ❸ [Clear Override](🔄)를 클릭합니다. 글자 스타일이 적용됩니다.

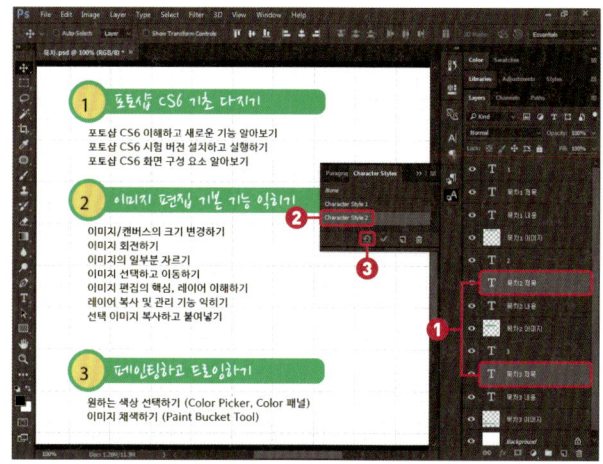

08 마무리 작업하기

❶ '1', '2', '3' 레이어를 동시에 선택합니다. ❷ [Horizontool Type Tool](T)을 선택하고 ❸ 글자체를 'Soopafresh', 글자 크기를 '50pt', 글자 색상을 '25b777'로 설정합니다.

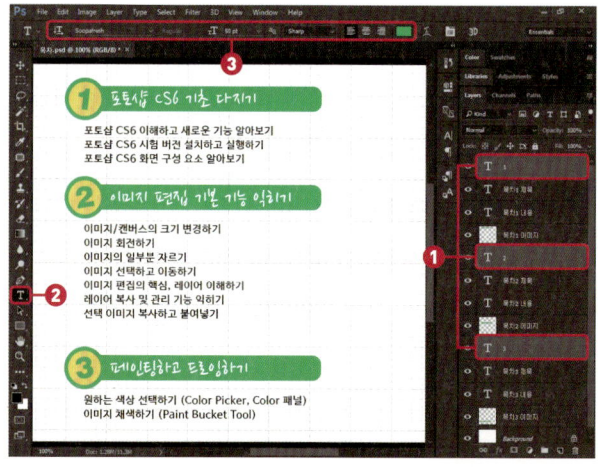

> **Point**
> 글자 스타일이 제대로 적용되지 않을 경우, 글자 레이어 아이콘(T)을 더블클릭하여 블록 설정한 후 [Clear Override](🔄)를 클릭하면 됩니다.

[Character Styles] 패널 살펴보기

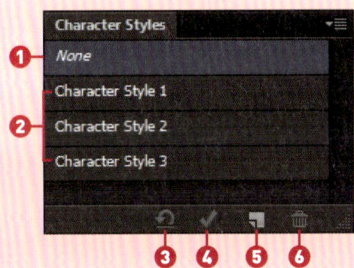

❶ None : 클릭하면 기본 서식으로 변경됩니다.
❷ 등록된 글자 스타일 목록입니다. 클릭하면 해당 글자 스타일에 설정되어 있는 서식이 선택한 글자 레이어에 적용됩니다.
❸ Clear Override(🔄) : 선택한 글자 레이어에 설정되어 있는 기존 서식을 지우고 선택한 글자 스타일의 서식을 적용합니다.
❹ Redefine Character Style be merging Overrides(✔) : 글자 스타일의 옵션 설정이 변경된 경우 기존 서식을 변경된 서식으로 갱신합니다.
❺ Create new Character Style(🗐) : 새 글자 스타일을 만듭니다. 블록 설정을 하지 않은 상태에서는 옵션 설정이 되어 있지 않은 스타일이, 블록 설정을 한 상태에서는 해당 글자의 서식으로 설정된 스타일이 만들어집니다.
❻ Delete current Character Style(🗑) : 선택한 글자 스타일을 삭제합니다.

SECTION 14 [Warp Text]로 글자 모양을 왜곡하기

[Warp Text]로 입력한 글자를 부채꼴, 아치, 깃발 모양 등 특정한 모양으로 왜곡할 수 있습니다.

○ **Keyword** 글자, Type Tool, [Warp Text] 대화상자 　○ 예제 파일 | Part02\Sunset.jpg 　○ 완성 파일 | Part02\Sunset(완성).psd

01 글자 입력하기

❶ [Horizontal Type Tool](T)을 선택하고 ❷ 캔버스에 클릭한 후 글자를 입력합니다. ❸ 옵션 바에서 를 클릭하여 [Character(글자)] 패널을 불러옵니다.

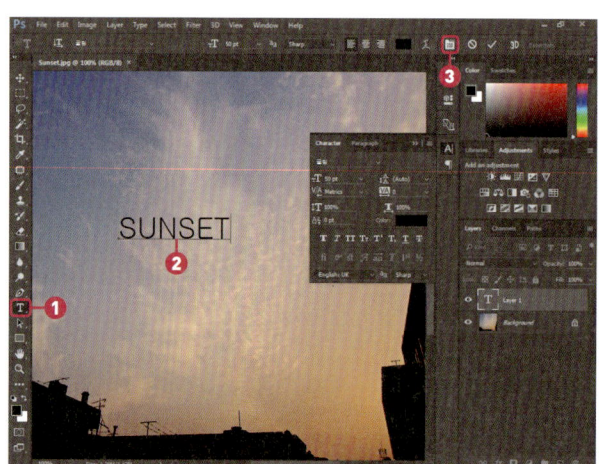

02 글자 서식 변경하기

❶ 글자를 블록 설정하고 ❷ 글자체: 'Soopa fresh', : '87 pt', : '100'으로 설정합니다. ❸ 색상자를 클릭하고 색상을 [#] 'FFFFFF'으로 설정합니다. ❹ 옵션 바에서 를 클릭합니다.

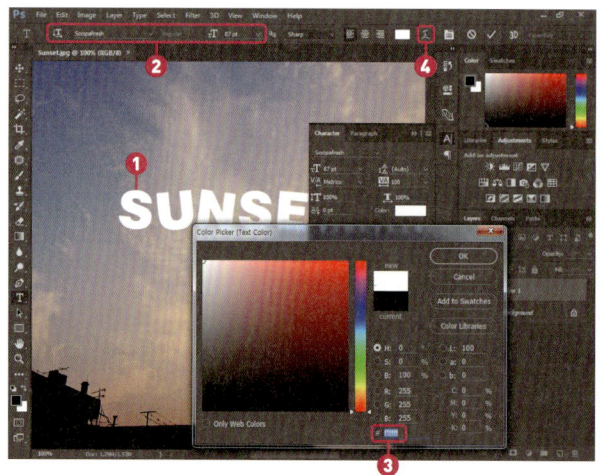

03 글자 구부리기

❶ [Style(스타일)]을 'Shell Upper(위가 넓은 조개)', [Bend(구부리기)]는 '70'으로 설정한 후 ❷ [OK]를 클릭합니다. ❸ ✔를 클릭합니다.

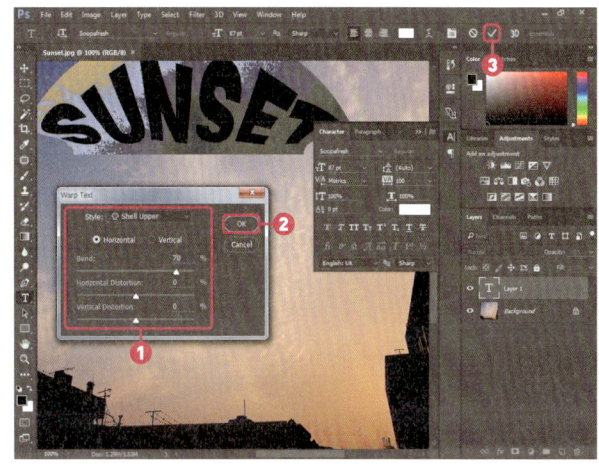

04 변형된 글자 확인하기

❶ 구부러진 글자가 만들어집니다. ❷ 설정을 수정하려면 옵션 바에서 🏛를 다시 클릭합니다.

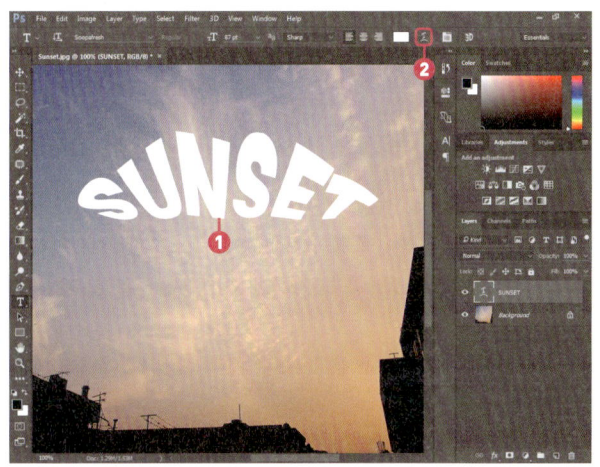

05 글자 입력하고 서식 변경하기

❶ 캔버스에 클릭하여 글자를 입력하고 ❷ 블록 설정하여 서식을 변경합니다. (글자체: 'Soopafresh', 🏛: '58 pt', 🆅🅰: '35', Color: #FFFFFF) ❸ 🏛를 클릭합니다.

06 글자 구부리기

❶ [Style]: 'Flag(깃발)', [Bend]: '50', [Horizontal Distortion]: '25'로 설정한 후 ❷ [OK]를 클릭합니다. ❸ 옵션 바에서 ☑를 클릭합니다.

07 레이어 복제하고 이동하기

❶ [Layers] 패널에서 글자 레이어 두 개를 선택하고 ❷ Ctrl + J 를 눌러 복제합니다. ❸ 원본 레이어 두 개를 선택하고 화살표 키(↓)를 6번 눌러 6 픽셀 이동합니다.

08 글자 색상 변경하기

❶ [Character] 패널에서 색상자를 클릭합니다. ❷ 대화상자에서 [#]를 '344148'로 설정하고 ❸ [OK]를 클릭합니다. 글자 색상이 변경되어 그림자 효과가 만들어집니다.

09 가운데로 이동하기

① `Alt`+`Ctrl`+`A`를 눌러 모든 레이어를 선택합니다. ② [Move Tool](✥)로 ③ 위치를 이동합니다.

Point
`Alt`+`Ctrl`+`A`는 'Background' 레이어를 제외한 모든 레이어를 선택합니다.

Level UP

[Warp Text(텍스트 뒤틀기)] 대화상자

글자 레이어의 글자를 특정 모양으로 왜곡하는 대화상자입니다. [Edit(편집)]-[Transform(변형)]-[Warp(뒤틀기)] 메뉴를 사용하면 일반 레이어도 특정 모양으로 왜곡할 수 있습니다.

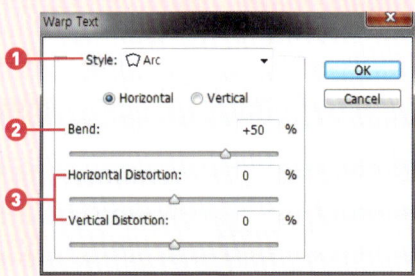

① **Style(스타일)** : 왜곡할 모양을 선택합니다. 모두 15가지 스타일이 있습니다.

▲ None(없음)   ▲ Arc Upper(위 부채꼴)   ▲ Bulge(돌출)

▲ Flag(깃발)   ▲ Fish(물고기)   ▲ Fisheye(어안)

② **Bend(구부리기)** : 설정한 값만큼 구부립니다.
③ **Horizontal/Vertical Distortion(가로/세로 왜곡)** : 해당 방향으로 설정한 값만큼 왜곡합니다.

SECTION 15 글상자 만들어 글자 입력하고 단락 서식 설정하기

글상자를 만들어 글자를 입력하는 방식을 단락 텍스트라 부릅니다. 글자를 입력한 후 [Paragraph] 패널로 단락 서식을 설정합니다.

● **Keyword** 글자, Type Tool, [Paragraph] 패널   ● 예제 파일 | Part02\연습장.jpg, 연습장.txt   ● 완성 파일 | Part02\연습장(완성).psd

01 텍스트 파일 불러와 복사하기

❶ '연습장.jpg' 파일을 불러옵니다. ❷ 메모장이나 워드패드 등의 문서 프로그램으로 '연습장.txt' 파일을 불러옵니다. ❸ 그림과 같이 첫 번째 문단을 블록 설정하고 ❹ Ctrl + C 를 눌러 클립보드로 저장합니다.

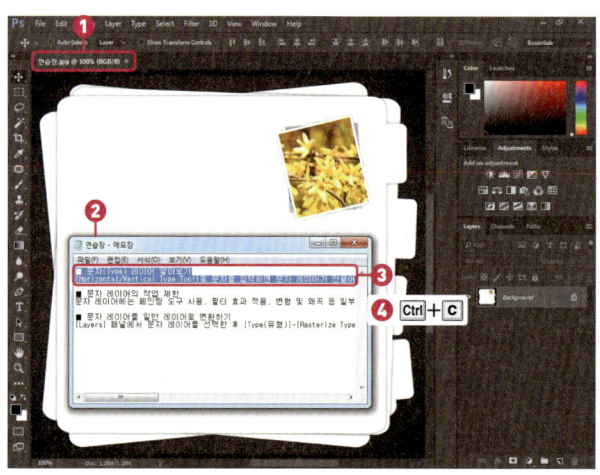

02 글상자 만들기

❶ [Horizontal Type Tool](T)을 선택하고 ❷ 클릭&드래그 합니다. 글상자가 만들어집니다. ❸ Ctrl + V 를 눌러 복사한 글자를 글상자에 붙여 넣습니다. ❹ 옵션 바에서 ✓ 를 클릭합니다.

> **Point**
> Alt 를 누르고 캔버스를 클릭하면 정확한 크기의 글상자를 만들 수 있습니다.

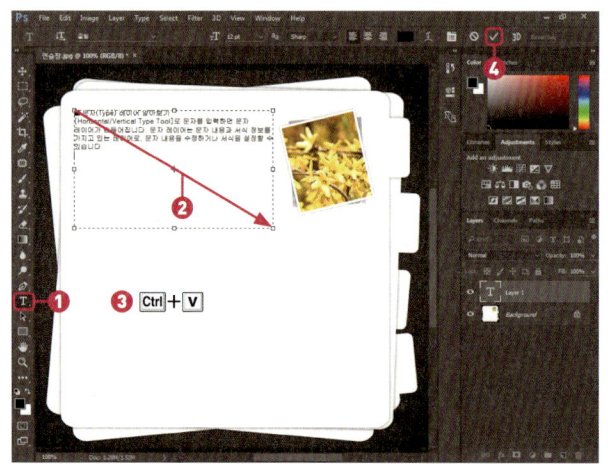

03 서식 설정하기

❶ 글자 레이어 아이콘을 더블클릭하여 전체 블록 설정합니다. ❷ [Character(글자)] 패널에서 글자 서식을 설정합니다. (글자체: 나눔바른고딕, 글자 크기(T): 18 pt, 행간(A): 24 pt, 자간(VA): 50)

> **Point**
> - Ctrl+A를 눌러도 글상자의 모든 글자들이 블록 설정됩니다.
> - 나눔바른고딕 글자체는 http://hangeul.naver.com/index.nhn에서 무료로 다운로드 받을 수 있습니다.

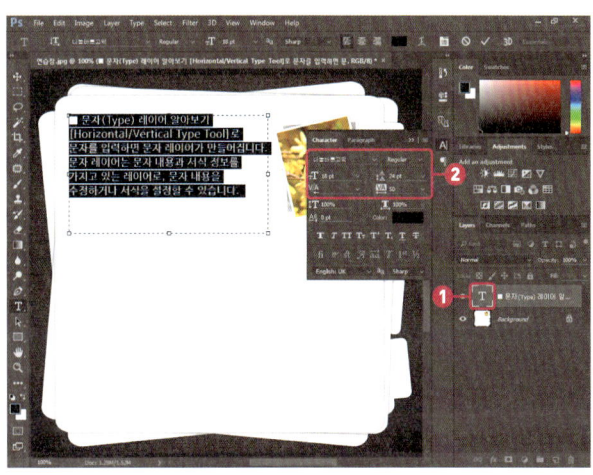

04 텍스트 파일 불러와 복사하기

❶ '연습장.txt' 파일을 다시 열은 후 ❷ 나머지 글자를 블록 설정합니다. ❸ Ctrl+C를 눌러 클립보드로 저장합니다. ❹ 프로그램을 닫습니다.

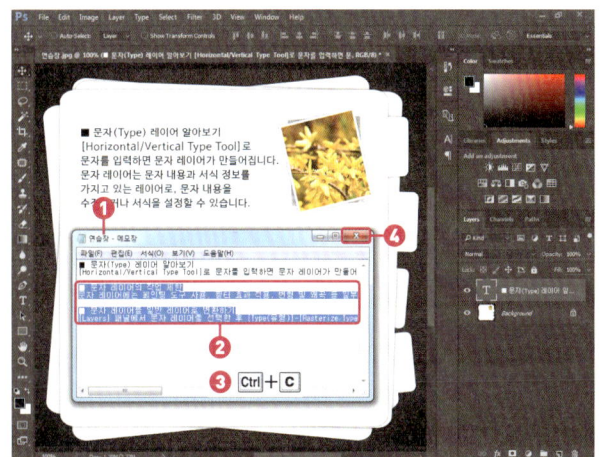

05 글상자 만들기

❶ [Horizontal Type Tool](T)을 선택하고 ❷ 클릭&드래그 합니다. 글상자가 만들어집니다. ❸ Ctrl+V를 눌러 복사한 글자를 글상자에 붙여 넣습니다. ❹ 옵션 바에서 ✓를 클릭합니다.

> **Point**
> Ctrl을 누른 후 테두리 상자를 조절하여 글상자의 크기를 변경할 수 있습니다.

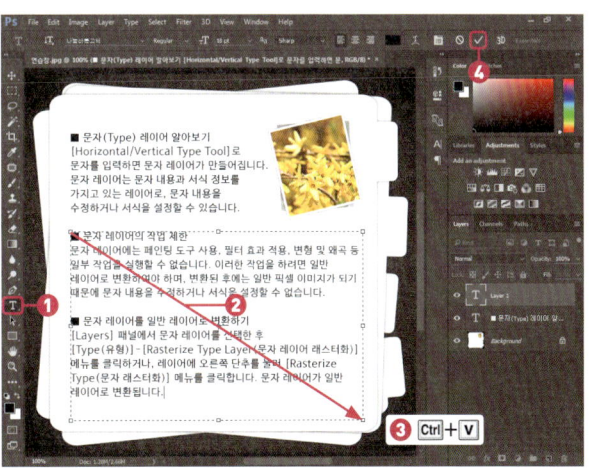

06 단락 간격 설정하기

❶ 두 글자 레이어를 동시 선택합니다. ❷ [Paragraph(단락)] 패널 탭을 클릭합니다. ❸ [Add space before paragraph](🗒)를 '6 pt'로 설정합니다. 단락의 간격이 넓어집니다.

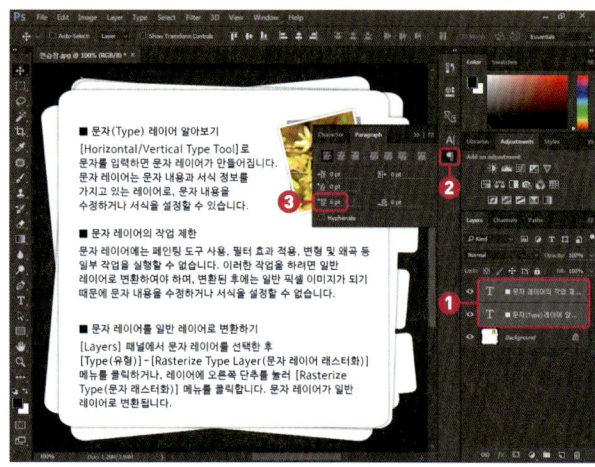

07 왼쪽 여백 설정하기

❶ [Indent first line](🗒)를 '12 pt'로 설정합니다. 각 문단의 왼쪽으로 여백이 생깁니다.

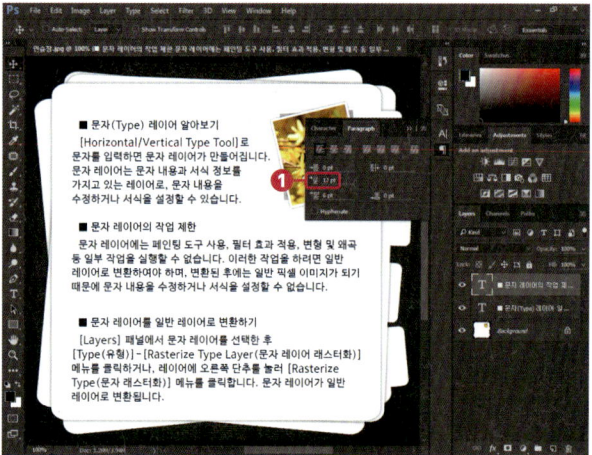

Level UP

[Paragraph(단락)] 패널 살펴보기

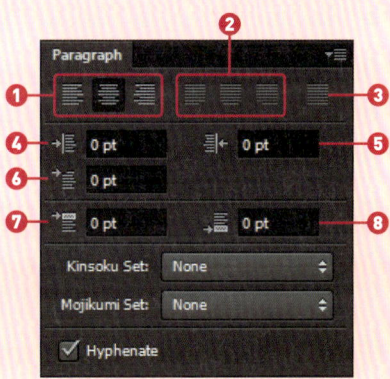

① ▤▤▤(Align text) : 글자를 왼쪽, 가운데, 오른쪽으로 정렬합니다.
② ▤▤▤(Justify last left/centered/right) : 마지막 행을 왼쪽, 가운데, 오른쪽으로 정렬합니다.
③ ▤(Justify all) : 모든 행을 양쪽으로 맞춥니다.
④ ▤(Indent left margin) : 왼쪽에 여백을 설정합니다.
⑤ ▤(Indent right margin) : 오른쪽에 여백을 설정합니다.
⑥ ▤(Indent first line) : 첫 번째 행에 들여쓰기를 설정합니다.
⑦ ▤(Add space before paragraph) : 단락의 위에 간격을 설정합니다.
⑧ ▤(Add space after paragraph) : 단락의 아래에 간격을 설정합니다.

SECTION 16 폴라로이드 사진 만들고 크기 조절 및 회전하기

일반 사진을 폴라로이드 카메라로 찍은 사진처럼 편집한 후 크기 조절 및 회전하는 방법을 알아봅니다.

○ **Keyword** 레이어, Free Transform, 크기 조절, 회전   ○ **예제 파일** | Part02\경주 사진1~4.jpg   ○ **완성 파일** | Part02\폴라로이드2(완성1~2).psd

01 새 파일 만들기

❶ [File]-[New] 메뉴를 클릭하여 새 파일을 만듭니다. (Width: 685 px, Height: 660 px, Resolution: 72, Background Contents: White) ❷ 🖵를 클릭하여 새 레이어를 만듭니다. ❸ [Rectangular Marquee Tool](▢)을 선택합니다.

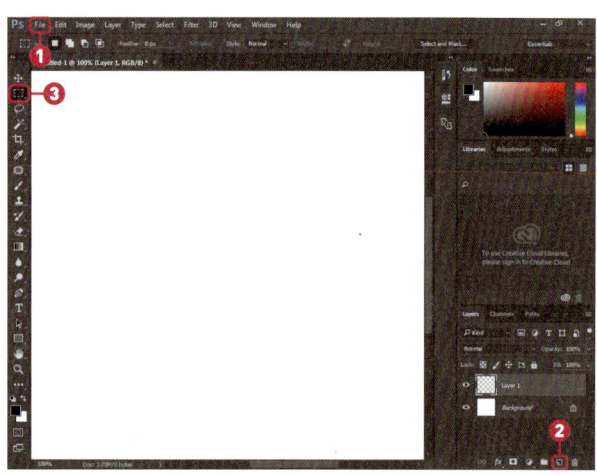

02 선택 영역 만들기

❶ [Style(스타일)] 'Fixed Size(크기 고정)', [Width(폭)] '600', [Height(높이)] '490'으로 설정하고 ❷ 선택 영역을 만듭니다. ❸ Ctrl + Delete 를 눌러 배경색(흰색)으로 채웁니다. ❹ Ctrl + D 를 눌러 선택을 해제합니다.

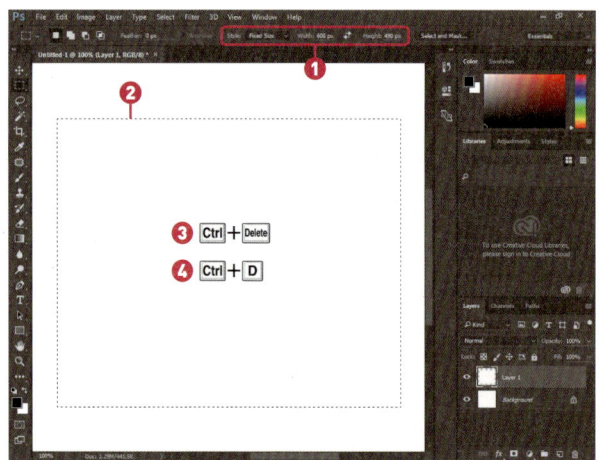

03 캔버스 가운데로 이동하기

❶ 'Layer 1', 'Background' 레이어를 함께 선택합니다. ❷ [Move Tool](　)을 선택하고 ❸ 　(Align Vertical Centers), 　(Align Horizontal Centers)를 클릭합니다. 캔버스의 가운데로 이동됩니다.

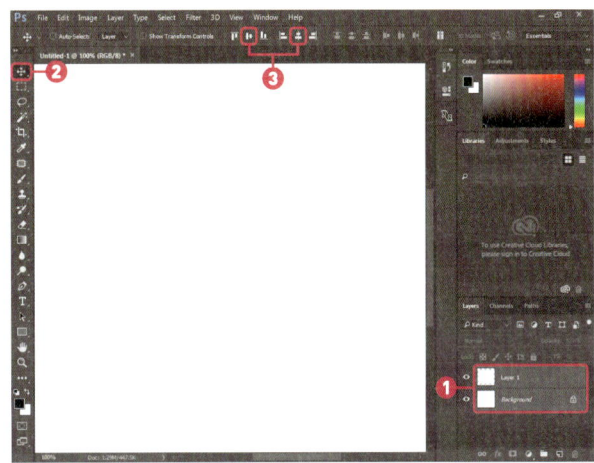

04 그림자 효과 만들기

❶ 'Layer 1' 레이어의 썸네일을 더블클릭합니다. ❷ [Drop Shadow(그림자)]를 클릭하고 ❸ [Opacity(불투명도)]: '65', [Angle(각도)]: '120', [Distance(거리)]: '0', [Size(크기)]: '10' 으로 설정하고 ❹ [OK]를 클릭합니다. 그림자 효과가 만들어집니다.

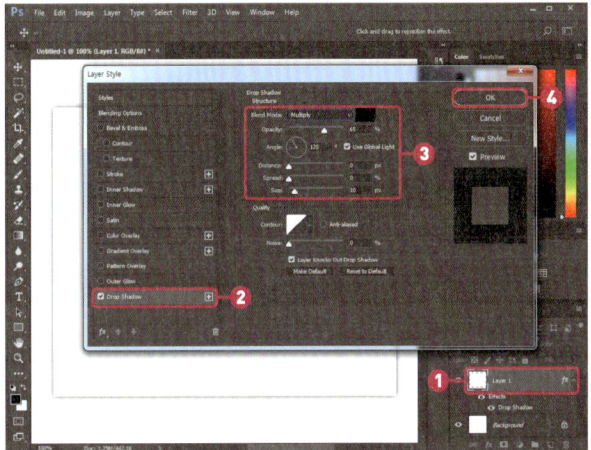

05 레이어와 선택 영역 만들기

❶ [Rectangular Marquee Tool](　)을 선택하고 ❷ [Width]: '550', [Height]: '400'으로 설정합니다. ❸ 새 레이어를 만들고 ❹ 선택 영역을 지정한 뒤 ❺ Alt + Delete 를 눌러 색을 채웁니다. ❻ Ctrl + D 를 눌러 선택 해제합니다.

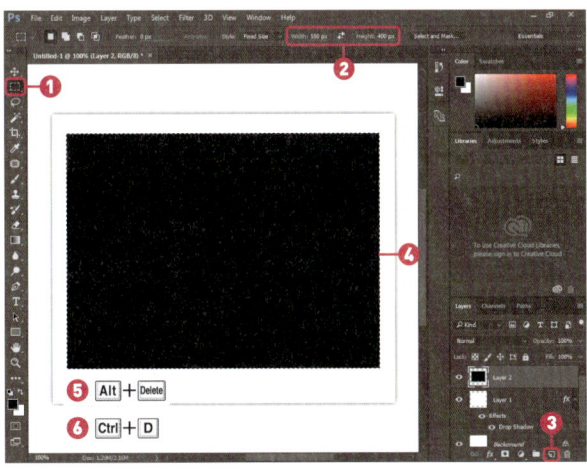

PART 02 레이어와 기본 도구로 이미지 편집하기 **119**

06 사진 찍은 날짜 입력하기

❶ [Horizontal Type Tool](T)을 선택하고 ❷ 서식을 설정합니다. ❸ 날짜를 입력하고 ❹ ✓를 클릭합니다. ❺ Shift + Ctrl + S 를 눌러 현재 상태를 저장합니다.

> **Point**
> 글자체: Soopafresh, 글자 크기: 25 pt (글자체는 http://www.dafont.com에서 다운로드 받을 수 있습니다.)

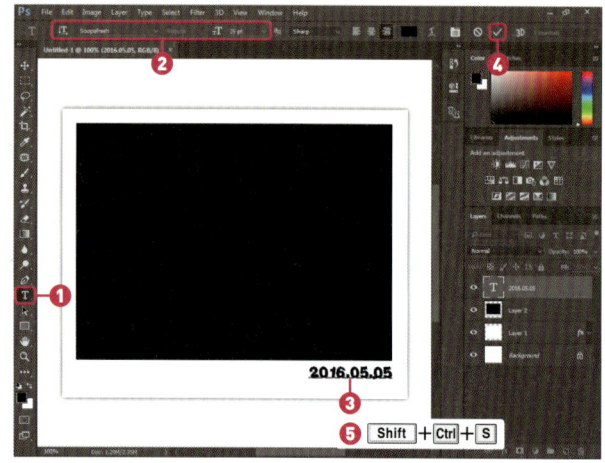

07 파일을 레이어로 가져오기

❶ [File]-[Place Embedded] 메뉴를 클릭하여 '경주 사진1.jpg'를 불러옵니다. ❷ ✓를 클릭합니다. ❸ 레이어에서 마우스 오른쪽 버튼을 눌러 [Ratserize Layer(레이어 래스터화)] 메뉴를 클릭하면 일반 레이어로 변환됩니다.

08 불필요한 부분 잘라내기

❶ 'Layer 2' 썸네일에 마우스를 위치시켜 Ctrl 을 눌러 커서 모양이 바뀌면(🖑) 클릭합니다. 선택 영역이 지정됩니다. ❷ Shift + Ctrl + I 를 눌러 반전하고 ❸ Ctrl + X 를 눌러 잘라냅니다. ❹ Ctrl + D 를 눌러 선택을 해제합니다.

> **Point**
> Shift + Ctrl + I 는 [Select]-[Inverse] 메뉴의 단축키입니다.

09 새 레이어로 병합하기

❶ Alt + Ctrl + A 를 눌러 모든 레이어를 선택하고 ❷ Alt + Ctrl + E 를 눌러 선택한 레이어를 새 레이어로 병합합니다.

10 크기 조절하기

❶ [Edit]-[Free Transform(자유 변형)] 메뉴를 클릭하고 ❷ [Interpolation(보간)]을 'Bicubic smoother(더 매끄럽게)'로 설정합니다. ❸ 모서리 조절점에 마우스를 위치시켜 커서 모양이 바뀌면(↖) 클릭&드래그해 크기를 조절합니다.

11 회전하기

❶ 모서리 조절점보다 바깥쪽으로 마우스를 위치시키면 휘어진 화살표 모양(↷)으로 바뀝니다. 클릭&드래그하면 레이어가 회전됩니다. ❷ ✓를 클릭합니다.

12 레이어 위치 이동하기

❶ 크기 조절, 회전 작업이 완료되었습니다. [Move Tool](✥)로 ❷ 위치를 이동합니다. ❸ ◉를 클릭하여 레이어를 보이지 않게 숨깁니다. ❹ 7번 과정에서 불러온 레이어(경주 사진1 레이어)를 선택하고 ❺ Delete 를 눌러 삭제합니다.

13 새로운 폴라로이드 만들기

❶ [File]-[Place] 메뉴를 클릭하여 '경주 사진2.jpg'를 불러옵니다. ❷ 7~8번 과정을 참고하여 그림과 같이 작업합니다.

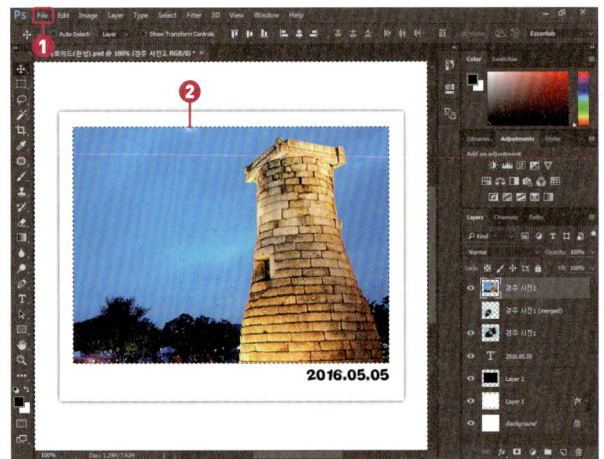

14 새로운 폴라로이드 만들기

❶ 9~12번 과정을 반복하여 새로운 폴라로이드 사진을 만듭니다.

15 마무리 작업하기

❶ [같은 방법으로 '경주 사진3.jpg', '경주 사진4.jpg'를 폴라로이드 사진으로 만들고 크기 조절 및 회전하여 그림과 같이 만듭니다.

Point
원본 소스 레이어는 삭제합니다.

Level UP

[Transform Controls] 옵션 바 살펴보기

[Move Tool] 옵션 바의 [Show Transform Controls] 옵션을 체크하여 변형 작업을 하거나 [Edit]-[Free Transform] 메뉴를 클릭하여 변형 작업을 할 때 나타나는 옵션 바입니다.

❶ (Reference point location) : 위치 이동, 크기 조절 및 회전 등의 변형 작업을 할 때 기준이 될 참조점을 설정합니다. 기본 설정인 가운뎃점은 레이어의 중심을, 나머지 8개점은 각 모서리와 각 변 중심의 조절점입니다.
❷ X/Y : 설정한 참조점을 기준으로 레이어의 위치를 좌표로 표시합니다. 좌표를 입력하여 다른 위치로 이동할 수 있습니다. △를 클릭하면 참조점 위치에서 입력하는 수치만큼 이동합니다.
❸ W/H : 원본 크기의 백분율로 크기를 변경합니다. 정확한 수치로 변경하려면 수치와 함께 단위를 입력하면 됩니다. ⊖를 클릭하면 크기를 변경할 때 원본 크기의 비율이 유지됩니다.
❹ △ : 설정한 참조점 위치를 기준으로 입력한 각도만큼 레이어를 회전합니다.
❺ H/V : 수평 및 수직으로 기울여 왜곡합니다.
❻ Interpolation : 크기를 변경할 때 처리하는 방식을 설정합니다. 설정에 따라 결과가 조금씩 달라집니다.
❼ : 클릭하면 레이어를 자유롭게 왜곡하거나, 특정 모양으로 왜곡합니다.
❽ : 변형 작업을 취소합니다.
❾ : 변형 작업을 완료합니다.

SECTION 17

[Distort] 메뉴로 왜곡하여 휴대폰 화면 바꾸기

[Edit]-[Transform]-[Distort] 메뉴를 사용하면 각 모서리의 조절점을 이용하여 레이어를 왜곡할 수 있습니다. 휴대폰 화면을 원하는 사진으로 변경합니다.

○ **Keyword** [Edit] 메뉴, [Transform] 메뉴, Distort, 변형   ○ **예제 파일** | Part02\휴대폰.jpg, 경주 사진2.jpg   ○ **완성 파일** | Part02\휴대폰(완성).psd

01 눈금자 나타내기

❶ [View(보기)]-[Rulers(눈금자)] 메뉴(Ctrl+R)를 클릭하여 눈금자를 표시합니다.

02 안내선 만들어 표시하기

❶ [Zoom Tool](🔍)로 화면을 확대합니다.
❷ 눈금자를 클릭&드래그하면 안내선이 만들어집니다. 휴대폰 화면의 모서리에 가로, 세로 안내선이 교차하도록 만들어 표시합니다.

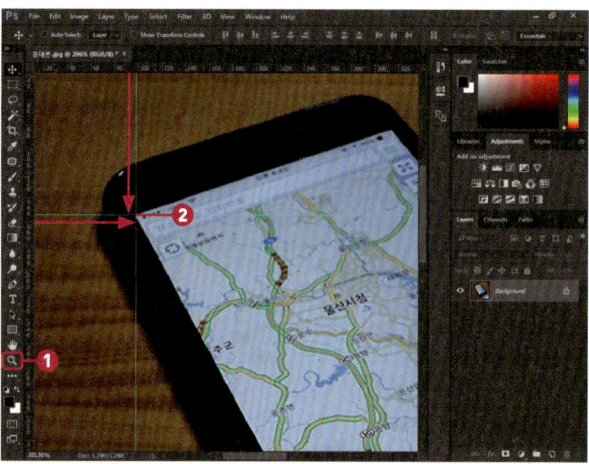

Point
Ctrl+R을 누르면 눈금자가 사라집니다.

03 안내선 만들기, 스냅숏 찍기

❶ 같은 방법으로 휴대폰 화면 네 개 모서리에 가로, 세로 안내선을 만들어 표시합니다. ❷ [History(작업 내역)] 패널에서 ▣를 클릭하여 현재 상태를 스냅숏으로 찍습니다.

04 원근 변형하여 자르기

❶ [Perspective Crop Tool](▣)을 선택하고 ❷ 각 모서리에 차례대로 클릭하여 자르기 상자를 만듭니다. ❸ 옵션 바에서 ✓를 클릭합니다.

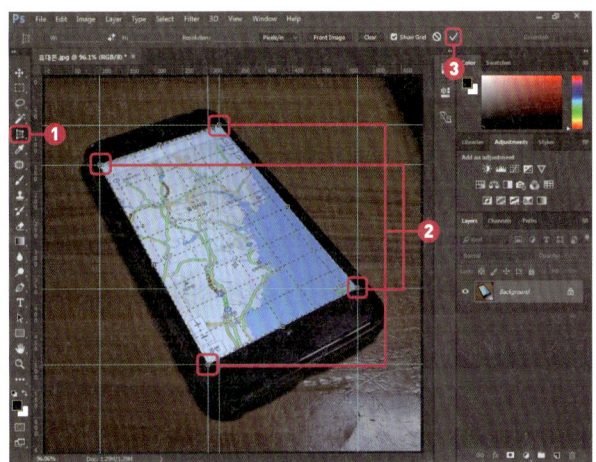

Point
화면에 넣을 이미지의 크기를 정확히 알아내기 위해 원근 변형하여 잘라냅니다.

05 예제 파일 불러와 크기 조절하기

❶ 원근 변형하여 잘라냅니다. [File]-[Place Embedded] 메뉴를 클릭하여 '경주 사진2.jpg'를 불러옵니다. ❷ 크기를 조절하고 ❸ 옵션 바에서 ✓를 클릭합니다.

06 복사하기, 스냅숏으로 돌아가기

❶ Ctrl + A 를 눌러 전체 영역을 선택하고 ❷ Ctrl + C 를 눌러 클립보드로 복사합니다. ❸ [History] 패널에서 'Snapshot 1'을 클릭하여 돌아갑니다.

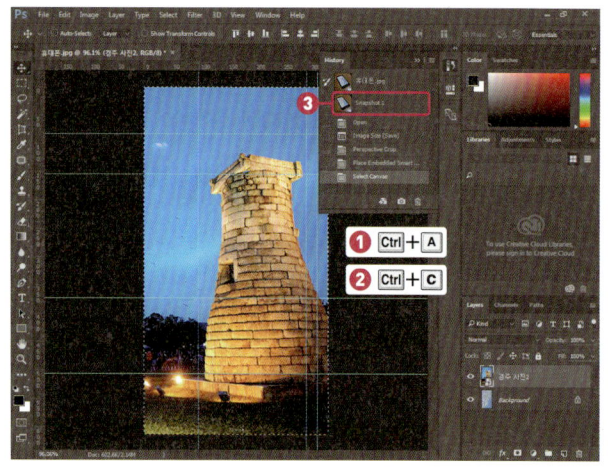

07 이미지 붙여넣기, 변형하기

❶ Ctrl + V 를 눌러 복사한 이미지를 붙여 넣습니다. ❷ [Edit]-[Transform(변형)]-[Distort (왜곡)] 메뉴를 클릭합니다. ❸ 조절점을 안내 선으로 표시해둔 모서리로 클릭&드래그해 이동시킵니다.

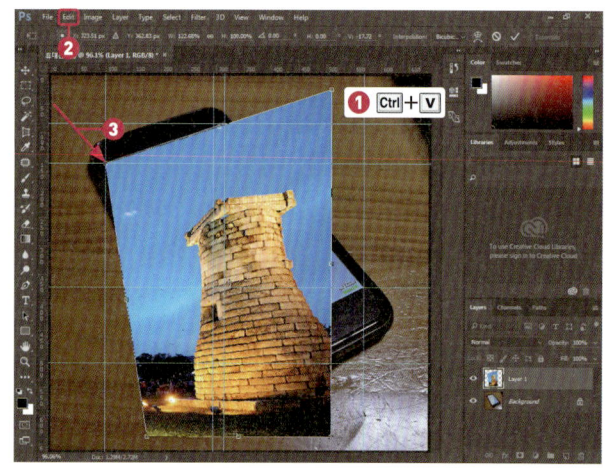

08 변형하기

❶ 레이어 이미지가 변형됩니다. 네 개 조절점을 모두 각 모서리로 이동시킵니다. ❷ 옵션 바에서 ✓를 클릭하여 변형 작업을 완료합니다.

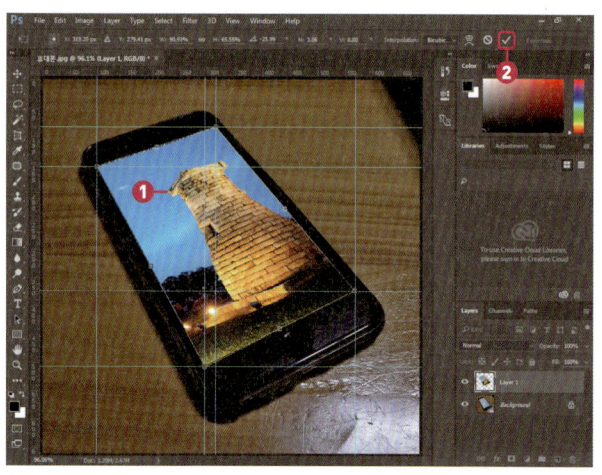

09 완성

① `Ctrl`+`R`을 누르면 눈금자가 사라집니다.
② `Ctrl`+`;`를 눌러 안내선을 모두 숨깁니다.

Level UP

레이어의 누적 순서 변경하는 두 가지 방법

- [Layer]-[Arrange] 메뉴를 클릭하여 선택한 레이어의 누적 순서를 변경할 수 있습니다.

① **Bring to Front**(`Shift`+`Ctrl`+`]`) : 최상위 순서로 변경합니다.
② **Bring Forward**(`Ctrl`+`]`) : 한 단계 상위 순서로 변경합니다.
③ **Send Backward**(`Ctrl`+`[`) : 한 단계 하위 순서로 변경합니다.
④ **Send to Back**(`Shift`+`Ctrl`+`[`) : 최하위 순서로 변경합니다.
⑤ **Reverse** : 두 개 이상의 레이어를 선택했을 때 활성화됩니다. 누적 순서를 서로 바꿉니다.

- [Layers] 패널에서 레이어를 클릭한 채 변경하려는 순서로 드래그 합니다. 진한 선이 나타날 때 마우스 버튼에서 손을 떼면 해당 순서로 변경됩니다.

▲ 레이어 선택

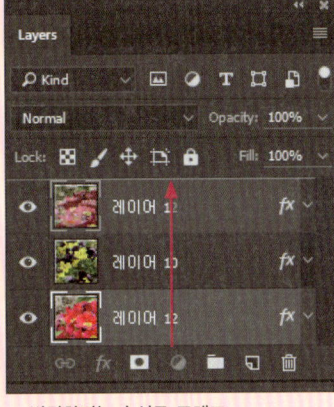
▲ 변경하려는 순서로 드래그

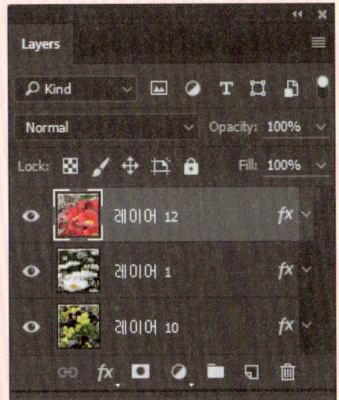
▲ 순서가 변경된 모습

Part 03

다양한 방법으로 페이팅 및 드로잉하기

선택 영역이나 레이어에 색상이나 그레이디언트, 패턴으로 페인팅 할 수 있습니다. 그레이디언트는 여러 색상을 단계적으로 혼합한 것이며 패턴은 특정 이미지를 반복하여 붙이는 페인팅 방법입니다. 드로잉 작업을 할 수 있는 도구로는 [Brush Tool]과 [Pen Tool]이 있습니다. [Brush Tool]은 붓처럼 부드러운 선을 그릴 수 있는 도구이며 [Pen Tool]은 비트맵 이미지를 편집하는 포토샵에서 벡터 방식으로 드로잉 할 수 있는 도구입니다.

SECTION 01 [Color] 패널과 [Swatches] 패널로 색상 설정하기

[Color] 패널과 [Swatches] 패널로 색상을 선택하는 방법, 말풍선을 만들고 글자를 입력하는 방법을 알아봅니다.

○ **Keyword** [Color] 패널, [Swatches] 패널, 색상

 색상을 선택하는 방법 1 : [Color Picker(색상 피커)] 대화상자

[Tool] 패널이나 옵션 바, 패널, 대화상자의 색상자를 클릭하면 나타나는 [Color Picker] 대화상자입니다. 스펙트럼에서 색상을 선택하거나 색상 코드를 입력하여 색상을 설정할 수 있습니다.

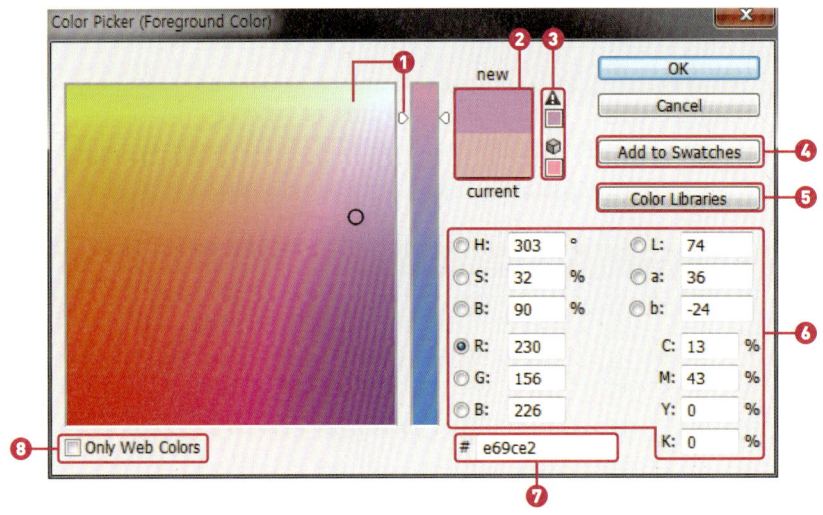

① 색상을 선택하는 색상 필드와 색상 슬라이더입니다.

② 클릭한 지점의 색상이 [new(새)]에 나타납니다. [current(현재)]는 선택되어 있던 색상을 나타냅니다.

③ 경고 : 📦가 나타나는 색상은 인쇄했을 경우 제대로 출력되지 않을 수 있으며, ⚠가 나타나는 색상은 웹에서 제대로 표현되지 않을 수 있습니다. 아래의 작은 색상자를 클릭하면 선택한 색상과 비슷한 안전한 색상으로 교체됩니다.

④ **Add To Swatches(색상 견본에 추가)** : [new]에 선택된 색상을 [Swatches] 패널에 추가합니다.

130

❺ **Color Libraries(색상 라이브러리)** : [Color Libraries]를 이용하여 색상을 선택합니다.
❻ 라디오 단추를 클릭하여 특정 색상 모델로 색상을 선택할 수 있습니다. (HSB, RGB, LAB, CMYK) 선택한 색상의 색상 값을 색상 모델별로 확인하고 변경할 수 있습니다.
❼ **#** : 색상의 R, G, B 구성 요소를 정의하는 16진수 값을 입력하여 색상을 선택합니다. '000000'은 검은색이고 'FFFFFF'는 흰색입니다.
❽ **Only Web Colors(웹 색상 전용)** : 웹에서 안전하게 사용할 수 있는 색상만 나타납니다.

색상을 선택하는 방법 2 : [Color(색상)] 패널

슬라이더를 조절하거나 스펙트럼으로 색상을 선택할 수 있습니다. 선택한 색상 모델에 따라 설정 화면이 다르게 나타납니다. 목록 단추(≡)를 클릭하면 색상 모델을 선택할 수 있습니다. 작업 중인 파일이 'RGB Color' 모드더라도 'CMYK Color'의 모델로 색상을 선택할 수 있습니다.

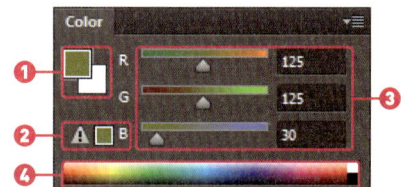

❶ 설정한 전경색과 배경색을 확인하고 변경합니다.
❷ [Color Picker] 대화상자와 마찬가지로 웹이나 인쇄에서 제대로 표현되지 않을 수 있다는 경고 표시가 나타납니다.
❸ 슬라이더를 움직이거나 입력 상자에 색상값을 입력하여 색상을 설정할 수 있습니다. 설정한 색상 모델에 따라 슬라이더는 다르게 나타납니다.
❹ 색상 스펙트럼에서 선택한 색상이 바로 전경색이나 배경색으로 설정됩니다.

색상을 선택하는 방법 3 : [Swatches(색상 견본)] 패널

[Swatches] 패널은 자주 사용하는 색상을 등록하여 바로 사용할 수 있도록 하는 패널입니다. 클릭하면 전경색으로 설정됩니다. 등록된 색상을 프리셋(외부 파일)으로 저장하거나, 색상 목록이 저장된 프리셋을 불러와 사용할 수 있습니다.

❶ (Create new swatch of foreground color) : 설정되어 있는 전경색을 패널에 등록합니다.

❷ (Delete swatch) : 선택한 색상을 삭제합니다.

- 목록 단추(≡)를 클릭하여 프리셋을 불러와 사용할 수도 있습니다.

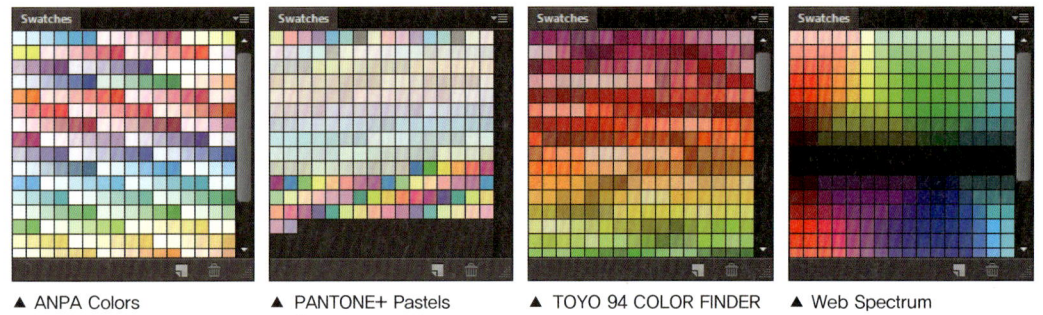

▲ ANPA Colors　　▲ PANTONE+ Pastels & Neons coated　　▲ TOYO 94 COLOR FINDER　　▲ Web Spectrum

SECTION 02 그레이디언트로 사진에 무지개 넣기

포토샵에서 제공하는 무지개 색상의 그레이디언트를 불러와 적용하고 블렌드 모드로 색상을 혼합하여 사진에 무지개를 넣어 작업합니다.

● **Keyword** 색상, 그레이디언트, Gradient Tool   ● **예제 파일** | Part03\제주도.jpg   ● **완성 파일** | Part03\제주도(완성).psd

01 새 레이어 만들기

❶ Alt + Shift + Ctrl + N 을 눌러 새 레이어를 만듭니다. ❷ [Gradient Tool](■)을 선택합니다.

02 그레이디언트 불러오기

❶ [⌵]–[⚙]를 클릭하고 [Special Effects(특수 효과)] 메뉴를 클릭합니다. 그레이디언트들이 표시됩니다. ❷ 다섯 번째 그레이디언트 (Russell's Rainbow)를 선택합니다. ❸ ▢를 클릭합니다.

Point
현재 그레이디언트를 대체하여 불러올지를 묻는 메시지 창이 나타나면 [OK]를 클릭합니다.

03 그레이디언트 적용하기

❶ 캔버스에 클릭&드래그하면 그레이디언트가 적용됩니다. ❷ ▣를 클릭하여 레이어 마스크를 만듭니다.

04 그레이디언트 재설정, 선택하기

❶ 옵션 바에서 [▾]-[✿]를 클릭하고 [Reset Gradient(그레이디언트 재설정)] 메뉴를 클릭합니다. 그레이디언트 목록이 초기화됩니다. ❷ 첫 번째 기본 그레이디언트를 선택합니다.

05 마스크 적용하기

❶ 클릭&드래그해 마스크에 그레이디언트를 적용합니다. 무지개가 자연스럽게 지워지는 결과가 나타납니다.

06 블렌드 모드 적용하기

❶ 무지개가 그려진 레이어의 블렌드 모드를 [Exclusion(제외)]으로 설정합니다.

07 레이어 복사, 블렌드 모드 적용하기

❶ Ctrl + J 를 눌러 레이어를 복제하고 ❷ 블렌드 모드를 [Soft Light(소프트 라이트)]로 설정합니다.

08 레이어 복사, 블렌드 모드 적용하기

❶ Ctrl + J 를 눌러 레이어를 복제하고 ❷ 블렌드 모드 [Screen(스크린)], [Opacity]를 '70%'로 설정합니다.

Level UP

[Gradient Tool]의 옵션 바 살펴보기

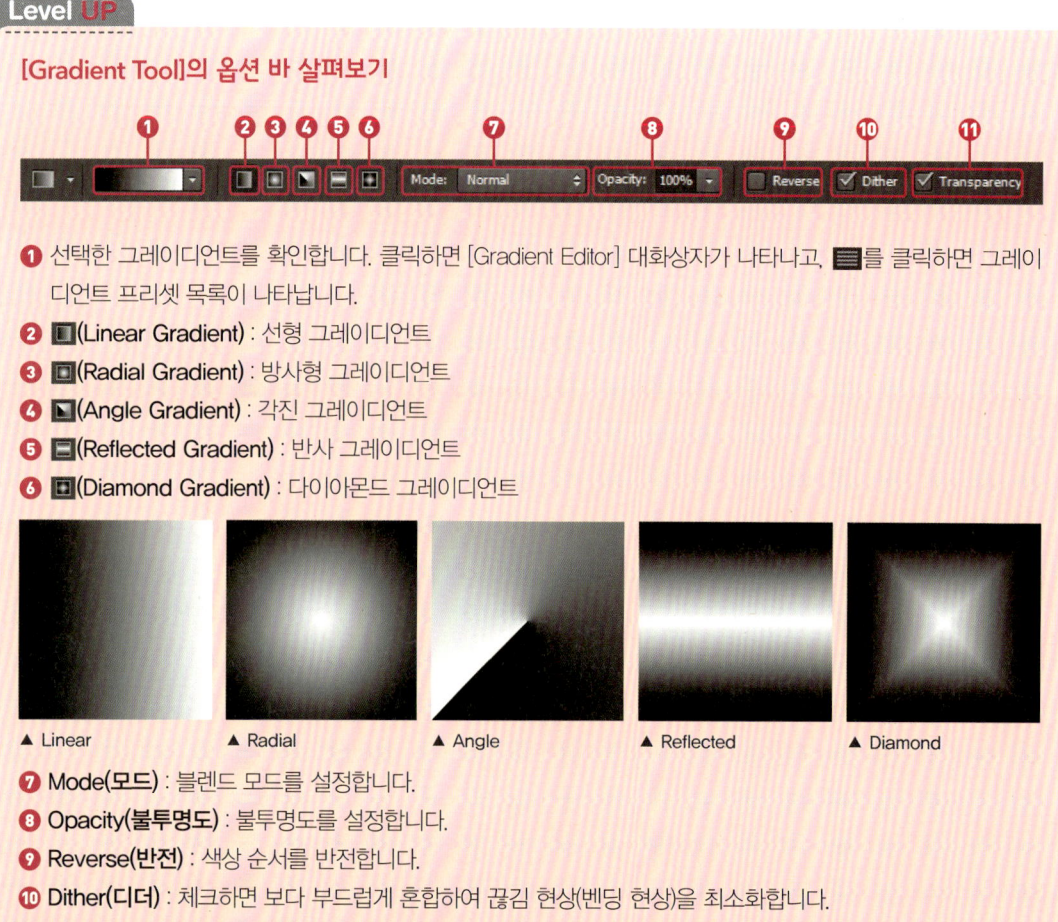

① 선택한 그레이디언트를 확인합니다. 클릭하면 [Gradient Editor] 대화상자가 나타나고, ▬를 클릭하면 그레이디언트 프리셋 목록이 나타납니다.
② ▬(Linear Gradient) : 선형 그레이디언트
③ ▬(Radial Gradient) : 방사형 그레이디언트
④ ▬(Angle Gradient) : 각진 그레이디언트
⑤ ▬(Reflected Gradient) : 반사 그레이디언트
⑥ ▬(Diamond Gradient) : 다이아몬드 그레이디언트

▲ Linear ▲ Radial ▲ Angle ▲ Reflected ▲ Diamond

⑦ Mode(모드) : 블렌드 모드를 설정합니다.
⑧ Opacity(불투명도) : 불투명도를 설정합니다.
⑨ Reverse(반전) : 색상 순서를 반전합니다.
⑩ Dither(디더) : 체크하면 보다 부드럽게 혼합하여 끊김 현상(벤딩 현상)을 최소화합니다.
⑪ Transparency(투명도) : 체크 해제하면 투명한 그레이디언트가 불투명하게 적용됩니다.

SECTION 03 그래이디언트로 야경 사진에 색감 추가하기

[Gradient Editor] 대화상자로 그레이디언트를 만들고 등록한 후 야경 사진에 페인팅하여 색감을 추가해 작업합니다.

○ **Keyword** 색상, 그레이디언트, Gradient Tool   ○ **예제 파일** | Part03\대교 야경.psd   ○ **완성 파일** | Part03\대교 야경(완성).psd

01 도구 선택하기

❶ [Gradient Tool](■)을 선택합니다. ❷ 옵션 바에서 그레이디언트 썸네일을 클릭합니다.

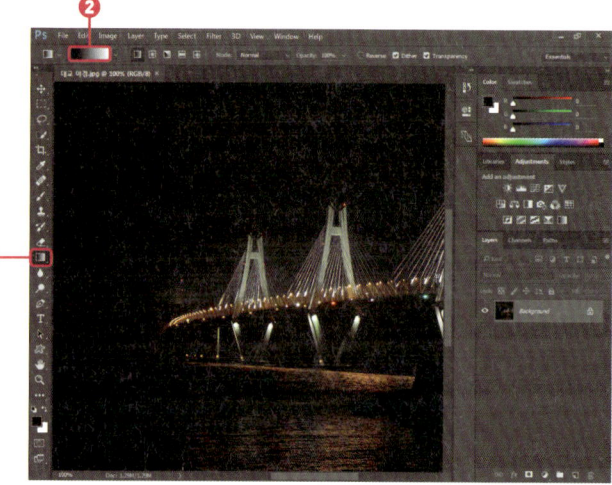

02 그레이디언트 만들기

❶ [Gradient Editor(그레이디언트 편집기)] 대화상자가 나타납니다. ❷ 그레이디언트 바 왼쪽 아래의 색상 정지점(▣)을 더블클릭합니다.

03 색상 설정하기

❶ [Color Picker(색상 피커)] 대화상자가 나타납니다. ❷ [#]를 'f6f1b2'로 설정하고 ❸ [OK]를 클릭합니다. 설정한 색상이 정지점에 적용됩니다.

04 색상 정지점 만들기

❶ 그레이디언트 바의 비어 있는 부분에 클릭하면 새로운 색상 정지점이 만들어집니다. ❷ [Location(위치)]를 '30'으로 설정합니다. ❸ 정지점을 더블클릭하거나 [Color] 색상자를 클릭합니다.

05 색상 설정하기

[Color Picker] 대화상자가 나타납니다. ❶ [#]를 'cae3cc'로 설정하고 ❷ [OK]를 클릭합니다.

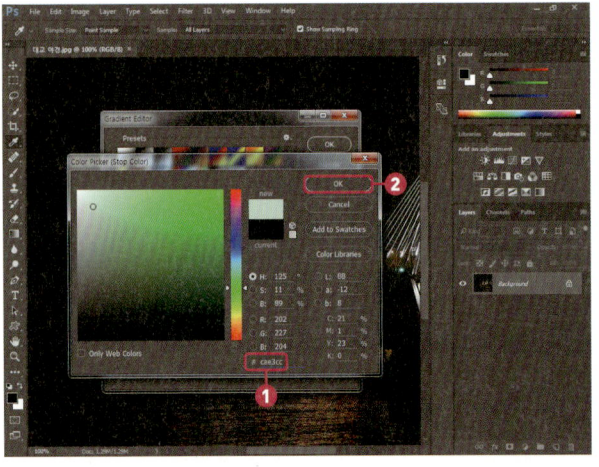

06 색상 정지점 만들기

❶ 같은 방법으로 색상 정지점을 두 개 더 만들고 설정합니다.

- 세 번째 정지점은 Color: #98d8e3, Location: 60%
- 네 번째 정지점은 Color: #6ab6cb, Location: 80%

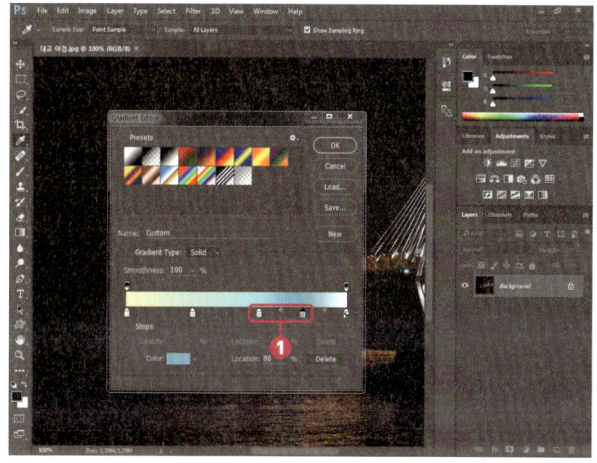

07 그레이디언트 등록하기

❶ 마지막 색상 정지점을 선택합니다. ❷ 색상을 '#4599b1'로 설정하고 ❸ [Location]을 '100'으로 설정합니다. ❹ [New]를 클릭하면 만든 그레이디언트가 목록에 추가됩니다. ❺ [OK]를 클릭합니다.

08 그레이디언트 적용하기

❶ [Gradient Tool](■)을 선택하고 ❷ 등록하였던 그레이디언트를 선택합니다. ❸ 🗐를 클릭하여 새 레이어를 만들고 ❹ 클릭&드래그해 그레이디언트를 적용합니다.

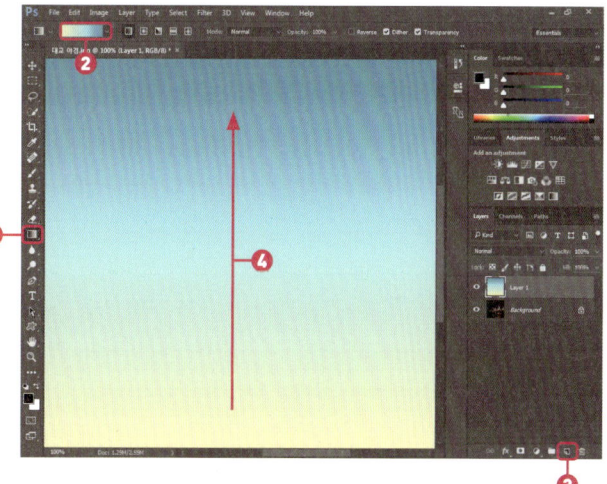

PART 03 다양한 방법으로 페이팅 및 드로잉하기 **139**

09 블렌드 모드 적용하기

①블렌드 모드를 [Overlay]로 설정하고 ②
Ctrl + J 를 눌러 레이어를 복제합니다.

10 Color Lookup 설정하기

①복제된 'Layer 1 copy' 레이어의 블렌드 모드는 [Overlay], [Opacity(불투명도)]는 '100%'로 설정합니다. ②[Adjustments] 패널에서 [Color Lookup](▦)을 클릭합니다. ③[3DLUT File]을 'film Stock_50.3dl'로 설정합니다.

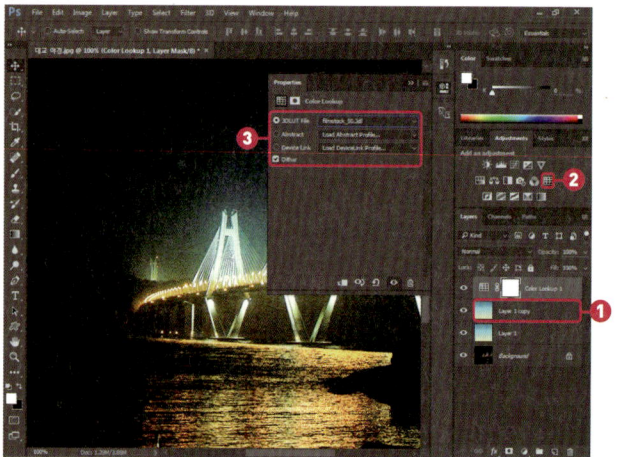

11 불투명도 설정하기

①조정 레이어의 [Opacity]를 '50%'로 설정합니다.

SECTION

04 패턴 만들고 패턴으로 페인팅하기

선택 영역으로 지정한 이미지를 패턴으로 등록하는 방법, 패턴을 불러와 [Fill] 대화상자로 패턴을 페인팅하는 방법을 알아봅니다.

○ **Keyword** 패턴, [Fill] 대화상자   ○ **예제 파일** | Part03\편지봉투.psd, 편지 봉투 패턴.jpg,   ○ **완성 파일** | Part03\편지봉투(완성).psd
테디베어2(완성).psd, 스탬프(완성).psd

01 패턴으로 등록하기

❶ '편지 봉투 패턴.jpg' 파일을 불러온 후
❷ Ctrl + A 를 눌러 전체 영역을 선택합니다.
❸ [Edit]-[Define Pattern] 메뉴를 클릭합니다. ❹ [OK]를 클릭합니다. 선택 영역의 이미지가 패턴으로 등록됩니다.

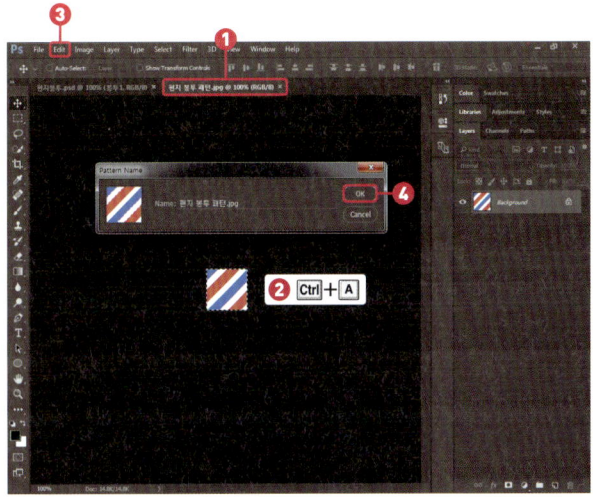

02 패턴으로 칠하기

❶ '편지봉투.psd' 파일을 불러온 후 ❷ '봉투1' 레이어를 선택하고 ❸ [Lock transparent pixels] (▦)를 클릭합니다. ❹ [Edit]-[Fill] 메뉴를 클릭합니다. ❺ [Pattern]으로 설정하고 섬네일을 클릭합니다. ❻ 1번 과정에서 등록한 패턴을 선택합니다.

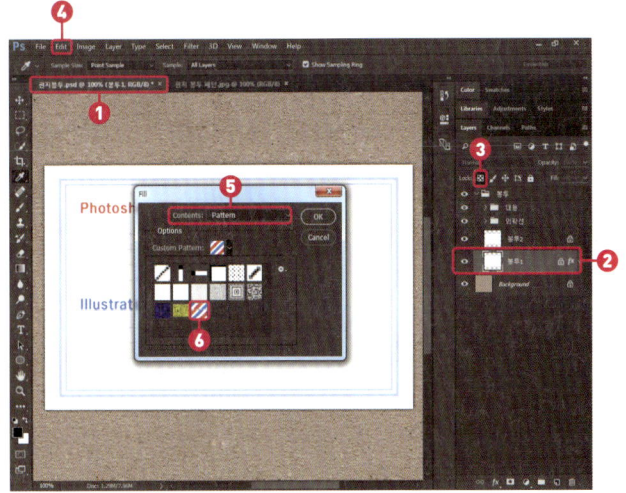

PART 03 다양한 방법으로 페이팅 및 드로잉하기 **141**

03 패턴으로 칠하기

해당 패턴이 선택됩니다. ❶ [Normal] 모드로 설정한 후 [Opacity]를 '100'으로 설정합니다. ❷ [OK]를 클릭합니다.

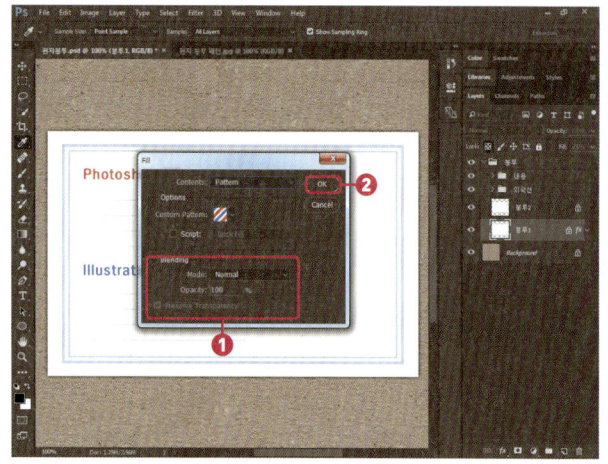

04 패턴 확인하기

❶ 선택한 패턴으로 '봉투1' 레이어에 패턴이 적용됩니다.

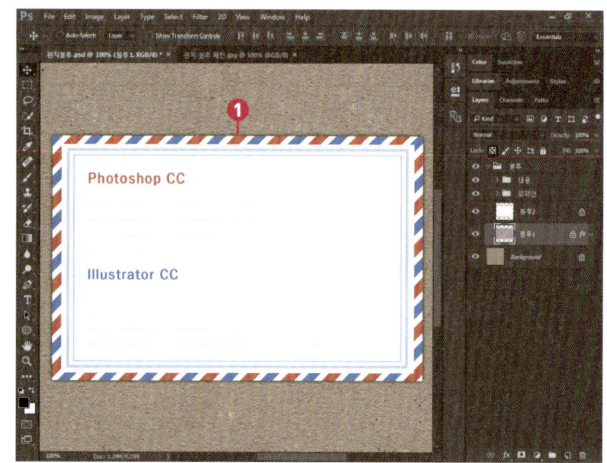

05 다른 파일의 이미지 가져오기

❶ '테디베어2(완성).psd' 파일을 불러옵니다. ❷ 'Group 1' 그룹을 선택한 후 '편지봉투.psd' 파일의 탭으로 클릭&드래그해 마우스를 이동해 가져갑니다. 1초간 기다립니다.

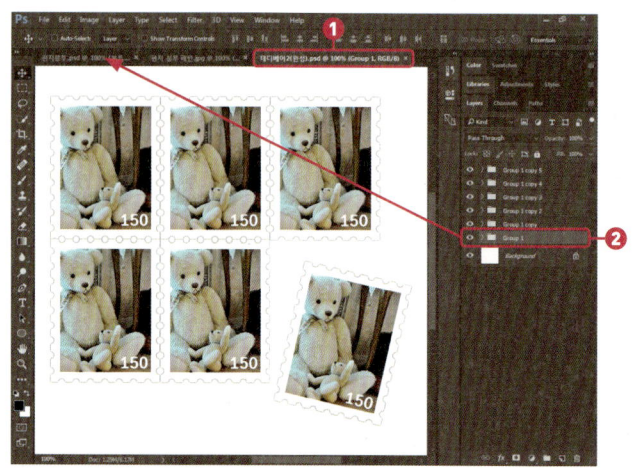

06 다른 파일의 이미지 가져오기

❶ '편지봉투.psd' 파일로 화면이 전환됩니다. 마우스를 이동해 캔버스로 이동합니다. 마우스 버튼에서 손을 놓으면 해당 그룹의 이미지가 표시됩니다. ❷ [Move Tool](✥)로 ❸ 위치를 이동시킵니다. ❹ 레이어 순서를 최상위로 변경합니다.

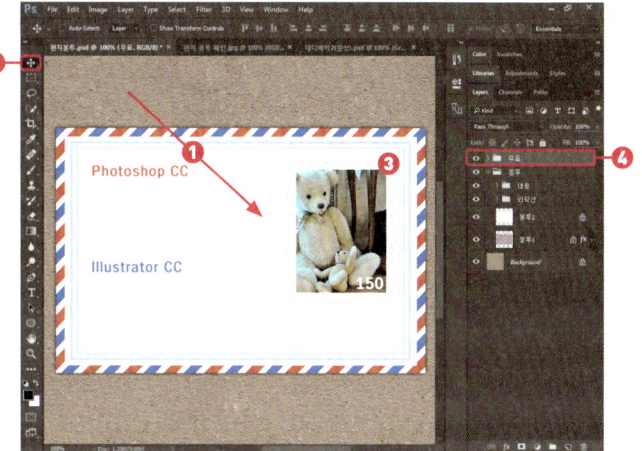

07 브러시로 등록하기

❶ '스탬프(완성).psd' 파일을 불러옵니다. ❷ 'Background' 레이어를 숨깁니다. ❸ Ctrl + A 를 눌러 전체 영역을 선택한 후 ❹ [Edit]-[Define Brush Preset] 메뉴를 클릭합니다. ❺ [OK]를 클릭합니다.

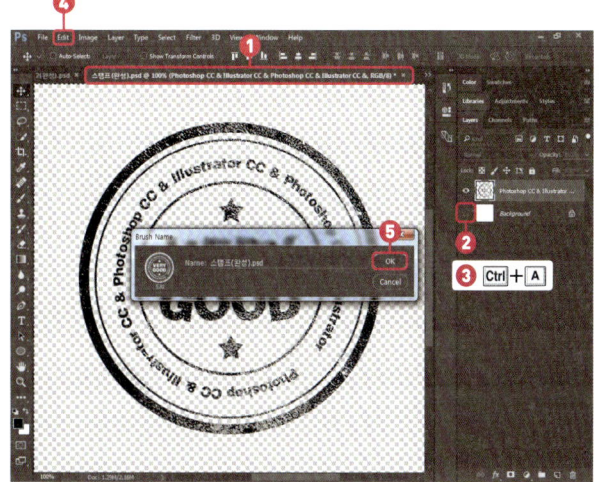

08 패턴으로 등록하기

❶ [Edit]-[Define Pattern] 메뉴를 클릭합니다. ❷ [OK]를 클릭합니다.

09 브러시 선택, 레이어 생성하기

❶ [Brush Tool]( )을 선택합니다. ❷ 옵션 바에서 ▼를 클릭한 후 등록한 스탬프 브러시를 선택합니다. ❸ [Create a new layer]( )를 클릭하여 새 레이어를 만듭니다.

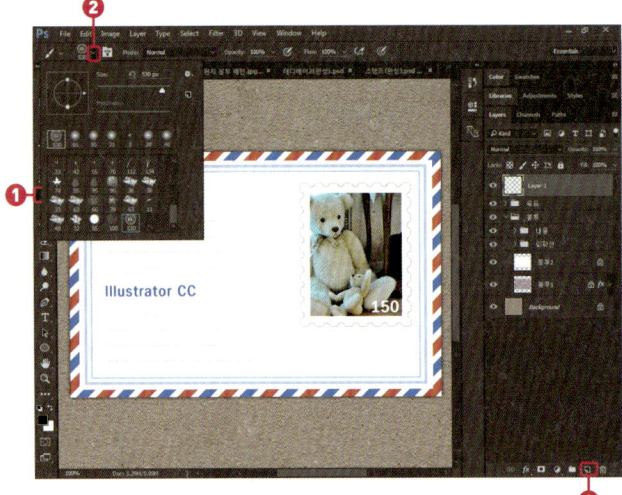

10 패턴 적용하기

❶ 클릭하여 브러시를 찍습니다. ❷ [Edit]-[Free Transform] 메뉴를 클릭합니다. ❸ 조절점을 이용하여 크기를 조절하고 회전합니다. ❹ 옵션 바에서 [Interpolation]을 'Nearest Neighbor'로 설정합니다. ❺ ✔를 클릭합니다.

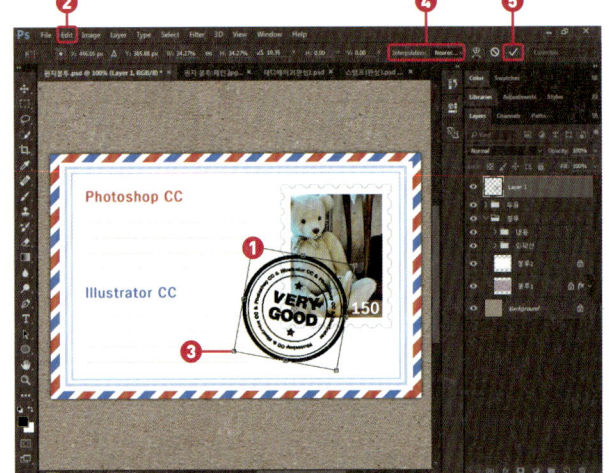

11 패턴에 전경색 채우기

❶ [Filter]-[Shapen]-[Shapen More] 메뉴를 클릭하여 거칠게 만듭니다. ❷ [Lock transparent pixels]( )를 클릭합니다. ❸ 전경색을 'd62d22'로 설정합니다. ❹ Alt + Delete 를 눌러 전경색으로 채웁니다.

12 새 레이어 설정하기

①'Background' 레이어를 선택한 후 ②[Create a new layer](🗐)를 클릭하여 새 레이어를 만듭니다. ③섬네일을 더블클릭합니다.

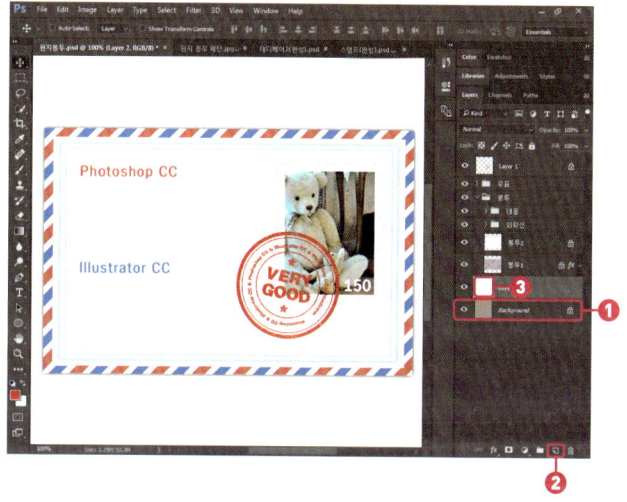

13 패턴 채우기

①[Pattern Overlay]를 클릭합니다. ②모드를 'Normal', 불투명도를 '100'으로 설정하고 패턴을 8번 과정에서 등록한 패턴으로 설정합니다. [Scale]을 '17'로 설정합니다. ③캔버스의 바탕을 클릭&드래그하면 패턴의 위치가 이동됩니다. ④[OK]를 클릭합니다.

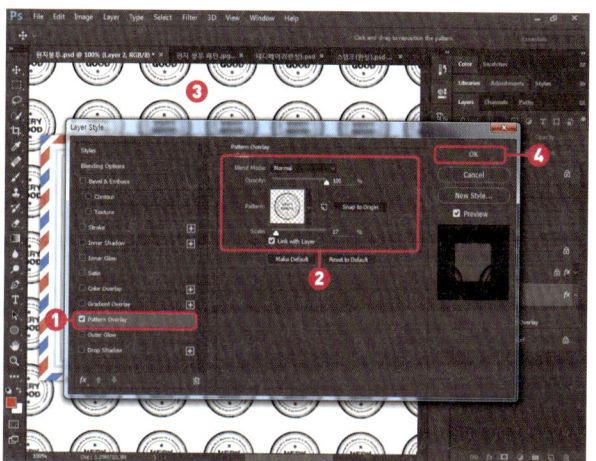

14 레이어 스타일 분리, 레이어 삭제하기

①[Layer]-[Layer Style]-[Create Layers] 메뉴를 클릭합니다. 원본 레이어와 레이어에 적용된 레이어 스타일이 각 레이어로 분리됩니다. ②'Layer 2' 레이어를 선택한 후 ③Delete를 눌러 삭제합니다.

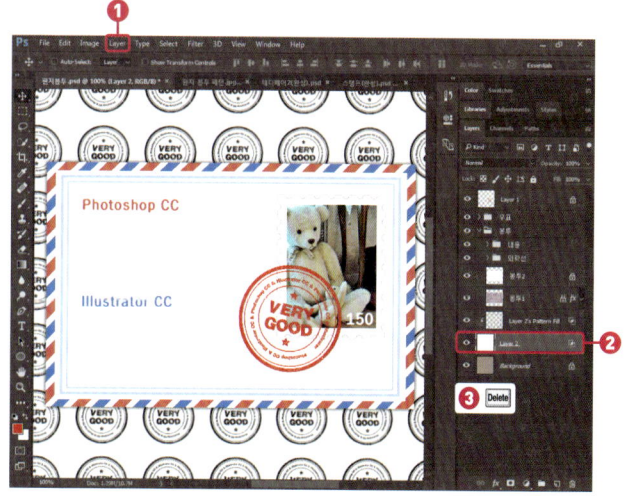

PART 03 다양한 방법으로 페이팅 및 드로잉하기 145

15 전경색 채우기

❶ 'Layer 2's Pattern Fill' 레이어를 선택합니다. ❷ [Lock transparent pixels](🔲)를 클릭합니다. ❸ 전경색을 'eadfd9'로 설정한 후 ❹ Alt + Delete 를 눌러 전경색으로 채웁니다.

> **Point**
> [Filter]-[Shapen]-[Shapen More] 메뉴를 클릭하면 스탬프가 거칠게 나타납니다. 이 메뉴는 클릭할 때마다 효과가 중복해 적용됩니다.

Level UP

[Fill(칠)] 대화상자 살펴보기

[Edit(편집)]-[Fill] 대화상자를 이용하면 지정한 선택 영역에 색상이나 패턴 등을 채울 수 있습니다. 선택 영역이 없을 경우 선택한 레이어 전체에 채워집니다.

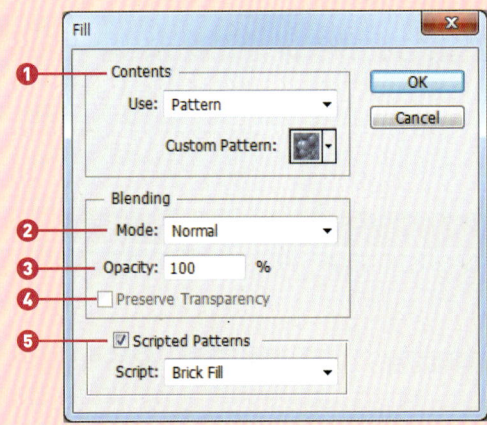

❶ Contents(내용)
- **Foreground/Background Color(전경색/배경색)** : 전경색이나 배경색으로 채웁니다.
- **Color(색상)** : [Color Picker] 대화상자로 색상을 설정하여 채웁니다.
- **Content-Aware(내용 인식)** : 선택 영역 근처의 비슷한 이미지를 자동으로 인식하여 채웁니다.
- **Pattern(패턴)** : 선택한 패턴으로 채웁니다.
- **History(작업 내역)** : 해당 파일을 처음 불러왔을 때의 상태로 복원합니다.
- **Black(검정)** : 검은색(#000000)으로 채웁니다.
- **50& Gray(50% 회색)** : 중간 회색으로 채웁니다.
- **White(흰색)** : 흰색(#FFFFFF)으로 채웁니다.

❷ **Mode(모드)** : 블렌드 모드를 설정합니다.
❸ **Opacity(불투명도)** : 불투명도를 설정합니다.
❹ **Preserve Transparency(투명도 유지)** : 체크하면 레이어의 투명 영역(이미지가 없는 영역)은 선를 적용하지 않습니다.
❺ **Scripted Patterns(스크립트 패턴)** : CS6 버전에서 추가된 스크립트 패턴을 적용합니다. 패턴을 다양한 방식으로 페인팅 할 수 있는 기능입니다.

▲ 옵션 사용하지 않음

▲ Brick Fill(벽돌 칠)

▲ Cross Weave(그물 직물)

▲ Random Fill(임의 칠)

▲ Spiral(나선형)

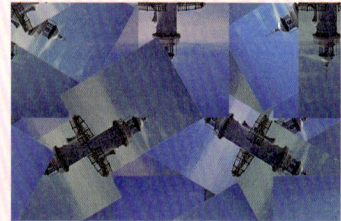
▲ Symmetry Fill(대칭 칠하기)

SECTION

05 [Brush] 패널로 브러시 설정하여 사용하기

[Brush] 패널의 옵션을 설정하면 브러시의 모양이나 스타일을 다시 만들 수 있습니다. 브러시의 크기와 간격, 투명도를 랜덤으로 적용할 수 있도록 설정하는 것을 알아봅니다.

● **Keyword** 브러시, [Brush Tool], [Brush] 패널　　● 예제 파일 | Part03\심해 배경.jpg　　● 완성 파일 | Part03\심해 배경(완성).psd

01 브러시 외부 파일 불러오기

❶ [Brush Tool](아이콘)을 선택합니다. ❷ [⌄]-[⚙]를 클릭하고 ❸ [Load Brushes(브러시 불러오기)] 메뉴를 클릭합니다.

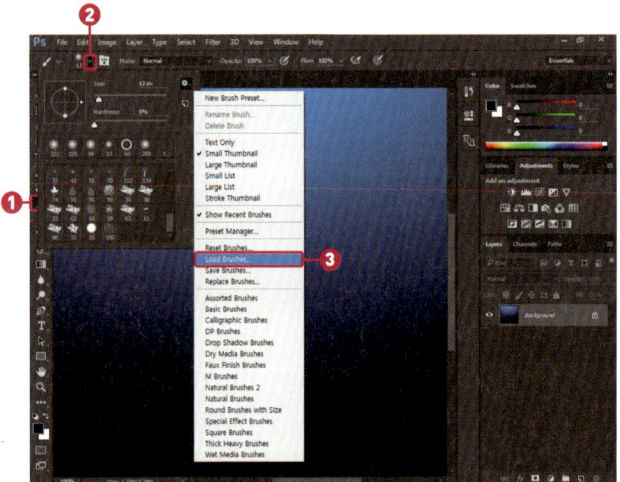

02 브러시 외부 파일 불러오기

❶ '원형 브러시.abr'를 선택하고 ❷ [Load]를 클릭합니다.

03 [Brush] 패널 설정하기

❶ 목록에 해당 파일의 브러시들이 불러와졌습니다. 목록 아래쪽 원형 브러시들 중 하나를 선택하고 ❷ 를 클릭하여 [Brush(브러시)] 패널을 불러옵니다. ❸ [Spacing(간격)]을 '150%'로 설정합니다.

04 [Brush] 패널 설정하기

❶ [Shape Dynamics(모양)]를 클릭합니다. ❷ [Size Jitter(크기 지터)] '100%'로 설정합니다.

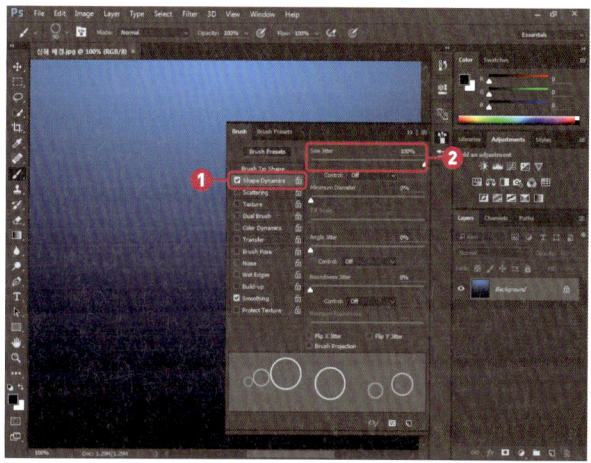

> **Point**
> [Size Jitter]은 크기를 랜덤으로 설정하는 옵션입니다.

05 [Brush] 패널 설정하기

❶ [Scattering(분산)]을 클릭합니다. ❷ [Scatter(분산)] '500%'로 설정합니다.

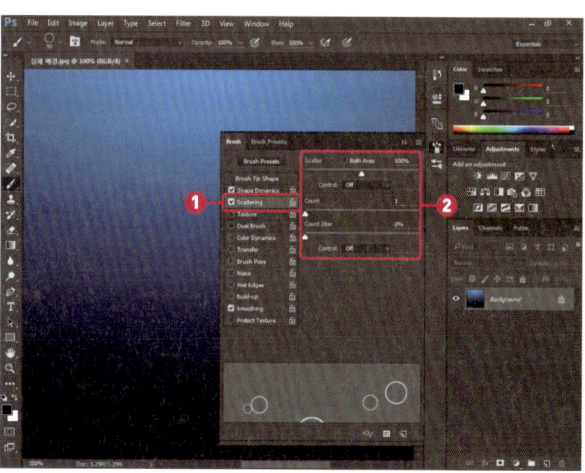

> **Point**
> [Scattering]은 간격을 랜덤으로 설정하여 분산시키는 옵션입니다.

PART 03 다양한 방법으로 페인팅 및 드로잉하기

06 [Brush] 패널 설정하기

❶ [Transfer(전송)]를 클릭합니다. ❷ [Opacity Jitter(불투명도 지터)], [Flow Jitter(플로우 지터)]를 각각 '40%'로 설정합니다. ❸ [Shape Dynamics], [Scattering], [Transfer]의 를 클릭하여 로 만듭니다.

> **Point**
> [Transfer]는 불투명도와 플로우를 랜덤으로 설정합니다

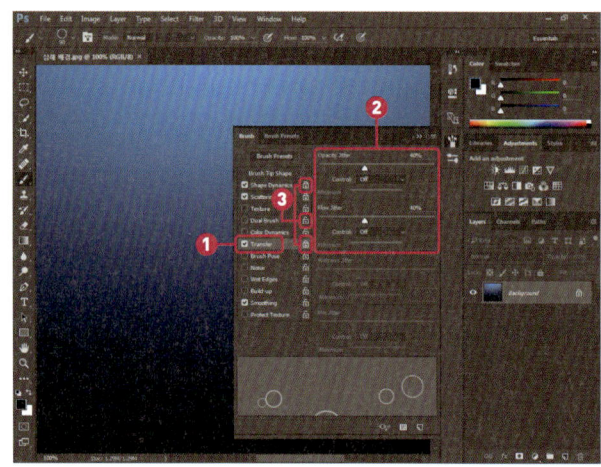

07 브러시 적용하기

❶ 를 클릭하여 새 레이어를 만듭니다. ❷ 캔버스에 클릭&드래그 합니다. 브러시의 크기와 간격, 투명도가 랜덤으로 적용되어 찍힙니다.

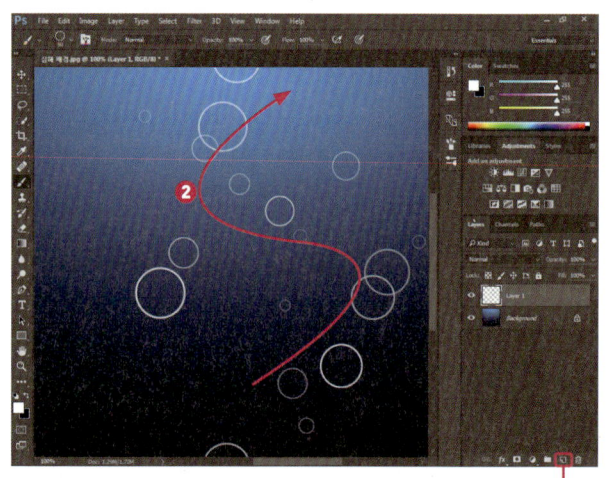

08 다른 브러시 선택하기

❶ [Brush Tool] 옵션 바의 팝업 창이나 [Brush] 패널에서 다른 원형 브러시를 선택합니다. ❷ [Brush] 패널에서 [Spacing]을 100% 이상으로 설정합니다.

09 브러시 적용하기

❶ 새 레이어를 만들고 ❷ 클릭&드래그해 브러시를 그립니다. 앞의 과정을 참고하여 여러 종류의 브러시들로 그림과 같이 만듭니다.

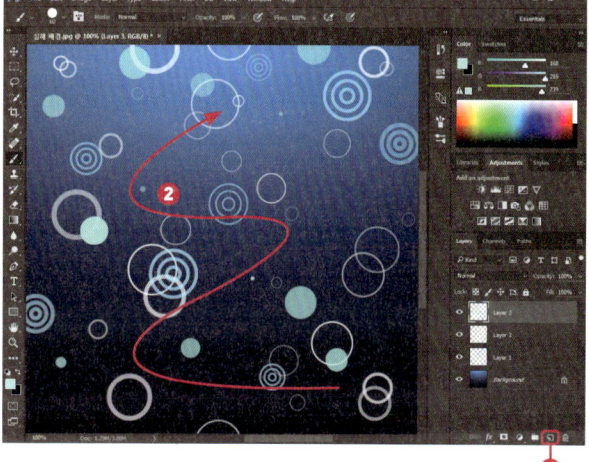

Point
필요에 따라 [Brush] 패널에서 옵션을 재설정합니다.

[Brush] 패널과 [Brush Tool] 옵션 바 살펴보기

■ [Brush] 패널 살펴보기

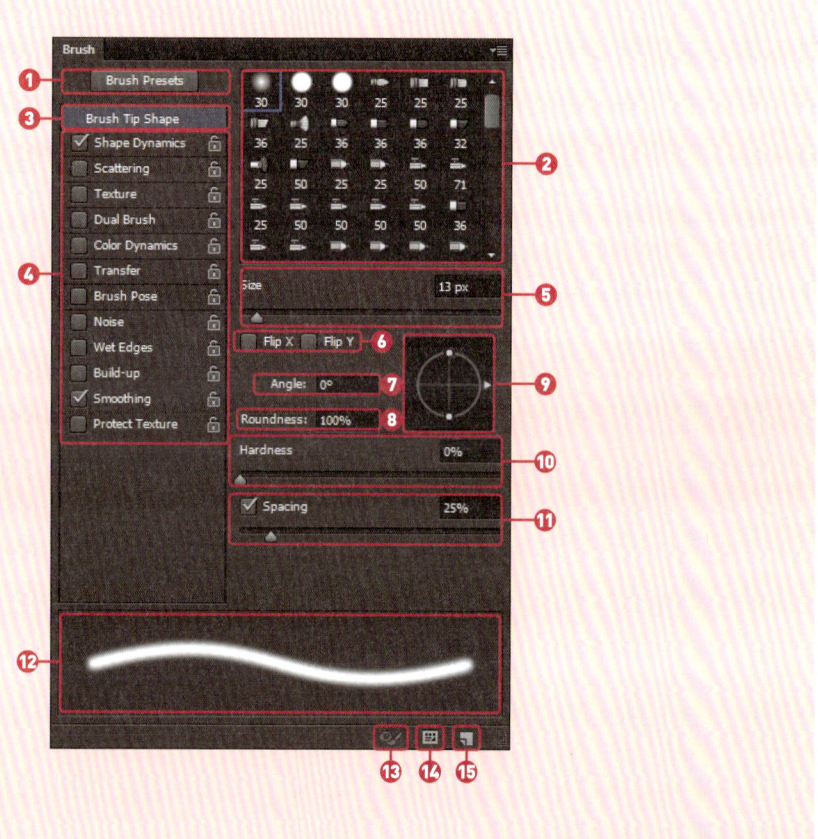

❶ **Brush Presets(브러시 사전 설정)** : [Brush Preset] 패널을 불러옵니다.
❷ **목록** : 프리셋에 등록되어 있는 브러시 목록입니다. 클릭하여 선택합니다.
❸ **Brush Tip Shape(브러시 모양)** : 브러시의 기본적인 모양을 설정합니다.
❹ 브러시의 스타일을 설정하거나 다양한 효과를 줄 수 있는 옵션입니다.
❺ **Size(크기)** : 브러시의 크기를 설정합니다.
❻ **Flip(뒤집기)** : 체크하면 브러시를 좌우로, 상하로 뒤집습니다.
❼ **Angle(각도)** : 설정하는 각도로 회전합니다.
❽ **Roundness(원형율)** : 둥근 정도를 설정합니다.
❾ 클릭&드래그해 각도와 원형율을 조절합니다.
❿ **Hardness(경도)** : 수치가 낮을수록 부드러워집니다. '100%'일 경우 가장 선명하게 나타납니다.
⓫ **Spacing(간격)** : 클릭&드래그해 브러시를 그릴 때 획당 간격을 설정합니다.
⓬ **미리보기** : 적용될 모습을 미리 확인합니다.
⓭ (**Toggle the Live Level Up Brush Preview**) : 라이브 팁 브러시 미리보기를 표시하거나 숨깁니다.
⓮ (**Open Preset Manager**) : [Preset Manager] 대화상자를 불러옵니다.
⓯ (**Create new brush**) : 설정한 브러시를 새로 등록합니다.

■ **[Brush Tool], [Pencil Tool] 옵션 바 살펴보기**

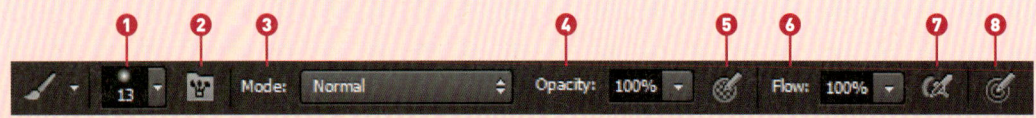

❶ 브러시의 모양을 선택하고 크기를 설정합니다.
❷ : 브러시를 설정하는 [Brush(브러시)] 패널을 불러옵니다.
❸ **Mode(모드)** : 블렌드 모드를 적용합니다.
❹ **Opacity(불투명도)** : 불투명도를 설정합니다. 수치가 낮아질수록 점점 더 투명해집니다.
❺ : 활성화하면 태블릿 압력으로 불투명도를 조절할 수 있습니다. 조절할 수 있는 불투명도의 최대치는 현재 설정되어 있는 수치입니다. [Brush] 패널의 설정은 무시합니다.
❻ **Flow(흐름)** : 마우스를 클릭한 채 움직여서 브러시가 겹쳐질 때 덧칠해지는 정도를 조절합니다.
❼ : 활성화하면 마우스 및 태블릿의 압력을 감지하는 에어브러시를 사용합니다. 마우스를 클릭한 채 움직이지 않고 가만히 있을 경우 시간 경과에 따라 브러시가 겹쳐집니다.
❽ : 활성화하면 태블릿 압력으로 브러시의 크기를 조절할 수 있습니다. 조절할 수 있는 사이즈의 최대치는 현재 설정되어 있는 브러시의 크기입니다.
- **Auto Erase(자동 지우기)** : [Pencil Tool]을 선택하면 나타나는 옵션입니다. 체크한 후 선을 그린 자리에 덧칠하면 설정되어 있는 배경색이 칠해집니다.

■ **팝업 창 살펴보기**

옵션 바의 ❶을 클릭하면 나타나는 팝업 창입니다. 브러시의 크기와 모양을 설정하고 프리셋을 관리합니다. 브러시 관련 도구나 프리셋을 사용하는 다른 도구의 팝업 창도 이와 같은 방식으로 사용하므로 간단히 살펴보도록 합니다.

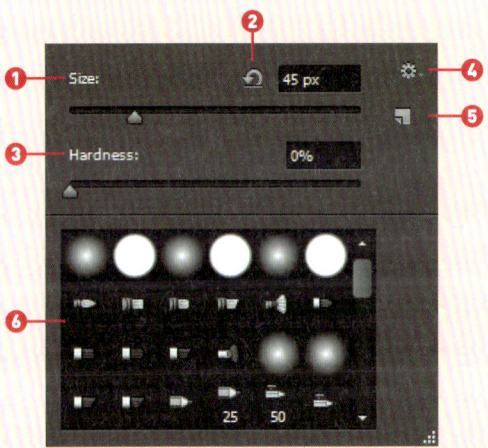

❶ **Size(크기)** : 브러시 크기를 설정합니다.
❷ 🔄 : 브러시 크기를 초기화합니다(일부 브러시는 사용 불가).
❸ **Hardness(경도)** : 수치가 낮을수록 'Anti-aliasing'이나 'Feater'를 적용한 것처럼 경계선이 부드러워집니다. 수치가 높을수록 또렷하고 선명해집니다. '100%'로 설정하면 가장 선명한 브러시로 페인팅 할 수 있지만 부드러운 느낌이 없어지진 않습니다. [Pencil Tool]을 사용하면 선명하게 페인팅 할 수 있습니다.
❹ ⚙ : 클릭하면 브러시 프리셋을 관리하는 메뉴가 나타납니다.
❺ 📄 : 현재 설정되어 있는 브러시를 목록에 등록합니다.
❻ **브러시 목록** : 등록되어 있는 브러시를 확인합니다. 클릭하면 해당 브러시가 선택됩니다.

SECTION 06 패스로 드로잉하기

[Pen Tool]과 [Shape Tool]은 패스를 만들어 드로잉하는 도구입니다. 비트맵 방식 프로그램에서 벡터 작업을 할 수 있는 유일한 도구들입니다. 벡터 방식 그래픽 프로그램인 일러스트레이터의 많은 기능들이 추가되어 포토샵에서도 편리한 벡터 작업을 할 수 있게 되었습니다.

○ **Keyword** 비트맵 방식, 벡터 방식, 패스

비트맵 방식과 벡터 방식 비교하기

- **비트맵 방식**

Part 01에서 간단히 살펴보았듯 비트맵 방식은 픽셀이라는 색상 값을 가진 작은 점들이 모여 이미지가 구성되는 방식입니다. 이미지에 사용된 픽셀 수에 따라 화질과 해상도, 파일 크기(용량)가 결정됩니다. 사실적이거나 화려한 표현이 가능하지만 이미지를 확대하면 픽셀의 크기가 커지기 때문에 계단 현상이 일어나게 됩니다.

- **벡터 방식**

벡터 방식의 그래픽 프로그램은 일러스트레이터가 대표적입니다. 점과 선에 대한 관계를 수치로 계산하는 베지어 곡선으로 이미지를 이룹니다. 크기를 키우거나 줄여도 아무런 이미지의 손상이 없습니다. 하지만 명암 표현이나 섬세한 사실적인 표현은 불가능합니다. 비트맵 방식의 파일에 비해 파일 크기가 훨씬 작습니다. 포토샵에서는 패스 자체는 크기에 영향을 받지 않고 선명하게 나타나지만 영역을 따라 색을 칠할 경우 비트맵 방식으로 적용되기 때문에 확대하면 깨짐 현상이 나타납니다.

▲ 포토샵에서 작업한 이미지를 800% 확대한 모습

▲ 일러스트레이터에서 작업한 이미지를 800% 확대한 모습

비트맵 방식과 벡터 방식 비교하기

- [Pen Tool]이나 [Shape Tool]로 드로잉하면 패스라는 수학적인 선이 만들어집니다. 패스는 크기를 변경해도 깔끔하고 선명한 선을 유지합니다. [Pen Tool]은 직접 기준점을 만들어 패스를 그리는 도구이며, [Shape Tool]은 모양이 정해진 도형을 패스로 만드는 도구입니다.

- 패스는 두 개 이상의 기준점과 기준점 사이를 연결하는 하나 이상의 직선 또는 곡선 선분으로 구성됩니다. 만들어진 패스는 [Paths(패스)] 패널에서 확인할 수 있습니다.

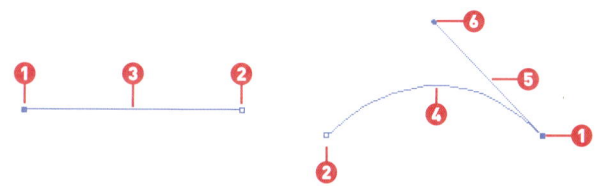

① **선택한 기준점** : 선분의 시작과 끝에서 제자리에 고정시키는 핀과 같은 역할을 합니다. 선택된 기준점은 검은색 사각형(■)으로 표시됩니다.

② **선택하지 않은 기준점**: 선택하지 않은 기준점은 흰색 사각형(□)으로 표시됩니다.

③ **직선 패스 선분** : 두 기준점 사이를 연결하는 직선 패스 선분입니다.

④ **곡선 패스 선분** : 두 기준점 사이를 연결하는 곡선 패스 선분입니다.

⑤ **방향선** : 곡선 패스를 만들 때나 곡선으로 연결된 기준점을 선택하면 나타납니다. 방향선의 각도는 곡선의 기울기를, 길이는 곡선의 높이와 깊이를 결정합니다.

⑥ **방향점** : 방향선의 끝에 있는 점입니다. 곡선의 모양을 수정할 때 사용합니다.

SECTION

07 [Custom Shape Tool]로 사진을 우표로 만들기

[Custom Shape Tool]은 정해진 모양의 도형(사각형, 원, 다각형 등)이 아닌 사용자가 만든 특정한 모양을 만들 수 있는 도구입니다. 포토샵에서 제공하는 모양을 사용할 수도 있습니다.

○ **Keyword** 패스, [Paths] 패널, Custom Shape Tool　○ **예제 파일** | Part03\테디베어2.psd　○ **완성 파일** | Part03\테디베어2(완성).psd

01 모양 프리셋 불러오기

❶ [Custom Shape Tool](아이콘)을 선택합니다.
❷ 그리기 모드를 [Shape(모양)]으로 설정하고
❸ [Shape(모양)]에서 [∨]-[✦.]를 클릭하여 [Objects(오브젝트)] 메뉴를 클릭합니다.

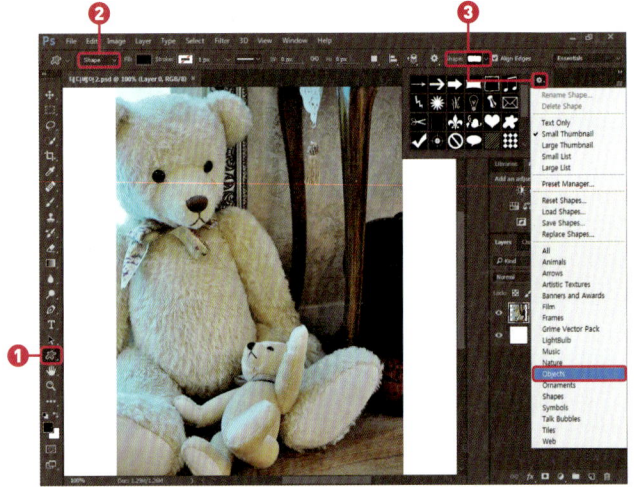

02 모양 만들고 색상 변경하기

❶ 불러와진 프리셋에서 'Stamp 1' 모양을 선택합니다. ❷ Shift 를 누르면서 클릭&드래그해 모양을 만듭니다. ❸ 옵션 바의 [Fill(칠)] 색상자를 클릭하고 ❹ ■를 클릭한 후 ❺ 아래 색상 목록들 중 흰색을 선택합니다.

> **Point**
> 흰색이 없을 경우 ■를 클릭하여 [Color Picker] 대화상자에서 선택합니다.

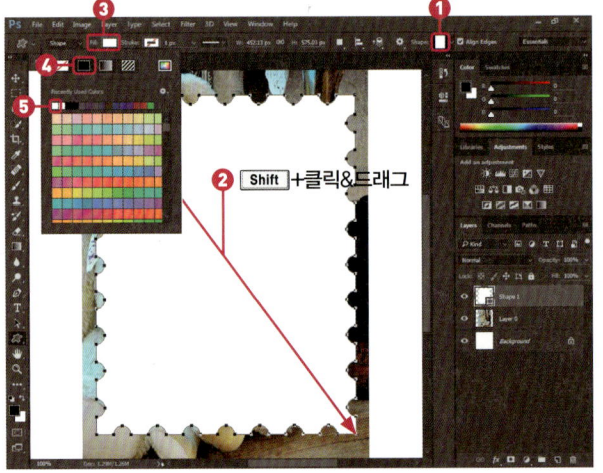

03 모양 만들고 색상 변경하기

❶ 옵션 바의 [Stroke(획)] 색상자를 클릭하고 ❷ 클릭합니다. ❸ [Rectangle Tool](▭)을 선택하고 ❹ 클릭&드래그해 직사각형 모양을 만듭니다. ❺ [Fill(칠)] 색상자를 클릭하고 ❻ 검은색을 선택합니다.

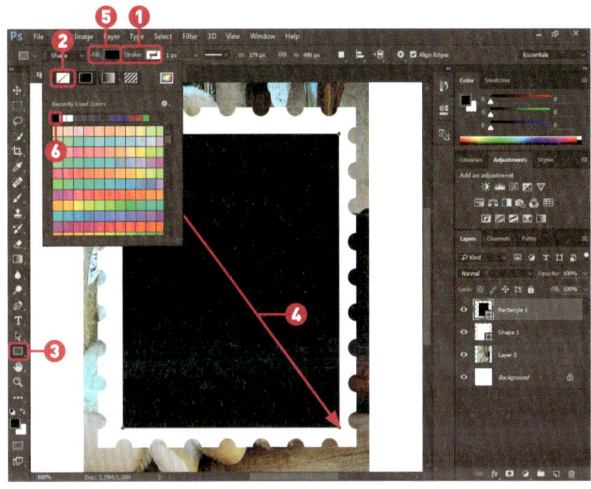

04 레이어 가운데 정렬하기

❶ 'Shape 1', 'Ractangle 1' 레이어를 선택하고 ❷ [Move Tool](✥)을 선택합니다. ❸ ▯ (Align Horizontal Centers), ▭ (Align Vertical Centers)를 클릭하여 두 레이어의 위치를 가운데로 정렬합니다.

05 클리핑 마스크 만들기

❶ 'Layer 0' 레이어의 순서를 최상위로 변경합니다. ❷ 'Rectangle 1' 레이어로 클리핑 마스크를 만듭니다.

마우스 오른쪽 버튼을 누르고 [Create Clipping Mask (클리핑 마스크 만들기)] 메뉴 클릭

06 크기 조절하기

❶ [Edit]-[Free Transform(자유 변형)] 메뉴를 클릭합니다. ❷ 직사각형 크기에 맞게 레이어 크기를 조절하고 ❸ ✔를 클릭합니다. ❹ 'Shape 1' 레이어를 더블클릭합니다.

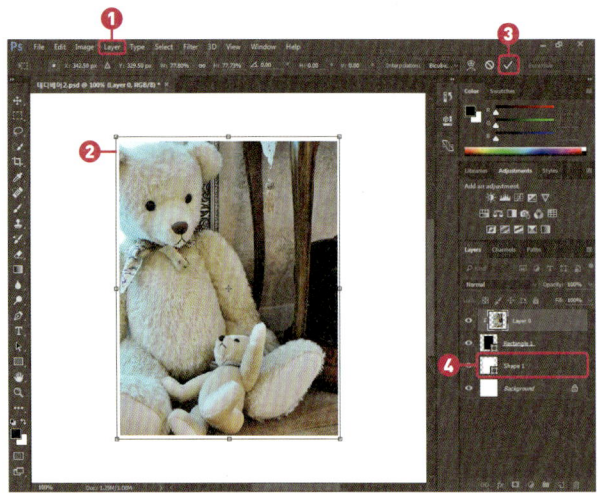

07 그림자 효과 만들기

❶ [Drop Shadow(그림자)]를 클릭합니다. ❷ [Angle]은 '130', [Distance]를 '0', [Size]는 '3'으로 각각 설정하고 ❸ [OK]를 클릭합니다. 그림자 효과가 만들어집니다.

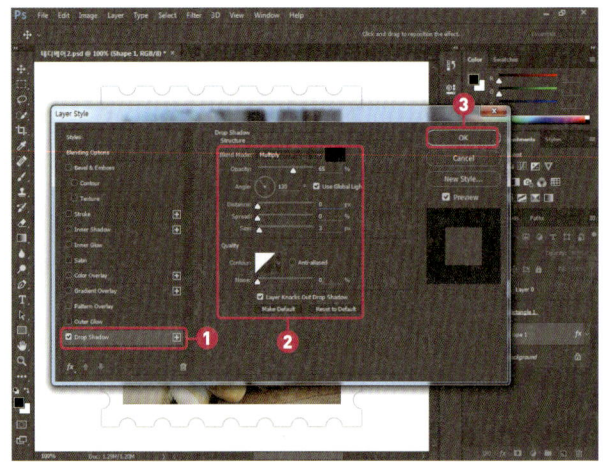

08 선택한 레이어를 그룹으로 묶기

❶ [Horizontal Type Tool](T)로 ❷ 글자를 입력합니다. ❸ Alt + Ctrl + A 를 눌러 모든 레이어를 선택합니다. ❹ [Layer]-[New]-[Group from Layers(레이어에서 새 그룹 만들기)] 메뉴를 클릭합니다.

> **Point**
> 우표 모양 바깥을 클릭하여 글자를 입력한 후 위치를 이동시킵니다.

09 그룹 크기 조절하기

❶ 'Group 1' 그룹을 선택하고 ❷ [Edit]-[Free Transform] 메뉴를 클릭합니다. ❸ [W], [H]를 '42%'로 설정하고 ❹ ✔를 클릭합니다.

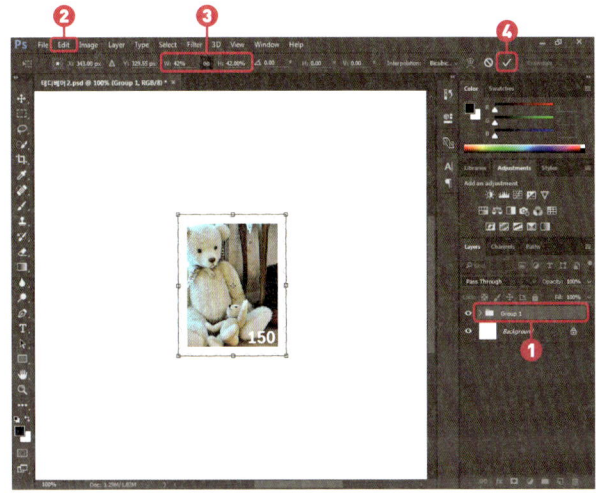

10 그룹 복제 및 배치하기

❶ Ctrl + J 를 눌러 그룹을 복제하고 ❷ 그림과 같이 위치를 이동하여 나란히 배치하고 회전합니다.

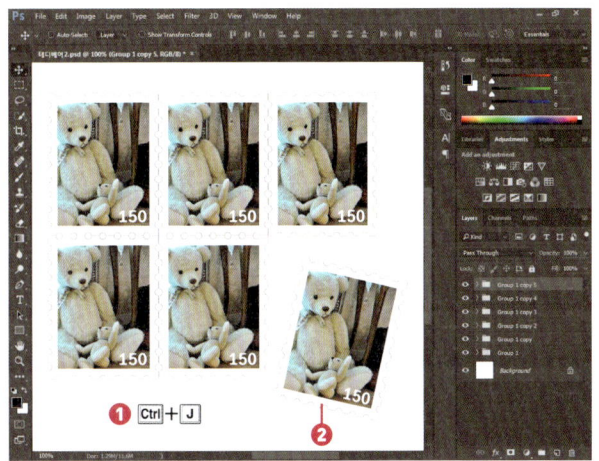

Level UP

벡터 드로잉 도구의 'Path(패스)'모드 옵션 바 살펴보기

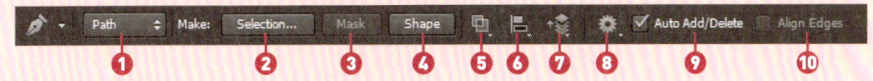

❶ **Pick tool mode**
- **Shape(모양)** : 내부 색상과 외곽선을 적용할 수 있는 모양(Shape) 레이어를 만듭니다. 모양 레이어의 경우 함께 만들어지는 패스는 벡터 방식이지만, 안쪽 면과 외곽선은 비트맵 방식으로 칠해집니다.
- **Path(패스)** : 패스를 만듭니다. 만들어진 패스는 [Paths(패스)] 패널에서 확인합니다.
- **Pixels(픽셀)** : 비트맵 방식인 픽셀로 드로잉 합니다([Shape Tool]일 경우).

❷ **Selection(선택)** : 선택한 패스를 선택 영역으로 지정합니다.
❸ **Mask(마스크)** : 선택한 레이어에 선택한 패스의 모양으로 벡터 마스크를 만듭니다.
❹ **Shape(모양)** : 선택한 패스를 모양 레이어로 만듭니다.
❺ ▦**(Path operations)** : 선택한 패스를 결합하거나 빼거나 교차합니다.
  • **New Layer(새 레이어)** : 새로운 레이어로 패스를 만듭니다([Shape] 모드에서 사용).
  • **Combine Shaper(모양 결합)** : 기존 모양과 새로 만드는 모양을 결합합니다.
  • **Subtract Front Shaper(전면 모양 빼기)** : 기존 모양에서 새로 만드는 모양을 뺍니다.
  • **Intersect Shape Areas(모양 영역 교차)** : 기존 모양과 새로 만드는 모양의 교차 영역을 남깁니다.
  • **Exclude Overlapping Shaper(모양 오버랩 제외)** : 기존 모양과 새로 만드는 모양의 교차 영역을 뺍니다.
  • **Merge Shape Components(모양 병합 구성 요소)** : [Path Selection Tool](▧)로 선택한 패스를 병합합니다(같은 레이어 내에서 만든 패스들만 가능합니다).
❻ ▦**(Path alignment)** : 선택한 패스를 정렬합니다.
❼ ▦**(Path arrangement)** : 선택한 패스의 누적 순서를 설정합니다.
❽ ⚙ : 클릭하면 선택한 도구의 옵션 팝업 창이 나타납니다. [Pen Tool]의 경우 [Rubber Band(고무 밴드)]에 체크하면 패스를 그리는 동안 마우스를 이동한 지점에 클릭할 경우 만들어지는 모양이 미리 표시됩니다.
❾ **Auto Add/Delete(자동 추가/삭제)** : 체크하면 패스를 경과할 때 포인트를 자동으로 추가하거나 삭제합니다([Pen Tool] 옵션).
❿ **Align Edges(가장자리 정렬)** : 체크하면 픽셀 격자에 맞게 벡터 모양의 가장자리를 정렬하고 선명하게 만듭니다.
※ [Freeform Pen Tool](▧)의 경우 옵션 바에서 [Magnetic(자석)]에 체크하면 [Magnetic Lasso Tool](▧)처럼 이미지의 경계를 자동으로 찾아 패스를 그릴 수 있습니다. ⚙를 클릭하면 세부 옵션을 설정할 수 있습니다(옵션들은 ▧ 옵션 바의 기능과 같습니다).

■ **[Paths(패스)] 패널 살펴보기**

❶ **Path(패스)** : 저장한 패스입니다.
❷ **Work Path(작업 패스)** : 임시 작업 패스입니다. 작업한 패스를 안전하게 보호하려면 더블클릭하여 저장해야 합니다(다른 패스를 만들었을 경우 없어질 수 있습니다).

❸ **Shape Path(모양 패스)** : 모양(Shape) 레이어의 패스입니다. 해당 레이어를 선택했을 때만 나타납니다.
❹ **Vector Mask(벡터 마스크)** : 레이어에 적용된 벡터 마스크의 패스입니다. 해당 레이어를 선택했을 때만 나타납니다.
❺ (Fill path with foreground color) : 전경색으로 패스를 칠합니다.
❻ (Stroke path with brush) : 패스 모양을 따라 브러시를 이용해 패스를 만듭니다.
❼ (Load path as a selection) : 패스를 선택 영역으로 지정합니다.
❽ (Make work path from selection) : 선택 영역을 작업 패스로 만듭니다.
❾ (Add layer/vector mask) : 레이어 마스크와 벡터 마스크를 차례로 만듭니다.
❿ (Create new path) : 새 패스를 만듭니다.
⓫ (Delete Current path) : 선택한 패스를 삭제합니다.

[Level Up] 레이어 병합하기

[Layer] 메뉴를 클릭하거나, [Layers] 패널에서 레이어에 마우스 오른쪽 버튼을 클릭하여 나타나는 메뉴를 클릭하여 여러 레이어를 하나로 병합할 수 있습니다.

① **Merge Down(Ctrl+E)** : 레이어를 한 개만 선택했을 때 활성화되는 메뉴입니다. 선택한 레이어와 한 단계 하위 레이어를 병합합니다. 하위 레이어를 기준으로 병합하므로 하위 레이어의 이름이 유지됩니다.
② **Merge Layers(Ctrl+E)** : 레이어를 두 개 이상 선택했을 때 활성화되는 메뉴입니다. 선택한 레이어를 하나로 병합합니다. 상위 레이어를 기준으로 병합하므로 상위 레이어의 이름과 누적 순서가 유지됩니다.
③ **Merge Visible(Shift+Ctrl+E)** : 보이는 모든 레이어를( ) 하나로 병합합니다. 숨겨진 레이어는 병합 대상에서 제외됩니다. 선택한 레이어를 기준으로 병합하며, 숨겨진 레이어를 선택한 상태에서는 명령이 실행되지 않습니다.
④ **Flatten Image** : 존재하는 모든 레이어를 'Background(배경)' 레이어로 병합합니다.

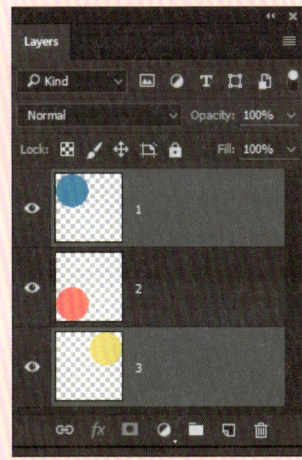
▲ 두 개 이상의 레이어 선택

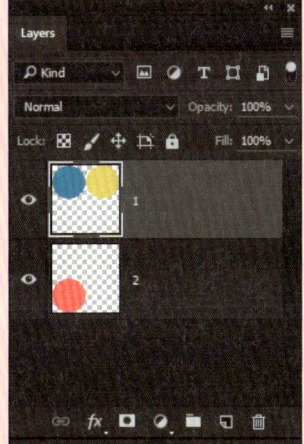
▲ 하나로 병합된 모습

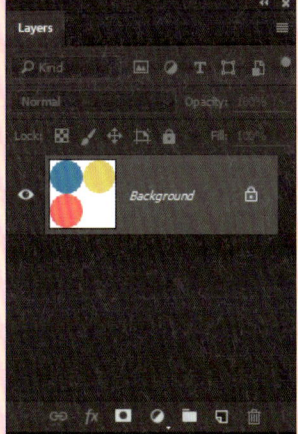
▲ 'Background(배경)' 레이어로 병합된 모습

SECTION 08 패스를 따라 흐르는 글자를 입력하기

[Pen Tool]이나 [Shape Tool]로 만든 패스를 따라서 글자를 입력할 수 있습니다. 도장을 만들어 블로그에 사진을 올릴 때 자신만의 서명을 표시할 수 있습니다.

● **Keyword** 패스, Pen Tool, Type Tool　　● 예제 파일 | Part03\거칠다.jpg　　● 완성 파일 | Part03\스탬프(완성).psd

01 원 모양 레이어 만들기

❶ [Width]는 '685 px', [Height]는 '660 px'인 새로운 파일을 만듭니다. ❷ [Ellipse Tool](◯)을 선택하고 ❸ 모드를 [Shape(모양)]으로 설정합니다. ❹ 캔버스에 클릭하고 ❺ 대화상자에서 [Width], [Height]를 '530 px'로 설정합니다. ❻ [OK]를 클릭합니다.

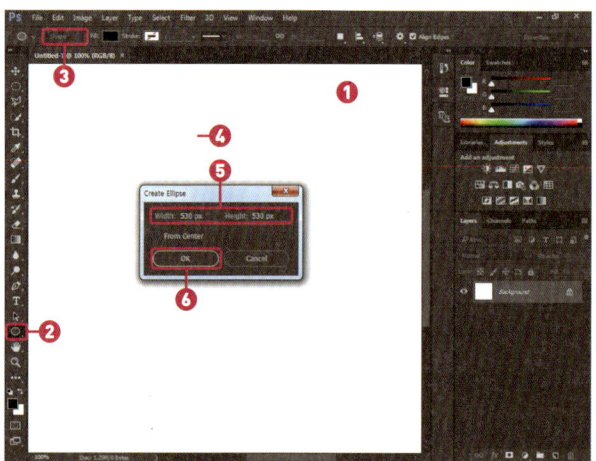

02 내부 칠, 외곽선 설정하기

❶ 원 모양 레이어가 만들어집니다. ❷ [Fill]은 '◻', [Stroke]는 '#000000'로 설정합니다. ❸ 외곽선 두께를 '18 px'로 설정합니다. ❹ [Move Tool](✥)로 ❺ 위치를 이동합니다.

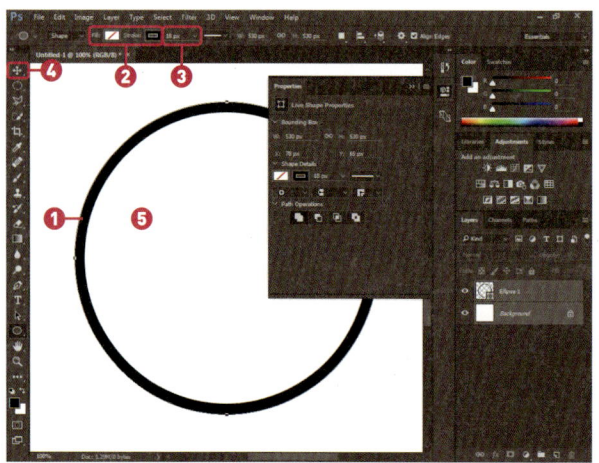

03 원 모양 레이어 만들기

❶ [Ellipse Tool](◯)을 선택하고 ❷ 캔버스에 클릭합니다. ❸ [Width], [Height]를 '475 px'로 설정하고 ❹ [OK]를 클릭합니다. 외곽선 두께를 '5 px'로 설정합니다.

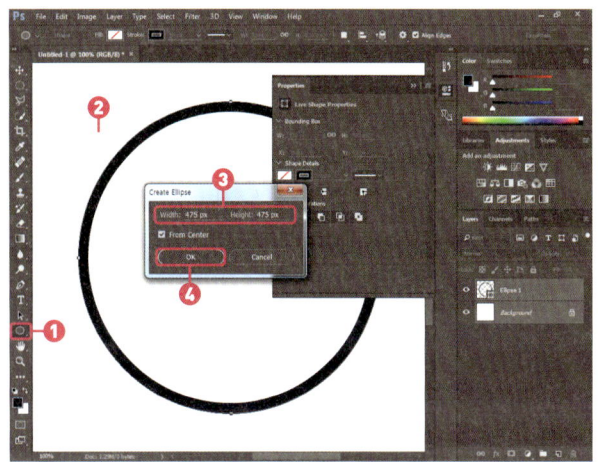

04 원 모양 레이어 만들기

❶ 캔버스에 한 번 더 클릭하고 [W]와 [H] '330 px' 크기의 원을 만듭니다. ❷ 외곽선 두께가 '5 px'인지 확인합니다.

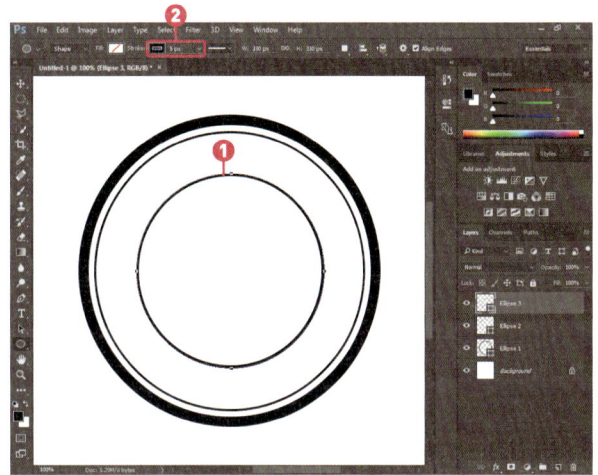

05 글자 입력하기

❶ 도장에 들어갈 글자를 입력합니다. ❷ [Custom Shape Tool](✦)을 선택하고 ❸ [Shape]에서 별 모양 프리셋을 선택합니다. ❹ 클릭&드래그해 만듭니다.

> **Point**
> 별 모양이 없을 경우 를 클릭하고 [All] 메뉴를 클릭합니다.

PART 03 다양한 방법으로 페이팅 및 드로잉하기 **163**

06 모양 레이어 만들고 투명하게 하기

❶ [Ellipse Tool](◯)로 ❷ 캔버스에 클릭하여 ❸ 대화상자를 불러와 [Width], [Height]를 '375 px'로 설정한 원을 만듭니다. ❹ [Fill], [Stroke]를 '☐'로 설정합니다.

07 패스 따라 글자 입력하기

❶ [Horizontal Type Tool](T)을 선택하고 ❷ 패스에 마우스를 이동시켜 커서 모양이 바뀔 때(⤱) 클릭합니다. ❸ 패스를 따라 글자가 입력됩니다. ❹ 서식을 설정한 후 ❺ ✔를 클릭합니다.

08 채널 복제하기

❶ '거칠다.jpg' 파일을 불러옵니다. ❷ [Channel(채널)] 패널에서 'Blue' 채널을 선택하고 ❸ 클릭&드래그해 ☐로 이동해 복제합니다.

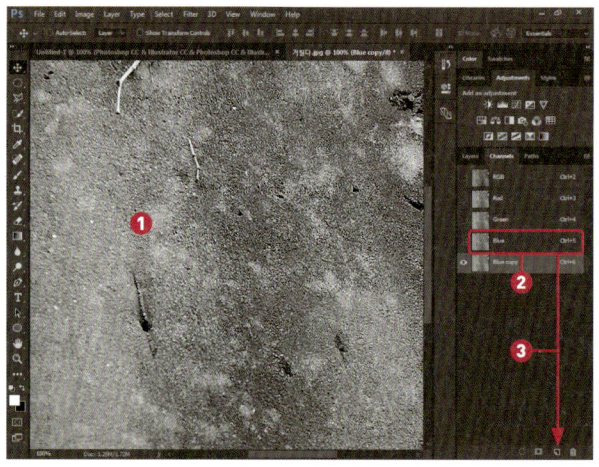

09 레이어 병합하기

❶ 작업 중인 창으로 돌아와서 ❷ [Layers(레이어)] 패널을 클릭합니다. ❸ Alt + Ctrl + A 를 눌러 모든 레이어를 선택하고 ❹ Ctrl + E 를 눌러 병합합니다.

10 선택 영역 불러오기

❶ [Select(선택)]-[Load Selection(선택 영역 불러오기)] 메뉴를 클릭합니다. ❷ [Document(문서)] '거칠다.jpg', [Channel(채널)] 'Blue Copy'로 설정하고 ❸ [OK]를 클릭합니다.

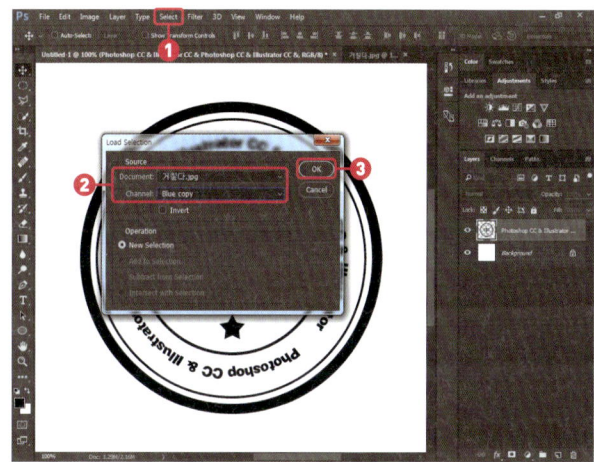

11 마스크 만들기

❶ 선택 영역이 불러와집니다. ▣를 클릭하여 마스크를 만듭니다. ❷ Ctrl + L 을 눌러 [Levels] 대화상자를 불러와 ❸ 입력 상자에 '0', '0.75', '120', '0', '255'를 차례대로 입력하고 ❹ [OK]를 클릭합니다.

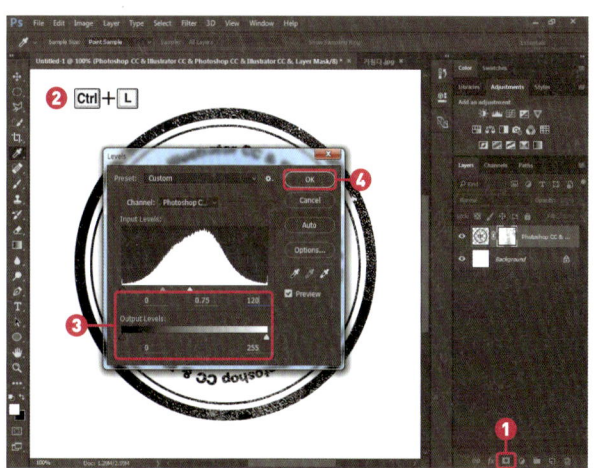

12 색상 변경하기

① 마스크 썸네일에 마우스 오른쪽 버튼을 눌러 [Apply Layer Mask(레이어 마스크 적용)] 메뉴를 클릭합니다.

Point
브러시로 등록하여 사용하려면 Ctrl+A를 눌러 전체 영역을 선택하고 [Edit]-[Define Brush Preset] 메뉴를 클릭합니다.

Level UP

벡터 드로잉 도구의 'Shape(모양)' 모드 옵션 바 살펴보기

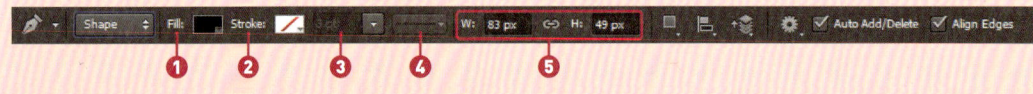

① **Fill(칠)** : 모양의 내부를 색상이나 그레이디언트, 패턴으로 페인팅 합니다.
② **Stroke(획)** : 모양의 외곽선을 색상이나 그레이디언트, 패턴으로 페인팅 합니다.
③ 외곽선의 굵기를 설정합니다.
④ 외곽선의 스타일을 설정합니다.
⑤ **W/H** : 만들어진 모양의 가로 너비와 세로 높이를 확인하고 변경할 수 있습니다.

■ [Fill], [Stroke] 페인팅 설정 팝업 창

❶ ◪ : 투명하게 만듭니다.
❷ ■ : 선택한 색상으로 칠합니다.
❸ ▨ : 선택한 그레이디언트로 칠합니다.
❹ ▨ : 선택한 패턴으로 칠합니다.
❺ 🎨 : [Color Picker(색상 피커)] 대화상자가 나타납니다.
❻ ⚙ : 색상이나 그레이디언트, 패턴 프리셋을 불러오거나 초기화합니다.
❼ **Recently Used Colors(최근 사용한 색상)** : 최근 사용한 색상 목록입니다.
❽ [Swatch(색상 견본)] 패널에 등록되어 있는 색상들이 나타납니다.

■ 외곽선 스타일 옵션 설정 팝업 창

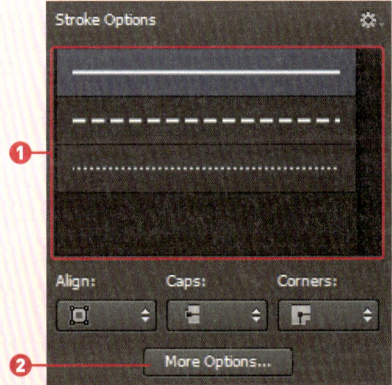

❶ 등록된 외곽선 스타일 목록입니다. 선택하면 해당 스타일이 적용됩니다.
❷ **More Options(옵션 확장)** : 클릭하면 외곽선의 세부 옵션을 설정할 수 있는 대화상자가 나타납니다.

■ 외곽선 스타일 옵션 설정 대화상자

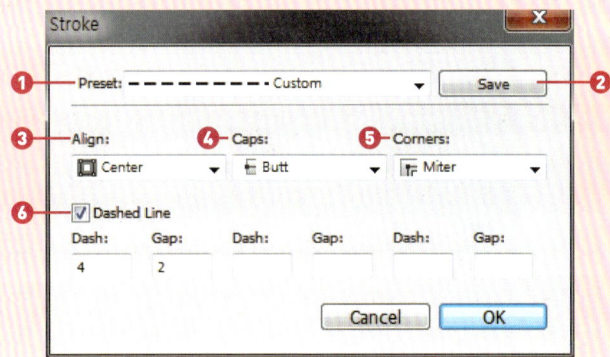

❶ **Preset(사전 설정)** : 미리 만들어져 있는 외곽선 스타일, 만들어 등록한 스타일 중 한 가지를 선택합니다. [Delete Current Preset(선택한 사전 설정 삭제)]를 선택하면 해당 스타일이 삭제됩니다.
❷ **Save(저장)** : 설정한 외곽선을 저장하여 목록에 등록합니다.
❸ **Align(정렬)** : 패스를 기준으로 외곽선의 위치를 설정합니다(Inside(안쪽), Center(중앙), Outside(바깥쪽)).

❹ **Caps(대문자)** : 외곽선의 끝 모양을 설정합니다.
  - **Butt(버트)** : 패스의 마지막 기준점에서 바로 끊습니다.
  - **Round(원)** : 끝부분을 둥글게 다듬어 줍니다.
  - **Square(정사각형)** : 마지막 기준점에서 외곽선 두께의 반을 늘려서 끝냅니다.

❺ **Corners(모서리)** : 모서리의 모양을 설정합니다. (Miter(마이터), Round(원), Bevel(경사))

❻ **Dashed Line(점선)** : 체크하면 점선이 만들어집니다. [Dash(대시)]는 선의 길이, [Gap(간격)]은 선 사이의 여백 길이입니다.

Level UP

레이어를 잠금 설정하여 보호하기

레이어를 잠금 설정하여 작업 중의 실수를 방지할 수 있습니다. 일부 항목은 중복 설정도 가능합니다.

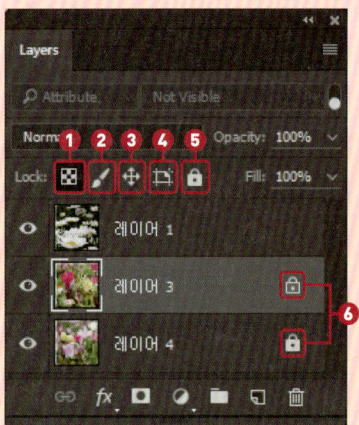

❶ **Lock transparent pixels(　)** : 레이어의 투명한 영역에는 페인팅 작업을 할 수 없도록 합니다.
❷ **Lock image pixels(　)** : 페인팅 작업 및 필터 효과 적용을 할 수 없도록 합니다.
❸ **Lock position(　)** : 위치 이동이나 형태 변형을 할 수 없도록 합니다.
❹ **Artboards(　)** : CC 버전에서 추가된 아트보드를 잠금 설정합니다.
❺ **Lock all(　)** : 모든 작업을 할 수 없도록 완전히 잠금 설정합니다. 레이어 삭제도 불가능합니다.
❻ 잠금 설정된 레이어를 표시하는 아이콘입니다. 부분적으로 잠금 설정한 경우 　, 완전히 잠금 설정한 경우 　가 나타납니다.

SECTION 09 [Content-Aware]로 이미지의 결함을 쉽게 수정하기

[Content-Aware]는 이미지의 결함을 자동으로 수정해주는 기능입니다. [Fill] 대화상자를 이용한 방법과 [Spot Healing Brush Tool]을 이용한 방법 두 가지가 있습니다.

● **Keyword** Lasso Tool, Content Aware, [Fill] 대화상자 ● 예제 파일 | Part03\봉투.jpg ● 완성 파일 | Part03\봉투(완성).jpg

01 선택 영역 만들기

❶ [Lasso Tool](◯)을 선택합니다. ❷ 클릭& 드래그해 그림과 같이 선택 영역을 만듭니다.

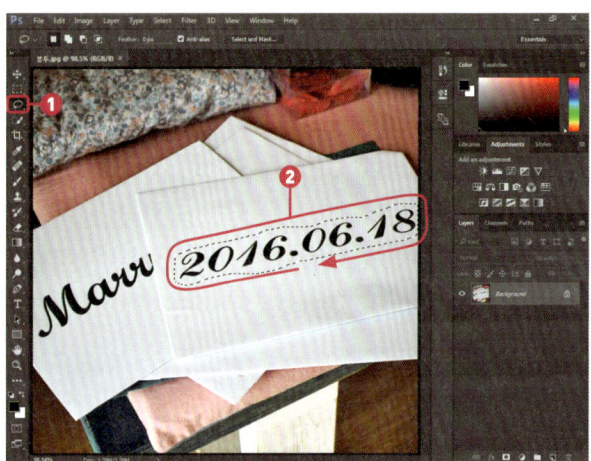

02 [Fill] 대화상자 설정하기

❶ [Edit]-[Fill] 메뉴를 클릭합니다. ❷ [Contents]를 'Content-Aware'로 설정합니다. [Mode]를 'Normal'로, [Opacity]를 '100'으로 설정합니다. ❸ [OK]를 클릭합니다.

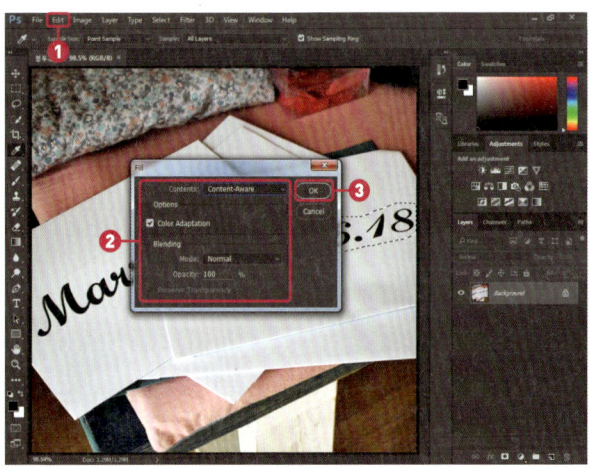

PART 03 다양한 방법으로 페이팅 및 드로잉하기

03 선택 해제 후 확인하기

❶ Ctrl+D를 눌러 선택을 해제합니다. 선택 영역의 이미지가 자동으로 깔끔하게 지워졌습니다.

04 선택 영역 만들기

❶ [Lasso Tool](🔲)을 선택합니다. ❷ 클릭&드래그해 그림과 같이 선택 영역을 만듭니다.

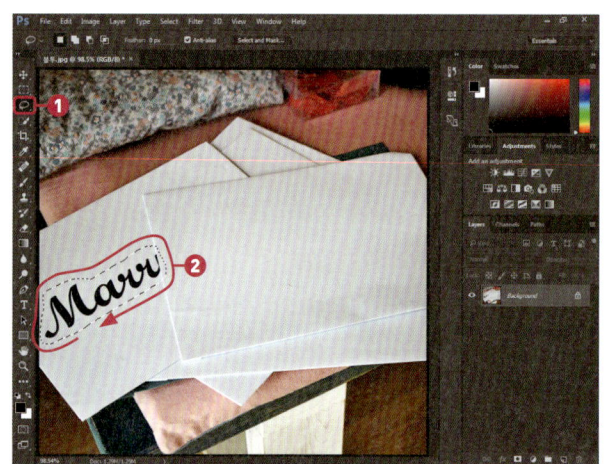

05 [Fill] 대화상자 설정하기

❶ [Edit]-[Fill] 메뉴를 클릭합니다. ❷ [Contents]를 'Content-Aware'로 설정합니다. [Mode]를 'Normal'로, [Opacity]를 '100'으로 설정합니다. ❸ [OK]를 클릭합니다. ❹ Ctrl+D를 눌러 선택을 해제합니다.

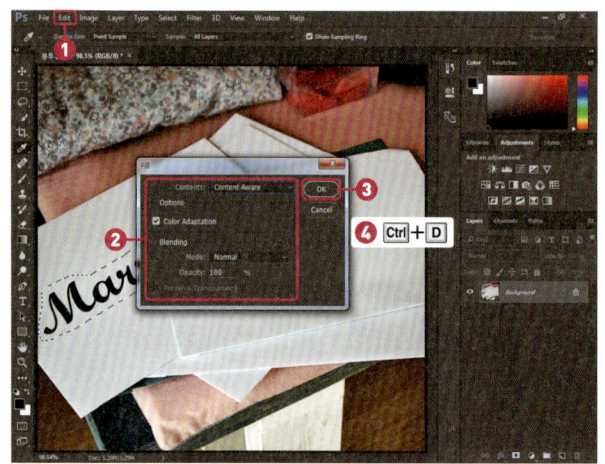

06 선택 해제 후 확인하기

봉투가 겹치는 부분이 어색하게 처리될 수 있습니다. ❶ [Spot Healing Brush Tool]( )을 선택하고 ❷ 옵션 바에서 [Type]를 'Content-Aware'로 설정합니다. ❸ 어색한 부분을 클릭 혹은 클릭&드래그한 후 마우스 버튼을 놓으면 이미지가 수정됩니다.

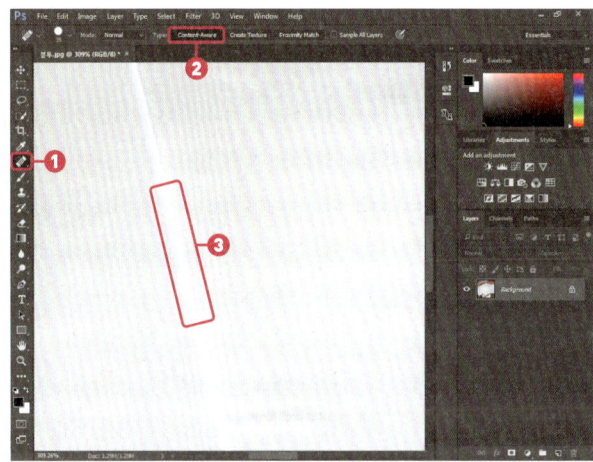

07 완성

❶ 봉투의 글자들이 자연스럽게 모두 지워졌습니다.

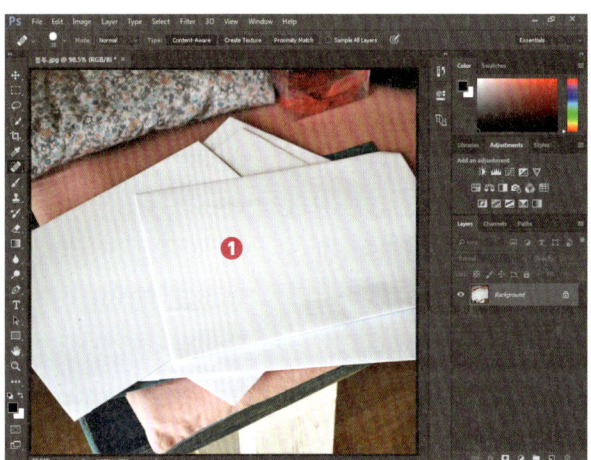

> **Point**
> [Fill] 대화상자와 [Spot Healing Brush Tool]의 'Content-Aware'는 같은 기능으로, 효과를 적용하기 위한 실행 방법의 차이입니다.

SECTION 10 [Spot Healing Brush Tool]로 이미지의 결함을 쉽게 수정하기

[Content-Aware]는 이미지의 결함을 자동으로 수정해주는 기능입니다. [Fill] 대화상자를 이용한 방법과 [Spot Healing Brush Tool]을 이용한 방법 두 가지가 있습니다.

● **Keyword** Content-Aware, Spot Healing Brush Tool ● 예제 파일 | Part03\갈매기.jpg ● 완성 파일 | Part03\갈매기(완성).jpg

01 이미지 지우기

❶ [Spot Healing Brush Tool](　)을 선택하고 ❷ 옵션 바에서 [Type]를 'Content-Aware'로 설정합니다. ❸ 갈매기가 있는 부분을 클릭한 후 마우스 버튼에서 손을 놓지 않고 드래그 합니다. 모두 드래그한 후 검은색으로 칠한 후 버튼을 놓습니다.

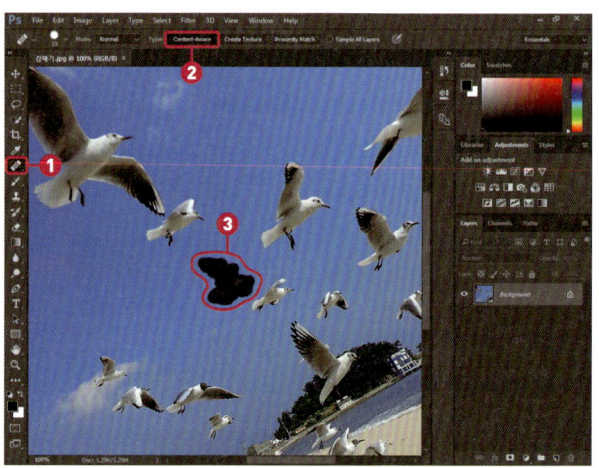

02 지워진 이미지 확인하기

❶ 해당 부분이 자연스럽게 지워집니다.

03 이미지 지우기

❶ 1번 과정을 반복하여 그림과 같이 만듭니다.

04 이미지 지우기

❶ 모래 사장의 갈매기가 있는 부분에도 클릭&드래그 합니다.

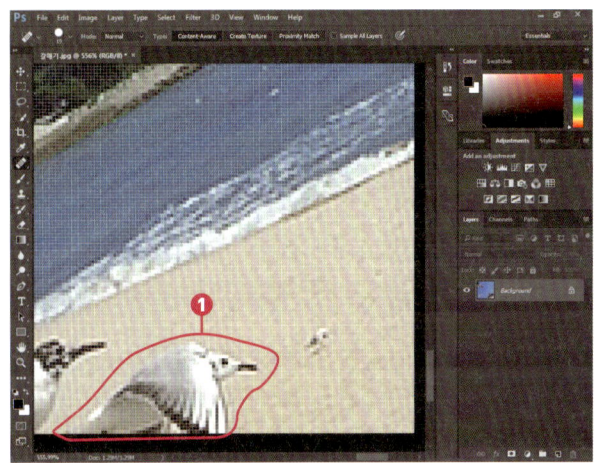

05 지우진 이미지 확인하기

❶ 해당 이미지가 자연스럽게 지워집니다.

06 이미지 지우기

❶ 구름과 함께 있는 부분의 갈매기를 클릭&드래그 합니다.

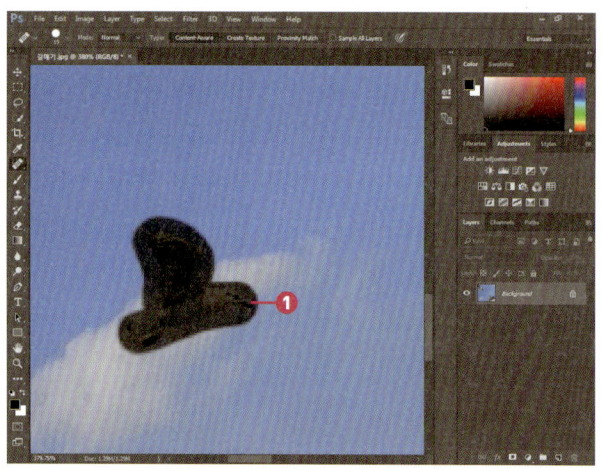

07 자연스럽게 수정하기

❶ 갈매기가 지워진 후 구름이 부자연스럽게 나타날 수 있습니다. 부자연스러운 부분을 클릭&드래그하거나, 여러 번 클릭하여 자연스럽게 만듭니다.

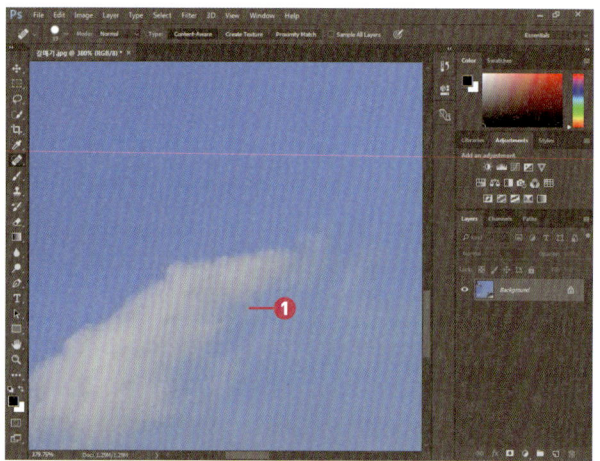

08 완성

❶ 사진의 갈매기들이 많이 없어졌습니다.

SECTION 11

[Healing Brush Tool]을 이용하여 샘플 소스를 자연스럽게 복제하기

[Healing Brush Tool]은 설정한 샘플 소스를 다른 위치로 복제하는 도구입니다. [Clone Stamp Tool]과는 달리 샘플 소스가 기존 이미지의 속성(텍스처, 밝기, 투명도)과 동일하게 혼합되므로 자연스럽게 복제할 수 있습니다.

○ **Keyword** Healing Brush Tool, [Clone Source] 패널   ○ **예제 파일** | Part03\스탬프.jpg   ○ **완성 파일** | Part03\스탬프(완성2).jpg

01 [Clone Source] 패널에 등록하기

❶ [Healing Brush Tool](　)을 선택합니다.
❷ Alt 를 누르고 커서 모양이 바뀌면(　) 클릭합니다. 해당 영역의 이미지가 [Clone Source] 패널에 첫 번째 소스로 등록됩니다.

02 이미지 복제하기

❶ 클릭&드래그 합니다. 해당 영역에 1번 과정에서 등록한 소스 이미지가 복제됩니다.

PART 03 다양한 방법으로 페이팅 및 드로잉하기   175

03 [Clone Source] 패널에 등록하기

❶ 옵션 바에서 ▣를 클릭합니다. [Clone Source(복제 원본)] 패널이 나타납니다. ❷ 두 번째 아이콘(▣)을 클릭한 후 ❸ Alt 를 누르고 클릭합니다. 해당 영역의 이미지가 두 번째 소스로 등록됩니다.

> **Point**
> 샘플 소스는 최대 5개까지 설정할 수 있습니다.

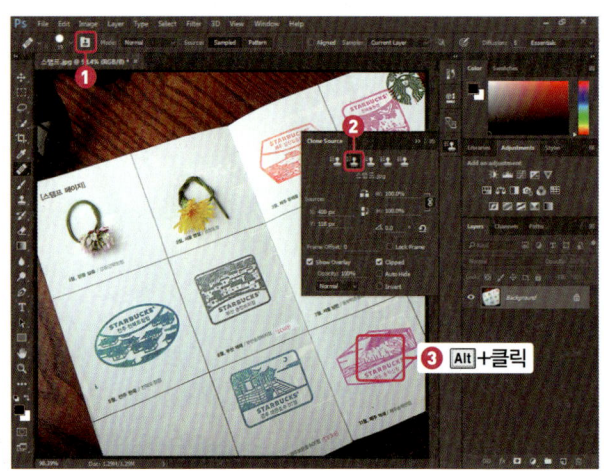

04 이미지 복제하기

❶ 클릭&드래그 합니다. 해당 영역에 3번 과정에서 등록한 소스 이미지가 복제됩니다. ❷ [Lasso Tool](◯)을 선택하고 ❸ 클릭&드래그해 선택 영역을 만듭니다.

05 색상 변경하기

❶ [Image]-[Adjustments]-[Hue/Saturation] 메뉴를 클릭합니다. ❷ [Colors]를 'Reds'로 설정합니다. [Hue]를 '130', [Saturation]을 '50', [Lightness]를 '-60'으로 설정합니다. ❸ [OK]를 클릭합니다.

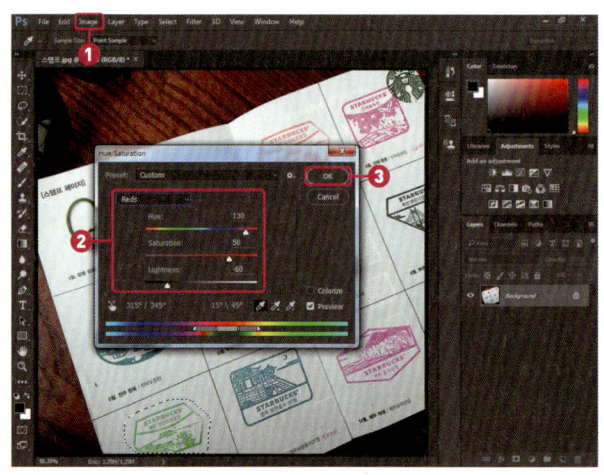

06 완성

① Ctrl + J 를 눌러 선택을 해제합니다. 도장의 색상이 변경됩니다.

> **Point**
>
>  아이콘을 클릭하여 1번, 3번, 5번 과정에서 설정한 샘플 소스를 선택한 후 계속해 복제할 수 있습니다.

Level UP

[Healing Brush Tool] 옵션 바 살펴보기

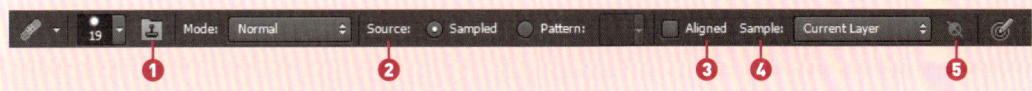

①  : 샘플 소스를 관리하는 [Clone Source(복제 원본)] 패널을 불러옵니다.
② **Source(소스)**
  · **Sampled(샘플)** : Alt +[클릭]하여 설정한 샘플 소스를 사용합니다.
  · **Pattern(패턴)** : 선택한 패턴을 사용합니다.
③ **Aligned(정렬)** : 체크하면 복제 중단 후 다시 복제할 때 마지막으로 복제한 샘플 소스의 위치에서 복제합니다. 해제하면 처음 샘플 소스를 설정한 지점에서 복제를 시작합니다.
④ **Sample(샘플)**
  · **Current Layer(현재 레이어)** : 선택한 레이어에서 샘플 소스를 설정합니다.
  · **Current & Below(현재 이하)** : 선택한 레이어와 하위 레이어에서 샘플 소스를 설정합니다.
  · **All Layers(모든 레이어)** : 보이는 모든 레이어에서 샘플 소스를 설정합니다.
⑤ : 클릭하여 활성화하면 샘플 소스를 설정할 때 조정 레이어(Adjustments Layer)의 효과를 무시합니다.

SECTION 12 [Patch Tool]로 이미지를 자연스럽게 붙여 넣기

[Patch Tool]은 선택 영역의 이미지를 소스로 사용하여 다른 위치로 자연스럽게 붙여 넣거나, 선택 영역 안으로 지정한 위치의 이미지를 붙여 넣는 도구입니다. [Healing Brush Tool]처럼 기존 이미지의 속성과 동일하게 혼합되므로 자연스럽게 붙여 넣을 수 있습니다.

◉ Keyword Patch Tool　　　　◉ 예제 파일 | Part03\소중한것.jpg　　◉ 완성 파일 | Part03\소중한것(완성).jpg

01 도구 선택하기

❶ [Patch Tool]()을 선택합니다. ❷ 옵션 바에서 [Destination]을 클릭합니다.

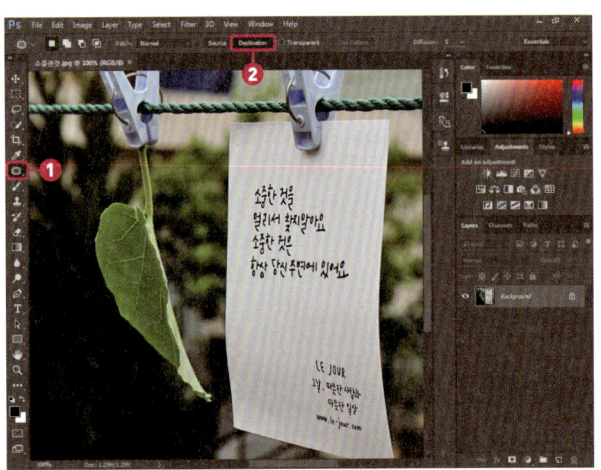

02 선택 영역 이미지 복제하기

❶ 화면을 확대한 후 클릭&드래그해 일부 글자를 선택 영역으로 만듭니다. ❷ 선택 영역에 마우스를 가져갑니다. 커서 모양이 로 나타납니다. 클릭&드래그해 다른 위치로 이동합니다.

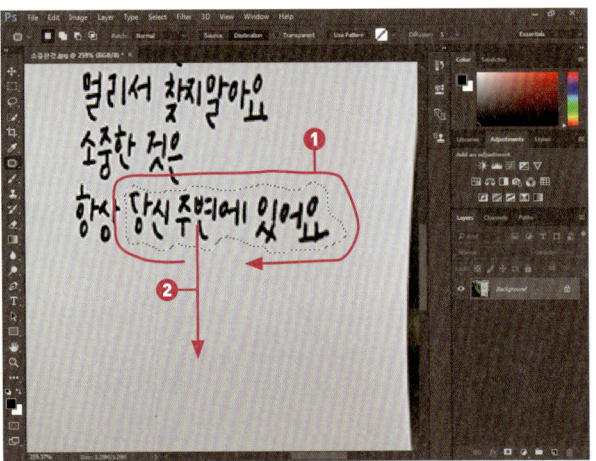

> **Point**
> 선택 영역은 다른 도구를 사용하여 만들어도 됩니다.

03 복제된 이미지 확인하기

① 마우스 버튼을 놓으면 해당 위치에 선택 영역의 이미지가 복제됩니다. ② Ctrl+D를 눌러 선택을 해제합니다.

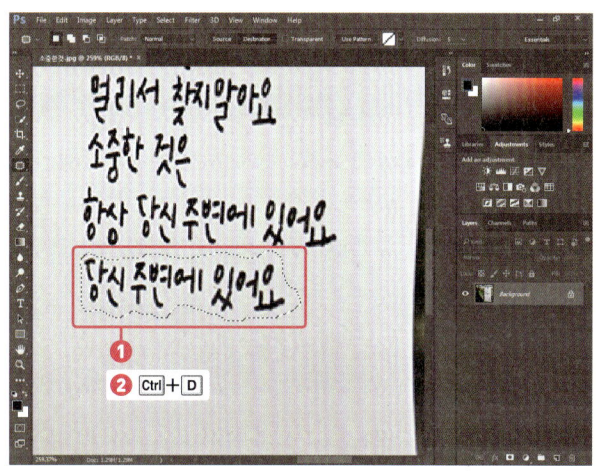

04 선택 영역에 이미지 넣기

① 클릭&드래그해 일부 글자를 선택 영역으로 만듭니다. ② 옵션 바에서 [Source]를 클릭합니다. ③ 선택 영역에 마우스를 이동해 커서가 바뀌면(🔧) 클릭&드래그해 다른 위치로 이동합니다.

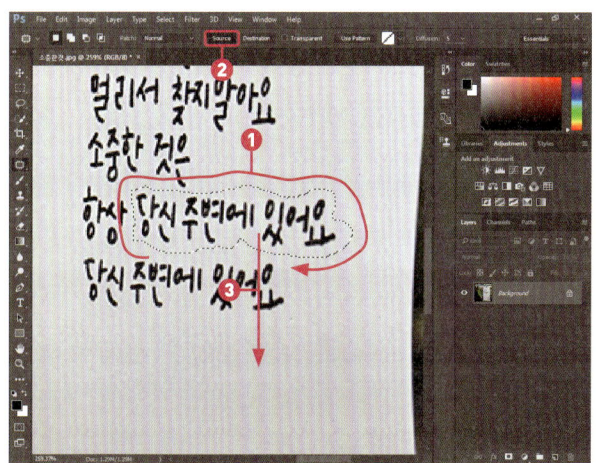

05 넣어진 이미지 확인하기

① 마우스 버튼을 놓으면 해당 위치의 이미지가 선택 영역으로 자연스럽게 넣어집니다. ② Ctrl+D를 눌러 선택을 해제합니다.

06 완성

❶ [Patch Tool](아이콘)을 이용한 이미지 수정이 끝났습니다.

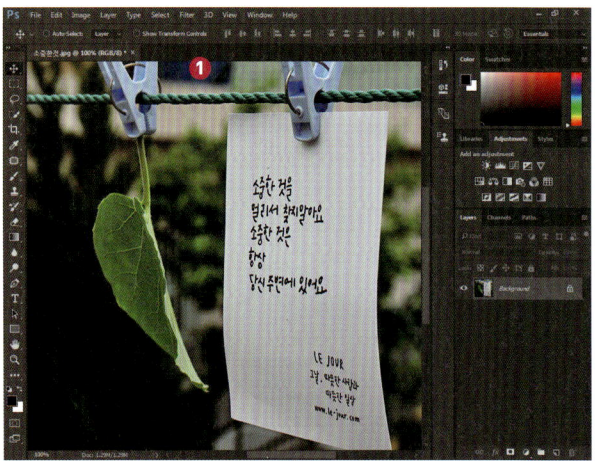

Level UP

[Patch Tool], [Spot Healing Brush Tool] 옵션 바와 [Clone Source] 패널 살펴보기

■ **[Patch Tool]의 옵션 바 살펴보기**

❶ Part 02의 '[Marquee Tool] 옵션 바 살펴보기'를 참고합니다.

❷ **Patch(패치)**
- **Normal(표준)** : 일반적인 수정 방식을 사용합니다(CS5 이전 버전의 방식).
- **Content-Aware(내용 인식)** : CS6 버전에서 추가되었습니다. [Fill] 대화상자 및 [Spot Healing Brush Tool](아이콘)의 'Content-Aware'는 자동으로 이미지를 수정하지만 [Patch Tool]의 'Content-Aware'는 지정한 소스의 내용을 인식하여 수정합니다.

❸ **Source(소스)** : 클릭&드래그하여 이동한 지점의 이미지가 선택 영역 안으로 자연스럽게 붙여 넣어집니다. 사진의 결함을 제거하기에 적합합니다.

❹ **Destination(대상)** : 선택 영역의 이미지를 클릭&드래그하여 이동한 지점으로 자연스럽게 붙여 넣습니다. 이미지를 복제하기에 적합합니다.

❺ **Transparent(투명)** : 체크하면 소스의 단색 배경이 투명하게 복제됩니다.

❻ [Use Pattern(패턴 사용)]를 클릭하면 선택된 패턴을 선택 영역 안으로 자연스럽게 붙여 넣습니다.

■ **[Spot Healing Brush Tool] 옵션 바 살펴보기**

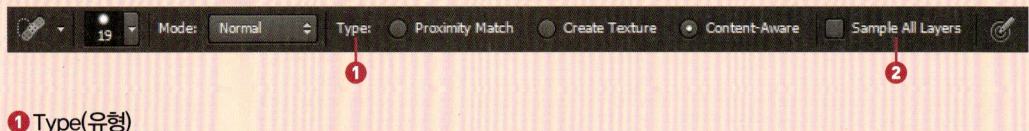

❶ **Type(유형)**
- **Proximity Match(근접 일치)** : 칠하는 곳 주변의 이미지를 소스로 사용합니다.
- **Create Texture(텍스처 만들기)** : 칠하는 곳의 이미지를 텍스처로 만듭니다.
- **Content-Aware(내용 인식)** : 이미지의 내용을 인식하여 자연스럽게 수정합니다.

❷ **Sample All Layers(모든 레이어 샘플링)** : 체크하면 보이는 모든 레이어에 효과를 적용합니다. 체크 해제하면 선택한 레이어만 효과를 적용합니다.

■ **[Clone Source] 패널 살펴보기**

[Clone Stamp Tool](🖌) 및 [Healing Brush Tool](🖌)로 설정한 샘플 소스를 관리하는 패널입니다.

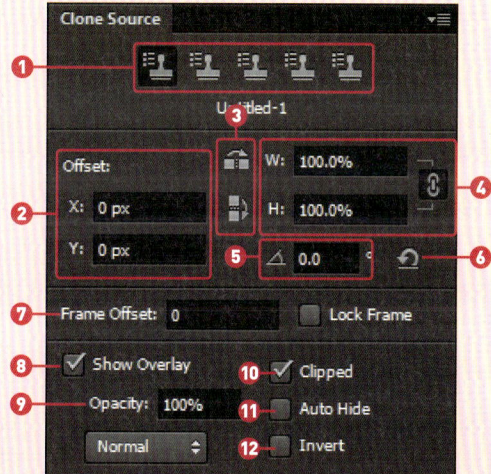

❶ **Clone source(🖌)** : 각기 다른 샘플 소스를 최대 5개까지 설정할 수 있어 소스를 변경해야 할 때마다 다시 설정할 필요 없이 신속하게 필요한 소스를 선택할 수 있습니다. 색상 모드가 같을 경우 열려 있는 다른 파일의 샘플 소스도 복제할 수 있으며, 파일을 닫기 전까지 사용할 수 있습니다.

❷ **Offset(오프셋)** : 샘플 소스의 위치를 설정합니다.

❸ **Flip(🖌/🖌)** : 활성화하면 샘플 소스를 좌우 및 상하로 뒤집습니다.

❹ **W/H** : 샘플 소스의 크기를 백분율로 조절합니다. 🔗를 활성화하면 원본 크기의 비율이 유지됩니다.

❺ **Rotate the clone source(△)** : 샘플 소스를 입력하는 각도로 회전합니다.

❻ **Reset transform(↻)** : [W], [H], △ 설정을 초기화합니다.

❼ **Frame Offset(프레임 오프셋)** : [Timeline] 패널의 'Frame' 모드에서 애니메이션을 만들 때 프레임 오프셋을 설정합니다. [Lock Frame(프레임 잠그기)]를 체크하면 소스 프레임을 잠금 설정합니다.

❽ **Show Overlay(오버레이 표시)** : 체크하면 복제하려는 위치에 마우스를 가져갔을 때 미리보기를 표시합니다. 실제 적용되는 모습을 확인하는 것이 아닙니다. 해제하면 미리보기를 표시하지 않으며, Alt + Shift 를 눌러 일시적으로 미리보기를 나타낼 수 있습니다.

❾ 미리보기의 불투명도(Opacity) 및 블렌드 모드를 설정합니다.

❿ **Clipped(클립됨)** : 체크하면 설정한 브러시의 크기와 모양에 맞게 미리보기를 잘라서 나타냅니다. 해제하면 샘플 소스 전체가 나타납니다.

⓫ **Auto Hide(자동 숨기기)** : 체크하면 클릭&드래그하여 복제하는 동안에는 미리보기를 숨깁니다.

⓬ **Invert(반전)** : 체크하면 미리보기의 색상을 반전하여 표시합니다.

Photoshop CC + Illustrator CC

Part 04

사진을 효과적으로 후보정하기

이번 챕터는 디지털 카메라나 스마트폰 카메라로 촬영한 사진을 후보정하는 방법, 흐릿한 사진을 선명하게 만들거나 카메라의 조리개 흐림 효과를 적용하는 방법, [Adjustments] 패널을 이용하여 명도 및 색상 등을 후보정하는 방법, 필터를 이용하여 이미지에 특수 효과를 적용하는 방법을 알아봅니다. 필터에는 스케치, 파스텔, 조명, 픽셀 아트, 흐림 및 선명, 왜곡 효과 등 다양한 종류의 필터가 있습니다.

SECTION

01 [Shake Reduction] 필터로 흔들린 사진 선명하게 만들기

[Shake Reduction] 필터는 CC 버전에서 추가되었습니다. 사진을 촬영할 때 카메라가 흔들려 흐릿한 잔상이 남았거나 흐리게 나온 사진을 선명하게 만들어주는 필터입니다.

○ **Keyword** 필터, Shake Reduction　　○ 예제 파일 | Part04\마트.jpg　　○ 완성 파일 | Part04\마트(완성).psd

01 예제 파일 불러오기

❶ [File]-[Open] 메뉴를 클릭하여 예제 파일을 불러옵니다. 초점이 맞지 않아 흔들린 사진이 나타납니다.

02 자동 보정하기

[Filter]-[Sharpen]-[Shake Reduction] 메뉴를 클릭합니다. ❶ [Shake Reduction] 대화상자가 나타나고 흔들린 사진이 자동으로 선명하게 교정됩니다.

03 설정 값 변경하기

자동으로 설정해준 값을 사용하는 것이 편리하지만 결과가 만족스럽지 못할 경우 설정 값을 변경할 수 있습니다. ❶[Smoothing]을 '60'으로 설정합니다. ❷[OK]를 클릭합니다.

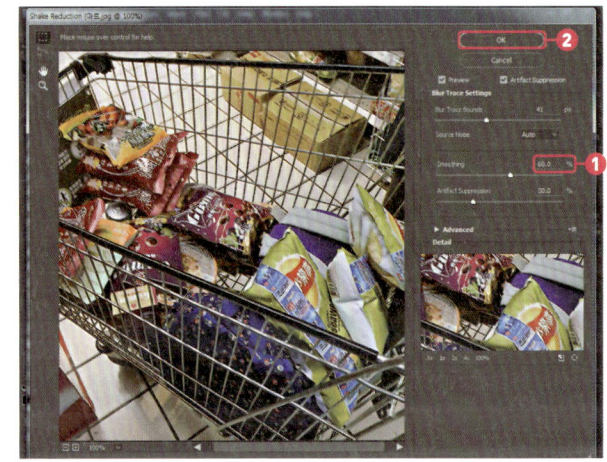

04 밝기와 대비 보정하기

❶[Adjustments] 패널에서 [Brightness/Contrast](🔆)를 클릭합니다. ❷[Brightness]와 [Contrast]를 '20'으로 설정합니다. 밝기와 대비가 보정됩니다.

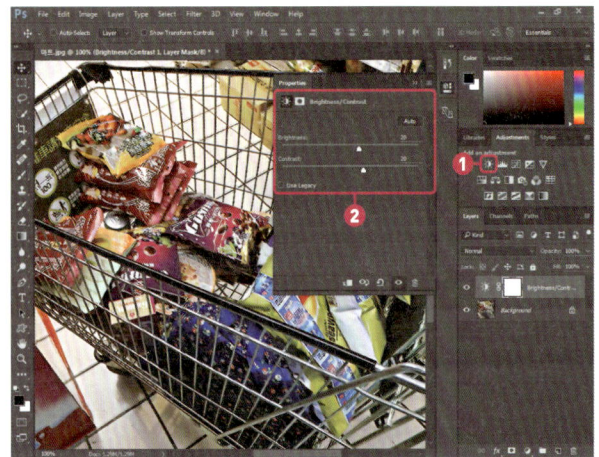

05 완성

❶흔들린 사진이 선명하게 수정됩니다.

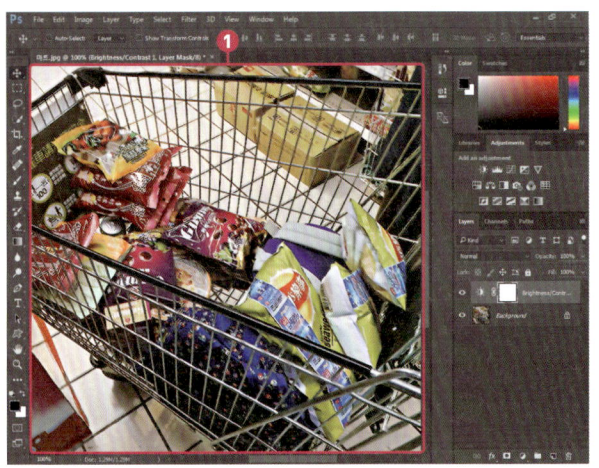

SECTION 02 [Smart Sharpen] 필터로 흐릿한 사진을 선명하게 만들기

[Smart Sharpen] 필터와 [High Pass] 필터를 이용하여 흐릿한 사진을 선명하게 만드는 방법을 알아봅니다. 사진에서 이미지의 경계선을 선명하게 만들어 초점이 또렷하게 잡힌 사진을 만들 수 있습니다.

◉ **Keyword** 필터, Smart Sharpen, High Pass   ◉ **예제 파일** | Part04\커피.jpg   ◉ **완성 파일** | Part04\커피(완성).psd

01 레이어 복사하기

❶ Ctrl + J 를 눌러 'Background' 레이어를 복사합니다.

02 선명 효과 필터 적용하기

❶ [Filter]-[Sharpen]-[Sharpen] 메뉴를 클릭합니다. ❷ 'Layer 1' 레이어의 [Opacity]를 '50%'로 설정합니다.

03 High Pass 필터 설정하기

❶ [Filter]-[Other]-[High Pass] 메뉴를 클릭합니다. ❷ [Radius]를 '0.5'로 설정하고 ❸ [OK]를 클릭합니다.

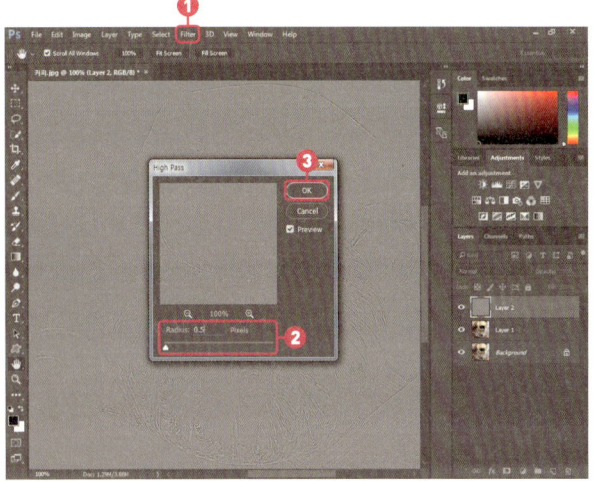

04 블렌드 모드 설정하기

❶ 레이어의 블렌드 모드를 [Overlay]로 설정합니다.

05 [High Pass] 필터 설정하기

❶ [Filter]-[Other]-[High Pass] 메뉴를 클릭합니다. ❷ [Radius]를 '0.3'으로 설정하고 ❸ [OK]를 클릭합니다.

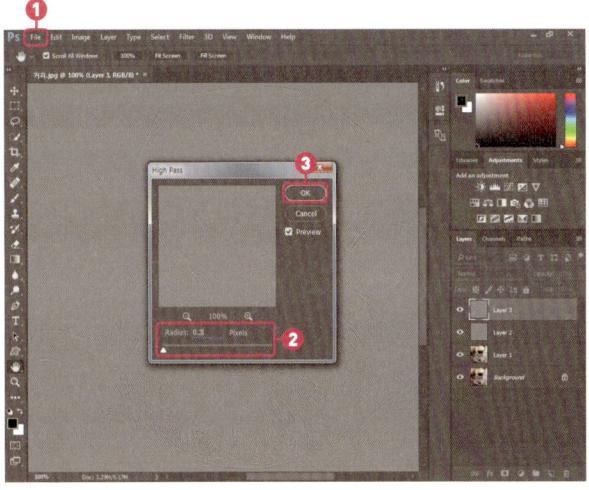

06 블렌드 모드 적용하기

❶ 레이어의 블렌드 모드를 [Overlay]로 설정합니다. 흐릿한 사진이 선명하게 보정되었습니다. 다른 이미지로 작업할 때는 흐릿한 정도에 따라 옵션을 조절하면 됩니다.

Level UP

[Sharpen(선명 효과)] 필터 살펴보기

[Filter(필터)]-[Sharpen(선명 효과)] 메뉴에는 흐릿한 이미지를 선명하게 만드는 6가지 필터들이 있습니다. 이미지의 경계 픽셀을 찾아 대비를 높여 선명하게 만드는 방식입니다.

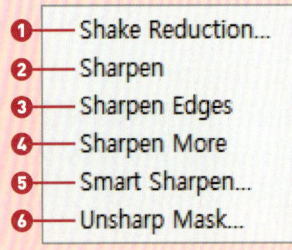

❶ **Shake Reduction** : CC 버전에서 추가된 필터로 흔들려 찍힌 사진을 선명하게 만들어줍니다.
❷ **Sharpen(선명하게)** : 이미지를 선명하게 만듭니다.
❸ **Sharpen Edges(가장자리 선명하게)** : 색상 변화가 뚜렷하게 일어나는 부분(경계선)을 선명하게 만듭니다.
❹ **Sharpen More(더 선명하게)** : [Sharpen] 필터를 2~3회 정도 반복 적용한 것과 같이 만듭니다.
❺ **Smart Sharpen(고급 선명 효과)** : 어두운 영역과 밝은 영역을 선명하게 하는 양을 조정하여 선명하게 만듭니다.
❻ **Unsharp Mask(언샵 마스크)** : 정교한 선명 효과를 적용할 수 있습니다. 가장자리의 대비를 조정하고 밝고 어두운 선을 만들어 선명한 이미지를 만듭니다. [Sharpen]이나 [Sharpen More]로 선명해지지 않는 이미지에 효과적입니다.

SECTION

03 [Iris Blur] 필터로 조리개 흐림 효과 적용하기

[Iris Blur]는 특정 부분에 초점을 맞춰 촬영하여 "아웃포커싱" 효과를 만드는 필터입니다. 원이나 모서리가 둥근 사각형의 형태로 흐림 효과를 적용할 수 있습니다.

○ **Keyword** 필터, Iris Blur   ○ **예제 파일** | Part04\소년.jpg   ○ **완성 파일** | Part04\소년(완성).psd

01 메뉴 클릭하기

❶ [Filter]-[Blur Gallery]-[Iris Blur] 메뉴를 클릭합니다.

Point
CS6 하위 버전의 경우 [Filter]-[Blur]-[Iris Blur] 메뉴를 클릭합니다.

02 초점 위치 이동하기

화면 구성이 흐림 효과 갤러리로 바뀝니다. ❶ 핀(◉)을 클릭&드래그 합니다. 위치가 이동됩니다. 핀의 위치는 카메라에서 초점이 맞은 위치와 같습니다. ❷ 옵션 바에서 [High Quality]를 체크합니다.

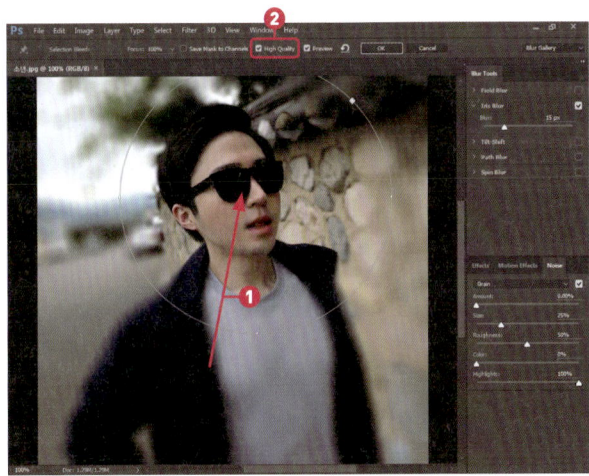

PART 04 사진을 효과적으로 후보정하기   189

03 적용 범위 조정하기

❶ 큰 원의 원형 조절점을 클릭&드래그 합니다. 흐림 효과의 적용 범위가 조정됩니다. 이 원의 바깥으로는 흐림 효과가 100% 적용됩니다.

> **Point**
> 조절점을 움직일 때 Shift 를 누르면 방향이 수평 및 수직으로 제한됩니다.

04 효과가 시작되는 위치 재지정하기

❶ 원 안의 조절점을 클릭&드래그 합니다. 흐림 효과가 시작되는 위치가 변경됩니다. 조절점의 안쪽은 흐림 효과가 적용되지 않으며 조절점부터 원까지는 흐림 효과가 점차적으로 적용됩니다. ❷ 오른쪽 패널에서 [Blur]를 '22 px'로 설정합니다. ❸ [OK]를 클릭합니다.

> **Point**
> [View]-[Show]-[Edit Pins] 메뉴(Ctrl+M)를 클릭하여 핀 편집 내비게이션을 숨기거나 다시 나타낼 수 있습니다.

05 밝기와 대비 조정하기

❶ [Adjustments] 패널에서 [Brightness/Contrast]()를 클릭합니다. ❷ [Brightness]와 [Contrast]를 '20'으로 설정합니다. 밝기와 대비가 조정됩니다.

06 레이어 선택하기

❶ 조리개 흐림 효과가 적용되었습니다. [Layers] 패널에서 'Background' 레이어를 선택합니다.

07 비네팅 효과 적용하기

❶ [Filter]-[Lens Correction] 메뉴를 클릭합니다. ❷ [Custom] 탭을 클릭합니다. ❸ [Vignette]의 [Amount]를 '-50'으로, [Midpoint]를 '50'으로 설정합니다. ❹ [OK]를 클릭합니다.

08 완성

❶ 비네팅 효과가 사진에 추가되었습니다.

SECTION 04 [Tilt-Shift] 필터로 미니어처 사진 만들기

[Tilt-Shift] 필터는 사진의 위쪽과 아래쪽에 흐림 효과를 적용하고 가로 형태의 가운데 부분에 초점을 맞춰 촬영한 것 같은 효과를 만듭니다. 지평선 풍경이 돋보이는 사진에 적용하여 색다른 효과를 주거나, 실물과 같은 모양으로 정교하게 만들어진 미니어처 느낌을 낼 수도 있습니다.

● **Keyword** 필터, Tilt=Shift   ● 예제 파일 | Part04\전망.jpg   ● 완성 파일 | Part04\전망(완성).psd

01 메뉴 클릭하기

① [Filter]-[Blur Gallery]-[Tilt-Shift] 메뉴를 클릭합니다.

02 화면 살펴보기

① 화면 구성이 흐림 효과 갤러리로 바뀝니다. 핀의 위치에서부터 실선까지는 흐림 효과가 적용되지 않습니다. 실선부터 점선까지는 흐림 효과가 점차적으로 적용되며 점선 바깥으로 흐림 효과가 100% 적용됩니다.

03 실선 조정하기

❶ 위쪽 실선을 클릭&드래그해 핀과 가까운 위치로 이동시킵니다. 아래쪽 실선도 마찬가지로 위치를 이동시킵니다. 흐림 효과가 적용되지 않는 영역이 줄어듭니다.

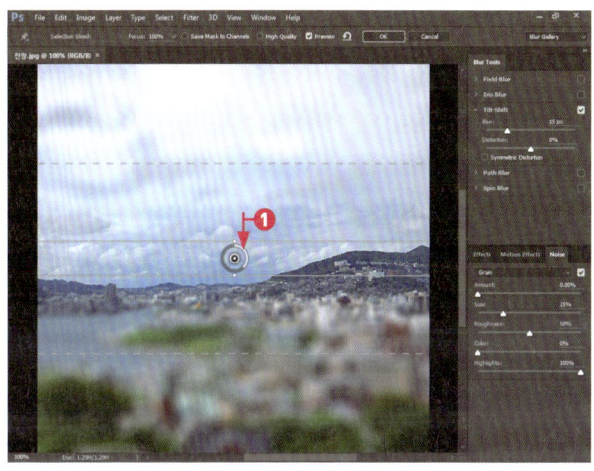

04 핀 위치 이동하기

❶ 핀을 클릭&드래그해 위치를 이동시킵니다. 흐림 효과가 적용되지 않는 영역의 위치가 이동됩니다. ❷ [High Quality]를 체크 표시합니다. ❸ [OK]를 클릭합니다.

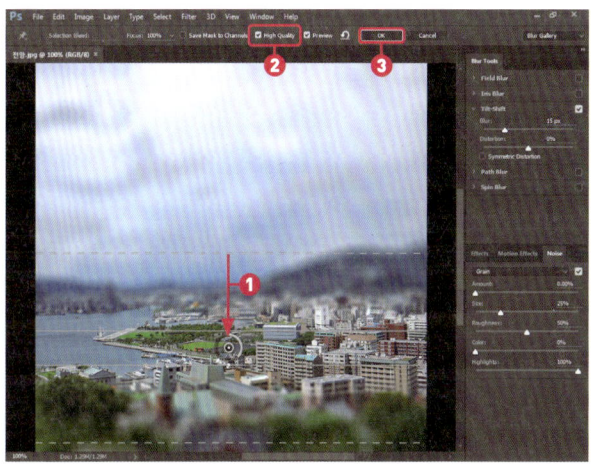

05 밝기와 대비 조정하기

❶ [Adjustments] 패널에서 [Brightness/Contrast](⚙)를 클릭합니다. ❷ [Brightness]와 [Contrast]를 '20'으로 설정합니다.

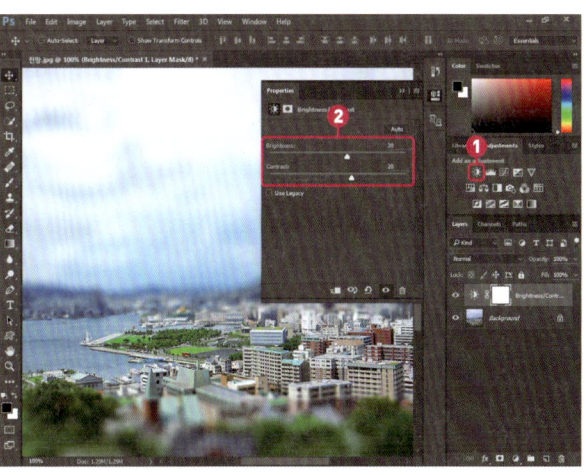

06 채도 조정하기

❶ [Adjustments] 패널에서 [Vibrance](▽)를 클릭합니다. ❷ [Vibrance]를 '100'으로 설정합니다. 채도가 높아집니다.

07 이미지 경계 선명하게 만들기

❶ [Layers] 패널에서 'Background' 레이어를 선택합니다. ❷ Ctrl+J를 눌러 레이어를 복사합니다. ❸ 복사된 레이어를 선택한 상태에서 [Filter]-[Other]-[High Pass] 메뉴를 클릭합니다. ❹ [Radius]를 '0.3'으로 설정합니다. ❺ [OK]를 클릭합니다.

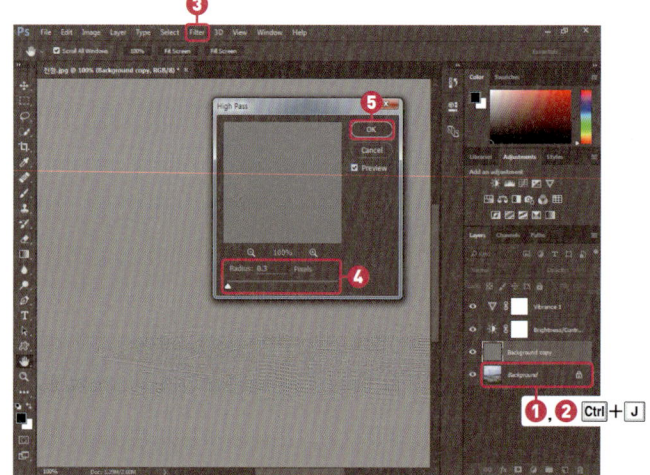

08 완성

❶ 레이어의 블렌드 모드를 [Overlay]로 설정합니다. 이미지의 경계가 선명하게 보정됩니다.

SECTION 05 디지털 카메라로 촬영한 사진을 [Adjustments] 패널로 후보정하기

[Adjustments] 패널의 조정 메뉴, [Adjustments] 패널을 이용하여 사진을 후보정할 때 만들어지는 조정 레이어를 알아봅니다.

○ **Keyword** [Adjustments] 패널, 조정 레이어

[Adjustments(조정)] 패널의 조정 메뉴 살펴보기

[Tool] 패널이나 옵션 바, 패널, 대화상자의 색상자를 클릭하면 나타나는 [Color Picker] 대화상자입니다. 스펙트럼에서 색상을 선택하거나 색상 코드를 입력하여 색상을 설정할 수 있습니다.

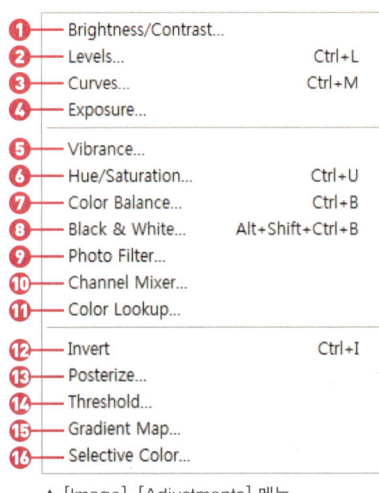
▲ [Image]-[Adjustments] 메뉴

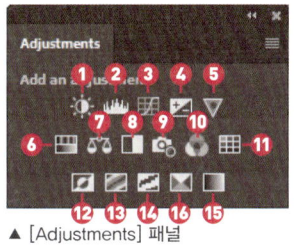
▲ [Adjustments] 패널

❶ **Brightness/Contrast(명도/대비)(　)** : 명도와 대비를 간단하게 보정합니다.

❷ **Levels(레벨)(　)** : 명암과 색상 균형을 조정합니다. 이미지의 어두운 영역, 중간 밝기 영역, 밝은 영역을 나누어 조정하므로 보다 세밀한 보정이 가능합니다.

❸ **Curves(곡선)(　)** : 곡선 모양을 변경하여 명암 및 색상을 조정합니다.

❹ **Exposure(노출)(　)** : 빛의 노출 정도를 조정하여 명도와 대비를 보정합니다.

❺ **Vibrance(활기)(　)** : 채도를 조정합니다.

❻ **Hue/Saturation(색조/채도)(▦)** : 특정 색상 범위나 전체 색상 범위의 색조와 채도, 명도를 조정합니다. 모노톤 이미지를 만들 수도 있습니다.

❼ **Color Balance(색상 균형)(⚖)** : 특정 색상을 늘리거나 줄여서 사진의 색상을 교정합니다.

❽ **Black & White(흑백)(▣)** : 흔히 흑백 사진이라 부르는 회색 음영 이미지를 만듭니다. 특정 색상의 회색 색조를 조정할 수 있어 풍부한 명암을 표현할 수 있습니다.

❾ **Photo Filter(포토 필터)(◉)** : 색상 균형 및 색온도를 조정하기 위한 컬러 필터 효과를 구현합니다.

❿ **Channel Mixer(채널 혼합)(◉)** : 색상 채널을 수정하여 색상 균형을 조정합니다.

⓫ **Color Lookup(색상 검색)(▦)** : 간단하게 다양한 색감을 추가합니다.

⓬ **Invert(반전)(▣)** : 색상을 반전하여 네거티브 필름 효과를 만듭니다.

⓭ **Posterize(포스터화)(▦)** : 이미지에 사용된 색상의 수를 줄입니다.

⓮ **Threshold(한계값)(▦)** : 명암 단계를 조절하여 흑백 이미지를 만듭니다.

⓯ **Gradient Map(그레이디언트 맵)(▣)** : 그레이디언트 색상을 매핑합니다.

⓰ **Selective Color(선택 색상)(▦)** : 다른 색상 영역에 영향을 주지 않으면서 특정 색상 영역에 사용된 원색(CMYK)의 양을 조정합니다.

조정 레이어(Adjustments Layer) 이해하기

- [Adjustments(조정)] 패널에서 조정 명령 아이콘을 클릭하면 [Properties] 패널이 나타나고, [Layers] 패널에는 해당 명령의 조정 레이어(Adjustments Layer)가 만들어집니다. 조정 레이어는 옵션 설정 내용을 가지고 있는 레이어로, 하위 순서로 존재하는 모든 레이어에 조정 효과가 적용됩니다.

- [Image]-[Adjustments] 메뉴를 클릭할 경우 대화상자가 나타나고, 선택된 레이어 및 선택 영역의 이미지에 조정 효과가 적용됩니다.

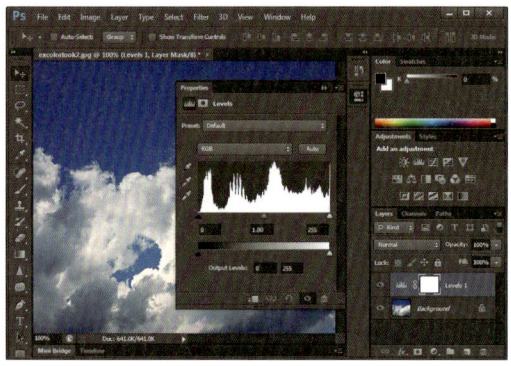
▲ [Adjustments] 패널에서 [Levels]를 클릭하여 만들어진 조정 레이어

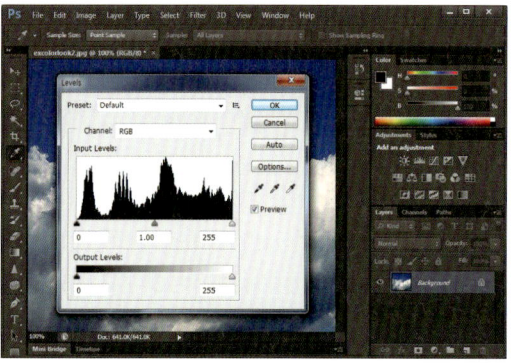
▲ [Image]-[Adjustments]-[Levels] 메뉴를 클릭하여 나타난 [Levels] 대화상자

조정 레이어를 이용하여 작업하면 그림과 같은 장점이 있습니다.
- 조정 레이어를 삭제하거나 숨기면 메뉴를 실행하기 전으로 돌아오므로 원본 이미지를 보호하면서 명암 및 색상 등을 후보정 할 수 있습니다.
- 언제든지 옵션 설정 내용을 변경할 수 있으며, 조정 레이어를 다른 캔버스로 가져가 다른 이미지에 바로 조정 효과를 적용해볼 수 있습니다.
- 불투명도(Opacity)를 설정하여 적용되는 농도를 조절하거나, 블렌드 모드를 적용할 수 있습니다.
- 마스크를 만들어 특정 부분에 효과가 적용되도록 할 수 있습니다.

> **Point**
> [Adjustments] 패널 목록 단추(≡)를 클릭하여 조정 레이어 옵션을 설정할 수 있습니다.
> - [Add Mask by Default(기본적으로 마스크 추가)] 메뉴를 체크하면 만들어지는 조정 레이어에 기본적으로 레이어 마스크가 존재합니다.
> - [Clip to Layer(레이어에 클립)] 메뉴를 체크하면 선택한 레이어에 클리핑 마스크가 만들어진 채로 조정 레이어가 만들어집니다. 클리핑 마스크가 만들어지면 한 단계 하위 레이어만 조정 효과가 적용됩니다.

Level UP

[Properties] 패널 살펴보기

[Adjustments] 패널에서 클릭한 명령의 옵션을 설정하는 패널입니다.

❶ 설정 중인 메뉴의 아이콘과 이름이 나타납니다. 조정 레이어에 마스크가 만들어져 있을 경우 오른쪽에 아이콘(◉)이 나타나며, 클릭하면 마스크 설정 화면으로 바뀝니다.

❷ Affects all layers below(❐) : 하위 순서로 존재하는 모든 레이어에 조정 효과가 적용되고 있는 상태입니다. 클릭하여 활성화하면(❐) 클리핑 마스크가 만들어져 한 단계 하위 레이어만 조정 효과가 적용됩니다.

❸ Press to view previous state : 아이콘을 클릭하고 있는 동안 이전 설정 상태의 이미지가 나타납니다. [W]를 길게 눌러도 됩니다.

❹ Reset to Adjustments defaults(⟲) : 옵션 설정을 모두 초기화합니다.

❺ Toggle layer visibility(◉) : 조정 레이어를 숨기거나 보이게 합니다. [Layers] 패널에서 눈 아이콘(◉)을 설정하는 것과 같습니다.

❻ Delete this Adjustments layer(🗑) : 선택한 조정 레이어를 삭제합니다.

SECTION 06 자동 보정 기능과 [Brightness/Contrast]로 밝고 선명하게 보정하기

[Image] 메뉴의 자동 보정 기능을 이용하면 특별한 설정 없이 간단하게 사진 이미지를 보정할 수 있습니다. 자동으로 처리하기 때문에 이미지에 따라 효과가 미미하게 나타날 수도 있습니다. [Brightness/Contrast]는 이미지의 명도와 대비를 간단하게 보정하는 메뉴입니다.

◉ Keyword [Adjustments] 패널, 조정 레이어   ◉ 예제 파일 | Part04\아이스크림.jpg   ◉ 완성 파일 | Part04\아이스크림(완성).psd

01 원본 사진 확인하기

❶ '아이스크림.jpg' 파일을 불러옵니다. 불러온 사진을 확인합니다.

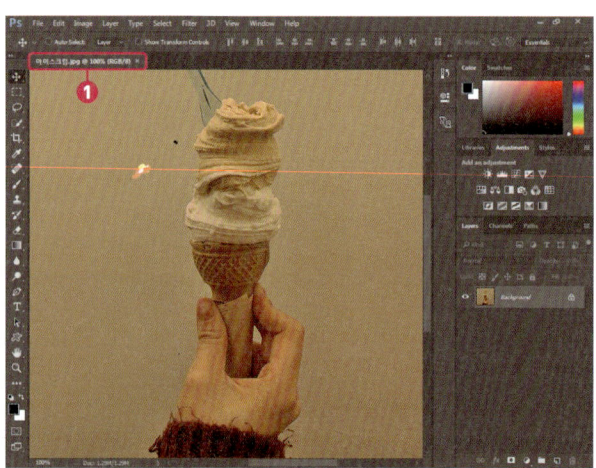

02 대비 자동 보정하기

❶ [Image]-[Auto Contrast] 메뉴를 클릭합니다. 사진의 대비(밝은 부분과 어두운 부분의 차이)가 자동으로 보정됩니다.

03 색상 자동 보정하기

❶ [Image]-[Auto Color] 메뉴를 클릭합니다. 사진의 색상이 자동으로 보정됩니다.

04 색상 자동 보정하기

❶ [Image]-[Auto Tone] 메뉴를 클릭합니다. 사진의 색조(명도와 채도)가 자동으로 보정됩니다.

05 밝기 조절하기

❶ [Adjustments] 패널에서 [Brightness/Contrast](　)를 클릭합니다. ❷ [Brightness]를 '20'으로 설정합니다. 명도가 높아져 밝아집니다. [Brightness]는 명도(밝고 어두운 정도)를 조절합니다.

06 대비 조절하기

❶ [Contrast]를 '30'으로 설정합니다. 대비가 높아져 선명해집니다. [Contrast]는 대비(사진의 밝은 부분과 어두운 부분의 차이)를 조절합니다.

> **Point**
> 대비는 사진의 밝은 부분과 어두운 부분의 차이입니다. 강해지면 명암과 색상이 선명한 사진이, 약해지면 밋밋한 사진이 만들어집니다.

07 [History] 패널로 원본과 비교하여 보기

❶ [History] 패널에서 [Create new Snapshot]를 클릭합니다. 현재 상태가 'Snapshot 1'로 등록됩니다. ❷ '아이스크림.jpg'를 클릭합니다. 파일을 처음 불러왔을 때의 상태로 되돌아갑니다.

08 [History] 패널로 원본과 비교하여 보기

❶ 'Snapshot 1'를 클릭합니다. 따라하기 6번 과정까지 작업한 상태로 돌아갑니다. 원본 사진과 비교하여 밝기와 대비, 화이트 밸런스가 제대로 조정된 것을 확인합니다.

SECTION

07 [Color Lookup]으로 사진의 색감을 간단하게 변경하기

[Color Lookup] 메뉴는 저장된 색상 설정을 불러와 다양한 색감을 이미지에 빠르게 적용할 수 있습니다.

○ **Keyword** [Adjustments] 패널, 조정 레이어   ○ 예제 파일 | Part04\63 빌딩.jpg   ○ 완성 파일 | Part04\63 빌딩(완성).psd

01 메뉴 클릭하기

❶ [Adjustments] 패널에서 [Color Lookup] (▦)을 클릭합니다.

02 'Crisp_Warm.look'으로 설정하기

❶ [3DLUT File]을 'Crisp_Warm.look'으로 설정합니다. 해질녘 느낌의 사진이 만들어집니다.

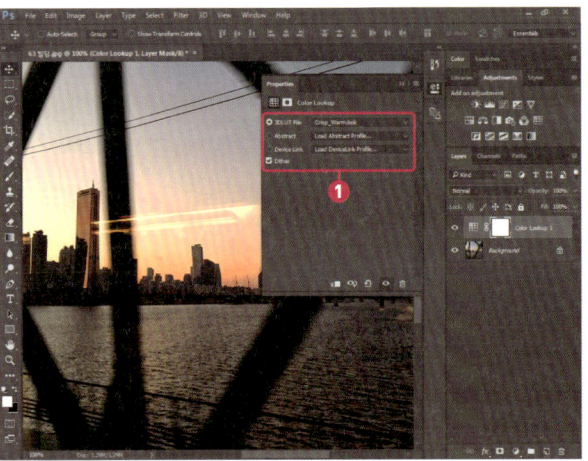

PART 04 사진을 효과적으로 후보정하기 **201**

03 'Crisp_Winter.look'으로 설정하기

❶ [3DLUT File]을 'Crisp_Winter.look'으로 설정합니다. 푸른색 톤의 사진이 만들어집니다.

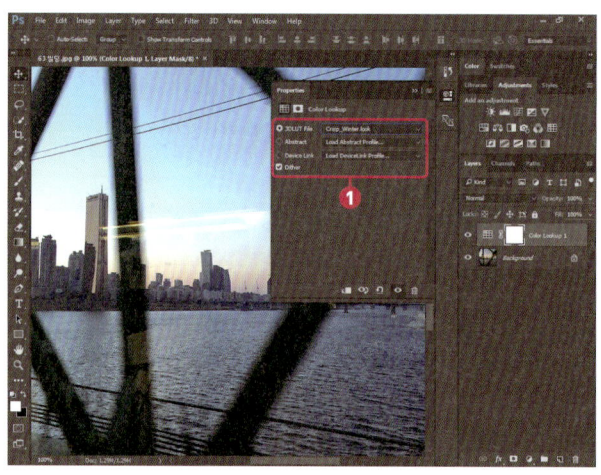

04 'FoggyNight.3DL'로 설정하기

❶ [3DLUT File]을 'FoggyNight.3DL'로 설정합니다. 안개가 낀 듯 탁한 색상의 사진이 만들어집니다.

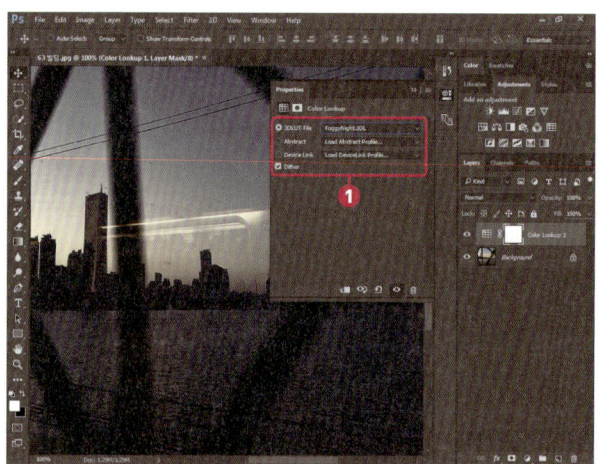

05 'LateSunset.3DL'로 설정하기

❶ [3DLUT File]을 'LateSunset.3DL'로 설정합니다. 해질녘 느낌의 사진이 만들어집니다.

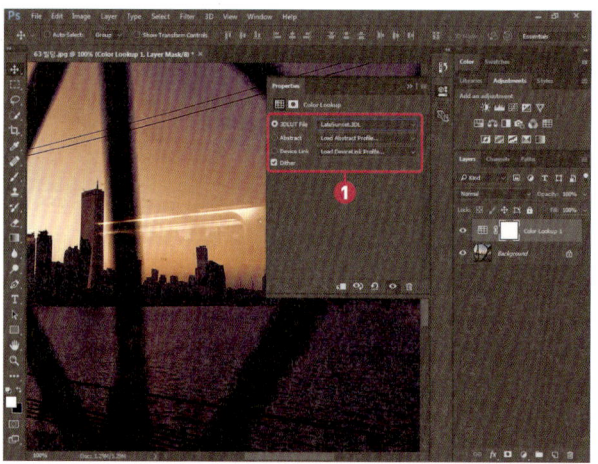

06 'Moonlight.3DL'로 설정하기

❶ [3DLUT File]을 'Moonlight.3DL'로 설정합니다. 해가 지고 어두워진 사진이 만들어집니다.

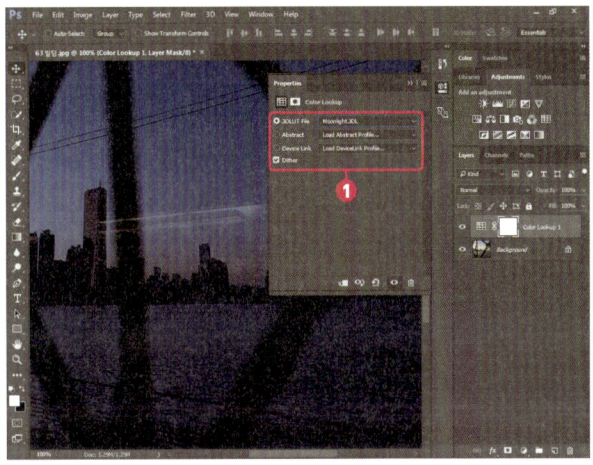

Level UP

[Color Lookup(색상 검색)] 메뉴 알아보기

[Color Lookup]은 CS6 버전에서 추가된 메뉴로, 저장된 설정을 불러와 이미지에 색감을 추가합니다. 간단하게 다양한 색상으로 보정할 수 있어 유용합니다. 아직까지는 포토샵에서 설정 파일을 만들 수 없으므로 기본적으로 제공되는 파일을 사용합니다.

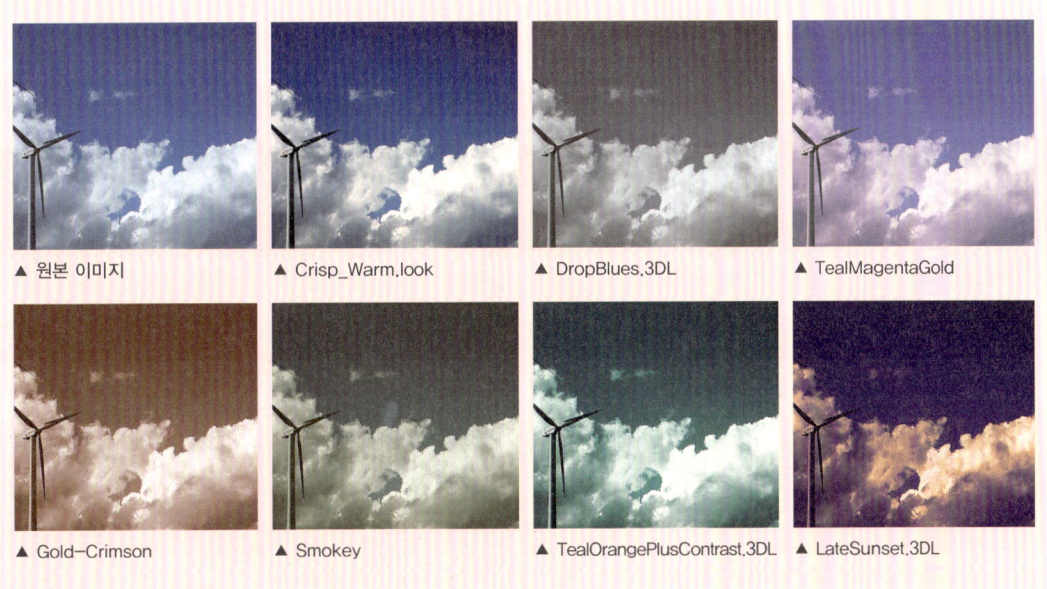

PART 04 사진을 효과적으로 후보정하기 203

SECTION 08 [Vibrance]로 사진의 채도 조절하기

[Vibrance]는 채도를 조절하는 메뉴입니다. 사진의 특정 부분만 채도를 조절하여 강조되는 이미지를 만듭니다.

◎ Keyword [Adjustments] 패널, 조정 레이어   ◎ 예제 파일 | Part04\아름다운.jpg   ◎ 완성 파일 | Part04\아름다운(완성).psd

01 메뉴 클릭하기

❶ [Adjustments(조정)] 패널에서 [Vibrance] (▽)를 클릭합니다.

02 채도 조절하기

❶ [Properties(속성)] 패널이 나타납니다. [Vibrance(활기)] 값을 '100'으로 설정합니다. 이미지의 채도가 높아집니다.

03 채도 조절하기

❶ [Saturation] 값을 '50'으로 설정합니다. [Vibrance]를 '100'으로 설정했을 때 보다 [Saturation]을 '50'으로 설정할 때 채도가 더 높아집니다.

04 밝기와 대비 보정하기

❶ [Adjustments] 패널에서 [Brightness/Contrast](☀)를 클릭합니다. ❷ [Brightness]를 '30', [Contrast]를 '15'로 설정합니다.

05 보정된 이미지 확인하기

❶ 탁한 사진의 채도가 높아져 생기가 도는 꽃 사진으로 만들어졌습니다.

SECTION 09 어두운 영역 효과적으로 보정하고 화이트 밸런스 맞추기

[Image]-[Adjustments]-[Shadows/Highlights] 메뉴를 이용하면 어두운 영역을 효과적으로 보정할 수 있습니다. [Photo Filter]를 이용하면 사진의 맞지 않는 화이트 밸런스를 제대로 맞출 수 있습니다.

● **Keyword** [Adjustments] 패널, 조정 레이어, 화이트 밸런스　　● 예제 파일 | Part04\쥬스.jpg　　● 완성 파일 | Part04\쥬스(완성).psd

01 예제 파일 불러오기

❶ '쥬스.jpg' 파일을 불러옵니다. 사진이 어둡게 촬영된 것을 확인할 수 있습니다.

02 밝은 부분 보정하기

❶ [Image]-[Adjustments]-[Shadow/Highlights] 메뉴를 클릭합니다. ❷ [Show More Options]를 체크 해제하고 ❸ [Shadows]를 '0%', [Highlights]를 '10%'로 설정합니다. 사진의 밝은 부분이 다소 어둡게 보정됩니다.

03 어두운 부분 보정하기

❶ [Shadows]를 '50%'로 설정합니다. 사진의 어두운 부분이 밝게 보정됩니다. ❷ [OK]를 클릭합니다.

04 화이트 밸런스 조정하기

❶ [Adjustments] 패널에서 [Photo Filter]( )를 클릭합니다. ❷ [Filter]를 'Cooling Filter (80)'으로, [Density]를 '25'로 설정하고 [Preserve Luminosity]를 체크합니다. 화이트 밸런스가 조정됩니다.

05 밝기와 대비 보정하기

❶ [Adjustments] 패널에서 [Brightness/Contrast]( )를 클릭합니다. ❷ [Brightness]를 '20', [Contrast]를 '20'으로 설정합니다.

PART 04 사진을 효과적으로 후보정하기 207

06 보정된 이미지 확인하기

❶ 어두운 부분이 효과적으로 밝게 보정되었습니다. 보정된 이미지를 확인합니다.

Level UP

[Photo Filter(포토 필터)] 설정 화면 살펴보기

카메라로 촬영할 때 색상 균형과 색온도(화이트 밸런스)를 조정하기 위해, 혹은 특정 색을 띠는 사진을 찍기 위해 렌즈 앞에 컬러 필터를 끼워서 촬영하는 방법이 있습니다. 예를 들어 카메라 렌즈 앞에 푸른색 컬러 필터를 끼워서 촬영하면 푸른빛이 추가된 사진이 찍힙니다. 이런 촬영 방법을 [Photo Filter] 메뉴로 만들 수 있습니다.

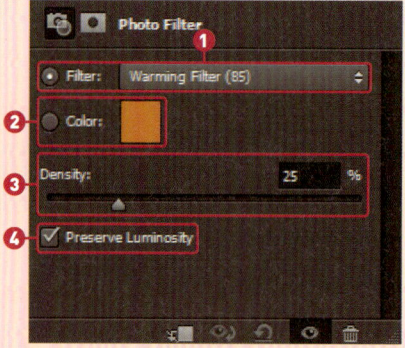

❶ **Filter(필터)** : 사전 설정되어 있는 필터를 선택합니다. 색온도 증가, 색온도 감소, 설정 색상 필터가 있습니다.
❷ **Color(색상)** : [Color Picker] 대화상자로 설정한 색상을 필터로 사용합니다.
❸ **Density(농도)** : 적용되는 색상의 양을 설정합니다. 높을수록 진한 농도로 적용됩니다.
❹ **Preserve Luminosity(광도 유지)** : 체크하면 색상을 추가할 때 광도가 변경되는 것을 방지하여 색조 균형을 유지합니다.

SECTION

10 [Hue/Saturation]으로 특정 색상 영역의 색조 변경하기

[Hue/Saturation]는 색조와 채도, 명도를 한꺼번에 변경할 수 있는 메뉴입니다. 특정 색상 영역의 색조를 변경하는 것을 알아봅니다.

○ **Keyword** [Adjustments] 패널, 조정 레이어   ○ 예제 파일 | Part04\포스트잇.jpg   ○ 완성 파일 | Part04\포스트잇(완성).psd

01 예제 파일 불러오기

❶ 예제 파일을 불러옵니다. ❷ [Adjustments] 패널에서 [Hue/Saturation](▣)를 클릭합니다.

02 색상 변경하기

❶ [Hue]를 '30'으로 설정합니다. 사진의 전체 색상이 변합니다. ❷ Red 계열 색상의 경우 Yellow 색상으로, Yellow 계열 색상의 경우 Green, Cyan 계열 색상의 경우 Blue 색상으로 변한 것을 확인할 수 있습니다.

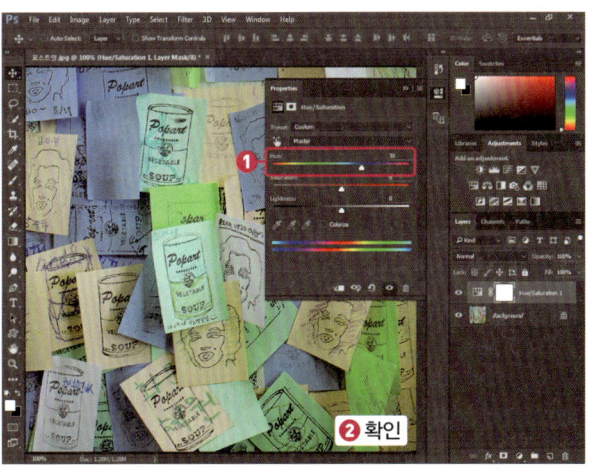

PART 04 사진을 효과적으로 후보정하기 209

03 색상 변경하기

❶ [Hue]를 '-30'으로 설정합니다. 마찬가지로 사진의 전체 색상이 변합니다. ❷ [Properties] 패널에서 [Reset to Adjustments defaults](🔄)를 클릭합니다. 설정이 모두 초기화됩니다.

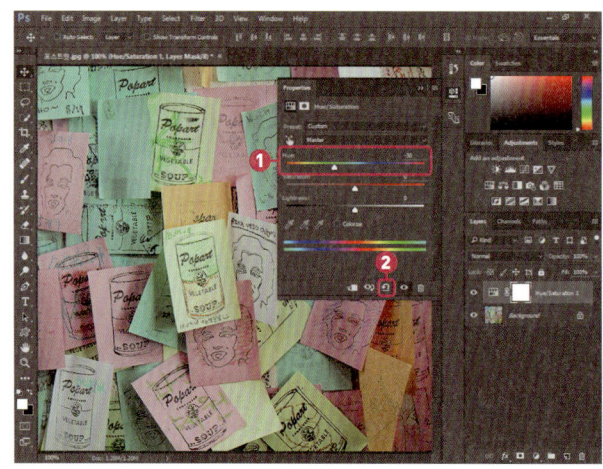

04 Red 색상 변경하기

❶ [Reds]를 선택합니다. ❷ [Hue]를 '180'으로 설정합니다. 사진에서 Red 계열 색상이 사용된 부분이 Cyan 색상으로 변합니다.

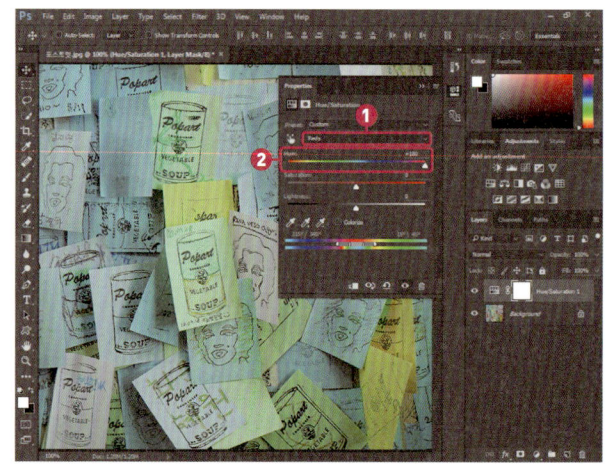

05 선택 영역을 마스크로 만들기

❶ [Yellows]를 선택합니다. ❷ [Hue]를 '120'으로 설정합니다. 사진에서 Yellow 계열 색상이 사용된 부분이 Cyan 색상으로 변합니다.

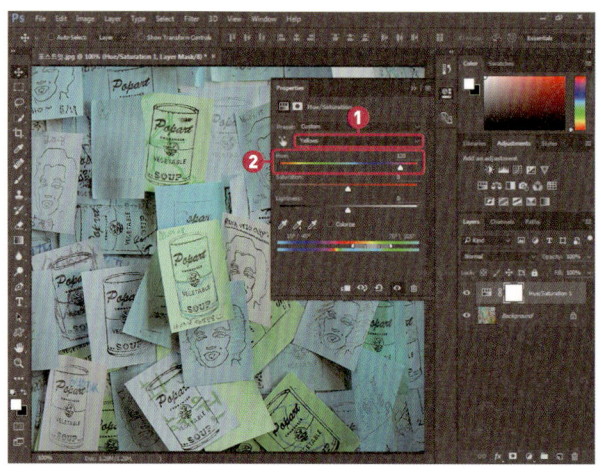

06 Green 색상 변경하기

❶ [Greens]를 선택합니다. ❷ [Hue]를 '55'로 설정합니다. 사진에서 Green 계열 색상이 사용된 부분이 Cyan 색상으로 변합니다.

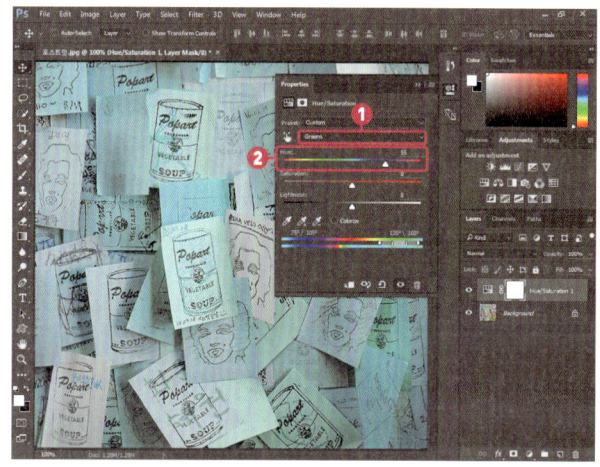

07 완성

❶ [Properties] 패널을 닫고 색상이 변경된 사진을 확인합니다.

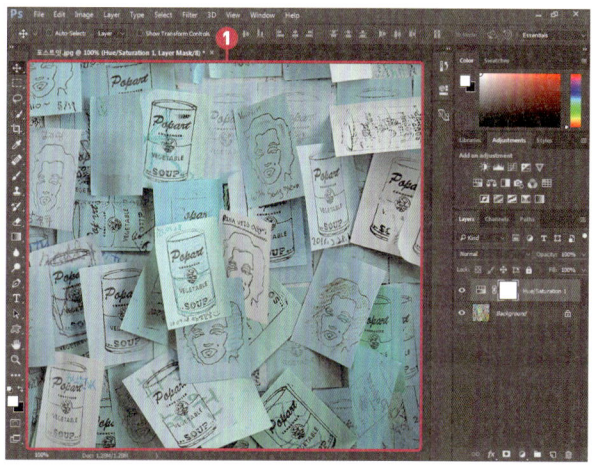

SECTION 11

[Hue/Saturation]으로 모노톤 이미지 만들기

[Hue/Saturation]은 특정 색상 범위나 전체 색상 범위의 색조와 채도, 명도를 조정하는 메뉴입니다. 또는 모노톤 이미지를 만들기도 합니다.

● **Keyword** [Adjustments] 패널, 조정 레이어 　　● 예제 파일 | Part04\카페.jpg　　● 완성 파일 | Part04\카페(완성).psd

01 메뉴 클릭하기

❶ [Adjustments] 패널에서 [Hue/Saturation] (🔲)를 클릭합니다.

02 모노톤 이미지로 만들기

❶ [Colorize]를 체크 표시합니다. 모노톤 이미지로 바뀝니다.

212

03 색상 변경하기

❶ [Hue]를 '35'로 설정합니다. 전체 색상이 바뀝니다.

04 어두운 영역 보정하기

❶ [Levels](📊)를 클릭합니다. ❷ 첫 번째 입력 상자에 '20'을 입력합니다. 사진의 어두운 영역이 보다 더 어둡게 보정됩니다.

05 밝은 영역 보정하기

❶ 세 번째 입력 상자에 '235'를 입력합니다. 사진의 밝은 영역이 보다 더 밝게 보정됩니다.

06 중간 밝기 영역 보정하기

❶ 두 번째 입력 상자에 '1.3'을 입력합니다. 사진의 중간 밝기 영역이 밝게 보정됩니다.

07 보정된 이미지 확인하기

❶ 를 클릭하여 [Properties] 패널을 닫고 보정된 이미지를 확인합니다.

S E C T I O N

12 [Color Balance]로 다양한 색감의 사진 만들기

[Color Balance]는 특정 색상을 늘리거나 줄여서 화이트 밸런스를 맞추는 등 색상을 교정하는데 사용합니다. 혹은 푸른 하늘 사진을 해질 무렵의 하늘로 만드는 등 색상을 추가하여 사진의 색감을 수정하기도 합니다.

◉ **Keyword** [Adjustments] 패널, 조정 레이어 ◉ **예제 파일** | Part04\유리 공방.jpg ◉ **완성 파일** | Part04\유리 공방(완성).psd, 유리 공방(완성2).psd

01 메뉴 클릭하기

❶ [Adjustments] 패널에서 [Color Balance](⚖)를 클릭합니다.

02 Midtones 설정하기

❶ [Tone]을 'Midtones'로 설정합니다. ❷ 첫 번째 입력 상자를 '50', 두 번째 입력 상자를 '0', 세 번째 입력 상자를 '-100'으로 설정합니다. 사진의 색상이 변경됩니다.

03 Shadows 설정하기

❶ [Tone]을 'Shadows'로 설정합니다. ❷ 첫 번째 입력 상자를 '50', 두 번째 입력 상자를 '0', 세 번째 입력 상자를 '0'으로 설정합니다. 사진의 색상이 변경됩니다.

04 Highlights 설정하기

❶ [Tone]을 'Highlights'로 설정합니다. ❷ 첫 번째 입력 상자를 '0', 두 번째 입력 상자를 '0', 세 번째 입력 상자를 '-20'으로 설정합니다. 사진의 색상이 변경됩니다.

05 밝기와 대비 보정하기

❶ [Adjustments] 패널에서 [Brightness/Contrast]()를 클릭합니다. ❷ [Brightness]를 '15', [Contrast]를 '30'으로 설정합니다. ❸ 현재 상태를 '유리 공방(완성).psd' 파일로 저장합니다.

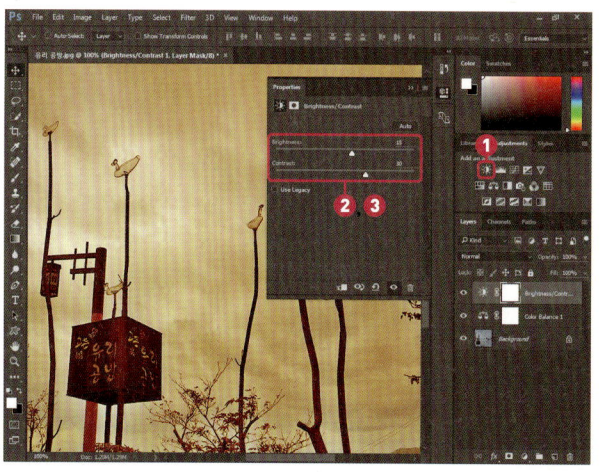

> **Point**
> [File]-[Save As] 메뉴를 클릭하여 파일을 저장합니다.

06 초기 상태로 돌아가기

❶ [History] 패널에서 '유리 공방.jpg'를 클릭합니다. 파일을 처음 불러왔을 때의 초기 상태로 돌아갑니다.

07 밝기와 대비 보정하기

❶ [Adjustments] 패널에서 [Brightness/Contrast](◐)를 클릭합니다. ❷ [Brightness]를 '50', [Contrast]를 '30'으로 설정합니다.

08 Photo Filter 적용하기

❶ [Adjustments] 패널에서 [Photo Filter](◉)를 클릭합니다. ❷ [Filter]를 'Cooling Filter (80)'으로, [Density]를 '25'로 설정하고 [Preserve Luminosity]를 체크합니다. ❸ 조정 레이어의 [Opacity]를 '50%'로 설정합니다.

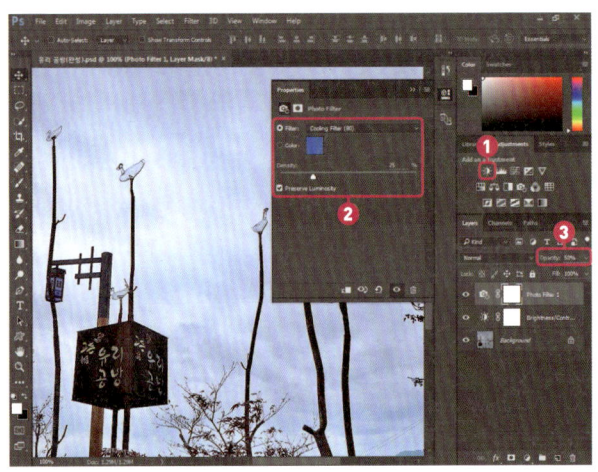

09 Midtones 설정하기

❶ [Adjustments] 패널에서 [Color Balance] (아이콘)를 클릭합니다. ❷ [Tone]을 'Midtones'로 설정합니다. ❸ 첫 번째 입력 상자를 '-80', 두 번째 입력 상자를 '0', 세 번째 입력 상자를 '80'으로 설정합니다. 사진의 색상이 변경됩니다.

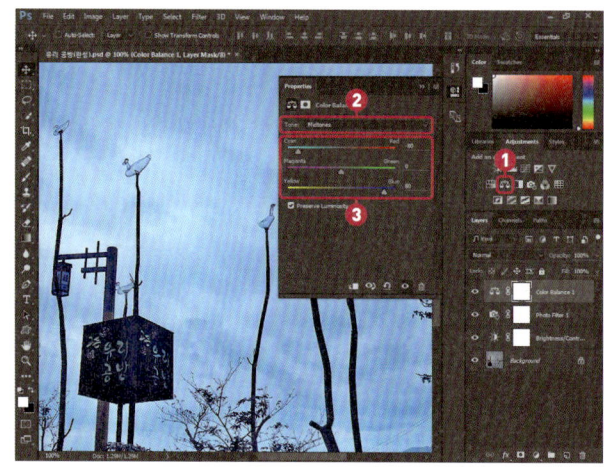

10 Shadows 설정하기

❶ [Tone]을 'Shadows'로 설정합니다. ❷ 첫 번째 입력 상자를 '40', 두 번째 입력 상자를 '0', 세 번째 입력 상자를 '0'으로 설정합니다. 사진의 색상이 변경됩니다.

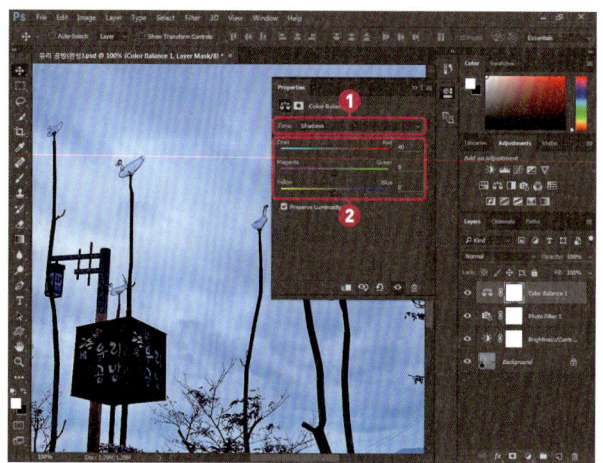

11 Highlights 설정하기

❶ [Tone]을 'Highlights'로 설정합니다. ❷ 첫 번째 입력 상자를 '0', 두 번째 입력 상자를 '0', 세 번째 입력 상자를 '-20'으로 설정합니다. 사진의 색상이 변경됩니다.

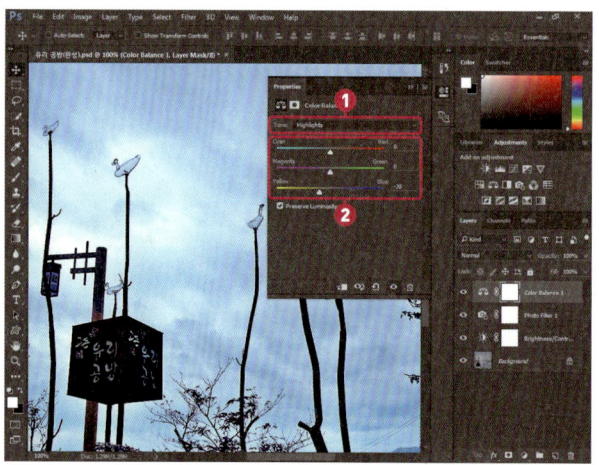

12 완성

❶ 현재 상태를 '유리 공방(완성2).psd' 파일로 저장합니다.

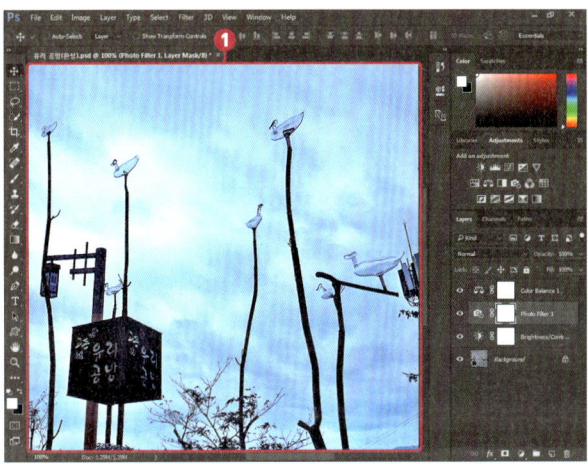

Level UP

[Color Balance(색상 균형)] 설정 화면 살펴보기

[Color Balance]는 특정 색상을 늘리거나 줄여서 화이트 밸런스를 맞추는 등 색상을 교정하는데 사용합니다. 혹은 푸른 하늘 사진을 해질 무렵의 하늘로 만드는 등 색상을 추가하여 사진의 색감을 수정하기도 합니다.

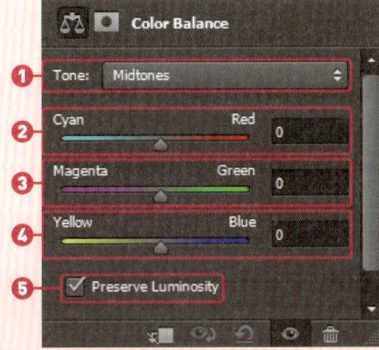

❶ **Tone(톤)**
- **Shadows(어두운 영역)** : 어두운 영역의 색상을 조절합니다.
- **Midtones(중간 영역)** : 중간 밝기 영역의 색상을 조절합니다.
- **Highlights(밝은 영역)** : 밝은 영역의 색상을 조절합니다.

❷ **Cyan/Red(녹청/빨강)** : 슬라이더를 왼쪽으로 가져가면 Red 색상을 줄이고 Cyan 색상을 늘립니다. 오른쪽으로 가져가면 반대로 Cyan 색상을 줄이고 Red 색상을 늘립니다.

❸ **Magenta/Green(마젠타/녹색)** : Magenta 색상이나 Green 색상을 줄이거나 늘립니다.

❹ **Yellow/Blue(노랑/파랑)** : Yellow 색상이나 Blue 색상을 줄이거나 늘립니다.

❺ **Preserve Luminosity(광도 유지)** : 체크하면 색상을 변경할 때 광도가 변경되는 것을 방지하여 색조 균형을 유지합니다.

SECTION

13 [Selective Color]로 특정 색상 영역만 보정하여 선명한 사진 만들기

선택한 특정 색상 영역만 CMYK 색상의 양을 변경하는 메뉴입니다. 부분적으로 색상을 보정하여 색을 선명한 사진으로 변경합니다.

● **Keyword** [Adjustments] 패널, 조정 레이어　　● 예제 파일 | Part04\수동.jpg　　● 완성 파일 | Part04\수동(완성).psd

01 메뉴 클릭하기

❶ [Adjustments] 패널에서 [Selective Color](◨)를 클릭합니다.

02 Yellows 색상 영역 조정하기

❶ [Colors]를 'Yellows'로 설정합니다. [Cyan]을 '100', [Magenta]를 '-50', [Yellow]를 '0', [Black]을 '-25'로 설정합니다. 아래 [Relative]를 클릭합니다. ❷ Green 색상 영역의 색상이 보정됩니다.

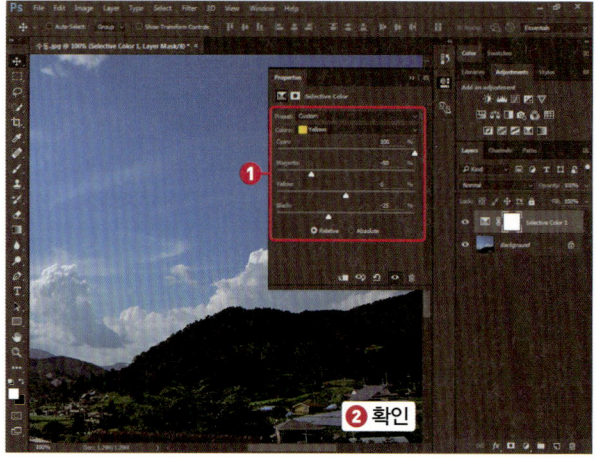

220

03 Greens 색상 영역 조정하기

❶ [Colors]를 'Greens'로 설정합니다. [Cyan]을 '100', [Magenta]를 '0', [Yellow]를 '100', [Black]을 '0'으로 설정합니다. ❷ 마찬가지로 Green 색상 영역의 색상이 보정됩니다.

04 Cyans 색상 영역 조정하기

❶ [Colors]를 'Cyans'로 설정합니다. [Cyan]을 '100', [Magenta]를 '0', [Yellow]를 '-100', [Black]을 '0'으로 설정합니다. ❷ Cyan 색상 영역의 색상이 보정됩니다.

05 Blues 색상 영역 조정하기

❶ [Colors]를 'Blues'로 설정합니다. [Cyan]을 '100', [Magenta]를 '75', [Yellow]를 '-100', [Black]을 '0'으로 설정합니다. ❷ Blues 색상 영역의 색상이 보정됩니다.

06 중간 확인하기

❶ [Adjustments] 패널의 [Selective Color]로 하늘과 산의 색상이 많이 보정되었습니다.

07 밝기와 대비 보정하기

❶ [Adjustments] 패널에서 [Curves]( )를 클릭합니다. ❷ 히스토그램에서 감마선의 특정 위치에 클릭하면 조절점이 만들어집니다. 클릭&드래그하면 밝기와 대비가 조정됩니다. ❸ [Input]을 '75', [Output]을 '90'으로 설정합니다.

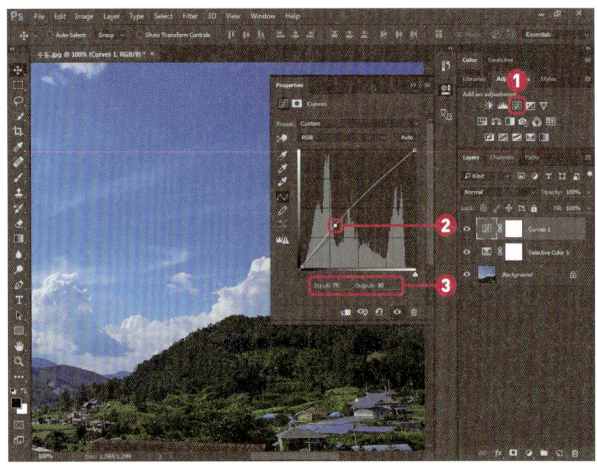

08 조절점 선택하고 설정하기

❶ 오른쪽 상단 조절점을 클릭하여 선택합니다. ❷ [Input]을 '240', [Output]을 '255'로 설정합니다.

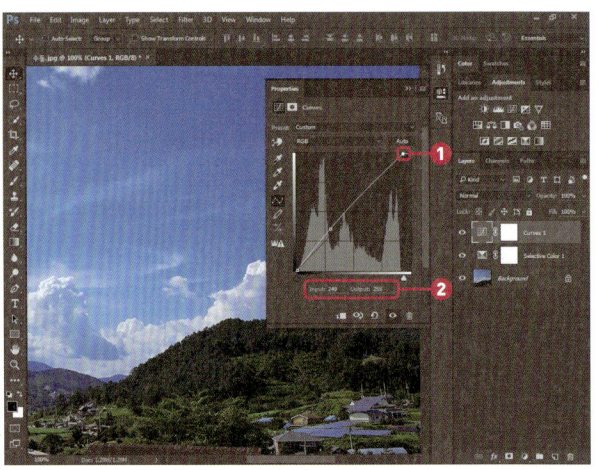

09 완성

❶ [Selective Color]와 [Curves]를 이용한 사진 보정이 끝났습니다.

Level UP

[Selective Color(선택 색상)] 설정 화면 살펴보기

다른 색상에 영향을 주지 않고 특정 색상 영역의 픽셀에만 CMYK 색상의 양을 변경합니다. 예를 들어 Reds 색상 영역의 Cyan 색상을 변경하지 않으면서 Yellows 색상 영역의 Cyan 색상의 양을 늘리거나 줄일 수 있습니다. 색상을 교정할 때 CMYK 색상을 사용하지만 RGB 모드의 이미지에서도 사용할 수 있습니다.

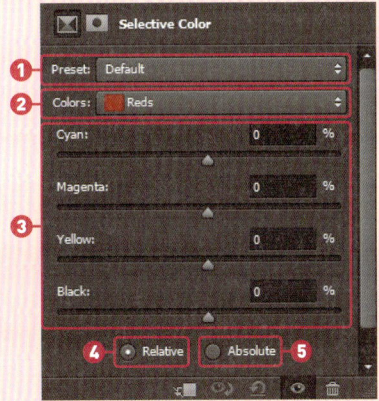

❶ **Preset(사전 설정)** : 설정 값을 저장해둔 프리셋을 불러옵니다. 별도의 설정 없이 바로 선택하여 보정할 수 있습니다.
❷ **Colors(색상)** : 조정할 색상을 선택합니다.
❸ **CMYK(녹청, 마젠타, 노랑, 검정)** : 슬라이더를 드래그하여 해당 색상의 구성 요소를 늘리거나 줄입니다.
❹ **Relative(상대치)** : 상대적인 비율을 기준으로 조정합니다. 기존의 마젠타가 50%인 픽셀에 마젠타 10%를 추가하면 실제로 5%가 추가되어 총 55%가 됩니다. (50%의 10%는 5%이므로)
❺ **Absolute(절대치)** : 절대값을 기준으로 조정합니다. 예를 들어 기존의 마젠타가 50%인 픽셀에 마젠타 10%를 추가하면 총 60%가 됩니다.

SECTION

14 [Black&White]로 색감이 풍부한 흑백 사진 만들기

[Black & White]를 이용하면 명암이 풍부한 회색 음영 이미지(흑백 사진) 및 모노톤 이미지를 만들 수 있습니다.

● Keyword [Adjustments] 패널, 조정 레이어   ● 예제 파일 | Part04\석가탄신일.jpg   ● 완성 파일 | Part04\석가탄신일(완성).psd

01 메뉴 클릭하기

❶ [Adjustments] 패널에서 [Black & White](▣)를 클릭합니다.

02 그레이스케일 톤 확인하기

❶ 'Black & White 1'라는 이름의 조정 레이어가 만들어지고 사진의 색상이 그레이스케일 톤으로 바뀝니다.

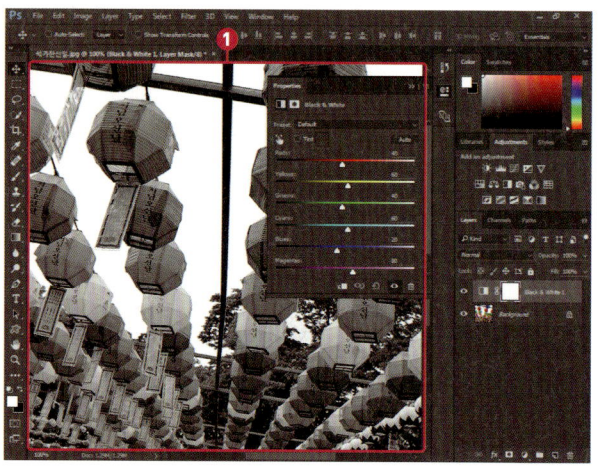

03 Red 색상 영역 조정하기

❶ [Reds]를 '-20'으로 설정합니다. 원본 사진에서 Red 색상이 사용된 영역의 밝기가 어두워집니다.

04 Red 색상 영역 조정하기

❶ [Reds]를 '100'으로 설정합니다. 원본 사진에서 Red 색상이 사용된 영역의 밝기가 밝아집니다.

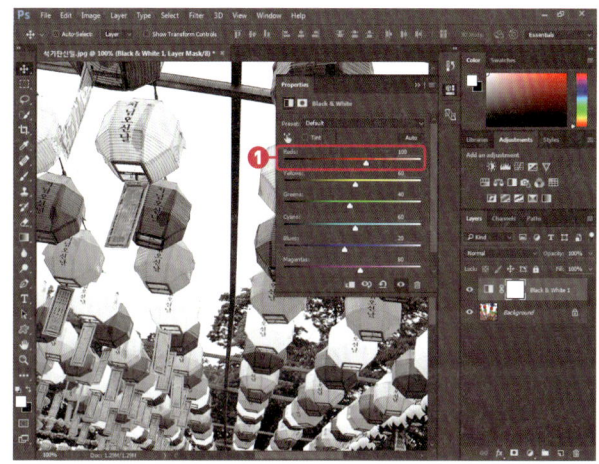

05 Yellow 색상 영역 조정하기

❶ [Yellows]를 '120'으로 설정합니다. 원본 사진에서 Yellow 색상이 사용된 영역이 밝아집니다.

06 각 색상 영역 조정하기

❶ [Reds]와 [Yellows], [Greens], [Cyans]를 '100'으로 설정합니다.

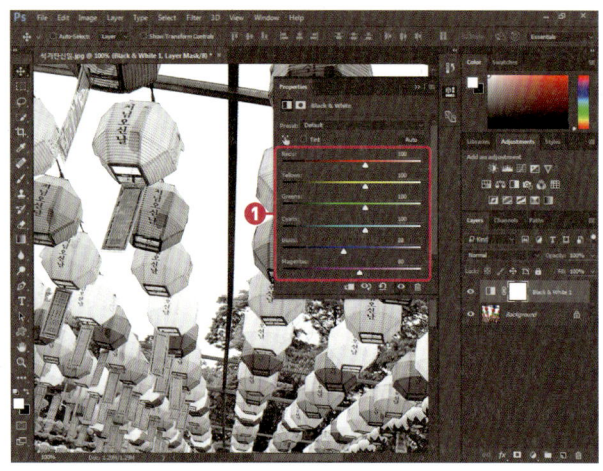

07 완성

❶ [Black & White]를 이용하여 특정 색상 영역의 명도를 조절하여 그레이스케일 톤 사진을 완성하였습니다.

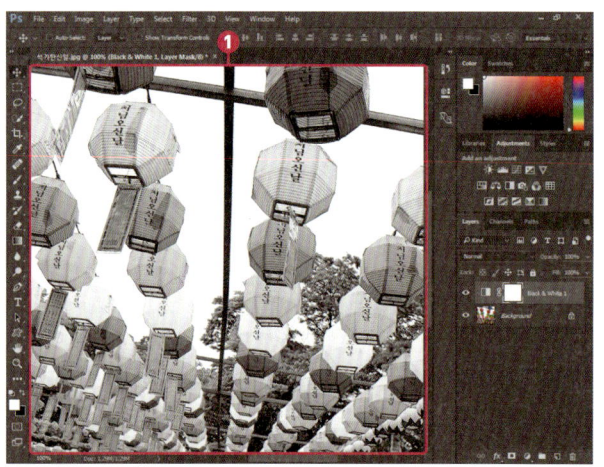

SECTION 15
색연필 및 연필로 부드럽게 스케치한 이미지 만들기

색연필로 부드럽게 스케치한 이미지를 만듭니다. 완성 이미지의 채도를 감소하여 연필로 스케치한 효과를 만들 수도 있습니다.

○ **Keyword** 필터, [Filter Gallery] 대화상자 ○ **예제 파일** | Part04\해바라기.jpg, 연필 스케치 효과.psd ○ **완성 파일** | Part04\해바라기(완성).psd, 해바라기(완성2).psd

01 레이어 복제하기

❶ '해바라기.jpg'를 불러옵니다. ❷ Ctrl + J 를 눌러 레이어를 복제합니다. ❸ 복제된 레이어가 선택된 상태에서 [Filter]-[Filter Gallery(필터 갤러리)] 메뉴를 클릭합니다.

02 [Glowing Edges] 필터 적용하기

❶ [Stylize(스타일화)]-[Glowing Edges(가장자리 광선 효과)]를 클릭합니다. ❷ [Edge Width]는 '1', [Edge Brightness]를 '7', [Smoothness]는 '7'로 설정합니다. ❸ [OK]를 클릭합니다.

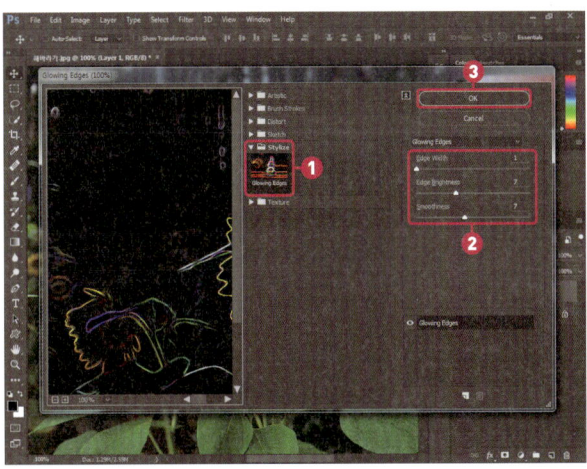

03 채도 없애기, 색상 반전하기

❶ [Image(이미지)]-[Adjustments(조정)]-[Desaturate(채도 감소)] 메뉴를 클릭합니다. 회색 음영 이미지가 됩니다. ❷ Ctrl + I 를 눌러 색상을 반전합니다.

> **Point**
> [Desaturate] 메뉴의 단축키는 Shift + Ctrl + U 입니다.

04 블렌딩 옵션 설정하기

❶ 레이어 썸네일을 더블클릭합니다. ❷ [Underlying Layer(밑에 있는 레이어)]의 검은색 삼각형을 Alt 를 누르면서 클릭&드래그하면 삼각형이 반으로 나뉘집니다. 오른쪽으로 쭉 이동하여 '0/255'가 되면 ❸[OK]를 클릭합니다.

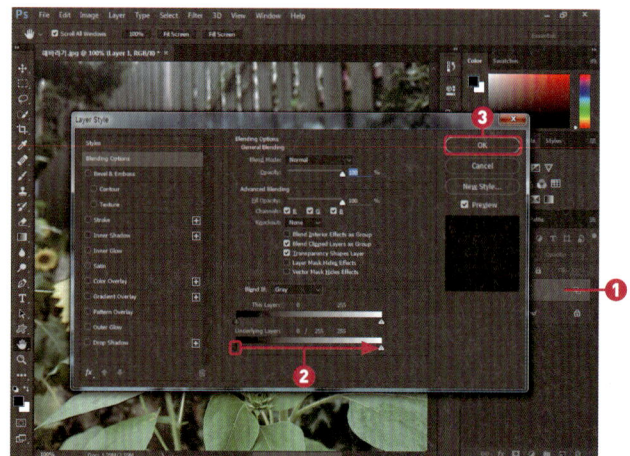

05 레이어로 병합하기

❶ Alt + Shift + Ctrl + E 를 눌러 현재 상태를 새 레이어로 병합합니다. ❷[Filter]-[Filter Gallery] 메뉴를 클릭합니다.

06 [Rough Pastels] 필터 적용하기

❶ Ctrl 을 눌러 [Cancel] 버튼이 [Default]로 바뀔 때 클릭합니다. 대화상자의 모든 옵션 설정이 기본 설정으로 바뀝니다. ❷ [Artistic (예술 효과)]-[Rough Pastels(거친 파스텔 효과)]를 클릭합니다. ❸ [OK]를 클릭합니다.

07 블렌드 모드 설정, 병합하기

❶ [Rough Pastels] 필터를 적용한 레이어의 블렌드 모드를 [Multiply(곱하기)]로 설정합니다. ❷ Alt + Shift + Ctrl + E 를 눌러 현재 상태를 새 레이어로 병합합니다.

08 Colored Pencil 필터 적용하기

❶ [Filter]-[Filter Gallery] 메뉴를 클릭하고 ❷ [Artistic(예술 효과)]-[Colored Pencil(색연필)]을 클릭합니다. ❸ [Pencil Width]를 '3', [Stroke Pressure]는 '10', [Paper Brightness]를 '50'으로 설정하고 ❹ [OK]를 클릭합니다.

09 클립보드로 복사하기

❶ [Opacity(불투명도)]를 '70%'로 설정합니다. ❷ Ctrl + A 를 눌러 전체 영역을 선택 영역으로 만듭니다. ❸ [Edit]-[Copy Merged] 메뉴를 클릭하여 클립보드로 복사합니다. ❹ '연필 스케치 효과.psd' 파일을 불러옵니다.

10 붙여넣기, 순서 변경하기

❶ Ctrl + V 를 눌러 클립보드로 복사한 이미지를 붙여 넣습니다. ❷ [Layers] 패널에서 'Layer 2' 레이어를 클릭&드래그해 레이어 순서를 'Group 1' 그룹의 아래로 변경합니다. ❸ Shift + Ctrl + S 를 눌러 현재 상태를 저장합니다.

11 연필로 스케치한 이미지 만들기

❶ [Layer]-[Flatten Image] 메뉴를 클릭합니다. ❷ [Adjustments] 패널에서 [Vibrance](▽)를 클릭합니다. ❸ [Saturation]을 '-100'으로 설정합니다. 연필로 스케치한 느낌의 이미지가 만들어졌습니다.

그룹을 만들어 레이어 정리하기

작업하는 레이어가 많을 경우 그룹을 만들어 레이어를 정리할 수 있습니다. 그룹에는 모든 종류의 레이어를 넣거나 꺼낼 수 있으며, 그룹 안에 또 다른 그룹을 만들 수도 있습니다. 또한 그룹의 크기를 조절하면 소속되어 있는 레이어도 함께 조절됩니다.

■ **새 그룹 만들기**
- [Layer]-[New]-[Group] 메뉴를 클릭하거나, [Layers] 패널의 [Create a new group](■)를 클릭하면 새 그룹이 만들어집니다.
- 레이어를 선택한 상태로 [Layer]-[Group Layers] 메뉴(Ctrl+G)를 클릭합니다. 선택한 레이어가 새 그룹에 넣어진 상태로 만들어집니다.

■ **그룹 안에 레이어를 넣거나 꺼내기**
- 선택한 레이어를 클릭한 채 그룹으로 드래그 합니다. 그룹 주변으로 사각형이 나타나면 버튼에서 손을 뗍니다. 선택한 레이어가 해당 그룹으로 넣어집니다. 그룹 내의 레이어를 밖으로 꺼낼 때도 같은 방법으로 클릭&드래그하면 됩니다.
- 그룹 아이콘 앞의 삼각형을 클릭하여 해당 그룹에 소속된 레이어 목록을 나타내거나 숨길 수 있습니다.

■ **그룹 해제하기** : [Layer]-[Ungroup Layers] 메뉴(Shift+Ctrl+G)를 클릭하면 그룹이 해제됩니다.
■ **그룹 삭제하기** : 레이어를 삭제하는 방법과 같은 방법을 실행하면 됩니다. 그룹 내의 레이어도 함께 삭제되므로 주의합니다.

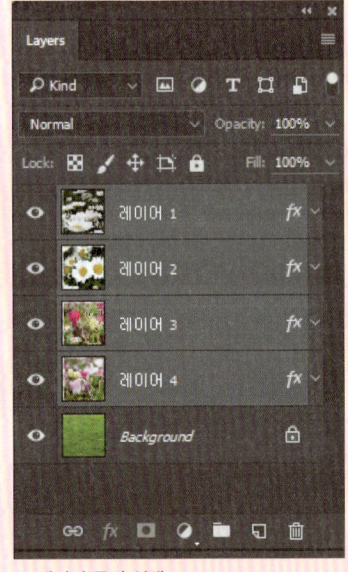

▲ 레이어 동시 선택

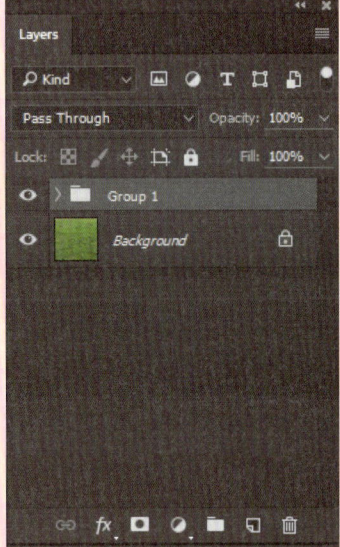

▲ [Layer]-[Group Layers] 메뉴를 클릭한 모습

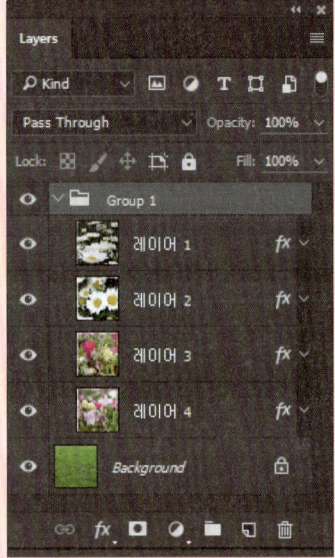

▲ 그룹을 펼친 모습

Project

회사 실무에 힘을 주는 프로젝트 실습

Part 01에서 Part 04까지 학습한 포토샵의 기능들을 활용하여
폴라로이드 사진, 퍼즐 조각 이미지, 필름 이미지, 나무 액자,
찢어진 사진 효과, 수채화 채색 효과, 잉크에 번진 글자 효과,
편지 봉투 등의 완성작들을 만들어 봅니다.

Project 01

레이어 스타일로 폴라로이드가 겹쳐진 사진 만들기

그림자 효과와 선 효과를 적용하여 폴라로이드 사진을 만든 후 여러 사진이 겹쳐져 하나의 사진과 같이 표현된 이미지를 제작합니다.

● 예제 파일 | Project\차 한잔.jpg   ● 완성 파일 | Project\차 한잔(완성).psd

01 선택 영역 지정하기

❶ [Rectangular Marquee Tool](□)을 선택합니다.
❷ 옵션 바에서 [Style(스타일)]을 'Fixed Size(크기 고정)'로 설정, [Width(폭)]에 '220 px', [Height(높이)]에 '250 px'를 입력합니다.
❸ 캔버스에 클릭하여 선택 영역을 지정합니다.

02 선택 영역에 색 채우기

❶ [Create a new layer](□)를 클릭하여 새 레이어를 만듭니다.
❷ Alt + Delete 를 눌러 선택 영역에 색을 채웁니다.
❸ [Select(선택)]-[Deselect(선택 해제)] 메뉴 (Ctrl + D)를 클릭하여 선택을 해제합니다.

03 선 적용하기

❶ [Layer(레이어)]-[Layer Style(레이어 스타일)]-[Stroke(선)] 메뉴를 클릭합니다.
❷ [Size(크기)]에 '5'를 입력하고 [Position(위치)]을 'Inside(안쪽)'로 설정합니다.
❸ 색상자를 'FFFFFF'으로 설정합니다.

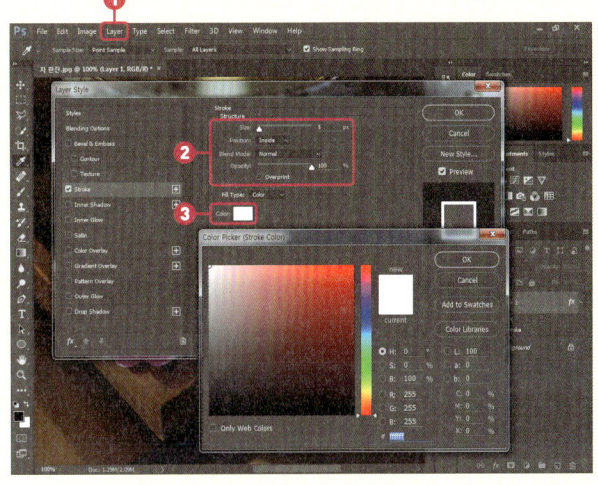

04 그림자 효과 적용하기

❶ [Drop Shadow(그림자 효과)]를 클릭합니다.
❷ [Distance(거리)]에 '0'을 입력하고 [Size]를 '5'로 입력합니다.
❸ [OK]를 클릭합니다. 레이어에 선과 그림자 효과가 적용됩니다.

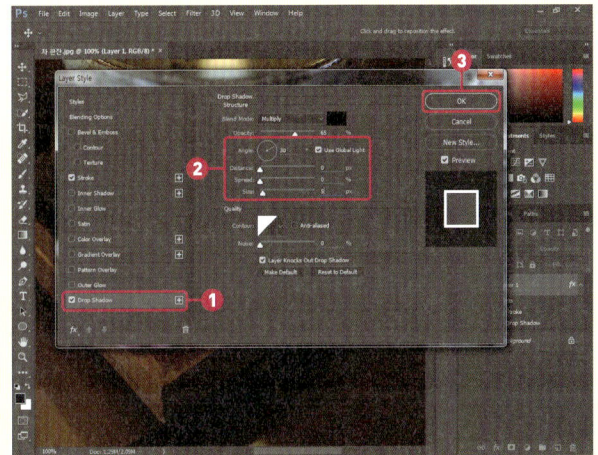

05 레이어 복사, 위치 이동

❶ Ctrl + J 를 여러 번 눌러 레이어를 여러 개 복사합니다.
❷ [Move Tool](✥)을 선택합니다.
❸ [Layers] 패널에서 각 레이어를 선택하고 클릭&드래그해 위치를 이동합니다.

> **Point**
> 레이어 이름 오른쪽의 ▼를 클릭하면 적용된 레이어 스타일 목록이 숨겨집니다.

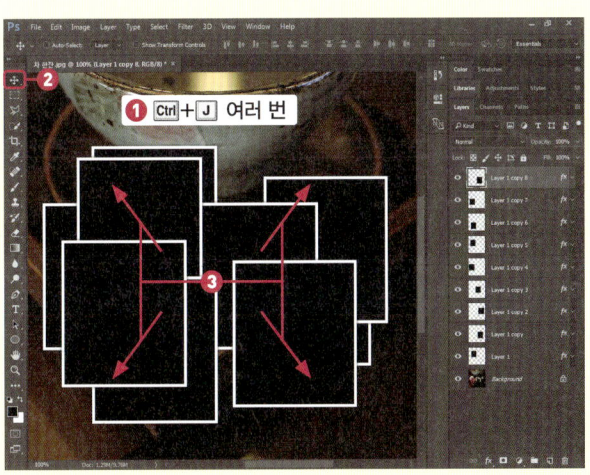

Project 회사 실무에 힘을 주는 프로젝트 실습

06 각 레이어 회전하기

① [Move Tool](♦)을 선택하고 옵션 바에서 [Show Transform Controls]를 체크합니다. 모서리 바깥쪽에 마우스를 가져가 클릭&드래그 해 회전합니다. 다른 레이어도 회전합니다.

> **Point**
> 커서가 꺾은 화살표 모양(↻)으로 바뀌면 클릭한 채 드래그 합니다.

07 레이어 복사, 순서 변경하기

① 'Background(배경)' 레이어를 선택합니다.
② Ctrl + J 를 눌러 복사합니다.
③ 복사된 레이어를 클릭한 채 'Layer 1' 레이어와 'Layer 1 copy' 레이어 사이로 드래그 합니다. 누적 순서가 변경됩니다.

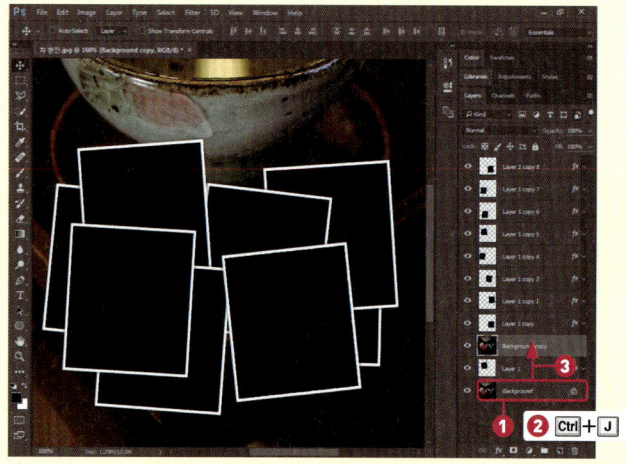

08 클리핑 마스크 만들기

① 'Background copy' 레이어와 'Layer 1' 레이어 사이에 마우스를 위치시켜 Alt 를 누르고 커서 모양이 바뀔 때(↓□) 클릭합니다. 클리핑 마스크가 만들어져 해당 레이어에 배경 이미지가 나타납니다.

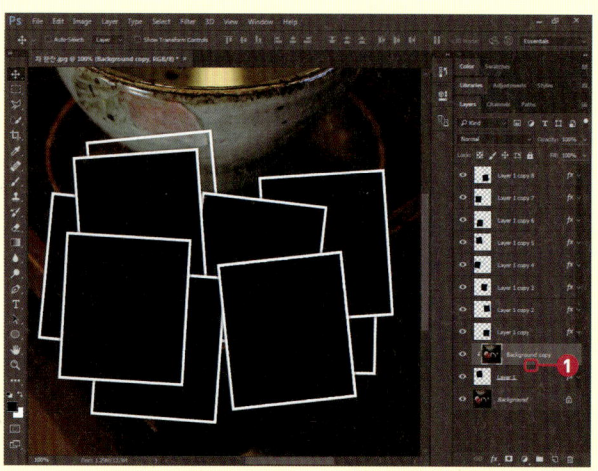

09 클리핑 마스크 만들기

① Ctrl + J 를 눌러 레이어를 복사합니다.
② 'Layer 1 copy 2' 레이어와 'Layer 1 copy' 레이어 사이로 순서를 변경합니다.
③ 'Background copy 2' 레이어와 'Layer 1 copy' 레이어 사이에 마우스를 위치시켜 Alt 를 누르고 클릭합니다.

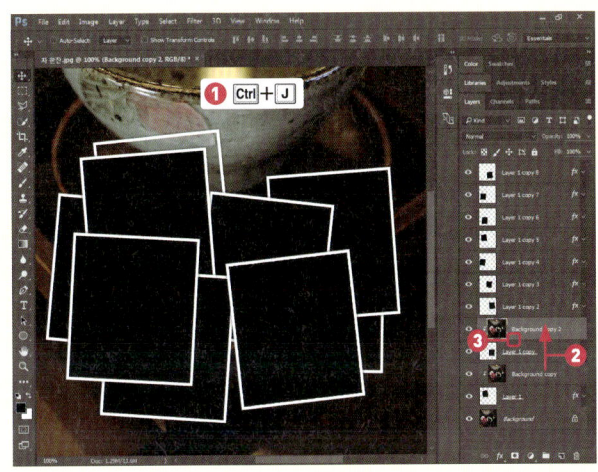

10 클리핑 마스크 만들기

① Ctrl + J 를 눌러 레이어를 복사합니다.
② 'Layer 1 copy 3' 레이어와 'Layer 1 copy 2' 레이어 사이로 순서를 변경합니다.
③ 'Background copy 3' 레이어와 'Layer 1 copy 2' 레이어 사이에 마우스를 위치시켜 Alt 를 누르고 클릭합니다.

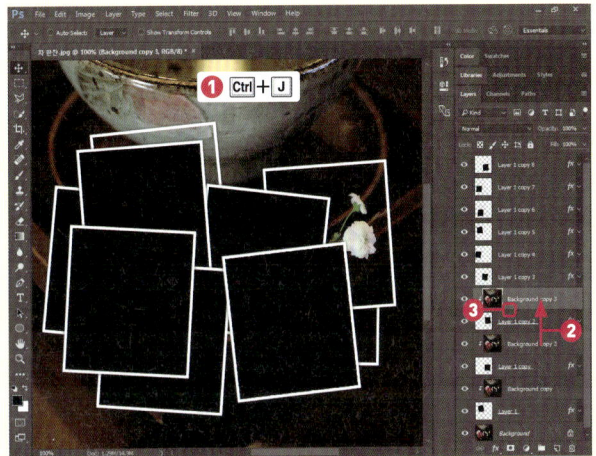

11 마무리 작업하기

① 앞의 과정을 참고하여 레이어를 복사하고 순서를 변경한 후 클리핑 마스크를 만들어 그림과 같이 만듭니다.

Project 02

레이어 스타일 적용하여 나무 액자 만들기

나무 재질의 사진 이미지들을 가져와 편집한 후 레이어 스타일의 엠보스 효과를 적용하여 나무 액자를 제작합니다.

◉ 예제 파일 | Project\나무 액자.psd, 나무 소스1~3.jpg, 액자 사진1~2.jpg
◉ 완성 파일 | Project\나무 액자(완성1~3).psd

01 파일을 레이어로 가져오기

❶ '나무 액자.psd'를 불러옵니다.
❷ 'Layer 1' 레이어를 선택합니다.
❸ [File]-[Place Embedded] 메뉴를 클릭하여 예제 파일 '나무 소스1.jpg'를 불러옵니다.
❹ ✔를 클릭하여 완료합니다.

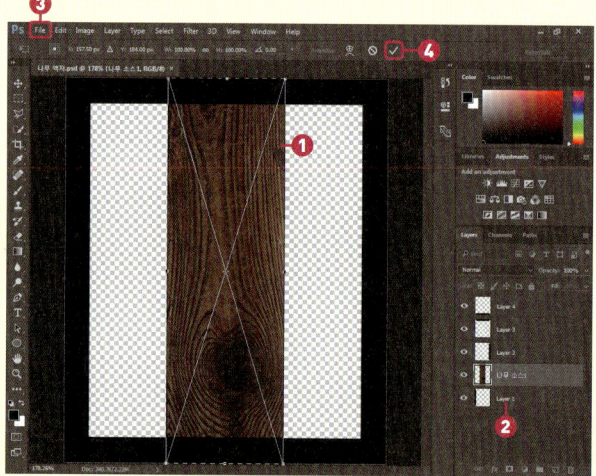

02 클리핑 마스크 만들기

❶ 'Layer 1' 레이어와 '나무 소스1' 레이어 사이에 마우스를 위치시켜 Alt 를 누르고 커서 모양이 바뀔 때(↓□) 클릭합니다. 클리핑 마스크가 만들어져 해당 레이어의 영역에만 나무 소스 이미지가 나타납니다.

03 레이어 복사, 클리핑 마스크 만들기

① Ctrl + J 를 눌러 레이어를 복사합니다.

② 레이어 순서를 'Layer 2' 레이어의 상위로 변경합니다.

③ 'Layer 2' 레이어와 '나무 소스1 copy' 레이어를 클리핑 마스크로 만듭니다.

04 레이어 복사, 클리핑 마스크 만들기

① 따라하기 1번~3번 과정을 참고하여 'Layer 3' 레이어와 'Layer 4' 레이어의 영역에 '나무 소스2.jpg' 파일의 이미지가 나타나도록 클리핑 마스크를 만듭니다.

② 'Layer 4' 레이어의 섬네일을 더블클릭합니다.

05 레이어 복사, 위치 이동하기

① [Bevel & Emboss(경사와 엠보스)]를 클릭합니다.

② 각 항목을 설정합니다.

③ [OK]를 클릭합니다.

- Style(스타일): Inner Bevel(내부 경사), Technique(기법): Smooth(매끄럽게), Depth(깊이): 500, Direction(방향): Up(위로), Size(크기): 4, Soften(부드럽게): 0, Angle(각도): 130, Altitude(높이): 30, Highlight Mode(밝은 영역 모드): Screen(스크린) Opacity(불투명도): 100, Shadow Mode(그림자 모드): Multiply(곱하기), Opacity: 100

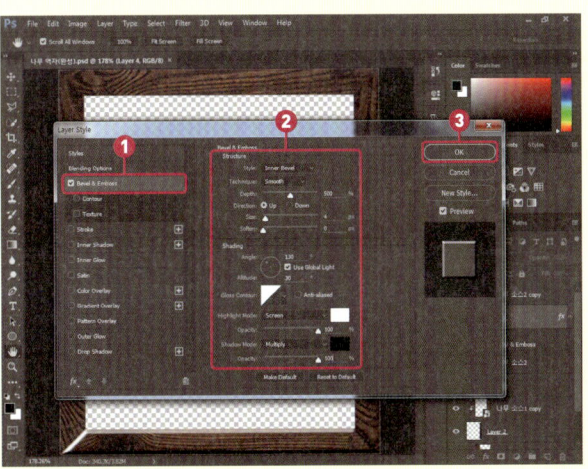

06 레이어 스타일 저장하기

❶ 레이어 스타일이 적용되었습니다. [Layer(레이어)]-[Layer Style(레이어 스타일)]-[Copy Layer Style(레이어 스타일 복사)] 메뉴를 클릭합니다. 적용된 레이어 스타일이 임시로 저장됩니다.

> **Point**
> [Layers(레이어)] 패널에서 'Layer 4' 레이어에 마우스 오른쪽 버튼을 눌러 [Copy Layer Style] 메뉴를 클릭해도 됩니다.

07 레이어 스타일 붙여 넣기

❶ 'Layer 3', 'Layer 2', 'Layer 1' 레이어를 선택합니다.

❷ [Layer]-[Layer Style]-[Paste Layer Style(레이어 스타일 붙여넣기)] 메뉴를 클릭합니다. 저장한 레이어 스타일이 선택한 레이어에 적용됩니다.

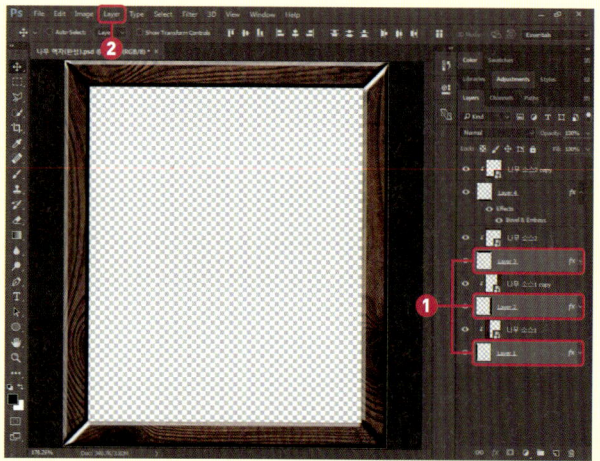

08 전체 영역 클립보드로 복사하기

❶ Ctrl + A 를 눌러 캔버스 전체를 선택 영역으로 지정합니다.

❷ Shift + Ctrl + C 를 눌러 클립보드로 복사합니다.

❸ 현재 상태를 '나무 액자(완성1).psd' 파일로 저장합니다.

> **Point**
> Shift + Ctrl + C 는 [Edit(편집)]-[Copy Merged(병합하여 복사)] 메뉴의 단축키로, 레이어 병합 이미지(화면에 나타나는 이미지)를 클립보드로 복사하는 메뉴입니다.

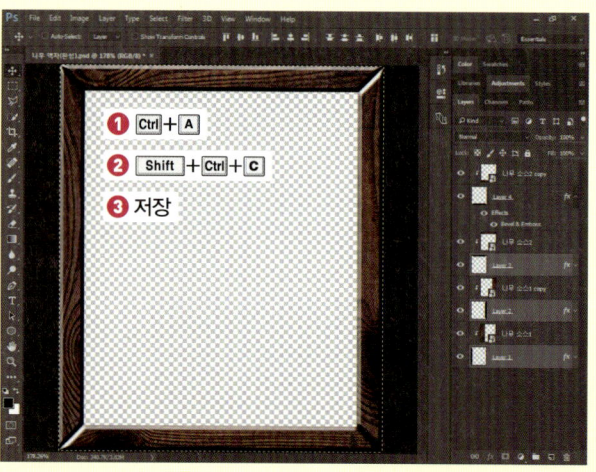

09 이미지 붙여넣기

❶ '나무 소스3.jpg'를 불러옵니다. ❷ Ctrl + V 를 두 번 눌러 복사한 이미지를 두 개 붙여 넣습니다.

❸ [Move Tool](이동 도구)을 클릭합니다.

❹ 위치를 이동합니다.

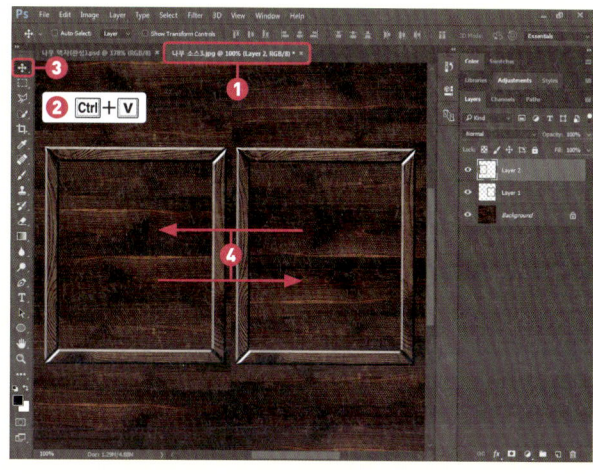

10 그림자 효과 적용하기

❶ 'Layer 2' 레이어의 썸네일을 더블클릭합니다.

❷ [Drop Shadow(그림자 효과)]를 클릭합니다.

❸ 각 항목을 설정합니다.

❹ [OK]를 클릭합니다.

- Blend Mood: Multiply, Opacity: 75, Angle: 130, 체크, Distance(거리): 5, Spread(스프레드): 0, Size: 5

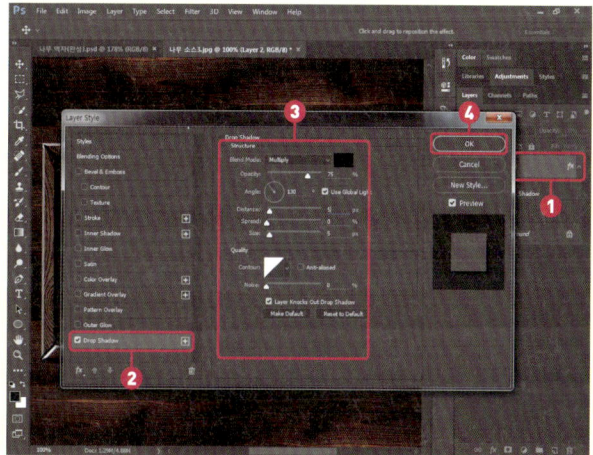

11 레이어 스타일 복사하기

❶ 그림자 효과가 적용되었습니다. 'Layer 2' 레이어의 fx 아이콘을 Alt 를 누르고 클릭한 채 'Layer 1' 레이어로 드래그 합니다. 레이어 스타일이 'Layer 1' 레이어로 복사됩니다.

12 파일을 레이어로 가져오기

❶ [File(파일)]-[Place Embedded] 메뉴를 클릭하여 예제 파일 '액자 사진1.jpg'를 불러옵니다.

❷ 클릭&드래그해 위치를 이동합니다.

❸ ✓를 클릭하여 완료합니다.

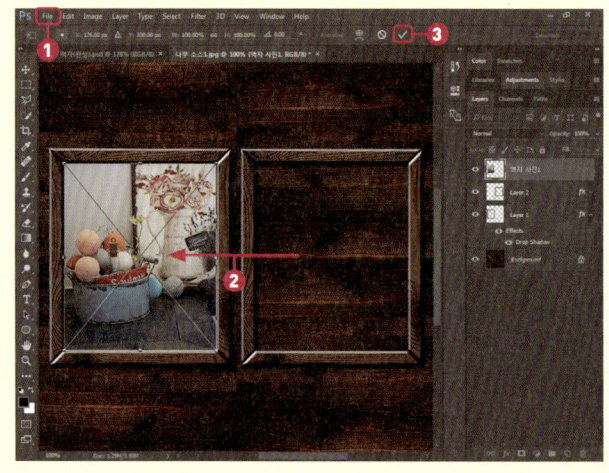

13 파일을 레이어로 가져오기

❶ 같은 방법으로 '액자 사진2.jpg' 파일을 레이어로 가져와 위치를 이동합니다.

❷ ✓를 클릭하여 완료합니다. 현재 상태를 '나무 액자(완성2).psd' 파일로 저장합니다.

14 조명 효과 필터 적용하기

❶ Shift + Ctrl + E 를 눌러 보이는 레이어를 모두 병합합니다.

❷ [Filter(필터)]-[Render(렌더)]-[Lighting Effects(조명 효과)] 메뉴를 클릭합니다.

❸ [Presets(사전 설정)]를 'Crossing Down(아래로 내리기)'으로 설정합니다.

❹ [OK]를 클릭합니다.

Point

Shift + Ctrl + E 는 보이는 모든 레이어를 하나로 병합하는 [Layer(레이어)]-[Merge Visible] 메뉴의 단축키입니다.

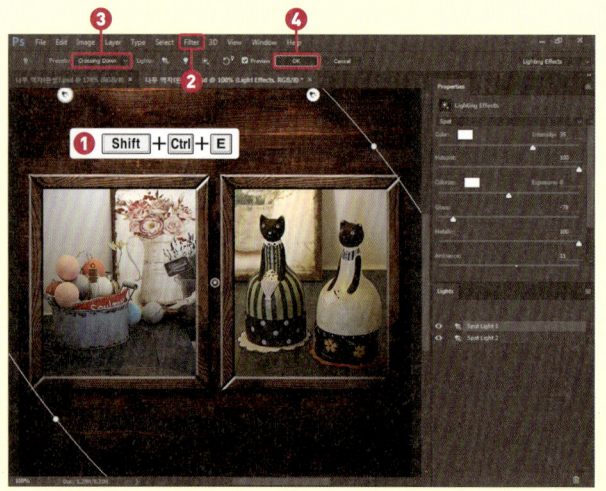

15 적용된 모습 확인하기

❶ [Lighting Effects] 필터가 적용되었습니다.
'나무 액자(완성3).psd' 파일로 저장합니다.

Level UP

레이어의 일부분을 오리거나 복사하여 새 레이어로 만들기

레이어의 일부분을 선택 영역으로 설정한 후 오리거나 복사해서 새 레이어로 만들 수 있습니다. 이 작업은 선택한 레이어 내에서만 이루어지며, 선택 영역 내에 선택하지 않은 다른 레이어가 존재하더라도 선택한 레이어만 오리거나 복사합니다.

❶ [Layers] 패널에서 레이어를 선택합니다. ❷ 오리거나 복사하려는 이미지를 선택 영역으로 설정합니다. ❸ [Layer]-[New] 메뉴를 클릭하고 나타나는 메뉴 중 하나를 클릭합니다.

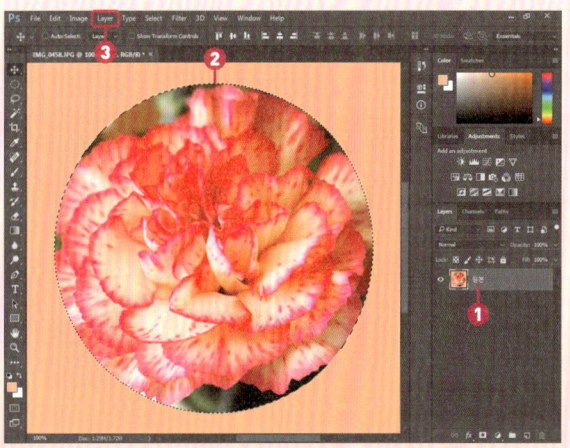

- Layer Via Copy(Ctrl+J) : 선택 영역의 이미지를 새 레이어로 복사합니다.
- Layer Via Cut(Shift+Ctrl+J) : 선택 영역의 이미지를 선택한 레이어에서 오려낸 후 새 레이어로 만듭니다.

Point 두 개 이상의 레이어를 선택한 경우에는 명령이 정상적으로 실행되지 않습니다.

▲ 선택한 레이어

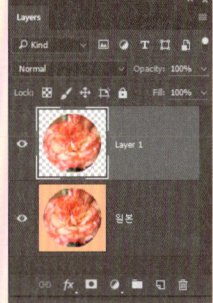
▲ Layer Via Copy 실행 (복사됨)

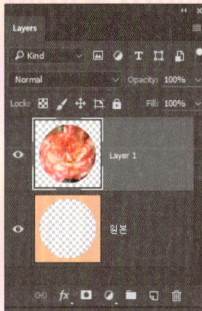
▲ Layer Via Cut 실행 (오려짐)

Project 03 원근 변형하여 접힌 사진 효과 만들기

[Edit]–[Transform] 메뉴의 변형 메뉴들 중 [Perspective] 메뉴는 원근감을 유지하며 레이어를 변형하는 메뉴입니다. 접힌 사진처럼 변형합니다.

● 예제 파일 | Project\접힌 종이.psd, 너의 사진.jpg   ● 완성 파일 | Project\접힌 종이(완성).psd

01 안내선 표시하기

❶ '접힌 종이.psd' 파일을 불러옵니다.
❷ [View]–[Show(표시)]–[Guides(안내선)] 메뉴(Ctrl + ;)를 클릭하여 안내선을 나타냅니다.
❸ [File]–[Place Embedded] 메뉴를 클릭하여 '너의 사진.jpg'를 불러옵니다.

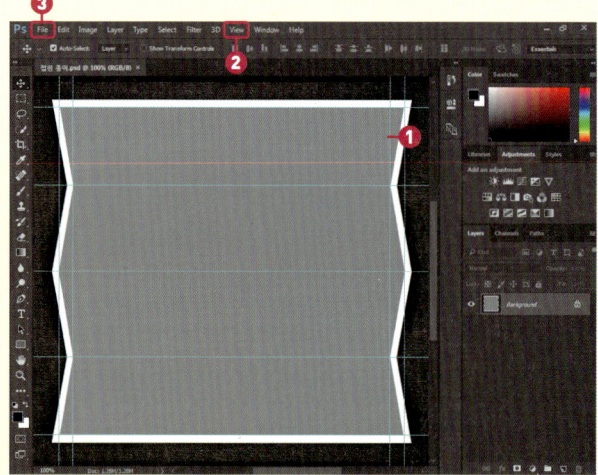

02 위치 설정하기

❶ 옵션 바의 ▦에서 왼쪽 모서리를 클릭하여 ▦로 설정합니다.
❷ [X]는 '50', [Y]를 '43'으로 설정합니다.
❸ ✓를 클릭합니다.

03 일반 레이어로 변환하기

① '너의 사진' 레이어에 마우스 오른쪽 버튼을 누른 후 [Rasterize Layer] 메뉴를 클릭합니다. 일반 레이어로 변환됩니다.

04 오려서 새 레이어 만들기

① [Rectangular Marquee Tool](▭)을 선택합니다.
② 안내선을 참고하여 직사각형 선택 영역을 지정합니다.
③ [Layer]-[New(새로 만들기)]-[Layer Via Cut(오린 레이어)] 메뉴를 클릭합니다.

05 오려서 새 레이어 만들기

① 선택 영역의 이미지가 '너의 사진' 레이어에서 오려지고 새 레이어로 만들어집니다.
② '너의 사진' 레이어를 선택합니다.
③ [Rectangular Marquee Tool](▭)로 ④ 직사각형 선택 영역을 지정합니다.
⑤ Shift + Ctrl + J 를 누릅니다.

06 오려서 새 레이어 만들기

❶ 마찬가지로 오려지면서 새 레이어로 만들어집니다.
❷ '너의 사진' 레이어를 선택합니다.
❸ 같은 방법으로 한 번 더 오려서 새 레이어로 만듭니다.

> **Point**
> 만들어진 레이어가 잘 보이도록 썸네일 크기를 조절하였습니다.

07 원근 변형하기

❶ 'Layer 1' 레이어를 선택합니다.
❷ [Edit]-[Transform(변형)]-[Perspective(원근)] 메뉴를 클릭합니다.
❸ 왼쪽 아래 모서리의 조절점을 클릭&드래그하여 안쪽으로 가져갑니다. 양쪽 조절점이 안쪽으로 이동되면서 변형됩니다.

08 원근 변형하기

❶ 기존의 이미지에 있는 회색 영역을 현재 레이어 이미지로 덮을 수 있도록 안내선까지 조절점을 가져갑니다.
❷ ✓를 클릭합니다.

> **Point**
> 화면을 확대하여 정확하게 조절하도록 합니다.

09 원근 변형하기

❶ 'Layer 2' 레이어를 선택합니다.
❷ [Edit]-[Transform]-[Perspective] 메뉴를 클릭합니다.
❸ 조절점을 클릭&드래그하여 안내선까지 가져갑니다.
❹ ✓를 클릭합니다.

10 원근 변형하기

❶ 같은 방법으로 'Layer 3', '너의 사진' 레이어도 [Perspective] 메뉴로 변형하여 그림과 같이 만듭니다.
❷ 'Layer 1' 레이어를 선택합니다.
❸ [Image]-[Adjustments]-[Brightness/Contrast(명도/대비)] 메뉴를 클릭합니다.

> **Point**
> [Edit]-[Transform]-[Distort] 메뉴로도 같은 모양으로 변형 할 수 있지만 양쪽 조절점을 따로 조절해야 합니다.

11 어둡게 보정하기

❶ [Use Legacy]에 체크합니다.
❷ [Brightness]를 '-30'으로 설정합니다.
❸ [OK]를 클릭합니다.
❹ 이미지가 어두워집니다. 이 과정을 'Layer 3' 레이어에도 실행하여 어둡게 보정합니다.

> **Point**
> [Use Legacy]에 먼저 체크한 후 설정해야 합니다.

Project 회사 실무에 힘을 주는 프로젝트 실습 **247**

12 밝게 보정하기

❶ 'Layer 2' 레이어를 선택합니다.
❷ [Image]-[Adjustments]-[Brightness/Contrast] 메뉴를 클릭합니다.
❸ [Use Legacy]에 체크합니다.
❹ [Brightness]를 '30'으로 설정합니다.
❺ [OK]를 클릭합니다.

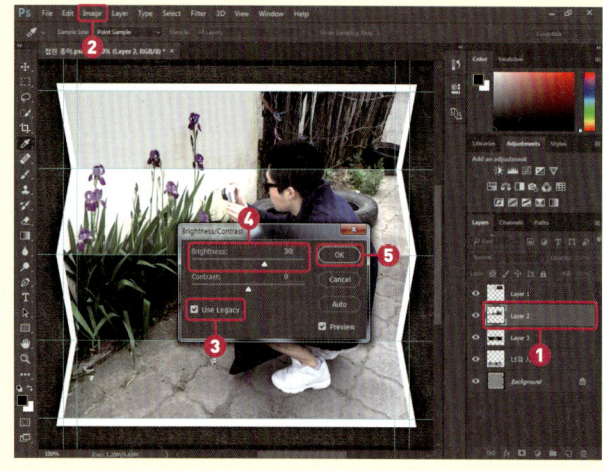

13 완성

❶ 이미지가 밝아집니다. 12번 과정을 '너의 사진' 레이어에도 실행하여 밝게 보정합니다.

Project 04 레이어 스타일로 아쿠아 느낌의 글자 만들기

[Layer Style] 대화상자의 다양한 레이어 스타일 효과들을 이용하여 아쿠아 느낌이 나는 글자를 만듭니다. 적용된 레이어 스타일은 간단하게 다른 레이어에도 동일하게 적용시킬 수 있습니다.

◎ 예제 파일 | Project\아쿠아.jpg   ◎ 완성 파일 | Project\아쿠아(완성).psd

01 글자 입력하기

❶ '아쿠아.jpg' 파일을 불러옵니다.
❷ [Horizontal Type Tool](T)을 선택합니다.
❸ 글자를 입력합니다.
❹ 글자체와 글자 크기 등의 서식은 자유롭게 설정합니다.
❺ [Layers]-[Layer Style]-[Bevel & Emboss] 메뉴를 클릭합니다.

Point
예제에서는 글자체를 '초코캔디', 글자 크기를 '300pt'으로 설정하였습니다.

02 [Bevel & Emboss] 적용하기

❶ [Style]을 'Inner Bevel', [Technique]를 'Smooth', [Depth]를 '500', [Direction]을 'Up', [Size]를 '30', [Soften]을 '16', [Angle]을 '140', [Altitude]를 '30', [Highlight Mode]의 [Opacity]를 '100', [Shadow Mode]를 'Screen', 색상을 '#6e96fa', [Opacity]를 '100'으로 설정합니다.

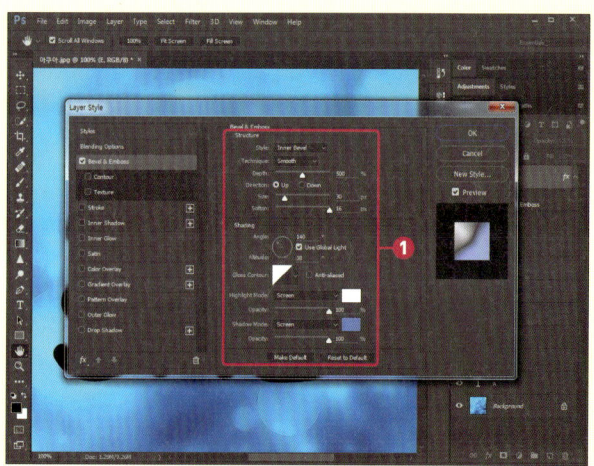

03 [Contour] 적용하기

❶ [Contour]를 클릭합니다.
❷ [Anti-aliased]를 체크 표시합니다. [Range]를 '100'으로 설정합니다. [Contour]를 'Half Round'로 설정합니다.

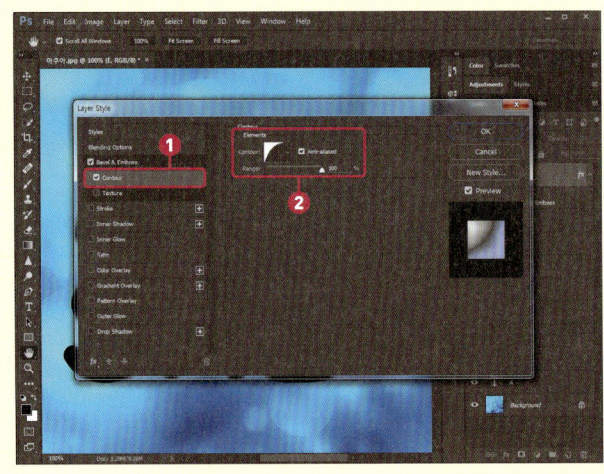

04 [Stroke] 적용하기

❶ [Stroke]를 클릭합니다.
❷ [Size]를 '3', [Position]을 'Inside', [Blend Mode]를 'Soft Light'로 설정합니다. [Opacity]를 '100'으로 설정합니다. 색상은 흰색으로 설정합니다.

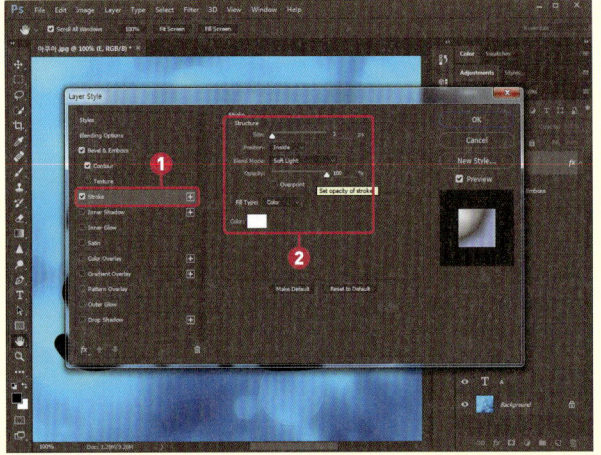

05 [Drop Shadow] 적용하기

❶ [Drop Shadow]를 클릭합니다.
❷ [Blend Mode]를 'Multiply'로 설정하고 색상을 '#5ea7e0'로 설정합니다. [Opacity]를 '75', [Distance]를 '10', [Spread]를 '0', [Size]를 '10'으로 설정합니다. [OK]를 클릭합니다.

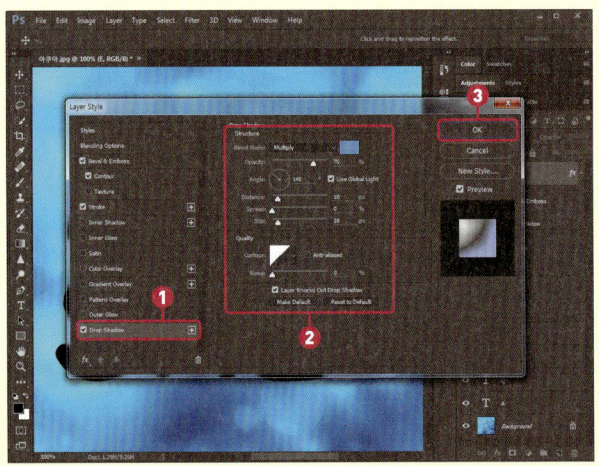

06 [Fill] 설정하기

❶ 레이어 스타일이 적용되었습니다. [Layers] 패널에서 [Fill]을 '0%'로 설정합니다.

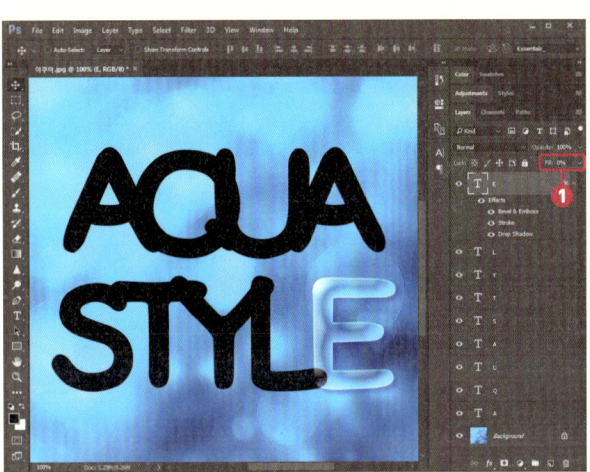

> **Point**
> 만들어진 레이어가 잘 보이도록 썸네일 크기를 조절하였습니다.

07 레이어 스타일 복사하기

❶ [Layer]-[Layer Style]-[Copy Layer Style] 메뉴를 클릭합니다. 선택한 레이어에 적용되어 있는 레이어 스타일이 복사됩니다.

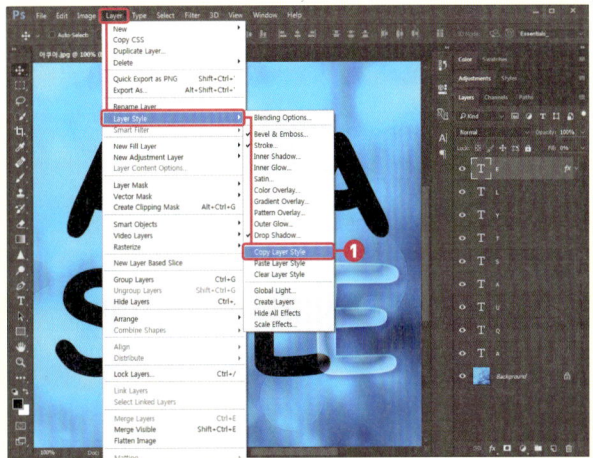

08 레이어 스타일 붙여넣기

❶ 레이어 스타일이 적용되어 있지 않은 레이어들(배경 레이어 제외)을 모두 선택합니다.
❷ [Layer]-[Layer Style]-[Paste Layer Style] 메뉴를 클릭합니다. 복사한 레이어 스타일이 적용됩니다.

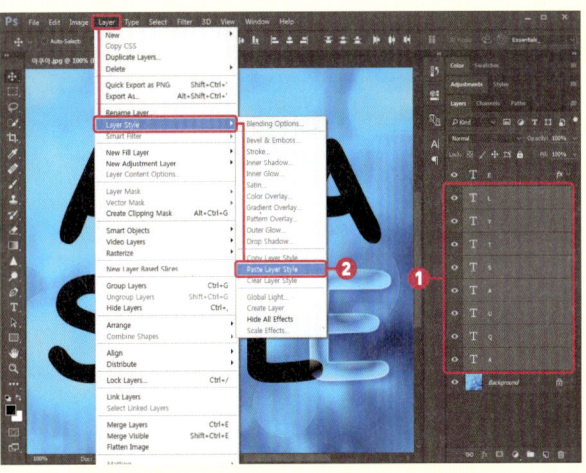

Project 회사 실무에 힘을 주는 프로젝트 실습 **251**

09 완성

❶ [Layers] 패널에서 레이어의 ▼를 클릭하면 해당 레이어에 적용되어 있는 레이어 스타일의 목록이 숨겨집니다.

Level UP

레이어 스타일이 적용된 레이어 살펴보기

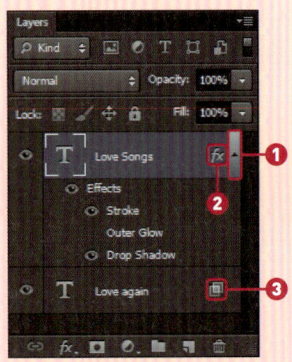

❶ 적용된 스타일 목록입니다. ▼를 클릭하여 목록을 숨기거나 나타낼 수 있습니다. 눈 아이콘(👁)을 클릭하여 스타일 적용을 활성화하거나 비활성화 할 수 있습니다.

❷ fx : 레이어 스타일이 적용된 레이어에 나타나는 아이콘입니다. 마우스 오른쪽 버튼을 누르면 숨겨진 메뉴가 나타납니다.

- **Copy Layer Style(레이어 스타일 복사)** : 선택한 레이어에 적용된 레이어 스타일을 복사합니다.
- **Paste Layer Style(레이어 스타일 붙여넣기)** : 복사한 레이어 스타일을 선택한 레이어에 붙여 넣습니다.
- **Clear Layer Style(레이어 스타일 지우기)** : 선택한 레이어에 적용된 레이어 스타일을 지워 초기 상태로 만듭니다. 이 명령은 블렌드 모드, 불투명도(Opacity), 칠(Fill), 고급 혼합(Advanced Blending) 등의 설정도 모두 초기화합니다.
- **Global Light(전체 조명)** : 그림자, 광선, 엠보스 효과 등에 적용되는 빛이 들어오는 각도를 재설정합니다.
- **Create Layer(레이어 만들기)** : 각 레이어 스타일을 일반 레이어로 변환합니다.
- **Hide All Effects(모든 효과 숨기기)** : 현재 적용되어 있는 레이어 스타일을 모두 보이지 않게 설정합니다. [Show All Effects]를 선택하면 다시 레이어 스타일을 모두 보이게 설정합니다.
- **Scale Effects(효과 비율 조정)** : 적용되어 있는 레이어 스타일의 크기를 설정합니다.

❸ ▣ : [Advanced Blending(고급 혼합)]가 적용된 레이어에 나타나는 아이콘입니다.

Project 05

브러시로 타이틀 배경 이미지 만들기

[Brush Tool]만으로 타이틀 배경 이미지를 제작합니다. [Brushes] 패널의 설정에 따라 브러시를 다양하게 활용할 수 있습니다.

● 예제 파일 | Project\Starlight.jpg   ● 완성 파일 | Project\Starlight(완성).psd

01 브러시 불러오기

① 'Starlight.jpg'를 불러옵니다.
② [Brush Tool]을 선택합니다.
③ ▼를 클릭합니다.
④ ✦를 클릭합니다.
⑤ [Assorted Brushes] 메뉴를 클릭합니다.

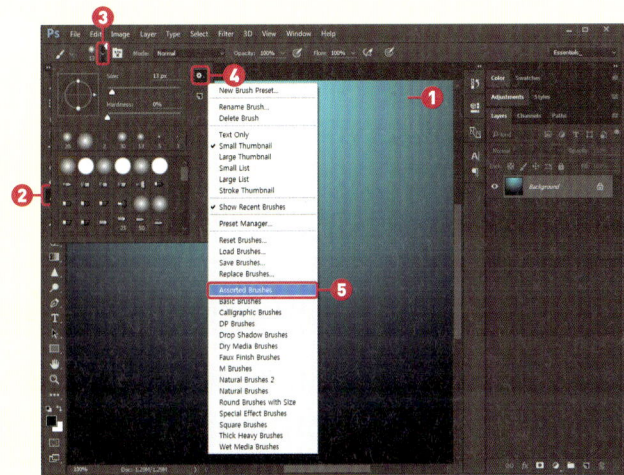

02 브러시 선택하기

① 불러와진 브러시 중에서 'Star-Large' 브러시를 선택합니다.
② ⬚를 클릭합니다.
③ ↔를 클릭합니다. 전경색을 흰색으로 설정합니다.

03 [Brush Tip Shape] 설정하기

❶ 를 클릭하여 [Brushes] 패널을 펼칩니다.
❷ [Spacing]을 '500%'로 설정합니다.

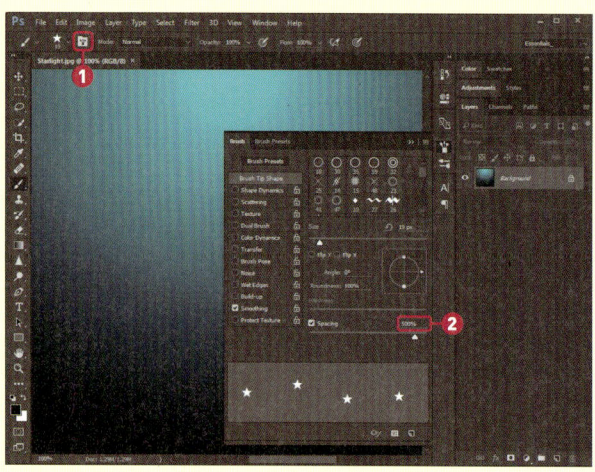

04 [Shape Dynamics] 설정하기

❶ [Shape Dynamics]를 클릭합니다.
❷ [Size Jitter]와 [Angle Jitter]를 '100%'로 설정합니다.

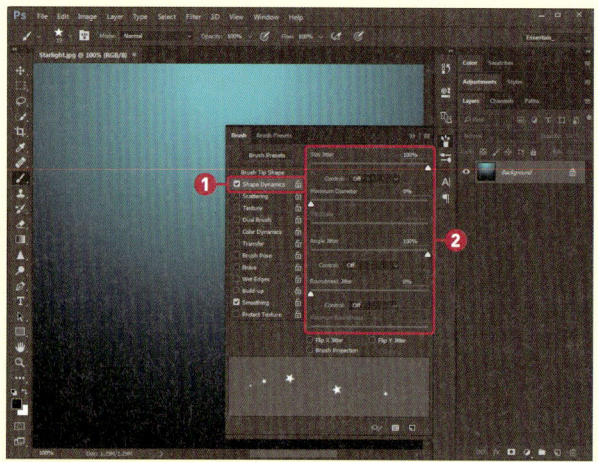

05 [Scattering] 설정하기

❶ [Scattering]를 클릭합니다.
❷ [Scatter]를 '1000%', [Count]를 '1', [Count Jitter]를 '100%'로 설정합니다.

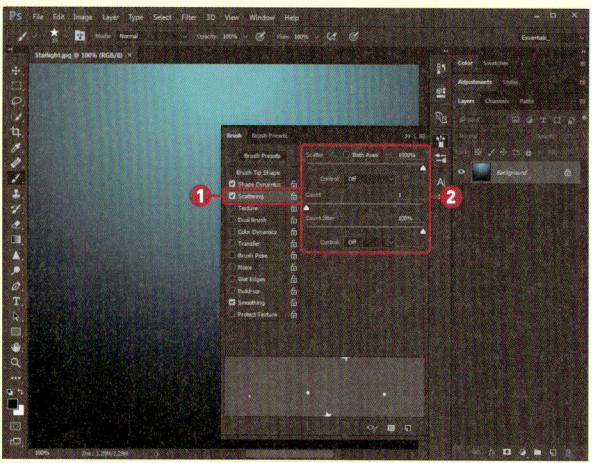

06 [Transfer] 설정하기

❶ [Transfer]를 클릭합니다.
❷ [Opacity Jitter]를 '100%', [Flow Jitter]를 '100%'로 설정합니다.

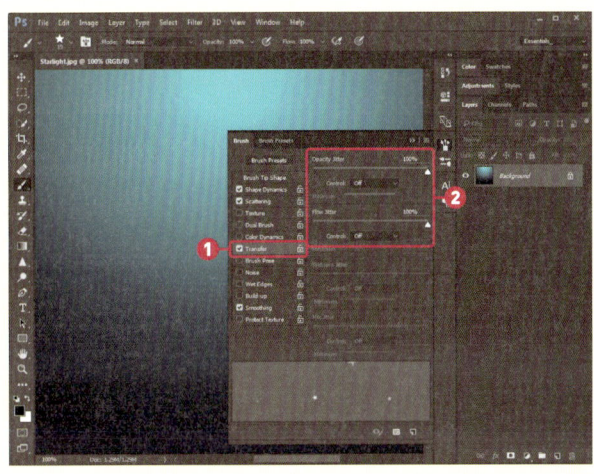

07 브러시 찍기

❶ 새 레이어를 만듭니다.
❷ 캔버스에 클릭하거나 클릭&드래그 합니다. 해당 부분에 별 모양 브러시가 흩뿌려집니다. 찍히는 브러시는 크기와 각도, 불투명도가 랜덤합니다.
❸ 레이어의 블렌드 모드를 [Soft Light]로 설정합니다.

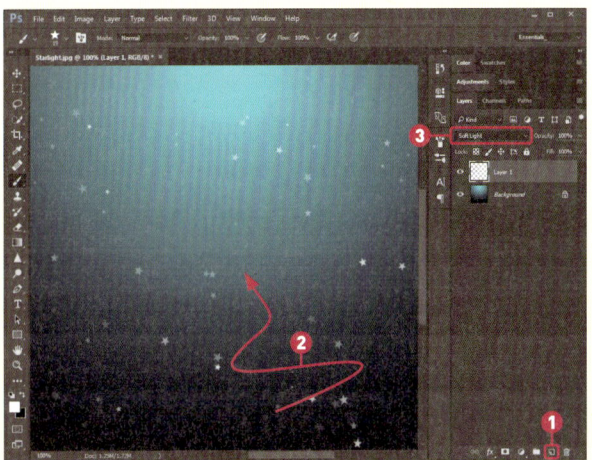

08 레이어 복제, 블렌드 모드 설정하기

❶ Ctrl + J 를 눌러 레이어를 복제합니다.
❷ 레이어의 블렌드 모드를 [Soft Light]로 설정합니다.

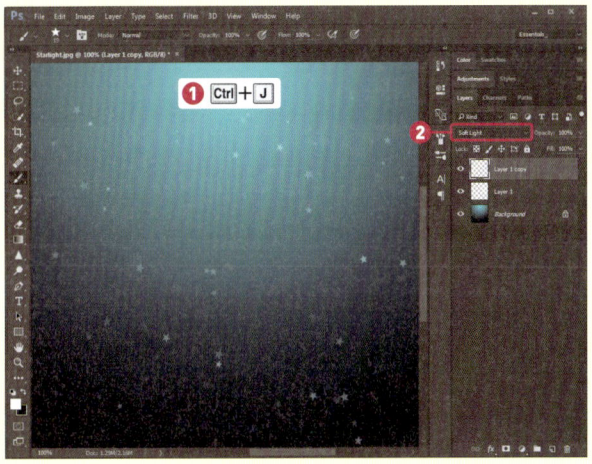

09 브러시 찍기

① 브러시 크기를 '40 px'로 설정합니다.
② 새 레이어를 만듭니다.
③ 클릭 및 클릭&드래그해 브러시를 찍습니다.
④ 레이어의 블렌드 모드를 [Overlay]로 설정합니다.
⑤ Ctrl+J를 눌러 레이어를 복제합니다.

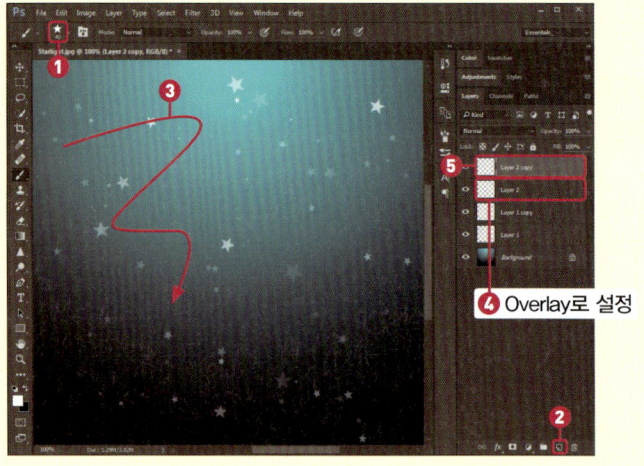

10 브러시 목록 초기화하기

① ▼를 클릭합니다.
② ⚙를 클릭합니다.
③ [Reset Brushes] 메뉴를 클릭합니다. 브러시 목록이 초기화됩니다.

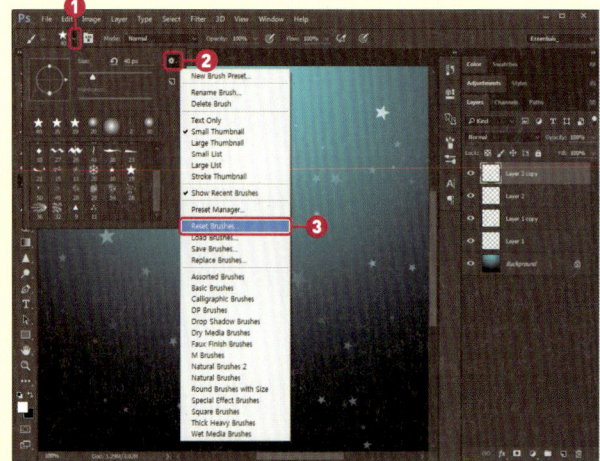

11 [Brush Tip Shape] 설정하기

① 🖌를 클릭하여 [Brushes] 패널을 펼칩니다.
② 기본 브러시를 선택합니다.
③ [Size]를 '300 px', [Hardness]를 '50%', [Spacing]을 '25%'로 설정합니다.

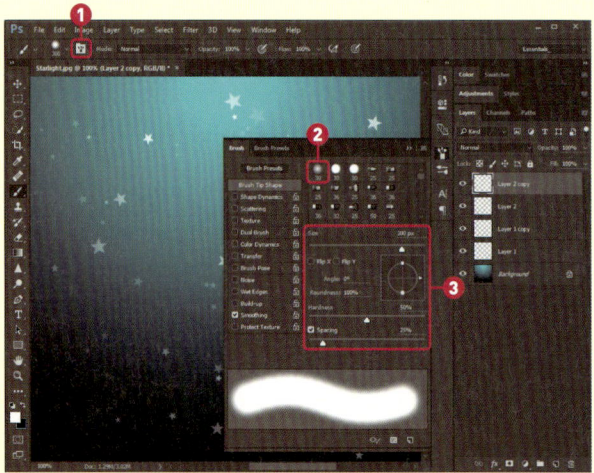

12 [Shape Dynamics] 설정하기

❶ [Shape Dynamics]를 클릭합니다.
❷ [Size Jitter]를 '50%', [Angle Jitter]를 '50%'로 설정합니다.
❸ [Scattering]을 체크 해제합니다.

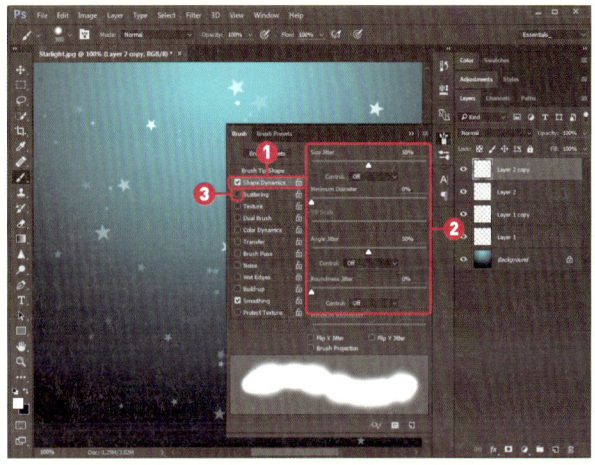

13 [Transfer] 설정하기

❶ [Transfer]를 클릭합니다.
❷ [Opacity Jitter]를 '100%', [Flow Jitter]를 '100%'로 설정합니다.

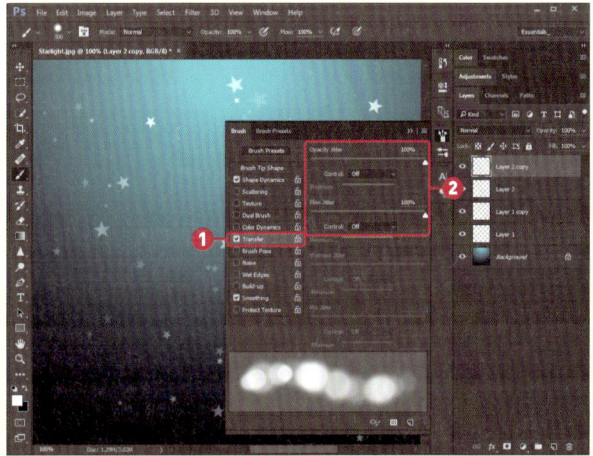

14 브러시 찍기

❶ 새 레이어를 만듭니다.
❷ 클릭하여 브러시를 찍습니다.
❸ 레이어의 [Opacity] 값을 '30%'로 설정합니다.

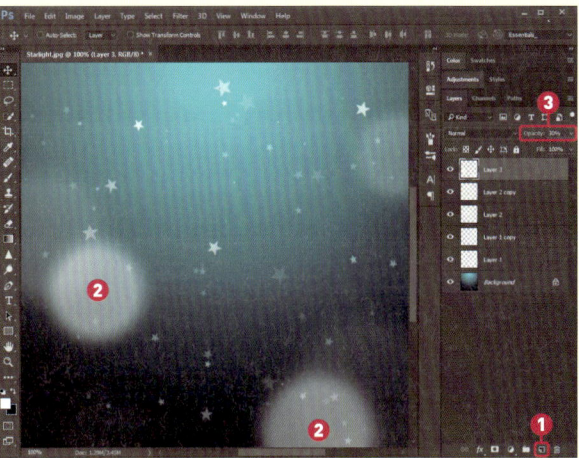

Project 회사 실무에 힘을 주는 프로젝트 실습 **257**

15 레이어 복제, 레이어 설정하기

① Ctrl+J를 눌러 레이어를 복제합니다.
② 레이어의 블렌드 모드를 [Overlay], [Opacity] 값을 '100%'로 설정합니다.

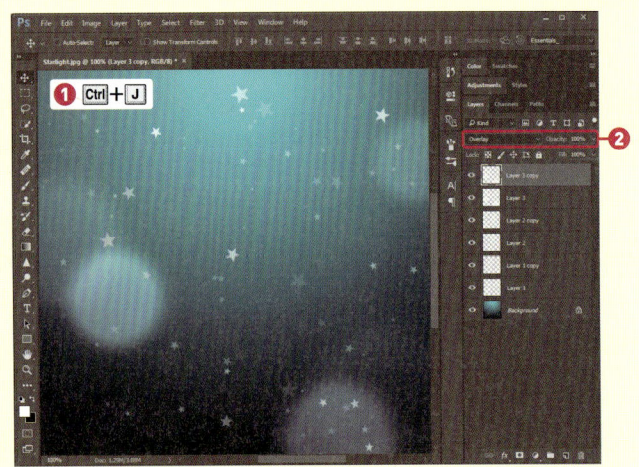

16 브러시 찍기

① 브러시 크기를 '100 px'로 설정합니다. 새 레이어를 만듭니다.
② 클릭하여 브러시를 찍습니다. 레이어의 [Opacity] 값을 '30%'로 설정합니다.
③ Ctrl+J를 눌러 레이어를 복제합니다.
④ 레이어의 블렌드 모드를 [Overlay], [Opacity] 값을 '100%'로 설정합니다.

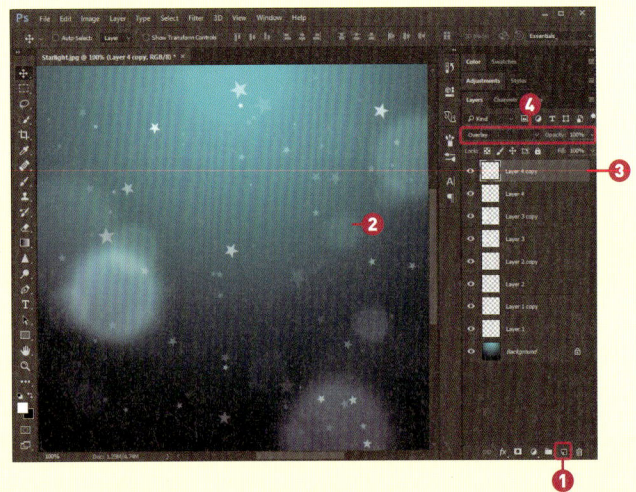

17 글자 입력하기

① [Horizontal Type Tool](T)로 글자를 입력합니다.
② ✔를 클릭하여 입력을 완료합니다.

Point
따라하기에서 설정한 글자체는 'Fiolex Girls', 글자 크기는 '72 pt'입니다.

18 'Outer Glow' 효과 설정하기

❶ [Layer]-[Layer Style]-[Outer Glow] 메뉴를 클릭합니다.

❷ [Blend Mode]를 [Overlay], [Opacity]를 '45', [Noise]를 '0'으로 설정합니다. 색상자를 '#beecff'로 설정하고 [Technique]를 'Softer', [Spread]를 '0', [Size]를 '20', [Contour]를 'Linear', [Range]를 '50', [Jitter]를 '0'으로 설정합니다. [Anti-aliased]를 체크 해제합니다.

❸ [OK]를 클릭합니다.

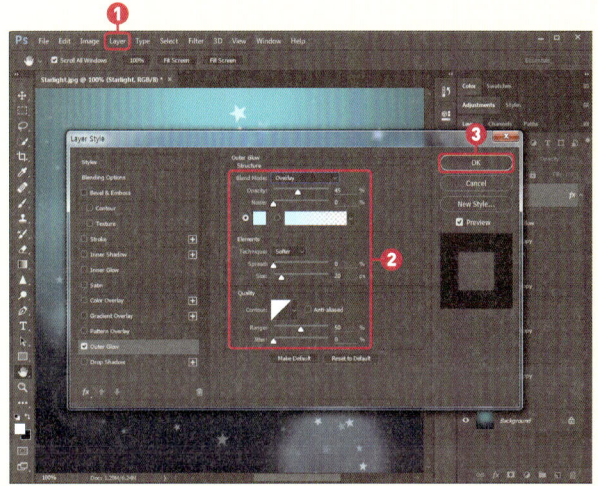

19 블렌드 모드 설정, 레이어 복제하기

❶ 레이어의 블렌드 모드를 [Overlay]로 설정합니다.

❷ Ctrl + J 를 두 번 눌러 레이어를 두 개 복제해 완성합니다.

Project 06 연필로 밑그림을 스케치한 듯한 이미지 만들기

[Glowing Edges] 필터를 적용하고 블렌드 모드를 설정하여 연필로 밑그림을 스케치한 이미지를 제작합니다.

○ 예제 파일 | Project\꽃꽃.jpg ○ 완성 파일 | Project\꽃꽃(완성).psd

01 레이어 복제하기

❶ '꽃꽃.jpg'을 불러옵니다.
❷ Ctrl+J를 두 번 눌러 레이어를 두 개 복제합니다.
❸ 'Background' 레이어를 선택합니다.
❹ Ctrl+Delete를 눌러 흰 색(#FFFFFF)으로 채웁니다.

02 [Glowing Edges] 필터 적용하기

❶ 'Layer 1 copy' 레이어를 선택합니다.
❷ [Filter]-[Filter Gallery] 메뉴를 클릭합니다.
❸ [Stylize(스타일화)]-[Glowing Edges] 필터를 선택합니다.
❹ [Edge Width]는 '1', [Edge Brightness]를 '5', [Smoothness]는 '5'로 설정합니다.
❺ [OK]를 클릭합니다.

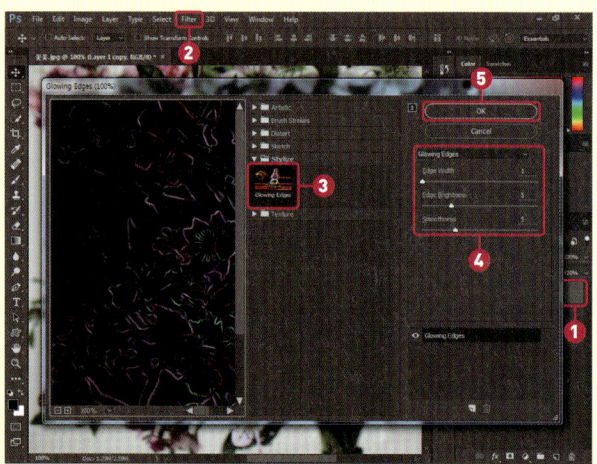

260

03 채도 없애기, 색상 반전하기

❶ [Image(이미지)]-[Adjustments(조정)]-[Desaturate(채도 감소)] 메뉴를 클릭합니다. 회색 음영 이미지가 됩니다.
❷ Ctrl + I 를 눌러 색상을 반전합니다.
❸ 'Layer 1 copy' 레이어를 숨깁니다.
❹ 'Layer 1' 레이어를 선택합니다.

> **Point**
> [Desaturate] 메뉴의 단축키는 Shift + Ctrl + U 입니다.

04 [Glowing Edges] 필터 적용하기

❶ [Filter]-[Filter Gallery] 메뉴를 클릭합니다. 2번 과정에서 적용한 필터가 선택됩니다.
❷ [Edge Width]를 '2'로 설정합니다.
❸ [OK]를 클릭합니다.

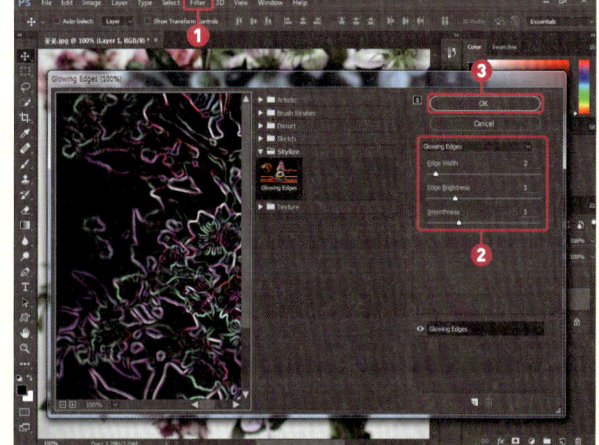

05 색상 반전하기

❶ Shift + Ctrl + U , Ctrl + I 를 눌러 회색 음영 이미지로 만들고 색상을 반전합니다.
❷ Ctrl + J 를 눌러 레이어를 복제합니다.
❸ 복제된 레이어를 숨깁니다.
❹ 'Layer 1' 레이어를 선택합니다.

06 [Colored Pencil] 필터 적용하기

❶ [Filter]-[Filter Gallery] 메뉴를 클릭합니다.
❷ [Artistic(예술 효과)]-[Colored Pencil(색연필)]을 클릭합니다.
❸ [Pencil Width]는 '3', [Stroke Pressure]를 '15', [Paper Brightness]는 '50'으로 설정합니다.
❹ [OK]를 클릭합니다.

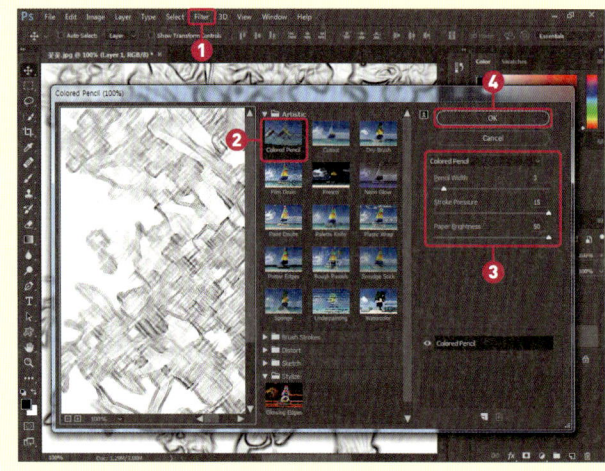

07 블렌드 모드, 불투명도 설정하기

❶ 레이어를 모두 보이게 설정합니다.
❷ [Select]-[All Layers] 메뉴를 클릭하여 레이어들을 선택합니다.
❸ 블렌드 모드를 [Multiply], [Opacity]를 '80%'로 설정합니다.

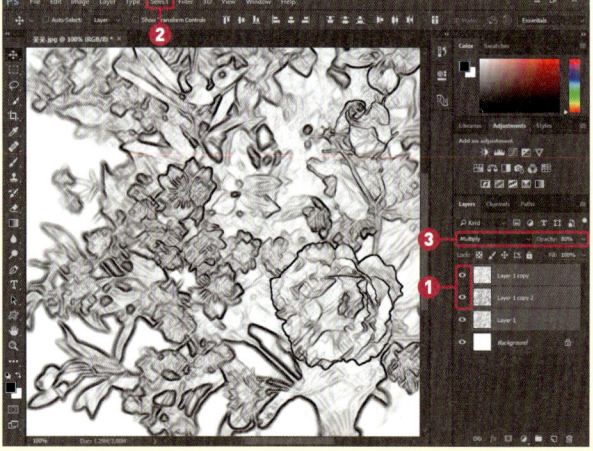

Project 07

크라프트지 위에 그린 만화 효과 만들기

앞서 만든 밑그림 스케치 이미지와 [Cutout] 필터, 크라프트지 소스를 사용하여 만화 효과를 만듭니다.

○ **예제 파일** | Project\꽃꽃.jpg, 꽃꽃(완성).psd, 크라프트지.jpg   ○ **완성 파일** | Project\꽃꽃(완성2).psd

01 여러 파일을 각 레이어로 불러오기

❶ [File]-[Scripts(스크립트)]-[Load Files into Stack(스택으로 불러오기)] 메뉴를 사용해도 됩니다.

❷ [Browse]를 클릭합니다.

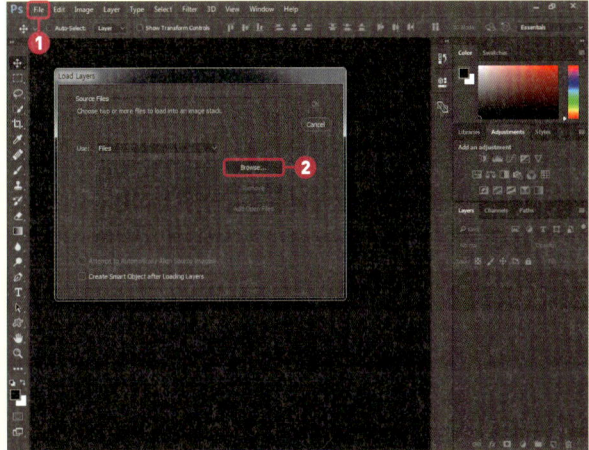

02 파일 선택하기

❶ [열기] 대화상자가 나타납니다. '꽃꽃.jpg', '꽃꽃(완성).psd', '크라프트지.jpg' 파일을 동시에 선택합니다.

❷ [OK]를 클릭합니다.

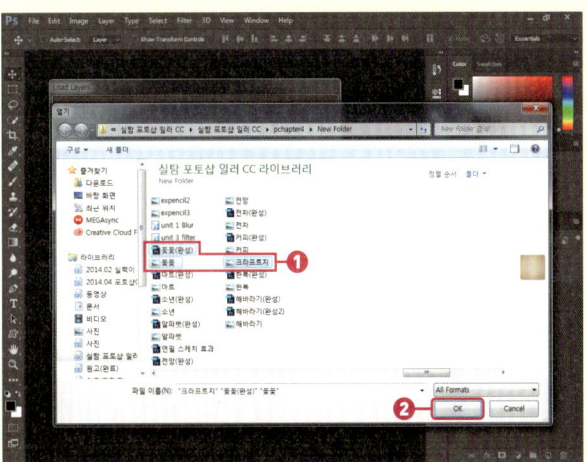

Point
Ctrl을 눌러 여러 개의 파일을 동시에 선택할 수 있습니다.

03 목록 확인, 불러오기

❶ 선택한 파일들이 목록에 나타납니다. [OK]를 클릭합니다.

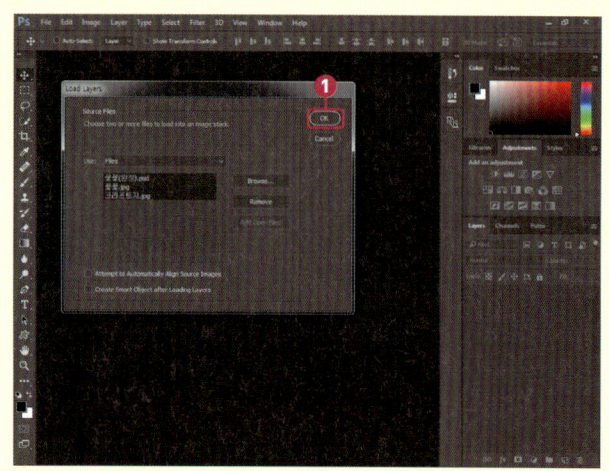

04 레이어 순서 변경하기

❶ 레이어의 순서를 위에서부터 '꽃꽃(완성).psd', '꽃꽃.jpg', '크라프트지.jpg'로 변경합니다.
❷ '꽃꽃(완성).psd' 레이어의 블렌드 모드를 [Multiply], [Opacity]를 '90%'로 설정합니다.
❸ '꽃꽃.jpg' 레이어를 선택합니다.

05 [Cutout] 필터 적용하기

❶ [Filter]-[Filter Gallery] 메뉴를 클릭합니다.
❷ [Artistic(예술 효과)]-[Cutout(오려내기)] 필터를 선택합니다.
❸ [Number of Levels]는 '5', [Edge Simplicity]를 '5', [Edge Fidelity]는 '3'으로 설정합니다.
❹ [OK]를 클릭합니다.

06 블렌드 모드, 불투명도 설정하기

❶ 블렌드 모드를 [Multiply], [Opacity]를 '90%'로 설정합니다.

07 레이어 복사, 순서 변경하기

❶ Ctrl + J 를 눌러 레이어를 복제합니다.
❷ 블렌드 모드를 [Linear Dodge (Add)(선형 닷지 추가)], [Opacity] 값을 '30%'로 설정합니다.

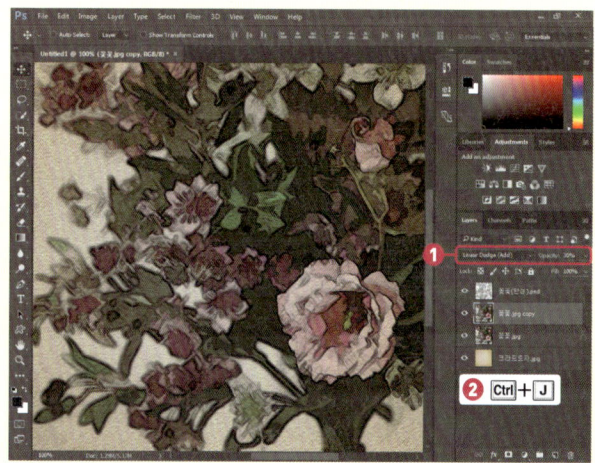

Project 08

[Oil Paint] 필터로 예술 작품 흉내 내기

CS6 버전부터는 간단하게 유화 그림을 만들 수 있는 필터가 추가되었습니다. [Liquify] 필터와 함께 사용하여 예술 작품 흉내를 내봅니다.

○ 예제 파일 | Project\LOVE.jpg   ○ 완성 파일 | Project\LOVE(완성).psd

01 메뉴 클릭하기

❶ [Filter(필터)]-[Liquify(픽셀 유동화)] 메뉴를 클릭합니다.

02 자유롭게 이미지를 왜곡하기

❶ 보기 비율을 '100%'로 설정합니다. ❷ 왼쪽에서 🌀를 선택합니다.
❸ [Brush Tool Options]의 [Size]를 '300'으로 설정합니다.
❹ 이미지에 클릭하고 있으면 해당 부분이 볼록해집니다. 지속 시간에 따라 계속해서 볼록해집니다.

> **Point**
> 🌀를 선택하고 클릭하면 해당 부분은 오목해집니다.

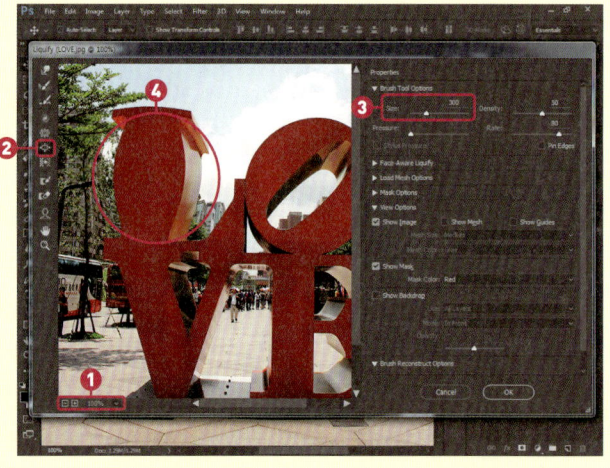

03 자유롭게 이미지를 왜곡하기

❶ 를 선택합니다.
❷ [Brush Tool Options]의 [Size]를 '300'으로 설정합니다.
❸ 이미지에 클릭&드래그하면 손가락으로 문질러 밀어낸 것처럼 변형됩니다. 자유롭게 변형합니다.
❹ [OK]를 클릭합니다.

Point
- : 클릭&드래그하면 해당 부분은 원본 이미지로 돌아옵니다.
- Brush Size(브러시 크기) : 브러시 크기를 설정합니다.
- Brush Pressure(브러시 압력) : 효과가 적용되는 농도를 설정합니다.
- Restore All(모두 복구) : 전체 이미지를 원본 이미지로 초기화합니다.

04 레이어 선택하기

❶ Ctrl + J 를 눌러 레이어를 복사합니다.
❷ 복사한 레이어를 보이지 않게 합니다.
❸ 'Background' 레이어를 선택합니다.
❹ [Filter]-[Stylize]-[Oil Paint(유화)] 메뉴를 클릭합니다.

Point
CS6 하위 버전의 경우 [Filter]-[Oil Paint] 메뉴를 클릭합니다.

05 유화 느낌 내기

❶ 입력 상자에 차례대로 '5', '5', '10', '10', '300', '1.3'으로 각각 입력합니다.
❷ [OK]를 클릭합니다.

Point

- Stylization(스타일화) : 붓 스타일의 정도를 설정합니다.
- Cleanliness(정확성) : 수치가 낮을수록 정확하고 세밀하게, 높을수록 매끄럽게 그려집니다.
- Scale(비율) : 그림을 그리는 붓의 크기를 설정합니다.
- Bristle Detail(강모 세부) : 브러시 강모의 세부 양을 설정합니다.
- Angular Direction(각진 방향) : 조명이 빛을 비추는 방향을 설정합니다.
- Shine(빛) : 반사되는 빛의 양을 설정합니다. 수치가 높을수록 밝아집니다.

06 레이어 선택하기

❶ [Layers] 패널에서 'Layer 1' 레이어를 보이게 설정합니다.
❷ [Filter]-[Filter Gallery] 메뉴를 클릭합니다.

07 [Glowing Edges] 필터 적용하기

❶ [Stylize(스타일화)]-[Glowing Edges] 필터를 선택합니다.
❷ [Edge Width]는 '1', [Edge Brightness]를 '5', [Smoothness]는 '5'로 설정합니다.
❸ [OK]를 클릭합니다.

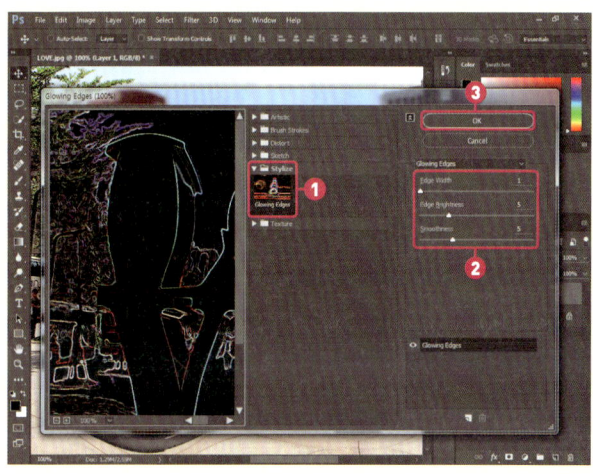

08 색상 반전, 블렌드 모드 설정하기

❶ Ctrl+I 를 눌러 색상을 반전합니다.
❷ 블렌드 모드를 [Multiply]로 설정합니다.
❸ [Opacity]를 '70%'로 설정해 완성합니다.

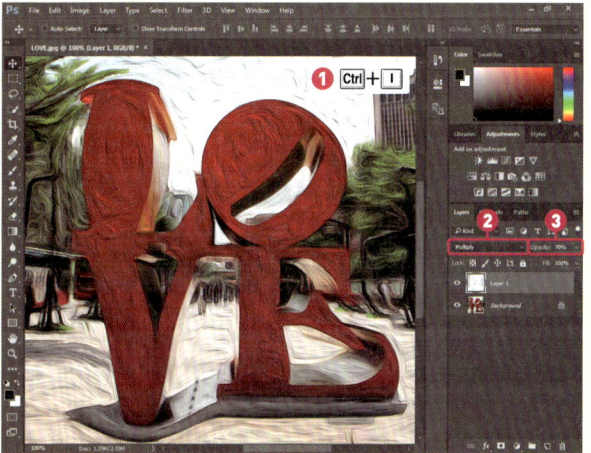

Project 09 어안 렌즈로 촬영한 듯한 사진 만들기

회전 흐림 효과를 줄 수 있는 [Radial Blur] 필터와 형태를 왜곡시키는 [Distort] 필터를 이용하여 어안 렌즈로 촬영한 것과 같은 사진을 제작합니다.

○ 예제 파일 | Project\클라우드.jpg   ○ 완성 파일 | Project\클라우드(완성).jpg

01 레이어 복사하기

❶ Ctrl+J를 눌러 레이어를 복사합니다. 복사된 레이어를 숨깁니다.
❷ 'Background' 레이어를 선택합니다.

02 Radial Blur 효과 적용하기

❶ [Filter]-[Blur]-[Radial Blur] 메뉴를 클릭합니다.
❷ [Amount]를 '30', [Blur Method]는 'Spin', [Quality]를 'Best'로 설정합니다.
❸ [OK]를 클릭합니다.

270

03 밝기, 대비 보정하기

❶ [Image]-[Adjustments]-[Brightness/Contrast] 메뉴를 클릭합니다.
❷ [Use Legacy]를 체크 해제합니다.
❸ [Brightness]는 '-30', [Contrast]를 '60'으로 설정합니다.
❹ [OK]를 클릭합니다.

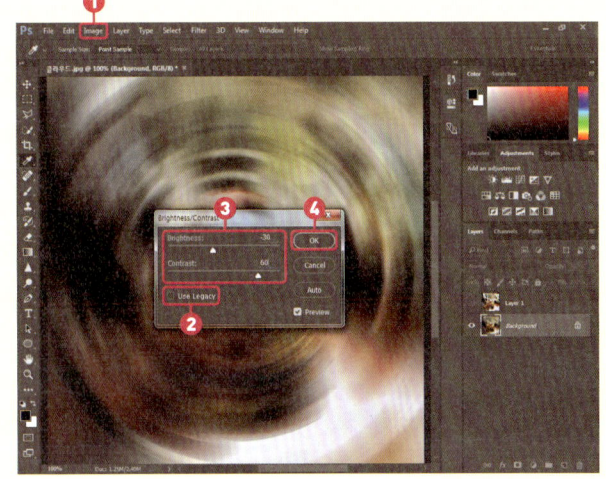

04 [Distort] 효과 적용하기

❶ 'Layer 1' 레이어가 보이게 선택합니다.
❷ [Filter]-[Distort(왜곡)]-[Spherize(구형화)] 메뉴를 클릭합니다.
❸ [Amount]를 '100', [Mode]를 'Normal'로 설정합니다.
❹ [OK]를 클릭합니다.

05 선택 영역 이미지 지우기

❶ [Elliptical Marquee Tool](◯)을 선택합니다.
❷ [Feather]를 '20 px', [Style]을 'Fixed Size', [Width]와 [Height]를 '660 px'로 설정합니다.
❸ 선택 영역을 지정합니다.
❹ Shift + Ctrl + J 를 눌러 반전시킵니다.
❺ Delete 를 두 번 눌러 지워줍니다.

06 밝기, 대비 보정하기

❶ Ctrl + D 를 눌러 선택을 해제합니다.
❷ [Image] - [Adjustments] - [Brightness/Contrast] 메뉴를 클릭합니다.
❸ [Use Legacy]를 해제, [Brightness]를 '30', [Contrast]를 '15'로 설정합니다.
❹ [OK]를 클릭합니다.

07 간단한 입체 효과 만들기

❶ [Dodge Tool](🔍)을 선택합니다.
❷ 왼쪽 상단과 오른쪽 하단에 3번 정도 문질러 밝게 보정합니다.
❸ [Burn Tool](👁)을 선택합니다.
❹ 왼쪽 하단과 오른쪽 상단에 3번 정도 문질러 어둡게 보정합니다.
❺ Ctrl + E 를 눌러 레이어를 병합합니다.

Point

[설정] 브러시 크기 '200 px', [Range] 'Midtones', [Exposure] '50%', [Protect Tones] 체크

08 비네팅 효과 추가하기

❶ [Filter] - [Lens Correction(렌즈 교정)] 메뉴를 클릭합니다.
❷ [Custom(사용자 정의)]을 클릭합니다.
❸ [Vignette(비네팅)]의 [Amount(양)]와 [Midpoint(중간점)]를 각각 '-100', '+75'로 설정합니다.
❹ [OK]를 클릭합니다.

09 선명하게 보정하기

❶ [Filter]-[Shapen(선명 효과)]-[Shapen(선명하게)] 메뉴를 클릭하여 선명하게 만듭니다.

Level UP

[Filter Gallery(필터 갤러리)] 대화상자 살펴보기

[Filter(필터)]-[Filter Gallery(필터 갤러리)] 메뉴를 클릭하면 대화상자가 나타납니다. 대화상자에서는 선택하는 필터의 옵션을 설정한 후 적용될 모습을 미리 확인할 수 있습니다. 또한 이펙트 레이어(Effect Layer)를 만들어 다른 필터 효과와 중복하여 적용할 수 있습니다.

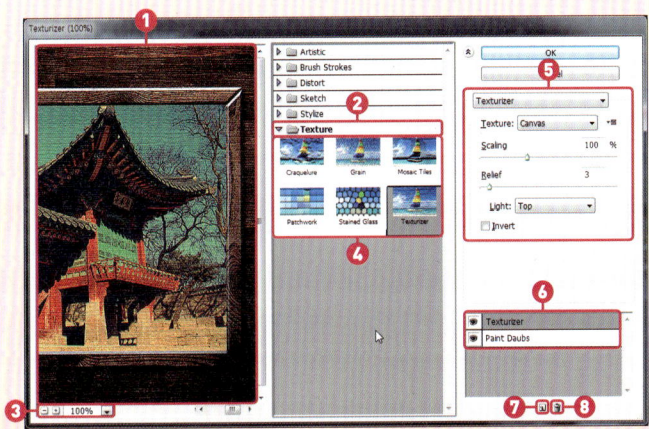

❶ 선택한 필터가 적용될 모습을 미리 확인합니다.
❷ 썸네일을 클릭하여 해당 필터를 선택합니다.
❸ 필터 선택 창을 숨기거나 나타내서 미리보기 창을 확장하거나 축소합니다.
❹ [Filter Gallery] 대화상자에서 선택할 수 있는 필터의 종류가 모두 나타납니다.
❺ 선택한 필터의 옵션을 설정합니다.
❻ 이펙트 레이어(Effect Layer) 패널입니다. [Layers] 패널과 같은 방법으로 레이어의 순서 변경 및 보기 설정을 할 수 있습니다.
❼ New effect layer( ) : 새 이펙트 레이어를 만듭니다.
❽ Delete effect layer( ) : 선택한 이펙트 레이어를 삭제합니다.

Point
설정 후 [OK]를 클릭하면 대화상자의 필터가 적용되고, 대화상자의 옵션 설정이 기억됩니다. 옵션 설정을 포토샵을 처음 설치했을 때의 상태로 복원하려면 Ctrl 을 누르고 [Cancel] 버튼이 [Default]로 바뀔 때 클릭하면 됩니다.

Adobe Illustrator CC

Part 01 일러스트레이터 시작하기
Part 02 기본 조작법과 드로잉 익히기
Part 03 다양한 방법으로 페인팅하기
Part 04 일러스트 작업에 유용한 고급 효과 배우기
Project 회사 실무에 힘을 주는 프로젝트 실습

PART 01

일러스트레이터 시작하기

일러스트레이터 활용 예를 간단히 살펴보고 일러스트레이터를 처음 실행했을 때의 화면 구성과 [Tool] 패널의 도구, 새 파일을 만들고 저장하는 방법, 아트보드를 정렬하거나 화면을 확대 해 보는 방법 등 프로그램의 기본적인 요소를 알아봅니다.

SECTION

01 일러스트레이터 CC 시작하기

어도비 일러스트레이터(Adobe Illustrator)는 어도비 시스템즈사에서 개발한 벡터 방식의 드로잉 프로그램입니다. 일러스트레이터 CC 화면의 시작 화면과 작업 영역의 화면 구성을 살펴봅니다. 또한 [Tool] 패널 도구들의 종류와 패널을 조작하는 법을 알아봅니다.

Keyword 일러스트레이터, 시작 화면, [Tool] 패널

일러스트레이터 CC 버전의 시작 화면 살펴보기

Adobe Illustrator CC(이하 일러스트레이터 CC)를 실행하면 그림과 같은 화면이 나타납니다. 그림과 같은 시작 화면은 CC 버전에서 추가되었습니다.

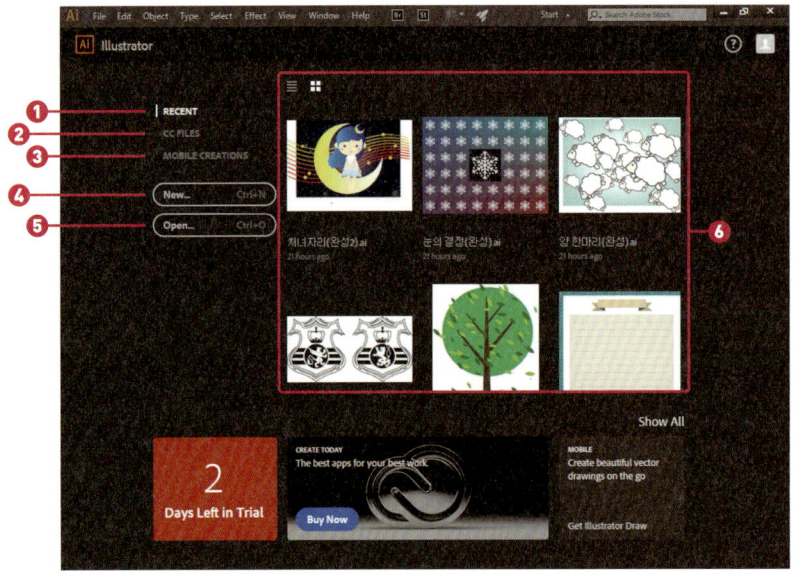

❶ **RECENT** : 최근 작업한 파일의 목록이 나타납니다.

❷ **CC FILES** : Creative Cloud(크레이티브 클라우드)에서 만든 파일들의 목록이 나타납니다.

❸ **MOBILE CREATIONS** : 모바일용으로 작업한 파일들의 목록이 나타납니다.

❹ **New** : 새 파일을 만듭니다.

⑤ **Open** : 파일을 불러옵니다.
⑥ [RECENT], [CC FILES], [MOBILE CREATIONS]를 클릭했을 때 해당 메뉴의 목록이 나타납니다.

 일러스트레이터 CC 버전 화면 구성 살펴보기

일러스트레이터 CC에서 이미지를 작업할 때는 그림과 같은 화면에서 이루어집니다. 작업 영역의 화면 구성을 살펴봅니다.

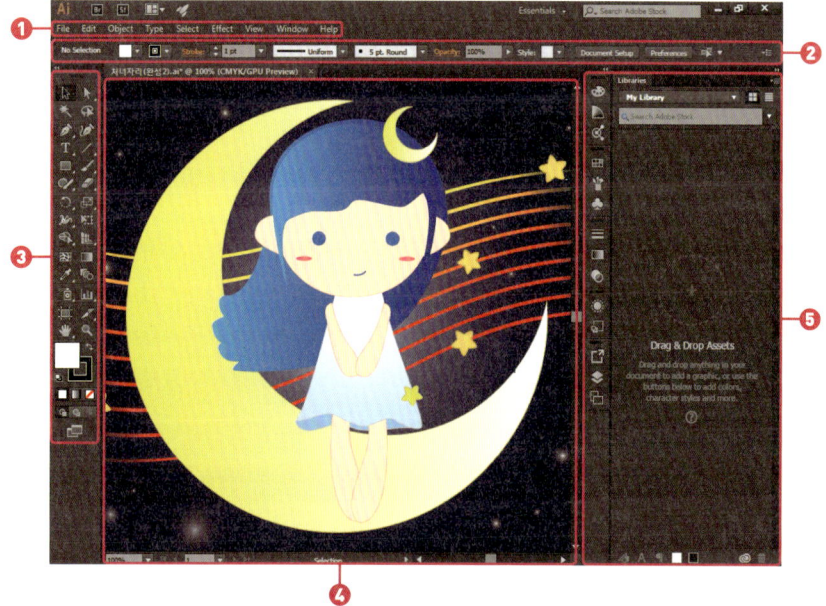

① **메뉴 바** : 작업에 필요한 명령들이 주제별로 정리되어 있습니다. 클릭하면 해당 주제와 관련된 명령들이 담긴 메뉴 화면이 펼쳐집니다.
② **컨트롤 바** : [Tool] 패널에서 선택한 도구의 옵션 설정 항목이 나타납니다.
③ **[Tool] 패널** : 작업에 사용하는 81가지의 도구가 있습니다. 이 도구를 사용해 패스를 만들고 편집하거나, 글자 입력, 크기 조절 및 회전 등의 작업을 할 수 있습니다.
④ **작업 공간** : 불러오거나 새로 만든 파일을 작업하는 공간입니다. 더블클릭하면 파일을 불러올 수 있는 [Open] 대화상자가 나타납니다.
⑤ **패널** : [Tool] 패널의 도구와 함께 작업에 사용하는 보조 팔레트입니다. 모두 35가지 종류가 있으며, 메뉴 바에서 [Window] 메뉴를 클릭하면 모든 패널 목록이 나타납니다. 작업 영역에 펼쳐져 있는 패널은 체크 표시가 되어 있으며, 숨겨져 있는 패널은 표시되지 않습니다. 메뉴를 클릭하면 패널이 나타나거나 숨겨집니다.

 메뉴 바 살펴보기

클릭하면 해당 주제와 관련된 메뉴가 펼쳐집니다. 단축키로 메뉴를 불러오려면 Alt를 누른 후 밑줄이 표시된 알파벳을 키보드에서 누릅니다. (한글 버전에서는 Alt와 함께 괄호 안의 알파벳을 누릅니다.) 실행할 수 있는 명령은 검은색 글자로, 실행할 수 없는 메뉴는 회색 글자로 나타납니다.

❶ **File** : 새 도큐먼트 만들기, 다른 파일 불러오기, 저장하기 등의 파일과 관련된 명령들이 모여 있습니다.
❷ **Edit** : 작업 취소, 패턴 등록하기, 프로그램 환경 설정 등의 명령들이 모여 있습니다.
❸ **Object** : 오브젝트의 누적 순서 변경, 변형, 확장 등 오브젝트 및 패스 작업과 관련된 명령들이 모여 있습니다.
❹ **Type** : 글자와 관련된 작업을 할 때 사용하는 명령들이 모여 있습니다.
❺ **Select** : 선택 해제, 특정 오브젝트 쉽게 선택 등 선택 관련 명령들이 모여 있습니다.
❻ **Effect** : 특수 효과를 적용할 수 있는 이펙트와 관련된 명령들이 모여 있습니다.
❼ **View** : 눈금자 보기, 기준선 만들기 등의 보기와 관련된 명령들이 모여 있습니다.
❽ **Window** : [Tool] 패널과 패널 불러오기, 작업 환경 변경하기 등의 명령들이 모여 있습니다.
❾ **Help** : 도움말을 볼 수 있습니다.

[Tool] 패널 살펴보기

작업에 사용하는 81가지의 도구가 있는 패널입니다. [Tool] 패널을 숨기거나 다시 나타내려면 [Window]-[Tools] 메뉴를 클릭합니다.

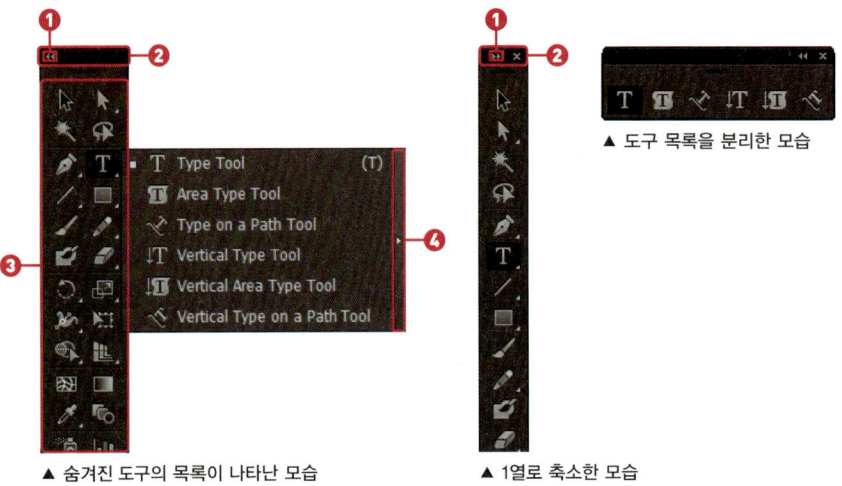

▲ 숨겨진 도구의 목록이 나타난 모습   ▲ 1열로 축소한 모습   ▲ 도구 목록을 분리한 모습

❶ 클릭해 1열로 축소하거나 2열로 확장할 수 있습니다.

❷ 클릭&드래그해 패널의 위치를 이동할 수 있습니다.

❸ 도구 아이콘을 클릭하면 해당 도구가 선택됩니다. 오른쪽 아래의 작은 삼각형은 숨겨진 도구가 있음을 의미합니다. 아이콘을 클릭한 채 1초 정도 기다리면 숨겨진 도구 목록이 나타납니다. 또는 [Alt]를 누르고 도구 아이콘을 클릭할 때마다 숨겨진 도구가 차례대로 선택됩니다.

❹ 숨겨진 도구 목록에서 삼각형 아이콘을 클릭하면 해당 도구의 목록이 분리됩니다.

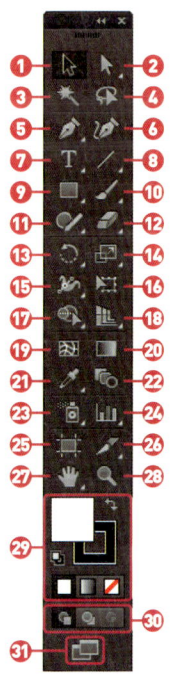

❶ Selection Tool(선택 도구) : 오브젝트를 선택합니다.

❷ Direct Selection Tool(직접 선택 도구) : 기준점이나 선분을 선택해 패스를 수정합니다.
Group Selection Tool(그룹 선택 도구) : 그룹으로 묶여져 있는 오브젝트를 따로 혹은 함께 선택합니다.

❸ Magic Wand Tool(자동 선택 도구) : 속성이 비슷한 오브젝트를 쉽게 선택합니다.

❹ Lasso Tool(올가미 도구) : 드래그해 그린 영역에 있는 기준점과 선분을 선택합니다.

❺ Pen Tool(펜 도구) : 직접 기준점을 만들고 핸들을 조정해 패스를 만드는 도구입니다.
Add Anchor Point Tool(고정점 추가 도구) : 패스에 기준점을 추가합니다.
Delete Anchor Point Tool(고정점 삭제 도구) : 패스의 기준점을 제거합니다.
Convert Anchor Point Tool(고정점 변환 도구) : 기준점을 변환합니다.

❻ **Curvature Tool(곡률 도구** ✏️**)** : CC 버전에서 추가된 도구입니다. 자연스러운 굴곡의 곡선 패스를 [Pen Tool] 보다 더 쉽게 만들 수 있습니다.

❼ **Type Tool(문자 도구** T**)** : 글자를 입력합니다.
  Area Type Tool(영역 문자 도구 T**)** : 오브젝트를 글상자로 만듭니다.
  Type on a Path Tool(패스 상의 문자 도구 ✏️**)** : 패스의 모양을 따라서 글자를 입력합니다.
  Vertical Type Tool(세로 문자 도구 T**)** : 세로로 글자를 입력합니다.
  Vertical Area Type Tool(세로 영역 문자 도구 T**)** : 오브젝트를 세로 글상자로 만듭니다.
  Vertical Type on a Path Tool(패스 상의 세로 문자 도구 ✏️**)** : 패스의 모양을 따라서 글자를 세로로 입력합니다.
  Touch Type Tool(문자 손질 도구 ⌑**)** : 글자의 크기와 기울기, 자간 등을 보다 수월하게 조정할 수 있습니다. CC 버전에서 추가된 도구입니다.

❽ **Line Segment Tool(선분 도구** ╱**)** : 직선 패스를 만듭니다.
  Arc Tool(호 도구 ⌒**)** : 부채꼴 모양의 패스를 만듭니다.
  Spiral Tool(나선형 도구 ◎**)** : 나선 모양의 패스를 만듭니다.
  Rectangular Grid Tool(사각형 격자 도구 ▦**)** : 사각형 격자를 만듭니다.
  Polar Grid Tool(극좌표 격자 도구 ◉**)** : 원형 그리드를 그립니다.

❾ **Rectangle Tool(사각형 도구** ▢**)** : 사각형 오브젝트를 만듭니다.
  Rounded Rectangle Tool(둥근 사각형 도구 ▢**)** : 가장자리가 둥근 사각형 오브젝트를 만듭니다.
  Ellipse Tool(원형 도구 ○**)** : 원 오브젝트를 만듭니다.
  Polygon Tool(다각형 도구 ⬡**)** : 다각형 오브젝트를 만듭니다.
  Star Tool(별모양 도구 ★**)** : 별 오브젝트를 만듭니다.
  Flare Tool(플레어 도구 ◎**)** : 플레어를 만듭니다.

❿ **Paintbrush Tool(페인트브러시 도구** ✏️**)** : 붓으로 그리는 것처럼 자유 곡선을 그리는 도구입니다. 브러시 효과를 적용해 다양한 모양을 만들어낼 수 있습니다.
  Blob Brush Tool(물방울 브러시 도구 ✏️**)** : 큰 붓으로 색칠을 하는 것처럼 페인팅하는 도구입니다.

⓫ **Shaper Tool(쉐이퍼 도구** ✏️**)** : 마우스 제스처를 인식하여 도형을 빠르게 만들거나 병합, 삭제, 채우기 및 변환하여 편집 가능한 복잡한 오브젝트를 더 만들어낼 수 있습니다.
  Pencil Tool(연필 도구 ✏️**)** : 연필처럼 자유롭게 선을 그릴 수 있습니다.
  Smooth Tool(매끄럽게 도구 ✏️**)** : 패스를 부드럽게 변경합니다.
  Path Eraser Tool(패스 지우개 도구 ✏️**)** : 패스를 지우는 도구입니다.

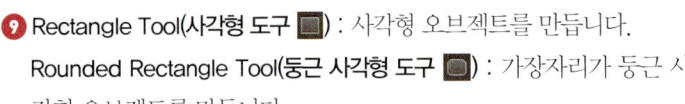

Join Tool(연결 도구 ![]) : 열린 패스를 쉽게 연결해주고 겹쳐지는 부분은 깔끔하게 정리해주는 도구입니다. CC 버전에서 추가되었습니다.

⑫ Eraser Tool(지우개 도구 ![]) : 지우개처럼 패스의 일부분을 지웁니다.
Scissors Tool(가위 도구 ![]) : 가위로 자르는 것처럼 패스의 일부분을 잘라냅니다.
Knife Tool(칼 도구 ![]) : 칼로 자르는 것처럼 오브젝트를 잘라냅니다.

⑬ Rotate Tool(회전 도구 ![]) : 오브젝트를 회전합니다.
Reflect Tool(반사 도구 ![]) : 오브젝트를 반전합니다.

⑭ Scale Tool(크기 조절 도구 ![]) : 오브젝트의 크기를 조절합니다.
Shear Tool(기울이기 도구 ![]) : 오브젝트를 비틀거나 구부려 변형합니다.
Reshape Tool(모양 변경 도구 ![]) : 기준점을 추가하고 형태를 변형합니다.

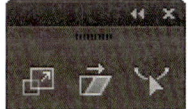

⑮ Width Tool(폭 도구 ![]) : 선의 특정 위치에 두께를 조절해 변화를 줍니다.
Warp Tool(변형 도구 ![]) : 드래그한 방향으로 오브젝트가 왜곡됩니다.
Twirl Tool(돌리기 도구 ![]) : 소용돌이처럼 말려들어가는 모양으로 왜곡됩니다.
Pucker Tool(오목 도구 ![]) : 클릭한 지점으로 패스를 모으는 형태로 축소됩니다.
Bloat Tool(볼록 도구 ![]) : [Pucker Tool]과는 반대되는 효과로 확대, 팽창합니다.
Scallop Tool(조개 도구 ![]) : 안쪽이 날카로운 부채꼴 형태로 왜곡됩니다.
Crystallize Tool(수정화 도구 ![]) : 바깥쪽이 날카로운 부채꼴 형태로 왜곡됩니다.
Wrinkle Tool(주름 도구 ![]) : 주름이 생긴 형태로 왜곡됩니다.

⑯ Free Transform Tool(자유 변형 도구 ![]) : 오브젝트를 자유롭게 변형합니다.

⑰ Shape Builder Tool(도형 구성 도구 ![]) : 겹쳐져 있는 오브젝트의 일부분을 합치거나 잘라내어 나눕니다.
Live Paint Bucket(라이브 페인트 통 도구 ![]) : 라이브 페인트 그룹을 만들어 쉬운 컬러링 작업을 할 수 있습니다.
Live Paint Selection Tool(라이브 페인트 선택 도구 ![]) : 라이브 페인트 그룹의 일부분을 선택할 때 사용합니다.

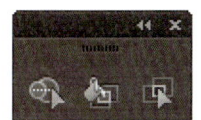

⑱ Perspective Grid Tool(원근감 격자 도구 ![]) : 원근감 격자를 조절합니다.
Perspective Selection Tool(원근감 선택 도구 ![]) : 일반 오브젝트를 원근감이 적용된 형태로 변형합니다.

⑲ Mesh Tool(망 도구 ![]) : 메시(그물 망)를 만들어 자연스러운 색 변화를 적용합니다.

⑳ Gradient Tool(그레이디언트 도구 ![]) : 그레이디언트를 적용해 자연스러운 색 변화를 적용합니다.

㉑ **Eyedropper Tool(스포이트 도구)** : 오브젝트의 속성을 복사합니다.
Measure Tool(측정 도구) : 거리를 측정합니다.

㉒ **Blend Tool(블렌드 도구)** : 두 개 이상의 오브젝트가 자연스럽게 변하는 형태를 만듭니다.

㉓ **Symbol Sprayer Tool(심벌 분무기 도구)** : 심벌을 스프레이처럼 뿌립니다.

Symbol Shifter Tool(심벌 이동기 도구) : 뿌려진 심벌을 드래그해 이동시킵니다.
Symbol Scruncher Tool(심벌 분쇄기 도구) : 클릭하는 지점으로 심벌 이미지들이 모이거나 흩어집니다.
Symbol Sizer Tool(심벌 크기 조절기 도구) : 심벌의 크기를 크게, 작게 조절합니다.
Symbol Spinner Tool(심벌 회전기 도구) : 심벌을 회전시킵니다.
Symbol Stainer Tool(심벌 염색기 도구) : 심벌을 지정한 색상으로 물들입니다.
Symbol Screener Tool(심벌 투명기 도구) : 심벌에 투명도를 적용합니다.
Symbol Styler Tool(심벌 스타일기 도구) : 심벌에 그래픽 스타일을 적용합니다.

㉔ **Column Graph Tool(막대그래프 도구)** : 세로 막대그래프를 만듭니다.

Stacked Column Graph Tool(누적 막대그래프 도구) : 누적 세로 막대그래프를 만듭니다.
Bar Graph Tool(가로 막대그래프 도구) : 가로 막대그래프를 만듭니다.
Stacked Bar Graph Tool(가로 누적 막대그래프) : 누적 가로 막대그래프를 만듭니다.
Line Graph Tool(선 그래프 도구) : 꺾은선 그래프를 만듭니다.
Area Graph Tool(영역 그래프 도구) : 영역 그래프를 만듭니다.
Scatter Graph Tool(산포 그래프 도구) : 분산 그래프를 만듭니다.
Pie Graph Tool(파이 그래프 도구) : 원 그래프를 만듭니다.
Radar Graph Tool(레이더 그래프) : 방사 그래프를 만듭니다.

㉕ **Artboard Tool(대지 도구)** : 아트보드를 조절하거나 새로운 아트보드를 만듭니다.

㉖ **Slice Tool(분할 영역 도구)** : 하나의 도큐먼트를 여러 개의 영역으로 나눕니다.
Slice Selection Tool(분할 영역 선택 도구) : 분할한 영역을 선택하고 크기를 조절합니다.

㉗ **Hand Tool(손 도구)** : 화면을 이동해 보이지 않는 부분을 확인합니다.
Print Tiling Tool(타일링 인쇄 도구) : 인쇄할 영역을 지정합니다.

㉘ **Zoom Tool(돋보기 도구)** : 화면을 확대하거나 축소합니다.

㉙ **색상 설정** : 패스의 안쪽 면에 칠해질 색상, 외곽선의 색상을 설정합니다.

㉚ **그리기 모드** : 만들어질 오브젝트의 누적 순서를 미리 설정하거나, 선택한 오브젝트의 내부로 오브젝트를 그립니다.

㉛ **Change Screen Mode( )** : 화면 모드를 전환합니다.
Normal Screen Mode : 기본적인 화면 모드로 전환합니다.
Full Screen Mode with Menu Bar : 풀 스크린 화면에서 메뉴 바가 보이는 화면 구성으로 전환합니다.
Full Screen Mode : 풀 스크린 화면으로 전환합니다.

Level UP

작업 영역 밝기 조절하기

❶ **작업 영역 밝기 조절하기** : CC 버전에서는 작업 영역의 밝기를 조절할 수 있습니다. ⓐ [Edit]-[Preferences]-[User Interface] 메뉴를 클릭합니다. ⓑ [Brightness]의 선택 상자나 슬라이더를 설정한 후 [OK]를 클릭합니다.

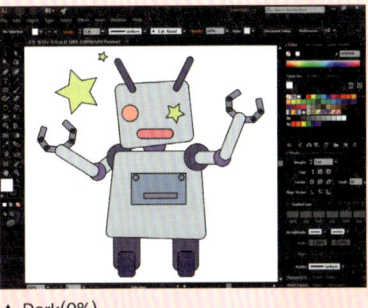
▲ Dark(0%)

▲ Medium Dark(33%)

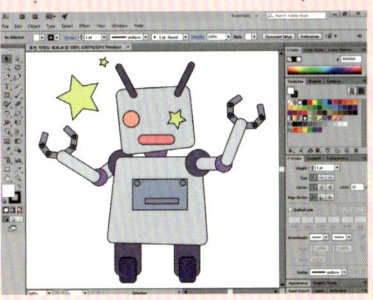
▲ Medium Light(66%)

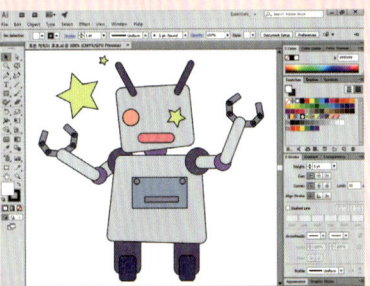
▲ Light(100%)

[Workspace] 메뉴 살펴보기

[Window]-[Workspace] 메뉴로 작업 영역을 전환할 수 있습니다.

▲ [Workspace] 메뉴

❶ **Essentials** : 프로그램을 처음 실행했을 때 기본적으로 설정되어 있는 작업 영역입니다.
❷ **Automation/Layout/Painting/Painting and Proofing/Tracing/Typography/Web** : 자동화 작업, 레이아웃, 페인팅, 이미지 트레이스, 글자 입력 및 편집, 웹 작업에 적합한 작업 영역으로 전환합니다.
❸ **Recent Files** : 설정되어 있는 작업 영역을 초기화합니다. 예를 들어 현재 작업 영역이 [Painting]일 경우 [Painting]의 초기 상태로 돌아갑니다.
❹ **Start** : CC 버전에서 추가된 시작 화면입니다.
❺ **Reset Essentials** : 변경된 작업 영역을 초기 상태로 되돌리는 메뉴입니다.
❻ **New Workspace** : 현재 작업 영역을 목록에 등록합니다.
❼ **Manage Workspaces** : 등록한 작업 영역을 삭제합니다.

SECTION 02 새 도큐먼트 만들고 AI 형식과 JPEG 형식으로 저장하기

새 도큐먼트를 만들고 다른 파일을 불러오는 방법, 오브젝트를 복사하는 방법, AI 형식과 JPEG 형식으로 저장하는 방법을 배워봅니다.

- **Keywor** 도큐먼트, AI 형식, JPEG 형식, 파일 저장
- **예제 파일** | Part01\아이스크림 판매.ai
- **완성 파일** | Part01\아이스크림 판매(복사본).ai, Artboard 1.jpg

01 대화상자 설정하기

❶ [File]-[New] 메뉴를 클릭합니다. ❷ 그림과 같이 설정합니다.

- Name: 새 도큐먼트, Artboards: 1, Units: Pixels, Width: 890 px, Height: 640 px

02 대화상자 설정하기

❶ [Advanced]를 클릭합니다. 숨겨진 설정 화면이 나타납니다. ❷ 그림과 같이 설정 후 ❸ [OK]를 클릭합니다.

- Color Mode: CMYK, Raster Effects: High (300 ppi), Preview Mode: Default

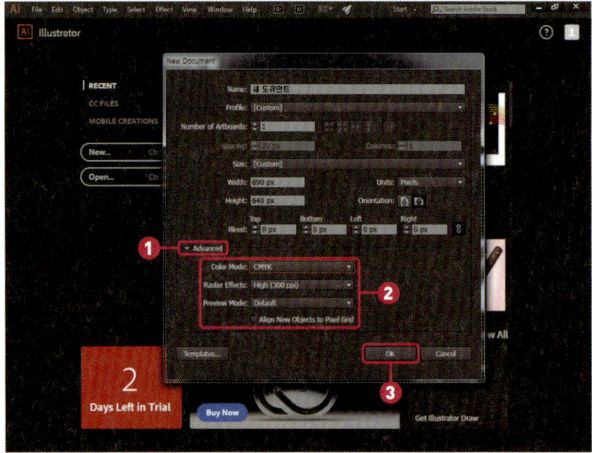

03 만들어진 도큐먼트 확인하기

❶ 설정한 크기의 새 도큐먼트가 만들어집니다. ❷ [View]-[Actual Size] 메뉴(Ctrl+1)를 클릭합니다. 보기 비율을 100%로 조정합니다.

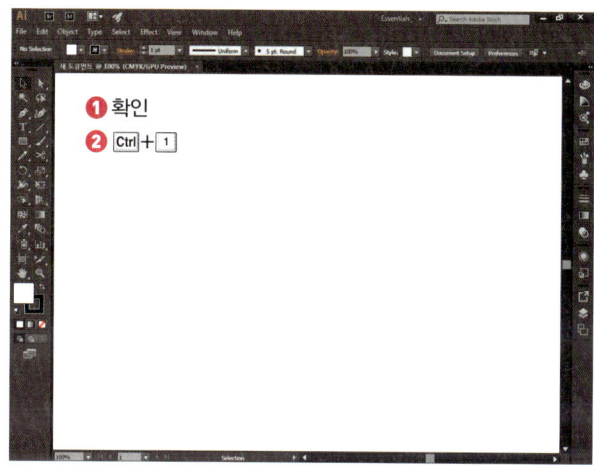

04 파일 불러오기

❶ [File]-[Open] 메뉴를 클릭합니다. ❷ '아이스크림 판매.ai' 파일을 선택하고 ❸ [Open]을 클릭합니다.

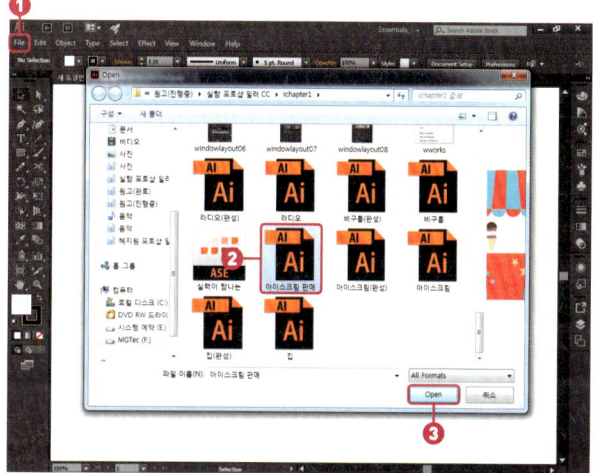

05 일러스트 선택하고 복사하기

❶ [Select]-[All] 메뉴(Ctrl+A)를 클릭합니다. 모든 오브젝트가 동시 선택됩니다. ❷ [Edit]-[Copy] 메뉴(Ctrl+C)를 클릭해 클립보드로 저장합니다.

06 일러스트 붙여넣기

❶ '새 도큐먼트' 탭을 클릭합니다. 만들었던 도큐먼트로 화면이 전환됩니다. ❷ [Edit]-[Paste in Front] 메뉴(Ctrl+F)를 클릭합니다. ❸ 복사한 일러스트가 붙여넣기 됩니다. ❹ Shift+Ctrl+A를 눌러 선택을 해제합니다.

07 AI 형식으로 저장하기

❶ [File]-[Save] 메뉴를 클릭합니다. ❷ [파일 이름]을 '아이스크림 판매(복사본)'로 입력한 후 ❸ [저장]을 클릭합니다.

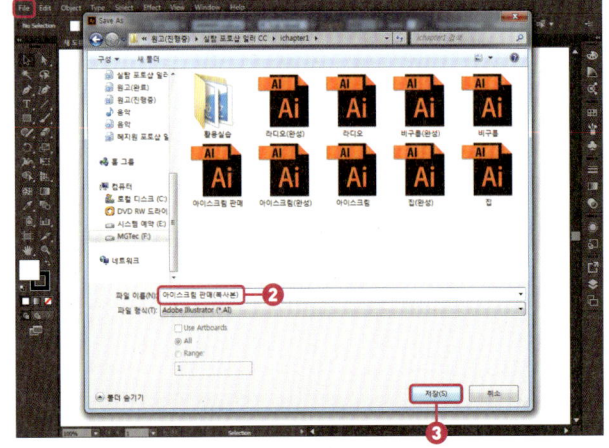

> **Point**
> AI 형식은 일러스트레이터 전용 기본 파일 형식입니다.

08 저장 옵션 설정하기

① 일러스트레이터 전용 파일인 AI 형식으로 저장할 때 옵션을 설정하는 대화상자가 나타납니다. 기본 설정으로 놔두고 ② [OK]를 클릭합니다.

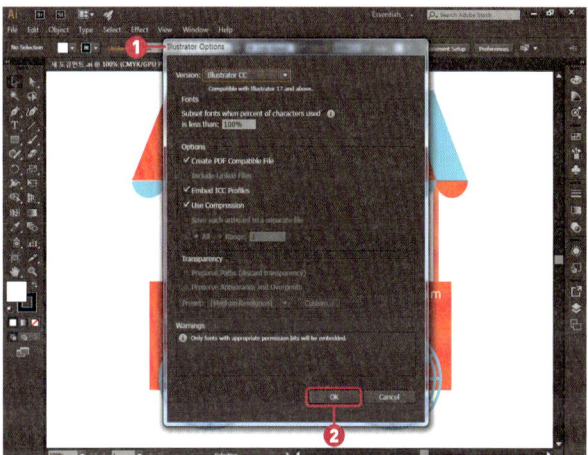

Point

- Version : 파일이 호환되도록 하려는 일러스트레이터의 버전을 지정합니다. 다른 컴퓨터로 옮겨가며 작업할 때는 설치된 프로그램의 버전에 따라 파일을 읽을 수 없는 경우가 생깁니다. 이럴 때 호환성을 설정합니다(이전 버전으로 저장할 경우 현재 버전에서 제공되는 기능이 모두 지원되지 않으므로 주의합니다).
- Create PDF Compatible File : 체크 표시하면 저장할 때 PDF 파일과의 호환과 미리보기 기능을 가능하게 합니다.
- Include Linked Files : 체크 표시하면 [Place] 명령으로 불러온 비트맵 이미지를 파일에 포함시킵니다.
- Embed ICC Profiles : ICC 프로파일을 파일에 포함해 저장합니다.
- Use Compression : 저장할 때 파일을 압축합니다. 이 기능을 사용하면 저장을 하는 시간이 늘어나므로 저장 시간이 오래 걸릴 경우 해제하는 것이 좋습니다.
- Save each artboard to a separate file : 체크하면 만들어진 아트보드를 각각 파일로 따로 저장합니다. 예를 들어 아트보드가 4개 존재할 경우 작업 중인 파일과 각 아트보드가 저장되어 총 5개의 파일이 생성됩니다.

09 JPEG 형식으로 저장하기

웹에 올릴 수 있도록 JPEG 형식으로 저장하겠습니다. ① [File]-[Export]-[Export for Screens] 메뉴를 클릭합니다. ② [Export to]를 저장할 폴더로 설정합니다. [Formats]를 '1x', 'JPG 100'으로 설정합니다. ③ [Export Artboard]를 클릭합니다.

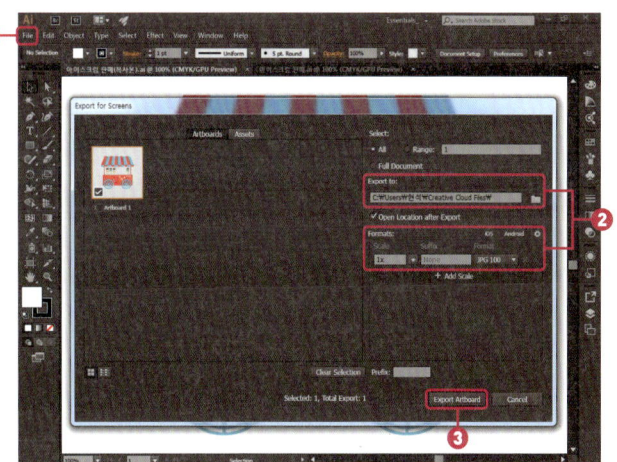

Point

[Export for Screens] 대화상자는 도큐먼트에 존재하는 모든 아트보드를 다른 형식의 이미지 파일(JPG, PNG 등)로 빠르게 저장할 수 있도록 합니다. CC 버전에서 추가되었습니다.

10 확인

❶ 윈도우 탐색기로 저장한 폴더의 창이 나타나고 저장된 JPG 파일을 확인할 수 있습니다.

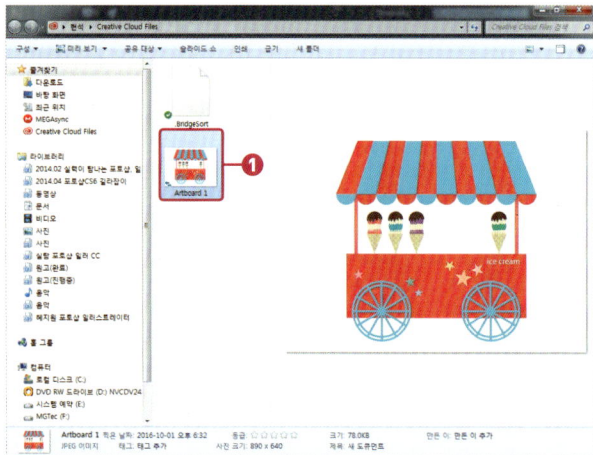

Level UP

[New Document] 대화상자 살펴보기

[File]-[New] 메뉴를 클릭하면 [New Document] 대화상자가 나타납니다. 설정한 후 [OK]를 클릭하면 새 도큐먼트가 만들어집니다.

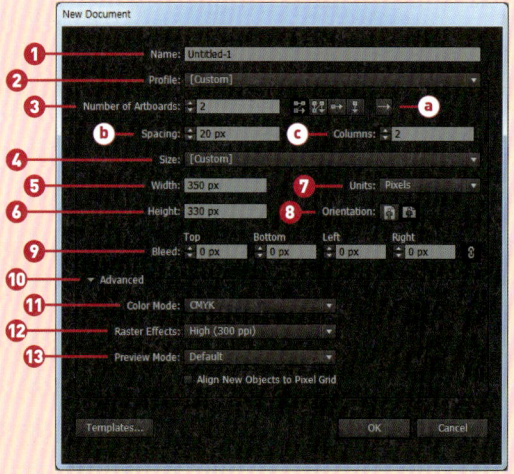

❶ **Name** : 도큐먼트의 이름을 입력합니다.
❷ **New Document Profile** : 저장된 도큐먼트 양식을 불러옵니다.
❸ **Number of Artboards** : 하나의 도큐먼트에 여러 개의 아트보드를 만들어 작업할 수 있습니다. 만들고자 하는 아트보드의 개수를 입력합니다.

　ⓐ ▦▦ ▦▦ ▦ ▦ → : 만들어질 아트보드를 설정한 기준에 맞춰 정렬합니다.
　ⓑ **Spacing** : 아트보드 간의 간격을 설정합니다.
　ⓒ **Columns** : 아트보드를 정렬할 때 가로 행 개수를 입력합니다.

❹ **Size** : 저장된 사이즈 양식을 불러옵니다. [New Document Profile] 설정에 따라 선택할 수 있는 양식이 달라집니다.
❺ **Width** : 아트보드의 가로 사이즈를 입력합니다.
❻ **Height** : 아트보드의 세로 사이즈를 입력합니다.
❼ **Units** : 사이즈를 설정할 때 사용할 단위를 선택합니다.
❽ **Orientation** : 아트보드를 세로로 세울지, 가로로 눕힐지 결정합니다.
❾ **Bleed** : 인쇄시 사용하는 재단선을 설정합니다.
❿ **Advanced** : 클릭하면 숨겨진 옵션이 나타납니다.
⓫ **Color Mode** : 색상 모드를 설정합니다. 인쇄용은 CMYK를, 웹용은 RGB를 선택합니다.
⓬ **Raster Effects** : 해상도를 설정합니다. 인쇄용은 300ppi를, 웹용은 72ppi를 선택합니다.
⓭ **Preview Mode** : 미리보기 방식을 설정합니다.

SECTION 03 새 아트보드 만들고 아트보드 정렬하기

새 아트보드를 만들고 만들어진 아트보드를 정렬하는 방법을 학습합니다. 아트보드는 [Artboards] 패널에서 관리합니다.

○ **Keyword** 아트보드 ○ 예제 파일 | Part01\아트보드.ai ○ 완성 파일 | Part01\아트보드(완성).ai

01 파일 불러오기

❶ [File]–[Open] 메뉴를 클릭해 '아트보드.ai' 파일을 불러옵니다. ❷ Ctrl + 1 을 눌러 100% 비율로 조정합니다.

02 새 아트보드 만들기

❶ [Artboards] 패널에서 [New Artboard](□)를 클릭합니다. 기본 아트보드와 같은 크기의 새 아트보드가 만들어집니다.

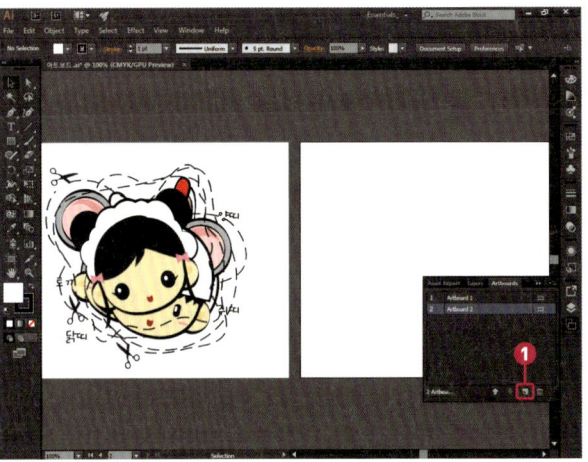

03 선택 도구로 선택하기

❶ [Selection Tool](화살표)을 선택합니다. ❷ 클릭하면 최상단 순서의 그룹이 선택됩니다.

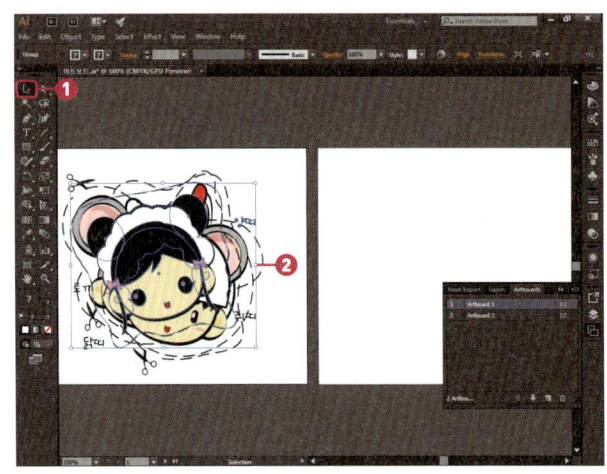

04 위치 이동하기

❶ 클릭&드래그 합니다. 선택된 일러스트의 위치가 이동됩니다.

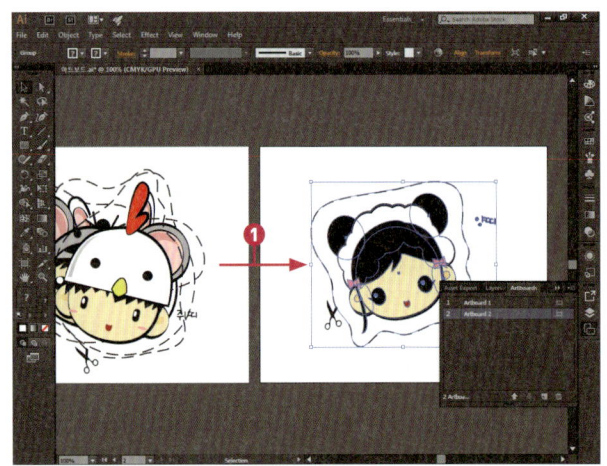

05 아트보드 만들고 이동하기

❶ 앞의 과정을 반복해 새 아트보드 2개를 더 만든 후 일러스트를 각 아트보드로 이동시킵니다.

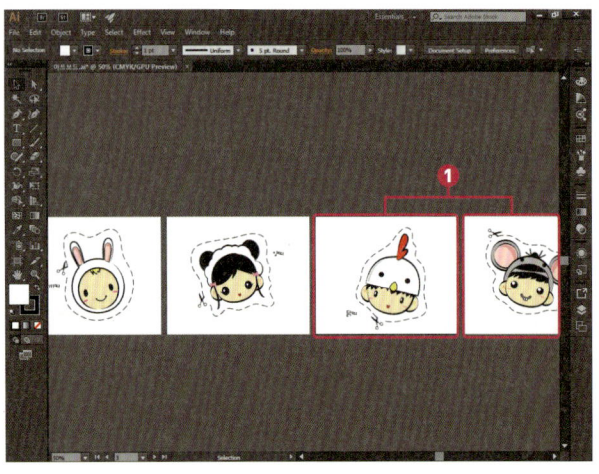

06 아트보드 정렬하기

❶ [Object]-[Artboards]-[Rearrange] 메뉴를 클릭합니다. ❷ [Layout]을 첫 번째 항목으로 선택하고 [Columns]를 '2'로, [Spacing]을 '20 px'로 설정합니다. ❸ [OK]를 클릭합니다.

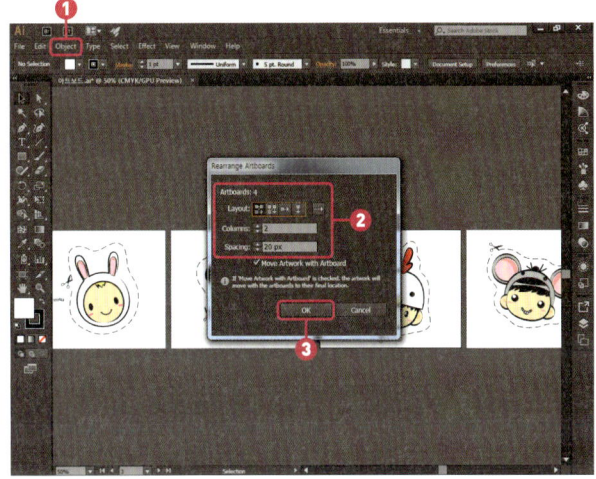

07 다른 이름으로 저장하기

❶ 아트보드들이 설정한 방식으로 정렬됩니다. ❷ [File]-[Save As] 메뉴를 클릭해 파일을 저장합니다.

Level UP

도큐먼트 정렬하여 보기

메뉴 바의 [Arrange Documents]( )를 클릭해 나타나는 메뉴로 열려 있는 도큐먼트를 다양하게 정렬해 볼 수 있습니다.

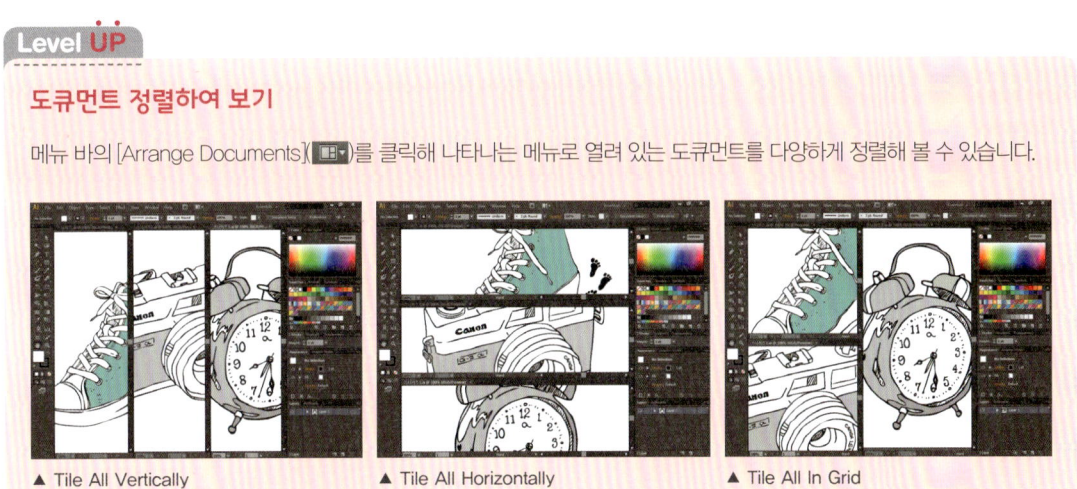

▲ Tile All Vertically   ▲ Tile All Horizontally   ▲ Tile All In Grid

Special TIP

화면을 확대 및 축소하거나 이동해 보기

[Zoom Tool]과 [Hand Tool], [Navigator] 패널, 단축키 등 화면을 확대 및 축소하고 이동해 보는 여러 가지 방법을 알아봅니다.

01 이미지를 확대 및 축소해 보기

전체 이미지를 한눈에 보기 위해 화면을 축소하거나, 보다 정밀한 작업을 위해 화면을 확대해야 볼 수 있습니다. [Zoom Tool] 등으로 화면을 확대 및 축소해 볼 수 있으며, 이 때 이미지의 실제 크기가 변경되는 것은 아닙니다.

[Point] 화면 비율이 500%를 초과하면 픽셀 격자가 나타납니다. 숨기거나 다시 나타내려면 [View(보기)]-[Show(표시)]-[Pixel Grid(픽셀 격자)] 메뉴를 클릭합니다.

❶ **[Zoom Tool](🔍)** : 도구를 선택하고 화면에 클릭하면 한 단계 확대합니다. `Alt`를 누르고 클릭하면 한 단계 축소됩니다. 클릭할수록 계속해서 한 단계씩 확대 및 축소됩니다.

▲ 100% (원본 크기 비율)

▲ 50% 비율로 축소한 모습

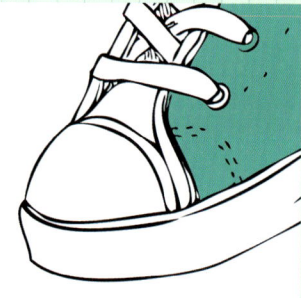
▲ 300% 비율로 확대한 모습

❷ **[View] 메뉴의 화면 다루기 관련 메뉴**
  ⓐ Zoom In(`Ctrl`+`+`) : 한 단계 확대해 봅니다.
  ⓑ Zoom Out(`Ctrl`+`-`) : 한 단계 축소해 봅니다.
  ⓒ Fit Artboard in Window(`Ctrl`+`0`) : 선택한 아트보드가 화면에 가득 차도록 조정합니다. [Hand Tool](✋)을 더블클릭해도 됩니다.
  ⓓ Fit All in Window(`Alt`+`Ctrl`+`0`) : 모든 아트보드가 화면에 가득 차도록 조정합니다.
  ⓔ Actual Size(`Ctrl`+`1`) : 화면 비율을 100%로 조정합니다. [Zoom Tool](🔍)을 더블클릭해도 됩니다.

ⓐ — Zoom In		Ctrl++
ⓑ — Zoom Out		Ctrl+-
ⓒ — Fit Artboard in Window		Ctrl+0
ⓓ — Fit All in Window		Alt+Ctrl+0
ⓔ — Actual Size		Ctrl+1

❸ **단축키를 이용해 확대 및 축소**
  ⓐ `Alt`를 누르고 마우스 휠을 돌리면 확대 및 축소됩니다.
  ⓑ `Ctrl`+`Spacebar`를 눌러 커서 모양이 바뀔 때(🔍) 클릭하면 한 단계 확대됩니다. `Alt`+`Ctrl`+`Spacebar`를 눌러 커서 모양이 바뀔 때(🔍) 클릭하면 한 단계 축소됩니다.

❹ **작업 창 아래 비율 설정 상자** : 작업 창 왼쪽 아래에서 설정된 화면 비율을 확인합니다. 조정하려는 비율을 입력한 후 `Enter`를 누르면 변경됩니다.

02 화면을 이동해 보기

작업 창보다 크기가 큰 이미지를 불러왔을 때는 이미지의 일부분이 화면에 나타나지 않을 수 있습니다. 이 때 화면을 이동하면 보이지 않았던 부분을 확인할 수 있습니다.

❶ **[Hand Tool](🖐) 및 스크롤바** : [Hand Tool](🖐)을 선택하고 클릭&드래그하면 화면이 이동됩니다. 혹은 작업 창의 스크롤바를 움직여 화면을 이동할 수 있습니다.

▲ 일부분이 보이지 않는 이미지

▲ [Hand Tool] 및 스크롤바로 화면 이동

❷ **단축키를 이용해 화면 이동**
  ⓐ 마우스 휠을 돌리면 화면이 위 아래로, `Ctrl`을 누르고 휠을 돌리면 왼쪽 오른쪽으로 화면이 이동합니다. 이 때 `Shift`를 함께 누르면 조금 더 빠르게 이동됩니다.
  ⓑ `Spacebar`를 눌러 커서 모양이 바뀔 때(🖐) 클릭&드래그하면 화면이 이동합니다.

03 [Navigator] 패널로 화면 확대/축소 및 이동

[Window]-[Navigator] 메뉴를 클릭하면 [Navigator] 패널이 나타납니다. 전체 이미지를 확인하고 확대 및 축소해 보거나 화면을 이동할 수 있습니다.

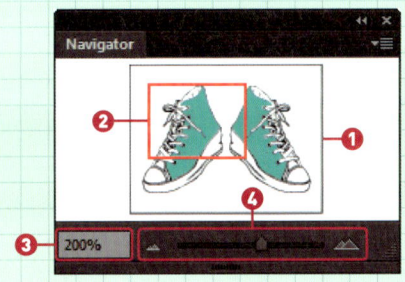

❶ 작업 중인 파일의 전체 이미지를 확인합니다.
❷ 화면에 나타나고 있는 이미지를 빨간색 사각형으로 표시합니다. 클릭&드래그해 화면을 이동할 수 있습니다.
❸ 설정된 화면 비율을 확인합니다. 원하는 비율로 조정하려면 수치를 입력한 후 `Enter`를 누릅니다.
❹ 슬라이더를 움직이거나 (△) 혹은 (▲)를 클릭해 화면을 축소 및 확대합니다.

SECTION 04 오브젝트 선택하고 이동하기

오브젝트를 선택하는 몇 가지 방법과 선택한 오브젝트를 이동하는 방법, 그룹으로 지정하는 방법을 학습합니다.

◎ **Keyword** 선택, 이동, 바운딩 박스, Selection Tool　　◎ **예제 파일** | Part01\집.ai　　◎ **완성 파일** | Part01\집(완성).ai

01 오브젝트 선택하기

❶ [Selection Tool]( )을 선택하고 ❷ 삼각형에 마우스를 위치시켜 클릭합니다. 해당 오브젝트가 선택되어 바운딩 박스가 나타납니다.

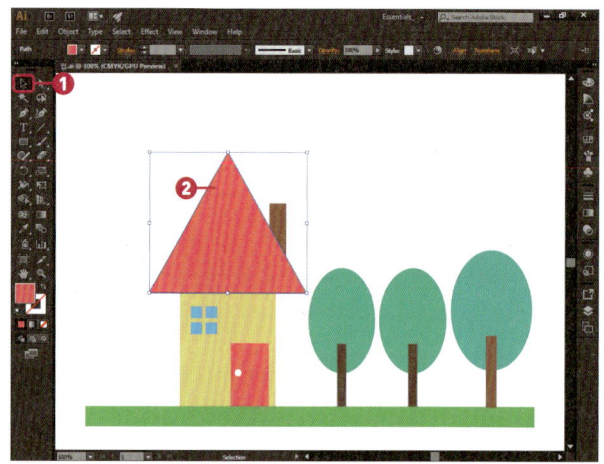

02 다른 오브젝트와 동시 선택하기

❶ Shift 를 누르고 아래의 사각형을 클릭합니다. 해당 오브젝트가 동시에 선택됩니다.

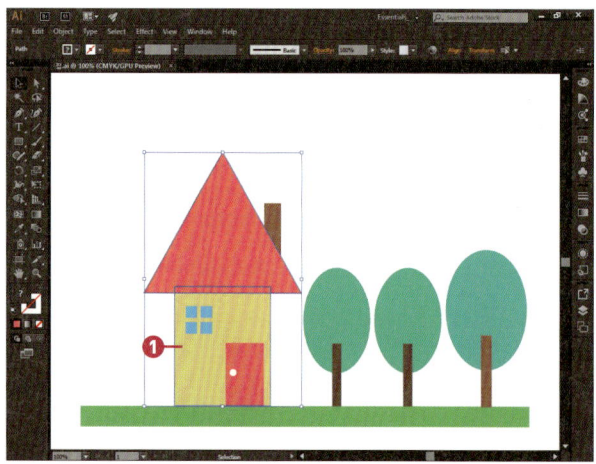

03 선택 해제하기

❶ 오브젝트가 없는 빈 곳을 클릭하면 선택이 해제되어 바운딩 박스가 사라집니다.

> **Point**
> [Select]-[Deselect] 메뉴(Shift + Ctrl + A)를 클릭해도 선택이 해제됩니다.

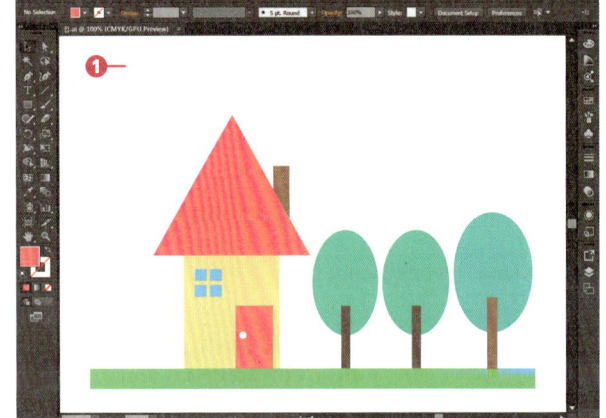

04 오브젝트 한번에 선택하기

❶ 빈 곳을 클릭&드래그해 점 사각형을 만든 후 마우스 버튼에서 손을 떼면 해당 영역 안에 존재하는 오브젝트가 모두 선택됩니다.

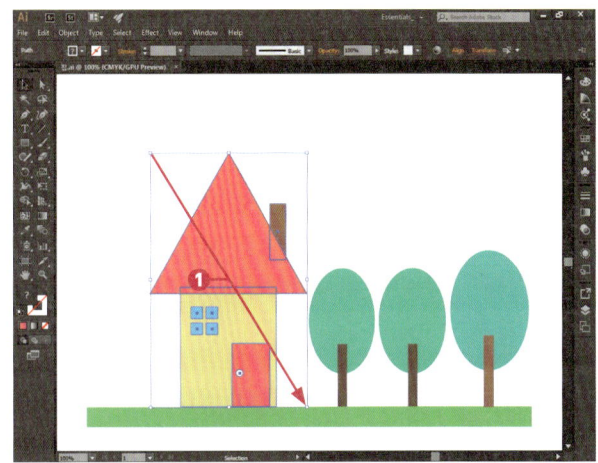

05 오브젝트 한번에 선택하기

❶ 다시 한 번 빈 곳을 클릭&드래그해 오른쪽 끝의 나무 오브젝트 2개를 동시 선택합니다.

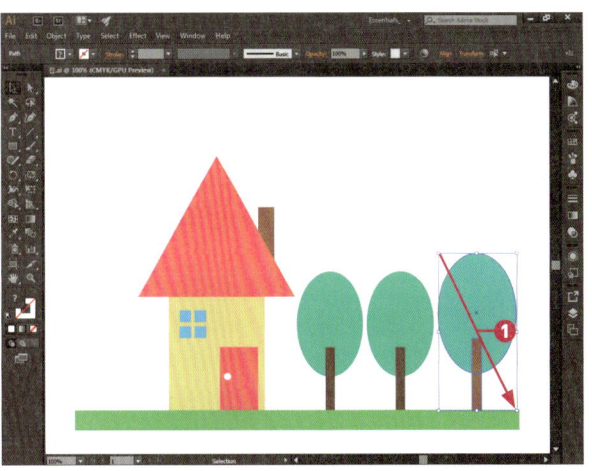

06 오브젝트 이동하기

❶ 클릭&드래그하면 해당 오브젝트가 이동합니다. 이 때 Shift 를 누르면서 클릭&드래그하면 이동 방향이 수평이나 수직, 45° 각도로 제한됩니다.

> **Point**
> 키보드의 방향키(←→↑↓)를 누르면 해당 방향으로 1 px 씩 이동합니다. Shift 를 함께 누를 경우 10 px 씩 이동합니다.

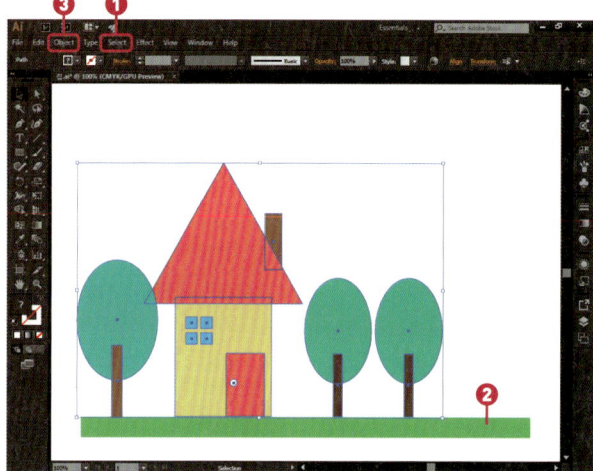

07 그룹으로 만들기

❶ [Select]-[All] 메뉴(Ctrl + A)를 클릭하면 모든 오브젝트가 동시 선택됩니다. ❷ 연두색 사각형을 클릭하여 해당 오브젝트만 선택 해제합니다. ❸ [Object]-[Group] 메뉴(Ctrl + G)를 클릭합니다. 선택한 오브젝트가 그룹으로 묶여집니다.

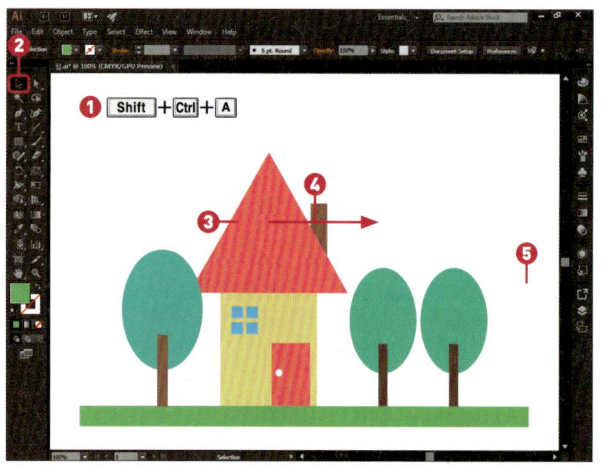

08 그룹 선택하기

❶ Shift + Ctrl + A 를 눌러 선택을 해제한 후 ❷ [Selection Tool](▶)로 ❸ 아무 오브젝트나 클릭합니다. 그룹으로 만들었기 때문에 오브젝트가 동시 선택됩니다. ❹ 클릭&드래그해 위치를 이동시킵니다. ❺ 빈 곳을 클릭하여 선택을 해제합니다.

> **Point**
> - [Group Selection Tool](▶)을 이용하면 그룹을 해제하지 않고도 그룹의 특정 오브젝트만 선택이 가능합니다. 다시 한 번 더 클릭하면 그룹 전체가 선택됩니다.
> - [Object]-[Ungroup] 메뉴(Shift + Ctrl + G)를 클릭하면 그룹이 해제됩니다.

SECTION

05 크기 조절 및 회전하고 복사하기

오브젝트를 선택하면 나타나는 바운딩 박스를 이용하여 오브젝트의 크기를 조절하거나 회전할 수 있습니다. 오브젝트를 여러 개로 복사하는 방법도 알아봅니다.

○ **Keyword** 크기 조절, 회전, 복사   ○ 예제 파일 | Part01\비구름.ai   ○ 완성 파일 | Part01\비구름(완성).ai

01 그룹 선택하기

❶ [Selection Tool](▶)을 선택하고 ❷ 빗방울 모양 오브젝트를 클릭합니다. 오브젝트가 선택됩니다.

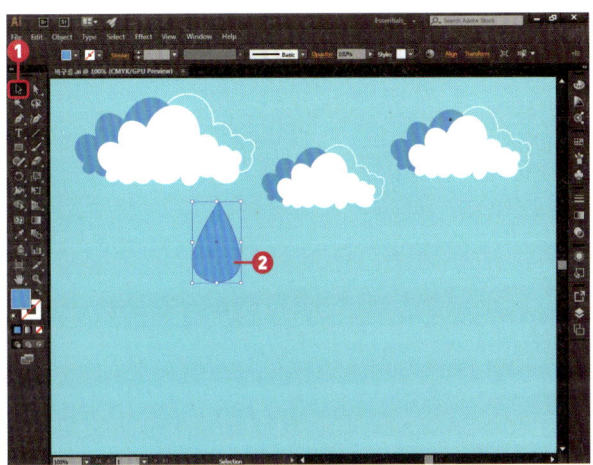

02 크기 조절하기

❶ 바운딩 박스의 모서리 조절점에 마우스를 위치시켜 커서 모양이 바뀌면(↘) Shift 를 누르고 클릭&드래그 합니다. 크기가 조절됩니다.

Point

Shift 를 누르고 클릭&드래그하면 원본 비율이 유지되면서 크기가 조절됩니다.

03 복사하고 붙여넣기

❶ [Edit]-[Copy] 메뉴(Ctrl+C)를 클릭하여 클립보드로 복사합니다. ❷ [Edit]-[Paste] 메뉴(Ctrl+V)를 클릭하면 복사했던 그룹이 아트보드 가운데로 붙여넣기 됩니다.

04 위치 이동, 크기 조절하기

❶ 클릭&드래그해 위치를 이동한 후 ❷ 바운딩 박스 모서리에 마우스를 위치시켜 Shift 를 누르고 클릭&드래그해 크기를 조절합니다.

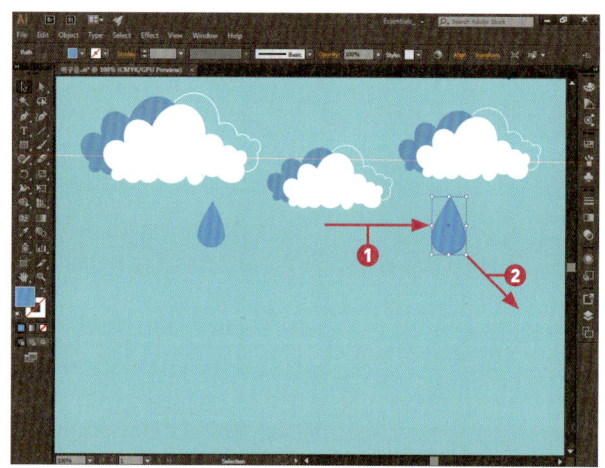

05 방향 회전하기

❶ 바운딩 박스의 모서리에서 바깥쪽으로 마우스를 가져갑니다. 커서가 꺾은 화살표 모양(↻)으로 나타납니다. 클릭&드래그하면 방향이 회전됩니다.

06 이동하면서 복사하기

❶ 클릭&드래그해 이동할 때 Alt 를 누르면 커서 모양(▶)이 변경됩니다. 이 때 마우스 버튼에서 손을 떼면 이동과 동시에 복사됩니다.

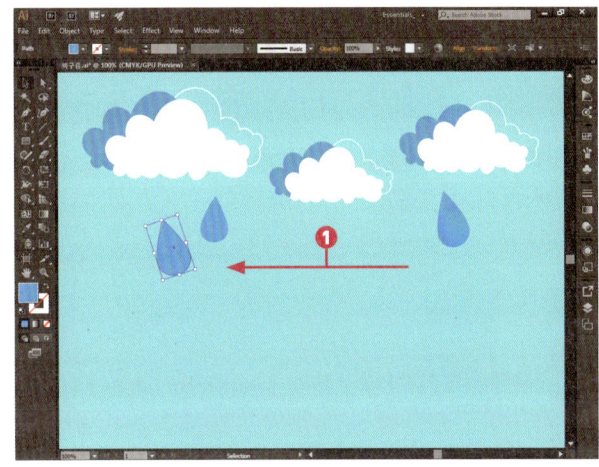

07 마무리 작업하기

❶ 오브젝트 복사, 크기 조절 및 회전하여 그림과 같이 완성합니다.

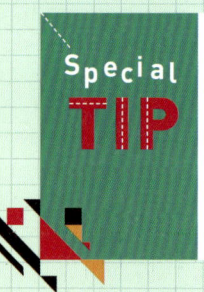

오브젝트를 잠그거나 숨기기, 실행한 작업을 취소하거나 복구하기

잠그기, 숨기기 기능과 실행한 작업을 취소하거나 복구하는 방법을 알아봅니다.

01 오브젝트를 잠그거나 숨기기

❶ **[Object]–[Lock] 메뉴** : 오브젝트가 선택될 수 없도록 잠금 설정하는 메뉴입니다. 모든 잠금 설정을 해제하려면 [Unlock All] 메뉴(Alt + Ctrl + 2)를 클릭합니다.

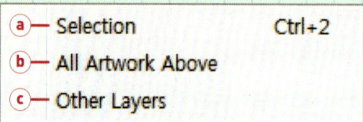

ⓐ **Selection**(Ctrl + 2) : 선택한 오브젝트를 잠급니다.
ⓑ **All Artwork Above** : 선택한 오브젝트 보다 상위 순서의 오브젝트만 잠급니다. 선택한 오브젝트와 하위 순서의 오브젝트는 잠기지 않습니다.
ⓒ **Other Layers** : 선택한 오브젝트가 소속된 레이어를 제외한 나머지 레이어를 잠급니다.

❷ **[Object]–[Hide] 메뉴** : 오브젝트가 화면에 보이지 않도록 숨기는 메뉴입니다. 숨겨진 오브젝트는 Preview 모드는 물론 Outline 모드에서도 나타나지 않습니다. 숨겨진 모든 오브젝트를 다시 보이도록 하려면 [Show All] 메뉴(Alt + Ctrl + 3)를 클릭합니다.

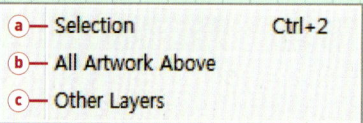

ⓐ **Selection** : 선택한 오브젝트를 숨깁니다.
ⓑ **All Artwork Above** : 선택한 오브젝트 보다 상위 순서의 오브젝트만 숨깁니다. 선택한 오브젝트와 하위 순서의 오브젝트는 숨겨지지 않습니다.
ⓒ **Other Layers** : 선택한 오브젝트가 소속된 레이어를 제외한 나머지 레이어를 숨깁니다.

02 실행한 작업을 취소하거나 복구하기

아래 작업 과정을 참고하여 실행한 작업을 취소하거나 복구하는 메뉴를 알아봅니다.

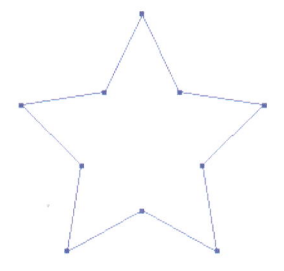  

▲ 〈1번 과정〉 별 모양 도형 만들기　　▲ 〈2번 과정〉 색 설정　　▲ 〈3번 과정〉 방향 회전

❶ [Edit]-[Undo] 메뉴 : 실행한 작업을 취소하고 이전 단계로 돌아갑니다. 예를 들어 3번 과정에서 메뉴를 클릭하면 2번 과정으로 돌아갑니다. 다시 한 번 더 메뉴를 클릭하면 1번 과정으로 돌아갑니다. (Ctrl + Z)

❷ [Edit]-[Rado] 메뉴 : [Edit]-[Undo] 메뉴로 취소한 작업을 다시 실행합니다. 예를 들어 3번 과정에서 [Edit]-[Undo] 메뉴를 클릭하여 2번 과정으로 돌아간 상태일 경우, 이 메뉴를 클릭하면 다시 3번 과정으로 되돌아가게 됩니다. (Shift + Ctrl + Z)

❸ [File]-[Revert] 메뉴 : 작업 중인 파일의 상태를 [File]-[Open] 메뉴로 처음 불러왔을 때의 상태로 되돌립니다. 예를 들어 처음 불러왔을 때의 상태가 1번 과정이었다면 언제든지 이 메뉴를 클릭하면 1번 과정으로 돌아가게 됩니다. (F12)

SECTION

06 [Color Picker] 대화상자와 [Color] 패널로 색 설정하기

[Color] 패널과 [Color Picker] 대화상자로 색을 설정하는 방법을 학습합니다. 또한 [Eyedropper Tool]을 이용하여 오브젝트에 적용된 속성을 복사하는 방법도 확인합니다.

● **Keyword** [Color Picker] 대화상자, [Color] 패널　　● 예제 파일 | Part01\아이스크림.ai　　● 완성 파일 | Part01\아이스크림(완성).ai

01 오브젝트 선택하기

❶ [Selection Tool]()을 선택합니다. ❷ 아이스크림 오브젝트를 클릭하여 선택합니다. ❸ 칠 색상자를 더블클릭합니다.

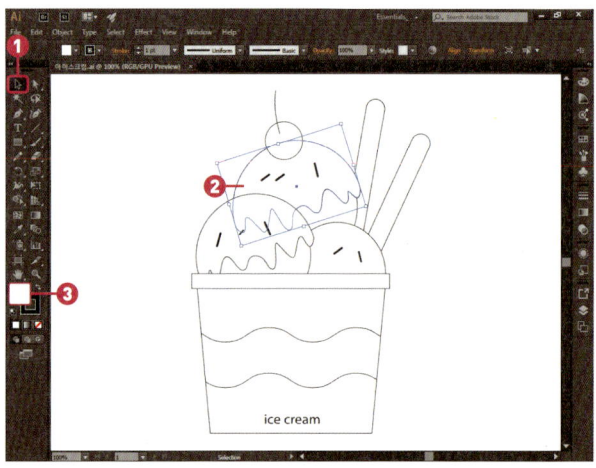

02 칠 색상 설정하기

❶ [Color Picker] 대화상자가 나타납니다. ❷ [#]에 '7F6252'를 입력하고 ❸ [OK]를 클릭합니다.

> **Point**
> [Color Picker] 대화상자에 대한 자세한 설명은 포토샵 파트를 참고합니다.

03 선 색상 설정하기

❶ 선 색상자를 더블클릭합니다. [Color Picker] 대화상자가 나타납니다. ❷ [#]에 '734432'를 입력하고 ❸ [OK]를 클릭합니다.

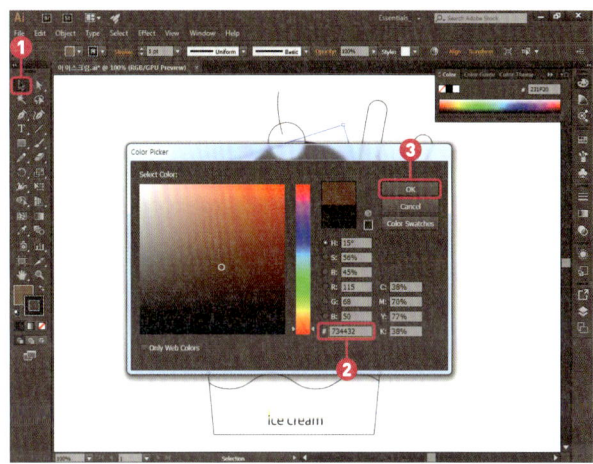

04 선 굵기 설정하기

❶ 오브젝트의 칠 색상과 선 색상이 변경됩니다. [Stroke] 패널에서 [Weight]를 '7 pt'로 설정합니다. 선 굵기가 조정됩니다.

05 오브젝트 선택하기

❶ [Selection Tool](🔲)로 ❷ 나머지 두 아이스크림 오브젝트를 동시 선택합니다.

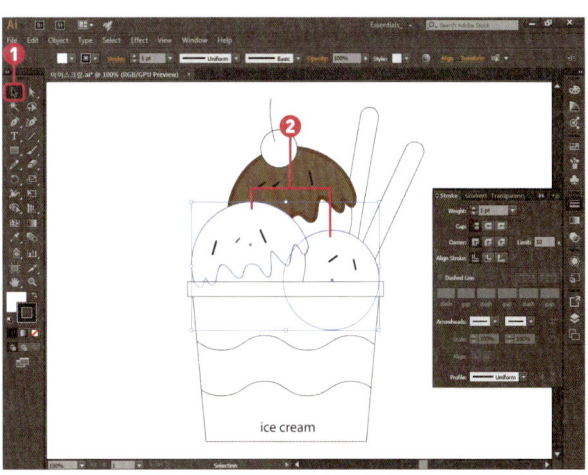

Point
Shift 를 이용하면 오브젝트를 동시 선택할 수 있습니다.

06 속성 복사하기

❶ [Eyedropper Tool](아이콘)을 선택합니다. ❷ 따라하기 2~3번 과정에서 색상을 설정한 오브젝트를 클릭합니다. 선택한 오브젝트에 클릭한 지점에 설정되어 있는 속성이 그대로 적용됩니다. ❸ 선 색상자를 클릭하여 활성화합니다.

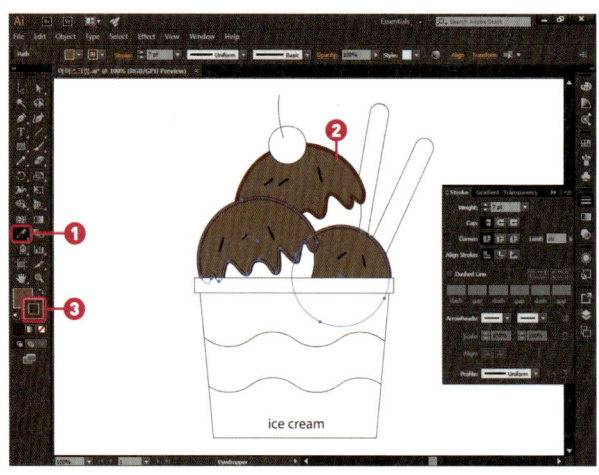

07 선 색상 설정하기

❶ [Color] 패널의 목록 단추(아이콘)를 클릭하고 [RGB] 메뉴를 클릭합니다. ❷ 다시 목록 단추(아이콘)를 클릭하고 [Show Options] 메뉴를 클릭합니다. ❸ [R]을 '220', [G]를 '200', [B]를 '155'로 설정합니다. 색이 설정됩니다. ❹ [Stroke] 패널에서 [Weight]를 '7 pt'로 설정합니다.

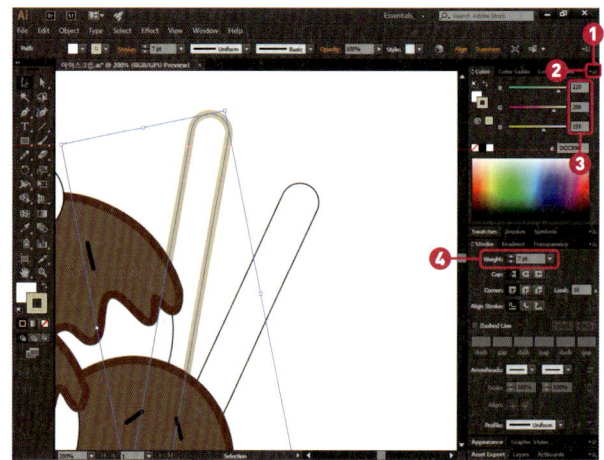

08 칠 색상 설정하기

❶ 칠 색상자를 클릭합니다. ❷ [Color] 패널에서 [R]을 '235', [G]를 '220', [B]를 '190'로 설정합니다. 색이 설정됩니다. 혹은 [Color] 패널 아래쪽의 [#]에 'EBDCBE'를 입력하여 색을 설정하여도 됩니다.

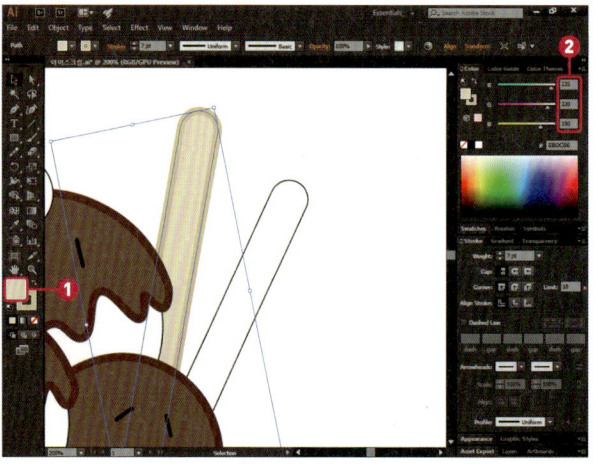

09 속성 복사하기

❶ [Eyedropper Tool](🔧)을 선택합니다. ❷ 색을 설정한 오브젝트의 오른쪽에 있는 오브젝트에 마우스를 위치시켜 Alt 를 누르고 마우스 커서가 바뀌면(🔧) 클릭합니다. 선택한 오브젝트의 속성이 클릭한 지점의 오브젝트에 그대로 적용됩니다.

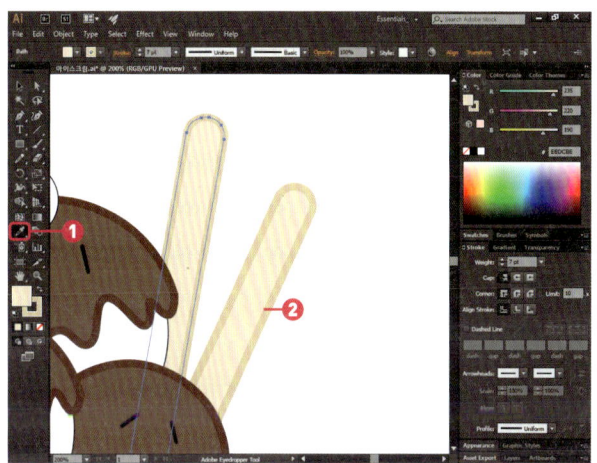

10 속성 복사하기

❶ [Selection Tool](▶)로 ❷ 체리 오브젝트의 패스를 선택합니다. ❸ [Eyedropper Tool](🔧)을 선택하고 ❹ 아이스크림 오브젝트를 클릭합니다. 속성이 복사됩니다. ❺ 칠 색상자를 클릭한 후 ❻ [None](⌀)을 클릭하여 색을 제거합니다.

11 색 설정하기

❶ [Color Picker] 대화상자나 [Color] 패널을 이용하여 다른 오브젝트의 색상을 설정하고 [Stroke] 패널을 이용하여 선 굵기를 설정합니다.

[Color Picker] 대화상자나 [Color] 패널을 이용하여 다른 오브젝트의 색상을 설정하고 [Stroke] 패널을 이용하여 선 굵기를 설정합니다.

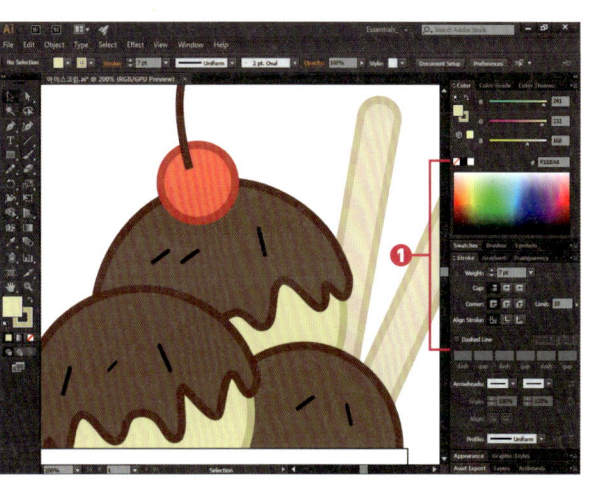

12 마무리 작업하기

❶ [Color Picker] 대화상자나 [Color] 패널을 이용하여 다른 오브젝트의 색상을 설정하고 [Stroke] 패널을 이용하여 선 굵기를 설정합니다.

> **Point**
> 패키지 오브젝트의 색상은 'BAE3E7', '5DBFC1', '5CB4B2'로 설정하였으며, 글자 오브젝트의 색상은 '207068'로 설정하였습니다.

Level UP

[Tool] 패널 색상 설정 화면 살펴보기

- [Tool] 패널의 색상 설정 화면에서 만들 오브젝트의 색상을 미리 설정하거나, 선택한 오브젝트에 적용되어 있는 색상을 확인할 수 있습니다.
- 기본적으로 칠 색은 흰색, 선 색은 검은색으로 설정되어 있습니다. 색상자를 클릭하면 해당 색상자가 활성화됩니다.

❶ **Fill(칠)** : 패스 안쪽 면의 색상입니다. 더블클릭하면 [Color Picker] 대화상자가 나타납니다.
❷ **Stroke(선)** : 패스 라인 색상입니다. 더블클릭하면 [Color Picker] 대화상자가 나타납니다.
❸ : 설정되어 있는 칠 색상과 선 색상을 서로 교체합니다.
❹ : 칠과 선을 기본 색상으로 설정합니다(칠: 흰색, 선: 검은색).
❺ : 색상을 적용합니다.
❻ : 그레이디언트를 적용합니다.
❼ : 색상을 적용하지 않고 투명하게 만듭니다.

SECTION 07 [Swatches] 패널과 스와치 라이브러리로 색 설정하기

[Swatches] 패널에는 자주 사용하는 색상이 등록되어 있습니다. 원하는 색상을 클릭하면 해당 색상이 바로 설정되어 편리합니다. [Swatches] 패널과 스와치 라이브러리로 색을 설정하는 방법을 학습합니다.

○ **Keyword** [Color] 패널, [Color Picker] 대화상자, [Swatches] 패널   ○ **예제 파일** | Part01\라디오.ai, 스와치.ase   ○ **완성 파일** | Part01\라디오(완성).ai

01 스와치 라이브러리 불러오기

❶ [Window]-[Swatch Libraries]-[Other Library] 메뉴를 클릭합니다.

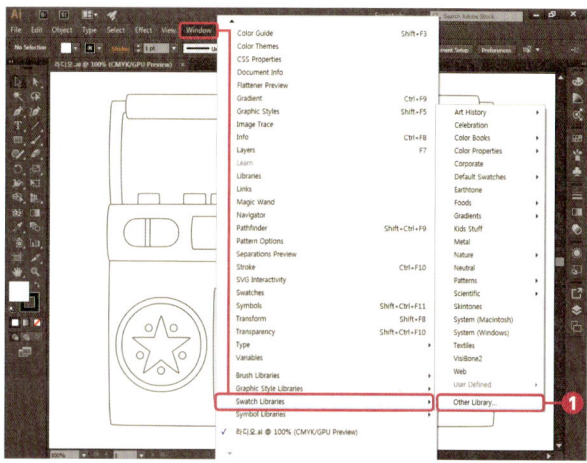

02 스와치 라이브러리 불러오기

❶ '스와치.ase' 파일을 선택합니다. ❷ [열기]를 클릭합니다. [스와치] 이름의 스왓치 라이브러리가 불러와집니다.

03 색 설정하기

❶ [Selection Tool](🔲)을 선택합니다. ❷ 라디오의 윗부분이 되는 오브젝트를 클릭하여 선택합니다. ❸ 칠 색상자를 클릭한 후 ❹ 패널에서 노란색을 클릭하면 선택한 오브젝트에 클릭한 색상이 채워집니다.

> **Point**
> 목록 단추(▤)를 클릭하고 [Large Thumbnail View] 메뉴를 클릭하면 라이브러리 패널의 견본 크기가 조정됩니다.

04 색 설정하기

❶ 라디오의 몸통 부분이 되는 오브젝트를 클릭하여 선택합니다. ❷ 칠 색상자가 활성화되어 있습니다. 패널에서 연두색을 클릭합니다. 선택한 오브젝트에 클릭한 색상이 채워집니다.

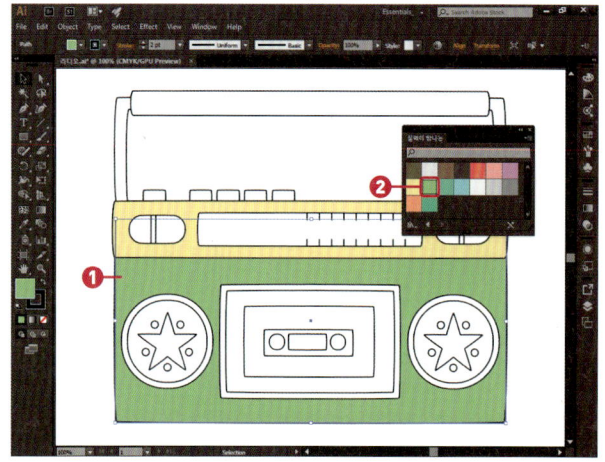

05 색 설정하기

❶ 별 모양 오브젝트를 두 개 동시 선택합니다. ❷ 패널에서 빨간색을 클릭합니다. 선택한 오브젝트에 클릭한 색상이 채워집니다.

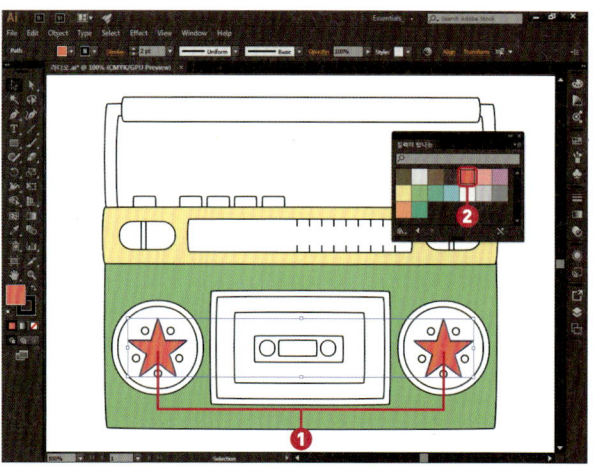

06 선 색 설정하기

❶ 패널에 등록되어 있는 색을 이용하여 각 오브젝트에 칠 색상을 설정합니다. ❷ Ctrl + A 를 눌러 전체 오브젝트를 동시 선택합니다. ❸ 선 색상자를 클릭하고 ❹ 패널의 첫 번째 색상을 클릭하여 색을 설정합니다.

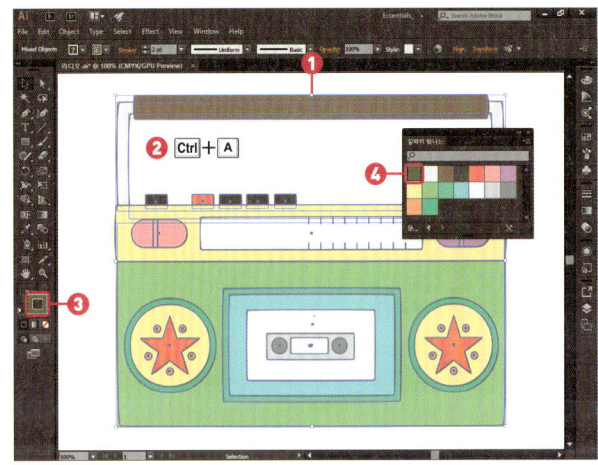

07 선택 해제하기

❶ 아트보드의 빈 곳을 클릭하여 선택을 해제합니다. Shift + Ctrl + A 를 눌러도 됩니다.

PART 02

기본 조작법과 드로잉 익히기

[Pen Tool]을 이용하여 직선 및 곡선 패스를 만드는 방법,
도형 도구로 다양한 모양의 도형을 만드는 방법,
패스를 수정하는 방법, 오브젝트의 속성을 변경하고
크기 변경 및 회전, 반전 시키는 방법, 글자를 입력 시키는 방법 등
기본적인 조작법과 드로잉법을 학습합니다.

SECTION 01 드로잉의 기본 구조인 패스 이해하기

[Pen Tool]은 일러스트레이터 드로잉의 가장 기본적이면서도 중요한 도구입니다. 일러스트레이터 프로그램에서 드로잉의 기본 구조인 패스에 대해 알아봅니다.

○ Keyword 패스, 벡터 방식

일러스트레이터 드로잉의 기본 구조

일러스트레이터는 수학적인 선, 즉 패스로 드로잉을 합니다. 패스는 점과 선의 연속으로 구조되어 있으며, 이 패스의 안쪽에 색을 채우고 외곽선을 설정하여 일러스트레이션을 완성하게 됩니다. 기본 모드인 Preview 모드에서는 모니터나 프린터로 출력되는 결과물을, Outline 모드에서는 패스의 기본 구조를 확인할 수 있습니다.

> **Point**
> [View]-[Outline] 메뉴(Ctrl+Y)를 클릭하면 Outline 모드로 전환됩니다.

▲ Preview 모드에서 보는 완성된 일러스트레이션

▲ Outline 모드로 보는 패스 구조

 **패스 구조 살펴보기**

패스는 일러스트레이터에서 드로잉을 이루는 기본적인 요소입니다. 패스는 두 개 이상의 기준점과 기준점 사이를 연결하는 하나 이상의 선으로 구성되어 있습니다.

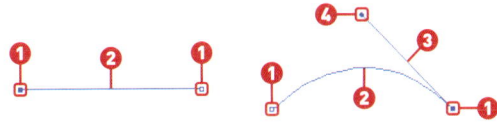

❶ **기준점** : 패스의 시작과 끝에서 제자리에 고정시키는 핀과 같은 역할을 합니다. 선택된 기준점(작업 중인 기준점)은 검은색 사각형(■)으로, 선택되지 않은 기준점은 흰색 사각형(□)으로 표시됩니다.

❷ **패스 선분** : 두 기준점 사이를 연결하는 선입니다. 직선이나 곡선으로 나타납니다.

❸ **방향선** : 곡선으로 연결된 기준점을 선택했을 때 나타납니다. 방향선의 각도는 곡선의 기울기를, 길이는 곡선의 높이와 길이를 결정합니다.

❹ **방향점** : 방향선의 끝에 있는 점입니다. 곡선의 모양을 수정할 때 사용합니다.

> **Point**
> 방향선과 방향점을 통틀어 핸들이라 부르기도 합니다.

 열린 패스와 닫힌 패스 이해하기

- **열린 패스** : 패스의 시작 기준점과 종료 기준점이 일치하지 않고 따로 떨어져 있는 패스입니다. 열린 패스에도 안쪽에 색을 채울 수 있지만 작업 중 문제가 발생할 수 있으므로 닫힌 패스로 만든 후 색을 채우는 것이 좋습니다.
- **닫힌 패스** : 패스의 시작 기준점과 종료 기준점이 일치하는 패스입니다. 패스의 안쪽에 안전하게 색을 채울 수 있습니다.

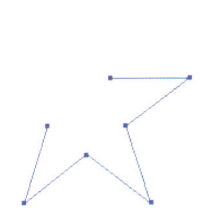 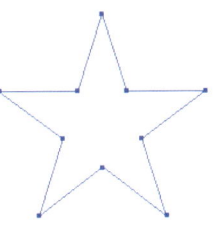 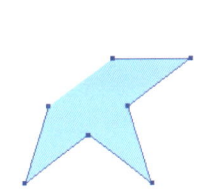 

▲ 시작점과 종료점이 일치하지 않는 열린 패스 　 ▲ 시작과 종료점이 일치하는 닫힌 패스 　 ▲ 열린 패스에 칠 색(Fill Color)을 적용한 모습 　 ▲ 닫힌 패스에 칠 색을 적용한 모습

SECTION
02 [Pen Tool]로 직선 패스 만들기

예제 파일의 직선 패스를 [Pen Tool]로 따라서 만듭니다.

○ **Keyword** Pen Tool, 패스   ○ 예제 파일 | Part02\직선 패스 만들기.ai   ○ 완성 파일 | Part02\직선 패스 만들기(완성).ai

01 기준점 만들기

① [Pen Tool](🖊)을 선택합니다. ② 직선의 왼쪽 끝에 클릭합니다. 기준점이 표시됩니다.

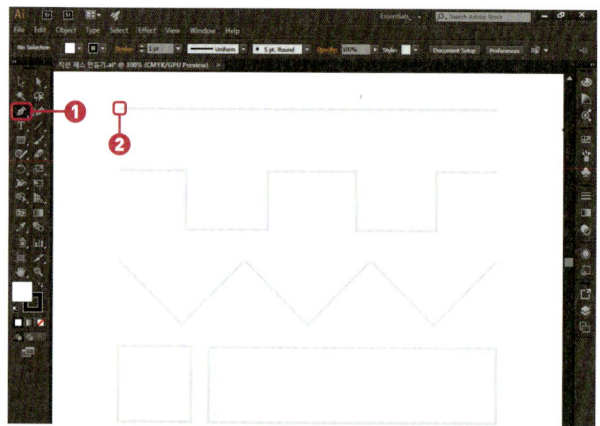

02 다른 기준점 만들기

① 직선의 오른쪽 끝에 클릭하여 다른 기준점을 만듭니다. 만들어진 두 기준점을 연결하는 직선 패스가 만들어집니다. ② 만들 직선은 여기서 끝나므로 Enter 를 눌러 그리기를 종료합니다.

> **Point**
> 그리기를 종료하지 않을 경우 현재 기준점과 새로 만드는 기준점이 서로 연결됩니다. 그리기를 종료하는 방법은 모두 세 가지가 있습니다.
> - [Pen Tool](🖊)을 클릭하거나, Enter 를 누른 후 새로운 기준점을 만듭니다.
> - Ctrl 을 누르고 아무 곳이나 클릭한 후 새로운 기준점을 만듭니다.
> - [Selection Tool](▶)을 클릭하면 그리기가 완전히 종료됩니다.

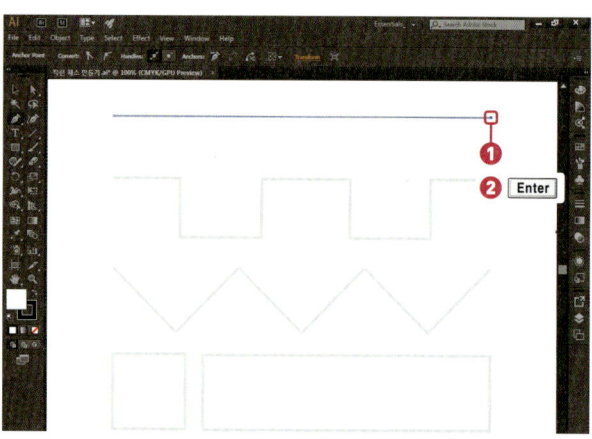

03 방향 제한하여 그리기

❶ 직선의 시작 지점에 클릭하여 기준점을 만든 후 ❷ Shift 를 누르고 다음 지점으로 마우스를 위치시켜 클릭합니다. Shift 를 누를 경우 직선의 방향이 45의 배수로 제한되어 정확한 수평선이 만들어집니다.

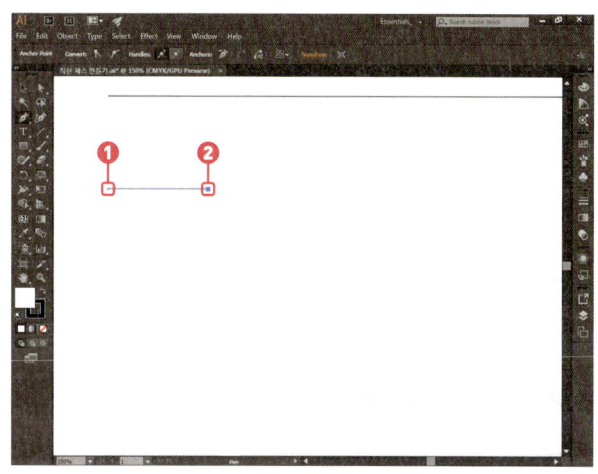

04 방향 제한하여 그리기

❶ 다음 지점으로 마우스를 위치시켜 Shift 를 누르고 클릭하여 기준점을 만듭니다. ❷ 같은 방법으로 직선을 따라서 그립니다. ❸ Enter 를 눌러 그리기를 종료합니다.

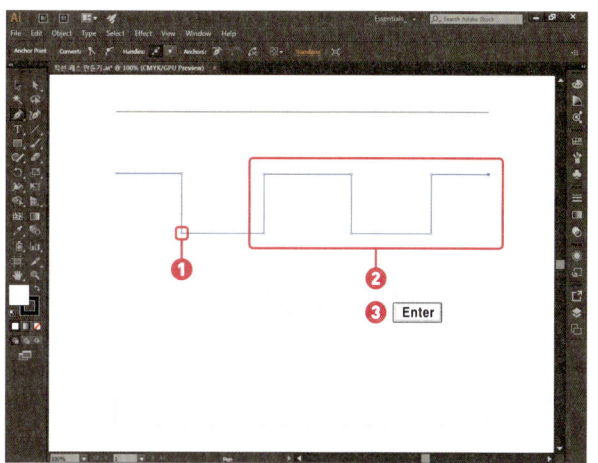

05 대각선 그리기

❶ 시작 기준점을 만든 후 ❷ 다음 지점에 Shift 를 누르고 클릭하여 기준점을 만듭니다. 대각선이 쉽게 만들어집니다. ❸ 같은 방법으로 직선을 따라 그린 후 ❹ Enter 를 눌러 그리기를 종료합니다.

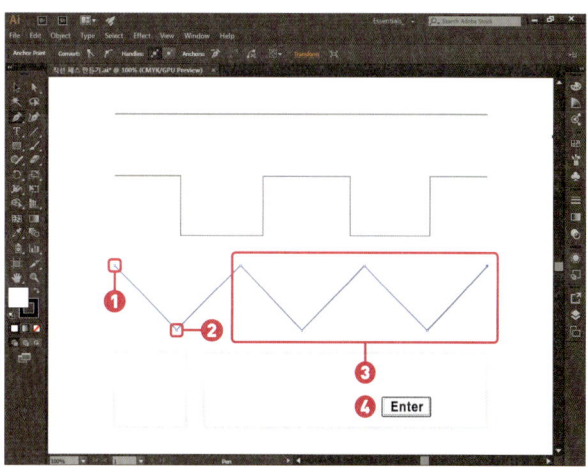

06 사각형 만들기

❶ 사각형의 왼쪽 상단을 클릭하여 기준점을 만듭니다. ❷ 나머지 기준점 3개를 만듭니다. ❸ 그리기를 시작한 기준점에 마우스를 위치시켜 커서 모양이 바뀌면() 클릭합니다.

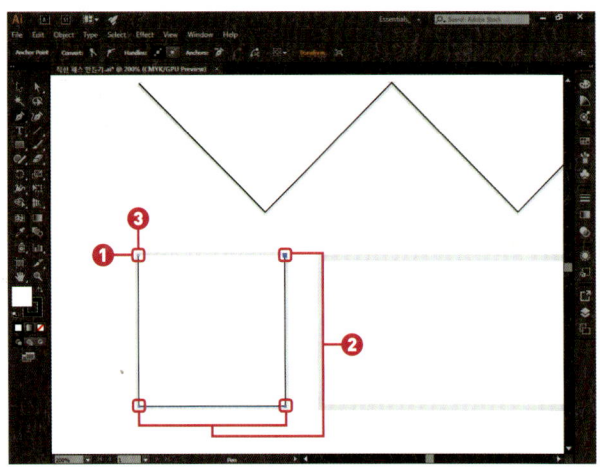

> **Point**
> Ctrl + + 를 누를수록 화면이 확대됩니다.

07 만들어진 닫힌 패스 확인하기

❶ 닫힌 패스로 사각형이 완성됩니다.

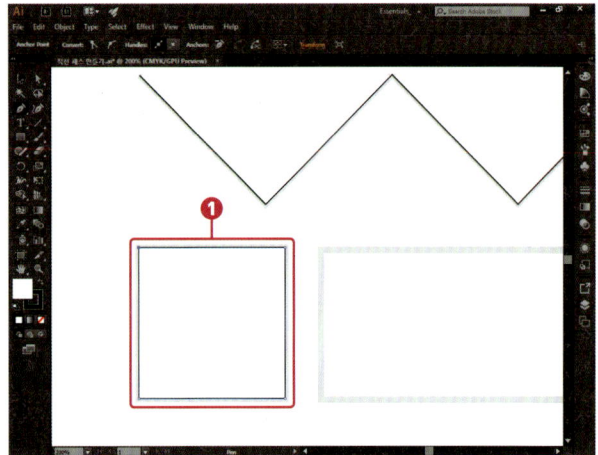

Level UP

패스 작업 중 화면 다루기

패스를 만드는 도중 [Hand Tool]( )이나 [Zoom Tool]( )을 선택하면 그리기가 종료됩니다. 아래 방법을 이용하면 그리기를 종료하지 않고 화면을 확대 및 축소하거나 이동할 수 있습니다.
- **화면 확대, 축소하기** : Alt 를 누르고 마우스의 휠을 위(확대) 혹은 아래(축소)로 돌립니다.
- **화면 이동하기** : Spacebar 를 눌러 마우스 커서가 바뀔 때( ) 화면을 클릭&드래그 합니다.

08 마무리하기

❶ 같은 방법으로 오른쪽의 직사각형을 닫힌 패스로 만듭니다. ❷ [Selection Tool]()을 클릭하여 그리기를 종료합니다.

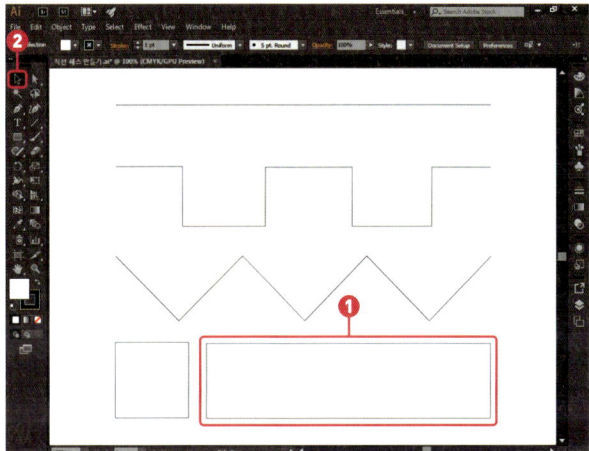

> **Point**
> Ctrl + 1 을 누르면 화면이 100% 비율로 조정됩니다.

Level UP

사각형 격자 모양 패스 쉽게 만들기

[Rectangular Grid Tool]()을 선택하고 클릭하여 드래그하면 사각형 격자가 만들어집니다. 이 때 ↑, ↓를 눌러 줄 수를, →, ←를 눌러 칸 수를 조절할 수 있으며, Shift 를 누르면 정비례로 그릴 수 있습니다. 정확한 수치로 작업하려면 아트보드에 클릭하여 나타나는 대화상자에서 각 항목을 설정합니다.

❶ : 격자를 만들기 시작할 위치를 설정합니다.
❷ **Default Size** : 전체 격자의 폭과 높이를 입력합니다.
❸ **Horizontal Dividers** : 격자의 맨 윗줄과 맨 아랫줄 사이에 만들어질 가로 분할 수를 입력합니다. [Skew]는 분할선이 격자의 위로, 혹은 아래로 얼마나 치우치게 될지 설정합니다.
❹ **Vertical Dividers** : 격자의 맨 왼쪽과 오른쪽 사이에 만들어질 세로 분할 수를 입력합니다. [Skew]의 설정으로 격자가 어느 쪽으로 치우치게 될지 설정합니다.
❺ **Use Outside Rectangle As Frame** : 체크하여 격자를 만들면 격자의 바깥쪽 세그먼트들은 별개의 사각형 오브젝트로 만들어집니다.
❻ **Fill Grid** : 현재 지정되어 있는 면 색으로 격자를 채웁니다.

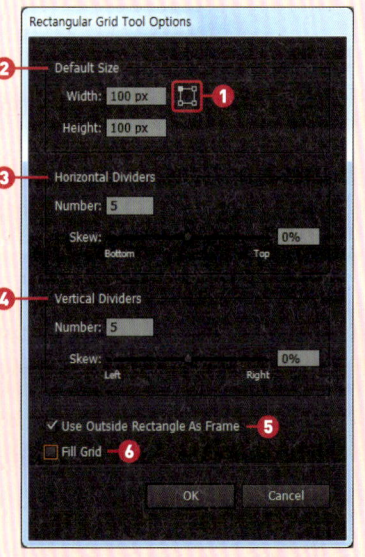

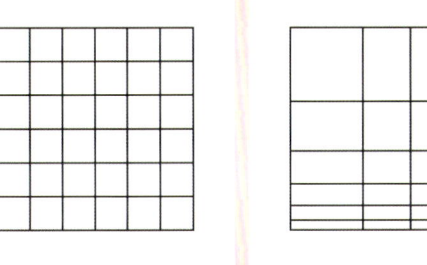

▲ 기본 설정의 사각형 격자   ▲ Horizontal Skew: 50%, Vertical Skew: 50%

SECTION 03 [Pen Tool]로 곡선 패스 만들기

예제 파일의 곡선 패스를 [Pen Tool]로 따라서 만듭니다.

○ **Keyword** Pen Tool, 패스   ○ **예제 파일** | Part02\곡선 패스 만들기.ai   ○ **완성 파일** | Part02\곡선 패스 만들기(완성).ai

01 직선 패스 만들기

❶ 왼쪽 색상자를 클릭한 후 ❷ [None](☐)을 클릭합니다. ❸ 컨트롤 바에서 [Stroke] 입력 상자를 '3 pt'로 설정합니다. ❹ [Pen Tool](✎)을 선택하고 ❺ 클릭하여 기준점을 만듭니다. ❻ 이어서 다음 지점에 클릭하여 직선 패스를 만듭니다.

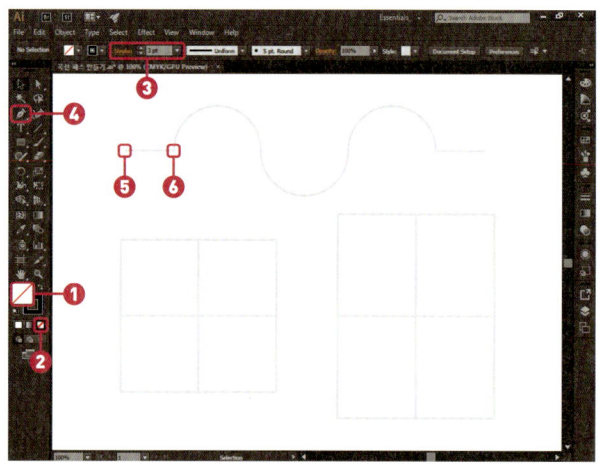

> **Point**
> Ctrl + + 을 누르면 화면이 확대됩니다.

02 직선 패스에서 곡선 만들기

❶ 마지막 기준점을 클릭&드래그하면 ❷ 방향선 반쪽이 나타납니다. ❸ 다음 지점에 클릭&드래그하면 곡선 패스가 만들어집니다. ❹ 방향점을 Alt 를 누르고 클릭&드래그하면 곡선의 모양이 수정됩니다. 양쪽 기준점의 방향점을 조절하여 곡선 모양을 수정합니다.

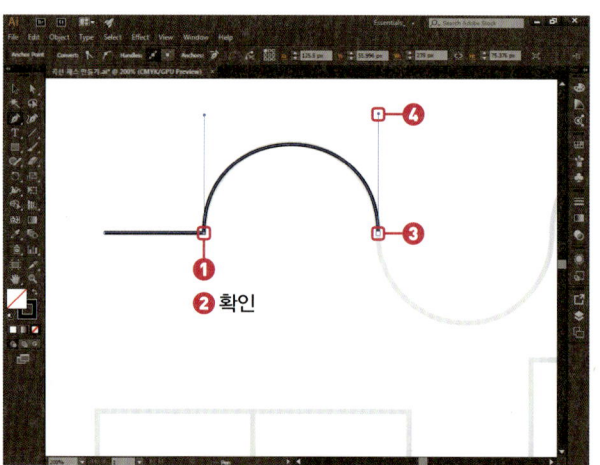

> **Point**
> 방향점을 클릭&드래그할 때 Shift 를 누르면 방향선의 이동 방향이 45의 배수 방향으로 제한됩니다.

03 다른 각도로 곡선 만들기

① 다음 곡선은 현재 곡선과는 방향이 다른 곡선입니다. 마지막 기준점을 Alt 를 누르고 클릭&드래그 합니다. ② 반쪽 방향선이 나타납니다.

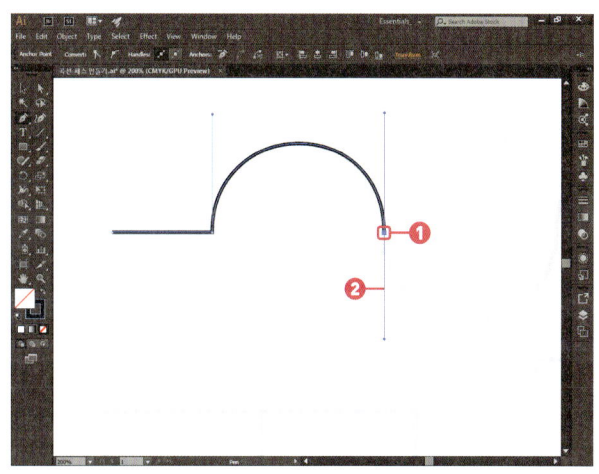

04 다른 방향으로 곡선 만들기

① 다음 지점에 클릭&드래그 합니다. 이전 곡선과는 각도가 다른 새로운 곡선이 만들어졌습니다. ② 마찬가지로 Alt 를 누르고 방향점을 클릭&드래그해 곡선의 모양을 수정합니다.

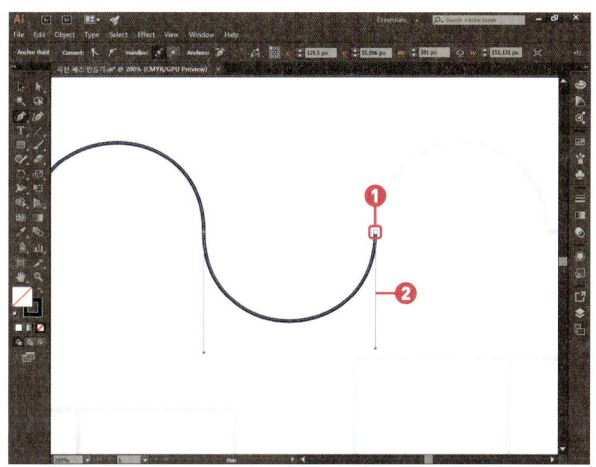

05 곡선 패스에서 직선 만들기

① 같은 방법으로 다른 곡선을 하나 더 만듭니다. ② 방향선을 움직여 곡선 모양을 수정합니다. ③ 이번에는 곡선이 아닌 직선을 만들어야 합니다. 마지막 기준점을 클릭합니다. 방향선 반쪽이 없어집니다.

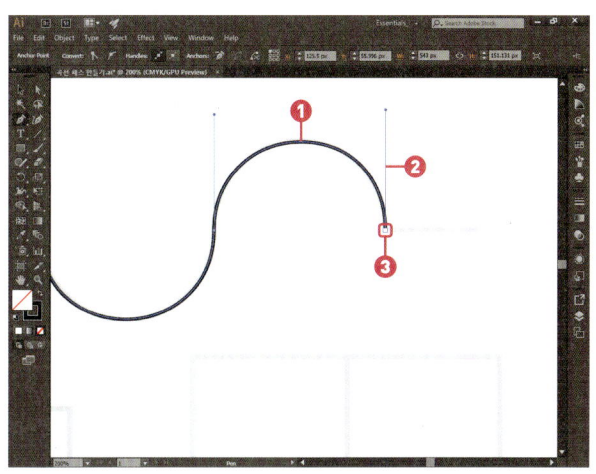

06 그리기 종료하기

❶ 다음 지점에 클릭합니다. 직선 패스가 만들어졌습니다. ❷ Enter 를 눌러 그리기를 종료합니다.

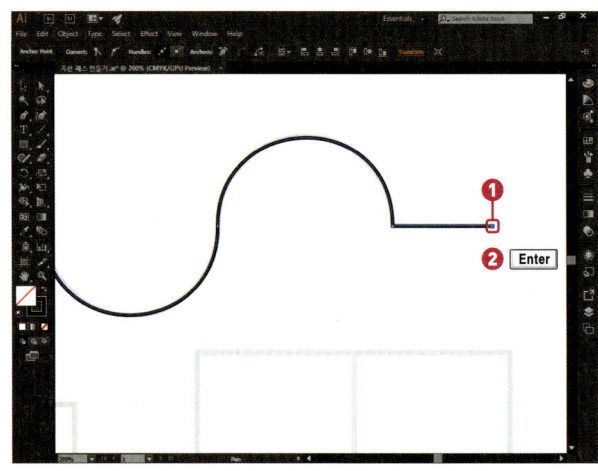

07 S자 곡선 만들기

❶ S자 곡선을 만듭니다. 사각형의 왼쪽 끝 가운데를 클릭한 후 사각형 끝까지 드래그하여 방향점과 위치를 맞춥니다.

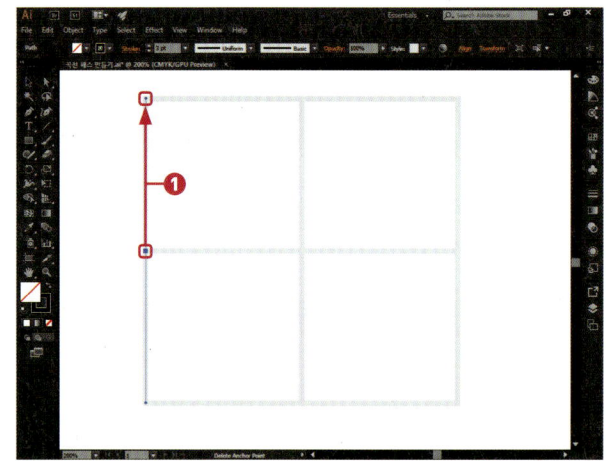

08 S자 곡선 만들기

❶ 사각형의 오른쪽 끝 가운데를 클릭한 후 7번 과정에서 드래그한 방향과 같은 방향으로 드래그하여 방향점의 위치를 사각형 끝과 맞춥니다. S자 곡선이 만들어집니다.

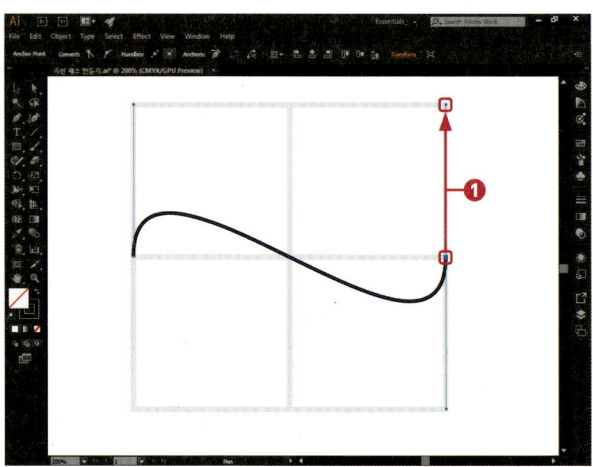

09 뫼비우스의 띠 모양의 패스 만들기

① 시작 기준점에 마우스를 위치시켜 커서 모양이 바뀌면(🖋) 클릭한 후 7번, 8번 과정에서 드래그한 방향과 같은 방향으로 드래그하여 방향점의 위치를 사각형 끝과 맞춥니다. 뫼비우스의 띠 모양의 패스가 만들어집니다.

② Enter 를 눌러 그리기를 종료합니다.

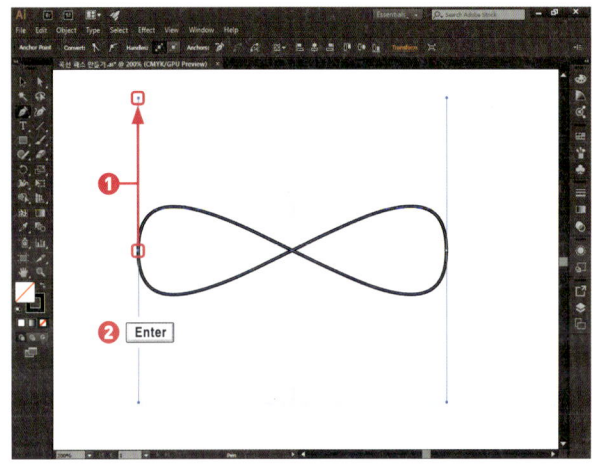

10 U자 곡선 만들기

① 이번에는 U자 곡선을 만듭니다. 사각형의 왼쪽 끝 가운데를 클릭한 후 사각형 끝까지 드래그하여 방향점과 위치를 맞춥니다.

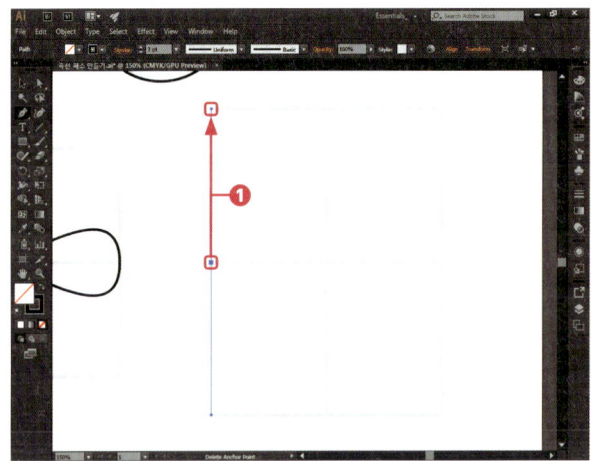

11 U자 곡선 만들기

① 사각형의 오른쪽 끝 가운데를 클릭한 후 10번 과정에서 드래그한 방향과 반대 방향으로 드래그하여 방향점의 위치를 사각형 끝과 맞춥니다. U자 곡선이 만들어집니다.

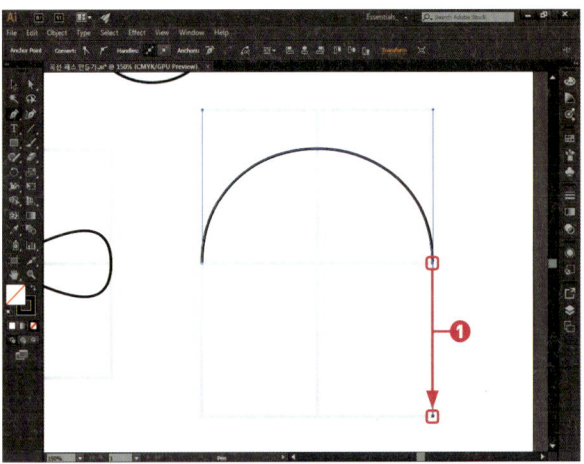

12 타원 패스 만들기

❶ 시작 기준점에 마우스를 위치시켜 커서 모양이 바뀌면( ) 클릭한 후 11번 과정에서 드래그한 방향과 같은 방향으로 드래그하여 방향점의 위치를 사각형 끝과 맞춥니다. 타원이 만들어집니다. ❷ `Enter` 를 눌러 그리기를 종료합니다.

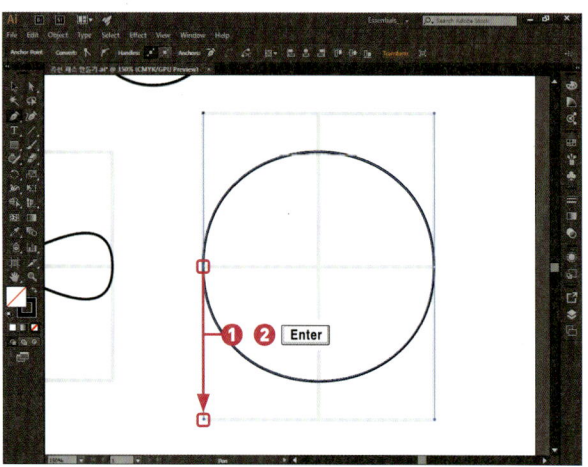

Level UP

기준점의 종류 이해하고 기준점에 따른 패스 수정 방법 알아보기

❶ **기준점의 종류 이해하기**
- **둥근 점** : 연속적인 곡선이 자연스럽게 연결된 기준점입니다. 반드시 두 개의 곡선 패스만 연결하므로 항상 두 개의 방향선이 표시됩니다. 1~4번, 11~16번 과정에서 작업한 패스입니다.
- **모퉁이 점** : 앞의 패스와는 다른 각도로 이어지는 패스를 연결하는 기준점입니다. 두 개의 직선을 연결하거나, 직선과 곡선을 연결하거나, 각도가 다른 두 곡선을 연결합니다. 기준점에 따라 방향선이 양쪽 모두 있거나, 반쪽만 있거나, 혹은 없을 수도 있습니다. 5~10번 과정에서 작업한 패스입니다.

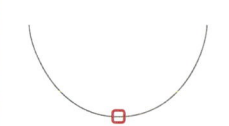   

▲ 둥근 점(곡선+곡선)　　▲ 모퉁이 점(직선+직선)　　▲ 모퉁이 점(직선+곡선)　　▲ 모퉁이 점(곡선+곡선)

❷ **둥근 점 패스 수정하기** : 둥근 점의 경우 두 개의 방향선이 하나의 직선처럼 함께 움직이기 때문에 패스 모양을 수정할 때도 기준점과 연결된 양쪽의 패스가 동시에 수정됩니다.
- **패스를 만드는 도중 수정하기** : 마지막 기준점의 경우 클릭&드래그, 나머지 기준점의 경우 `Alt` 를 누르고 클릭&드래그 합니다. 이 때 둥근 점을 모퉁이 점으로 만들어 모양을 수정하려면 해당 기준점을 `Alt` 를 누르고 클릭합니다.
- **이미 만들어진 패스를 수정하기** : [Direct Selection Tool]( )로 기준점을 선택한 후 방향점을 클릭&드래그 합니다. 이 때 둥근 점을 모퉁이 점으로 만들어 모양을 수정하려면 `Alt` 를 누르고 방향점을 클릭&드래그 합니다.

❷ **모퉁이 점 패스 수정하기**
- **패스를 만드는 도중 수정하기** : `Alt` 를 누르고 방향점을 클릭&드래그 합니다. 이 때 모퉁이 점을 둥근 점으로 만들어 모양을 수정하려면 `Alt` 를 누르고 기준점을 클릭&드래그 합니다.
- **이미 만들어진 패스를 수정하기** : [Direct Selection Tool]( )로 기준점을 선택한 후 방향점을 클릭&드래그 합니다.

SECTION 04 [Curvature Tool]로 자연스러운 곡선 패스 만들기

[Curvature Tool]은 CC 버전에서 추가된 도구입니다. 기존의 [Pen Tool]과는 달리 이 도구는 무조건 자연스럽게 연결된 곡선 패스만 만드는 도구입니다.

○ **Keyword** Curvature Tool, 패스   ○ 예제 파일 | Part02\연필.ai   ○ 완성 파일 | Part02\연필(완성).ai

01 도구 선택하고 기준점 만들기

❶ [Curvature Tool](📝)을 선택하고 ❷ 연필 끝에 클릭합니다. 굵은 점이 찍힙니다.

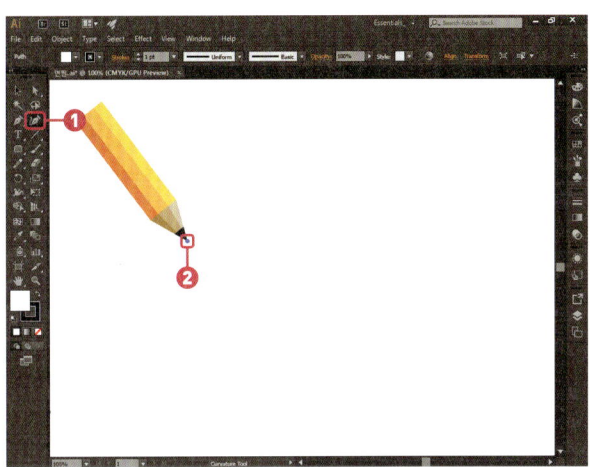

02 다음 기준점 만들기

❶ 다른 지점에 마우스를 위치시켜 클릭합니다. 두 지점을 연결하는 직선 패스가 만들어집니다.

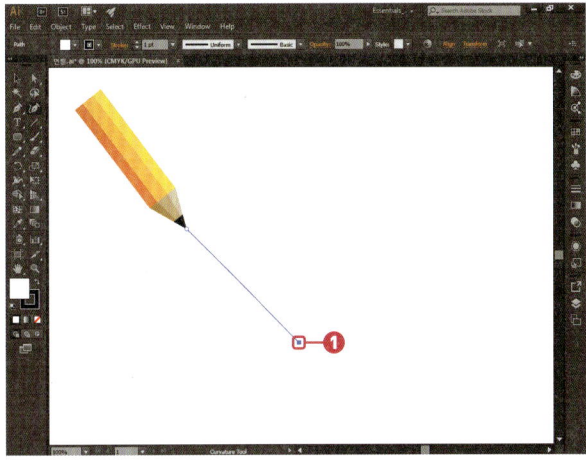

03 곡선 패스로 만들기

❶ 현재 상태에서 다른 지점으로 마우스를 위치시키면 1번, 2번 과정에서 만들어진 직선 패스는 곡선 패스로 바뀌고 가장 처음 만든 기준점에서부터 해당 위치까지 자연스럽게 연결되는 곡선 패스가 미리보기로 나타납니다.

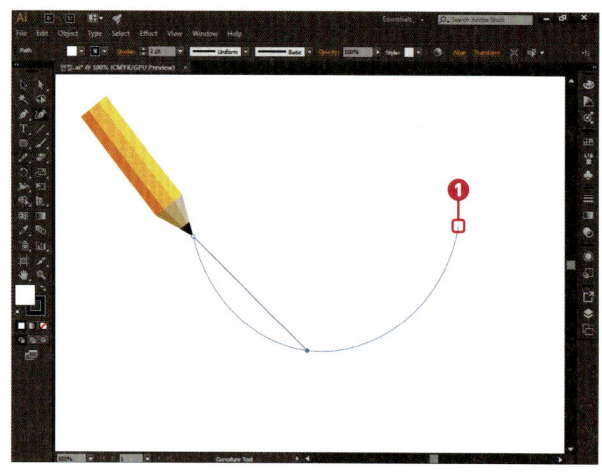

04 만들어진 곡선 패스 확인하기

❶ 클릭하면 미리보기로 나타났던 곡선으로 수정됩니다.

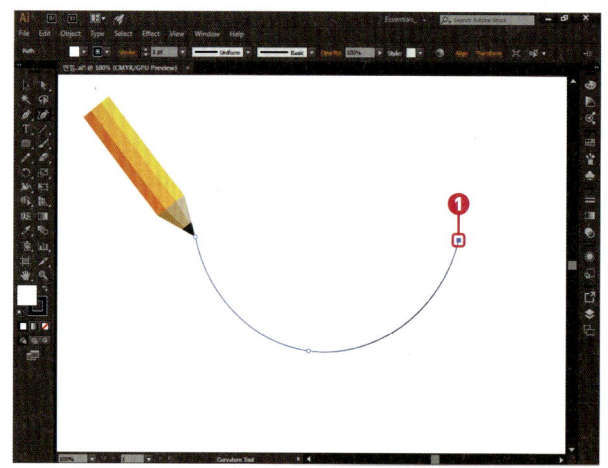

05 곡선 패스 만들기

❶ 다른 지점에 마우스를 위치시키면 ❷ 다시 해당 위치에 맞게 이전 패스들의 곡선이 다르게 나타납니다.

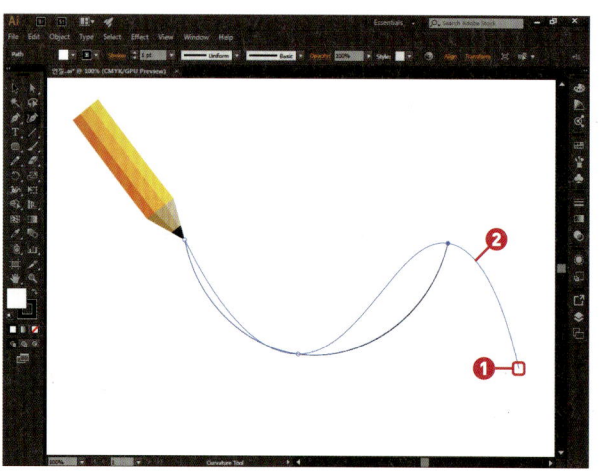

06 만들어진 곡선 패스 확인하기

❶ 클릭하면 미리보기로 나타났던 곡선으로 수정됩니다. 곡선을 계속해서 만들 때마다 이전 곡선의 모양이 수정되는 것은 [Cur vature Tool](아이콘)은 무조건 자연스럽게 연결되는 곡선만 만들기 때문입니다.

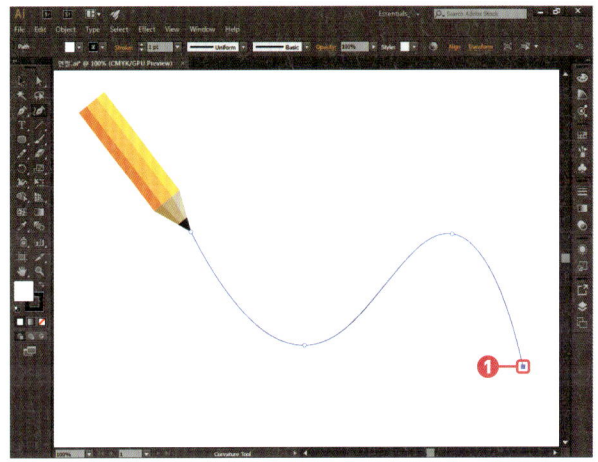

07 기준점 위치 이동하기

❶ 이전 기준점을 클릭&드래그하면 기준점의 위치가 이동되고 곡선의 모양도 따라서 수정됩니다.

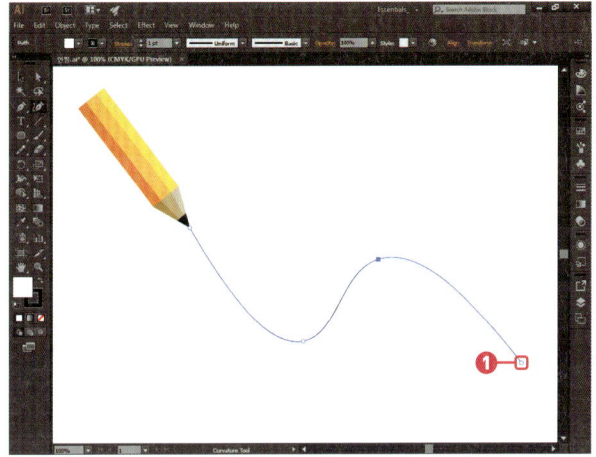

08 완성

❶ 앞의 과정을 참고하여 곡선을 계속해서 만들어 봅니다.

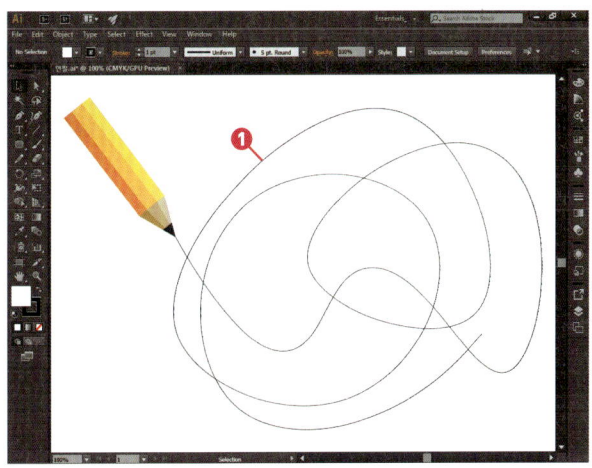

SECTION

05 [Pencil Tool]로 자유 곡선 그리기

[Pencil Tool]은 그림을 그리 듯 드래그하여 자유 곡선을 그리는 도구입니다. 자유롭게 패스를 만들 수 있지만 정밀한 드로잉은 어렵습니다.

○ **Keyword** Pencil Tool, 패스 　　　　○ 예제 파일 | Part02\이어폰.ai　○ 완성 파일 | Part02\이어폰(완성).ai

01 자유 곡선 그리기

❶ [Pencil Tool](✏️)을 선택합니다. ❷ 그림을 그리 듯 자유롭게 클릭&드래그 합니다. 자유 곡선 패스를 만듭니다. 만들어진 곡선이 마음에 들지 않을 경우 Ctrl + Z 를 눌러 실행을 취소한 후 다시 그립니다.

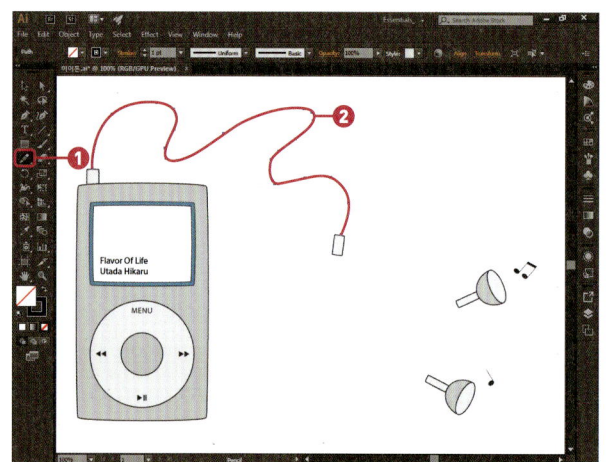

02 부드럽게 다듬기

❶ [Smooth Tool](✏️)을 선택하고 ❷ 자유 곡선 위로 클릭&드래그 합니다. 해당 부분이 부드럽게 다듬어집니다. 다른 부분도 부드럽게 다듬습니다.

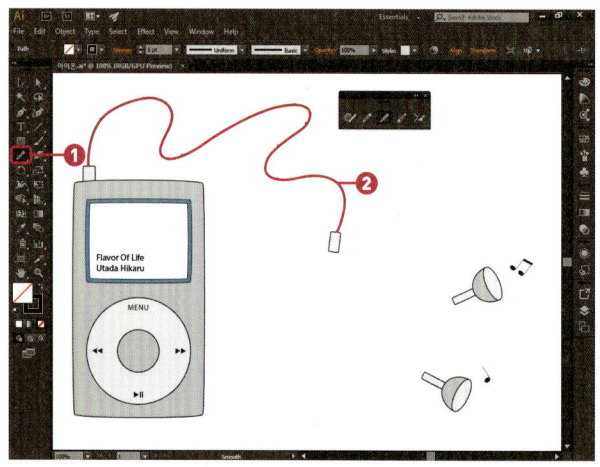

330

03 곡선을 고쳐 그리기

❶ [Pencil Tool]()을 선택한 후 ❷ 기존 패스가 있는 부분을 클릭&드래그해 새 선을 그립니다. 해당 부분에 있던 기존 패스는 지워지고 새 선으로 대체됩니다.

Point
[Pencil Tool]은 선택된 패스가 있을 경우 일정 범위를 벗어나지 않는 한도 내에서 고쳐 그리기 기능이 기본적으로 작동됩니다.

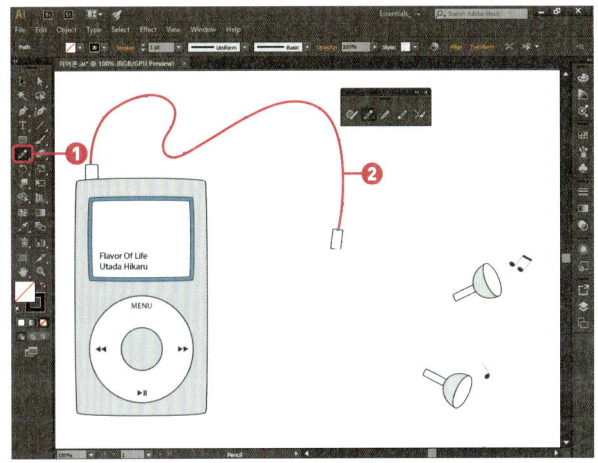

04 다른 자유 곡선 그리기

❶ Ctrl 을 누르고 패스를 제외한 공간에 클릭합니다. 자유 곡선의 선택이 해제됩니다. ❷ 클릭&드래그해 자유 곡선을 그립니다.

Point
Ctrl + D 를 눌러 선택을 해제하여도 됩니다.

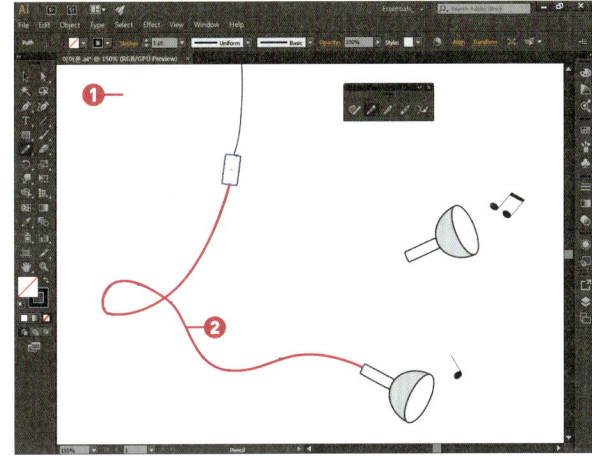

05 부드럽게 다듬기

❶ [Smooth Tool]로 ❷ 자유 곡선의 거친 부분을 부드럽게 다듬습니다. ❸ Shift + Ctrl + D 를 눌러 선택을 해제합니다.

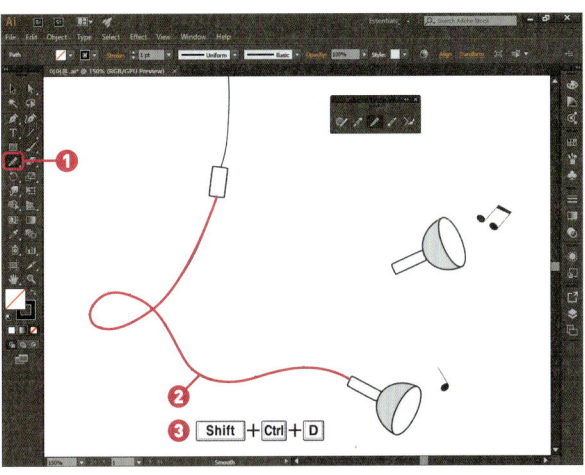

06 마무리

❶ 같은 방법으로 곡선 패스를 하나 더 그린 후 부드럽게 정리합니다.

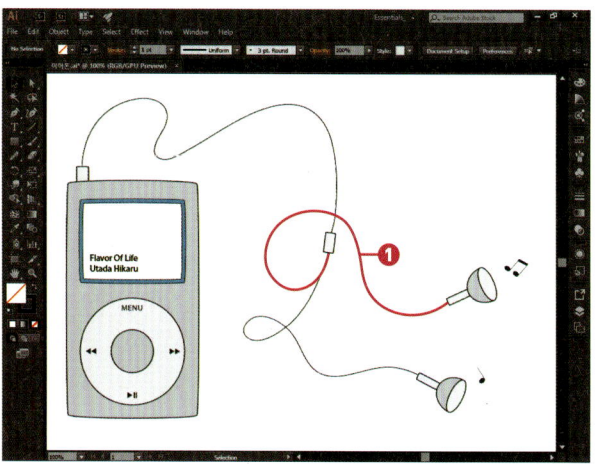

Level UP

[Pencil Tool] 사용에 유용한 팁 알아보기

- **고쳐 그리기** : 선택된 패스의 일정 범위를 벗어나지 않는 한도 내에서 커서 모양이 ( )일 때 패스를 고쳐 그릴 수 있습니다. [Pencil Tool Options] 대화상자에서 [Edit selected paths]를 체크 해제하면 고쳐 그리기 기능이 꺼집니다. 이 때 마우스 커서는 ( )로 나타납니다.
- **닫힌 패스 만들기** : 패스를 그리다 Alt 를 누르면 커서 모양이 변경( )됩니다. 마우스에서 손을 떼면 닫힌 패스가 만들어 집니다.
- **끊어진 패스 연결하기** : 두 개의 패스를 선택한 후 사이를 자유 곡선으로 그려 연결한 후 Ctrl 을 누르면 커서 모양이 변경 됩니다. ( )이 때 마우스에서 손을 떼면 두 패스가 연결됩니다.
- Alt 를 누르면 일시적으로 [Smooth Tool]( )을 사용할 수 있습니다.

❶ **[Pencil Tool Options] 대화상자 살펴보기** : [Pencil Tool]( )을 더블클릭하면 [Pencil Tool Options] 대화상자가 나타납니다.

ⓐ **Fidelity** : 선이 그려지는 정확도를 설정합니다. 값이 낮을수록 정확한 선이 만들어지고 높을수록 매끄러운 선이 만들어집니다.

ⓑ **Smoothness** : 값이 낮을수록 기준점이 많이 만들어지고, 높을수록 부드러운 선이 만들어집니다.

ⓒ **Fill new pencil strokes** : 체크 표시한 후 칠 색을 설정하면 안쪽 면이 채워진 자유 곡선이 만들어집니다.

ⓓ **Keep selected** : 체크 표시하면 패스를 만든 후 선택한 상태로 유지합니다.

ⓔ **Edit selected paths** : 체크 표시하면 선택한 패스로부터 일정 거리 내에 있을 경우 고쳐 그릴 수 있습니다. [Within]으로 고쳐 그릴 수 있는 범위를 설정합니다.

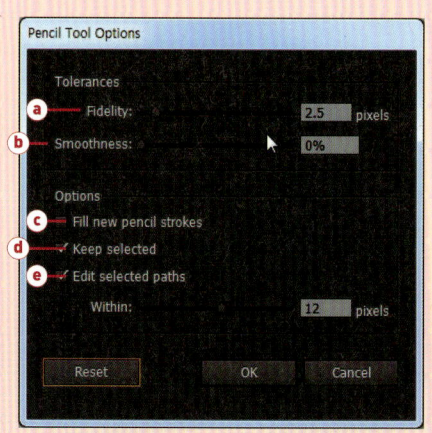

SECTION 06 [Shaper Tool]로 도형 만들고 수정하기

[Shaper Tool]은 CC 버전에서 추가된 도구입니다. 간단한 마우스 제스처로 단순한 도형을 빠르게 만들 수 있으며 [Transform] 패널을 이용하여 속성을 추가로 설정할 수 있습니다.

○ **Keyword** 오브젝트, Shaper Tool

01 사각형 만들기

❶ 새 도큐먼트를 만듭니다. ❷ [Shaper Tool](아이콘)을 선택합니다. ❸ 클릭&드래그해 사각형을 그립니다.

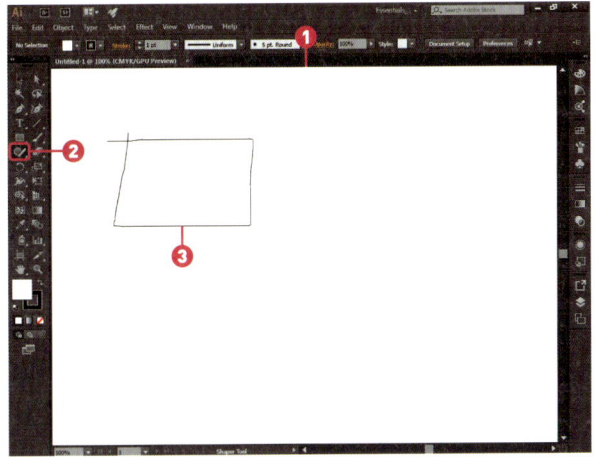

02 만들어진 사각형 확인하기

❶ 마우스 버튼을 놓으면 사각형 오브젝트가 생성됩니다.

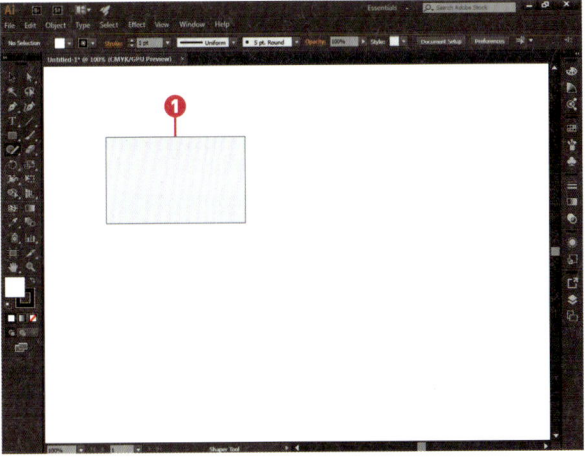

03 사각형 속성 설정하기

❶ [Window]-[Transform] 메뉴를 클릭하여 [Transform] 패널을 불러옵니다. ❷ [Selection Tool](▶)로 ❸ 만들어진 사각형을 선택합니다. ❹ (▦)를 클릭하여 활성화한 후(▣) ❺ (⌒)를 '20 px'로 설정합니다. 모서리가 둥근 사각형으로 변경됩니다.

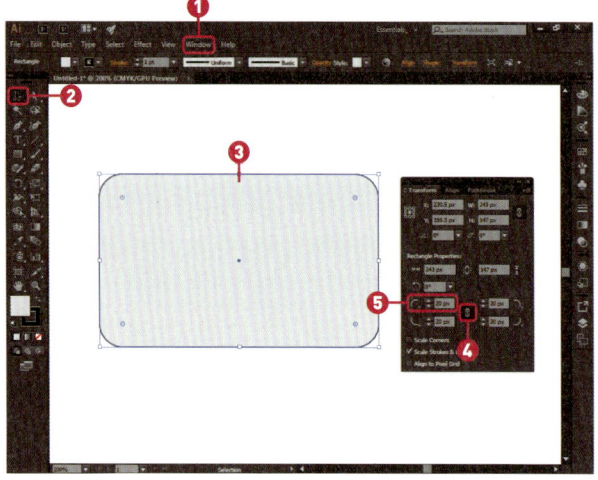

04 모서리를 각지게 만들기

❶ (⌒)를 클릭한 후 (⌐)를 클릭합니다. 해당 모서리의 모양이 둥근 모서리에서 각진 모서리로 변경됩니다. ❷ 같은 방법으로 다른 모서리도 각진 모서리로 변경합니다.

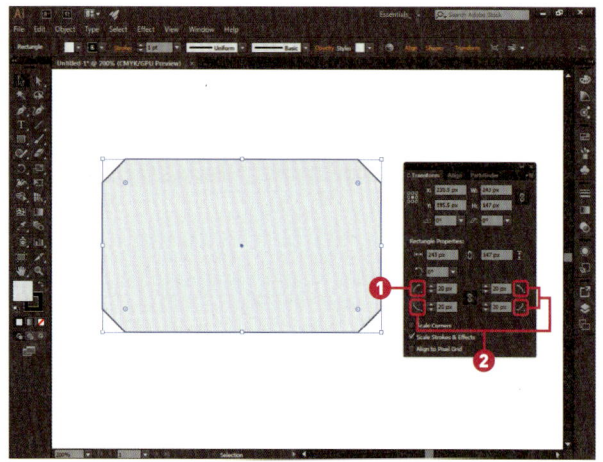

05 원 만들기

❶ [Shaper Tool](✐)을 선택하고 ❷ 원을 그립니다.

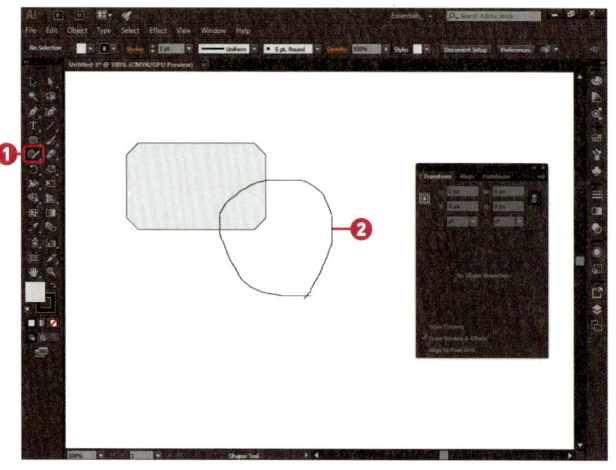

06 만들어진 원 확인하기

❶ 마우스 버튼을 놓으면 원이 생성됩니다. 그리는 둥글기에 따라 정원 혹은 타원이 생성됩니다.

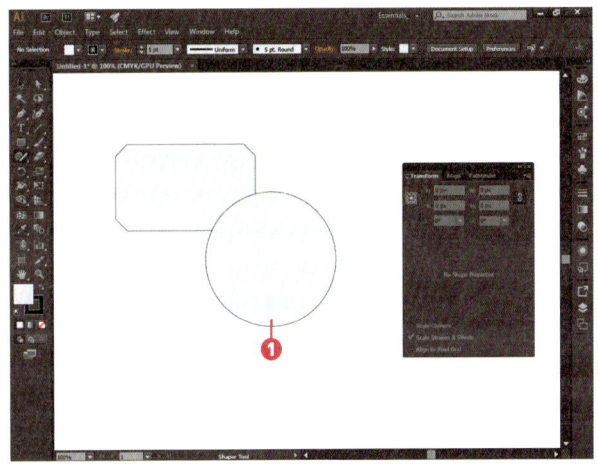

07 원을 조각내서 지우기

❶ [Selection Tool](👆)로 ❷ 원을 선택합니다. ❸ [Transform] 패널에서 (🅜)를 '20'으로 설정합니다. 원의 한 조각이 지워집니다.

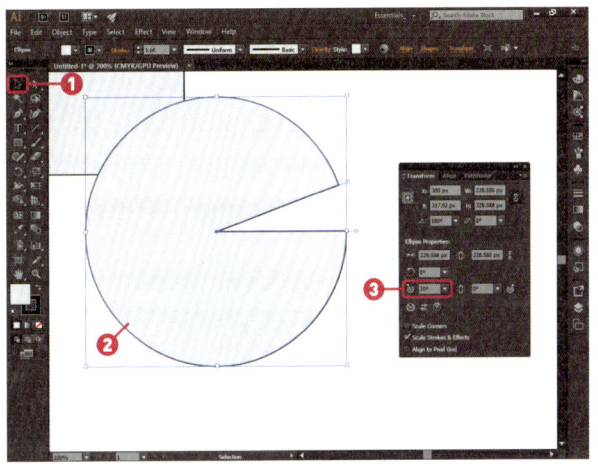

08 원을 조각내서 지우기

❶ (🅜)를 '320'으로 설정합니다. 지워지는 부분이 더 넓어졌습니다.

> **Point**
> (🅜)를 설정하여 지워진 부분이 향하는 방향을 변경할 수 있습니다.

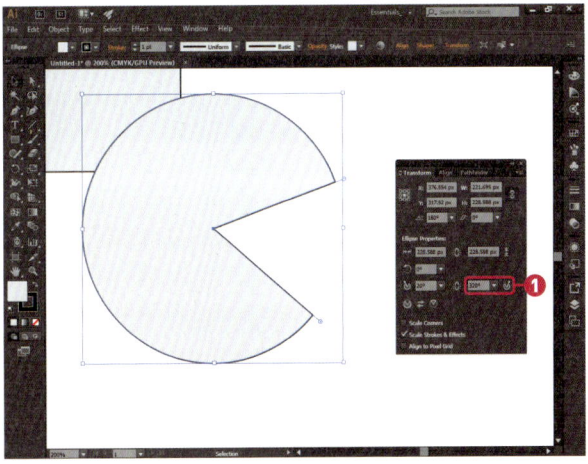

PART 02 기본 조작법과 드로잉 익히기

09 남겨진 부분 반전시키기

❶ (⇆)를 클릭합니다. 기존의 남겨진 부분이 지워지고 나머지 부분이 남게됩니다.

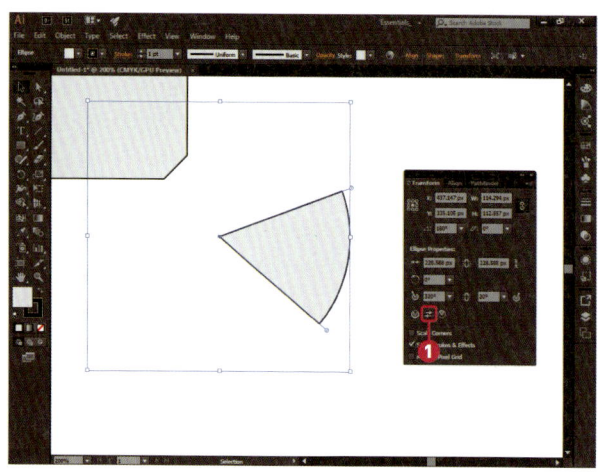

10 삼각형 만들기

❶ [Shaper Tool](✏️)을 선택하고 ❷ 삼각형을 그립니다.

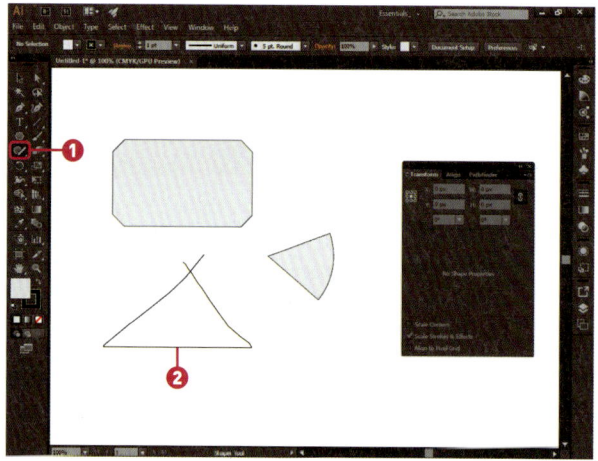

11 만들어진 삼각형 확인하기

❶ 삼각형이 만들어졌습니다. 같은 방법으로 오각형 혹은 육각형 등도 만들 수 있습니다.

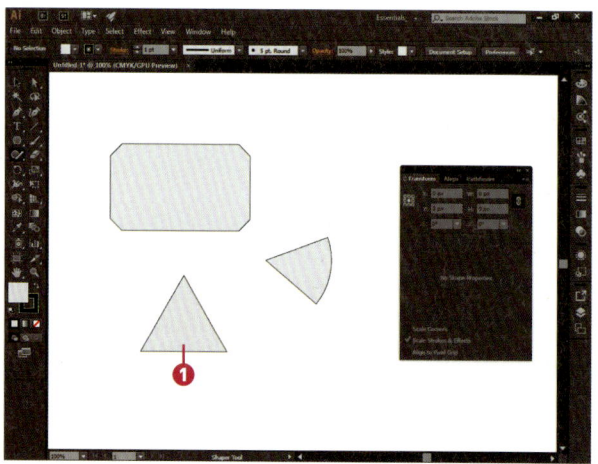

12 가장자리를 둥글게 만들기

① [Selection Tool]( )로 ② 삼각형을 선택합니다. ③ ( )를 '20 px'로 설정합니다. 마찬가지로 삼각형의 각 모서리가 둥글게 변경됩니다.

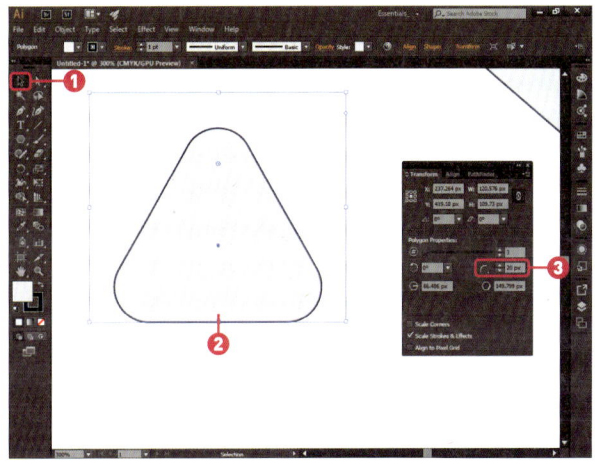

13 오각형으로 만들기

① ( )는 각의 수를 설정합니다. '5'로 설정하면 오각형으로 변경됩니다.

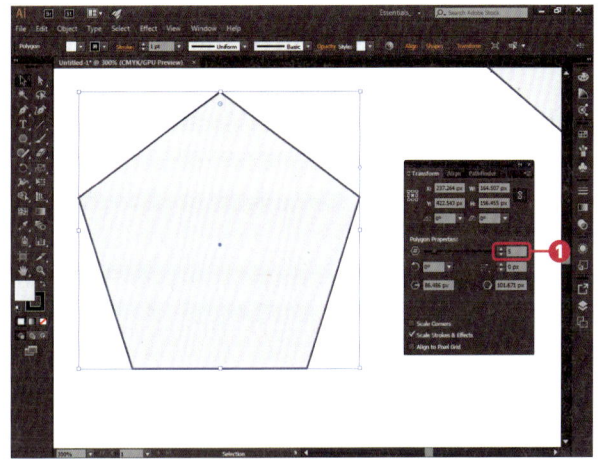

14 가장자리 둥글게 만들기

① 오각형으로 바뀐 뒤에도 가장자리를 설정할 수 있습니다. ( )를 '20 px'로 설정합니다. 모서리가 둥근 오각형으로 변경됩니다.

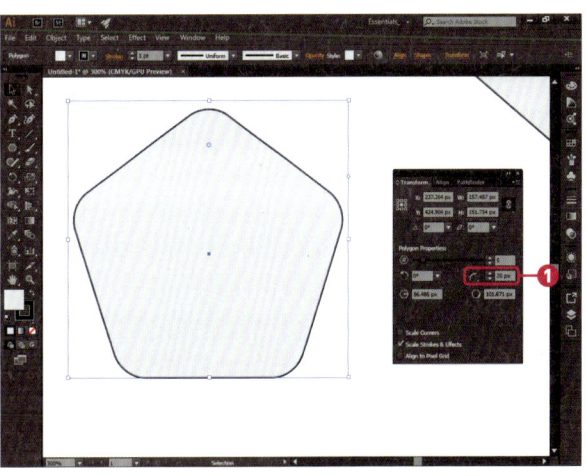

이번 예제는 도형을 한 번씩 만들어보고 설정하는 과정으로 별도로 저장할 필요가 없습니다. 완성 파일 또한 제공되지 않습니다.

SECTION 07 도형 도구와 그리기 모드로 캐릭터 그리기

앞서 학습한 도형 도구와 그리기 모드로 간단한 캐릭터를 그립니다.

○ **Keyword** Polygon Tool, Ellipse Tool, Rounded Rectangle Tool, Rectangle Tool, Star Tool   ○ **완성 파일** | Part02\세모 캐릭터(완성).ai

01 삼각형 만들기

❶ 새 도큐먼트를 만듭니다. ❷ [Polygon Tool](▨)을 선택하고 ❸ 클릭&드래그하여 도형을 그리고 마우스 버튼을 떼지 않은 상태에서 ❹ ↓를 여러 번 클릭합니다. 각 수가 줄어듭니다. 삼각형이 되면 마우스 버튼을 놓습니다.

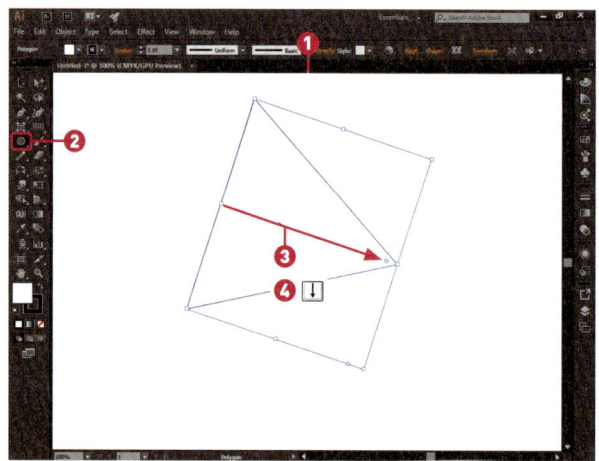

02 작은 삼각형 만들기

❶ 같은 방법으로 삼각형 오브젝트를 하나 더 만듭니다. ❷ [Selection Tool](▧)을 선택합니다.

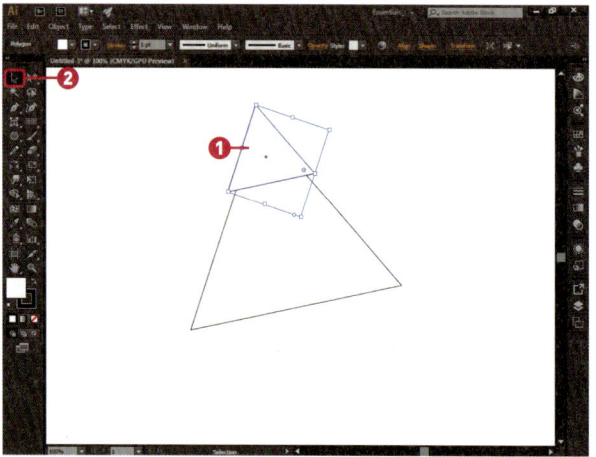

03 원 만들기

❶ [Ellipse Tool](◯)을 선택하고 ❷ Shift 를 누른 채 클릭&드래그 합니다. 정 원이 생성됩니다.

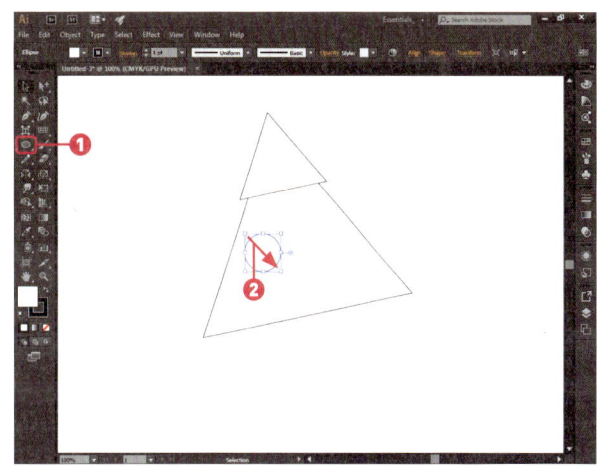

04 원과 둥근 사각형 만들기

❶ 그림과 같이 원 오브젝트를 여러 개 만듭니다. ❷ [Rounded Rectangle Tool](◻)을 선택하고 ❸ 클릭&드래그한 후 마우스 버튼을 떼지 않은 상태에서 ↑를 누르면 모서리가 점점 더 둥글어지고 ↓를 누를수록 점점 더 뾰족해집니다.

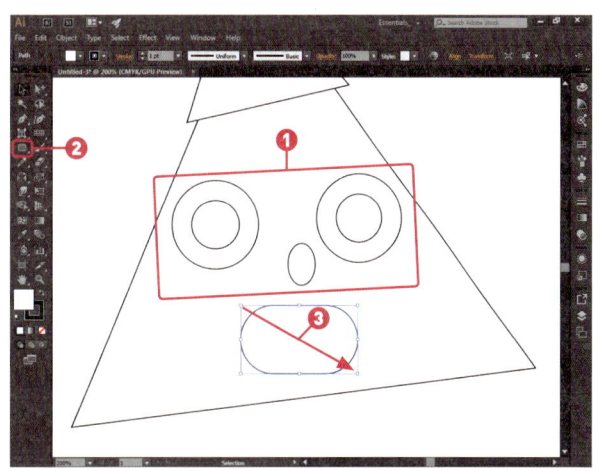

05 사각형 만들기

❶ [Rectangle Tool](◻)을 선택하고 ❷ 클릭&드래그해 사각형을 만듭니다. ❸ 바운딩 박스를 이용하여 방향을 회전시킵니다. ❹ 사각형 오브젝트가 선택된 상태에서 [Draw Behind](◱)를 클릭합니다.

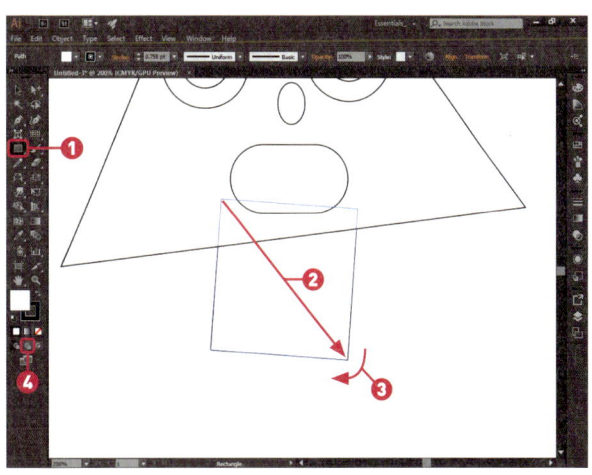

06 여러 개의 사각형 만들기

❶ 새 사각형을 만들면 선택한 사각형의 하위 순서로 만들어집니다. 그림과 같이 사각형을 여러 개 더 만듭니다.

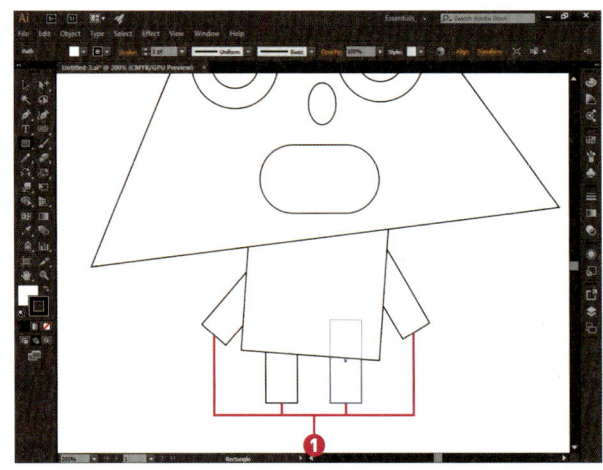

07 원 만들기

❶ Shift + Ctrl + A 를 눌러 선택을 해제합니다. ❷ [Ellipse Tool](◯)을 선택하고 ❸ 클릭&드래그해 원을 만듭니다. 선택한 오브젝트가 없을 때는 최하위 순서로 만들어집니다. ❹ [Draw Normal](◉)를 클릭하여 기본 모드로 돌아갑니다.

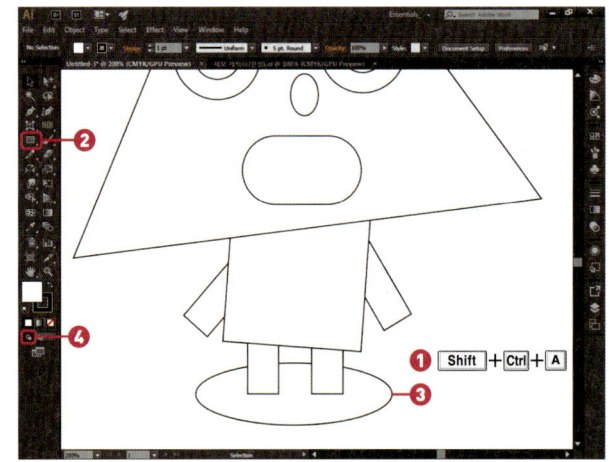

08 별 만들기

❶ [Star Tool](★)을 선택하고 ❷ 클릭&드래그해 별 오브젝트를 만듭니다. ❸ [Selection Tool](▶)을 선택하고 ❹ Alt 를 누르고 클릭&드래그해 이동&복사합니다.

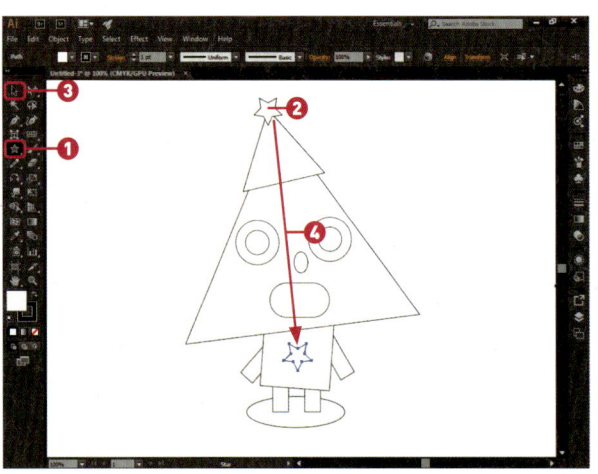

09 원 만들기

① Shift+Ctrl+A를 눌러 선택을 해제하고 ② Draw Inside(   )를 클릭한 후 ③ [Ellipse Tool](   )을 선택하고 ④ 클릭&드래그해 원을 만듭니다. ⑤ [Draw Normal](   )을 클릭합니다.

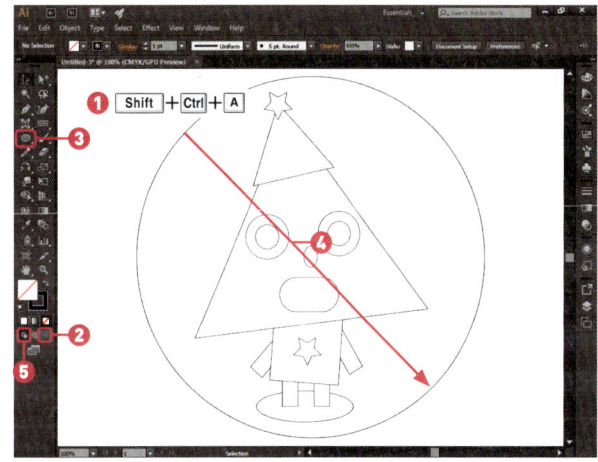

10 칠 색 설정하기

① [Window]-[Swatch Libraries]-[DIC Color Guide] 메뉴를 클릭합니다. 스와치 라이브러리가 불러와집니다. ② 불러온 라이브러리를 이용하여 각 오브젝트의 칠 색상을 설정합니다.

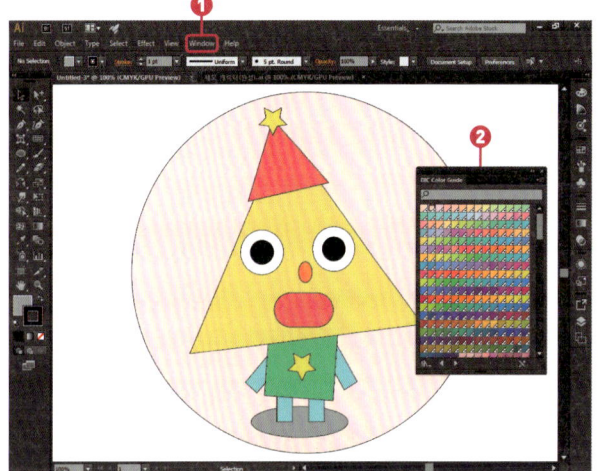

11 선 제거하기

① Ctrl+A를 눌러 모든 오브젝트를 동시 선택합니다. ② 선을 [None](   )으로 설정합니다.

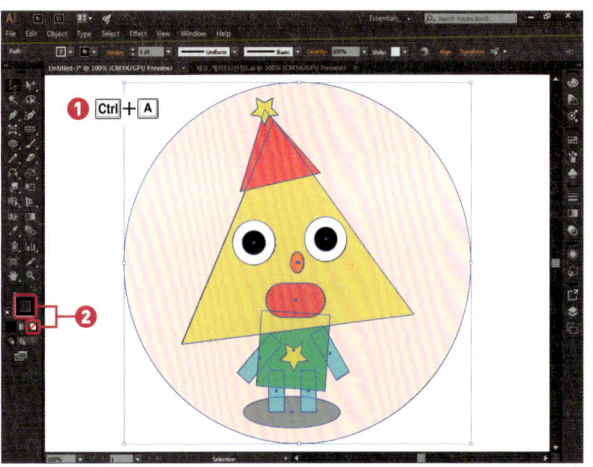

12 완성

❶ 아트보드의 빈 곳을 클릭하여 선택을 해제합니다.

Level UP

오브젝트의 누적 순서 이해하기

❶ **그리기 모드 설정하기** : [Tool] 패널의 그리기 모드를 설정하여 만들어질 오브젝트의 누적 순서를 미리 설정할 수 있습니다. 이미 만들어진 오브젝트의 순서를 변경할 수는 없습니다.

ⓐ **Draw Normal( )** : 기본 설정입니다. 그리는 순서대로 누적 순서가 정해집니다. 모든 새 오브젝트는 언제나 최상위 순서로 만들어집니다.

ⓑ **Draw Behind( )** : 선택한 오브젝트의 한 단계 하위 순서로 만들어집니다. 선택한 오브젝트가 없을 경우 언제나 최하위 순서로 만들어집니다.

ⓒ **Draw Inside( )** : 선택한 오브젝트의 내부로 오브젝트가 만들어집니다. 선택한 오브젝트의 바깥으로는 표시되지 않습니다.

❷ **누적 순서 변경하기** : 순서를 변경할 오브젝트를 선택한 후 [Object]-[Arrange] 메뉴를 클릭하여 오브젝트의 누적 순서를 변경할 수 있습니다.

ⓐ **Bring to Front(Shift + Ctrl +])** : 선택한 오브젝트를 가장 최상위 순서로 변경합니다.

ⓑ **Bring Forward(Ctrl +])** : 한 단계 위로 변경합니다.

ⓒ **Send Backward(Ctrl + [ )** : 한 단계 아래로 변경합니다.

ⓓ **Send to Back(Shift + Ctrl + [ )** : 가장 최하위 순서로 변경합니다.

ⓐ	Bring to Front	Shift+Ctrl+]
ⓑ	Bring Forward	Ctrl+]
ⓒ	Send Backward	Ctrl+[
ⓓ	Send to Back	Shift+Ctrl+[
	Send to Current Layer	

SECTION

08 도형 도구와 그리기 모드로 카메라 그리기

도형 도구와 그리기 모드로 간단한 캐릭터를 작성합니다.

○ **Keyword** Ellipse Tool, Rounded Rectangle Tool, Rectangle Tool   ○ **완성 파일** | Part02\카메라(완성).ai

01 모서리가 둥근 사각형 만들기

❶ 새 도큐먼트를 만듭니다. ❷ [Rounded Rectangle Tool](▢)을 선택하고 ❸ 아트보드에 클릭합니다. ❹ [Width]는 '492 px', [Height]를 '300 px', [Corner Radius]는 '65 px'로 설정하고 ❺ [OK]를 클릭합니다.

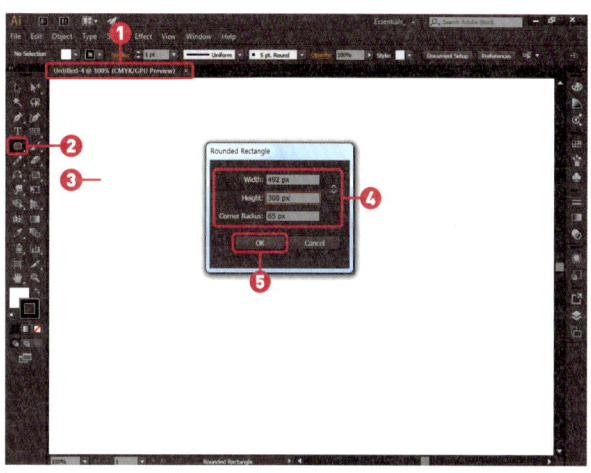

02 사각형 만들기

❶ 설정한 크기의 모서리 둥근 사각형이 만들어집니다. ❷ [Rectangle Tool](▢)을 선택하고 ❸ 아트보드에 클릭합니다. ❹ [Width]는 '492 px', [Height]를 '185 px'로 설정하고 ❺ [OK]를 클릭합니다.

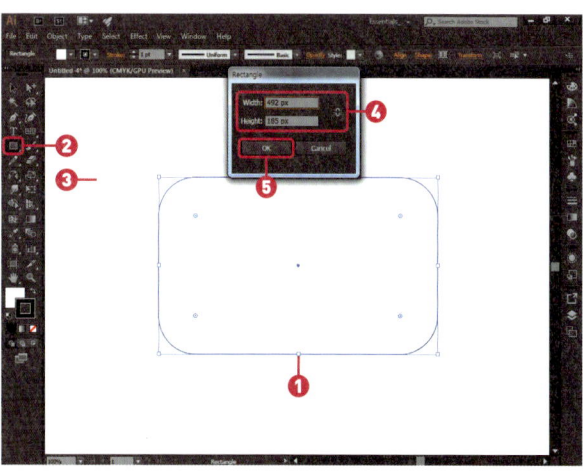

PART 02 기본 조작법과 드로잉 익히기 343

03 원 만들기

① 설정한 크기의 사각형이 생성됩니다. ② [Ellipse Tool](◯)을 선택하고 ③ 아트보드에 클릭합니다. ④ [Width]는 '250 px', [Height]를 '250 px'로 설정하고 ⑤ [OK]를 클릭합니다.

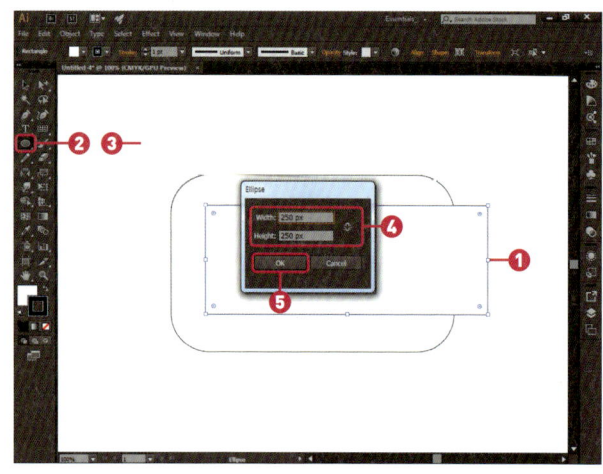

04 원 만들기

① 원이 생성됩니다. ② 같은 방법으로 가로 세로 '190 px'의 원과 '150 px'의 원을 만듭니다. ③ [Select]-[All] 메뉴(Ctrl+A)를 클릭하여 모든 오브젝트를 선택한 후 ④ [Window]-[Align] 메뉴(Shift+F7)를 클릭합니다.

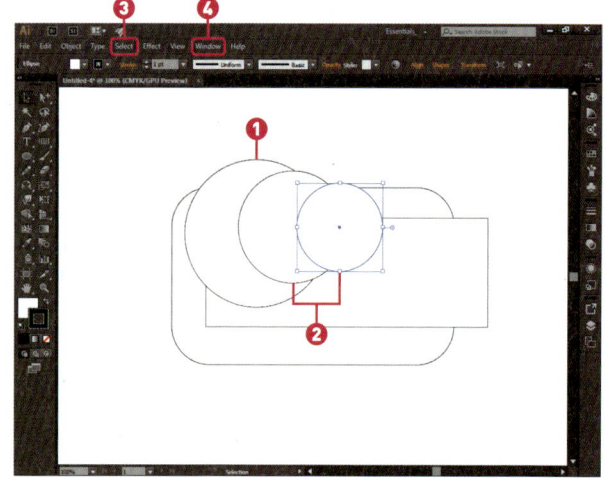

05 아트보드 가운데로 정렬하기

① 목록 단추(▼)를 클릭하여 [Show Options] 메뉴를 클릭합니다. ② [Align To]를 [Align to Artboard]로 설정하고 ③ [Horizontal Align Center](▤)와 [Vertical Align Center](▥)를 클릭합니다. ④ 오브젝트가 아트보드 가운데로 정렬됩니다.

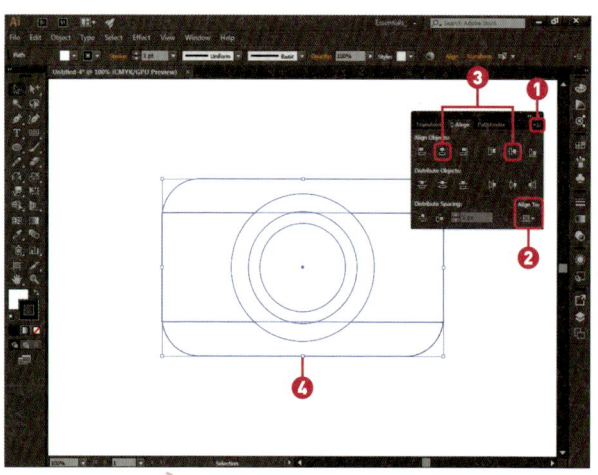

06 사각형 만들기

❶ [Rectangle Tool](▭)로 ❷ 그림과 같이 만듭니다. ❸ [Selection Tool](▶)로 ❹ 가장 작은 원을 선택합니다.

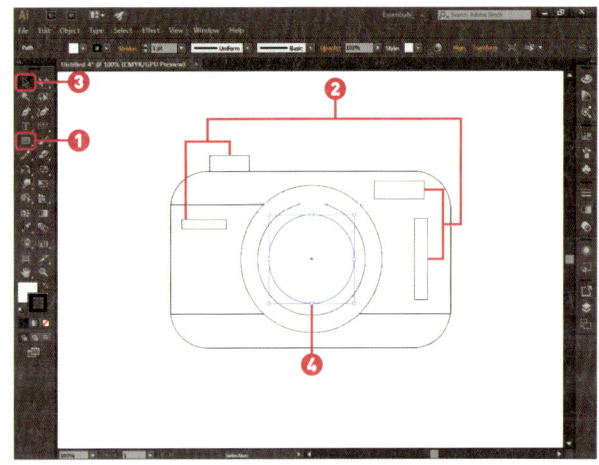

07 그리기 모드 설정하기

❶ 그리기 모드를 [Draw Inside](⊡)로 설정합니다. ❷ 선택한 원 주위로 점선 사각형이 나타납니다.

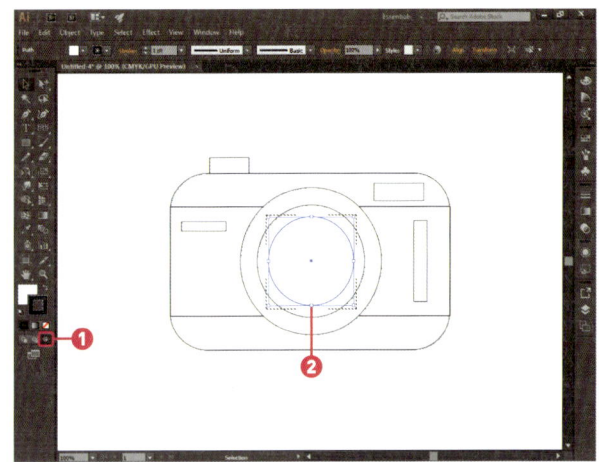

08 사각형 만들기

❶ 이 상태에서 [Rectangle Tool](▭)로 ❷ 사각형을 만든 후 바운딩 박스로 회전합니다. ❸ 그리기 모드를 [Draw Normal](⊡)로 설정합니다.

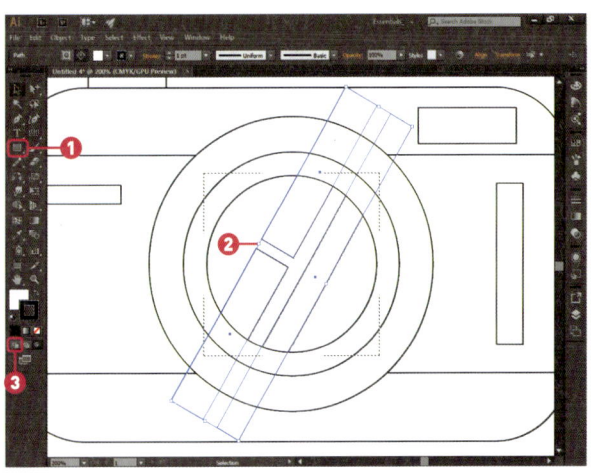

09 확인하기

1 8번 과정에서 만든 사각형들은 6번 과정에서 선택했던 원의 안쪽으로만 나타납니다.

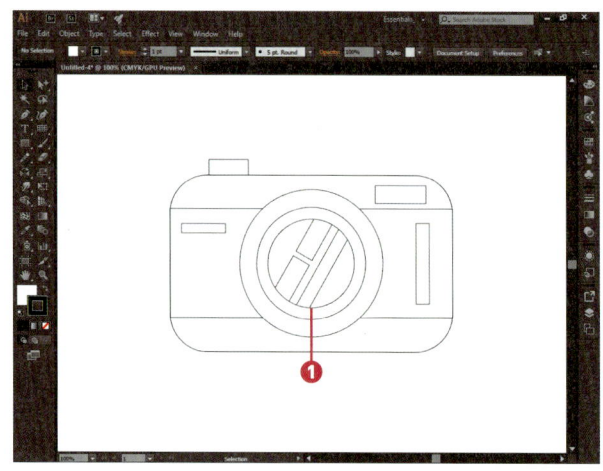

10 색상과 선 설정하기

1 Ctrl + A 를 눌러 모든 오브젝트를 선택합니다. **2** 칠 색상을 흰색, 선 색상을 '424243'로 설정합니다. **3** [Stroke] 패널에서 [Weight]를 '5 pt'로 설정합니다.

11 칠 색상 변경하기

1 [Selection Tool]( )을 선택하고 **2** 가장 큰 사각형 오브젝트를 선택합니다. **3** 선 색상자를 클릭한 후 칠 색상자로 드래그 합니다. 칠 색상이 선 색상과 동일한 색상으로 변경됩니다.

12 내부 오브젝트만 선택하기

❶ 가장 작은 원 오브젝트를 클릭하여 선택합니다. ❷ 컨트롤 바에서 [Edit Contents](◉)를 클릭합니다. 원 내부에 존재하는 오브젝트만 선택됩니다.

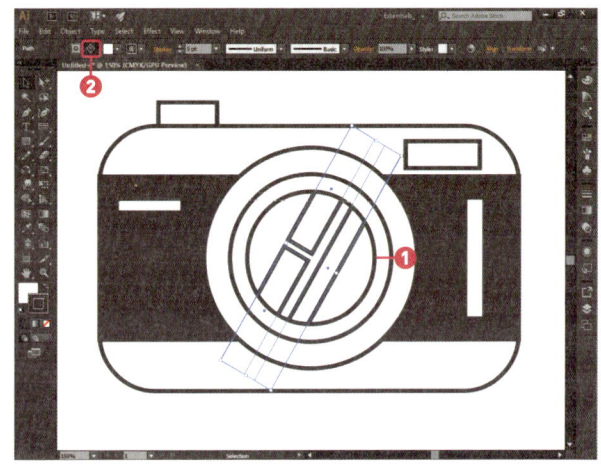

13 선 색상 설정하기

❶ 선 색상을 [None](☐)으로 설정합니다.

14 외부 오브젝트만 선택하기

❶ 컨트롤 바에서 [Edit Clipping Path](▣)를 클릭합니다. 가장 작은 원 오브젝트만 선택됩니다. ❷ 선 색상자를 클릭한 후 칠 색상자로 드래그 합니다. 칠 색상이 선 색상과 동일한 색상으로 변경됩니다.

15 완성

❶ Shift + Ctrl + A 를 눌러 선택을 해제합니다.

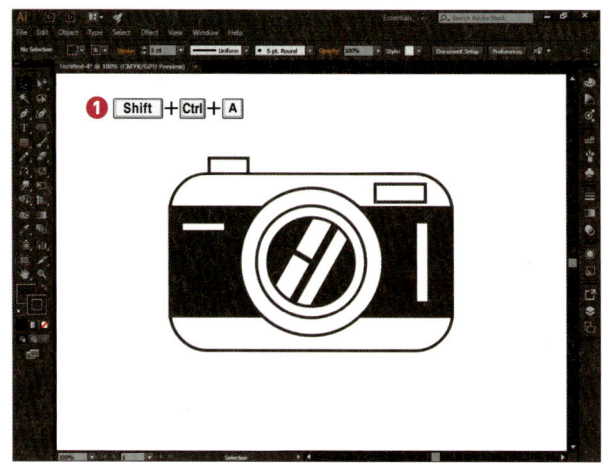

Level UP

별 모양 오브젝트 쉽게 만들기

[Star Tool](★)은 다양한 모양의 별을 만드는 도구입니다. 마우스에서 손을 떼지 않은 상태에서 단축키를 이용하여 모양을 수정할 수 있습니다.

- ↑이나 ↓를 누르면 각의 개수가 늘어나거나 줄어듭니다. 단축키를 누를수록 각의 개수가 계속해서 조절됩니다.
- Ctrl 을 누르면서 마우스를 움직이면 안쪽 모서리와 바깥쪽 모서리의 길이가 조절되면서 뾰족하거나 둥글둥글한 별 모양을 만들 수 있습니다.
- Alt 를 1초 정도 누르고 있으면 한 선분이 다음 꼭짓점을 지나 만나는 다음 선분과 일직선을 이루는 별 모양을 만들 수 있습니다.

▲ 기본 설정의 별 오브젝트   ▲ 각의 개수를 늘린 별   ▲ 각의 개수를 늘린 별   ▲ Ctrl 로 조절한 별   ▲ Ctrl 로 조절한 별   ▲ Alt 를 눌러 만든 별

❶ **Radius 1** : 오브젝트의 중심에서 바깥쪽 모서리까지의 길이를 입력합니다.
❷ **Radius 2** : 오브젝트의 중심에서 안쪽 모서리까지의 길이를 입력합니다.
❸ **Points** : 각의 개수를 입력합니다.

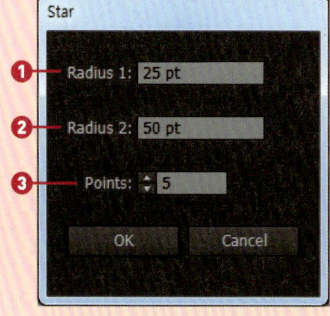

SECTION 09 오브젝트의 누적 순서 변경하기

[Object]-[Arrange] 메뉴로 오브젝트의 누적 순서를 변경하는 방법을 학습합니다.

○ **Keyword** 오브젝트, 누적 순서, Selection Tool   ○ **예제 파일** | Part02\카드.ai   ○ **완성 파일** | Part02\카드(완성).ai

01 파일 확인하기

❶ 카드들은 각각 다른 그룹으로 설정되어 있으며 누적 순서는 왼쪽에서 오른쪽으로 갈수록 점점 낮게 설정되어 있습니다.

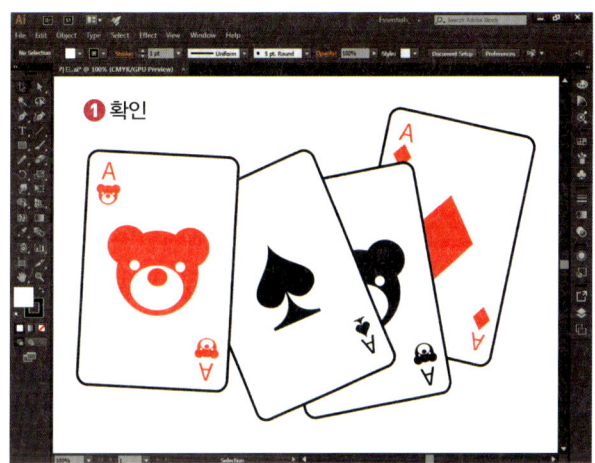

02 선택한 그룹의 순서 변경하기

❶ [Selection Tool]( )로 ❷ 네 번째 카드를 선택합니다. ❸ [Object]-[Arrange]-[Bring Forward] 메뉴를 클릭합니다.

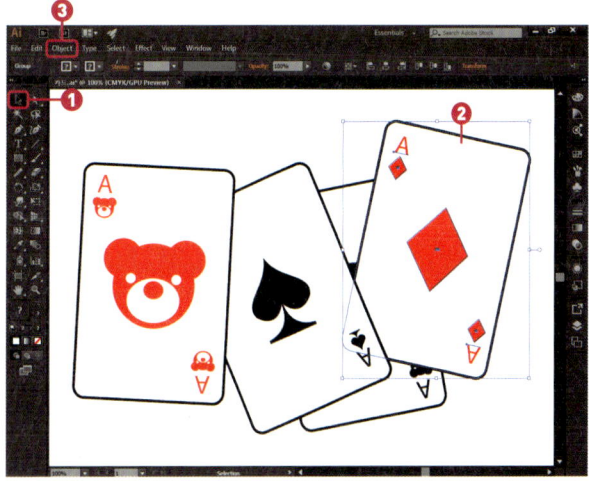

PART 02 기본 조작법과 드로잉 익히기 **349**

03 순서 확인하기

① 아트보드의 빈 곳을 클릭하여 선택을 해제합니다. ② 선택했던 카드가 한 단계 상위 순서로 변경됩니다.

> **Point**
> [Object]-[Arrange]-[Bring Forward] 메뉴(Ctrl +])를 클릭하면 한 단계 상위 순서로 변경됩니다.

04 선택한 그룹의 순서 변경하기

① [Selection Tool]( )로 ② 세 번째 카드를 선택합니다. ③ [Object]-[Arrange]-[Bring to Front] 메뉴(Shift + Ctrl +])를 클릭합니다.

05 순서 확인하기

① 아트보드의 빈 곳을 클릭하여 선택을 해제합니다. ② 선택했던 카드의 누적 순서가 최상위로 변경됩니다.

> **Point**
> [Object]-[Arrange]-[Send to Back] 메뉴(Shift + Ctrl + [ )를 클릭하면 최하위 순서로 변경됩니다.

SECTION

10 직접 선택 도구로 기준점 및 패스 수정하기

직접 선택 도구를 이용하여 기준점이나 패스를 선택하고 이동 및 삭제하는 방법, 기준점을 추가하거나 빼는 방법을 알아봅니다.

○ **Keyword** 패스, 기준점, Direct Selection Tool

 선택 도구와 직접 선택 도구의 차이점 살펴보기

- [Selection Tool]( )은 오브젝트(패스, 텍스트, 비트맵 이미지 등)를 선택합니다. [Selection Tool]( )로 선택할 경우 바운딩 박스가 나타납니다.
- [Direct Selection Tool]( )은 기준점이나 연결된 패스를 선택합니다. [Direct Selection Tool]( )로 선택할 경우 바운딩 박스는 나타나지 않으며 기준점과 패스만 나타납니다. 둥근 점을 선택했을 때는 방향선과 방향점도 나타납니다.

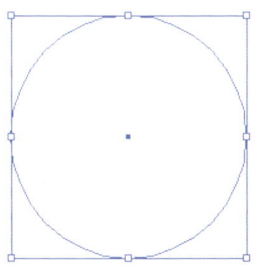
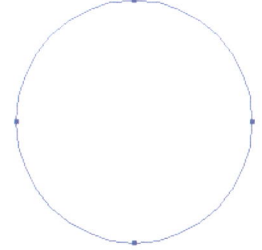

▲ [Selection Tool]로 선택한 모습   ▲ [Direct Selection Tool]로 선택한 모습

 기준점을 선택하고 이동 및 삭제하기

- **기준점 선택하기** : [Direct Selection Tool]( )로 기준점에 마우스를 위치시키면 커서 모양( )이 변경됩니다. 이 때 클릭하면 기준점이 선택됩니다. 선택된 기준점은 색이 가득 찬 사각형(■)으로, 선택되지 않은 기준점은 비어 있는 사각형(□)으로 표시됩니다. Shift 를 이용하면 두 개 이상의 기준점을 동시에 선택할 수 있습니다.

- **기준점 이동하기** : 선택된 기준점을 [Direct Selection Tool](▶)로 클릭&드래그 합니다. 기준점의 위치가 이동되면서 형태가 변형됩니다. 이동할 때 Shift 를 누르면 이동 방향을 45의 배수로 제한할 수 있으며, 키보드의 방향키로도 이동 할 수 있습니다.

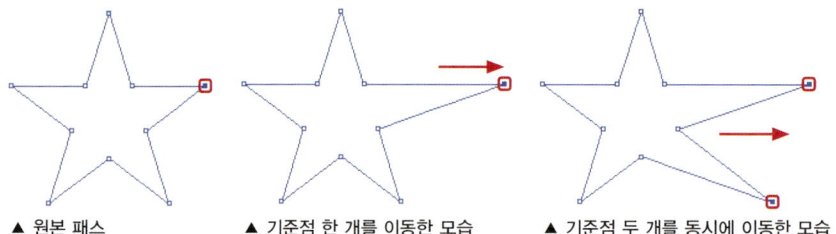

▲ 원본 패스 ▲ 기준점 한 개를 이동한 모습 ▲ 기준점 두 개를 동시에 이동한 모습

- **기준점 삭제하기** : 기준점이 선택된 상태에서 Delete 를 한 번 누르면 해당 기준점이 삭제되면서 연결되어 있던 패스도 함께 삭제됩니다. 이 때 닫힌 패스의 경우 열린 패스가 됩니다. Delete 를 한 번 더 누르면 패스 전체가 완전히 삭제됩니다.

 연결된 패스를 선택하고 이동 및 삭제하기

- **패스 선택하기** : [Direct Selection Tool](▶)로 패스에 마우스를 위치시켜 커서 모양이 바뀔 때(▶) 클릭합니다. 특별한 표시는 나타나지 않지만 패스가 선택된 상태가 됩니다. Shift 를 이용하면 두 개 이상의 기준점을 동시에 선택할 수 있습니다.
- **패스 이동하기** : 선택된 패스를 클릭&드래그하면 위치가 이동되면서 해당 방향으로 다른 패스들이 늘어나게 됩니다. 이동할 때 Shift 를 누르면 이동 방향을 45의 배수로 제한할 수 있으며, 키보드의 방향키로도 이동 할 수 있습니다.

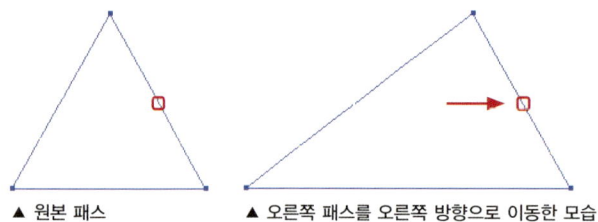

▲ 원본 패스 ▲ 오른쪽 패스를 오른쪽 방향으로 이동한 모습

- **패스 삭제하기** : 패스가 선택된 상태에서 Delete 를 한 번 누르면 기준점은 그대로 유지되면서 연결된 패스만 삭제됩니다. 이 때 닫힌 패스의 경우 열린 패스가 됩니다. Delete 를 한 번 더 누르면 패스 전체가 완전히 삭제됩니다.

패스에 기준점 추가하기

기존의 패스 형태를 그대로 유지하면서 새 기준점을 만들 수 있습니다. 만들어진 기준점의 위치를 이동하여 형태를 변형할 수 있습니다.

- [Pen Tool]( )로 패스를 그리는 도중 추가하려는 위치에 마우스를 위치시켜 커서 모양이 바뀔 때( ) 클릭합니다.
- 이미 만들어진 패스의 경우 [Add Anchor Point Tool]( )로 추가하려는 위치에 클릭합니다.
- [Object]-[Path]-[Add Anchor Points] 메뉴를 클릭합니다. 두 기준점의 가운데로 새 기준점이 자동 추가됩니다.

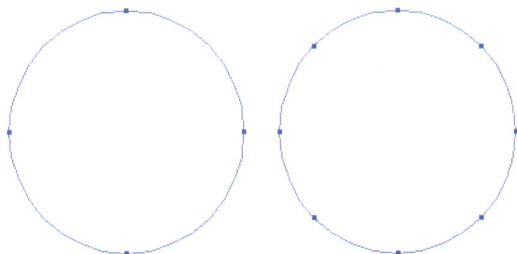

▲ [Object]-[Path]-[Add Anchor Points] 메뉴로 추가한 모습

패스에 존재하는 기준점 빼기

기준점을 빼면 해당 기준점과 연결된 패스는 삭제되고 양옆의 기준점을 연결하는 새로운 패스가 자동으로 만들어지면서 형태가 변형됩니다. 닫힌 패스의 경우 닫힌 패스를 그대로 유지합니다. Ctrl + X 나 Delete 을 누르는 것과는 다른 결과가 나타납니다.

- [Pen Tool]( )로 패스를 그리는 도중 기준점에 마우스를 위치시켜 커서 모양이 바뀔 때( ) 클릭합니다.
- 이미 만들어진 패스의 경우 [Delete Anchor Point Tool]( )로 기준점을 클릭합니다.

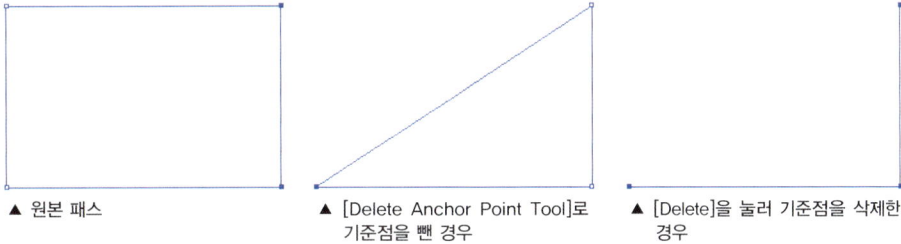

▲ 원본 패스　　▲ [Delete Anchor Point Tool]로 기준점을 뺀 경우　　▲ [Delete]을 눌러 기준점을 삭제한 경우

SECTION

11 기준점의 위치를 이동하여 패스 형태 변형하기

[Direct Selection Tool](▶)로 기준점을 선택하고 위치를 이동하여 패스 형태를 변형하는 방법을 학습합니다.

○ **Keyword** Direct Selection Tool   ○ **예제 파일** | Part02\도시.ai   ○ **완성 파일** | Part02\도시(완성).ai

01 기준점 선택하기

❶ [Direct Selection Tool](▶)을 선택하고 ❷ 사각형의 왼쪽 모서리에 마우스를 위치시켜 커서 모양이 바뀌면(▶ₐ) 클릭합니다. 기준점이 선택됩니다.

> **Point**
> 선택된 기준점은 색이 가득 찬 사각형(■)으로 나타납니다.

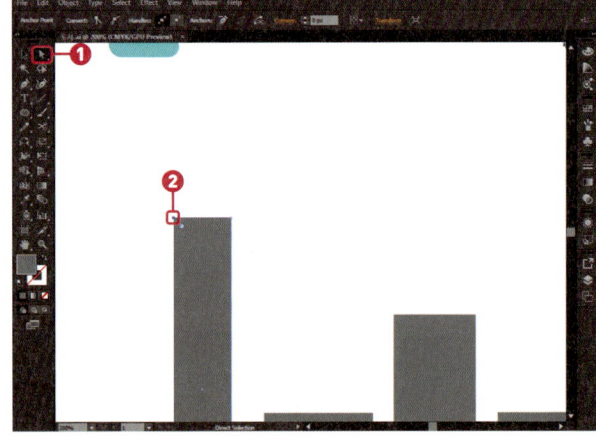

02 기준점 이동하기

❶ 기준점을 클릭&드래그 합니다. 기준점이 이동되고 오브젝트의 형태가 변형됩니다.

> **Point**
> 키보드의 방향키로도 기준점을 이동할 수 있습니다.

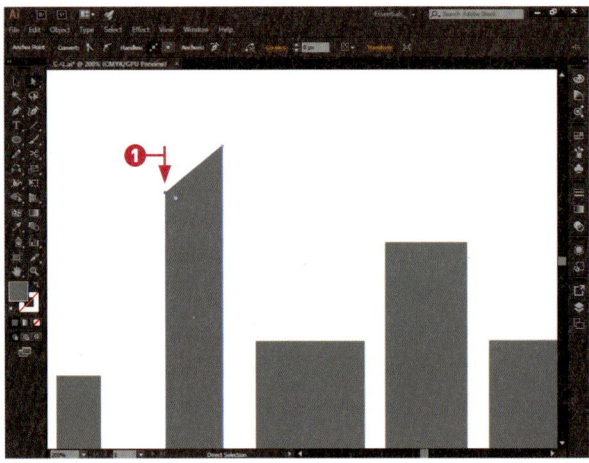

03 연결된 패스 선택하기

❶ 다른 사각형의 윗변에 마우스를 가져갑니다. 커서 모양이 바뀌면() 클릭합니다. 특별한 표시는 나타나지 않지만 두 기준점을 연결하는 패스가 선택됩니다.

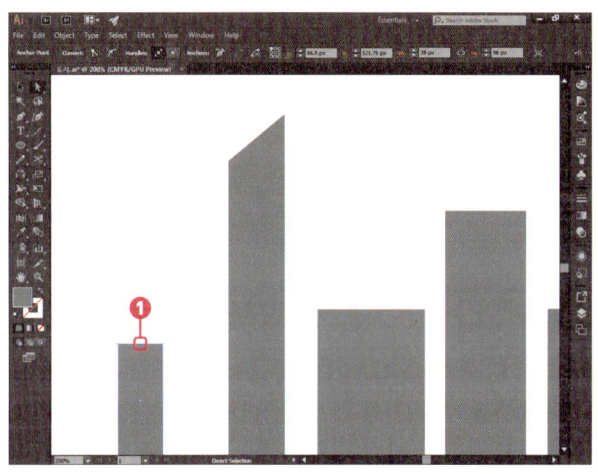

04 연결된 패스 이동하기

❶ 클릭&드래그 합니다. 패스가 이동되면서 오브젝트의 형태가 변형됩니다.

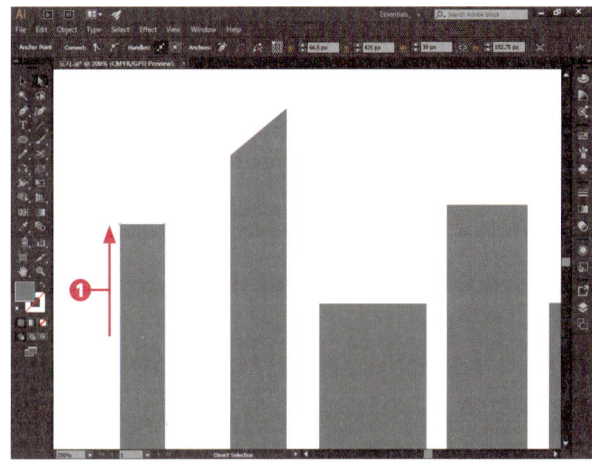

Point
키보드의 방향키로도 연결된 패스를 이동할 수 있습니다.

05 기준점 추가하기

❶ [Add Anchor Point Tool]()을 선택하고 ❷ 패스 중간에 마우스를 위치시켜 클릭합니다. 해당 위치에 새로운 기준점이 추가됩니다.

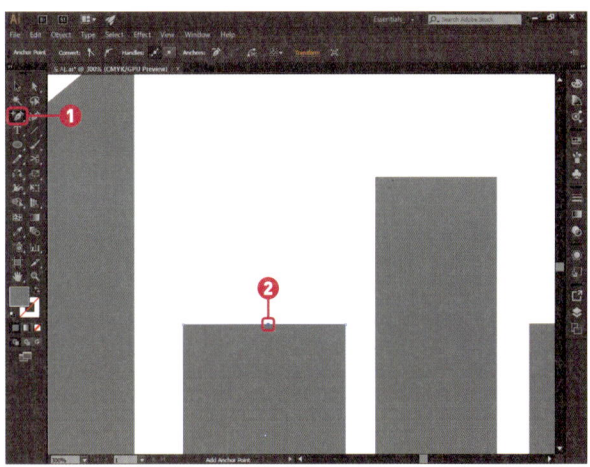

06 기준점 이동하기

❶ 추가한 기준점이 선택되어 있습니다. [Direct Selection Tool](🔧)를 선택하고 ❷ 기준점을 클릭&드래그해 형태를 변형합니다.

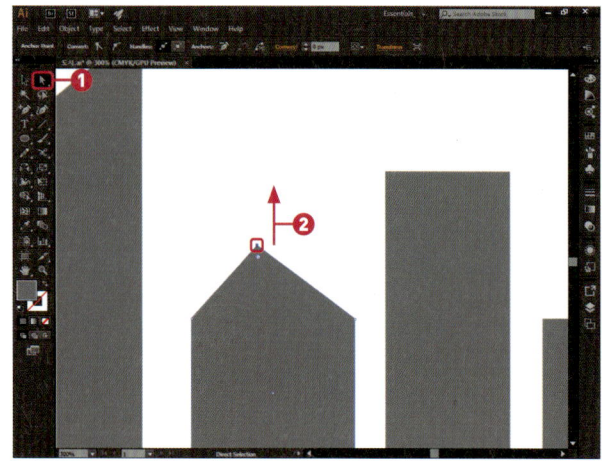

07 마무리하기

❶ 앞의 과정을 참고하여 그림과 같이 만듭니다. ❷ [Rectangle Tool](⬛)로 건물의 창문을 만듭니다.

SECTION
12 끊어진 패스를 연결하기

끊어진 패스를 서로 연결하는 방법을 알아봅니다. 직선 패스로 연결하는 방법은 여러 가지가 있으며, 곡선 패스로도 연결할 수 있습니다.

○ **Keyword** Direct Selection Tool, Pen Tool ○ **예제 파일** | Part02\네모 캐릭터.ai ○ **완성 파일** | Part02\네모 캐릭터(완성).ai

01 기준점 선택하기

❶ [Direct Selection Tool](▶)을 선택하고 ❷ 끊어진 패스의 기준점을 클릭하여 기준점을 선택합니다.

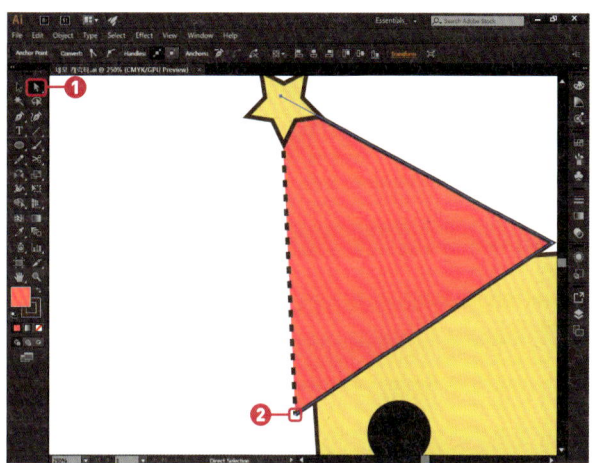

02 펜 툴로 연결하기

❶ [Pen Tool](✒)을 선택하고 ❷ 기준점을 다시 클릭하고 ❸ 연결하려는 다른 기준점으로 마우스를 가져갑니다. 커서 모양이 바뀌면 (✏) 클릭합니다. 두 기준점이 직선 패스로 연결됩니다.

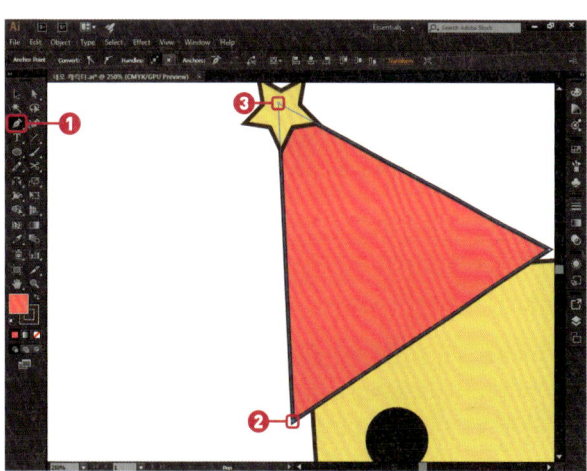

03 컨트롤 바로 연결하기

❶ [Direct Selection Tool](　)을 선택하고 ❷ 기준점을 클릭하여 선택합니다. ❸ Shift 를 누르고 다른 기준점을 클릭하여 동시 선택합니다. ❹ 컨트롤 바에서 [Connect selected end points](　)를 클릭합니다.

04 컨트롤 바로 연결하기

❶ 선택한 두 기준점을 연결하는 직선 패스가 생성됩니다.

05 [Join] 메뉴로 연결하기

❶ [Selection Tool](　)을 선택하고 ❷ 끊어진 패스가 있는 오브젝트를 클릭하여 선택합니다. ❸ 마우스 오른쪽 버튼을 눌러 [Join] 메뉴를 클릭합니다.

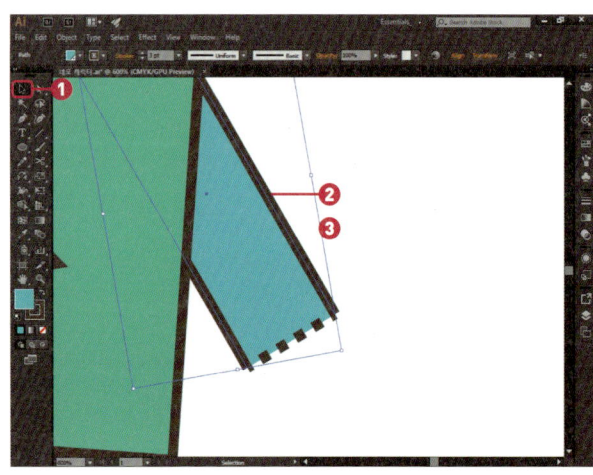

> **Point**
> [Object]-[Path]-[Join] 메뉴를 클릭하여도 됩니다.

06 [Join] 메뉴로 연결하기

❶ 두 기준점을 연결하는 직선 패스가 생성됩니다.

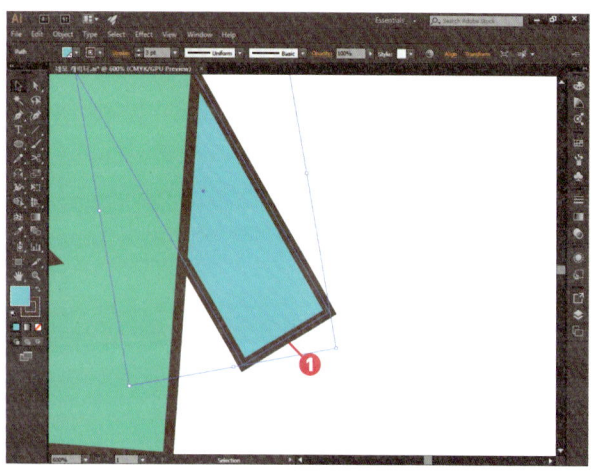

07 곡선 패스로 연결하기

❶ [Direct Selection Tool](⬚)로 ❷ 기준점을 선택한 후 ❸ [Pen Tool](⬚)을 선택합니다. ❹ Alt 를 누르고 클릭&드래그해 방향선을 만듭니다.

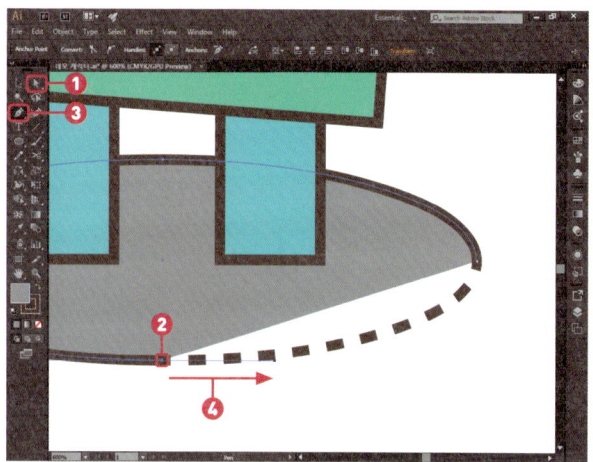

08 곡선 패스로 연결하기

❶ 다른 기준점에 마우스를 위치시켜 클릭&드래그 합니다. ❷ 두 기준점이 곡선 패스로 연결됩니다.

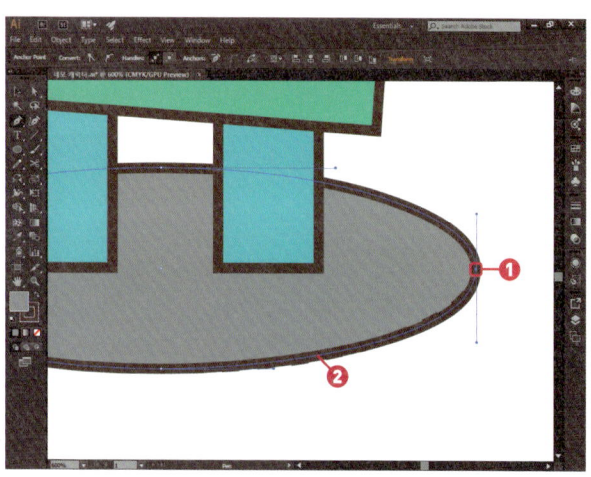

09 완성

① Shift + Ctrl + A 를 눌러 선택을 해제합니다.

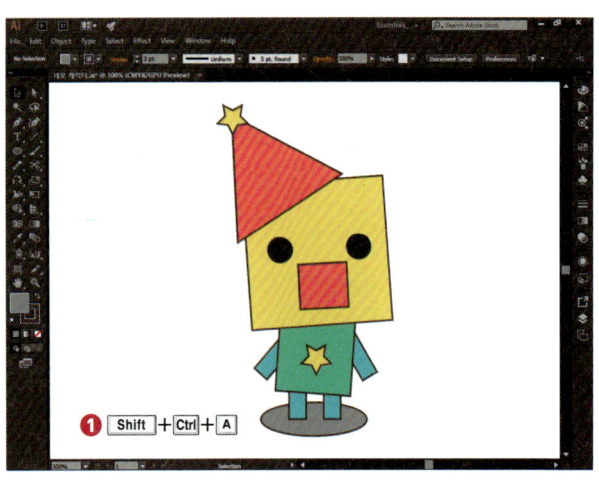

Level UP

[Convert Anchor Point Tool]로 기준점 전환하기

- 둥근 점을 모퉁이 점으로 전환하려면 [Convert Anchor Point Tool](N)로 기준점을 클릭합니다.
- 모퉁이 점을 둥근 점으로 전환하려면 [Convert Anchor Point Tool](N)로 기준점을 클릭한 채 드래그합니다.

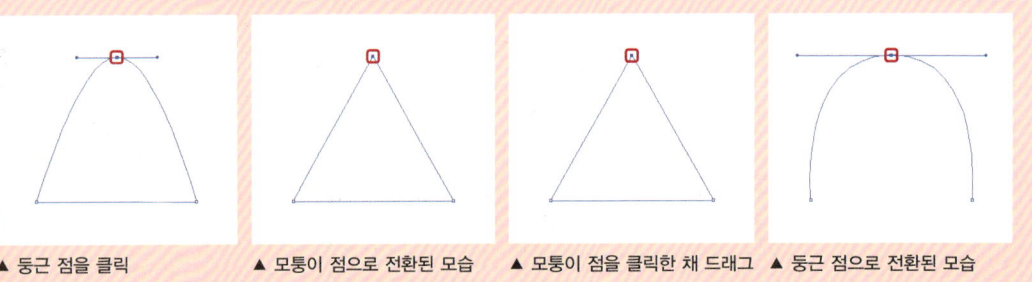

▲ 둥근 점을 클릭 　▲ 모퉁이 점으로 전환된 모습 　▲ 모퉁이 점을 클릭한 채 드래그 　▲ 둥근 점으로 전환된 모습

SECTION
13 [Join Tool]로 패스 연결하기

CC 버전에서 추가된 [Join Tool]은 끊어진 패스를 쉽게 연결하거나, 패스 작업 도중 삐져나온 부분을 깔끔하게 정리하는 도구입니다.

○ **Keyword** Join Tool   ○ **예제 파일** | Part02\선 캐릭터.ai   ○ **완성 파일** | Part02\선 캐릭터(완성).ai

01 예제 파일 확인하기

❶ 예제 파일을 불러와 확인합니다. 패스가 끊어진 부분이 두 곳 있습니다. ❷ [Join Tool] (아이콘)을 선택합니다.

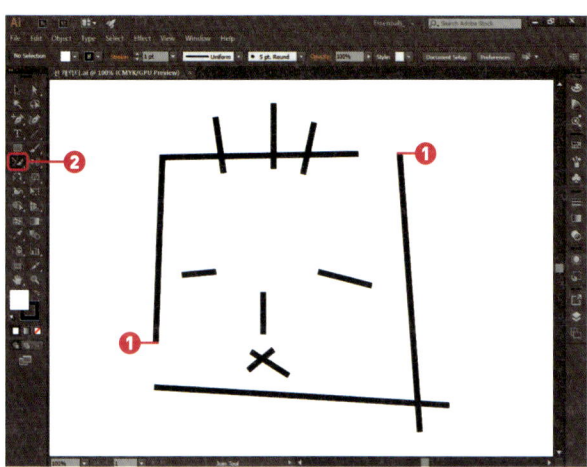

02 끊어진 패스 연결하기

❶ 오른쪽 상단의 끊어진 부분에 클릭&드래그 합니다. 파란색으로 페인트가 칠해집니다. 끊어진 부분을 모두 칠합니다.

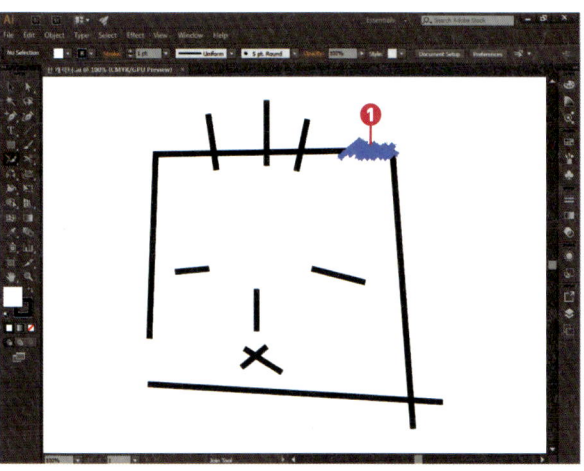

03 결과 확인하기

❶ 마우스 버튼에서 손을 놓습니다. 두 패스가 자연스럽게 연결됩니다.

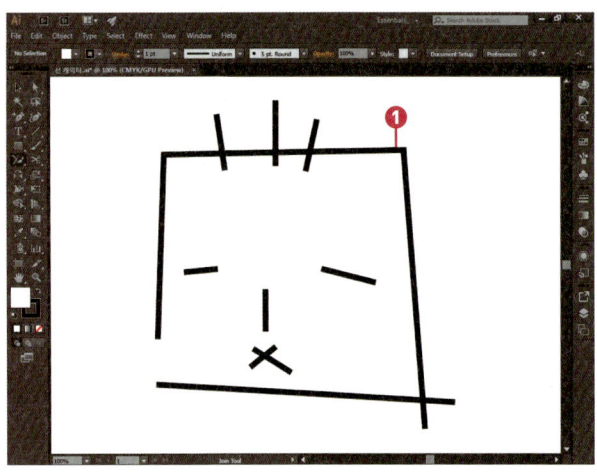

04 끊어진 패스 연결하기

❶ 왼쪽 하단의 끊어진 부분에도 클릭&드래그해 칠합니다.

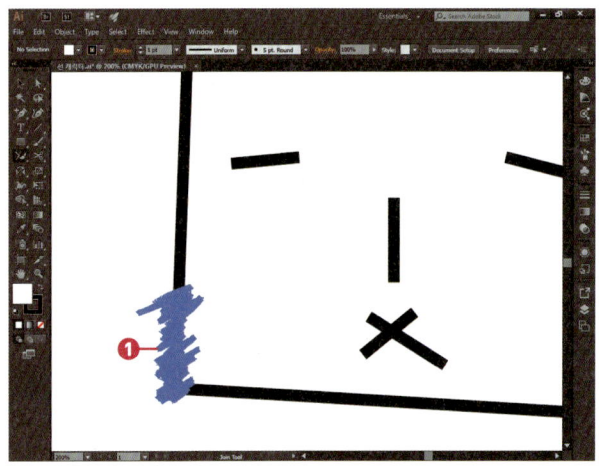

05 결과 확인하기

❶ 마찬가지로 마우스 버튼에서 손을 놓습니다. 두 패스가 자연스럽게 연결됩니다.

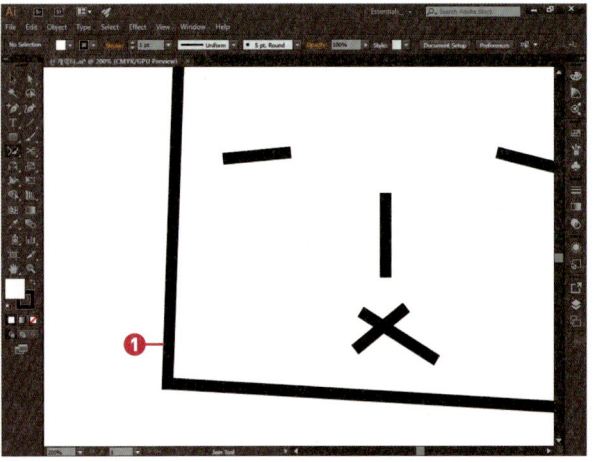

06 삐져나온 패스 정리하기

❶ 이번에는 삐져나온 패스를 정리합니다. 오른쪽 하단의 삐져나온 부분을 확인합니다.

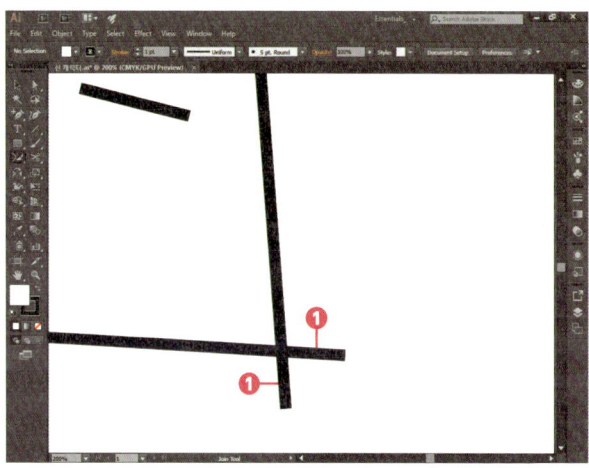

07 삐져나온 패스 정리하기

❶ 클릭&드래그해 칠합니다.

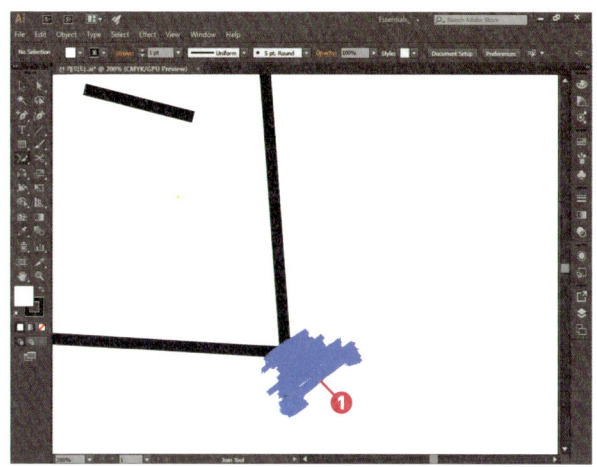

08 결과 확인하기

❶ 해당 부분의 삐져나온 패스들이 깔끔하게 지워졌습니다.

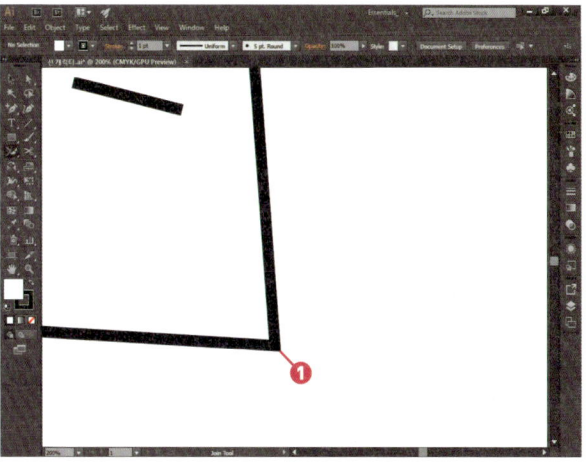

09 삐져나온 패스 정리하기

❶ 캐릭터의 입이 삐져나온 부분에도 클릭&드래그해 칠합니다.

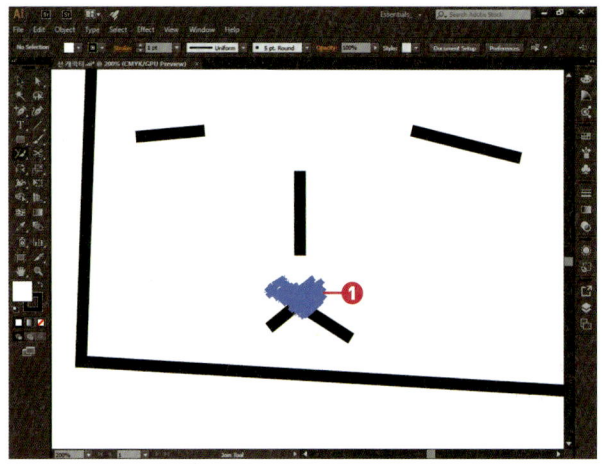

10 완성

❶ 사각형 오브젝트의 칠 색상을 '#8DDBD8'로 설정합니다.

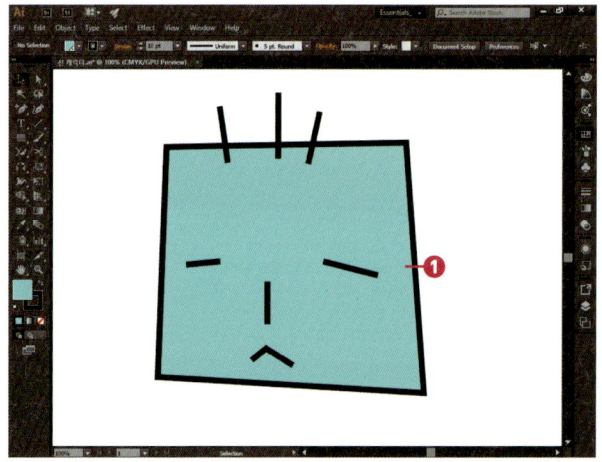

SECTION

14 [Width Tool]로 선 모양 변형하기

[Width Tool]은 패스의 외곽선 특정 위치의 두께를 조절하여 선 모양을 변형하는 도구입니다. 열린 패스나 닫힌 패스 상관없이 선 모양을 만들 수 있습니다.

○ **Keyword** Width Tool, [Stroke] 패널   ○ **예제 파일** | Part02\뭉게 구름.ai   ○ **완성 파일** | Part02\뭉게 구름(완성).ai

01 선 모양을 만들 위치 선정하기

❶ [Width Tool](아이콘)을 선택하고 ❷ 패스에 마우스를 가져갑니다. 다이아몬드 모양의 폭 포인트가 나타납니다. 클릭&드래그 합니다.

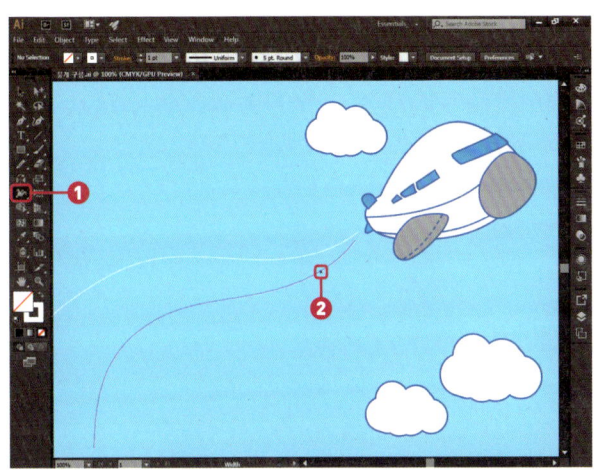

02 변형된 선 모양 확인하기

❶ 드래그한 만큼 선의 굵기가 조정되고 선 모양이 변형됩니다. ❷ 양쪽의 폭 포인트 중 하나에 마우스를 위치시켜 Alt 를 누르고 클릭&드래그하면 한쪽 방향으로만 변형됩니다.

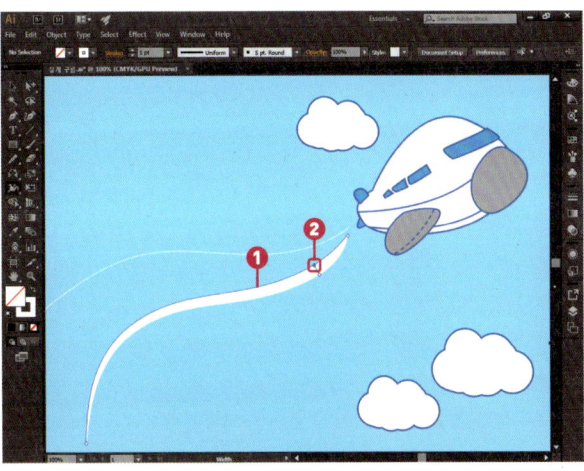

Point
폭 포인트를 삭제하려면 Delete 를 클릭합니다.

03 선 모양 변형하기

❶ 다른 패스에 마우스를 위치시켜 폭 포인트가 나타나면 클릭&드래그 합니다. 마찬가지로 해당 패스의 선 모양이 변형됩니다.

04 선 모양 변형하기

❶ 하나의 패스에 폭 포인트를 여러 개 만들 수 있습니다. 같은 패스에서 다른 위치로 마우스를 위치시켜 클릭&드래그 합니다.

> **Point**
> 혹은 Alt 를 누르고 클릭&드래그 해도 됩니다.

05 만든 선 모양 프리셋으로 등록하기

❶ [Selection Tool](🔲)로 ❷ 다른 패스를 선택합니다. ❸ [Stroke] 패널에서 [Profile]의 ▼를 클릭합니다. ❹ 나타나는 팝업 창에서 [Add to Profiles](🔲)를 클릭합니다.

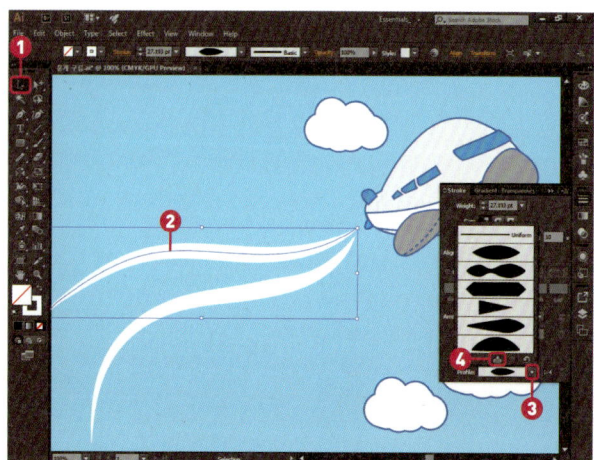

> **Point**
> 목록 단추(≡)를 클릭하여 [Show Options] 메뉴를 클릭하면 패널의 숨겨진 설정 화면이 나타납니다.

06 대화상자 확인하기

❶ 등록할 선 모양의 이름을 입력하는 대화상자가 나타납니다. ❷ [OK]를 클릭합니다.

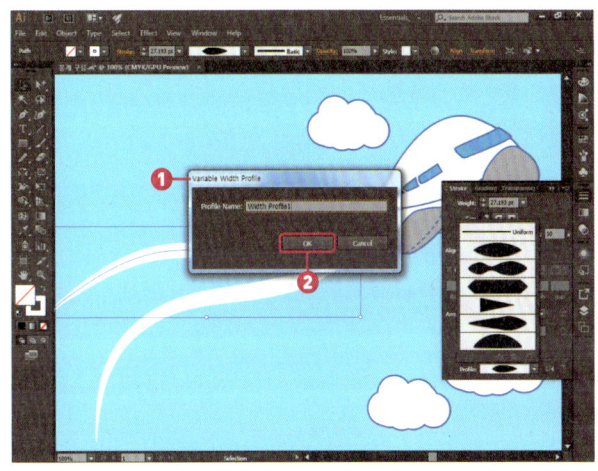

07 등록했던 선 모양 적용하기

❶ [Selection Tool](   )을 선택하고 ❷ 다른 패스를 선택합니다. ❸ [Stroke] 패널의 [Profile]에서 등록했던 선 모양을 선택합니다. 선 모양이 변경됩니다.

> **Point**
> 팝업 창에서 🗑를 클릭하면 선택한 선 모양이 삭제되고, 🔄를 클릭하면 목록이 초기화됩니다.

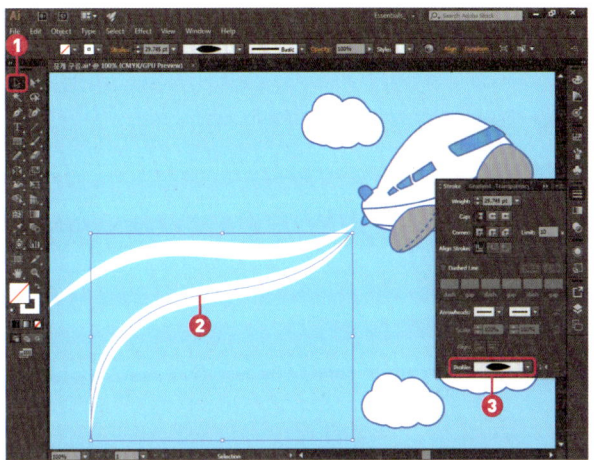

08 완성

❶ Shift + Ctrl + A 를 눌러 선택을 해제합니다. 적용된 선 모양을 확인합니다.

SECTION 15

[Appearance] 패널과 [Stroke] 패널로 오브젝트 꾸미기

[Appearance] 패널을 이용하면 하나의 오브젝트에 여러 개의 선을 만들어 적용할 수 있습니다. [Appearance] 패널과 [Stroke] 패널로 선을 적용하여 오브젝트를 꾸며봅니다.

○ Keyword [Appearance] 패널, [Stroke] 패널   ○ 예제 파일 | Part02\LOVE.ai   ○ 완성 파일 | Part02\LOVE(완성).ai

01 선 색상 설정하기

❶ Ctrl+A를 눌러 모든 오브젝트를 선택하고 ❷ 선 색상자를 더블클릭합니다. ❸ [#]를 'FF5B63'으로 설정합니다.

02 [Stroke] 패널 설정하기

❶ [Stroke] 패널의 [Weight]를 '2 pt'로 설정합니다. 선 굵기가 변경됩니다.

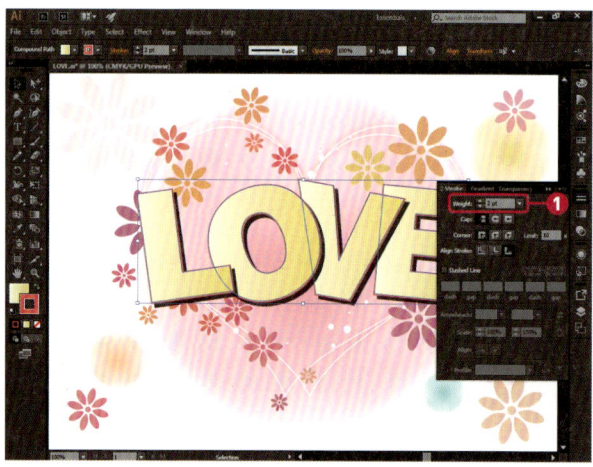

> **Point**
> 목록 단추(≡)를 클릭하여 [Show Options] 메뉴를 클릭하면 숨겨진 패널의 설정 화면이 나타납니다.

03 [Stroke] 패널 설정하기

❶ [Align Stroke to Outside]()를 클릭합니다. ❷ 이어서 [Dashed Line]을 체크하고 ❸ 아래 입력 상자들 중 첫 번째 입력 상자에 '5 pt'를 입력합니다. 실선이 점선으로 변경됩니다.

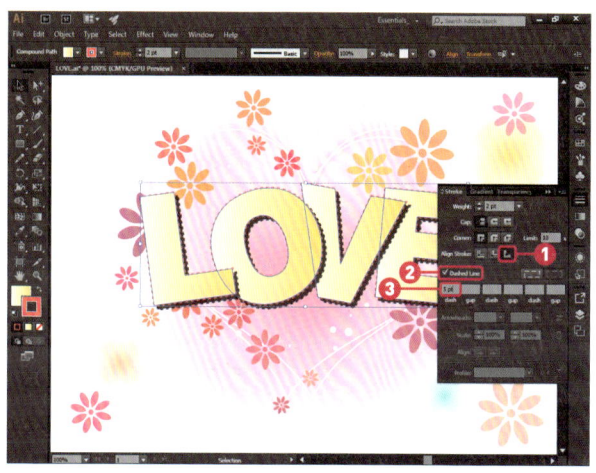

04 새로운 선 만들기

❶ [Appearance] 패널에서 [Add New Stroke]()를 클릭합니다. 새로운 선이 생성됩니다. ❷ 두 번째 선을 클릭하여 활성화합니다.

> **Point**
> 활성화된 항목은 목록에서 파란색 바탕으로 나타납니다.

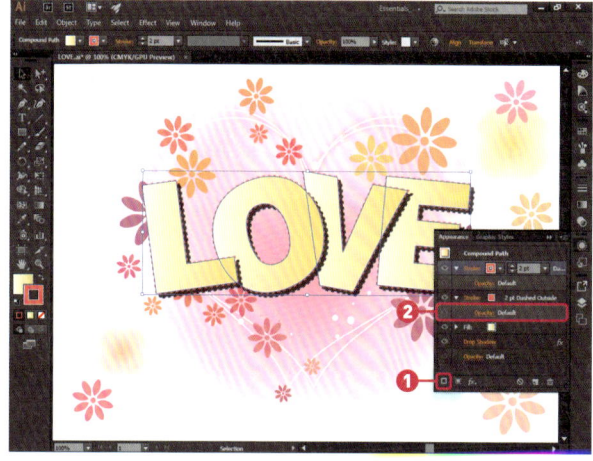

05 두 번째 선 설정하기

❶ 색상자를 클릭하여 나타나는 팝업 창에서 흰색을 클릭합니다. ❷ 오른쪽 입력 상자를 '10 pt'로 설정합니다. 선의 색상과 굵기가 변경됩니다. ❸ [Dashed Line]을 체크 해제합니다.

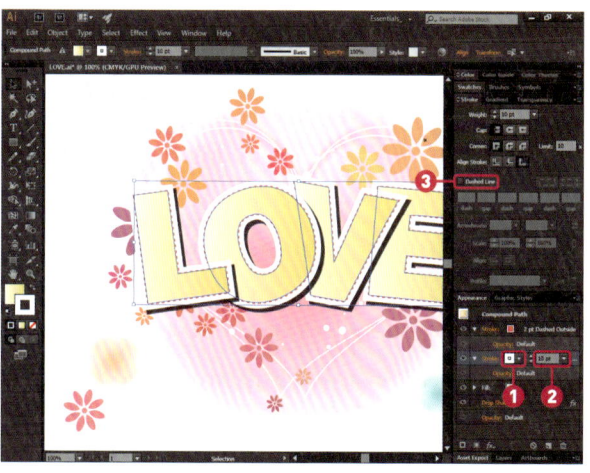

06 새로운 선 만들기

❶ [Add New Stroke](□)를 클릭합니다. 새로운 선이 생성됩니다. ❷ 세 번째 선을 클릭하여 활성화합니다.

07 색 설정하기

❶ Shift 를 누르고 색상자를 클릭합니다. ❷ 나타나는 팝업 창에서 ≡를 클릭한 후 [RGB] 메뉴를 클릭합니다. ❸ [#]를 'FF5B63'을 설정합니다.

08 선 굵기, 선 위치 설정하기

❶ 오른쪽의 입력 상자를 '13 pt'로 설정합니다.

09 완성

① Shift + Ctrl + A 를 눌러 선택을 해제합니다. [Stroke] 패널과 [Appearance] 패널로 만들어진 오브젝트의 외곽선을 확인합니다.

Level UP

[Stroke] 패널 살펴보기

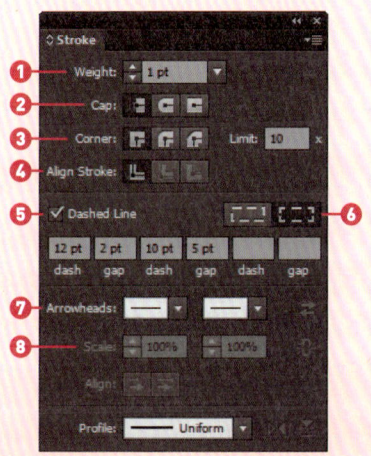

① **Weight** : 선 굵기를 설정합니다. ▼를 클릭하여 굵기를 선택하거나 입력 상자에 수치를 입력하면 됩니다.

② **Cap** : 패스가 끝나는 기준점에서의 선 모양을 설정합니다.
   ⓐ **Butt Cap**( ) : 패스가 끝나는 지점에서 선을 자릅니다.
   ⓑ **Round Cap**( ) : 패스가 끝나는 지점에서 선 굵기의 절반만큼 더 늘린 후 둥글게 다듬습니다.
   ⓒ **Projecting**( ) : 패스가 끝나는 지점에서 선 굵기의 절반만큼 더 늘립니다.

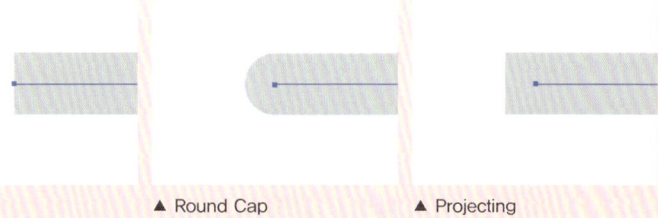

▲ Butt Cap   ▲ Round Cap   ▲ Projecting

❸ **Corner** : 모서리의 모양을 설정합니다.
  ⓐ **Miter Join(📐)** : 일반적인 뾰족한 모서리입니다. [Limit]의 설정에 따라 모서리의 모양이 뭉뚝해지기도 합니다(범위 한도 : 1~500).
  ⓑ **Round Join(📐)** : 모서리를 둥글게 다듬습니다.
  ⓒ **Projecting(📐)** : 모서리를 칼로 자른 것처럼 뭉툭하게 만듭니다.

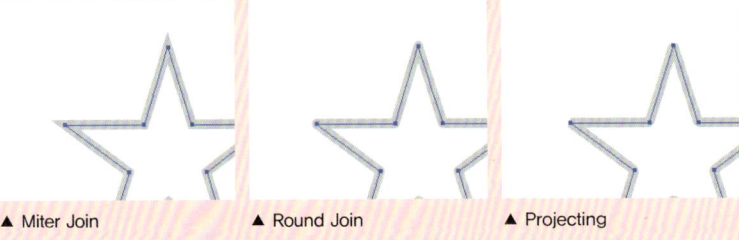

▲ Miter Join   ▲ Round Join   ▲ Projecting

❹ **Align Stroke** : 선의 위치를 설정합니다.
  ⓐ **Align Stroke to Center(📐)** : 패스의 가운데로 선을 설정합니다.
  ⓑ **Align Stroke to Inside(📐)** : 패스의 안쪽으로 선을 설정합니다.
  ⓒ **Align Stroke to Outside(📐)** : 패스의 바깥쪽으로 선을 설정합니다.

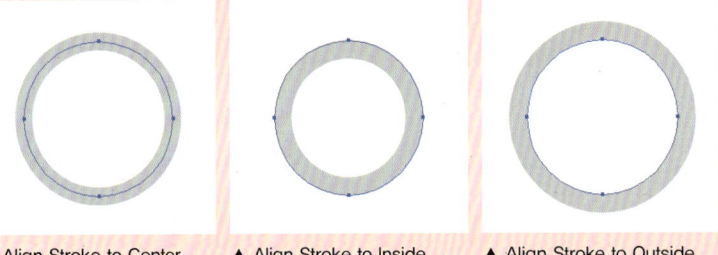

▲ Align Stroke to Center   ▲ Align Stroke to Inside   ▲ Align Stroke to Outside

❺ **Dashed Line** : 체크하면 실선이 점선으로 변경됩니다. 아래 입력 상자에 선의 길이(dash)와 여백(gap)을 입력하여 다양한 모양의 점선을 만들 수 있습니다. 또한 설정된 [Cap] 옵션에 따라서 점선의 모양이 바뀌기도 합니다.

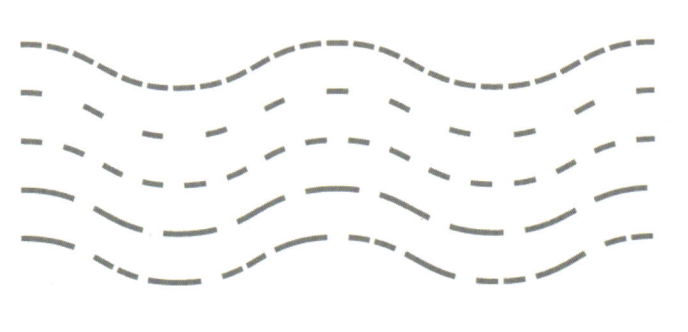

❻ 점선을 패스 모양에 맞춰 정렬합니다. [아이콘]는 패스의 시작점을 기준으로, [아이콘]는 각 모퉁이 점을 기준으로 점선을 정렬합니다.

❼ **Arrowheads** : 패스의 시작 기준점과 끝 기준점에 다양한 화살표 모양을 넣을 수 있습니다. [아이콘]를 클릭하면 시작점의 화살표와 끝점 화살표의 모양이 서로 교체됩니다.

▲ Arrow 7, Arrow 39   ▲ Arrow 13, Arrow 33   ▲ Arrow 37, Arrow 38

❽ **Scale** : 화살표 모양의 크기를 설정합니다. 선의 굵기에 따라서 자동으로 설정되지만 임의의 크기로 설정하려면 입력 상자에 수치를 입력하면 됩니다. [아이콘]를 클릭한 후 크기를 설정하면 시작점과 끝점의 크기가 같은 비율로 설정됩니다.
　ⓐ **Align** : 화살표 모양의 위치를 설정합니다. [아이콘]는 패스의 바깥쪽으로, [아이콘]는 패스의 안쪽으로 나타납니다.
　ⓑ **Profile** : [Width Tool]([아이콘])로 만든 선 모양을 미리 등록해 놓은 목록이 나타납니다. 선택하여 바로 적용할 수 있습니다. [Flip Along]([아이콘])와 [Flip Across]([아이콘])로 모양을 좌우, 상하 반전할 수 있습니다.

SECTION 16 [Scale] 대화상자로 오브젝트의 크기 조절하기

[Scale] 대화상자를 이용하면 오브젝트의 크기를 조절할 때 오브젝트에 적용된 선 굵기도 함께 조절할 수 있습니다.

● **Keyword** Scale Tool, [Scale] 대화상자　　● 예제 파일 | Part02\게자리.ai　　● 완성 파일 | Part02\게자리(완성).ai

01 오브젝트 선택하기

❶ [Selection Tool](화살표)을 선택합니다. ❷ 클릭&드래그해 영역 내의 오브젝트를 모두 선택합니다. ❸ [Scale Tool](아이콘)을 더블클릭합니다.

02 [Scale] 대화상자 설정하기

❶ 대화상자에서 [Uniform]을 '50%'으로 설정한 후 [Scale Corners]와 [Scale Strokes & Effects]를 체크 해제합니다. ❷ [OK]를 클릭합니다.

[Object]-[Transform]-[Scale] 메뉴를 클릭하여도 대화상자가 나타납니다.

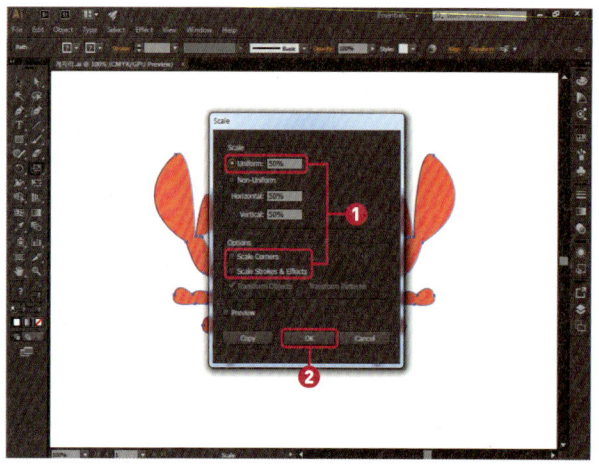

03 변경된 크기 확인하기

① `Shift`+`Ctrl`+`A`를 눌러 선택을 해제합니다. 원래 크기에서 50% 축소된 크기로 변경됩니다. ② `Ctrl`+`A`를 눌러 모든 오브젝트를 동시 선택합니다.

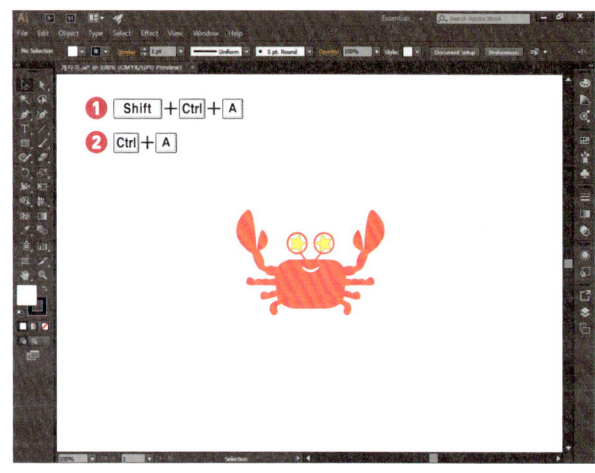

04 [Transform] 패널 설정하기

① 옵션 바에서 주황색 [Transform]을 클릭합니다. ② 변형 기준점을 중앙()으로 설정하고 ③ [Scale Strokes & Effects]를 체크 해제합니다. ④ 🔗를 클릭하여 활성화한 후 ⑤ [W]를 '800 px'로 설정합니다.

> **Point**
> [Window]-[Transform] 메뉴를 클릭하여도 [Transform] 패널이 나타납니다.

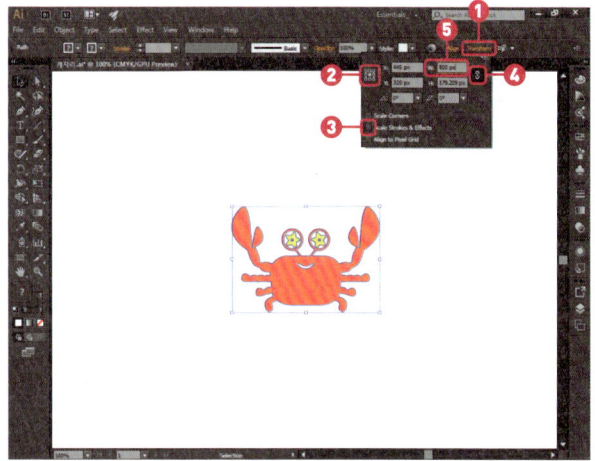

05 변경된 크기 확인하기

① `Shift`+`Ctrl`+`A`를 눌러 선택을 해제합니다. 설정한 크기로 오브젝트의 크기가 변경됩니다. ② `Ctrl`+`Z`를 눌러 크기 변경 작업을 취소하고 이전 작업 상태로 돌아갑니다.

06 [Transform] 패널 설정하기

❶ 옵션 바에서 주황색 [Transform]을 클릭합니다. ❷ [Scale Strokes & Effects]를 체크하고 [W]를 '800 px'로 설정합니다.

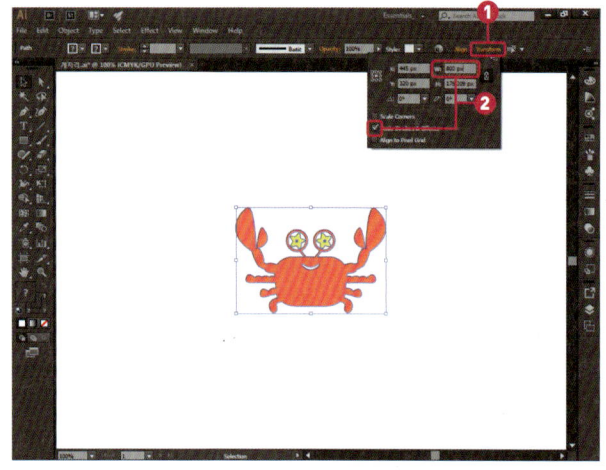

07 변경된 크기 확인하기

❶ [Scale Strokes & Effects] 옵션을 체크하여 오브젝트의 크기가 조정되면서 적용되어 있던 선 굵기도 함께 조정되었습니다. ❷ Shift + Ctrl + A 를 눌러 선택을 해제합니다.

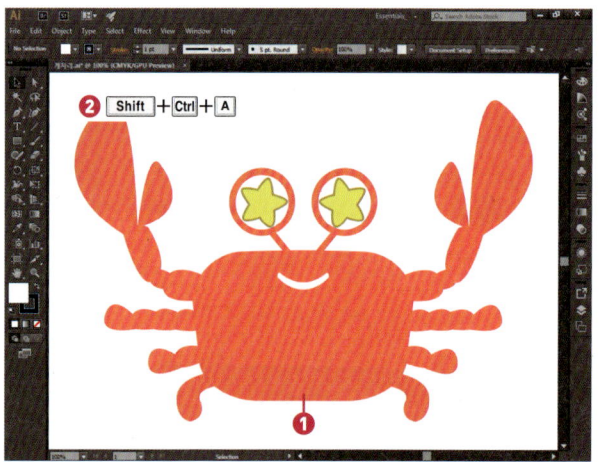

SECTION 17 [Rotate Tool]과 [Rotate] 대화상자로 오브젝트 회전하기

[Rotate Tool], [Rotate] 대화상자로 오브젝트를 회전하는 방법을 학습합니다. 바운딩 박스로 회전할 때와는 달리 회전 기준점을 설정할 수 있습니다.

◎ **Keyword** [Rotate] 대화상자, Rotate Tool   ◎ 예제 파일 | Part02\시계.ai   ◎ 완성 파일 | Part02\시계(완성).ai

01 회전 기준점 설정하기

❶ [Selection Tool](▶)로 ❷ 별모양 오브젝트를 선택하고 ❸ [Rotate Tool](⟳)을 선택합니다. ❹ 시계의 중앙 지점에 Alt 를 누르고 클릭합니다.

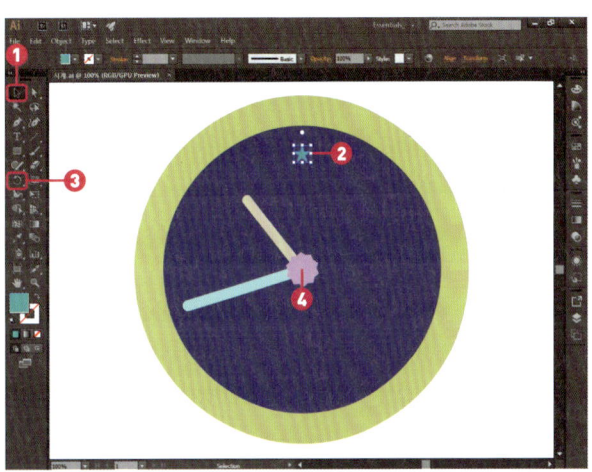

02 [Rotate] 대화상자 설정하기

❶ [Rotate] 대화상자가 나타납니다. ❷ [Angle]을 '30'으로 설정하고 ❸ [Copy]를 클릭합니다. 오브젝트가 복사되면서 설정한 각도로 회전됩니다.

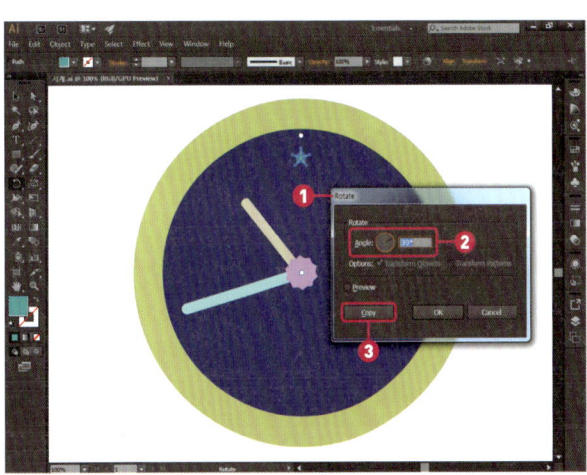

03 변형 명령 반복 실행하기

❶ Ctrl+D를 한 번 누릅니다. ❷ 마지막으로 실행한 변형 작업인 회전&복사 명령이 반복 실행됩니다. ❸ Ctrl+D를 4번 더 누릅니다. ❹ 계속해서 명령이 반복 실행됩니다.

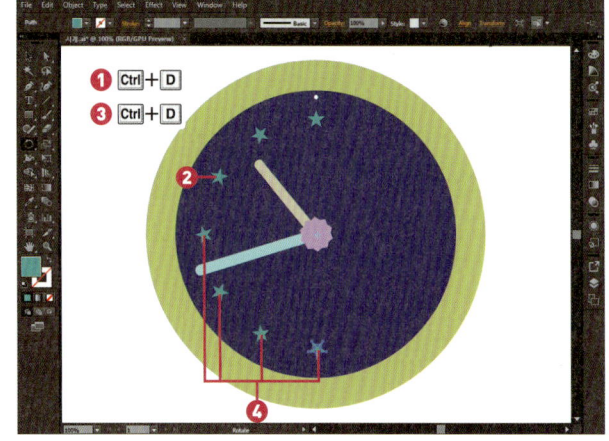

Point
Ctrl+D는 [Object]-[Transform]-[Transform Again] 메뉴의 단축키입니다.

04 변형 명령 반복 실행하기

❶ Ctrl+D를 5번 더 눌러 명령을 반복 실행합니다. ❷ [Selection Tool]( )로 ❸ 시계의 12시, 3시, 6시, 9시를 가르치는 별모양 오브젝트를 동시 선택합니다.

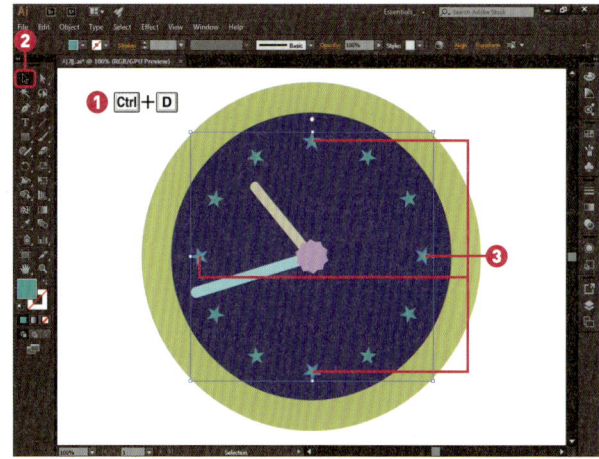

Point
Shift를 이용하여 오브젝트를 동시 선택할 수 있습니다.

05 [Transform Each] 대화상자로 크기 변경하기

❶ [Object]-[Transform]-[Transform Each] 메뉴를 클릭합니다. ❷ [Scale]의 [Horizontal]과 [Vertical]을 '170%'으로 설정한 후 ❸ [OK]를 클릭합니다. 선택한 오브젝트의 크기가 변경됩니다.

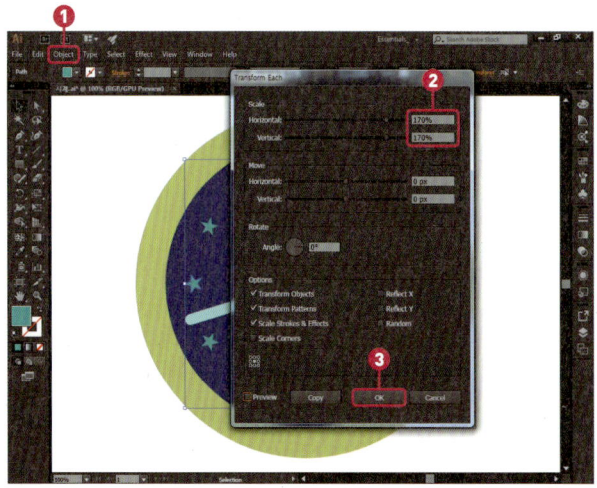

06 색 변경하기

❶ 칠 색상자를 활성화한 후 ❷ [Swatches] 패널에 등록되어 있는 'R: 207, G: 207, B: 109' 색상을 클릭합니다.

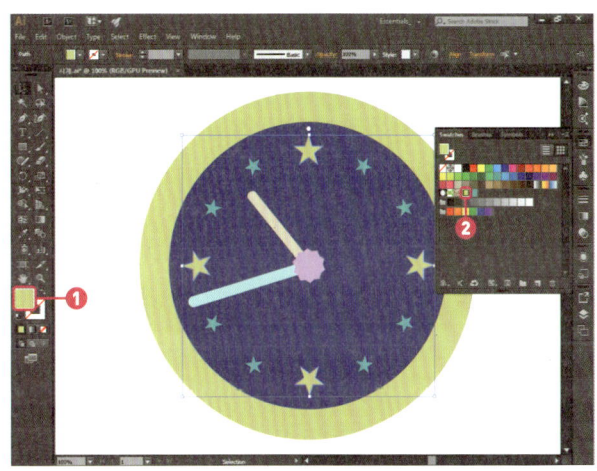

07 오브젝트 선택, 회전 기준점 설정하기

❶ [Selection Tool](   )을 선택하고 ❷ 흰색 원 오브젝트를 선택합니다. ❸ [Rotate Tool](   )을 선택하고 ❹ 시계의 중앙 지점에 Alt 를 누르고 클릭합니다. ❺ [Angle]을 '5˚'로 설정하고 ❻ [Copy]를 클릭합니다.

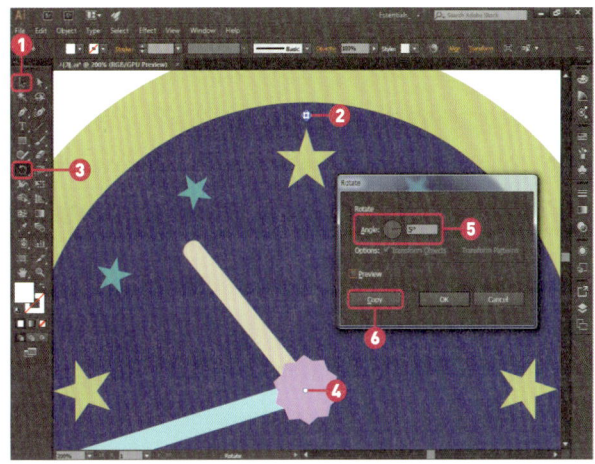

08 변형 명령 반복 실행하기

❶ 원 오브젝트가 큰 원을 따라 쭉 나열되도록 Ctrl + D 를 여러 번 눌러 그림과 같이 만듭니다.

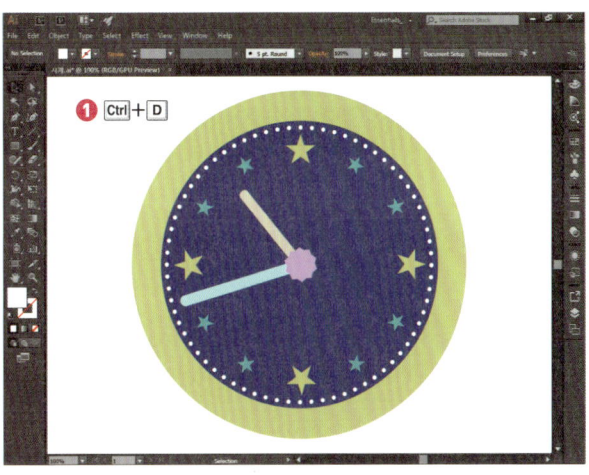

09 회전 기준점 설정하기

❶ [Selection Tool](🔲)로 ❷ 분침을 선택합니다. 회전 기준점이 오브젝트의 중앙으로 설정되어 있습니다. ❸ [Rotate Tool](🔲)을 선택하고 ❹ 시계의 중심에 클릭합니다. 회전 기준점이 클릭한 지점으로 변경됩니다.

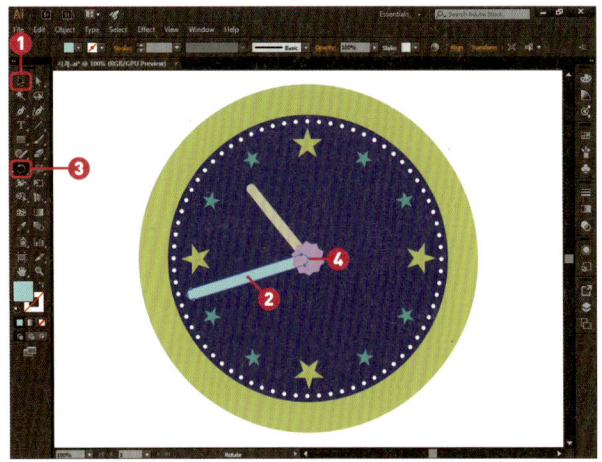

10 오브젝트 회전하기

❶ 클릭&드래그 합니다. 설정한 회전 기준점을 기준으로 오브젝트가 회전됩니다.

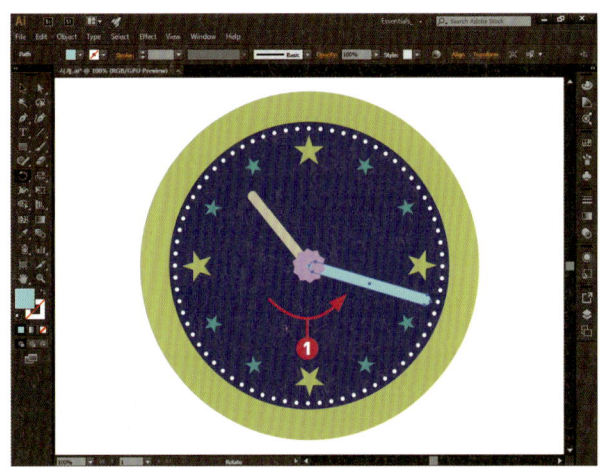

11 완성

❶ 같은 방법으로 분침 오브젝트도 회전 기준점을 설정한 후 회전합니다.

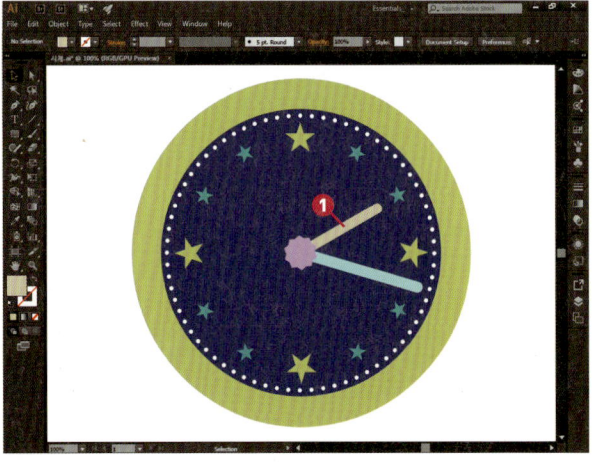

Level UP

[Rotate] 대화상자 살펴보기

[Rotate] 대화상자로 오브젝트를 회전하는 방법은 두 가지가 있습니다.

- 기본적으로 설정되어 있는 회전 기준점으로 회전하려면 [Rotate Tool]()을 더블클릭하여 대화상자를 불러옵니다.
- 회전 기준점을 변경하여 회전하려면 변경하려는 회전 기준점에 Alt 를 누르고 클릭하여 대화상자를 불러옵니다.

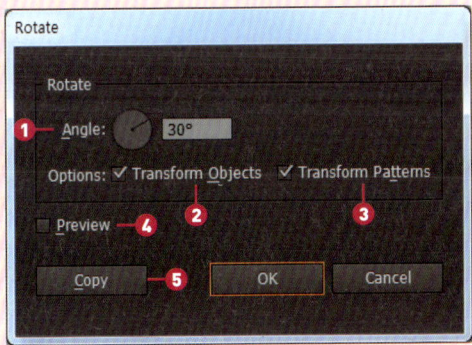

❶ **Angle(각도)** : 오브젝트를 회전할 각도를 입력합니다. 값을 음수로 설정하면 시계 방향으로, 양수로 설정하면 반시계 방향으로 회전됩니다.
❷ **Transform Objects(개체 변형)** : 체크하면 오브젝트를 회전합니다.
❸ **Transform Patterns(패턴 변형)** : 체크하면 오브젝트에 적용된 패턴을 회전합니다.
❹ **Preview(미리보기)** : 체크하면 변형 후의 모습을 미리 확인할 수 있습니다.
❺ **Copy(복사)** : 클릭하면 설정한 값으로 오브젝트를 복사합니다.

SECTION 18
[Type Tool]로 글자 입력하고 [Character] 패널로 서식 설정하기

일러스트레이터에서 글자를 입력하는 도구는 여러 가지가 있습니다. [Type Tool]을 이용하여 글자를 입력하는 방법, [Character] 패널로 서식을 설정하는 방법을 학습합니다.

○ **Keyword** Type Tool, [Character] 패널   ○ **예제 파일** | Part02\문도넛.ai   ○ **완성 파일** | Part02\문도넛(완성).ai

01 글자 입력하기

❶ [Type Tool](T)을 선택하고 ❷ 도큐먼트에 클릭하면 글자를 입력할 수 있는 상태가 됩니다. ❸ 글자를 입력한 후 ❹ [Selection Tool](▶)을 선택하면 입력이 완료되고 글자 오브젝트가 선택됩니다.

> **Point**
> Ctrl을 누르고 도큐먼트를 클릭하거나, [Type Tool](T)을 선택하여도 글자 입력이 완료됩니다.

02 글자체, 글자 크기 설정하기

❶ [Window]-[Type]-[Character] 메뉴(Ctrl+T)를 클릭하여 패널을 불러옵니다. ❷ [Size](T)는 글자 크기, [Font Family]는 글자체를 설정합니다. 글자체 '봄의왈츠', 글자 크기 '72 pt'로 설정합니다.

382

03 자간, 글자 색상 설정하기

❶ 이어서 [Tracking](VA)은 자간(글자 사이의 간격) 설정합니다. '-50'으로 설정합니다. ❷ 칠 색상자를 '#FD576B'로 설정합니다. 글자의 색상이 변경됩니다.

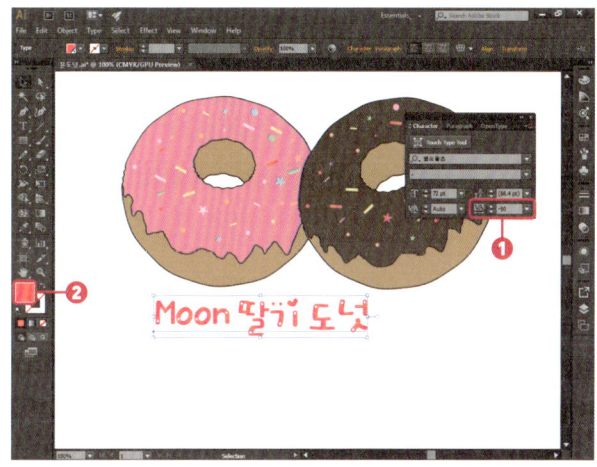

04 다음 행으로 글자 입력하기

❶ [Selection Tool](▶)을 선택하고 ❷ 글자 오브젝트를 더블 클릭합니다. 글자를 수정할 수 있는 상태가 됩니다. ❸ Enter 를 누르면 다음 행으로 넘어갑니다. ❹ 글자를 입력합니다.

Enter 를 누르지 않으면 오른쪽 방향이나 아래 방향으로 계속해서 입력됩니다.

05 일부 글자만 색상 변경하기

❶ 입력한 글자를 클릭&드래그해 블록 설정합니다. ❷ 칠 색상을 '#603913'로 설정합니다. 블록 설정한 글자만 색상이 변경됩니다.

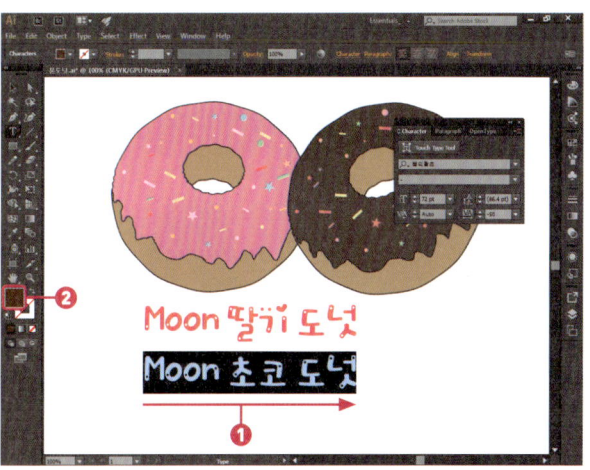

Level UP

글자 오브젝트 관련 팁

❶ **글자의 색상이 변경되지 않을 경우** : 글자의 색상이 변경되지 않을 경우에는 ⓐ [Appearance] 패널에서 [Fill]과 [Stroke]를 활성화한 후 ⓑ [Delete Selected Item](🗑)를 클릭하여 삭제합니다. ⓒ [Characters]를 더블클릭한 후 ⓓ 색상을 다시 설정합니다.

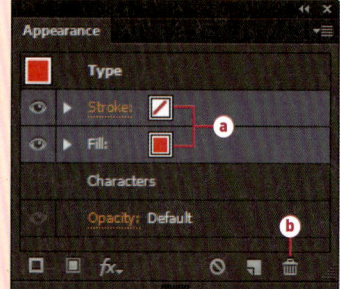
▲ [Fill], [Stroke] 활성화, 삭제

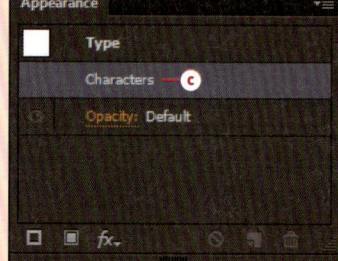
▲ [Characters] 더블클릭

▲ 색상 설정

❷ **글자 오브젝트를 패스로 만들기** : 글자 오브젝트를 선택한 후 [Type]-[Create Outlines] 메뉴(Shift + Ctrl + O)를 클릭하거나, 마우스 오른쪽 버튼을 클릭하여 [Create Outlines] 메뉴를 클릭하면 글자 모양 그대로 패스로 만들어집니다.

- 패스로 만들어진 후에는 [Direct Selection Tool](▶) 등으로 자유롭게 편집할 수 있지만, 다른 글자로 다시 입력하거나 서식을 설정할 수 없습니다.
- 사용한 글자체가 설치되지 않은 컴퓨터에서 파일을 불러올 경우 기본 글자체로 바뀌는 현상이 생깁니다. 글자 오브젝트를 패스로 만들면 이러한 현상을 방지할 수 있습니다.

▲ 글자 오브젝트 (Preview/Outline 모드)

▲ 패스로 만든 모습 (Preview/Outline 모드)

06 일부 글자만 서식 설정하기

❶ [Type Tool](T)을 선택한 후 ❷ 일부 글자를 블록 설정합니다. ❸ 글자체를 설정하여 블록 설정한 글자의 글자체만 변경합니다. 'Soopafresh' 글자체를 사용합니다. 같은 방법으로 일부 글자들의 크기를 변경합니다.

07 행간 조절하기

❶ [Leading](A)은 행간(행과 행의 간격)을 설정합니다. '72 pt'로 설정합니다. 첫 번째 행과 두 번째 행 사이의 간격이 좁아집니다.

08 글자 입력하고 서식 설정하기

❶ [Selection Tool](▶)로 ❷ 글자 오브젝트를 더블클릭한 후 ❸ 글자를 입력합니다. ❹ 해당 글자의 서식을 변경하고 ❺ [Selection Tool](▶)을 선택하여 입력을 완료합니다.

09 가운데 정렬하기

❶ 컨트롤 바에서 [Align Center](圖)를 클릭합니다. 글자 오브젝트 내의 글자들이 가운데로 정렬됩니다. ❷ 클릭&드래그해 글자 오브젝트 자체의 위치를 가운데로 이동시킵니다.

10 글자를 패스로 만들기

❶ [View]-[Outline] 메뉴(Ctrl+Y)를 클릭합니다. 글자 오브젝트의 상태를 확인합니다. ❷ 글자 오브젝트를 선택하고 ❸ 마우스 오른쪽 버튼을 눌러 [Create Outlines] 메뉴를 클릭합니다.

11 글자를 패스로 만들기

❶ 글자 오브젝트가 패스로 만들어집니다.
❷ [View]-[GPU Preview] 메뉴를 클릭합니다.

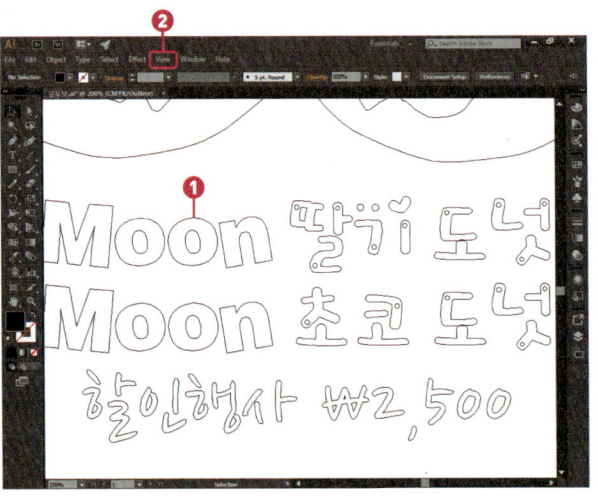

12 완성

❶ Shift + Ctrl + A 를 눌러 선택을 해제합니다.

Level UP

[Character] 패널 살펴보기

[Window]-[Type]-[Character] 메뉴(Ctrl + T)를 클릭하면 나타납니다. 목록 단추(≡)를 클릭한 후 [Show Options] 메뉴를 클릭하면 숨겨진 옵션이 나타납니다.

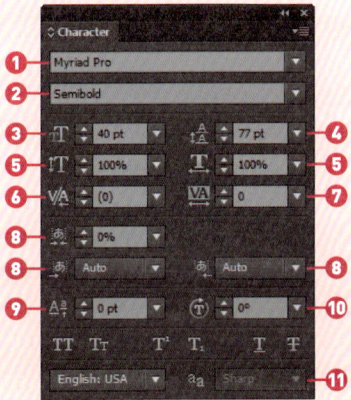

❶ **Font Family** : 글자체(폰트)를 설정합니다.
❷ **Font Style** : 선택한 글자체의 스타일을 설정합니다. 글자체에 따라 설정할 수 있는 스타일의 종류가 달라집니다.
❸ **Size**( ) : 글자의 크기를 설정합니다.
❹ **Leading**( ) : 행간(행 사이의 간격)을 설정합니다. (기본설정 : Auto)
❺ **Vertical Scale**( ), **Horizontal Scale**( ) : 문자의 세로 및 가로 비율을 설정합니다. (기본설정 : 100%)
❻ **Kerning**( ) : 커닝(어간 좁히기)을 설정합니다. (기본설정 : 0)
❼ **Tracking**( ) : 자간(문자 사이의 간격)을 설정합니다. (기본설정 : 0)
❽ **Tsume**( ), **Insert Aki**(,) : 한글, 일본어, 중국어 등을 입력하였을 때 자간을 설정합니다.
❾ **Baseline Shift**( ) : 기준선의 위치를 설정합니다.
❿ **Character Rotation**( ) : 글자를 회전합니다.
⓫ **Anti-alias** : 안티 앨리어스 방식을 설정합니다.

SECTION 19 [Touch Type Tool]로 글자 수정하기

[Touch Type Tool]은 CC 버전에서 추가된 도구입니다. 입력한 글자들의 서식을 [Character] 패널을 통한 설정이 아닌 마우스 조작으로 설정할 수 있어 편리합니다.

○ **Keyword** Touch Type Tool, Type Tool, [Character] 패널   ○ **예제 파일** | Part02\사랑의 멜로디.ai   ○ **완성 파일** | Part02\사랑의 멜로디(완성).ai

01 글자 입력하기

❶ [Type Tool](T)을 선택하고 ❷ 도큐먼트에 클릭한 후 ❸ 글자를 입력합니다.

02 서식 설정하기

❶ [Selection Tool](▶)을 선택하여 글자 입력을 완료한 후 ❷ Ctrl + T 를 눌러 패널을 불러옵니다. ❸ 서식을 설정합니다.

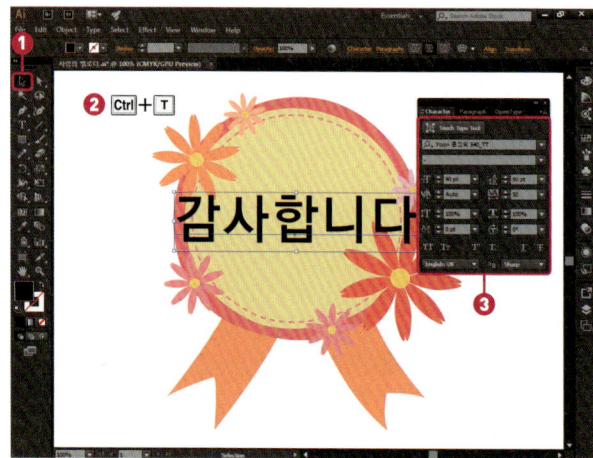

Point
따라하기에서는 글자체는 '윤고딕 540', 글자 크기는 '90' pt로 설정하였습니다.

03 도구 선택하기

① [Touch Type Tool](圖)을 선택합니다. ② 글자를 클릭하면 해당 글자만 따로 선택됩니다.

04 자간과 기준선 위치 변경하기

① 글자를 클릭&드래그하면 글자의 위치가 이동되고 각 글자의 자간(Tracking(圖))과 기준선 위치(Baseline Shift(圖))가 자동으로 설정됩니다. ② 글자의 위치를 이동시킵니다.

05 글자 크기 변경하기

① 왼쪽 상단 조절점은 글자의 길이를(Vertical Scale(圖)), 오른쪽 하단 조절점은 글자 너비 (Horizontal Scale(圖))를 조절합니다. 오른쪽 상단 조절점을 클릭&드래그하면 글자 크기 (Size(圖))가 변경됩니다. 같은 방법으로 다른 글자의 크기도 변경합니다.

06 글자 회전시키기

❶ 상단의 기준점을 클릭&드래그하면 글자가 회전됩니다. Character Rotation(🔲)을 이용하여 각 글자를 회전시킵니다.

07 완성

❶ Shift + Ctrl + A 를 눌러 선택을 해제합니다. [Touch Type Tool](🔲)을 이용한 글자 수정 내용을 확인합니다.

S E C T I O N

20 글자 스타일을 만들고
다른 글자에 서식 빠르게 적용하기

글자 스타일(Character Style)은 [Character] 패널로 설정한 서식을 등록해 다른 글자에 바로 적용할 수 있는 기능입니다.

○ **Keyword** [Character Style] 패널　　　　　　　　○ 예제 파일 | Part02\메뉴판.ai　　○ 완성 파일 | Part02\메뉴판(완성).ai

01 글자 오브젝트 선택하기

❶ [Selection Tool](화살표)로 ❷ 글자 오브젝트를 선택합니다. ❸ [Window]-[Type]-[Character] 메뉴를 클릭하여 패널을 불러옵니다.

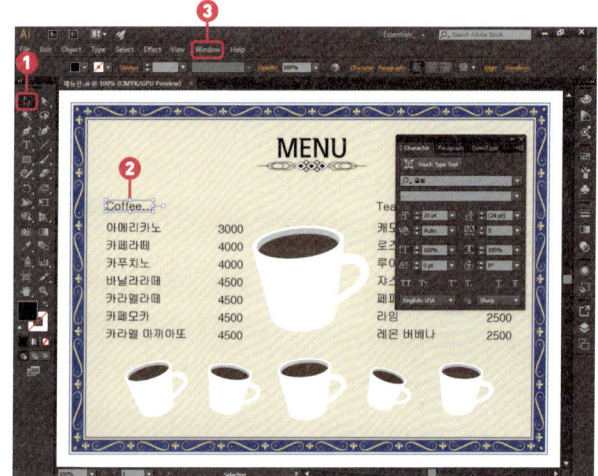

02 서식 설정하기

❶ [Font Family]를 'Myriad Pro', [Font Style]을 'Bold', [Size](TT)를 '36 pt'로 설정하여 서식을 변경합니다. ❷ 글자 색상을 '#782939'로 설정합니다.

> **Point**
> [Type] 메뉴의 [Font], [Size] 메뉴를 클릭하여 글자체와 글자 크기를 설정할 수 있습니다. [Recent Fonts] 메뉴에는 최근 사용한 글자체의 목록이 나타납니다.

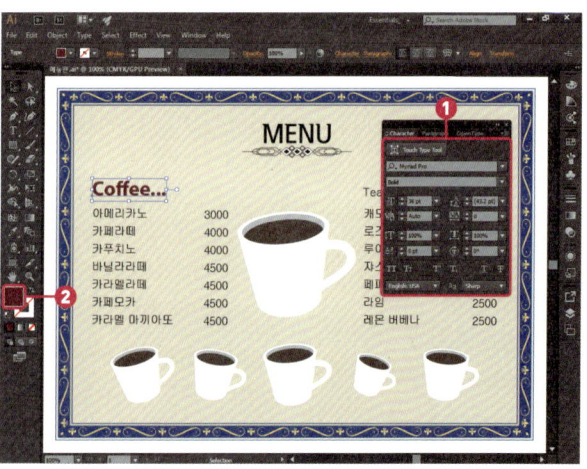

03 글자 스타일로 등록하기

① [Window]-[Type]-[Character Styles] 메뉴를 클릭하여 패널을 불러온 후 ② [Create New Style](🔲)를 클릭합니다. 설정된 속성이 글자 스타일 'Character Style 1'로 등록됩니다.

04 글자 스타일 적용하기

① [Selection Tool](▶)로 ② 다른 글자 오브젝트를 선택합니다. ③ [Character Styles] 패널에서 등록한 'Character Style 1'을 클릭합니다. 글자 스타일이 적용됩니다. 혹 스타일이 적용되지 않고 패널의 스타일 이름에 '+'가 생길 경우 한 번 더 스타일의 이름을 클릭합니다.

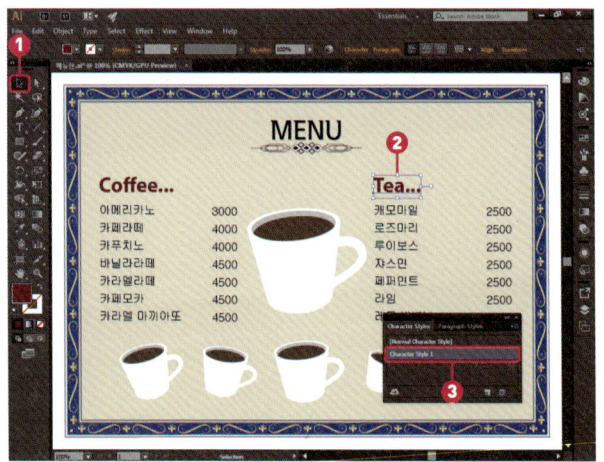

05 색상 등록, 새 스타일 만들기

① Shift + Ctrl + A 를 눌러 선택을 해제한 후 ② 칠 색상을 '#0F6478'로 설정한 후 ③ 색상을 [Swatches] 패널에 등록합니다. ④ [Character Styles] 패널의 [Create New Style](🔲)를 클릭하여 새 스타일을 만듭니다.

> **Point**
> 칠 색상자의 색상을 설정한 후 [Swatches] 패널의 [New Swatch](🔲)를 클릭하면 해당 색상이 패널에 등록됩니다.

06 [Character Style Options] 대화상자 설정하기

❶ 만들어진 'Character Style 2'를 더블클릭합니다. [New Character Style] 대화상자가 나타납니다. ❷ [Basic Character Formats]를 클릭한 후 ❸ 서식을 설정합니다.

> **Point**
> 'Font Family: 윤고딕 540, Size(🆃🆃): 25 pt, Leading(🆃🅰): 30 pt, Tracking(🆅🅰): -25'로 설정합니다.

07 [Character Style Options] 대화상자 설정하기

❶ [Character Color]를 클릭합니다. ❷ [Swatches] 패널에 등록한 색상을 선택한 후 ❸ [OK]를 클릭합니다. 'Character Style 2'의 서식 설정이 완료됩니다.

> **Point**
> [Swatches] 패널에 등록된 색상만 설정 가능합니다.

08 글자 스타일 적용하기

❶ [Selection Tool](▶)로 ❷ 글자 오브젝트 두 개를 동시 선택합니다. ❸ 'Character Style 2'를 클릭합니다. 따라하기 5~6번 과정에서 설정한 서식이 적용됩니다.

> **Point**
> 설정한 서식이 완전히 적용되지 않을 경우 패널에서 글자 스타일을 한 번 더 클릭합니다.

> **Point**
> 스타일 이름 옆에 [+] 표시가 나타나면 속성이 완전히 적용되도록 스타일 이름을 한 번 더 클릭합니다.

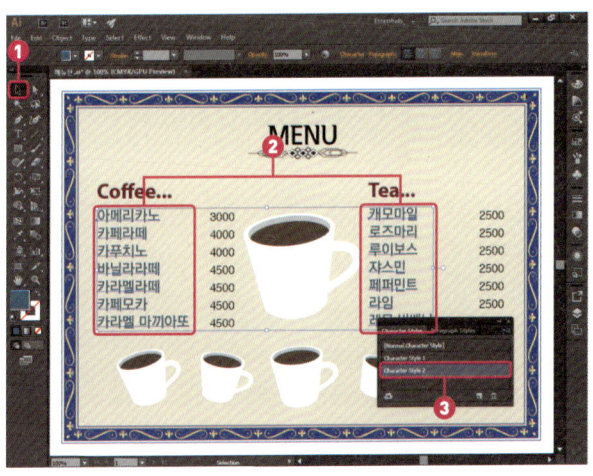

09 마무리하기

1 앞의 과정을 참고하여 'Character Style 3'을 만든 후 글자 오브젝트에 적용합니다.

> **Point**
> Font Family: Rix삐에로 M, Size(): 25 pt, Leading(): 30 pt, Tracking(): -25, 색상: #58585b'로 설정합니다.

Level UP

특수 문자 쉽게 입력하기

[Glyphs] 패널을 이용하면 선택한 폰트에 등록되어 있는 문자들을 확인할 수 있습니다. 글자를 입력할 수 있는 상태에서 문자를 더블클릭하면 해당 문자가 입력됩니다. 기호, 첨자 등 특수문자를 입력할 때, 혹은 딩벳 폰트를 사용할 때 편리합니다. 딩벳 폰트는 알파벳이나 한글 같은 문자가 아닌 간단한 이미지로 문자를 대신하는 폰트입니다. 디자인에 유용하게 사용됩니다. [Window]-[Type]-[Glyphs] 메뉴를 클릭하면 패널이 나타납니다.

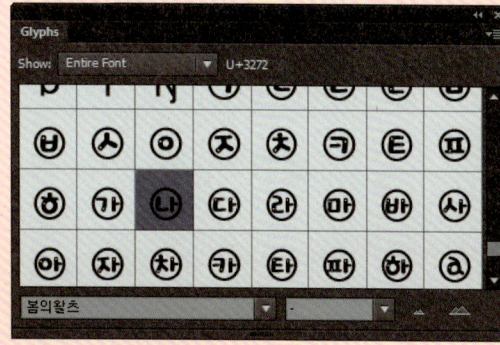

▲ 특수문자 (봄의왈츠)

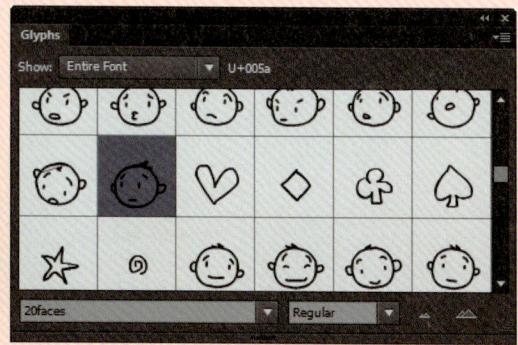

▲ 딩벳 폰트 (20faces)

SECTION 21 패스를 따라 글자를 입력하여 라벨 만들기

패스를 따라 글자를 입력하는 방법을 학습합니다.

◎ **Keyword** Selection Tool, 패스, Type Tool　　◎ 예제 파일 | Part02\라벨.ai　◎ 완성 파일 | Part02\라벨(완성).ai

01 오브젝트 선택하기

❶ [Selection Tool](　)을 선택한 후 ❷ 점선 테두리 원 오브젝트를 선택합니다. ❸ [Type on a Path Tool](　)을 선택하고 ❹ 패스에 마우스를 위치시켜 커서 모양이 바뀌면(　) 클릭합니다.

> **Point**
> 마우스 커서 모양이 제대로 바뀌었는지 확인한 후(　) 패스를 클릭하도록 합니다.

02 패스 따라 글자 입력하기

❶ 패스를 따라 글자를 입력할 수 있는 상태가 됩니다. 글자를 입력합니다. ❷ [Selection Tool](　)을 선택하여 입력을 완료합니다.

03 서식 설정하기

❶ Ctrl+T를 눌러 [Character] 패널을 불러옵니다. ❷ 서식을 설정합니다.

> **Point**
> 글자 크기는 '26 pt', 사용한 글자체는 'Soopafresh', 자간 '7'입니다.

04 원 만들고 기준점 늘리기

❶ [Ellipse Tool]()을 선택하고 그림과 같이 원 오브젝트를 만듭니다. ❷ [Object]-[Path]-[Add Anchor Points] 메뉴를 클릭합니다. ❸ 이어서 [Object]-[Path]-[Add Anchor Points] 메뉴를 한 번 더 클릭합니다.

05 기준점 제거하기

❶ [Direct Selection Tool]( )을 선택하고 ❷ 원 오브젝트의 9시에 위치하는 기준점을 클릭하여 선택합니다. ❸ Delete 를 눌러 기준점을 제거합니다.

06 기준점 제거하기

① 원 오브젝트의 3시에 위치하는 기준점을 클릭하여 선택합니다. ② Delete 를 눌러 기준점을 제거합니다. ③ [Selection Tool]( )을 선택합니다.

07 패스 따라 글자 입력하기

① 상단의 패스를 선택합니다. ② [Type on a Path Tool]( )을 선택합니다. ③ 패스에 마우스를 위치시켜 클릭합니다.

08 패스 따라 글자 입력하기

① 글자를 입력합니다. ② [Selection Tool]( )을 선택합니다. ③ Ctrl + T 를 눌러 [Character] 패널을 불러옵니다. ④ 서식을 설정합니다.

> **Point**
> ロ를 누른 후 Enter 키를 누르거나, [Glyphs] 패널을 이용하면 별모양의 특수문자를 입력할 수 있습니다.

09 글자 위치 이동하기

❶ 패스의 시작 부분에 마우스를 위치시켜 커서 모양이 바뀌면(▶) 클릭&드래그 합니다. 입력한 글자들의 위치가 이동됩니다. 그림과 같이 위치를 이동합니다.

10 패스 따라 글자 입력하기

❶ 하단의 패스를 선택합니다. ❷ [Type on a Path Tool](✐)로 ❸ 패스를 클릭한 후 ❹ 글자를 입력합니다. ❺ 서식을 설정합니다. ❻ [Selection Tool](▶)을 선택합니다.

11 글자 위치 이동하기

❶ 패스의 시작 부분에 마우스를 위치시켜 커서 모양이 바뀌면(▶) 클릭&드래그 합니다. 입력한 글자들의 위치가 이동됩니다. 그림과 같이 위치를 이동합니다.

12 글자 오브젝트 동시 선택하기

❶ 입력한 상단 글자 오브젝트와 하단 오브젝트 두 개를 동시 선택합니다.

13 [Type on a Path Options] 대화상자 설정하기

❶ [Type]-[Type on a Path]-[Type on a Path Options] 메뉴를 클릭합니다. ❷ [Align to Path]를 'Center'로 설정한 후 ❸ [OK]를 클릭합니다.

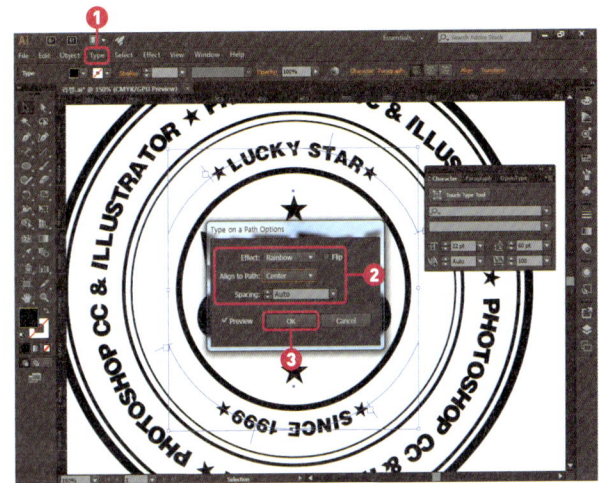

14 완성

❶ 입력한 글자들의 위치가 패스의 가운데 줄을 기준으로 이동됩니다.

Point
설정한 글자체의 종류에 따라 글자 크기를 다르게 설정해야 할 수 있습니다.

PART 03

다양한 방법으로 페인팅하기

라이브 페인트(Live Paint)와 [Recolor Artwork] 대화상자, [Color Guide] 패널 등 오브젝트를 페인팅 할 때 유용한 기능들과 그레이디언트나 패턴을 오브젝트에 페인팅 하는 방법, 패스에 브러시를 적용하여 아트 효과를 주는 방법을 학습합니다. 또한 고급 페인팅 기능인 그레이디언트 메시를 활용하는 방법, 심벌을 이용하여 일러스트를 꾸미는 방법, 오브젝트에 블렌드 효과를 주는 방법들도 확인합니다.

SECTION 01 라이브 페인트(Live Paint)로 페인팅하기

라이브 페인트를 이용하여 여러 패스가 겹쳐져 만들어진 면에 각각 다른 색상을 페인팅 합니다.

○ **Keyword** 라이브 페인트   ○ **예제 파일** | Part03\아이스 바.ai   ○ **완성 파일** | Part03\아이스 바(완성).ai

01 직선 패스 만들기

❶ [Line Segment Tool](✏)로 ❷ 왼쪽 아이스 바 오브젝트를 관통하는 직선 패스를 만듭니다.

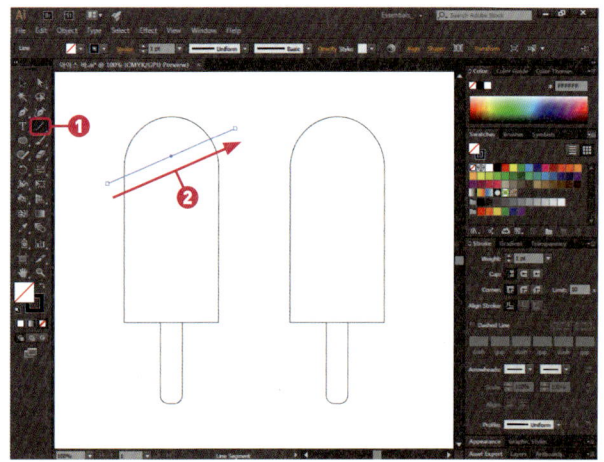

02 패스 복사하기

❶ [Selection Tool](▶)을 선택한 후 ❷ 패스에 마우스를 위치시켜 Alt 를 누르고 클릭&드래그 합니다. 패스가 복사됩니다. ❸ Ctrl + D 를 4번 누릅니다. 패스가 4개 더 복사됩니다.

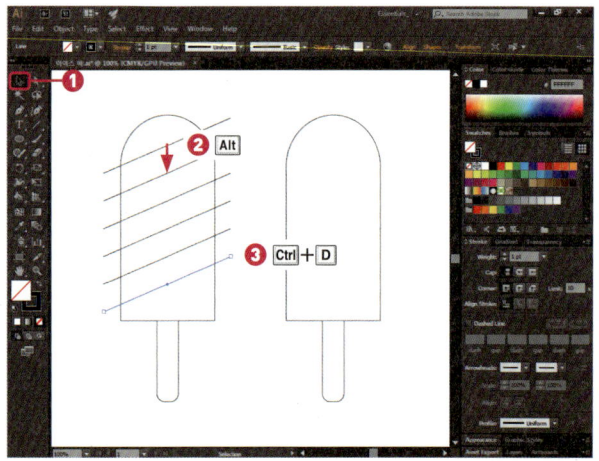

03 일부 패스 지우기

① [Selection Tool](🔲)로 ② 관통된 오브젝트와 패스를 모두 동시 선택합니다. ③ [Shape Builder Tool](🔲)을 선택하고 ④ 아트보드의 빈 곳을 클릭한 후 왼쪽으로 삐져나온 패스를 모두 드래그 합니다.

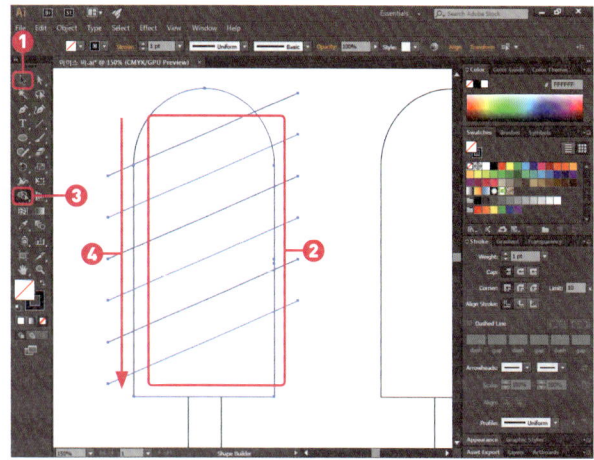

04 일부 패스 지우기

① 마우스 버튼을 놓으면 드래그한 위치에 있던 패스들이 지워집니다. ② 클릭&드래그해 오른쪽으로 삐져나온 패스들도 지웁니다.

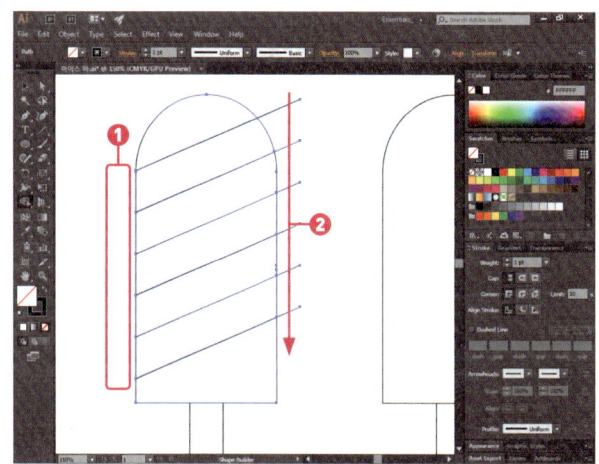

05 도형 만들기

① [Ellipse Tool](🔲)과 [Star Tool](⭐)을 이용하여 그림과 같이 아이스 오브젝트 바깥쪽으로 도형을 여러 개 만듭니다. ② [Selection Tool](🔲)을 선택하고 ③ 오브젝트를 동시 선택합니다.

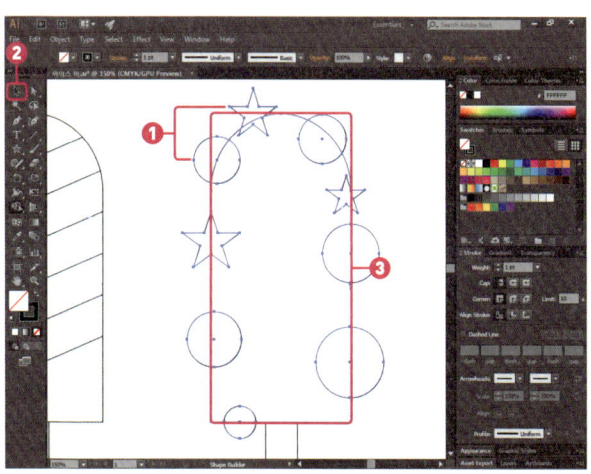

06 일부 패스 지우기

❶ [Shape Builder Tool](아이콘)을 선택하고 ❷ 아트보드 빈 곳을 클릭한 후 삐져나온 오브젝트까지 드래그 합니다. 마우스 버튼을 놓으면 드래그한 위치의 패스들이 지워집니다.

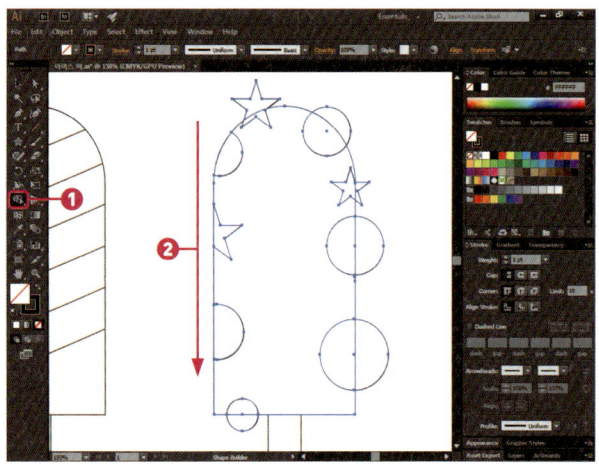

07 도형 만들기

❶ 같은 방법으로 나머지 삐져나온 오브젝트를 깔끔하게 제거합니다. ❷ [Ellipse Tool](아이콘)과 [Star Tool](아이콘)로 아이스 바 안쪽으로 오브젝트를 더 만듭니다.

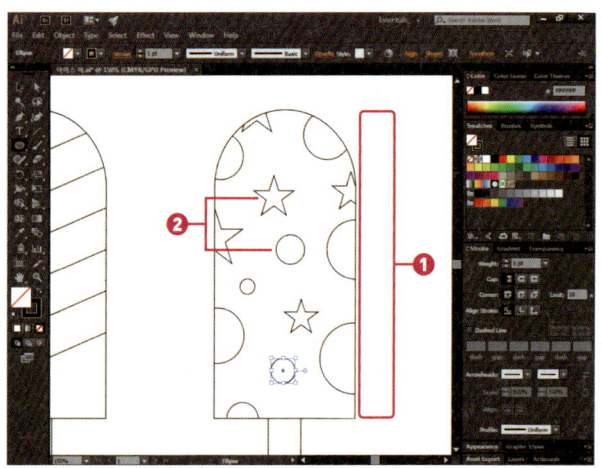

08 라이브 페인트로 색 채우기

❶ [Selection Tool](아이콘)로 ❷ 왼쪽 아이스바 오브젝트와 패스를 모두 동시 선택합니다. ❸ [Window]-[Swatch Libraries]-[Color Books]-[DIC Color Guide] 메뉴를 클릭하여 스와치 라이브러리를 불러옵니다.

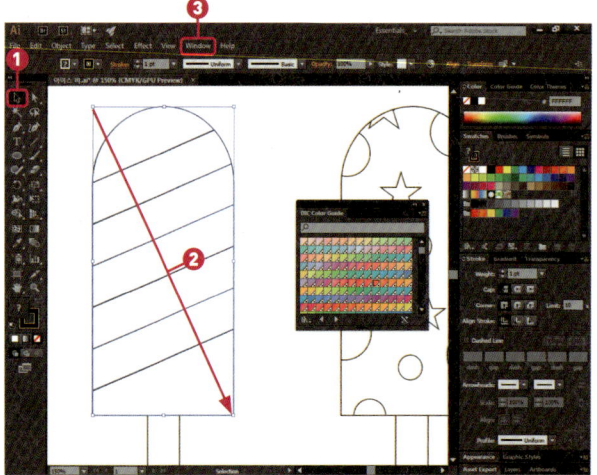

09 라이브 페인트로 색 채우기

❶ [Live Paint Bucket](🪣)을 선택합니다. ❷ 칠 색상자를 활성화한 후 ❸ 패널에서 원하는 색상을 선택합니다. ❹ 마우스를 위치시켜 클릭하면 해당 위치에 색이 채워집니다. 패스로 분리된 영역을 단독 오브젝트에 색을 설정하는 것처럼 페인팅 할 수 있습니다.

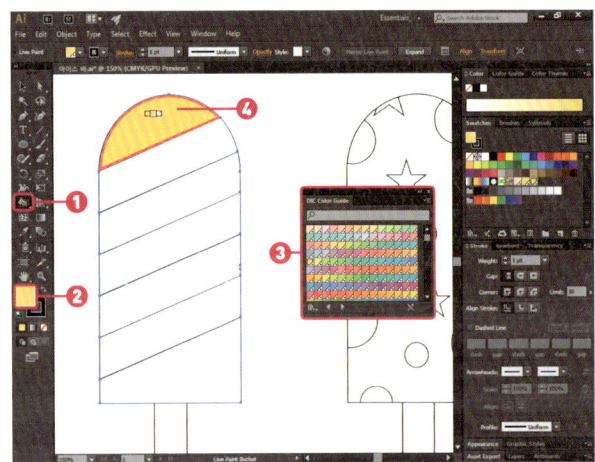

10 라이브 페인트로 색 채우기

❶ 패널에서 다른 색상을 선택하고 ❷ 다른 위치에 마우스를 위치시켜 클릭합니다. 해당 색이 채워집니다. 같은 방법으로 그림과 같이 각 영역에 색을 모두 채웁니다.

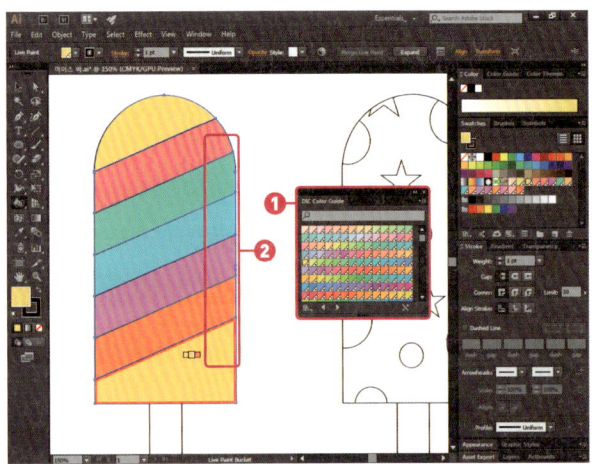

11 라이브 페인트로 색 채우기

❶ [Selection Tool](▶)으로 ❷ 오른쪽 아이스 오브젝트와 원 오브젝트, 별 오브젝트 모두 동시 선택합니다. ❸ [Live Paint Bucket](🪣)을 선택합니다.

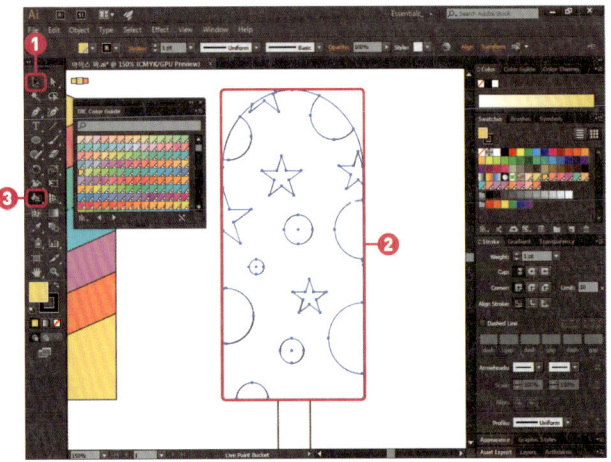

12 라이브 페인트로 색 채우기

① 따라하기 9~10번 과정과 같이 각 영역에 색을 채웁니다. ② [Selection Tool]( )로 ③ 막대기 오브젝트 두 개를 동시 선택하고 ④ 칠 색상을 '#C49A6C'로 설정합니다.

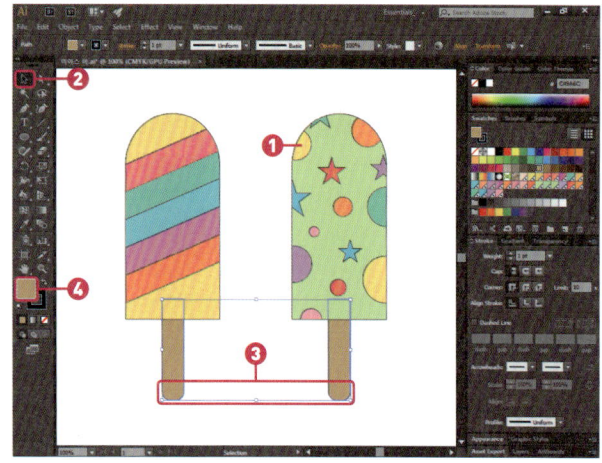

13 선 없애기

① Ctrl+A를 눌러 모든 오브젝트를 선택합니다. ② 선 색상자를 활성화 한 후 ③ [None]( )로 설정합니다.

14 선택 해제하기

① Shift+Ctrl+A를 눌러 선택을 해제합니다.

SECTION 02 [Recolor Artwork] 대화상자로 오브젝트 색상 변경하기

[Recolor Artwork] 대화상자는 선택한 오브젝트의 색상을 선택한 배색 그룹의 색상들로 변경합니다. 여러 오브젝트의 색상을 한번에 변경할 때 편리합니다.

○ **Keyword** [Recolor Artwork] 대화상자   ○ **예제 파일** | Part03\로봇 캐릭터 로보.ai, 쌍둥이자리.ai   ○ **완성 파일** | Part03\로봇 캐릭터 로보(완성).ai

01 기준 색상 설정하기

❶ [Selection Tool](화살표)을 선택하고 별 오브젝트를 선택합니다. ❷ 칠 색상자를 활성화합니다. ❸ [Color Guide] 패널에서 첫 번째 색상자를 클릭합니다. ❹ 패널의 나머지 색상이 변경됩니다.

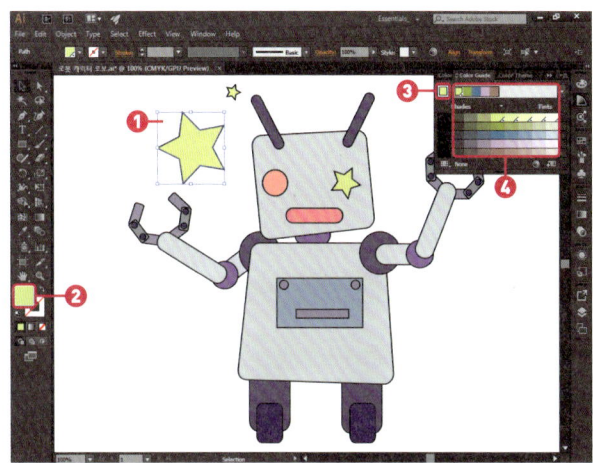

02 모두 선택하기

❶ Ctrl + A 를 눌러 모든 오브젝트를 동시 선택하고 ❷ [Recolor Artwork](아이콘)를 클릭합니다.

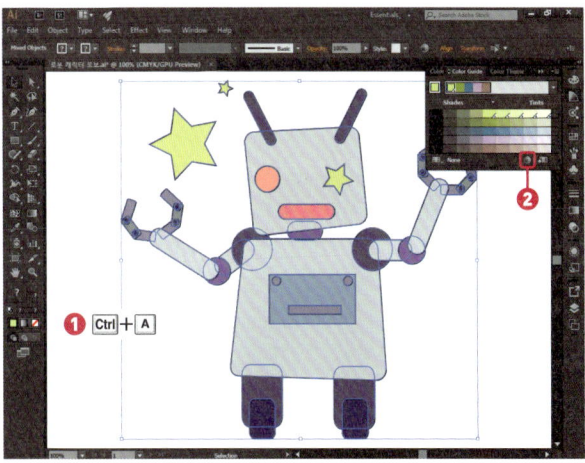

03 변경된 색상 확인하기

❶ [Color Guide] 패널에서 나타났던 색상들로 오브젝트의 색상들이 변경됩니다.

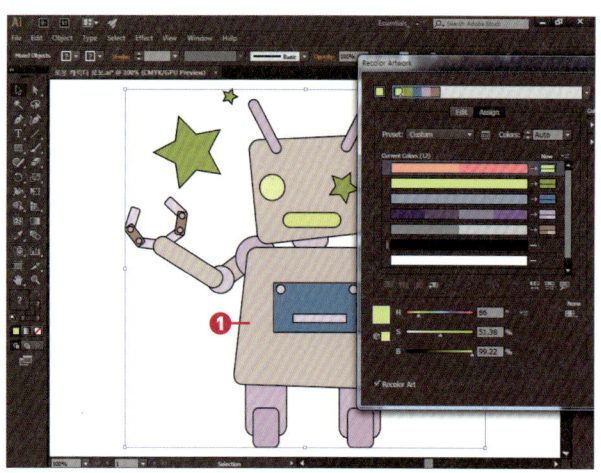

04 색상의 순서를 랜덤으로 설정하기

❶ [Randomly change saturation and brightness](아이콘)를 클릭할 때마다 배색 그룹 색상들의 순서가 랜덤으로 바뀌면서 오브젝트의 색상도 변경됩니다.

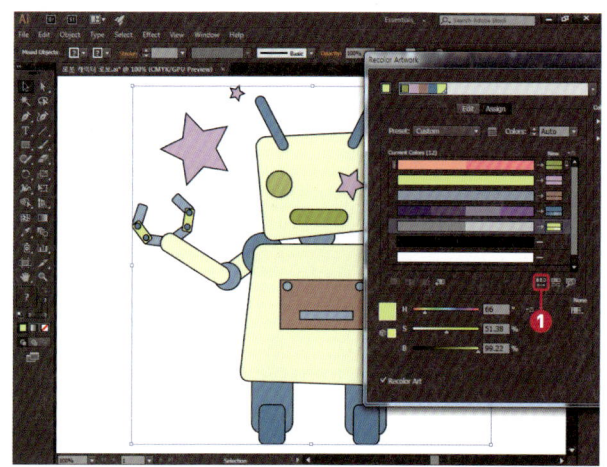

05 다른 배색 그룹의 색상으로 변경하기

❶ [harmony rules]를 'Complementary 2'로 설정합니다. 해당 배색 그룹의 색상들이 오브젝트에 적용됩니다.

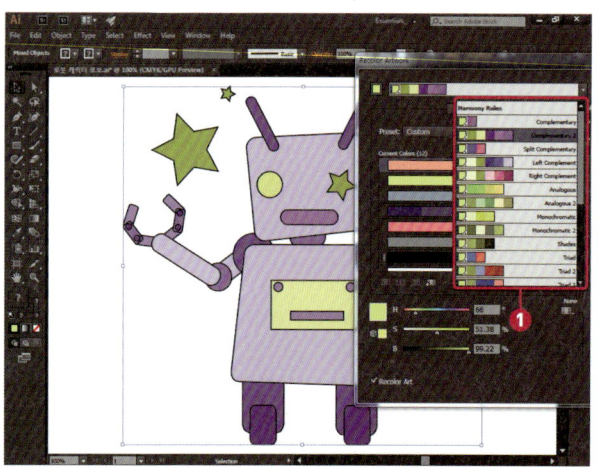

마찬가지로 [Randomly change saturation and brightness](아이콘)를 클릭할 때마다 배색 그룹 색상들의 순서가 랜덤으로 바뀌면서 오브젝트의 색상도 변경됩니다.

06 색상을 직접 변경하기

❶ [Edit]를 클릭합니다. ❷ 색상환의 원을 움직여 오브젝트의 색상을 변경할 수 있습니다.

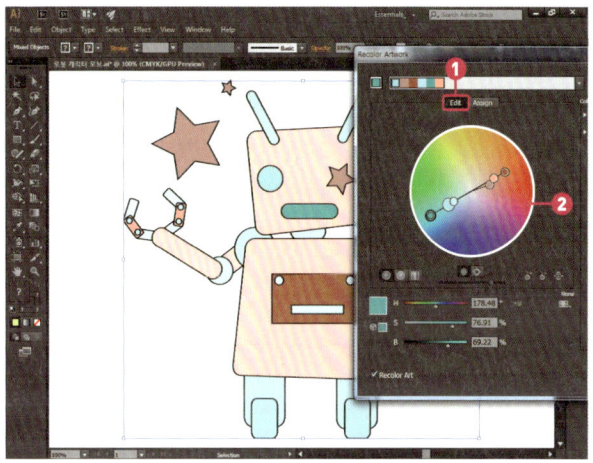

07 색상 변경 완료하기

❶ 색을 모두 설정한 후 [OK]를 클릭하여 완료합니다.

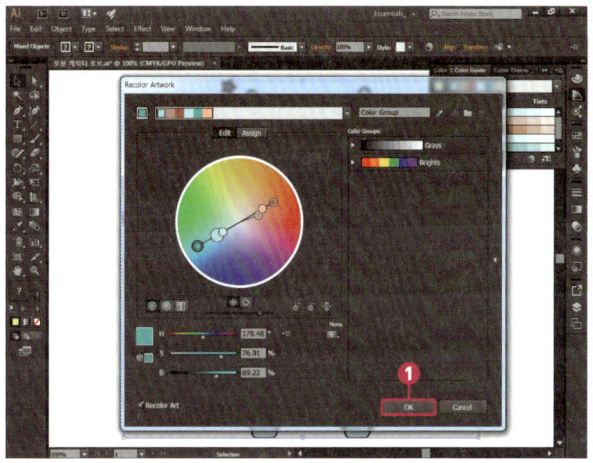

08 예제 파일 불러오기

❶ '쌍둥이자리.ai'파일을 불러옵니다. ❷ Ctrl + A 를 눌러 모든 오브젝트를 동시 선택합니다. ❸ [Color Guide] 패널의 [Recolor Artwork](◉)를 클릭합니다.

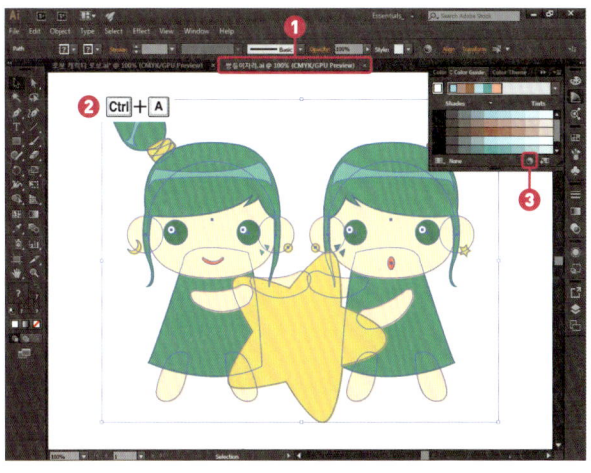

09 오브젝트의 색상 추출하기

❶ [Get colors from selected art](🖌)를 클릭합니다. 선택한 오브젝트에 적용된 색상들이 추출됩니다. ❷ [OK]를 클릭합니다.

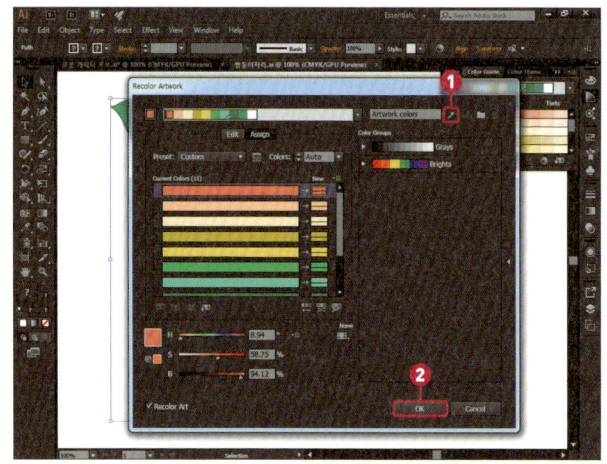

10 작업 중이던 파일로 돌아가기

❶ '로봇 캐릭터 로보.ai' 파일로 다시 돌아갑니다. ❷ [Color Guide] 패널의 [Recolor Artwork](⚫)를 클릭합니다.

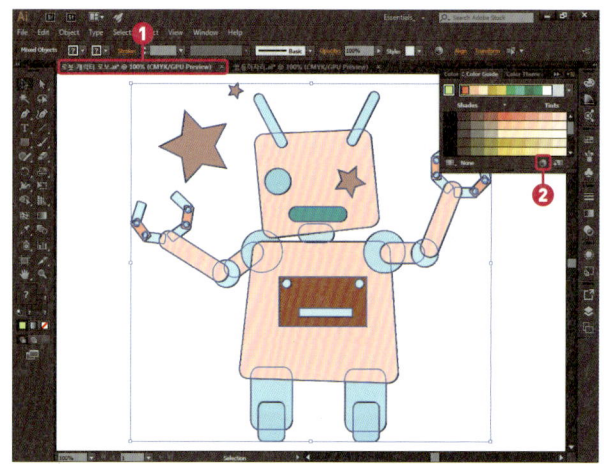

11 추출한 색상 적용하기

❶ 9번 과정에서 추출한 색상들이 오브젝트에 적용됩니다. ❷ [Randomly change saturation and brightness](🎛)를 클릭할 때마다 배색 그룹 색상들의 순서가 랜덤으로 바뀌면서 오브젝트의 색상도 변경됩니다.

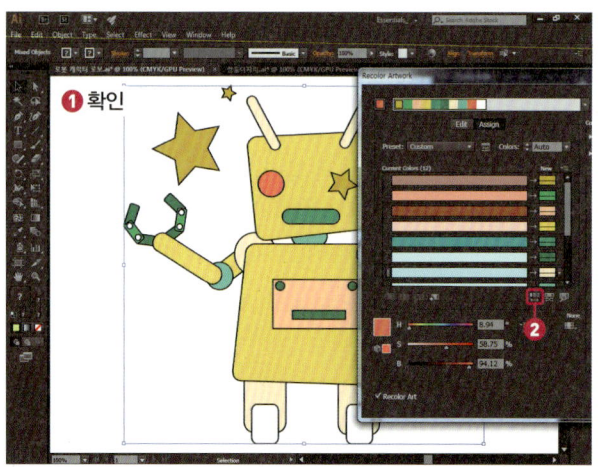

12 색상 변경 완료하기

❶ 마음에 드는 색이 나올 때 까지 순서를 변경한 후 ❷ [OK]를 클릭하여 완료합니다.

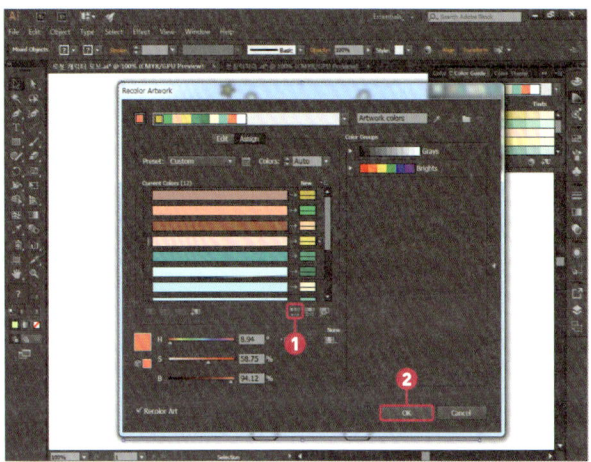

13 완성

❶ Shift + Ctrl + A 를 눌러 선택을 해제합니다.

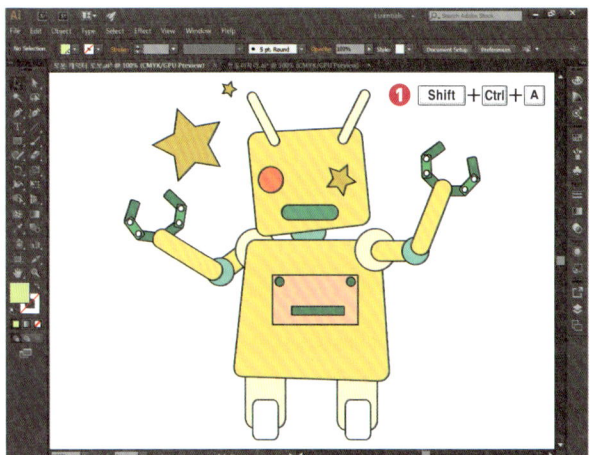

> **Point**
> - Show saturation and hue on wheel(⊙) : 활성화하면 채도와 색상을 변경할 수 있는 색상환이 나타나고, 아래 슬라이더를 움직이면 색상환의 밝기가 조절됩니다.
> - Show brightness and hue on wheel(⊙) : 활성화하면 밝기와 색상을 변경할 수 있는 색상환이 나타나고, 아래 슬라이더를 움직이면 색상환의 채도가 조절됩니다.
> - Add Color tool(⊙) : 색상을 추가합니다.
> - Remove Color tool(⊙) : 선택한 색상을 삭제합니다.
> - Link/Unlink harmony colors(⊙/⊙) : 클릭하여 각 기능을 변경할 수 있습니다. 색상환 위의 배색 조정 원을 움직일 때 전체 색상을 동시에 움직일지, 따로 움직일지를 설정합니다.

SECTION 03 그레이디언트 만들고 오브젝트에 적용하기

[Gradient] 패널로 원형 그레이디언트와 선형 그레이디언트를 만들고 오브젝트에 적용하는 방법을 학습합니다.

○ **Keyword** 오브젝트, 그레이디언트, Gradient Tool, [Gradient] 패널 ○ 예제 파일 | Part03\처녀자리.ai ○ 완성 파일 | Part03\처녀자리(완성).ai

01 오브젝트 선택하기

❶ [Selection Tool](▶)을 선택하고 ❷ 바탕이 되는 사각형 오브젝트를 선택합니다. ❸ 칠 색상자를 활성화하고 ❹ [Gradient] 패널에서 [Type]를 'Radial'로 설정합니다. 오브젝트에 그레이디언트가 적용됩니다.

02 색 설정하기

❶ 패널의 왼쪽 색상 정지점(■)을 더블클릭합니다. ❷ 나타나는 팝업 창에서 목록 단추를 클릭하고 [RGB] 메뉴를 클릭합니다. ❸ [#]에 'D6D5EB'를 입력하여 색을 설정합니다.

03 색 설정하기

❶ 패널의 오른쪽 색상 정지점(▣)을 더블클릭합니다. ❷ 나타나는 팝업 창에서 목록 단추를 클릭하고 [RGB] 메뉴를 클릭합니다. ❸ [#]에 '11103A'를 입력하여 색을 설정합니다.

04 적용 범위 설정하기

❶ 그레이디언트 바 상단의 ◆를 클릭하여 선택합니다. ❷ [Location]을 '35%'로 설정합니다. 그레이디언트의 적용 범위가 변경됩니다. ❸ [Selection Tool](▶)을 선택합니다.

05 그레이디언트 설정하기

❶ 오른쪽 하단의 원 오브젝트를 선택합니다. ❷ [Gradient] 패널의 [Type]를 'Radial'로 설정합니다. ❸ 왼쪽 색상 정지점의 색상을 '#FFFFFF', ❹ 오른쪽 색상 정지점의 색상을 '#F9ED32'로 설정합니다. ❺ 오른쪽 색상 정지점을 클릭하여 선택한 후 ❻ [Opacity]를 '0%'로 설정합니다.

06 그레이디언트 설정하기

❶ 그레이디언트 바 상단의 ◆를 클릭하여 선택합니다. ❷ [Location]을 '15%'로 설정합니다. 그레이디언트의 적용 범위가 변경됩니다.

07 투명도 설정하기

❶ [Transparency] 패널에서 [Opacity]를 '50%'로 설정합니다. 희미하게 반짝이는 효과의 오브젝트가 만들어집니다.

08 오브젝트 복사하여 만들기

❶ 따라하기 5~7번 과정에서 만든 오브젝트를 여러 개 복사한 후 크기를 조절하여 그림과 같이 만듭니다.

09 그레이디언트 설정하기

① [Selection Tool](마우스)로 ② 머리카락 오브젝트(총 2개)를 동시 선택합니다. ③ [Gradient] 패널에서 [Type]를 'Linear'로 설정하고 왼쪽 색상 정지점을 '26A9E1', 오른쪽 색상 정지점을 '2A3B90'로 설정합니다.

10 그레이디언트 설정하기

① [Selection Tool](마우스)로 ② 달 오브젝트(총 2개)를 동시 선택합니다. ③ [Gradient] 패널에서 왼쪽 색상 정지점을 '#F7EC32', 오른쪽 색상 정지점을 '#FFFFFF'로 설정합니다.

11 그레이디언트 설정하기

① [Selection Tool](마우스)로 ② 옷 오브젝트를 선택합니다. ③ [Gradient] 패널에서 왼쪽 색상 정지점을 '#C4E0F5', 오른쪽 색상 정지점을 '#FFFFFF'로 설정합니다.

12 적용 방향 변경하기

❶ [Gradient Tool](▭)을 선택합니다. ❷ 오브젝트에 클릭&드래그하면 그레이디언트가 적용되는 방향이 재설정됩니다.

13 선택 해제하기

❶ Shift + Ctrl + A 를 눌러 선택을 해제합니다.

SECTION 04 [Pattern Options] 패널로 패턴 만들고 오브젝트에 적용하기

CS6 버전에서는 패턴을 보다 쉽게 만들 수 있도록 도와주는 [Pattern Options] 패널이 추가되었습니다. 패턴을 만들고 오브젝트에 적용하는 방법을 학습합니다.

● **Keyword** 패턴, [Pattern Options] 패널　　● 예제 파일 | Part03\패턴 만들기.ai　　● 완성 파일 | Part03\패턴 만들기(완성).ai

01 오브젝트 선택하기

❶ [Selection Tool](   )로 ❷ 'Artboard 1'의 오브젝트를 모두 선택합니다. ❸ [Object]-[Pattern]-[Make] 메뉴를 클릭합니다.

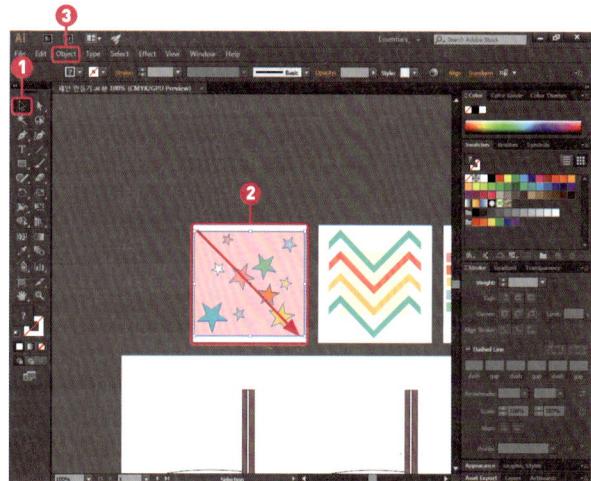

02 패턴 편집 모드 시작하기

❶ 패턴 편집 모드가 시작되고 [Pattern Options] 패널이 나타납니다. 파란색 테두리 안의 이미지는 패턴 소스이며, 바깥으로는 해당 패턴 소스가 적용된 모습이 나타납니다.

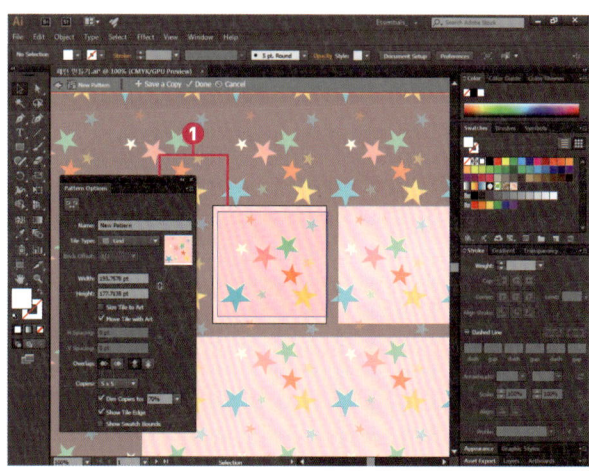

PART 03 다양한 방법으로 페인팅하기　417

03 패턴 소스 배치 방식 설정하기

① [Tile Type]를 'Brick by Column'으로, [Brick Offset]을 '1/2'로 설정합니다. 패턴 소스의 배치 방식이 달라집니다. ② Esc 를 누르면 패턴 만들기가 완료됩니다.

> **Point**
> 아트보드에서 마우스 오른쪽 버튼을 눌러 [Exit Pattern Editing Mode] 메뉴를 클릭하여도 패턴 만들기가 완료됩니다.

> **Point**
> [Tile Type]는 패턴 소스의 배치 방식을 설정합니다.

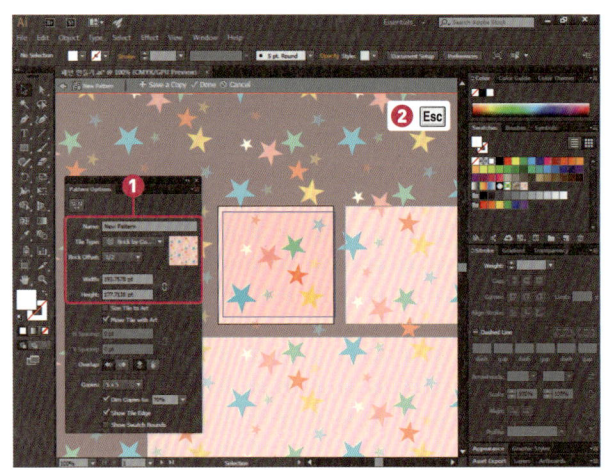

04 오브젝트 선택하기

① [Selection Tool](▶)로 ② 'Artboard 2'의 오브젝트를 모두 선택합니다. ③ [Object]-[Pattern]-[Make] 메뉴를 클릭합니다.

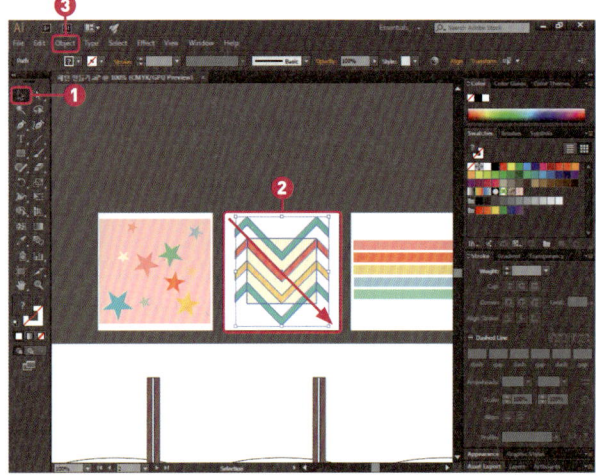

05 패턴 소스 편집하기

① 노란색 사각형 안의 이미지만 패턴 소스로 만들어야 합니다. ② [Pattern Tile Tool](▦)을 클릭한 후 ③ 파란색 테두리의 크기를 노란색 사각형과 같게 조절합니다. ④ Esc 를 눌러 완료합니다.

> **Point**
> 스마트 가이드 기능([View]-[Smart Guides] 메뉴)과 Outline 모드([View]-[Outline] 메뉴)를 활용하면 보다 정확하게 조절할 수 있습니다.

06 간단하게 패턴으로 등록하기

❶ [Selection Tool](　)로 ❷ 'Artboard 3'의 오브젝트를 모두 선택합니다. ❸ 오브젝트를 클릭&드래그해 [Swatches] 패널로 가져갑니다. 오브젝트가 패턴으로 바로 등록됩니다.

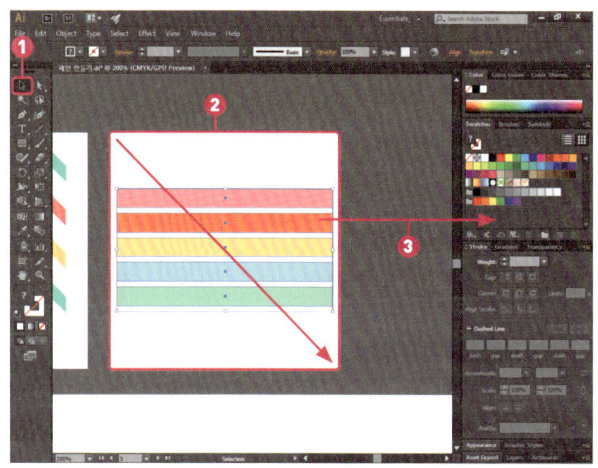

07 패턴 적용하기

❶ 'Artboard 4'로 이동합니다. [Selection Tool](　)로 ❷ 첫 번째 오브젝트를 선택하고 ❸ [Swatches] 패널에서 등록한 패턴을 클릭하여 칠(Fill)에 적용합니다.

08 패턴 적용하기

❶ 두 번째 오브젝트를 선택하고 ❷ [Swatches] 패널에서 등록한 패턴을 클릭하여 칠(Fill)에 적용합니다.

09 패턴만 회전하기

❶ [Rotate Tool](아이콘)을 더블클릭합니다. ❷ [Angle]을 '45°'로 설정하고 [Transform Patterns]를 체크, [Transform Objects]를 체크 해제한 후 ❸ [OK]를 클릭합니다. 적용된 패턴만 회전됩니다.

10 패턴 적용하기

❶ 세 번째 오브젝트를 선택하고 ❷ [Swatches] 패널에서 등록한 패턴을 클릭하여 칠(Fill)에 적용합니다.

11 패턴의 크기만 조절하기

❶ [Scale Tool](아이콘)을 더블클릭합니다. ❷ [Uniform]을 '40%'로 설정하고 [Transform Patterns]를 체크, [Transform Objects]를 체크 해제한 후 ❸ [OK]를 클릭합니다. 적용된 패턴의 크기만 조절됩니다.

12 완성

① Shift + Ctrl + A 를 눌러 선택을 해제합니다.

> **Point**
> 만들어진 패턴을 수정하려면 [Swatches] 패널에서 패턴을 더블클릭하거나, 선택한 후 [Object]-[Pattern]-[Edit Pattern] 메뉴(Shift + Ctrl + F8)를 클릭합니다.

Level UP

[Swatches] 패널 살펴보기

[Swatches] 패널은 자주 사용하는 색상을 등록한 후 언제든지 계속 사용할 수 있는 팔레트 개념의 패널입니다. 색상 외에도 그레이디언트와 패턴을 등록할 수도 있으며, 등록한 색상들을 외부 파일로 저장하거나 라이브러리에 등록된 색상들을 불러와 사용할 수도 있습니다.

① **Swatch Libraries Menu**(📚) : 스와치 라이브러리 메뉴가 나타납니다.
② **Show Swatch Kinds menu**(🔳) : 목록 표시 설정 메뉴가 나타납니다.
③ **Swatch Options**(🔲) : 선택한 색상의 옵션을 설정하는 대화상자가 나타납니다.
④ **New Color Group**(📁) : 새로운 색상 그룹을 만듭니다.
⑤ **New Swatch**(🔳) : 색상자에 설정되어 있는 색상을 [Swatches] 패널에 등록합니다.
⑥ **Delete Swatch**(🗑) : 선택한 색상을 삭제합니다.

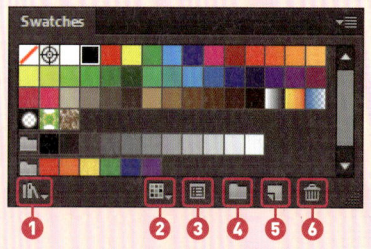

목록 단추(🔳)를 클릭하여 목록 보기 방식을 변경할 수 있습니다.

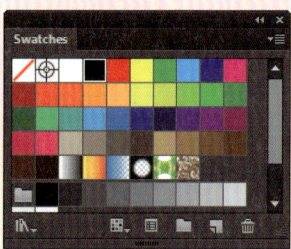
▲ Medium Thumbnail View

▲ Large Thumbnail View

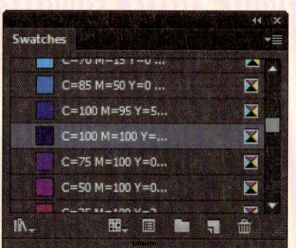
▲ Small List View

SECTION
05 패턴 브러시와 아트 브러시로 편지지 만들기

패턴 브러시를 만들어 오브젝트에 적용하는 방법, 아트 브러시를 가져와서 활용하는 방법을 배워서 편지지를 만듭니다.

Keyword Brush Tool, [Brushes] 패널   **예제 파일** | Part03\프레임.ai   **완성 파일** | Part03\프레임(완성).ai

01 오브젝트 복사하기

① [Selection Tool]( )을 선택하고 ② 오른쪽 원 오브젝트를 선택합니다. ③ [Transparency] 패널에서 [Opacity]를 '60%'로 설정합니다. 오브젝트가 반투명해집니다.

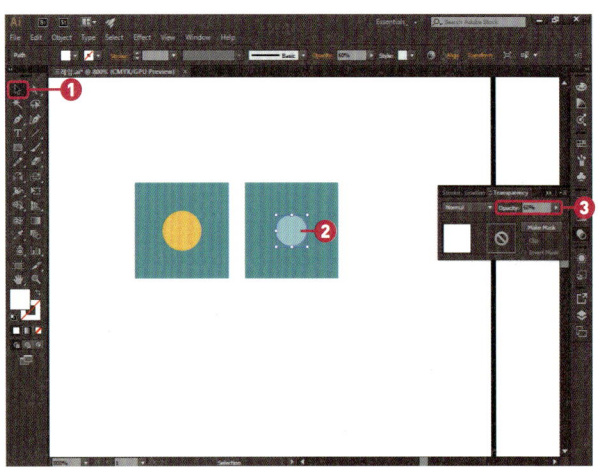

02 패턴으로 등록하기

① 사각형 오브젝트와 원 오브젝트를 동시 선택합니다. ② [Swatches] 패널로 클릭&드래그해 가져갑니다. 선택한 오브젝트가 패턴으로 등록됩니다.

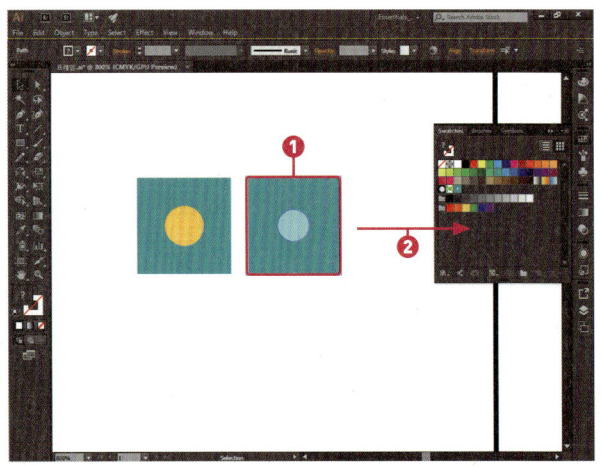

03 패턴으로 등록하기

❶ 왼쪽 사각형 오브젝트와 원 오브젝트를 동시 선택한 후 ❷ 따라하기 2번과 같이 패턴으로 등록합니다. ❸ 두 개의 사각형과 원을 모두 동시 선택합니다. ❹ Delete를 눌러 삭제합니다.

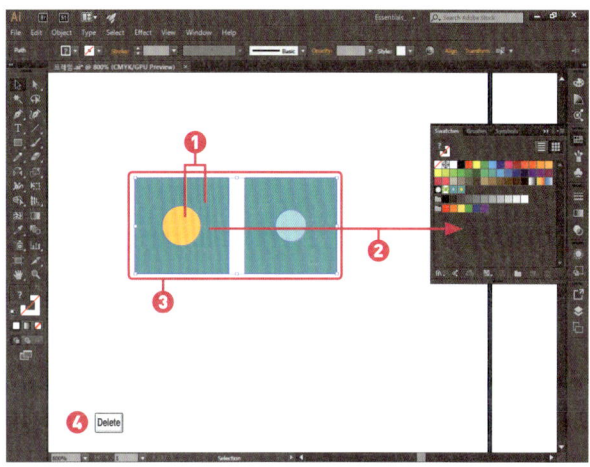

04 그룹 삭제, 새 브러시 만들기

❶ [Brushes] 패널에서 [New Brush](　)를 클릭합니다. ❷ [New Brush] 대화상자에서 [Pattern Brush]를 선택하고 ❸ [OK]를 클릭합니다.

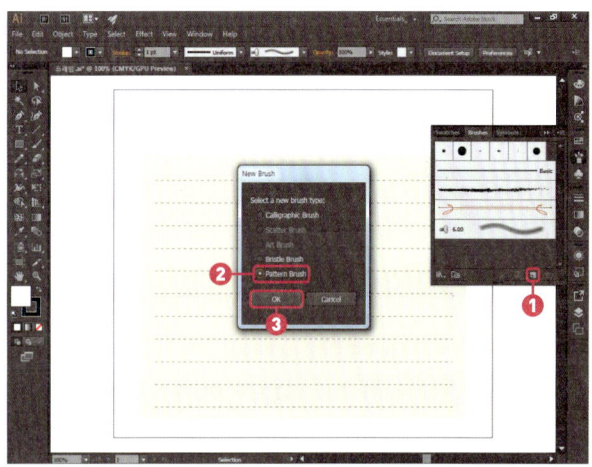

05 패턴 브러시 만들기

❶ [Outer Corner Tile]과 [Inner Corner Tile]을 노란색 원이 있는 패턴으로, [Side Tile]을 흰색 원이 있는 패턴으로 설정합니다. ❷ [OK]를 클릭합니다. 브러시가 등록됩니다.

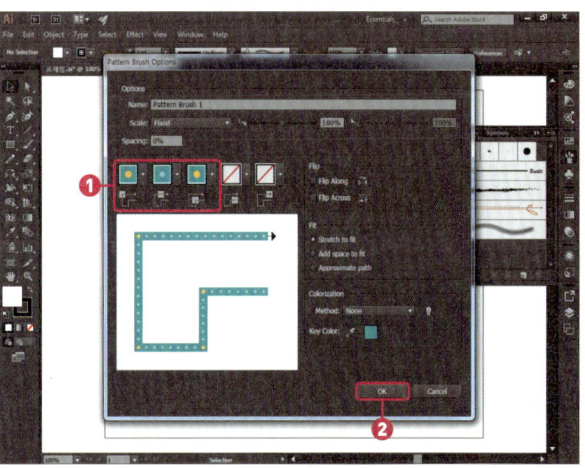

06 패턴 브러시 적용하기

❶ [Selection Tool](화살표)로 ❷ 큰 사각형 오브젝트를 선택합니다. ❸ [Brushes] 패널에서 등록한 브러시를 클릭합니다. 사각형 오브젝트에 패턴 브러시가 적용됩니다. ❹ 아트보드 빈 곳을 클릭하여 선택을 해제합니다.

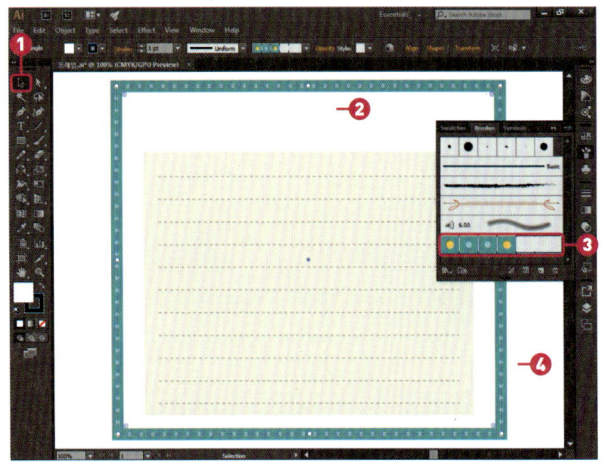

07 브러시 라이브러리 불러오기

❶ [Brushes] 패널에서 [Brush Libraries menu](아이콘)를 클릭하고 ❷ [Decorative]-[Decorative_Banners and Seals] 메뉴를 클릭합니다. 브러시 라이브러리 패널이 불러와집니다.

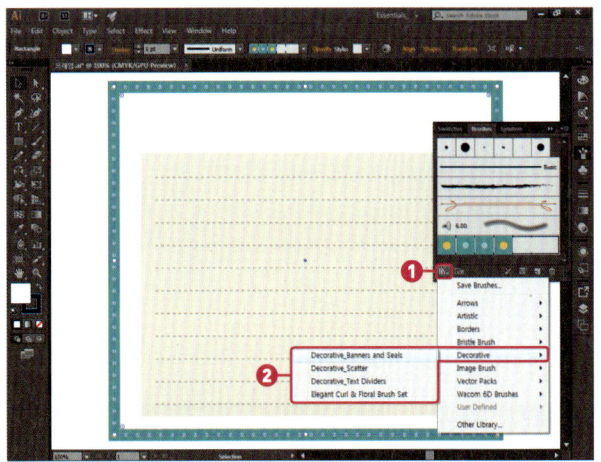

08 아트 브러시 가져오기

❶ 두 번째 주황색 배너(Banner 2)를 클릭한 후 아트보드로 드래그 합니다. 브러시가 오브젝트로 가져와집니다. ❷ 가져온 아트 브러시 오브젝트의 크기를 조절합니다.

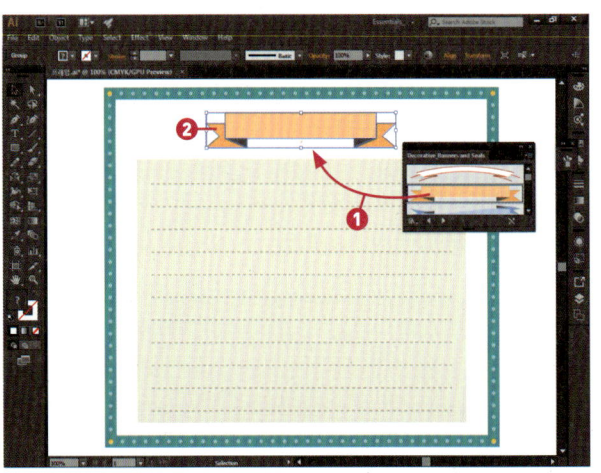

Point
패턴 브러시가 적용된 사각형 근처로 드래그하면 가져오는 브러시가 사각형에 적용되므로 주의합니다.

09 칠 색상 변경하기

❶ [Group Selection Tool](　)로 아트브러시의 오브젝트를 선택하여 칠 색상을 각각 변경합니다. (#EDDDB3, #CCBD95)

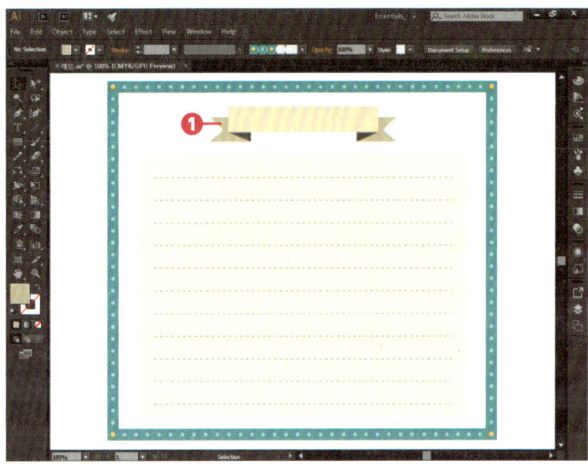

Level UP

[Brushes] 패널 살펴보기

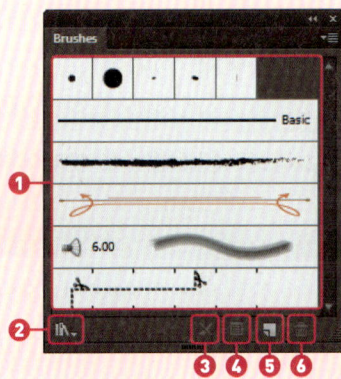

❶ 브러시 목록입니다. 산포 브러시, 붓글씨 브러시, 아트 브러시, 강모 브러시, 패턴 브러시 순서로 분류되어 나타납니다.
❷ Brush Libraries Menu(　) : 브러시 라이브러리 메뉴가 나타납니다.
❸ Remove Brush Stroke(　) : 오브젝트의 선(Stroke)을 제거합니다.
❹ Options of Selected Object(　) : 선택한 오브젝트의 [Stroke Option(선 옵션)] 대화상자가 표시됩니다.
❺ New Brush(　) : 선택한 오브젝트를 새 브러시로 등록합니다.
❻ Delete Brush(　) : 선택한 브러시를 삭제합니다.

SECTION 06 산포 브러시 만들고 일러스트에 적용하기

산포 브러시를 만들어 적용하는 방법, 산포 브러시의 옵션을 설정하는 방법을 학습합니다.

○ **Keyword** Brush Tool, [Brushes] 패널   ○ 예제 파일 | Part03\나무.ai   ○ 완성 파일 | Part03\나무(완성).ai

01 새 산포 브러시 만들기

❶ [Selection Tool]( )로 ❷ 오른쪽 하단의 첫 번째 나뭇잎 오브젝트를 선택합니다. ❸ [Brushes] 패널에서 [New Brush]( )를 클릭하고 ❹ 대화상자에서 [Scatter Brush]를 선택하고 ❺ [OK]를 클릭합니다.

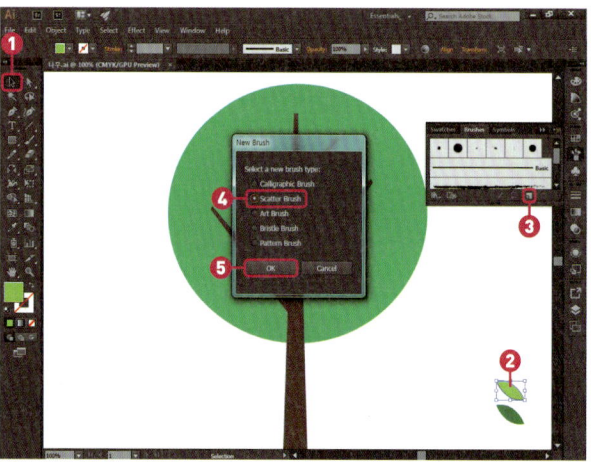

02 산포 브러시 옵션 설정하기

❶ [Size], [Spacing], [Rotation]을 'Random'으로 설정하고 ❷ [Size]의 입력 상자를 각각 '50%', '100%'로, [Spacing]을 각각 '100%', '500%'로, [Rotation]을 각각 '-35°', '35°'로 설정한 후 ❸ [OK]를 클릭합니다.

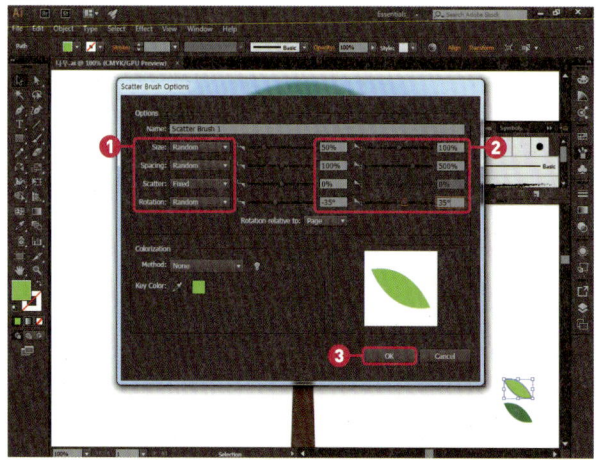

03 새 산포 브러시 만들기

❶ [Selection Tool]( )로 ❷ 오른쪽 하단의 두 번째 나뭇잎 오브젝트를 선택합니다. ❸ [Brushes] 패널에서 [New Brush]( )를 클릭하고 ❹ 대화상자에서 [Scatter Brush]를 선택하고 ❺ [OK]를 클릭합니다.

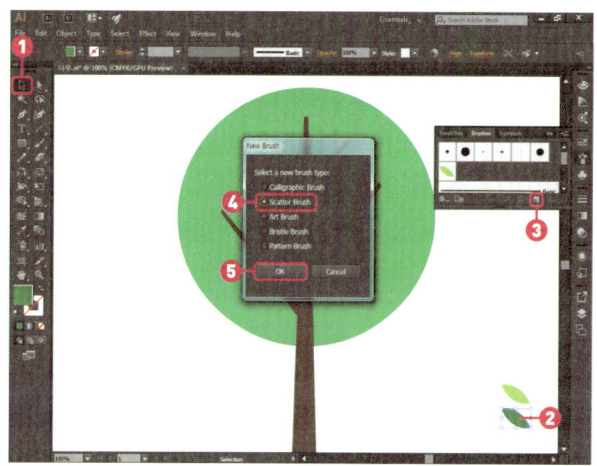

04 산포 브러시 옵션 대화상자 확인하기

❶ [Scatter Brush Options] 대화상자가 나타납니다. ❷ 이번에는 따로 설정하지 않고 바로 [OK]를 클릭하여 완료합니다. ❸ Shift + Ctrl + A 를 눌러 선택을 해제합니다.

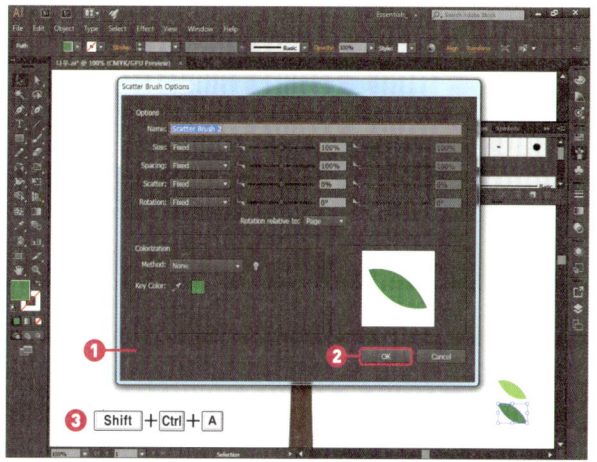

05 자유 곡선 그리기

❶ [Paintbrush Tool]( )을 클릭하고 ❷ [Brushes] 패널에서 처음 등록한 브러시를 선택합니다. ❸ 클릭&드래그해 자유 곡선을 그립니다. 그린 자유 곡선을 기준으로 나뭇잎의 크기와 간격, 각도가 랜덤으로 나타납니다.

06 자유 곡선 그리기

❶ 두 번째로 등록한 브러시를 선택합니다. ❷ 클릭&드래그해 자유 곡선을 그립니다. 브러시를 등록할 때 따로 설정을 하지 않아 그려진 자유 곡선을 따라 나뭇잎이 균일하게 나타납니다. ❸ [Brushes] 패널에서 선택한 브러시를 더블클릭합니다.

07 산포 브러시 옵션 설정하기

❶ [Size], [Spacing], [Rotation]을 'Random'으로 설정하고 ❷ [Size]의 입력 상자를 각각 '50%', '100%'로, [Spacing]을 각각 '100%', '500%'로, [Rotation]을 각각 '-35°', '35°'로 설정한 후 ❸ [OK]를 클릭합니다.

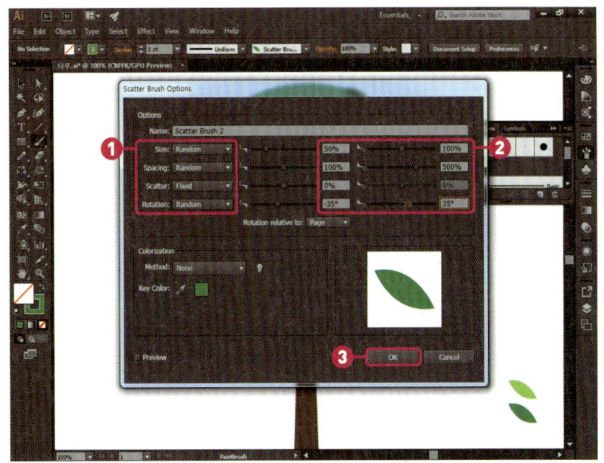

08 대화상자 확인하기

❶ 해당 브러시가 적용되어 있는 패스에도 변경된 옵션 설정을 적용할 것인지 묻는 대화상자가 나타납니다. [Apply to Strokes]를 클릭합니다.

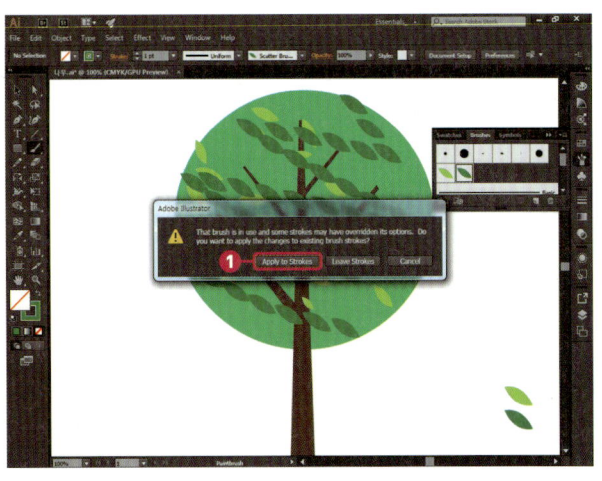

> **Point**
> [Leave Strokes]를 클릭하면 적용되어 있던 패스는 그대로 두고 앞으로 만들어질 패스에만 변경된 옵션을 적용합니다.

09 변경한 옵션이 적용된 모습 확인하기

❶ 기존 패스에 적용되어 있던 브러시도 변경한 옵션 설정이 적용되었습니다. 브러시의 크기와 간격, 각도가 랜덤으로 적용되었습니다. ❷ [Selection Tool](　)로 ❸ 소스 오브젝트를 동시 선택한 후 ❹ Delete 를 눌러 삭제합니다.

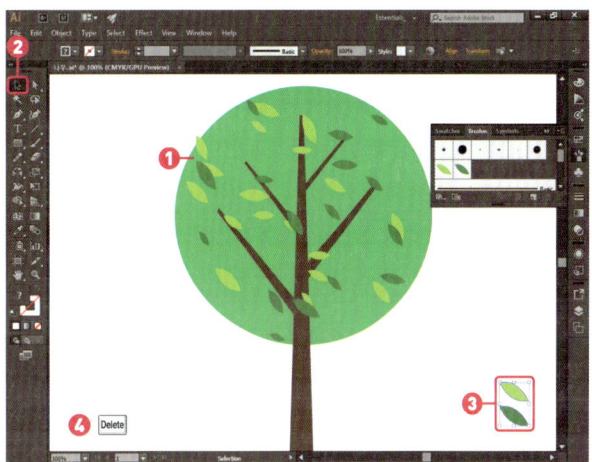

10 마무리 작업하기

❶ [Paintbrush Tool](　)과 등록한 브러시를 이용하여 그림과 같이 만들어 완성합니다.

SECTION 07 오브젝트를 심벌로 등록하고 심벌 도구 활용하기

오브젝트를 심벌로 등록하는 방법, 심벌을 도큐먼트에 여러 개 붙여넣기한 후 심벌 도구로 크기 조절 및 회전, 위치 이동을 하는 방법을 학습합니다.

● **Keyword** 오브젝트, [Symbols] 패널   ● **예제 파일** | Part03\양 한마리.ai   ● **완성 파일** | Part03\양 한마리(완성).ai

01 오브젝트를 심벌로 등록하기

❶ [Selection Tool]( )로 ❷ 그룹을 선택합니다. ❸ [Symbols] 패널에서 [New Symbol]( )을 클릭합니다. ❹ 대화상자가 나타납니다. 그대로 [OK]를 클릭합니다.

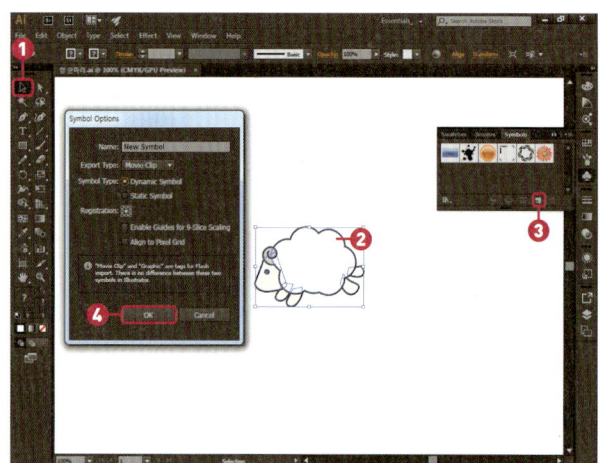

02 오브젝트를 심벌로 등록하기

❶ 선택한 그룹이 심벌로 등록됩니다. 소스 오브젝트를 Delete를 눌러 삭제합니다. ❷ [Symbol Sprayer Tool]( )을 선택합니다.

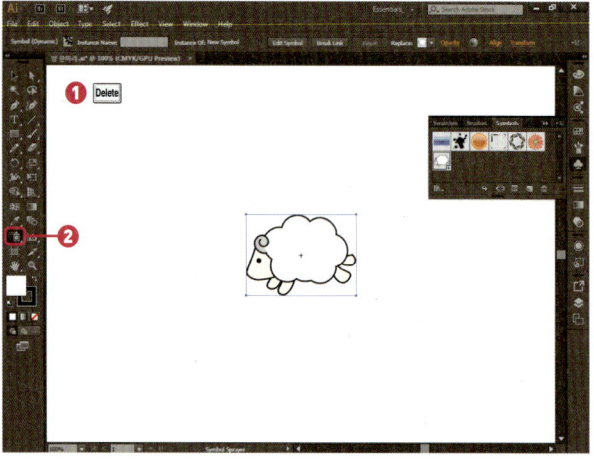

03 심벌을 도큐먼트에 붙여넣기

① 클릭&드래그 합니다. 등록한 심벌이 붙여넣기 됩니다.

> **Point**
> [Symbol Sprayer Tool](🔧)은 클릭 혹은 클릭&드래그 하여 선택한 심벌을 붙여넣기하는 도구입니다. Alt 를 누르고 조작하면 해당 위치에 있는 심벌이 삭제됩니다.

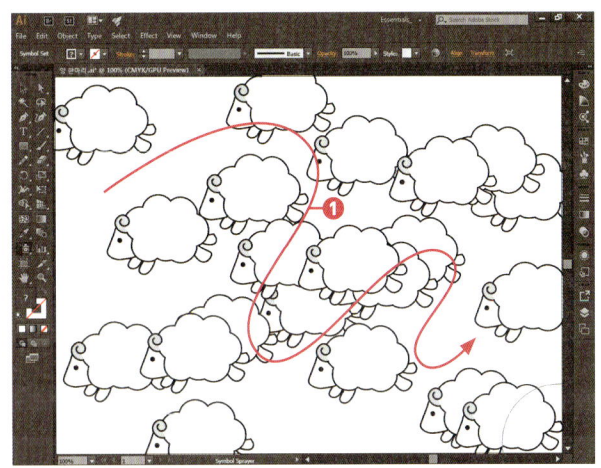

04 심벌의 위치 이동하기

① [Symbol Shifter Tool](🔧)을 선택하고 ② 심벌을 클릭&드래그하면 해당 심벌의 위치가 이동됩니다.

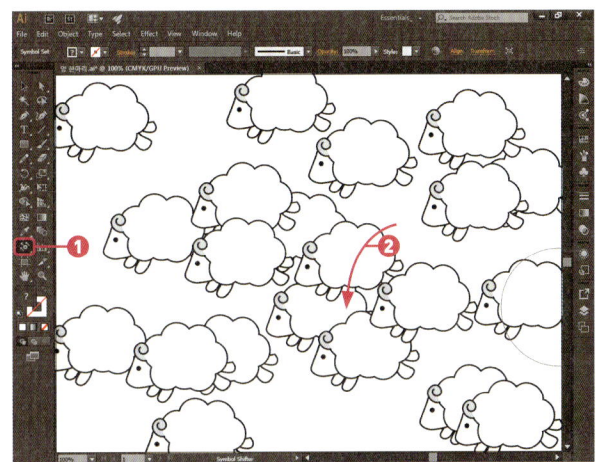

05 심벌의 크기 조절하기

① [Symbol Sizer Tool](🔧)을 선택합니다. ② 심벌을 클릭할수록 해당 심벌의 크기가 커집니다.

06 심벌의 크기 조절하기

❶ 반대로 Alt 를 누르고 클릭하면 심벌의 크기가 작아집니다. 클릭할수록 계속해서 크기는 작아집니다.

07 심벌 회전하기

❶ [Symbol Spinner Tool]( )을 선택합니다.
❷ 클릭&드래그하면 심벌이 회전됩니다.

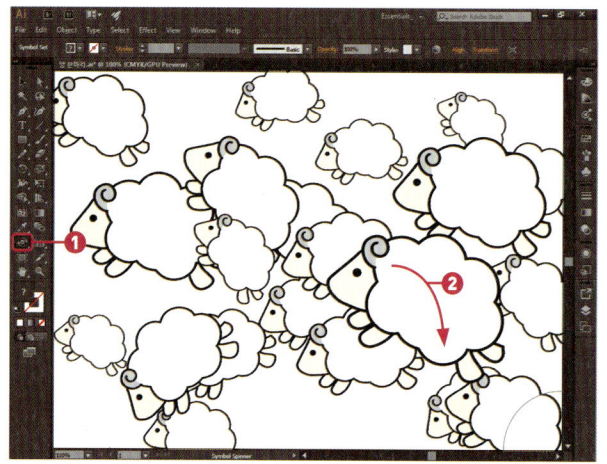

08 사각형 오브젝트 만들기

❶ [Rectangle Tool]( )을 선택하고 ❷ 아트보드에 클릭합니다. ❸ [Width]를 '890 px', [Height]를 '640 px'로 설정합니다. ❹ [OK]를 클릭합니다.

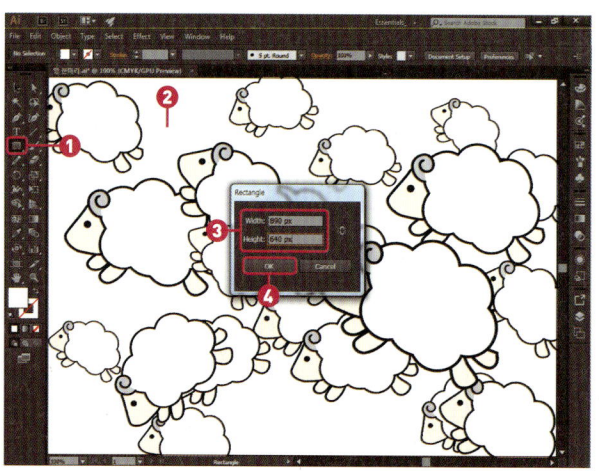

09 아트보드 가운데로 정렬하기

❶ [Window]-[Align] 메뉴를 클릭하여 [Align] 패널을 불러옵니다. ❷ [Align To]를 'Align to Artboard'로 설정하고 ❸ [Horizontal Align Center](🔳)와 [Vertical Align Center](🔳)를 클릭합니다. 사각형이 아트보드의 가운데로 정렬됩니다.

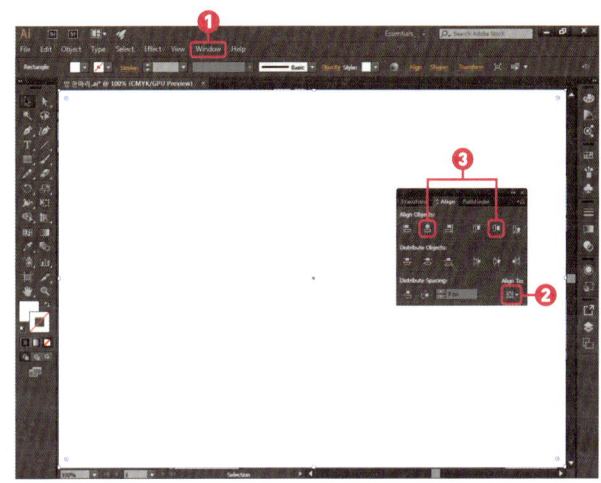

10 색 설정, 누적 순서 변경하기

❶ 칠 색을 'AEEADD', 선 색을 [None](◻)로 설정합니다. ❷ 마우스 오른쪽 버튼을 눌러 [Arrange]-[Send to Back] 메뉴를 클릭합니다. 오브젝트가 최하위 순서로 변경됩니다.

11 그레이디언트 메시 적용하기

❶ [Object]-[Create Gradient Mesh] 메뉴를 클릭합니다. ❷ [Rows]와 [Columns]를 '2'로 설정하고 [Appearance]를 'To Center', [Highlight]를 '100%'로 설정합니다. ❸ [OK]를 클릭합니다.

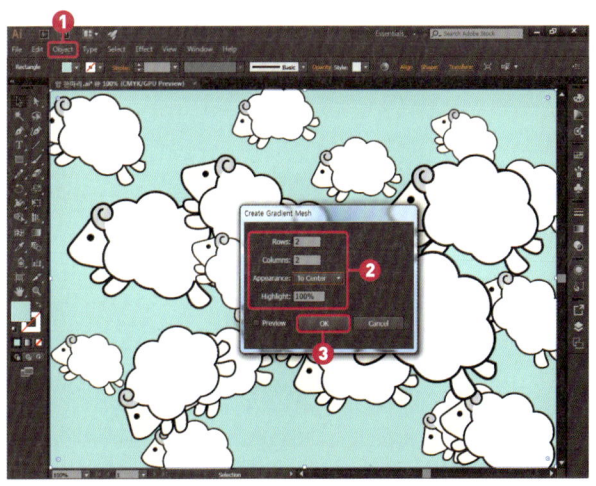

12 잠금 설정하기

❶ [Object]-[Lock]-[Selection] 메뉴를 클릭합니다. 선택한 사각형 오브젝트가 잠금 설정됩니다.

Point

- [Symbol Scruncher Tool](🔧) : 심벌이 클릭한 지점으로 점점 모여듭니다. [Alt]를 누르고 클릭하면 반대로 점점 멀어집니다.
- [Symbol Stainer Tool](🔧) : [Tool] 패널에 설정된 색상을 심벌에 적용합니다. 클릭할수록 점점 색상이 짙어지며, [Alt]를 누르고 클릭하면 점점 옅어져 원본 색상으로 돌아옵니다.
- [Symbol Screener Tool](🔧) : 심벌을 클릭할수록 점점 투명해집니다. [Alt]를 누르고 클릭하면 점점 불투명해집니다.
- [Symbol Styler Tool](🔧) : 선택한 그래픽 스타일이 적용됩니다.

SECTION 08 블렌드 효과 적용하여 자연스럽게 변하는 일러스트 만들기

[Blend Tool]이나 [Object]-[Blend] 메뉴로 블렌드 효과를 적용하는 방법을 학습합니다. 효과를 적용할 때 오브젝트를 이어주는 열린 패스가 있을 경우 해당 패스를 따라 효과가 적용됩니다.

○ **Keyword** Blend Tool　　　○ **예제 파일** | Part03\눈의 결정.ai　　○ **완성 파일** | Part03\눈의 결정(완성).ai

01 블렌드 만들기

① [Blend Tool](아이콘)을 선택합니다. ② 상단 왼쪽의 그룹을 클릭하고 ③ 상단 오른쪽의 그룹을 클릭합니다.

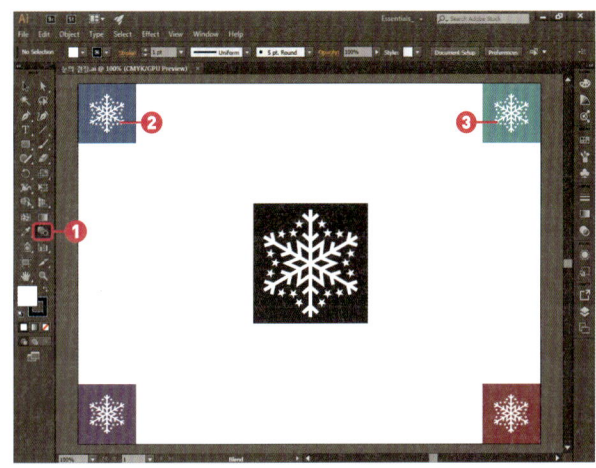

02 블렌드 만들기

① Shift + Ctrl + A 를 눌러 선택을 해제합니다. 클릭한 두 그룹에 블렌드 효과가 만들어집니다. ② [Blend Tool](아이콘)을 선택합니다. ③ 하단 왼쪽의 그룹을 클릭하고 ④ 하단 오른쪽의 그룹을 클릭합니다.

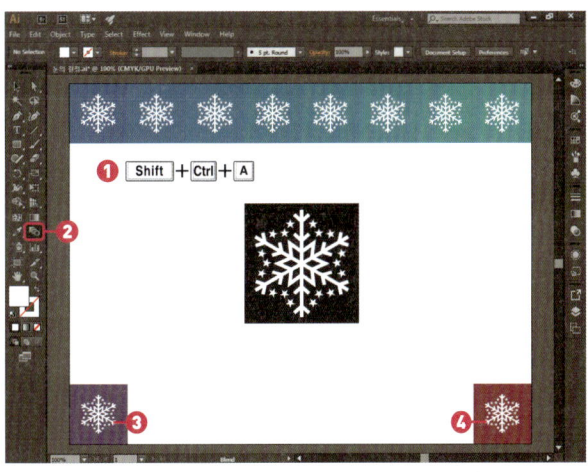

03 선택 해제하기

❶ `Shift` + `Ctrl` + `A` 를 눌러 선택을 해제합니다. 클릭한 두 그룹에 블렌드 효과를 확인합니다.

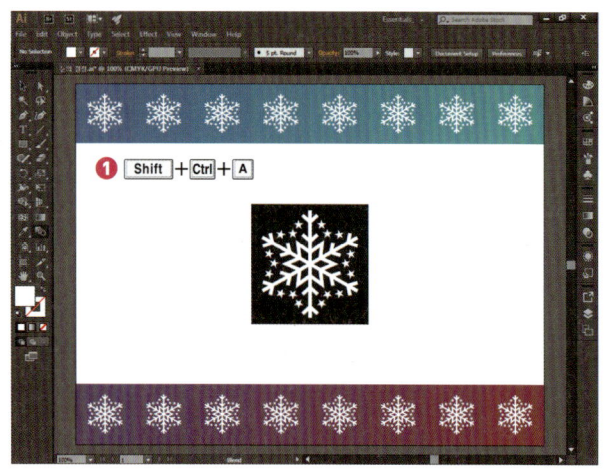

04 일반 오브젝트로 만들기

❶ [Selection Tool](화살표)로 ❷ 상단 블렌드 효과를 선택합니다. ❸ [Object]-[Expand] 메뉴를 클릭합니다. ❹ [Object]와 [Fill]을 체크 표시합니다. ❺ [OK]를 클릭합니다. 블렌드 효과가 일반 오브젝트로 변경됩니다.

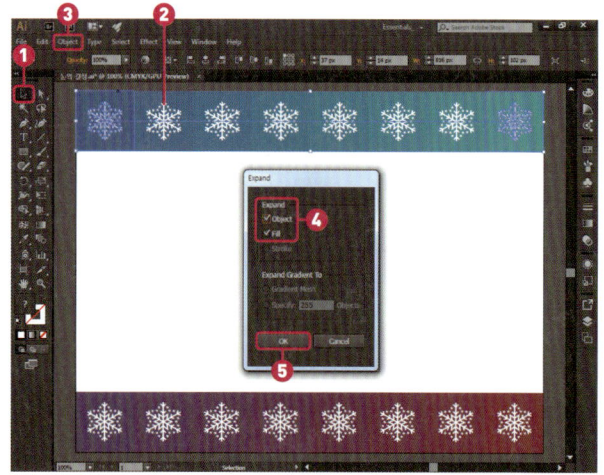

05 일반 오브젝트로 만들기

❶ [Selection Tool](화살표)로 ❷ 하단 블렌드 효과를 선택합니다. ❸ [Object]-[Expand] 메뉴를 클릭합니다. ❹ [Object]와 [Fill]을 체크 표시합니다. ❺ [OK]를 클릭합니다. 블렌드 효과가 일반 오브젝트로 변경됩니다.

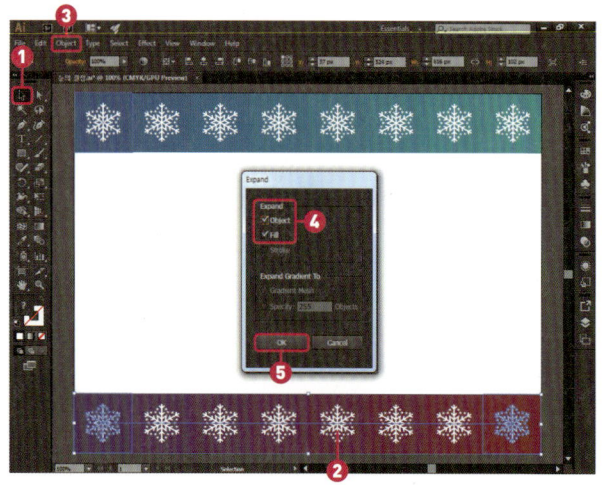

06 블렌드 만들기

❶ [Blend Tool](아이콘)을 선택합니다. ❷ 상단 그룹을 클릭하고 ❸ 하단 그룹을 클릭합니다.

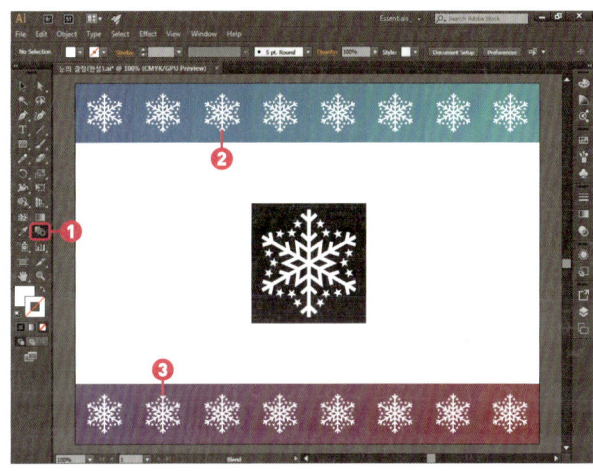

07 선택 해제하기

❶ Shift + Ctrl + A 를 눌러 선택을 해제합니다.

SECTION 09 열린 패스에 블렌드 효과를 적용하여 일러스트 완성하기

닫힌 패스뿐만 아니라 열린 패스에도 블렌드 효과를 적용할 수 있습니다. 열린 패스에 블렌드 효과를 적용하고 블렌드 효과를 편집 가능한 패스로 만드는 방법 등을 학습합니다.

○ **Keyword** Blend Tool　　　　　○ **예제 파일** | Part03\처녀자리(완성).ai　　○ **완성 파일** | Part03\처녀자리(완성2).ai

01 새 레이어 만들기

❶ [Layers] 패널에서 [Create New Layer](　)를 클릭합니다. 새 레이어 'Layer 4'가 만들어집니다. ❷ 만들어진 레이어의 순서를 'Layer 3' 레이어와 'Layer 1' 레이어의 사이로 변경합니다. 레이어를 선택한 후 클릭&드래그하면 됩니다.

02 자유 곡선 만들기

❶ [Pencil Tool](　)을 선택하고 ❷ 클릭&드래그해 자유 곡선을 만듭니다.

> **Point**
> 새 자유 곡선은 1번 과정에서 만든 'Layer 4' 레이어에 만들어져야 합니다. 혹 다른 레이어에 만들어졌을 경우 [Layers] 패널에서 'Layer 4' 레이어를 선택하고 패스가 선택된 상태에서 마우스 오른쪽 버튼을 눌러 [Arrange]-[Send to Current Layer] 메뉴를 클릭하면 패스가 'Layer 4' 레이어의 소속으로 변경됩니다.

03 선 설정하기

① [Stroke] 패널에서 [Weight]를 '5 pt'로 설정합니다. ② [Profile]을 'Width Profile 6'으로 설정합니다. ③ 칠 색상을 [None](☒)으로, 선 색상을 '#fdd626'로 설정합니다.

04 자유 곡선 만들기

① [Pencil Tool](✏️)을 선택하고 ② 클릭&드래그해 자유 곡선을 만듭니다. ③ [Stroke] 패널에서 [Weight]를 '5 pt'로 설정합니다. ④ [Profile]을 'Width Profile 2'로 설정합니다. ⑤ 칠 색상을 [None](☒)으로, 선 색상을 'ee313e'로 설정합니다.

05 블렌드 만들기

① [Selection Tool](▶)로 ② 두 패스를 동시에 선택합니다. ③ [Object]-[Blend]-[Make] 메뉴를 클릭합니다. 두 패스에 블렌드 효과가 적용됩니다.

06 블렌드 옵션 설정하기

❶ [Blend Tool](그림)을 더블클릭합니다. ❷ [Spacing]을 'Specified Steps'로 설정합니다. 입력 상자에 '7'을 입력합니다. ❸ [OK]를 클릭합니다.

07 모드 설정하기

❶ 두 패스 사이로 만들어진 블렌드 효과의 개수가 7개로 재설정되어 나타납니다. ❷ [Transparency] 패널에서 모드를 'Overlay'로 설정합니다.

08 복사하고 붙여넣기

❶ Ctrl+C를 눌러 블렌드 효과를 클립보드로 복사합니다. ❷ Ctrl+F를 세 번 눌러 동일한 위치에 세 개 붙여넣기 합니다.

>
> Ctrl+F는 [Edit]-[Paste in Front] 메뉴의 단축키로, 복사한 오브젝트나 패스를 복사했던 원래 위치에 최상위 순서로 붙여넣기 합니다.

09 숨겨진 오브젝트 나타내기

❶ [Object]-[Show All] 메뉴를 클릭합니다. 숨겨진 별 모양 오브젝트가 나타납니다. ❷ [Selection Tool](　)을 선택하고 ❸ 클릭&드래그해 위치를 이동시킵니다.

10 마무리 작업하기

❶ 별 모양 오브젝트를 여러 개 복사한 후 크기를 조절하고 방향을 회전시켜 그림과 같이 만듭니다. ❷ Shift + Ctrl + A 를 눌러 선택을 해제합니다.

Photoshop CC + Illustrator CC

PART 04

일러스트 작업에 유용한 고급 효과 배우기

마스크를 만들어 특정 오브젝트의 영역으로만
다른 오브젝트가 나타나도록 만드는 방법,
오브젝트를 조건에 맞게 정렬하거나 선택하는 방법,
패스를 편집하는 방법, 비트맵 이미지를 벡터로 만드는 방법,
오브젝트를 특정 모양으로 왜곡하거나 원근감 있게 변형하는 방법,
오브젝트에 다양한 효과를 적용하는 방법 등
일러스트 작업에 유용한 고급 기능을 학습합니다.

SECTION 01 클리핑 마스크 만들고 격리 모드에서 편집하기

클리핑 마스크를 만들고 격리 모드에서 편집하는 방법을 학습합니다.

◎ **Keyword** 클리핑 마스크, 격리 모드   ◎ **예제 파일** | Part04\별똥별.ai, 액정.ai   ◎ **완성 파일** | Part04\액정(완성).ai

01 오브젝트 선택, 그룹 만든 후 복사하기

① '별똥별.ai' 파일을 불러옵니다. ② Ctrl+A를 눌러 모든 오브젝트를 선택한 후 ③ Ctrl+G를 눌러 그룹으로 만듭니다. ④ Ctrl+C를 눌러 클립보드로 복사합니다.

02 붙여넣기

① '액정.ai'을 불러옵니다. ② [Selection Tool](▶)로 ③ TV의 하얀색 둥근 사각형을 선택합니다. ④ Ctrl+B를 누릅니다. 선택한 오브젝트의 하위 순서로 복사한 그룹이 붙여넣기 됩니다.

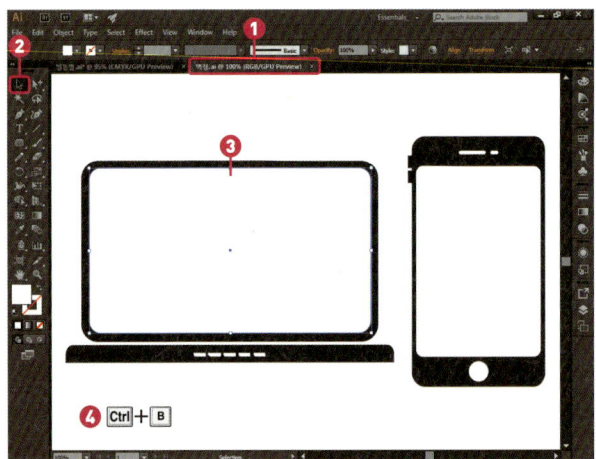

444

03 크기 조절하기

❶ [Transform] 패널에서 [Scale Strokes & Effects]를 체크하고 [Scale Corners]를 체크 해제합니다. [Constrain Width and Height Proportions](🔗)를 활성화한 후 [W]를 '500 px'로 설정합니다.

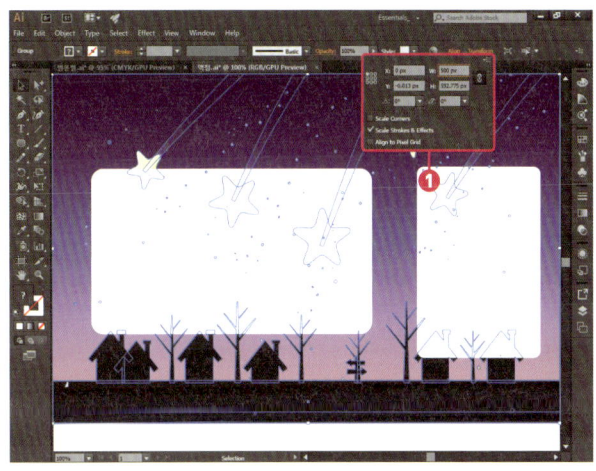

04 클리핑 마스크 만들기

❶ 붙여넣기된 그룹과 둥근 사각형을 동시 선택한 후 ❷ [Object]-[Clipping Mask]-[Make] 메뉴(Ctrl + 7)를 클릭합니다.

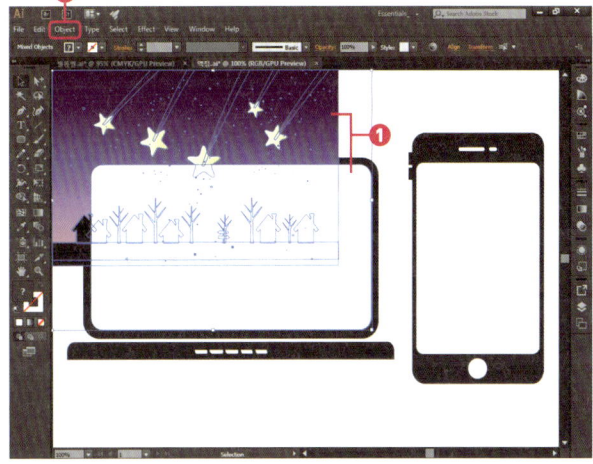

> **Point**
> 마우스 오른쪽 버튼을 눌러 나타나는 [Make Clipping Mask] 메뉴를 클릭하여도 됩니다.

05 만들어진 클리핑 마스크 확인하기

❶ 클리핑 마스크가 만들어져 상위에 있던 둥근 사각형의 영역 안쪽으로 붙여 넣은 그룹이 나타납니다.

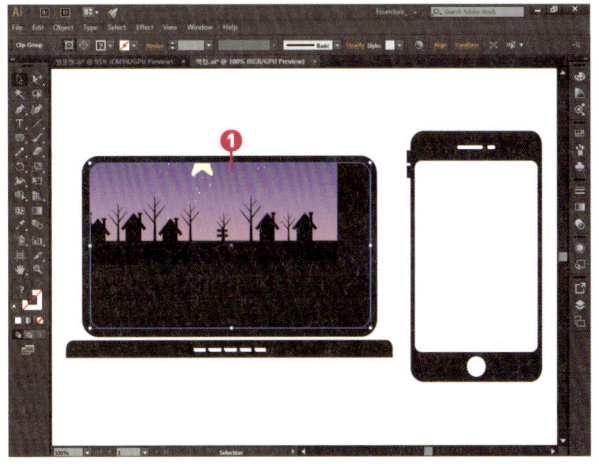

06 내부 오브젝트만 선택하기

❶ 컨트롤 바에서 [Edit Contents](◉)를 클릭합니다. 클리핑 마스크 안의 그룹이 선택됩니다. ❷ 클릭&드래그해 위치를 적절하게 이동시킵니다.

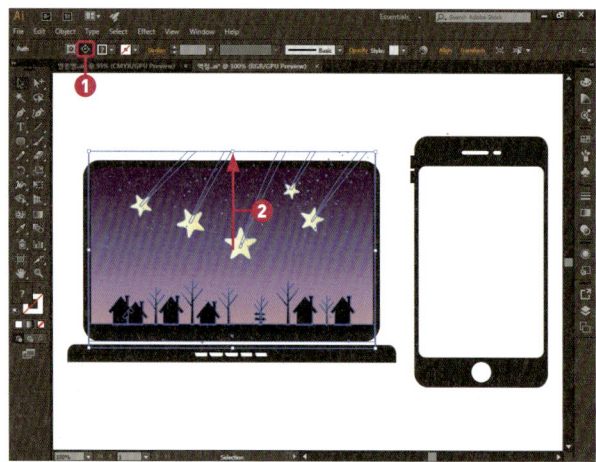

> **Point**
> - 클리핑 마스크를 선택하고 컨트롤 바에서 [Edit Clipping Path](◉)를 클릭하면 클리핑 패스가, [Edit Contents](◉)를 클릭하면 마스크 안의 패스들이 선택됩니다.
> - [Object]-[Clipping Mask]-[Release] 메뉴(Alt+Ctrl+7)를 클릭하거나, 마우스 오른쪽 버튼을 눌러 [Release Clipping Mask] 메뉴를 클릭하면 클리핑 마스크가 해제됩니다.

07 오브젝트 선택하기

❶ [Selection Tool](▶)을 선택하고 ❷ 오른쪽 휴대폰의 흰색 둥근 사각형 오브젝트를 클릭하여 선택합니다. ❸ Ctrl+B를 누릅니다. 선택한 오브젝트의 하위 순서로 복사한 그룹이 붙여넣기 됩니다.

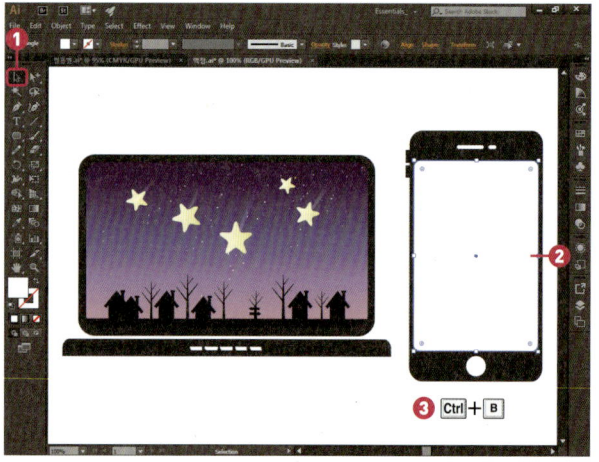

08 크기 조절하기

❶ [Transform] 패널에서 [Scale Strokes & Effects]를 체크하고 [Scale Corners]를 체크 해제합니다. [Constrain Width and Height Proportions](🔗)를 활성화한 후 [H]를 '330 px'로 설정합니다.

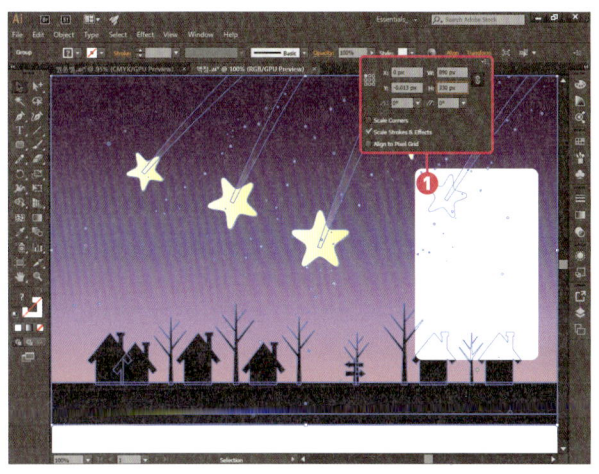

09 클리핑 마스크 만들기

❶ 붙여 넣은 그룹과 둥근 사각형을 동시 선택한 후 ❷ [Object]-[Clipping Mask]-[Make] 메뉴(Ctrl + 7)를 클릭합니다.

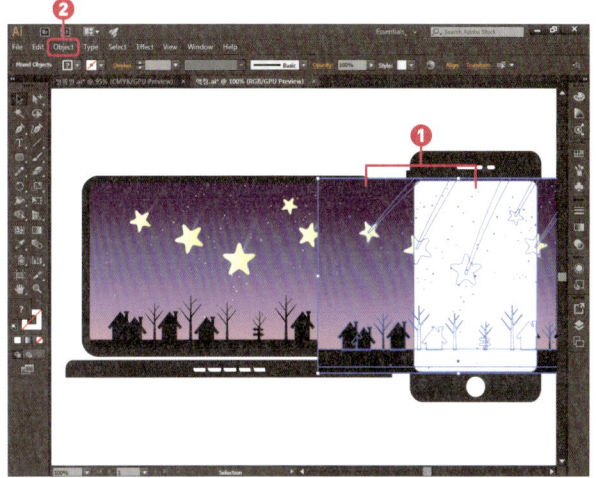

10 만들어진 클리핑 마스크 확인하기

❶ 클리핑 마스크가 만들어져 상위에 있던 둥근 사각형의 영역 안쪽으로 붙여넣기된 그룹이 나타납니다. ❷ 컨트롤 바에서 [Edit Contents](🔘)를 클릭합니다. 클리핑 마스크 안의 그룹이 선택됩니다. ❸ 클릭&드래그해 위치를 적절하게 이동시킵니다.

11 완성

① `Shift`+`Ctrl`+`A`를 눌러 선택을 해제합니다.

Level UP

격리 모드 살펴보기

① **격리 모드 화면 살펴보기** : 격리 모드가 시작되면 아트보드의 상단에 내비게이터가 나타납니다. 편집 중인 오브젝트가 소속된 단계가 순서대로 나타나며, 클릭하면 해당 단계의 격리 모드로 바뀝니다. [Back one level](◀)를 클릭하면 한 단계씩 종료되며, 마지막 단계에서 클릭하면 격리 모드가 완전히 종료됩니다.

▲ 격리 모드의 내비게이터

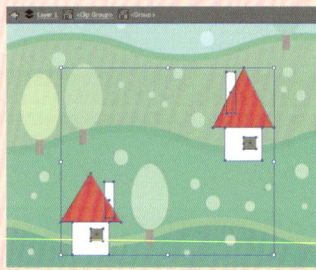　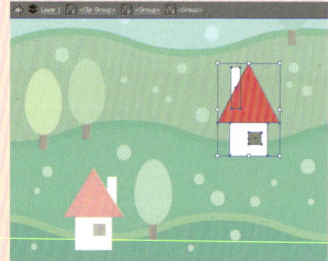

▲ 격리 모드에서 편집 중인 모습　▲ 한 단계 종료한 모습

② **격리 모드를 시작하는 세 가지 방법**
- 오브젝트를 선택하고 컨트롤 바의 [Isolate Selected Object](▣)를 클릭합니다.
- 마우스 오른쪽 버튼을 클릭하여 [Isolate Selected Path] 메뉴를 클릭합니다(선택한 오브젝트의 종류에 따라 메뉴 이름이 다르게 나타납니다).
- 오브젝트를 더블클릭합니다. 일부 오브젝트는 작동하지 않습니다.

③ **격리 모드를 종료하는 세 가지 방법**
- 마우스 오른쪽 버튼을 클릭하여 [Exit Isolation Mode] 메뉴를 클릭하거나 `Esc`를 누릅니다.
- 아트보드 상단의 [Back one level](◀)를 클릭하여 한 단계씩 종료합니다.

SECTION 02

[Make with Top Object] 메뉴로 오브젝트 변형하기

[Object]-[Envelope Distort]-[Make with Top Object] 메뉴를 클릭하여 최상위 순서 오브젝트의 모양으로 다른 오브젝트를 변형할 수 있습니다.

● **Keyword** Make with Top Object   ● 예제 파일 | Part04\용띠 개띠.ai   ● 완성 파일 | Part04\용띠 개띠(완성).ai

01 예제 파일 불러오기

❶ 예제 파일을 불러온 후 ❷ [Ellipse Tool](◯)을 선택합니다.

02 원 오브젝트 만들기

❶ 그림과 같이 왼쪽 말풍선 안에 원 오브젝트를 만듭니다.

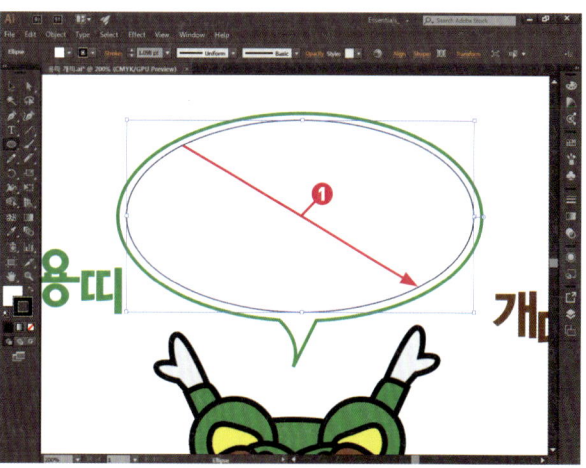

03 오브젝트 나누기

❶ [Knife Tool](✂)을 선택하고 ❷ 클릭&드래그해 원 오브젝트를 관통합니다. 원 오브젝트가 두 개의 오브젝트로 나누어집니다.

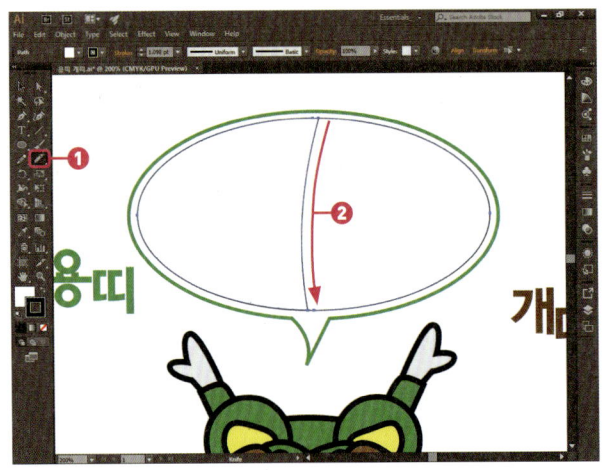

04 오브젝트 이동시키기

❶ [Selection Tool](▶)을 선택하고 ❷ 두 오브젝트 사이에 약간의 간격이 생기도록 각 오브젝트의 위치를 조금씩 이동시킵니다.

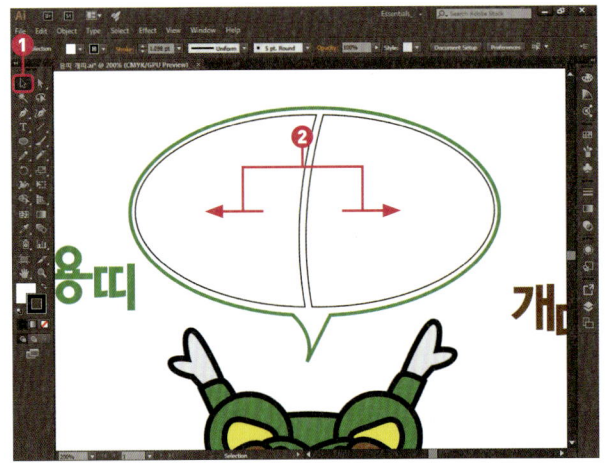

05 오브젝트 동시 선택하기

❶ 글자 오브젝트 1개와 나누어진 오브젝트 중 왼쪽 오브젝트를 동시 선택합니다. ❷ [Object]-[Envelope Distort]-[Make with Top Object] 메뉴(`Alt`+`Ctrl`+`C`)를 클릭합니다.

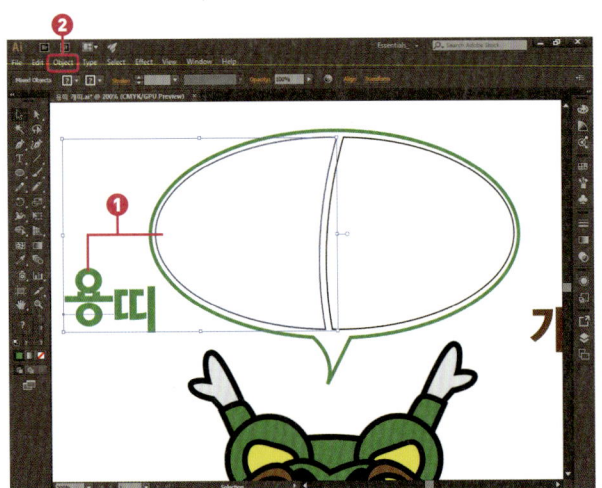

06 변형된 오브젝트 확인하기

① 글자 오브젝트가 다른 오브젝트 모양에 맞게 변형됩니다.

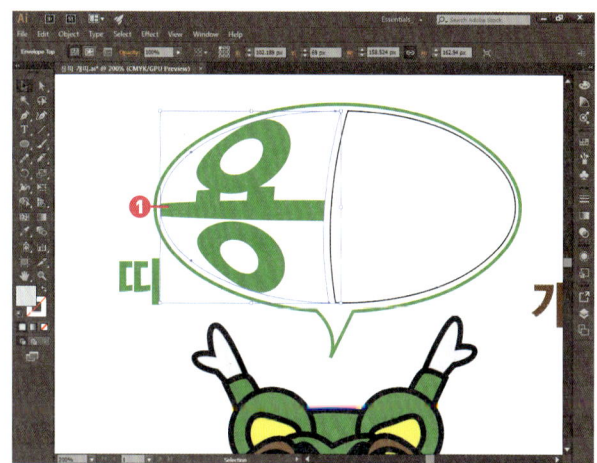

Point
변형하려는 모양을 가진 오브젝트는 상위 순서로 존재해야 합니다.

07 오브젝트 동시 선택하기

① 글자 오브젝트 1개와 나누어진 오브젝트 중 왼쪽 오브젝트를 동시 선택합니다. ② [Object]-[Envelope Distort]-[Make with Top Object] 메뉴(Alt+Ctrl+C)를 클릭합니다.

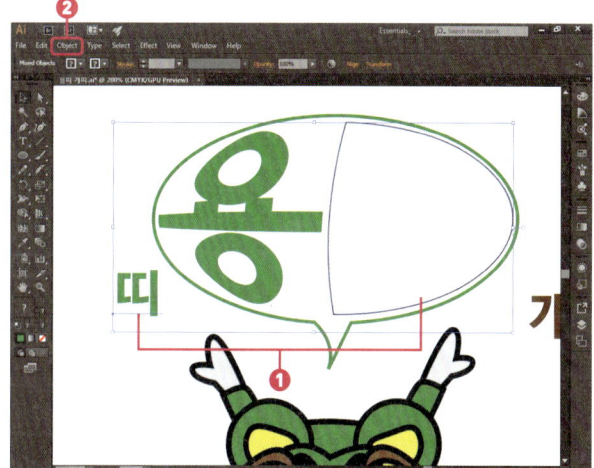

08 변형된 오브젝트 확인하기

① 마찬가지로 글자 오브젝트가 다른 오브젝트 모양에 맞게 변형됩니다.

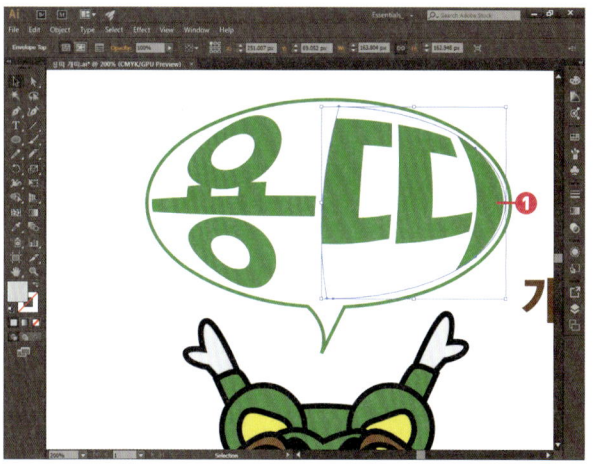

09 중간 작업하기

❶ 따라하기 1번 과정부터 4번 과정까지를 참고하여 그림과 같이 만듭니다.

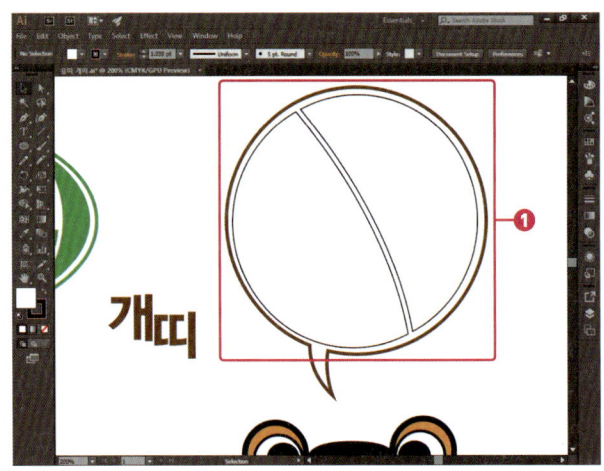

10 오브젝트 동시 선택하기

❶ 글자 오브젝트 1개와 나누어진 오브젝트 중 왼쪽 오브젝트를 동시 선택합니다. ❷ [Object]-[Envelope Distort]-[Make with Top Object] 메뉴(Alt + Ctrl + C)를 클릭합니다.

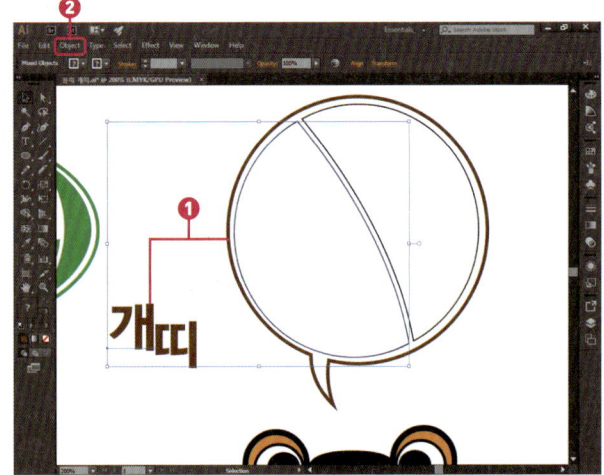

11 마무리 작업하기

❶ 앞의 과정을 참고하여 그림과 같이 만듭니다.

[Envelope Distort] 메뉴로 변형한 오브젝트 다루기

[Envelope Distort] 메뉴로 변형한 오브젝트를 다루는 방법을 살펴봅니다. [Make with Warp], [Make with Mesh], [Make with Top Object] 메뉴 모두 공통적으로 적용됩니다.

- 변형된 오브젝트를 선택한 후 컨트롤 바에서 [Edit Contents]( )를 클릭(Shift + Ctrl + P)하면 변형 전의 원본 오브젝트가 선택됩니다. [Edit Envelope]( )를 클릭하면 다시 변형한 오브젝트가 선택됩니다.
- [Object]-[Envelope Distort]-[Expand] 메뉴를 클릭하면 변형한 형태 그대로 패스가 됩니다.

▲ [Make with Top Object] 메뉴로 변형한 모습(Preview/Outline 모드)   ▲ [Expand] 메뉴로 패스가 된 모습(Preview/Outline 모드)

- [Object]-[Envelope Distort]-[Release] 메뉴를 클릭하면 변형 명령을 실행하기 전의 오브젝트로 돌아옵니다.

SECTION 03 [Make with Warp] 메뉴로 오브젝트 변형하기

[Object]-[Envelope Distort]-[Make with Warp] 메뉴를 클릭하여 나타나는 [Warp Options] 대화상자로 오브젝트를 다양한 모양으로 변형할 수 있습니다.

○ **Keyword** Make with Warp   ○ 예제 파일 | Part04\CHOOSE ME.ai   ○ 완성 파일 | Part04\CHOOSE ME(완성).ai

01 라이브러리의 브러시를 가져오기

❶ [Window]-[Brush Libraries]-[Decorative]-[Decorative_Banners and Seals] 메뉴를 클릭합니다. ❷ 'Banner 2' 브러시를 클릭한 후 아트보드로 드래그 합니다. 브러시가 오브젝트로 가져와집니다.

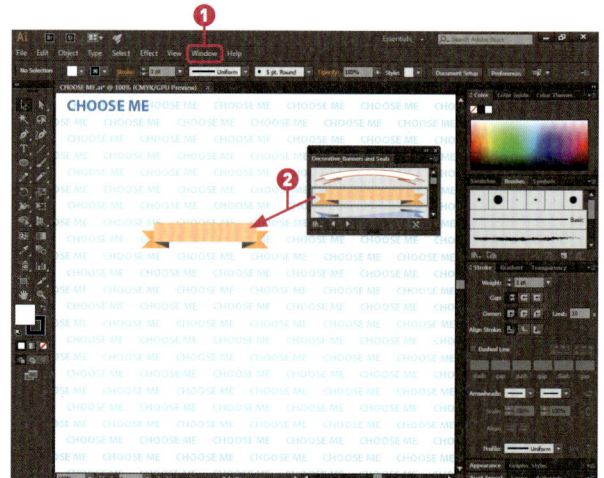

02 순서 변경, 위치 이동, 크기 조절하기

❶ [Selection Tool](▶)로 ❷ 글자 오브젝트를 선택하고 ❸ Shift + Ctrl +] 를 눌러 누적 순서를 최상위로 변경합니다. ❹ 위치를 배너 중앙으로 이동한 후 ❺ 두 오브젝트를 동시 선택하고 ❻ 크기를 조절합니다.

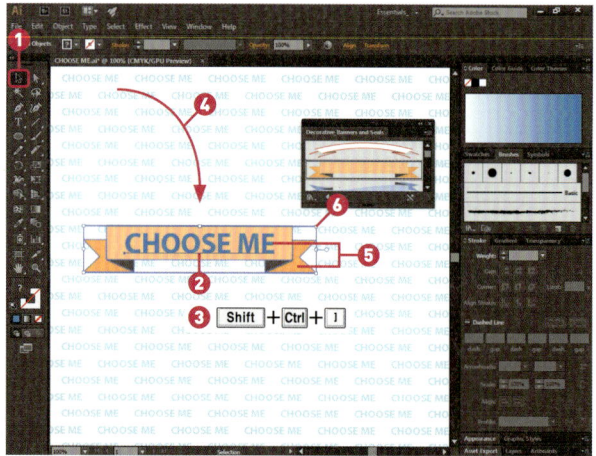

03 칠 색상 변경하기

❶ 선택을 해제한 후 ❷ [Group Selection Tool]( )로 ❸ 사각형을 선택하고 ❹ 칠 색상을 '#9FF1FF'로 설정합니다. ❺ 양쪽 리본을 선택하고 ❻ 칠 색상을 '#72D0EB'로 설정합니다.

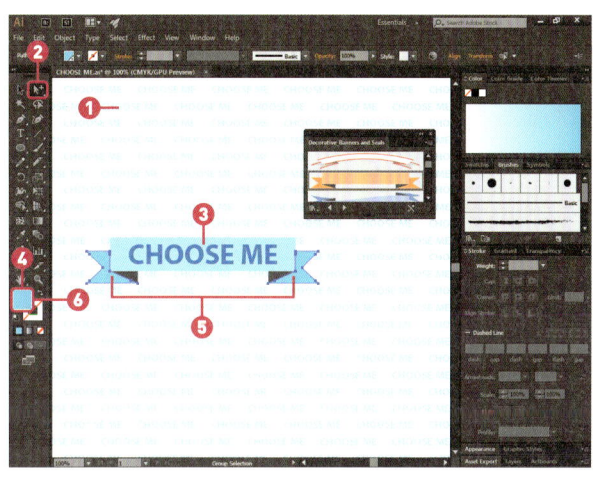

04 오브젝트를 이동&복사하기

❶ 배너, 글자 오브젝트를 동시 선택한 후 ❷ Alt 를 누르고 클릭&드래그해 이동&복사합니다. ❸ Ctrl + D 를 두 번 눌러 반복 실행합니다.

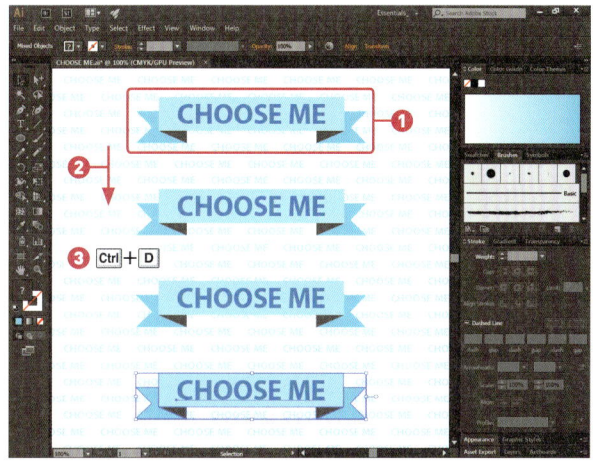

05 오브젝트 선택, 메뉴 클릭하기

❶ [Selection Tool]( )로 ❷ 첫 번째 배너, 글자 오브젝트를 동시 선택합니다. ❸ [Object]-[Envelope Distort]-[Make with Warp] 메뉴(Alt + Shift + Ctrl + W)를 클릭합니다.

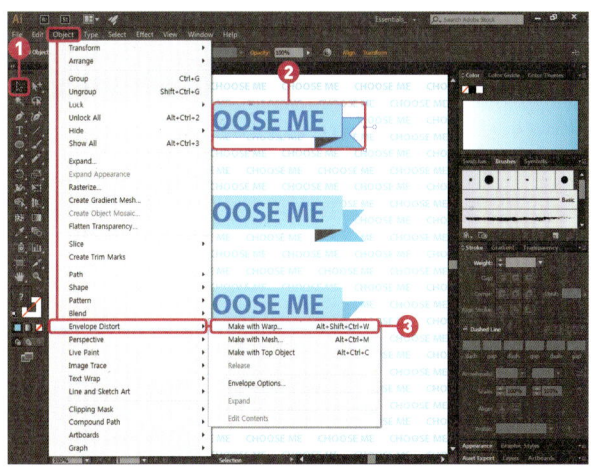

06 [Warp Options] 대화상자 설정하기

① [Style]을 'Flag'로 설정하고 아래 라디오 버튼 중 [Horizontal]을 선택합니다. [Bend]를 '50%', [Horizontal]을 '-50%', [Vertical]을 '0%'로 설정한 후 ② [OK]를 클릭합니다.

07 변형된 오브젝트 확인하기

① 선택한 오브젝트가 대화상자에서 설정한 모양으로 변형됩니다. ② [Selection Tool]( )로 ③ 두 번째 배너와 글자 오브젝트를 선택하고 ④ Alt + Shift + Ctrl + W 를 누릅니다.

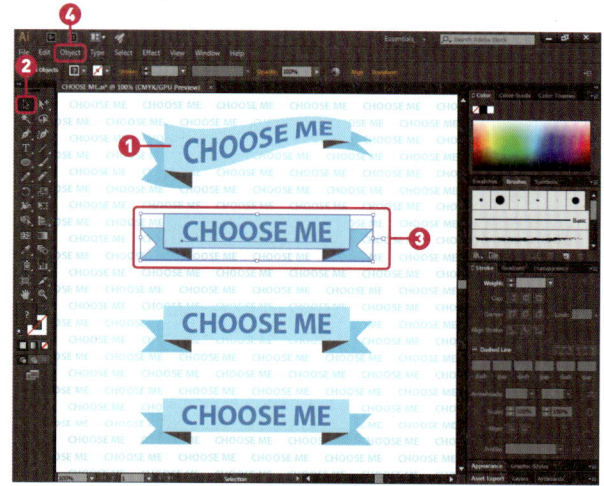

08 [Warp Options] 대화상자 설정하기

① [Style]을 'Arc Upper'로 설정하고 아래 라디오 버튼 중 [Horizontal]을 선택합니다. [Bend]를 '50%', [Horizontal]을 '100%', [Vertical]을 '0%'로 설정한 후 ② [OK]를 클릭합니다.

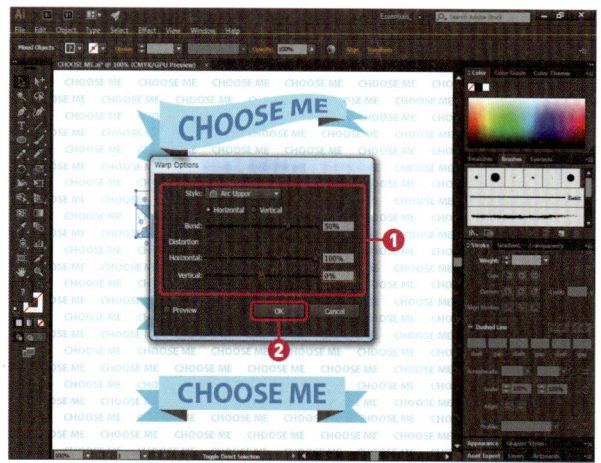

09 [Warp Options] 대화상자로 변형하기

❶ 같은 방법으로 세 번째 배너와 네 번째 배너도 변형합니다.
- 세 번째 배너는 Style: Arc Upper, Horizontal: 선택, Bend: 50%, Horizontal: -100%, Vertical: 0%.
- 네 번째 배너는 Style: Arc, Horizontal: 선택, Bend: 50%, Horizontal: 0%, Vertical: 0%

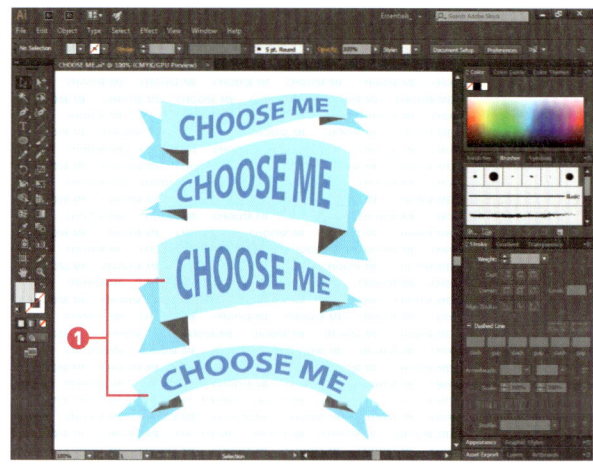

10 변형 오브젝트 옵션 설정 변경하기

❶ [Selection Tool](　)로 ❷ 네 번째 변형된 배너를 선택합니다. ❸ 컨트롤 바에서 [Style]을 'Flag', [Horizontal]을 '50%'로 설정합니다. 변경된 옵션 설정이 적용됩니다.

11 완성

❶ Shift + Ctrl + A 를 눌러 선택을 해제합니다.

SECTION 04 원근감 드로잉 활용하여 일러스트 완성하기

원근감 드로잉 기능으로 원근감이 적용된 일러스트를 만듭니다.

● **Keyword** Perspective Tool　　● 예제 파일 | Part04\건물.ai, 거리.ai　　● 완성 파일 | Part04\거리(완성).ai

01 오브젝트 선택, 복사하기

❶ 예제 파일 2개를 불러옵니다. '건물.ai' 파일로 화면을 전환합니다. ❷ [Selection Tool](▶)을 선택하고 ❸ 위 그룹을 선택합니다. ❹ Ctrl+C를 눌러 클립보드로 복사합니다.

02 붙여넣기, 격자 표시하기

❶ '거리.ai' 파일로 화면을 전환합니다. ❷ Ctrl+V를 눌러 붙여넣기 합니다. ❸ [View]-[Perspective Grid]-[Show Grid] 메뉴(Shift+Ctrl+I)를 클릭하여 원근감 격자를 표시합니다.

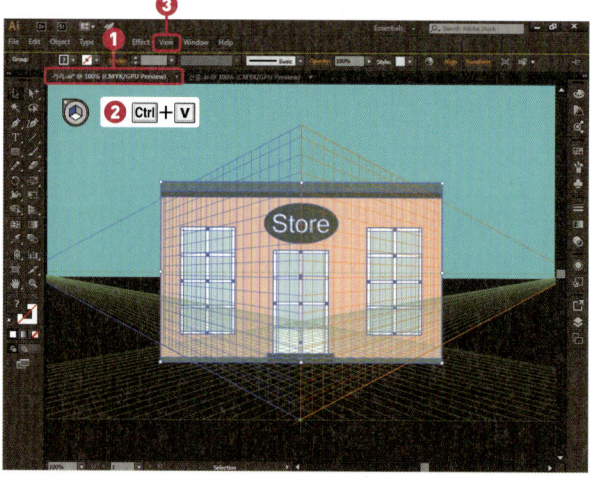

03 원근감 있게 변형하기

① 왼쪽 상단의 평면 전환 위젯을 [Left Grid]로 설정합니다. ② [Perspective Selection Tool](이미지)을 선택하고 ③ 그룹을 클릭&드래그하면 그룹이 원근감 있게 변형됩니다.

> **Point**
> 평면 전환 위젯은 오브젝트를 원근감 있게 가져오거나 만들 기준을 설정합니다.
>
>
> ▲ Left Grid　▲ Right Grid　▲ Horizontal Grid　▲ No Active Grid

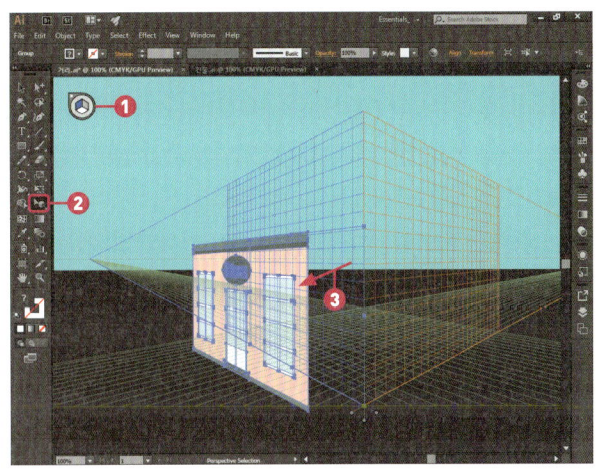

04 크기 조절하기

① 격자와 물리도록 위치를 정확하게 이동합니다. ② Shift 를 누르고 모서리의 조절점을 클릭&드래그해 크기를 조절합니다.

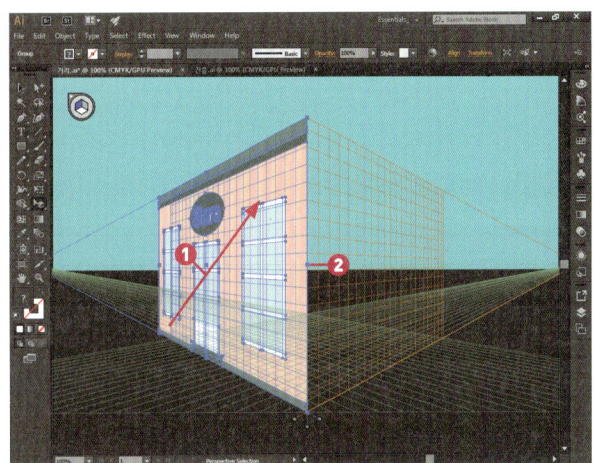

05 오브젝트 선택, 복사하기

① '건물.ai' 파일로 화면을 전환합니다. ② [Selection Tool](이미지)을 선택하고 ③ 아래 그룹을 선택합니다. ④ Ctrl + C 를 눌러 클립보드로 복사합니다.

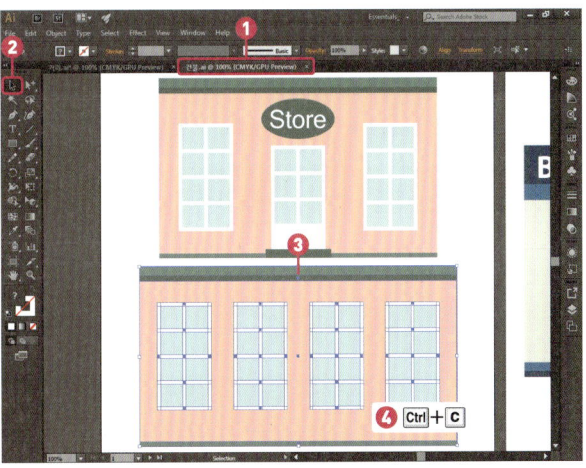

PART 04 일러스트 작업에 유용한 고급 효과 배우기　459

06 붙여넣기, 격자 표시하기

① '거리.ai' 파일로 화면을 전환합니다. ② Ctrl + V 를 눌러 붙여넣기 합니다. ③ [Perspective Selection Tool]( )을 선택합니다. ④ 평면 전환 위젯을 [Right Grid]로 설정합니다.

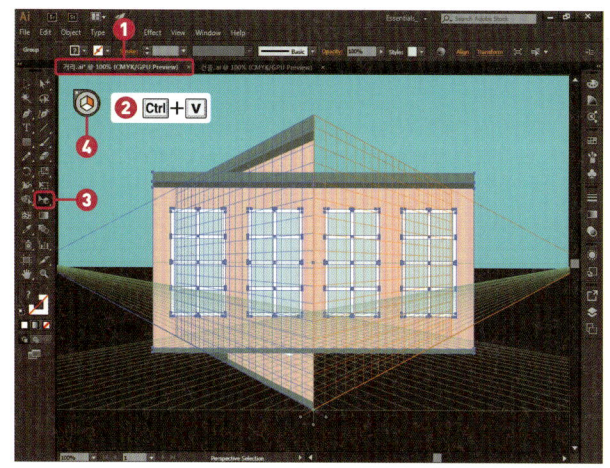

07 원근감 있게 변형하기

① 그룹을 클릭&드래그해 원근감 있게 변형합니다. ② Shift 를 누르고 조절점을 클릭&드래그해 크기를 조절합니다.

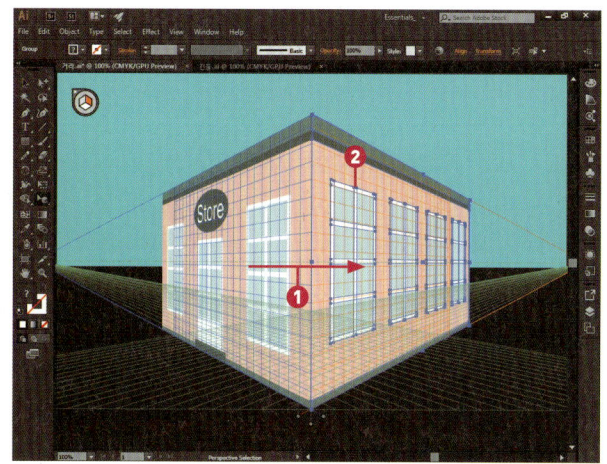

08 오브젝트 선택, 복사하기

① '건물.ai' 파일로 화면을 전환합니다. ② [Artboard] 패널을 펼친 후 ③ 'Artboard 2'를 천천히 더블클릭합니다. ④ [Selection Tool]( )로 ⑤ 그룹을 선택하고 ⑥ Ctrl + C 를 누릅니다.

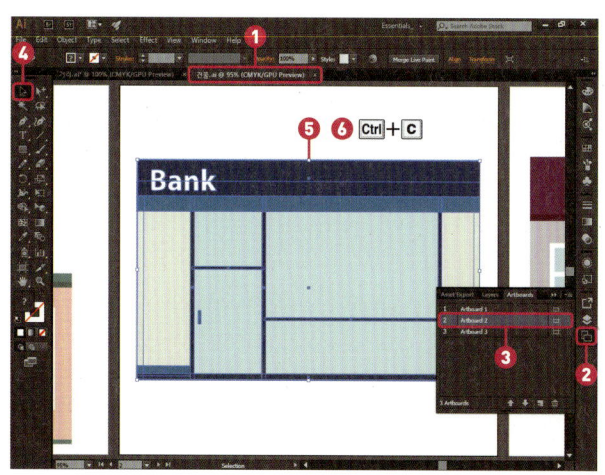

09 원근감 있게 변형하기

❶ '거리.ai' 파일로 화면을 전환합니다. ❷ Ctrl+V를 눌러 붙여넣기 합니다. ❸ 앞의 과정을 참고하여 그림과 같이 원근감 있게 변형합니다.

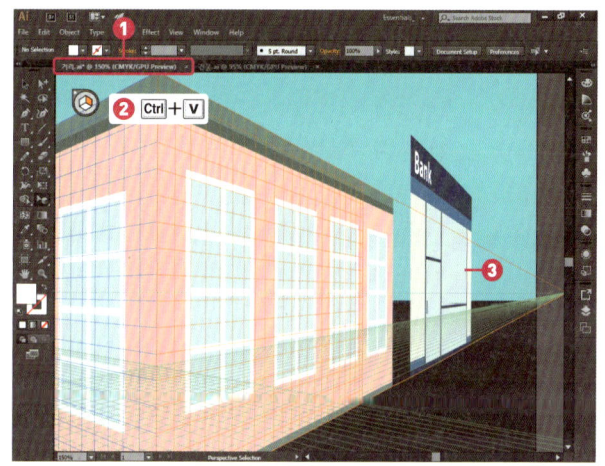

10 원근감 있는 오브젝트 만들기

❶ [Rectangle Tool](■)을 선택하고 ❷ [Left Grid]로 설정합니다. ❸ 격자에 맞춰 클릭&드래그하면 사각형이 원근감 있게 변형되어 만들어집니다. ❹ Ctrl+[를 여러 번 눌러 누적 순서를 변경합니다. ❺ 칠 색상을 '#447563'으로 설정합니다.

> **Point**
> 원근감 격자를 무시하고 원래 형태의 오브젝트를 만들려면 평면 전환 위젯을 [No Active Grid]로 설정한 후 오브젝트를 만듭니다.

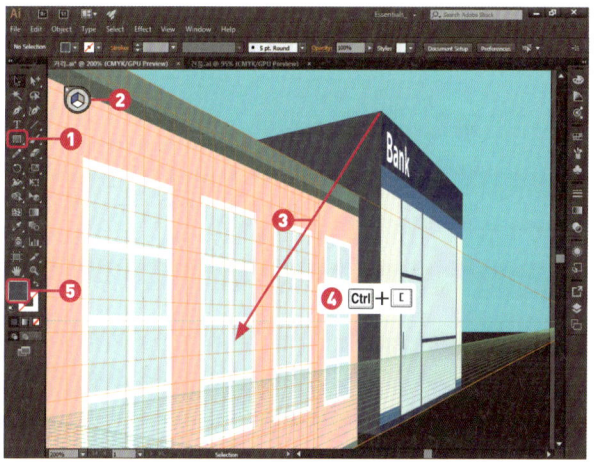

11 앞의 과정을 참고하여 만들기

❶ '건물.ai' 파일의 'Artboard 3' 아트보드에 있는 그룹을 복사한 후 '거리.ai' 파일로 붙여넣기하여 가져옵니다. 앞의 과정을 참고하여 그림과 같이 만듭니다.

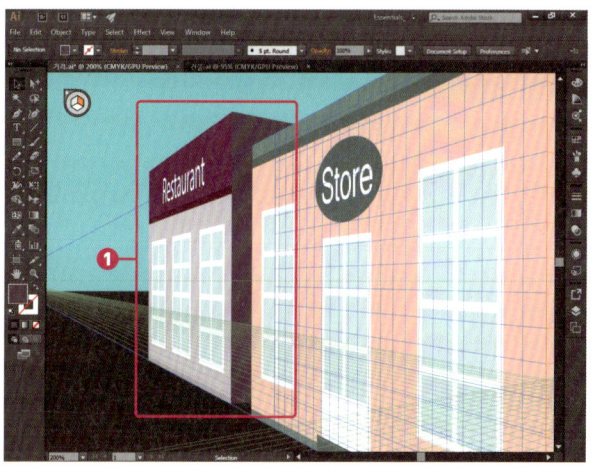

12 원근감 있는 오브젝트 만들기

❶ [Rectangle Tool](▣)을 선택하고 ❷ [Horizontal Grid]로 설정합니다. ❸ 클릭&드래그해 원근감 있는 사각형 오브젝트를 만든 후 ❹ 색상을 설정합니다. ❺ 누적 순서를 변경합니다.

13 건물 더 만들기

❶ 앞의 과정을 참고하여 양쪽으로 건물을 더 만듭니다. ❷ [View]-[Perspective Grid]-[Hide Grid] 메뉴(Shift + Ctrl + I)를 클릭하여 원근감 격자를 숨깁니다.

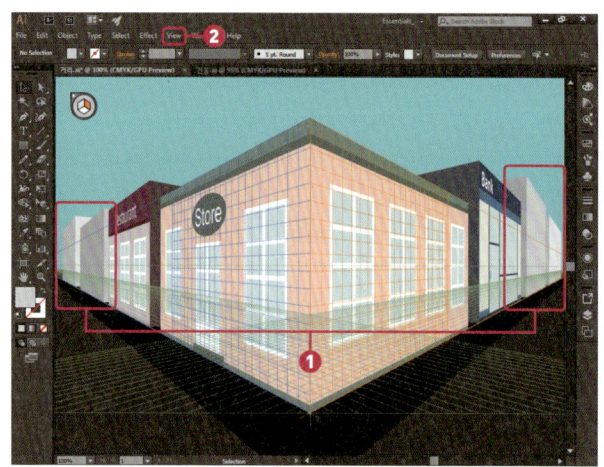

14 마무리하기

❶ [Group Selection Tool](▶)로 가운데 ❷ 건물 왼쪽 면의 오브젝트를 선택한 후 ❸ 색상을 변경합니다(#E2B3AA).

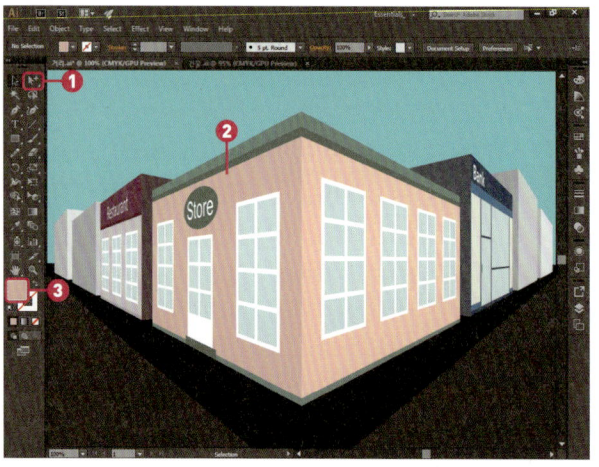

SECTION 05 [Scribble] 이펙트로 오브젝트에 손그림 효과 적용하기

[Effect]-[Stylize]-[Scribble] 메뉴를 클릭하면 [Scribble] 대화상자가 나타납니다. 오브젝트에 손으로 낙서하여 그린 효과를 적용할 수 있습니다.

○ **Keyword** Effect, Scribble, 이펙트   ○ 예제 파일 | Part04\양자리.ai   ○ 완성 파일 | Part04\양자리(완성).ai

01 오브젝트 선택하기

❶ [Selection Tool]( )을 선택하고 ❷ 양 캐릭터 그룹을 클릭하여 선택합니다. ❸ [Effect]-[Stylize]-[Scribble] 메뉴를 클릭합니다.

02 [Scribble Options] 대화상자 설정하기

❶ 대화상자가 나타납니다. 설정 후 ❷ [OK]를 클릭합니다.
- Angle: 30°, Path Overlap: 0 px, Variation: 5 px, Stroke Width: 3 px, Curviness: 10%, Variation: 20%, Spacing: 1 px, Variation: 5 px

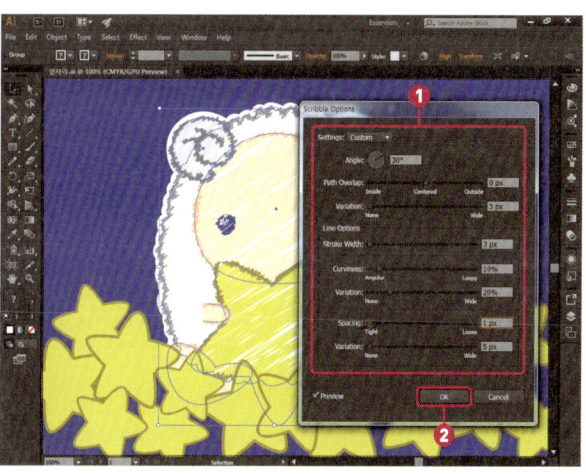

03 적용된 효과 확인하기

❶ 오브젝트에 손그림 효과가 적용되었습니다. ❷ 다른 그룹을 선택합니다.

04 마지막으로 실행한 이펙트 적용하기

❶ [Effect]-[Apply Scribble] 메뉴(Shift+Ctrl+E)를 클릭합니다. 이 메뉴는 마지막으로 실행한 이펙트를 선택한 오브젝트에 다른 설정 과정을 거치지 않고 바로 적용시키는 메뉴입니다.

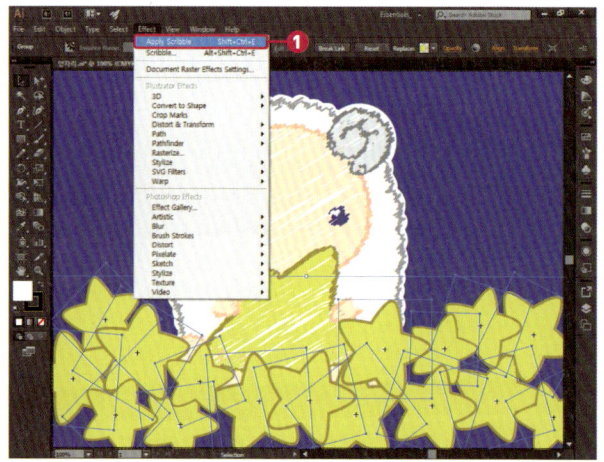

05 적용된 효과 확인하기

❶ 오브젝트에 손그림 효과가 적용되었습니다.

06 잠금 해제 및 선택하기

❶ [Object]-[Unlock All] 메뉴(Alt+Ctrl+2)를 클릭해 잠금을 해제합니다. ❷ Shift+Ctrl+A를 눌러 선택을 해제한 후 ❸ [Selection Tool]( )을 선택하고 ❹ 큰 사각형 오브젝트를 클릭해 선택합니다.

07 이펙트 적용하기

❶ [Effect]-[Apply Scribble] 메뉴(Shift+Ctrl+E)를 클릭해 선택한 오브젝트에 이펙트를 적용합니다.

SECTION 06 [Extrude & Bevel] 메뉴로 3D 그래프 만들기

[Effect]-[3D]-[Extrude & Bevel] 메뉴는 오브젝트를 3D 오브젝트로 만듭니다. 사각형 오브젝트의 경우 육면체가 만들어집니다.

○ **Keyword** Extrude & Bevel, Effect ○ 예제 파일 | Part04\그래프(완성).ai ○ 완성 파일 | Part04\3D 그래프(완성).ai

01 오브젝트 선택, 복사하기

❶ [Group Selection Tool](▶⁺)을 선택하고 ❷ 그래프의 막대를 모두 선택합니다. ❸ Ctrl + C 를 눌러 클립보드로 복사합니다.

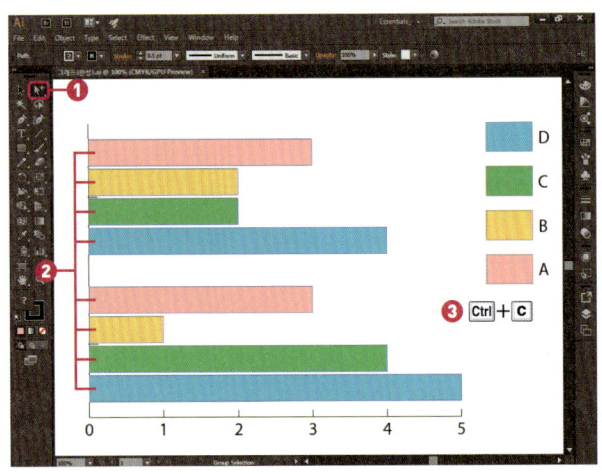

02 새 도큐먼트 만들기, 붙여넣기

❶ [Width] '890 px', [Height] '640 px' 크기의 새 도큐먼트를 만든 후 ❷ Ctrl + V 를 눌러 붙여넣기 합니다. ❸ Ctrl + G 를 눌러 그룹으로 묶습니다. ❹ 선 색상을 [None](☐)로 설정합니다.

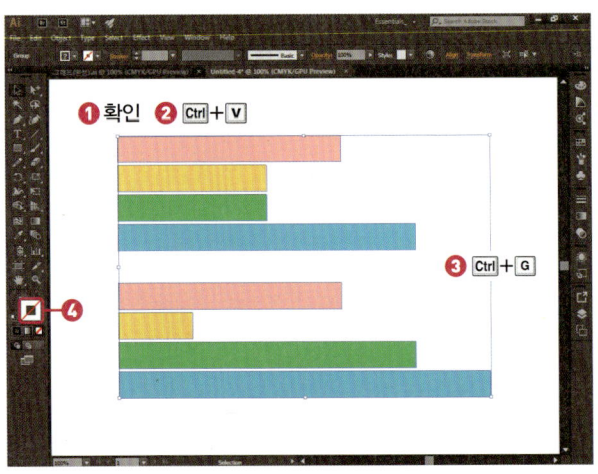

03 3D 돌출 효과 적용하기

❶ [Effect]-[3D]-[Extrude & Bevel] 메뉴를 클릭합니다. ❷ [Extrude Depth]를 '70 pt'로 설정하고 ❸ [OK]를 클릭합니다.

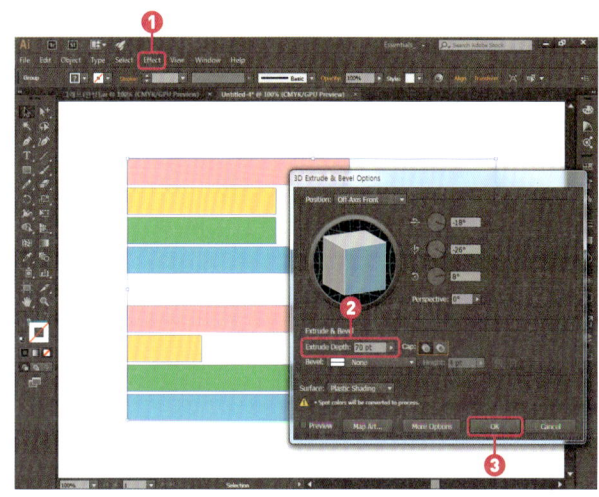

04 이펙트가 적용된 모습 확인하기

❶ 선택한 사각형 오브젝트에 3D 효과가 적용되었습니다.

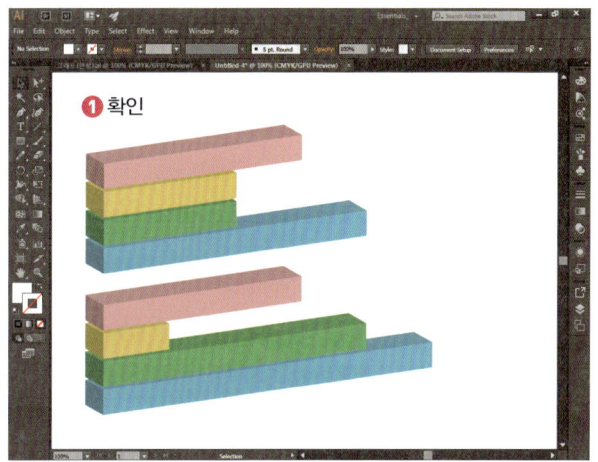

05 오브젝트 선택, 복사하기

❶ '그래프(완성).ai' 파일로 화면을 전환한 후 ❷ [Group Selection Tool]( )로 ❸ 오른쪽 사각형을 모두 선택합니다. ❹ Ctrl + C 를 눌러 복사합니다.

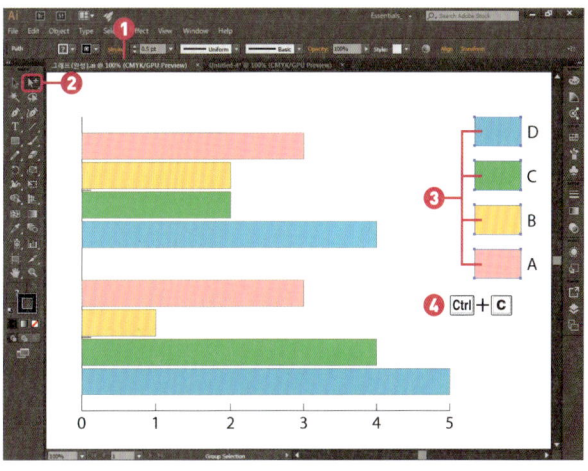

PART 04 일러스트 작업에 유용한 고급 효과 배우기   **467**

06 붙여넣기, 회전, 이동&복사하기

❶ 새로 만든 도큐먼트로 화면을 전환한 후 ❷ Ctrl+V를 눌러 붙여넣기 합니다. ❸ Ctrl+G를 눌러 그룹으로 묶습니다. ❹ 선 색상을 [None](◻)로 설정합니다.

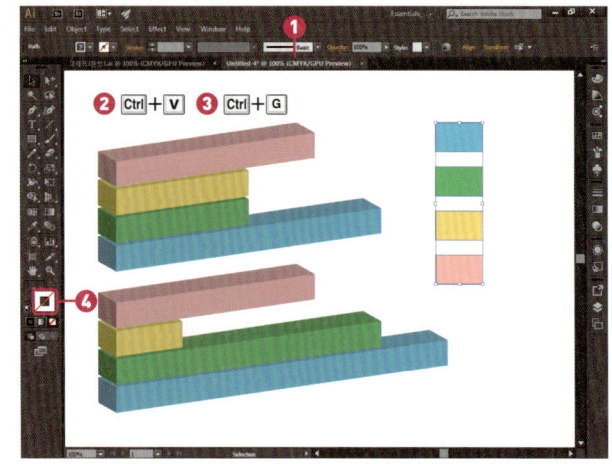

07 3D 돌출 효과 적용하기

❶ [Effect]-[3D]-[Extrude & Bevel] 메뉴를 클릭합니다. ❷ [Extrude Depth]를 '35 pt'로 설정하고 [X axis](↻)를 '18°'로 설정합니다. ❸ [OK]를 클릭합니다.

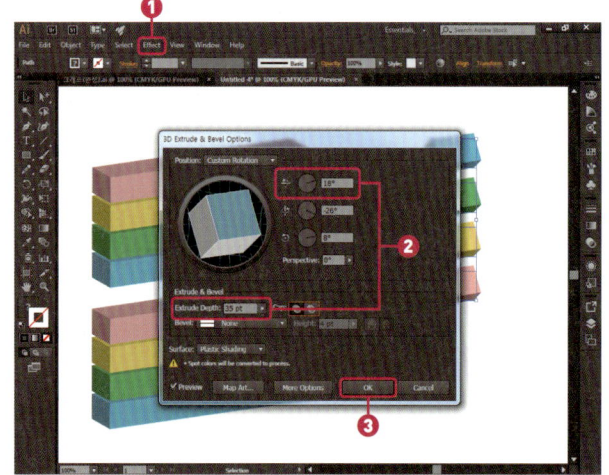

08 글자 입력하기

❶ [Type Tool](T)로 ❷ 글자를 입력한 후 ❸ 그래프 색상과 같게 설정합니다. ❹ [Selection Tool](▶)로 ❺ 글자 오브젝트만 모두 동시 선택합니다.

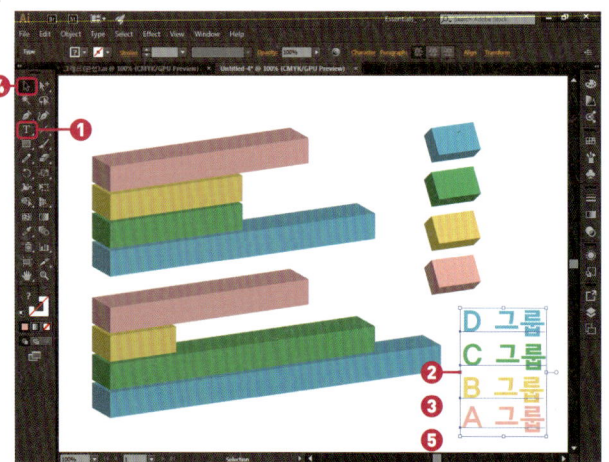

09 3D 돌출 효과 적용하기

❶ [Effect]-[3D]-[Extrude & Bevel] 메뉴를 클릭합니다. ❷ [Extrude Depth]를 '15 pt'로 설정합니다. ❸ [OK]를 클릭합니다.

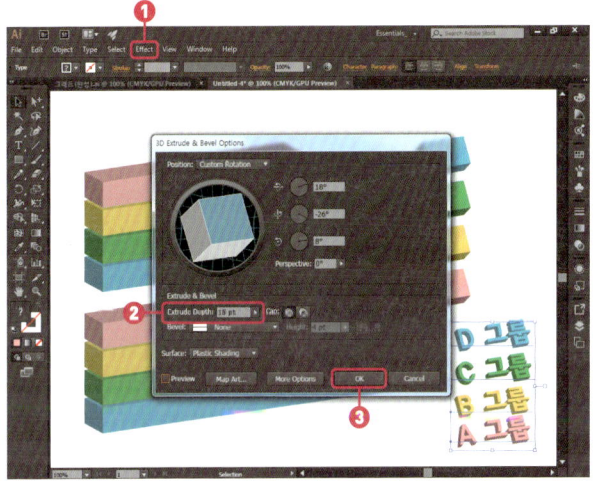

10 완성

❶ 도큐먼트 내에 모든 오브젝트가 보이도록 크기를 조절합니다.

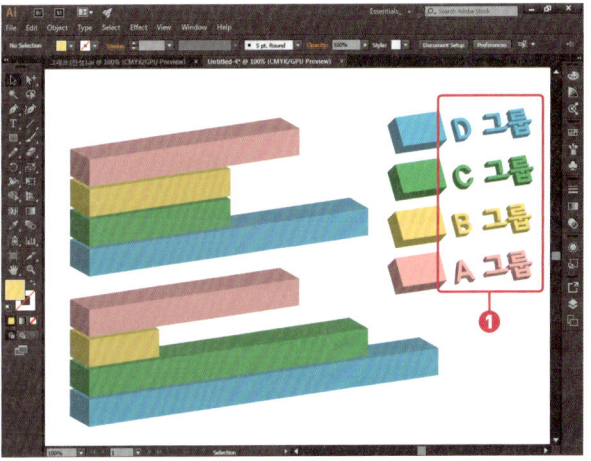

[3D Extrude & Bevel Options] 대화상자 살펴보기

[Effect]-[3D]-[Extrude & Bevel] 메뉴를 선택하면 대화상자가 나타납니다. 3D 오브젝트를 만들고 이미지를 매핑할 수 있습니다.

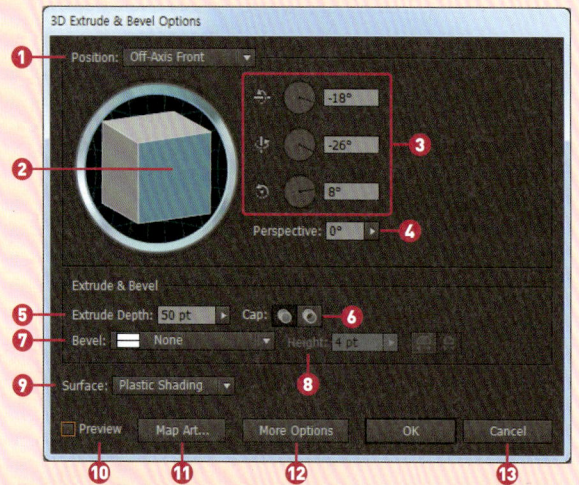

❶ **Position** : 미리 설정된 포지션으로 3D 오브젝트를 회전합니다.
❷ 육면체나 푸른색 테두리 원을 클릭&드래그하면 3D 오브젝트가 회전됩니다. 육면체의 변에 마우스를 위치시켜 색상이 바뀔 때 클릭&드래그하면 해당 축으로만 회전됩니다.
❸ ■를 클릭&드래그해 해당 축으로만 회전하거나, 각도를 입력하여 회전합니다.
❹ **Perspective** : 3D 오브젝트에 원근을 적용합니다.
❺ **Extrude Depth** : 3D 오브젝트가 돌출되는 정도(깊이)를 설정합니다.
❻ **Cap** : 안쪽이 가득차거나, 속이 빈 3D 오브젝트를 만듭니다.
❼ **Bevel** : 3D 오브젝트의 모서리 부분 특정 모양을 적용합니다.

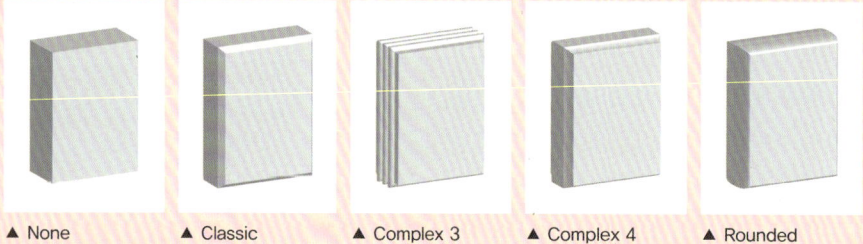

▲ None   ▲ Classic   ▲ Complex 3   ▲ Complex 4   ▲ Rounded

❽ **Height** : [Bevel] 설정으로 활성화되는 옵션입니다. 모서리의 모양이 적용되는 정도를 설정합니다.
❾ **Surface** : 3D 오브젝트가 출력되는 방식을 설정합니다.
❿ **Preview** : 체크 표시하면 적용될 모습을 미리 확인할 수 있습니다.
⓫ **Map Art** : 3D 오브젝트의 표면에 심벌을 입힐 수 있는 [Map Art] 대화상자가 나타납니다.
⓬ **More Options** : 클릭하면 조명을 설정할 수 있는 화면이 펼쳐집니다.
⓭ **Cancel/Reset** : Alt 를 누르고 있는 동안 [Cancel] 버튼은 [Reset]으로 변경됩니다. 클릭하면 대화상자의 옵션 설정이 초기화됩니다.

SECTION 07 [Revolve] 메뉴로 3D 유리병 만들기

[Effect]-[3D]-[Revolve] 메뉴는 열린 패스를 회전시켜 3D 오브젝트로 만듭니다. 3D 유리병을 만든 후 심벌을 매핑하는 방법을 학습합니다.

○ **Keyword** Revolve, 3D, Effect   ○ 예제 파일 | Part04\수박 맥주.ai   ○ 완성 파일 | Part04\수박 맥주(완성).ai

01 새 심벌로 등록하기

❶ [Selection Tool](화살표)로 ❷ 그룹을 선택합니다. ❸ [Symbols]에서 [New Symbol](아이콘)를 클릭한 후 ❹ [OK]를 클릭해 [Symbols] 패널에 등록합니다. ❺ Delete를 눌러 그룹을 삭제합니다.

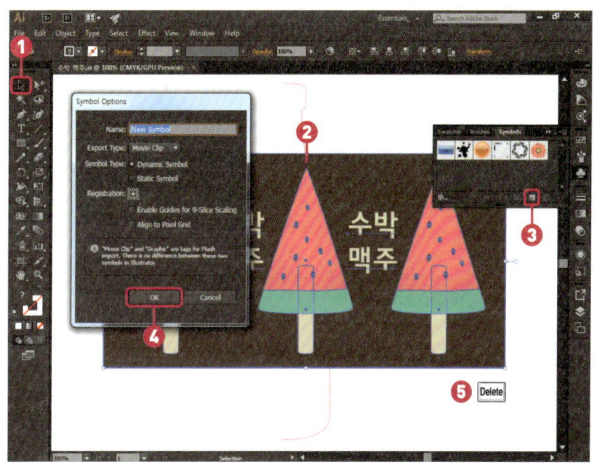

02 등록된 심벌 확인하기

❶ 선택했던 그룹이 [Symbols] 패널에 등록되었습니다. ❷ 분홍색 패스를 선택합니다. ❸ [Effect]-[3D]-[Revolve] 메뉴를 클릭합니다.

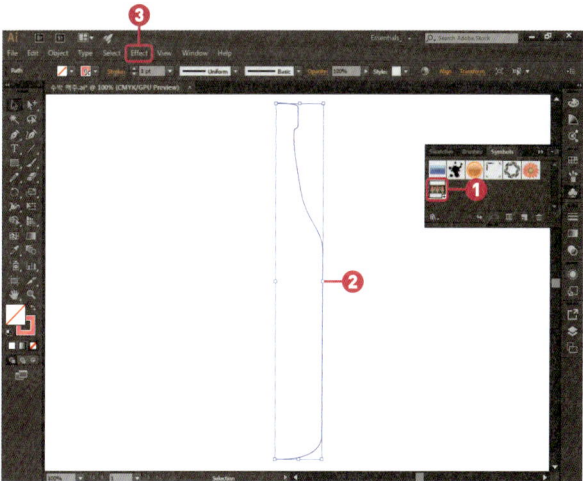

PART 04 일러스트 작업에 유용한 고급 효과 배우기 471

03 3D 회전체 만들기

❶ [Preview]를 체크 표시한 후 ❷ [Position]을 'Off-Axis Front'로 설정하고 [from]을 'Left Edge'로 설정합니다. ❸ [Map Art]를 클릭합니다.

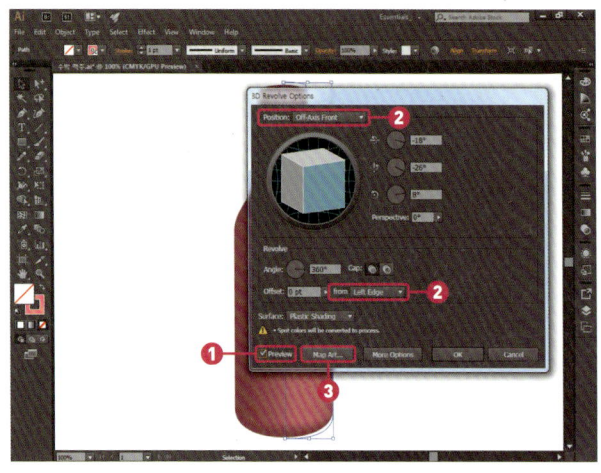

04 회전체의 면에 심벌 입히기

❶ ▶를 여러 번 클릭해 '9 of 13'로 넘어갑니다. ❷ [Symbol]을 등록한 심벌로 설정합니다.

Point
- 클릭&드래그하면 심벌의 위치가 이동합니다.
- [Scale to Fit]을 클릭하면 크기가 전체 면으로 자동 조절됩니다.
- [Clear]를 클릭하면 설정한 심벌이 삭제됩니다.

05 회전체의 면에 심벌 입히기

❶ [Scale to Fit]를 클릭한 후 ❷ [OK]를 클릭합니다. ❸ [3D Revolve Options] 대화상자의 [OK]도 클릭해 대화상자를 모두 닫습니다.

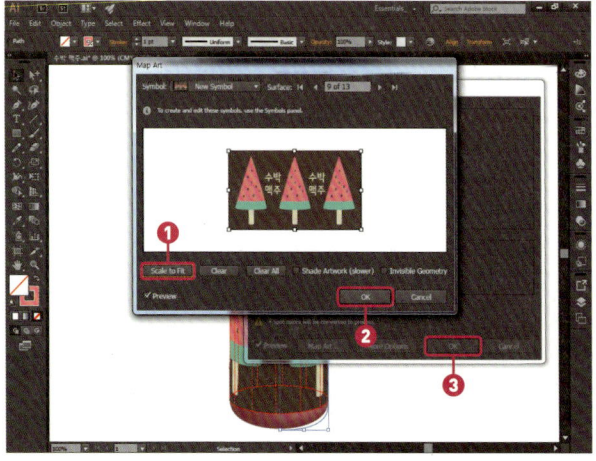

06 중간 단계 확인하기

❶ [3D Revolve Options] 대화상자에서 설정한 것들이 패스에 적용되었습니다. 패스가 유리병 모양으로 만들어지고 등록한 심벌이 유리병의 라벨로 입혀집니다.

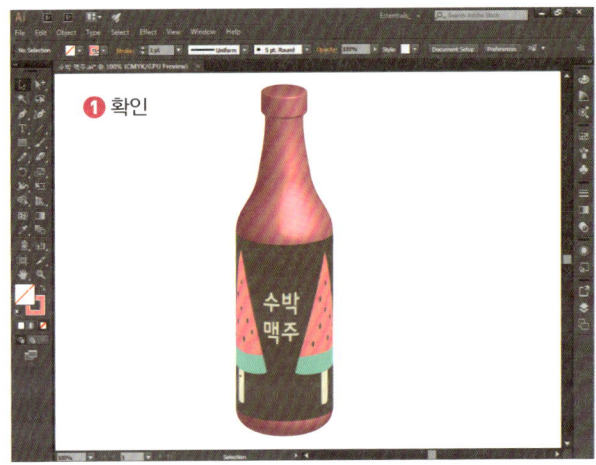

07 패스 선택하기

❶ [Selection Tool]( )로 ❷ 패스를 선택합니다. ❸ [Appearance] 패널에서 주황색 글씨의 [3D Revolve (Mapped)]를 클릭합니다.

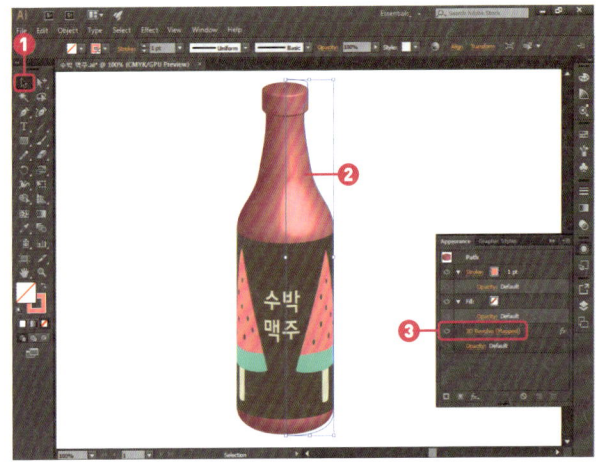

08 회전체 속성 설정하기

❶ [Position]을 'Off-Axis Front'로 설정하고 ❷ [Fewer Options]를 클릭합니다. ❸ 　 아이콘을 클릭&드래그해 빛이 비추는 방향을 변경합니다.

> **Point**
> - Move selected light to back of object(　) : 클릭하면 해당 조명을 오브젝트의 뒷면으로 보냅니다.
> - New Light(　) : 클릭하면 새 조명이 생성됩니다.
> - Delete Light(　) : 클릭하면 선택한 조명이 삭제됩니다.

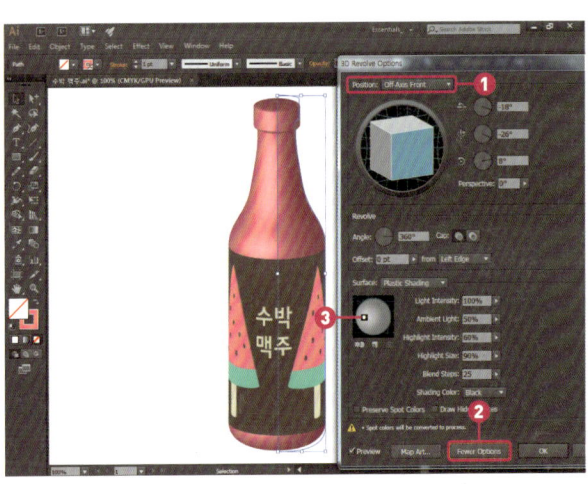

09 회전체 방향 회전하기

❶ 상단의 3D 육면체를 클릭&드래그 합니다. 3D 효과가 적용된 유리병의 방향이 회전합니다. ❷ [OK]를 클릭합니다.

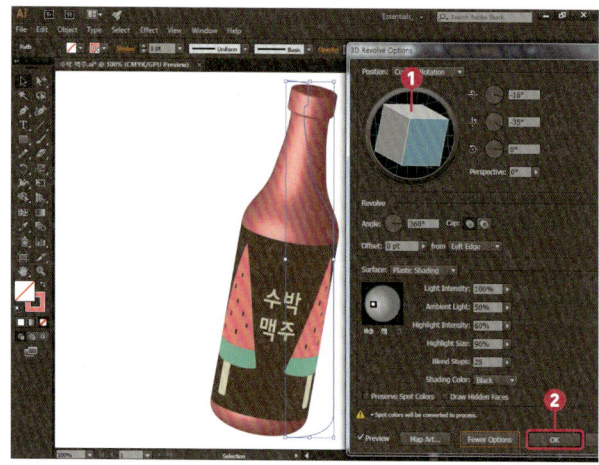

10 이동과 함께 복사하기

❶ [Selection Tool](▶)을 선택하고 ❷ Alt 를 누르고 클릭&드래그해 유리병을 복사합니다. ❸ [Appearance] 패널에서 주황색 글씨의 [3D Revolve (Mapped)]를 클릭합니다.

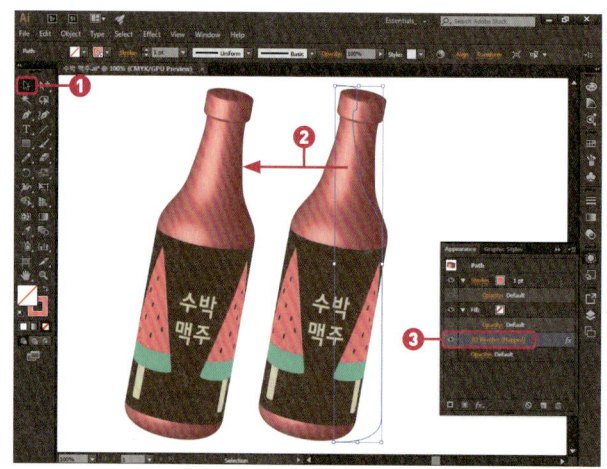

11 회전체 방향 회전하기

❶ 상단의 3D 육면체를 클릭&드래그 합니다. 3D 효과가 적용된 유리병의 방향이 회전합니다. ❷ [OK]를 클릭합니다.

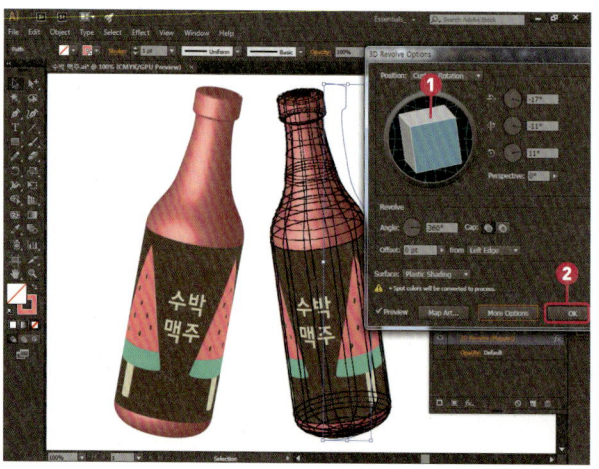

12 완성

① 회전체의 방향이 회전되었습니다.

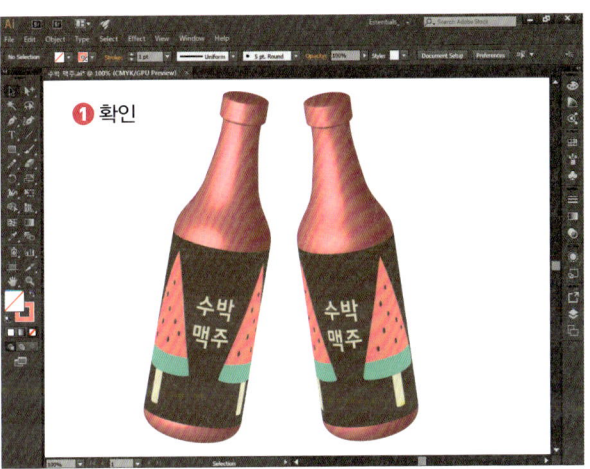

[3D Revolve Options] 대화상자 살펴보기

[Effect]-[3D]-[Revolve] 메뉴를 선택하면 대화상자가 나타납니다. 다른 옵션은 앞서 살펴본 [3D Extrude & Bevel Options] 대화상자의 설명과 같습니다.

① **Angle** : 359° 이하로 설정하면 회전체의 단면을 만들 수 있습니다.
② **Offset** : 회전체의 중심축에 빈 공간을 만듭니다.
③ **from** : 패스가 회전하는 방향을 설정합니다. 설정에 따라 전혀 다른 모양의 회전체가 만들어집니다.

▲ Angle: 200°   ▲ Angle: 250°   ▲ from: Left Edge   ▲ from: Right Edge   ▲ Offset: 40 pt, from: Left Edge   ▲ Offset: 40 pt, from: Right Edge

SECTION 08 입력한 데이터를 그래프로 만들기

[Graph Tool]을 이용해 데이터를 입력하고 그래프를 만듭니다. 그래프를 만든 뒤에도 유형을 변경할 수 있습니다.

○ **Keyword** Graph Tool　　　　　　　　　　　　　　○ 완성 파일 | Part04\그래프(완성).ai

01 새 도큐먼트 만들기

❶ [Width]를 '890 px', [Height]는 '640 px' 크기의 새 도큐먼트를 만듭니다. ❷ [Column Graph Tool]()을 선택하고 ❸ 도큐먼트에 클릭합니다. ❹ 순서대로 '650 px', '500 px'로 설정하고 ❺ [OK]를 클릭합니다.

> **Point**
> 클릭&드래그하면 지정한 크기로 그래프를 만들 수 있습니다.

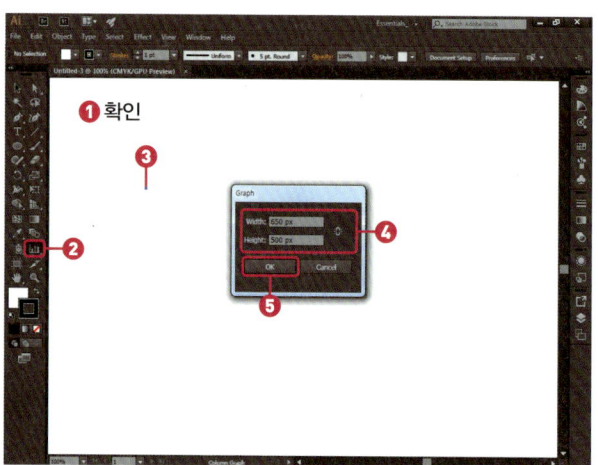

02 데이터 입력하기

❶ 나타난 대화상자에 데이터를 입력합니다.
❷ [Apply](✓)를 클릭합니다.

A	B	C	D
3	2	2	4
3	1	4	5

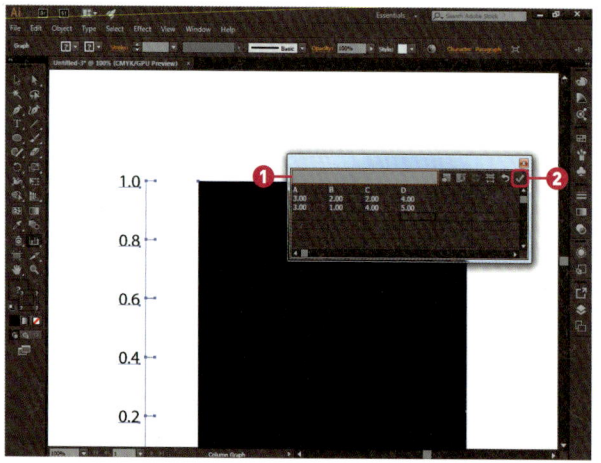

476

03 완성된 그래프 확인하기

① 입력한 데이터가 그래프에 적용됩니다. 대화상자를 닫습니다. 세로 막대그래프가 완성됩니다.

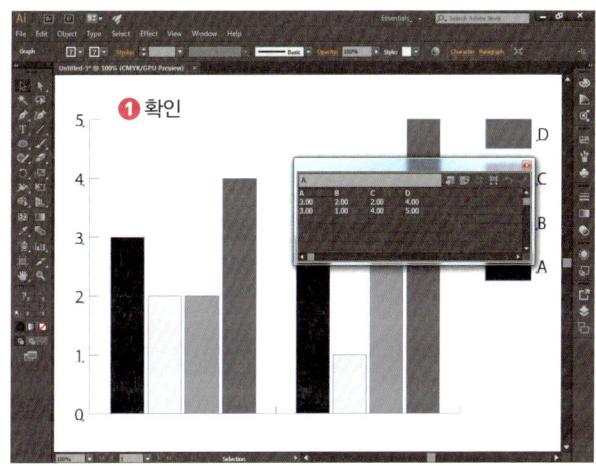

Point

- Import data(📥) : 외부 파일에 입력되어 있는 데이터를 불러옵니다.
- Transpose row/column(🔁) : 행과 열의 데이터를 서로 교체합니다.
- Switch x/y(🔀) : 분산 그래프(Scatter)에서 X축과 Y축을 서로 교체합니다.
- Cell style(▦) : 셀 스타일을 설정합니다.
- Revert(↩) : 데이터를 처음 상태로 되돌립니다.
- Apply(✓) : 입력한 데이터를 그래프에 적용합니다.

04 그래프 유형 변경하기

① 마우스 오른쪽 버튼을 눌러 [Type] 메뉴를 클릭합니다. ② 나타나는 대화상자에서 [Bar](▮)를 클릭하고 ③ [OK]를 클릭합니다.

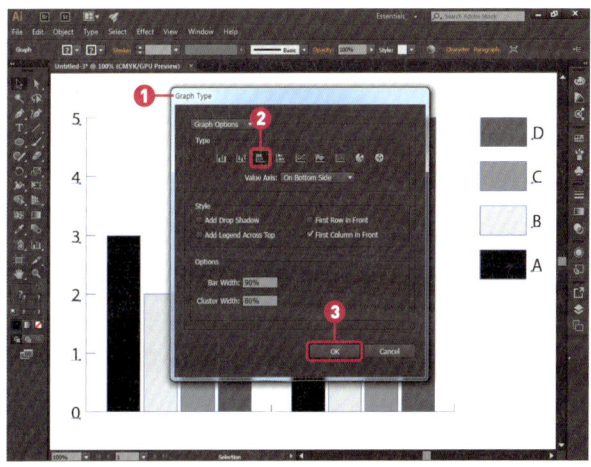

05 막대 선택하기

❶ 가로 막대그래프로 변경됩니다. ❷ [Group Selection Tool](그림)을 선택하고 ❸ 막대그래프의 A 막대를 동시 선택합니다.

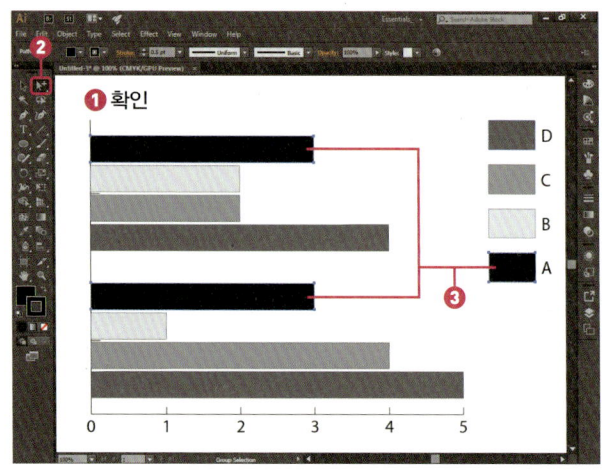

06 칠 색상 설정하기

❶ 스와치 라이브러리나 [Color] 패널, [Color Picker] 대화상자 등으로 칠 색상을 설정합니다. 막대의 색상이 변경됩니다.

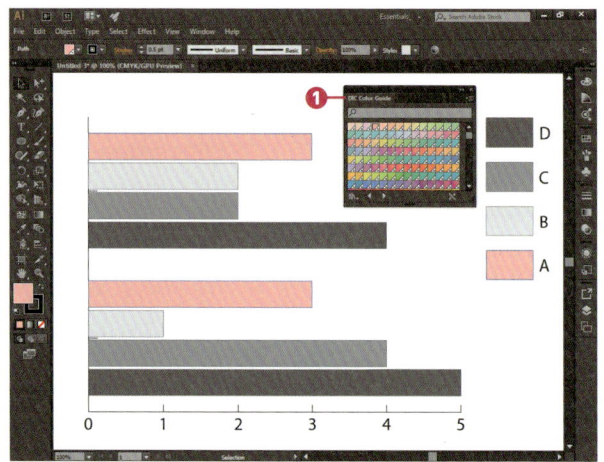

07 완성

❶ 나머지 막대의 칠 색상을 변경하고 브러시 제목을 입력해 완성합니다.

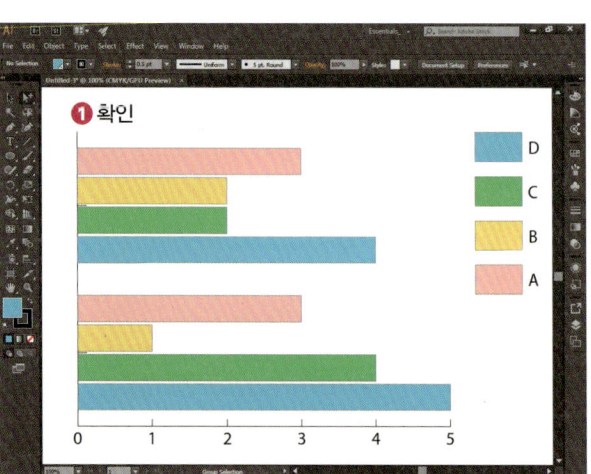

> **Point**
> 그래프를 선택하고 마우스 오른쪽 버튼을 클릭해 [Data] 메뉴를 클릭하면 데이터를 수정할 수 있습니다.

SECTION
09 일반 그래프를 일러스트 그래프로 만들기

오브젝트를 그래프 디자인으로 등록해 일반 그래프를 일러스트 그래프로 만들 수 있습니다. [Graph Column] 대화상자에서는 디자인의 스타일을 설정할 수 있습니다.

○ **Keyword** Line Segment Tool, [Design] 메뉴 ○ **예제 파일** | Part04\그래프(완성).ai, 수박.ai ○ **완성 파일** | Part04\그래프(완성2).ai

01 직선 패스 만들기

❶ 예제 파일 2개를 불러옵니다. '수박.ai' 도큐먼트에서 ❷ [Line Segment Tool](/)을 선택하고 ❸ 클릭&드래그해 직선 패스를 만듭니다.

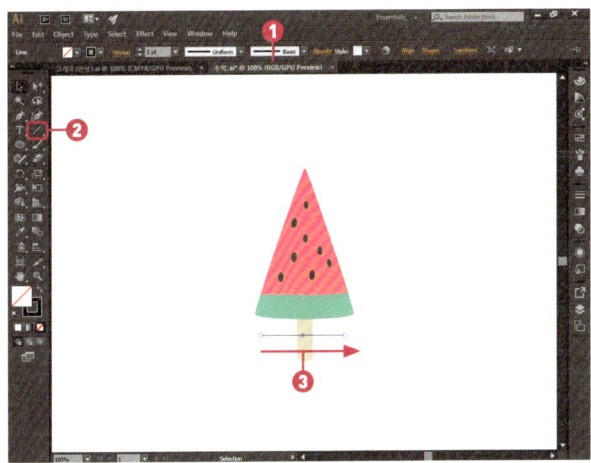

02 가이드 선으로 만들기

❶ 마우스 오른쪽 버튼을 눌러 [Make Guides] 메뉴를 클릭해 직선 패스를 가이드 선으로 만듭니다. ❷ Ctrl + A 를 눌러 모두 선택합니다.

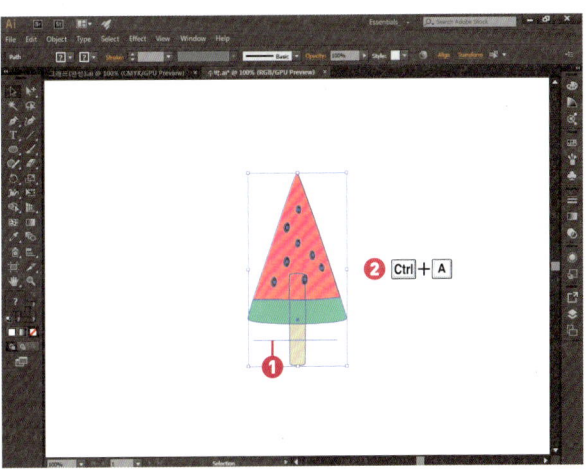

03 그래프 디자인으로 등록하기

① [Object]-[Graph]-[Design] 메뉴를 클릭합니다. ② [New Design]을 클릭하고 ③ [OK]를 클릭해 선택한 오브젝트를 그래프 디자인으로 등록합니다. ④ '그래프(완성).ai' 도큐먼트로 화면 전환합니다.

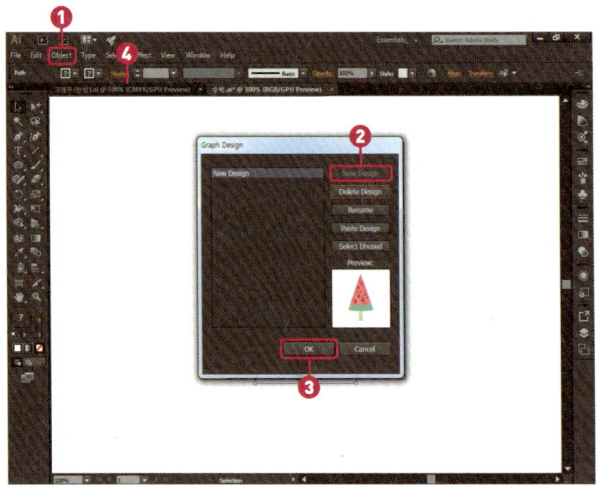

04 그래프 유형 변경하기

① [Selection Tool](▶)로 ② 그래프를 선택한 후 ③ 마우스 오른쪽 버튼을 눌러 [Type] 메뉴를 클릭합니다. ④ 나타나는 대화상자에서 [Column](▬)를 클릭한 후 ⑤ [OK]를 클릭합니다.

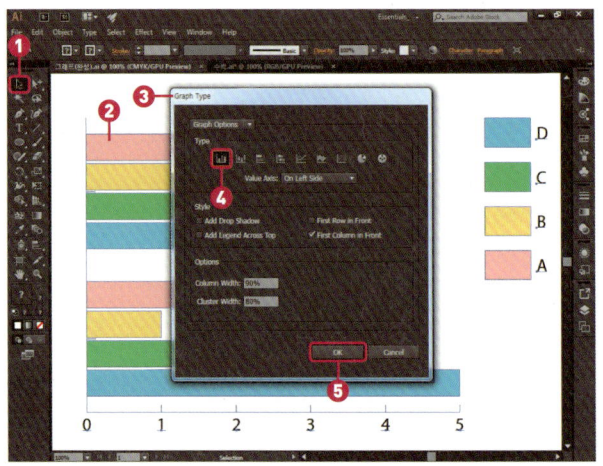

05 디자인을 그래프에 적용하기

① 마우스 오른쪽 버튼을 눌러 [Column] 메뉴를 클릭합니다. ② 등록한 디자인을 선택하고 ③ [Column Type]을 'Sliding'으로 설정하고 ④ [OK]를 클릭합니다.

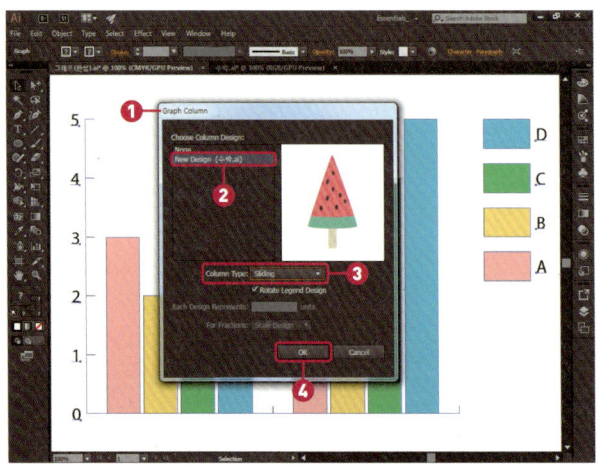

06 만들어진 일러스트 그래프 확인하기

❶ 선택한 디자인이 그래프에 적용되어 일러스트 그래프가 만들어졌습니다.

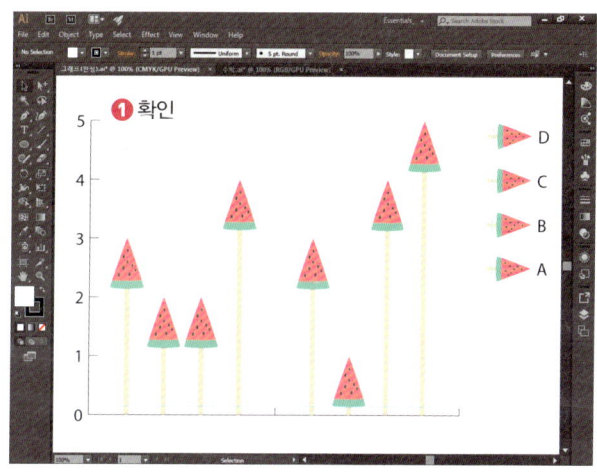

07 일러스트 그래프 유형 변경하기

❶ 마우스 오른쪽 버튼을 눌러 [Column] 메뉴를 클릭합니다. ❷ [Column Type]을 'Repeating'으로 설정하고 아래 입력 상자에 '1'을 입력합니다. ❸ [OK]를 클릭합니다.

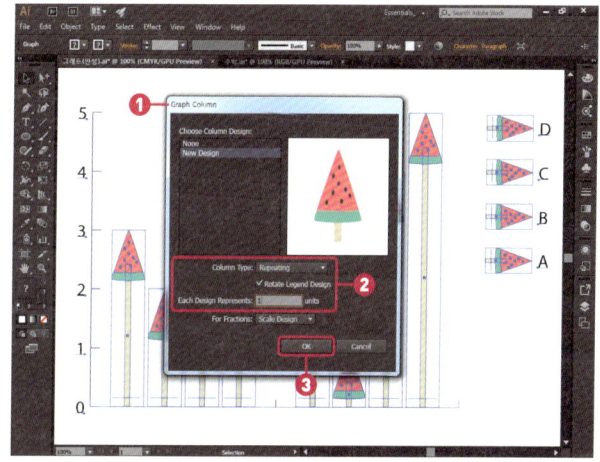

08 완성

❶ 일러스트 그래프의 유형이 변경됩니다.

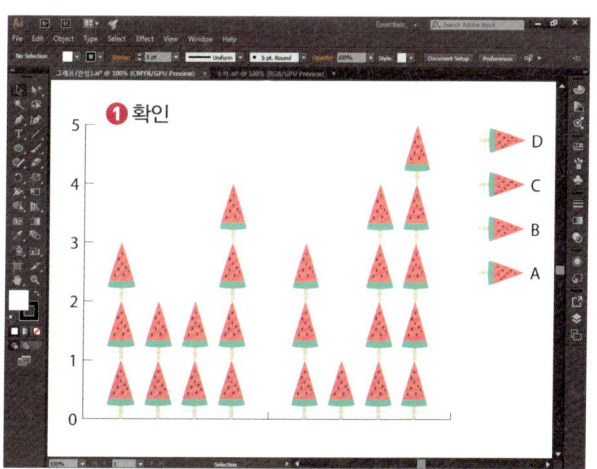

Project

회사 실무에 힘을 주는
프로젝트 실습

다양한 분야에서 일러스트레이터를 활용할 수 있는 예제를 소개합니다.
앞 파트에서 익혔던 기능들을 적용하여
메뉴판, 공연 포스터, 라벨, 책 커버 등을 만들면서 실무에 대비해보겠습니다.

Project 01

그레이디언트 메시 만들어 오브젝트에 색 변화주기

[Mesh Tool]은 오브젝트에 메시를 만들어 그레이디언트 효과를 주는 도구입니다. 원하는 위치에 망점을 만들 수 있으며, 망점의 개수는 제한이 없습니다. 그레이디언트 메시를 만드는 방법을 알아봅니다.

● 예제 파일 | Project\빼빼로.ai   ● 완성 파일 | Project\빼빼로(완성).ai

01 메시 만들기

❶ [Selection Tool]( )을 선택합니다.
❷ 오브젝트를 선택합니다.(그룹은 선택하지 않습니다.)
❸ [Mesh Tool]( )을 선택합니다.

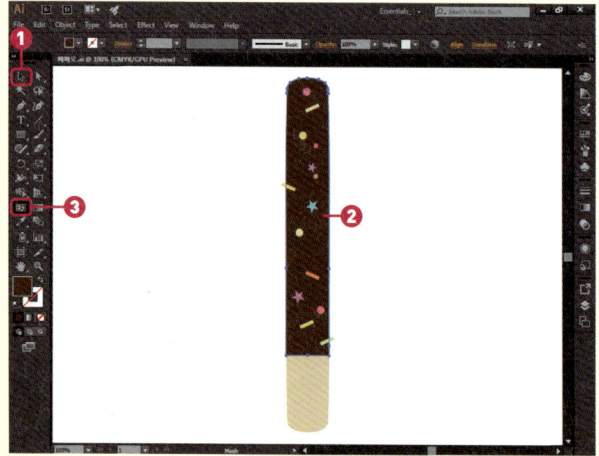

02 만들어진 망점 확인하기

❶ 오브젝트의 안쪽을 클릭하면 해당 위치에 망점이 생성됩니다.
❷ 칠 색상자를 더블클릭합니다.

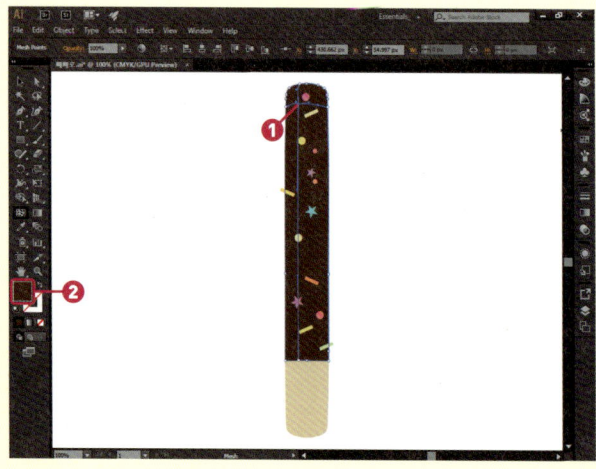

03 색 변경하기

① [Color Picker] 대화상자가 나타납니다. [#]를 '#896B56'로 설정합니다.
② [OK]를 클릭합니다.

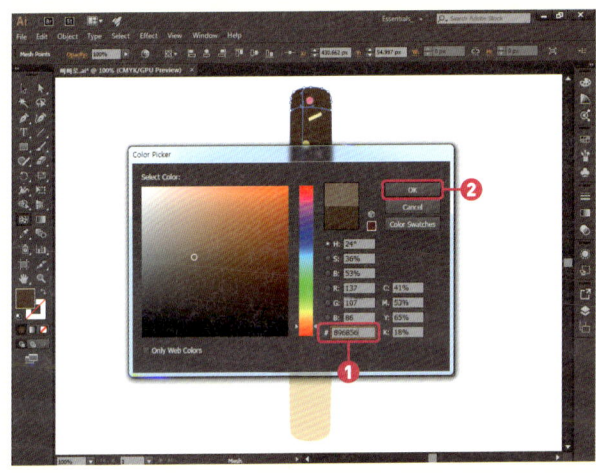

04 변경된 색상 확인하기

① 만들어진 망점의 색상이 설정한 색상으로 변경되고, 기존 색상과 자연스럽게 변하는 그 레이디언트가 표시됩니다.

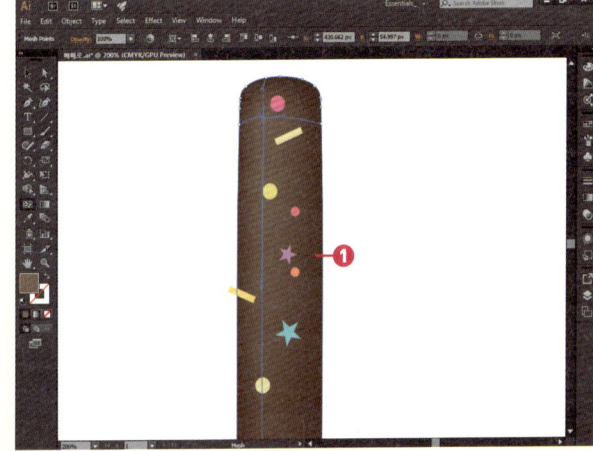

> **Point**
> 망점을 클릭&드래그하면 위치가 이동되고, Delete를 누르면 망점이 삭제됩니다.

05 망점 만들고 색 설정하기

① 오브젝트의 아래쪽을 클릭해 망점을 만듭니다.
② 망점의 칠 색상을 '#442E1F'로 설정합니다.

Project 회사 실무에 힘을 주는 프로젝트 실습 **485**

06 망점 만들고 색 설정하기

❶ [Selection Tool](	) 을 선택합니다.
❷ 아래 오브젝트를 선택합니다.
❸ [Mesh Tool](	) 을 선택합니다.
❹ 클릭해 망점을 만듭니다.
❺ 색상을 '#EFE7CA'로 설정합니다.
❻ 같은 방법으로 다른 망점을 만듭니다.
❼ 색상을 '#CEC199'로 설정합니다.

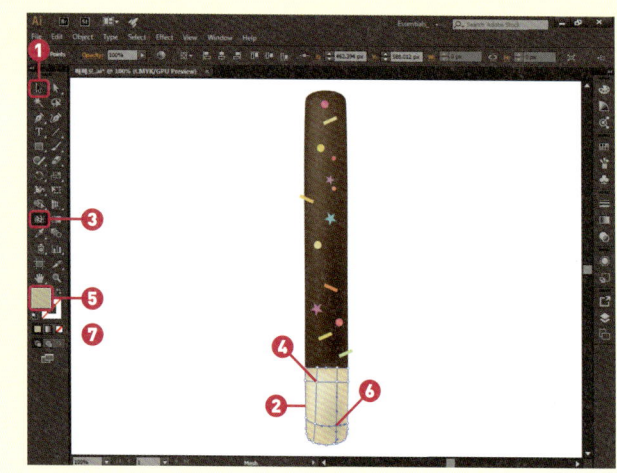

07 그룹 만들고 회전하기

❶ Ctrl + A 를 눌러 모든 오브젝트를 선택합니다.
❷ Ctrl + G 를 눌러 그룹으로 만듭니다.
❸ [Selection Tool](	) 을 선택합니다.
❹ 위치를 이동시킵니다.
❺ 바운딩 박스를 이용해 회전시킵니다.

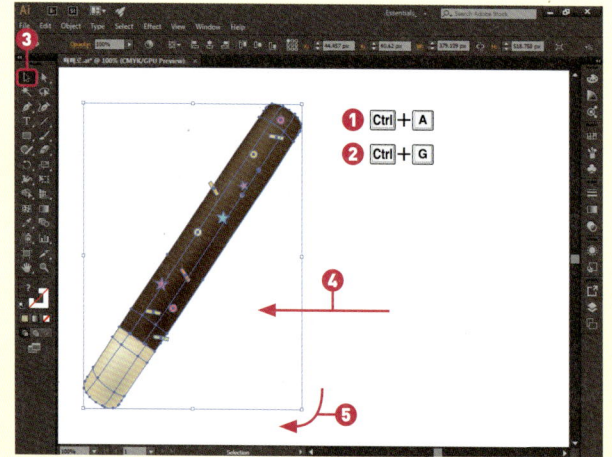

08 이동과 함께 복사하기

❶ Alt 를 누르고 클릭&드래그하여 위치를 이동시키면서 그룹을 복사합니다.
❷ Ctrl + C 를 눌러 그룹을 클립보드로 복사합니다.
❸ Ctrl + F 를 두 번 눌러 동일한 위치로 그룹을 2개 더 복사합니다.

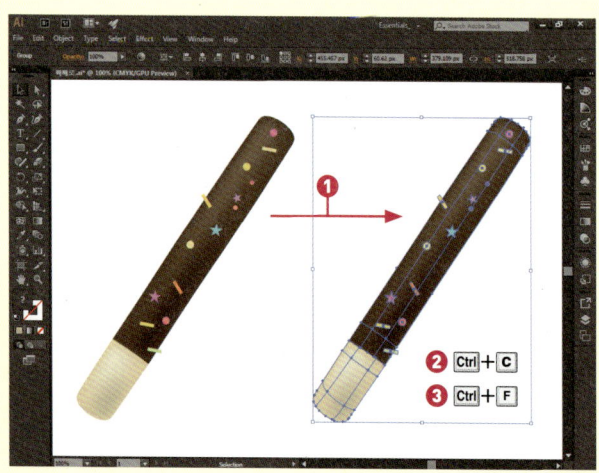

09 같은 간격으로 정렬하기

❶ Ctrl+A 를 눌러 모든 그룹을 동시 선택합니다.
❷ [Window]-[Align] 메뉴를 클릭해 [Align] 패널을 불러옵니다.
❸ [Align To]를 'Align To Selection'으로 설정합니다.
❹ [Horizontal Distribute Center](　)를 클릭합니다.

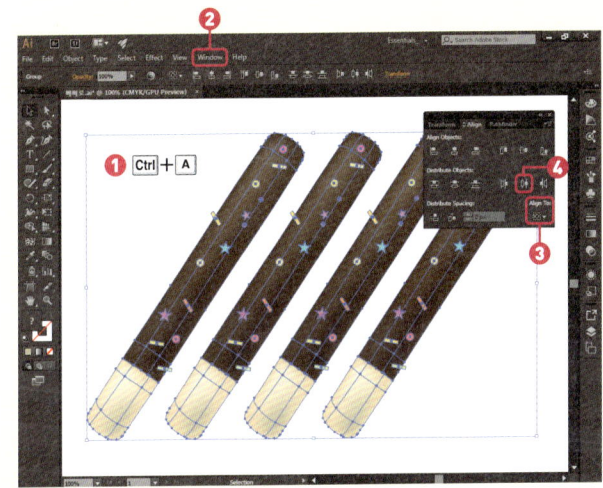

10 사각형 오브젝트 만들기

❶ [Rectangle Tool](　)을 선택합니다.
❷ 아트보드에 클릭합니다.
❸ [Width]를 '890 px', [Height]를 '640 px'로 설정합니다.
❹ [OK]를 클릭합니다.

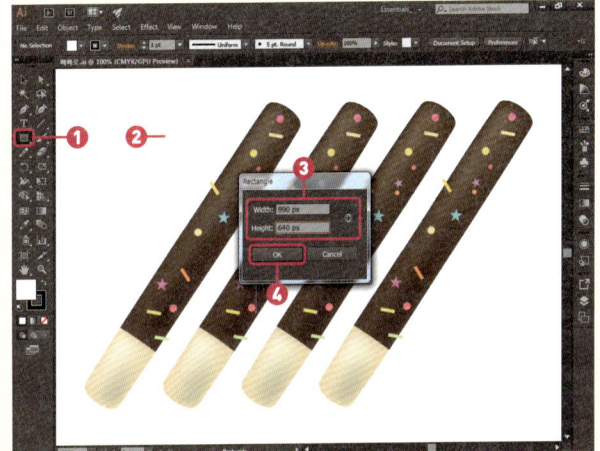

11 아트보드 가운데로 정렬하기

❶ [Window]-[Align] 메뉴를 클릭해 [Align] 패널을 불러옵니다.
❷ [Align To]를 'Align to Artboard'로 설정합니다.
❸ [Horizontal Align Center](　)와 [Vertical Align Center](　)를 클릭합니다. 사각형이 아트보드의 가운데로 정렬됩니다.

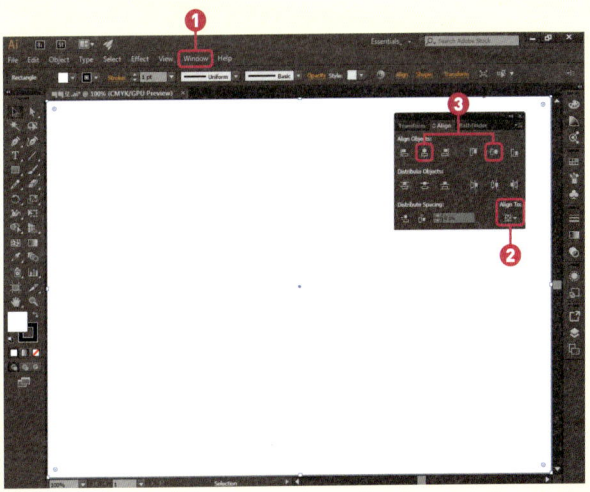

12 색 설정, 누적 순서 변경하기

❶ 칠 색을 '#FFD9E0', 선 색을 [None](☐)로 설정합니다.
❷ 마우스 오른쪽 버튼을 눌러 [Arrange]-[Send to Back] 메뉴를 클릭합니다. 오브젝트가 최하위 순서로 변경됩니다.

13 그레이디언트 메시 적용하기

❶ [Object]-[Create Gradient Mesh] 메뉴를 클릭합니다.
❷ [Rows]와 [Columns]를 '2'로 설정하고 [Appearance]를 'To Center', [Highlight]를 '100%'로 설정합니다.
❸ [OK]를 클릭합니다.

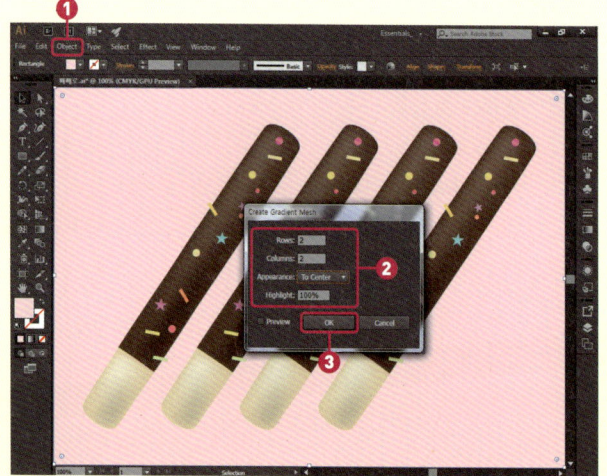

14 잠금 설정하기

❶ [Object]-[Lock]-[Selection] 메뉴를 클릭합니다. 선택한 사각형 오브젝트가 잠금 설정됩니다.

Project

02 [Tabs] 패널을 이용해 캘린더 만들기

[Tabs] 패널을 이용하면 글자 사이의 간격을 자유롭게 조절할 수 있습니다. [Tabs] 패널로 입력한 글자의 간격을 조절해 캘린더를 제작합니다.

● 예제 파일 | Project\캘린더.ai   ● 완성 파일 | Project\캘린더(완성).ai

01 숫자 입력하기

① [Type Tool](T)을 선택합니다.
② 도큐먼트에 클릭합니다.
③ 캘린더에 숫자를 입력합니다. '1'을 입력한 후 Tab 을 누릅니다. 이어서 '2'를 입력한 후 다시 Tab 을 누릅니다.

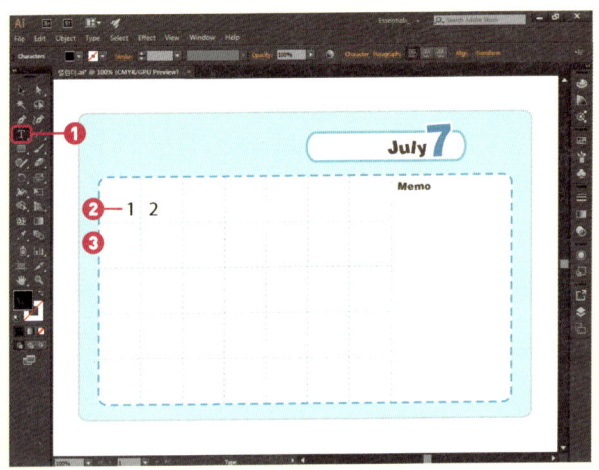

02 숫자 입력하기

① '3'을 입력한 후 Tab 을 누릅니다. 같은 방법으로 숫자를 입력한 후 Tab 을 누르는 작업을 반복해 그림과 같이 캘린더의 숫자를 모두 입력합니다.
② [Selection Tool](▶)를 선택해 입력을 완료합니다.

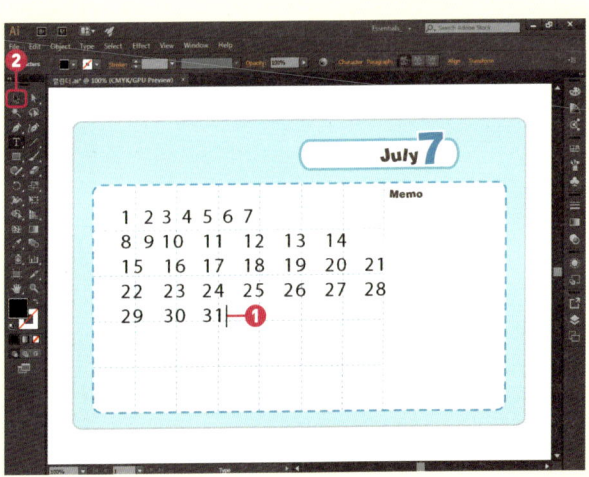

03 [Tabs] 패널 불러오기

❶ [Window]-[Type]-[Tabs] 메뉴(Shift + Ctrl + T)를 클릭해 패널을 불러옵니다.
❷ 🔒를 클릭하면 패널의 위치가 글자 오브젝트의 위치와 일치됩니다.
❸ 패널의 길이를 캘린더 끝까지 늘려줍니다.

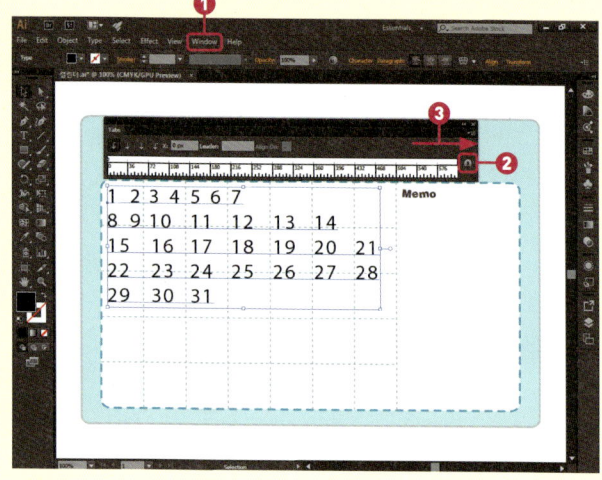

04 [Tabs] 패널로 글자 간격 조절하기

❶ [Tabs] 패널의 눈금자에 클릭합니다. 해당 위치에 🔽 아이콘이 나타나고 클릭한 위치로 숫자들이 이동됩니다.

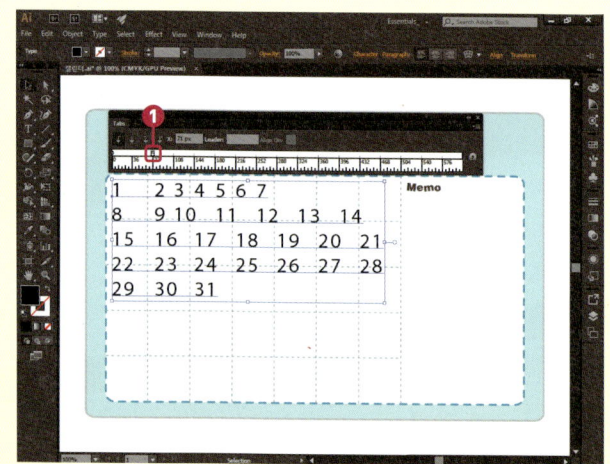

05 [Tabs] 패널로 글자 간격 조절하기

❶ 눈금자의 다른 위치에 클릭하면 다음 숫자들의 위치가 이동됩니다.
❷ [Tabs] 패널을 이용해 숫자들의 위치를 이동합니다.

> **Point**
> 🔽 아이콘을 클릭&드래그하면 위치를 재설정할 수 있습니다. 🔽 아이콘을 제거하려면 패널의 목록 단추(▼)를 클릭하고 [Delete Tab] 메뉴를 클릭합니다.

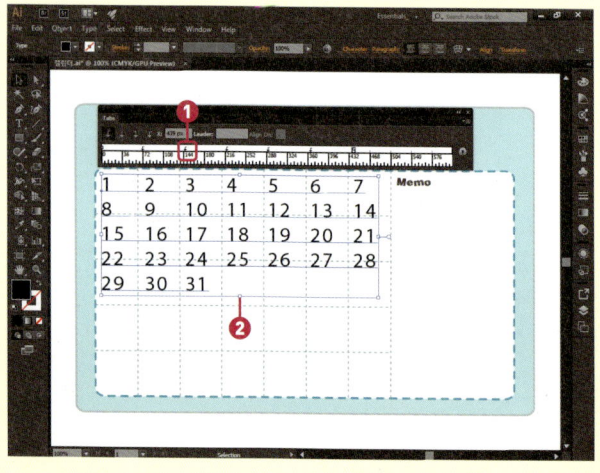

06 서식 설정하기

❶ 컨트롤 바에서 주황색 글씨 [Character]를 클릭합니다.
❷ 글자체, 글자 크기, 행간 등 서식을 설정합니다.

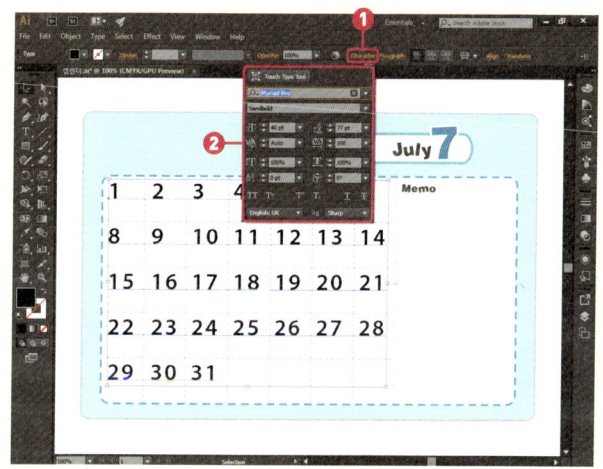

Point
따라하기에서는 'Font Family: Myriad Pro, Font Style: Semibold, Size(🔠): 40 pt, Leading(🔠): 77 pt'로 설정하였습니다.

07 마무리하기

❶ 숫자의 색상을 설정하고 나머지 부분을 꾸며서 캘린더를 완성합니다.

Point
따라하기에서 설정한 색상은 순서대로 #c44949, #382e29, #4c70b6입니다.

Project 03

[Appearance] 패널로 그래픽 스타일 만들기

[Appearance] 패널로 설정한 속성을 [Graphic Styles] 패널에 등록한 후 다른 오브젝트에 적용하는 방법을 학습합니다.

● 예제 파일 | Project\LOVE_글자.ai   ● 완성 파일 | Project\LOVE_글자(완성).ai

01 오브젝트 선택하기

❶ [Selection Tool]( )을 선택합니다.
❷ 왼쪽 사각형을 선택합니다.
❸ [Appearance] 패널을 확인합니다. 칠과 선이 설정되어 있습니다. [Fill]을 활성화합니다.

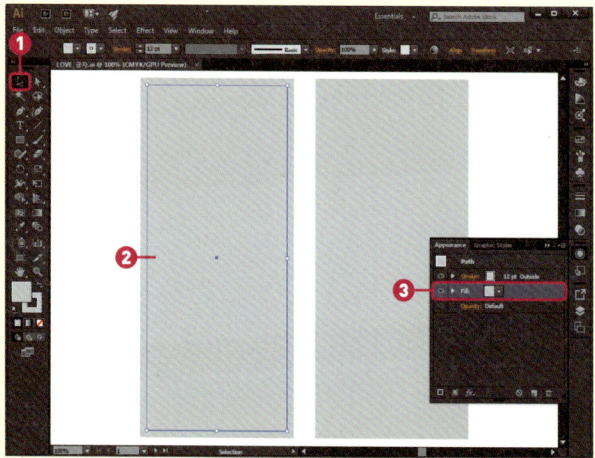

02 [Inner Glow] 효과 적용하기

❶ [Effect]-[Stylize]-[Inner Glow] 메뉴를 클릭합니다.
❷ [Mode]를 'Normal', [Color]를 '#000000', [Opacity]를 '20%', [Blur]를 '12 px'로 설정하고 [Edge]를 선택합니다.
❸ [OK]를 클릭합니다.

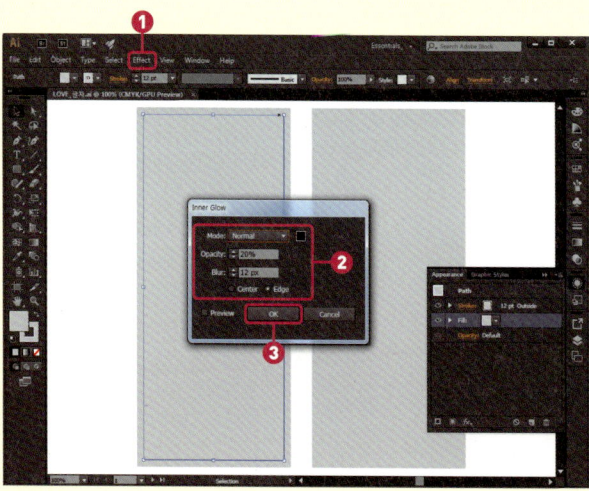

03 적용된 효과 확인하기

❶ [Fill]에 [Inner Glow] 효과가 적용되었습니다.
❷ 이번에는 패스 전체에 이펙트를 적용합니다. [Appearance] 패널에서 [Path]를 활성화합니다.

> **Point**
> [Inner Glow]는 안쪽으로 빛나는 효과를 만듭니다. [Fill]을 활성화한 후 효과를 적용하였기 때문에 해당 효과는 [Fill]에만 적용됩니다.

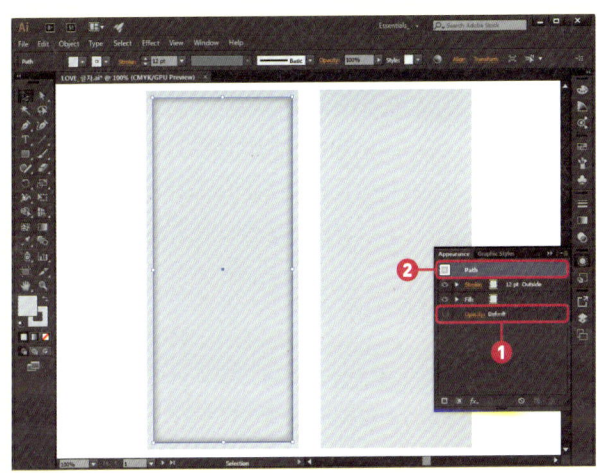

04 [Outer Glow] 효과 적용하기

❶ [Effect]-[Stylize]-[Outer Glow] 메뉴를 클릭합니다.
❷ [Mode]를 'Normal', [Color]를 '#000000', [Opacity]를 '75%', [Blur]를 '6 px'로 설정합니다.
❸ [OK]를 클릭합니다.

> **Point**
> [Outer Glow]는 바깥쪽으로 빛나는 효과를 만듭니다. [Path]를 활성화한 후 효과를 적용하였기 때문에 해당 효과는 패스 전체에 적용됩니다.

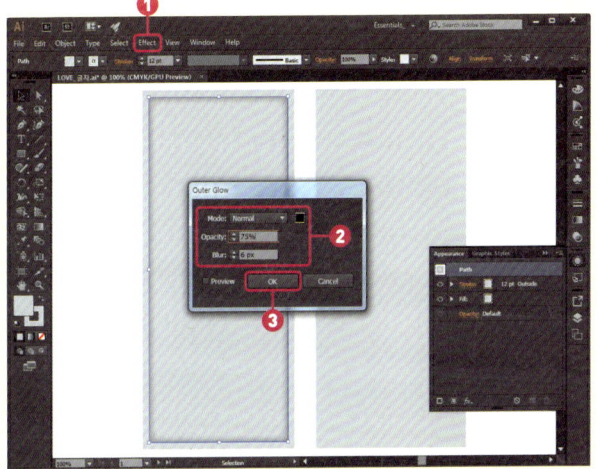

05 속성 복사하기

❶ [Eyedropper Tool]( )을 선택합니다.
❷ Alt 를 누르고 오른쪽 사각형을 클릭합니다. 선택한 사각형의 속성이 오른쪽 사각형으로 복사됩니다.
❸ [Selection Tool]( )을 선택합니다.

> **Point**
> 속성이 복사되지 않을 경우 [Eyedropper Tool]( )을 더블클릭한 후 대화상자에 있는 체크 박스들을 모두 체크 표시한 뒤 다시 작업을 진행합니다.

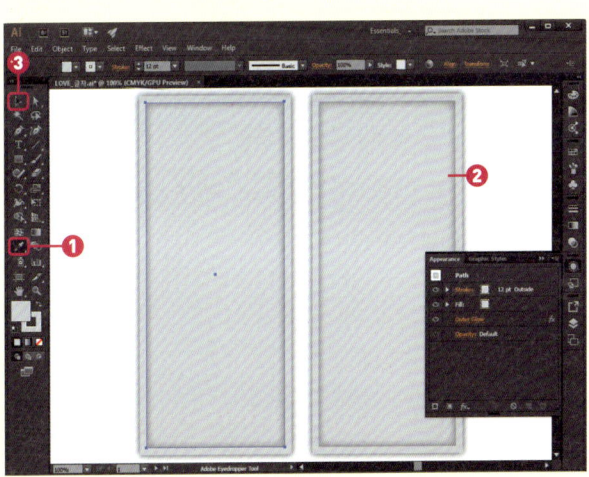

06 새 선 만들고 설정하기

❶ [Add New Stroke](□)를 클릭해 새 선을 만듭니다.
❷ 색상을 흰색으로 설정합니다.
❸ [Stroke] 패널에서 [Weight]를 '6 pt', [Align Stroke]를 'Align Stroke to Outside(□)'로 설정합니다.

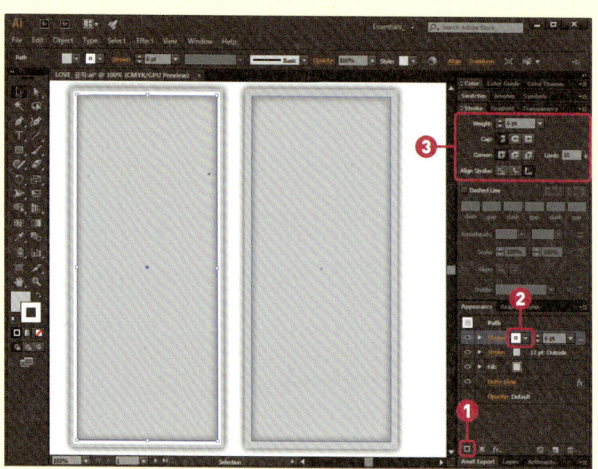

07 칠 만든 후 패턴 적용하기

❶ [Add New Fill](□)을 클릭해 새 칠을 만듭니다.
❷ [Window]-[Swatch Libraries]-[Patterns]-[Basic Graphics]-[Basic Graphics_Dots] 메뉴를 클릭합니다.
❸ '6 dpi 40%' 패턴을 클릭해 적용합니다.

> **Point**
> [Appearance] 패널의 각 항목들은 오브젝트의 누적 순서와 같이 나열된 순서대로 화면상에 표시됩니다. 새로 만든 [Fill]이 기존 [Fill]보다 상위 순서로 존재하기 때문에 패턴이 화면상에서 위로 보이고, 패턴의 배경은 투명하므로 하위 순서의 회색 [Fill]이 아래로 보입니다.

08 패턴 편집하기

❶ [Object]-[Pattern]-[Edit Pattern] 메뉴를 클릭합니다.
❷ 소스 오브젝트를 모두 선택합니다.
❸ 칠 색상을 흰색으로 설정합니다.
❹ Esc 를 눌러 패턴 편집을 완료합니다.

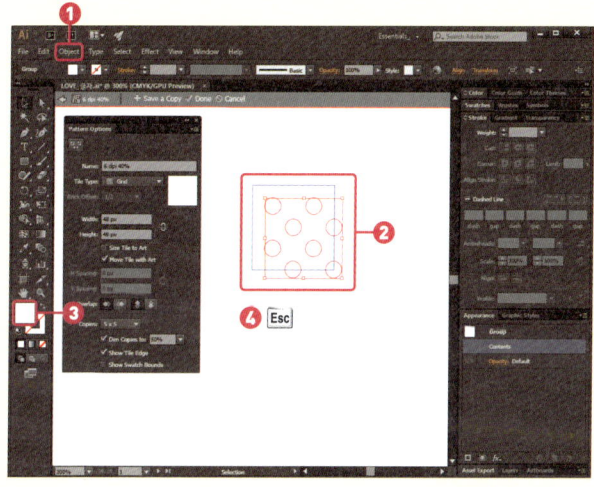

09 새 선 만들고 설정하기

❶ 오른쪽 사각형을 선택합니다.
❷ [Stroke]의 색상을 흰색으로 변경합니다.
❸ [Add New Stroke](▣)를 클릭합니다.
❹ 만들어진 선의 [Weight]를 '6 pt', [Cap]을 'Round Cap(⊂)'로 설정합니다.

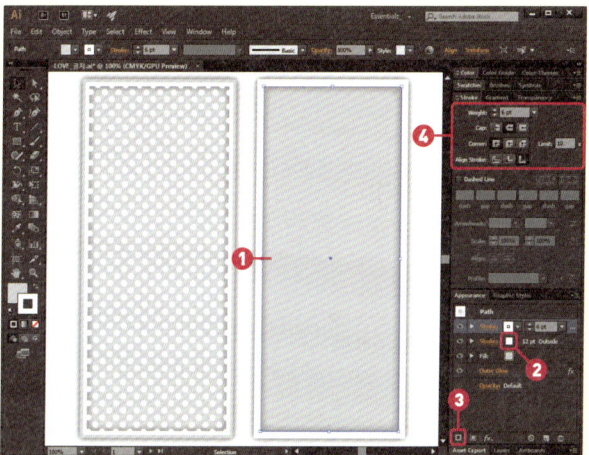

10 파선 만들기

❶ [Dashed Line]를 체크한 후 첫 번째 입력 상자에 '0.01 pt', 두 번째 입력 상자에 '10 pt'를 입력합니다. [Align Stroke]를 'Align Stroke to Outside(▣)'로 설정합니다.
❷ 색상을 'C: 0, M: 0, Y: 0, K: 20'으로 설정합니다.

> **Point**
> Shift 를 누르고 색상자를 클릭하면 CMYK 모드로 색을 설정할 수 있습니다.

Project 회사 실무에 힘을 주는 프로젝트 실습 **495**

11 [Offset Path] 효과 적용하기

❶ 새로 만든 [Stroke]가 활성화되어 있는 상태를 확인합니다.

❷ [Effect]-[Path]-[Offset Path] 메뉴를 클릭합니다.

❸ [Offset]을 '6 px'으로 설정합니다.

❹ [OK]를 클릭합니다. 파선의 위치가 이동됩니다.

> **Point**
> [Offset Path]는 설정한 값만큼 패스의 위치를 이동하는 효과입니다.

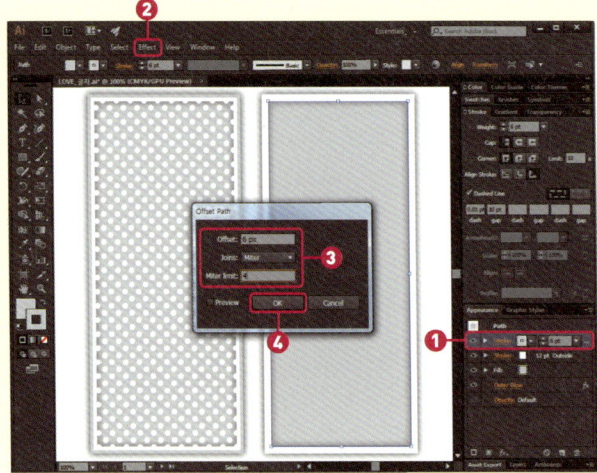

12 칠 만든 후 패턴 적용하기

❶ [Add New Fill](■)을 클릭해 새 칠을 만듭니다.

❷ [Window]-[Swatch Libraries]-[Patterns]-[Basic Graphics]-[Basic Graphics_Lines] 메뉴를 클릭합니다.

❸ '6 lpi 50%' 패턴을 클릭합니다.

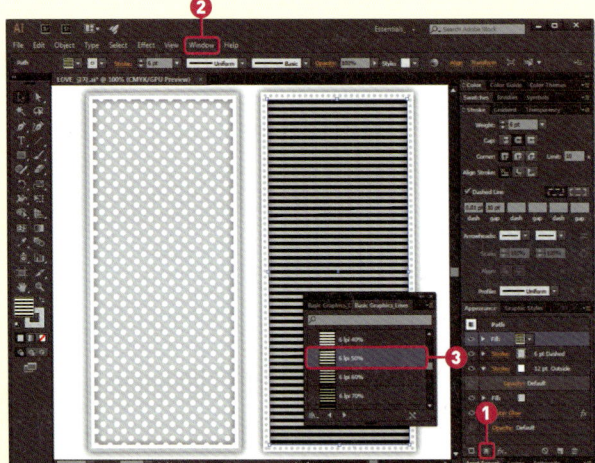

13 패턴 편집하기

❶ [Object]-[Pattern]-[Edit Pattern] 메뉴를 클릭합니다.

❷ 소스 오브젝트를 모두 선택합니다.

❸ 선 색상을 흰색으로 설정합니다.

❹ Esc 를 눌러 패턴 편집을 완료합니다.

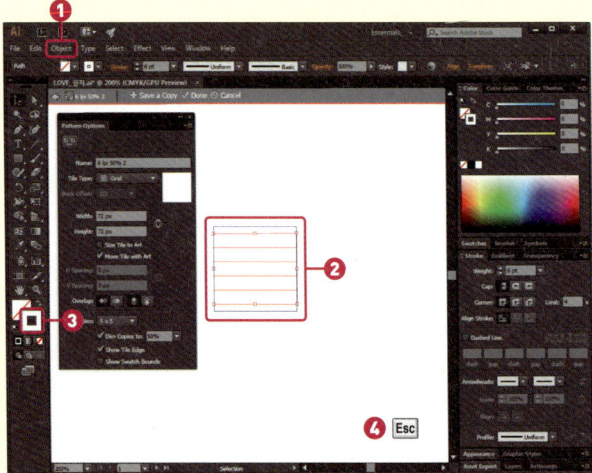

14 칠의 불투명도 설정하기

❶ 오른쪽 사각형을 선택합니다.
❷ 패턴이 적용된 [Fill]의 [Opacity]를 클릭합니다.
❸ 패널이 팝업창으로 나타납니다. [Opacity]를 '70%'로 설정합니다. 패턴이 반투명해집니다.

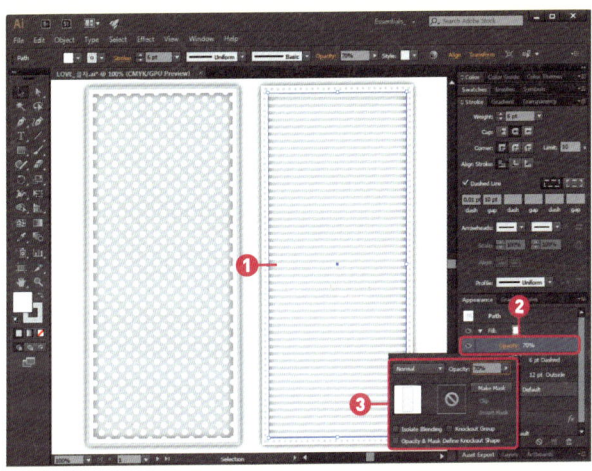

15 [Graphic Styles] 패널에 등록하기

❶ [Graphic Styles] 패널을 표시합니다.
❷ [New Graphic Style](　)를 클릭하면 선택한 오브젝트의 속성이 그래픽 스타일로 등록됩니다.
❸ 같은 방법으로 왼쪽 사각형의 속성도 그래픽 스타일로 등록합니다.

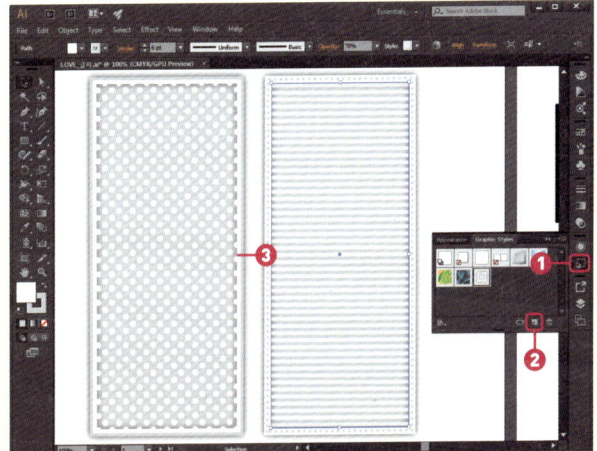

16 아트보드 전환하기

❶ [Artboard] 패널을 표시합니다.
❷ 'Artboard 2'를 천천히 더블클릭합니다. 화면이 전환됩니다.

Project 회사 실무에 힘을 주는 프로젝트 실습 **497**

17 그래픽 스타일 적용하기

❶ 글자 오브젝트를 선택합니다.
❷ 등록한 그래픽 스타일을 클릭합니다. 해당 그래픽 스타일이 적용됩니다.

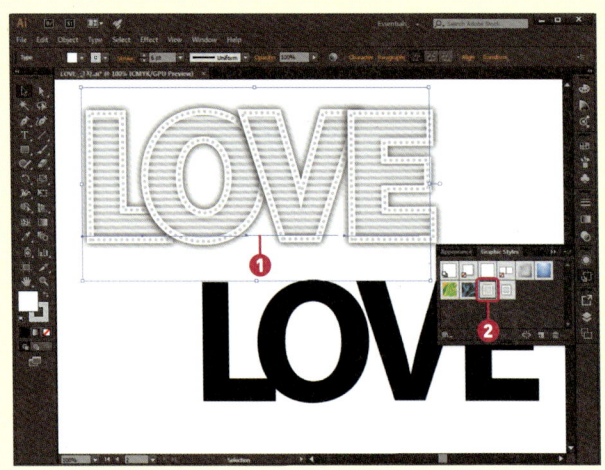

18 완성

❶ 다른 글자 오브젝트들도 등록한 그래픽 스타일을 적용합니다.

Project 04 브러시 만들어서 일러스트 꾸미기

오브젝트를 산포, 아트, 패턴 브러시로 등록하여 일러스트를 꾸밉니다. 산포 브러시는 단일 오브젝트를 흩뿌리는 브러시이며 아트 브러시는 단일 오브젝트를 브러시의 길이에 따라 자동으로 크기를 조절해 나타나는 브러시입니다.

◉ 예제 파일 | Project\Green.ai   ◉ 완성 파일 | Project\Green(완성).ai

01 브러시 적용하기

❶ [Selection Tool]( )을 선택합니다.
❷ 갈색 글자 오브젝트를 모두 동시 선택합니다.
❸ [Brushes] 패널을 표시합니다.
❹ 'Chalk – Scribble' 브러시를 선택합니다.

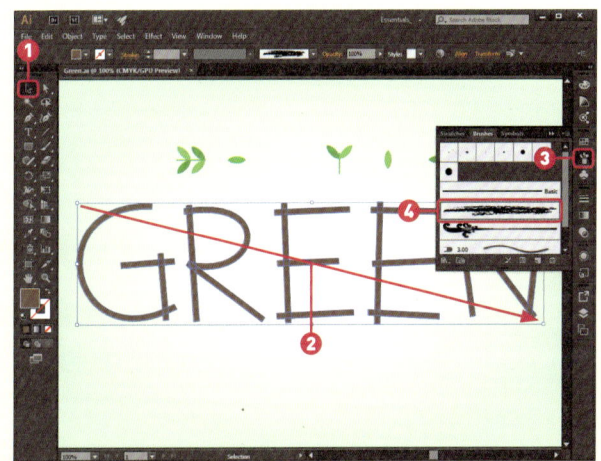

02 적용된 모습 확인하기

❶ 선택한 오브젝트에 선택한 브러시가 적용됩니다.

03 패턴으로 등록하기

❶ [Selection Tool](화살표)을 선택합니다.
❷ 상단의 첫 번째 그룹을 선택합니다.
❸ [Swatches] 패널로 클릭&드래그해 가져가면 패턴으로 등록됩니다.

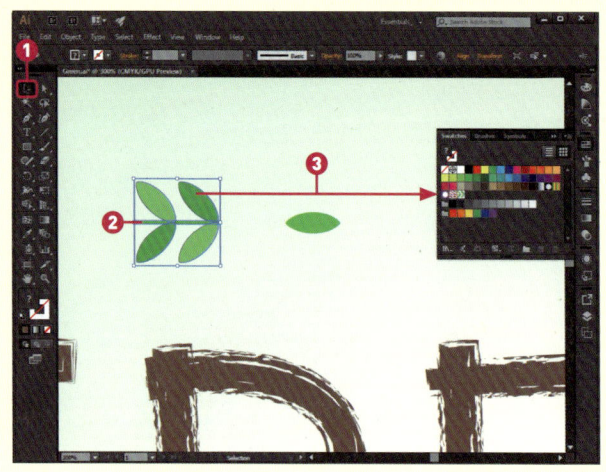

04 패턴으로 등록하기

❶ 같은 방법으로 두 번째 그룹도 선택합니다.
❷ 패턴으로 등록합니다.

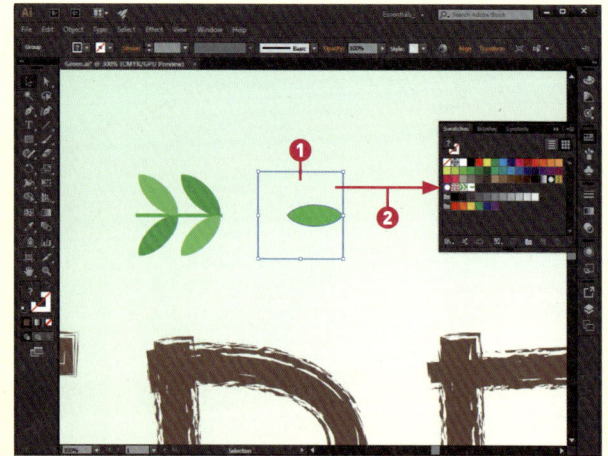

05 패턴 브러시로 등록하기

❶ [Brushes] 패널에서 [New Brush](아이콘)를 클릭합니다.
❷ [New Brush] 대화상자에서 'Pattern Brush'를 선택합니다.
❸ [OK]를 클릭합니다.

06 브러시 설정하기

① 패턴 브러시를 설정하는 대화상자가 나타납니다. 두 번째 섬네일을 3번 과정에서 등록한 패턴(첫 번째 그룹)으로 설정합니다.

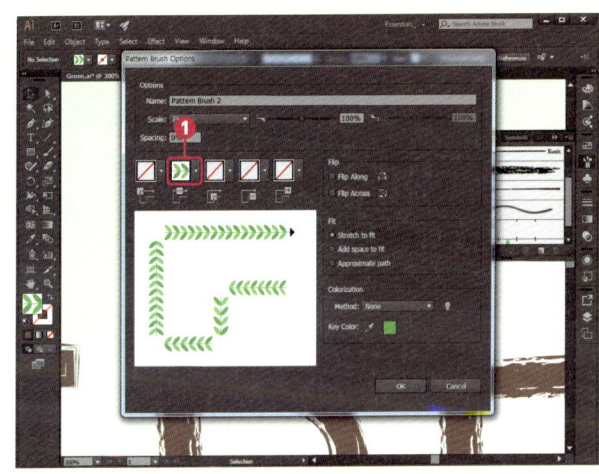

07 브러시 설정하기

① 세번째 섬네일과 네 번째 섬네일을 4번 과정에서 등록한 패턴(두 번째 그룹)으로 설정합니다. 패턴 브러시가 완성됩니다.
② [OK]를 클릭합니다.

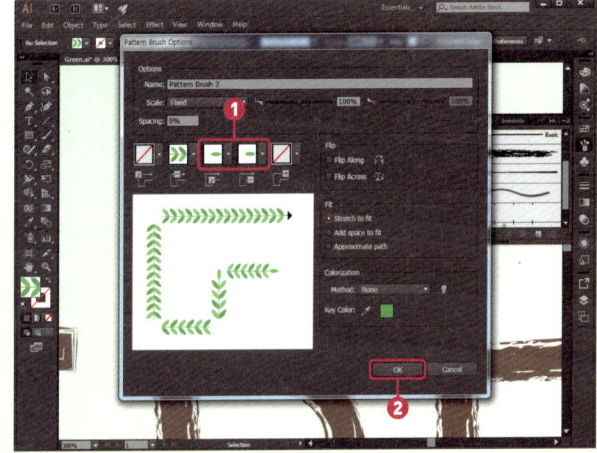

08 브러시 적용하기

① [Paintbrush Tool](　)을 선택합니다.
② 클릭&드래그해 자유 곡선을 그리면 곡선을 따라 패턴 브러시가 적용되어 나타납니다.

09 아트 브러시로 등록하기

① [Selection Tool](◤)을 선택합니다.
② 세 번째 그룹을 선택합니다.
③ [Brushes] 패널에서 [New Brush](🗔)를 클릭합니다.
④ [Art Brush]를 선택합니다.
⑤ [OK]를 클릭합니다.

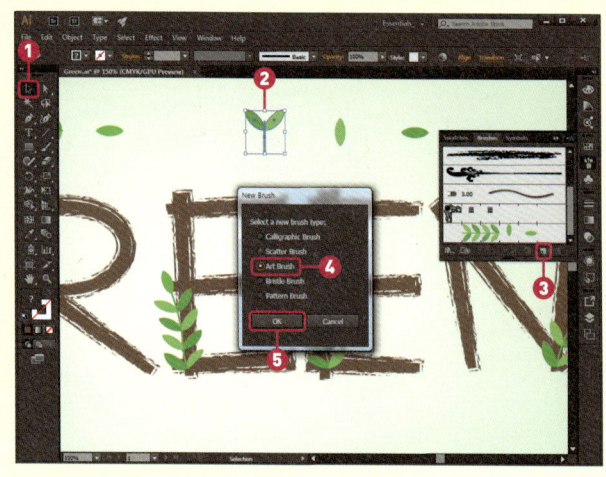

10 브러시 설정하기

① [Brush Scale Options]에서 'Scale Proportionately'로 설정합니다.
② [OK]를 클릭합니다.

11 브러시 적용하기

① 만들어진 아트 브러시로 그림처럼 글자를 꾸며줍니다. 곡선의 길이에 따라 나타나는 아트 브러시의 크기가 다르게 나타납니다.

12 산포 브러시 등록하기

❶ [Selection Tool](아이콘)을 선택합니다.
❷ 네 번째로 있는 오브젝트를 선택합니다.
❸ [Brushes] 패널에서 [New Brush](아이콘)를 클릭합니다.
❹ [Scatter Brush]를 선택합니다.
❺ [OK]를 클릭합니다.

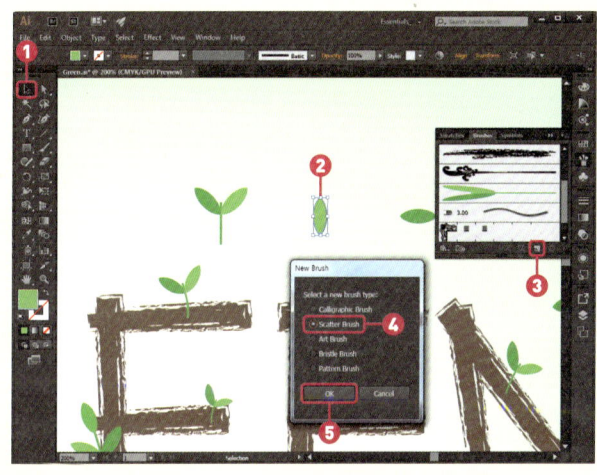

13 브러시 설정하기

❶ [Size], [Spacing], [Rotation]의 선택박스를 'Random'으로 설정합니다.
❷ [Size]를 각각 '50%', '100%'로 설정합니다. [Spacing]과 [Rotation]을 '50%', '600%', '−180°', '180°'으로 각각 설정합니다.
❸ [OK]를 클릭합니다.

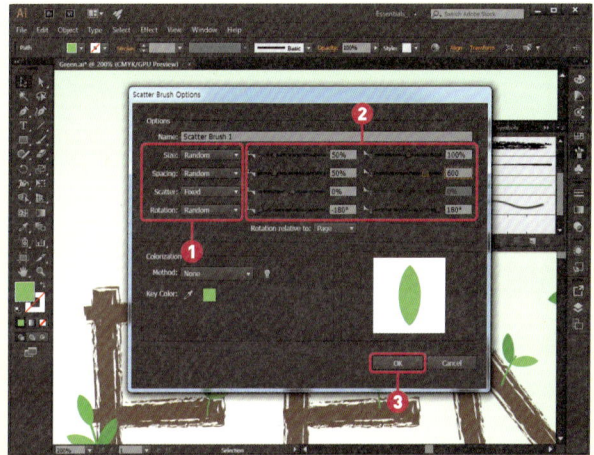

14 산포 브러시 등록하기

❶ 같은 방법으로 다섯 번째 오브젝트도 Scatter Brush(흩뿌리기 브러시)로 등록합니다.
❷ 글자 위의 오브젝트를 모두 제거합니다.

15 브러시 적용하기

❶ 두 흩뿌리기 브러시로 글자를 꾸며줍니다. 흩뿌리기 브러시는 자유 곡선을 길게 그려도 자연스럽게 적용됩니다.

16 브러시 복사하기

❶ Ctrl 로 두 흩뿌리기 브러시를 동시에 선택합니다.
❷ [New Brush](🗔)로 끌어가 마우스를 놓습니다.
❸ 두 브러시가 복사됩니다.

17 브러시 설정하기

❶ 복사한 흩뿌리기 브러시 중 첫 번째 브러시를 더블클릭합니다.
❷ 대화상자에서 재설정합니다.
❸ [OK]를 클릭합니다.
- Size: 100%, 250%, Random
- Spacing: 100%, 1000%, Random
- Rotation: −180˚, 180˚, Random

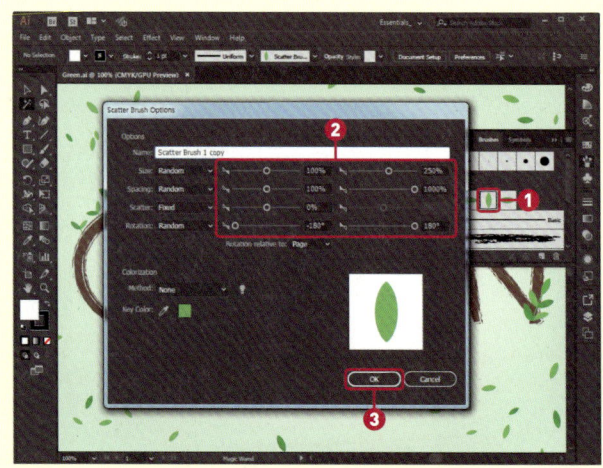

18 브러시 설정하기

❶ 복사한 흩뿌리기 브러시 중 두 번째 브러시를 더블클릭합니다.

❷ 대화상자에서 재설정합니다.

❸ [OK]를 클릭합니다.

- Size: 100%, 250%, Random
- Spacing: 100%, 1000%, Random
- Rotation: −180˚, 180˚, Random

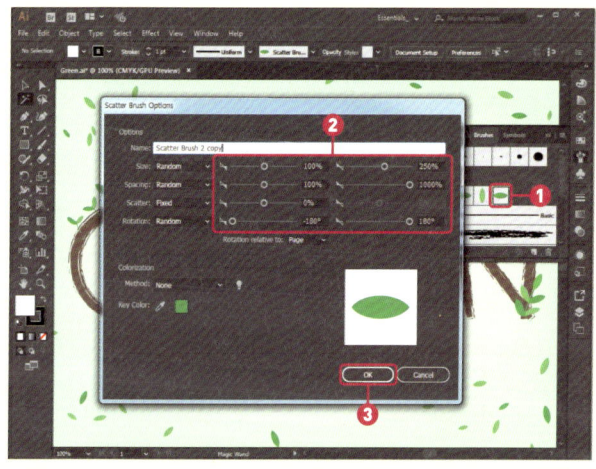

19 마무리

❶ 재설정한 흩뿌리기 브러시로 아트보드의 주위를 꾸밉니다.

Project
05 심벌 라이브러리의 오브젝트로 엠블럼 만들기

심벌 라이브러리의 오브젝트를 이용해 엠블럼을 만듭니다. 심벌을 불러와 편집 가능한 일반 오브젝트(패스)로 만들 수 있습니다.

● 완성 파일 | Project\엠블럼(완성).ai

01 심벌 도큐먼트로 가져오기

❶ [Width] '890 px', [Height] '640 px' 크기의 새 도큐먼트를 만듭니다.
❷ [Window]-[Symbol Libraries]-[Regal Vector Pack] 메뉴를 클릭합니다.
❸ 'Regal Vector Pack 10'을 클릭&드래그해 도큐먼트로 가져옵니다.

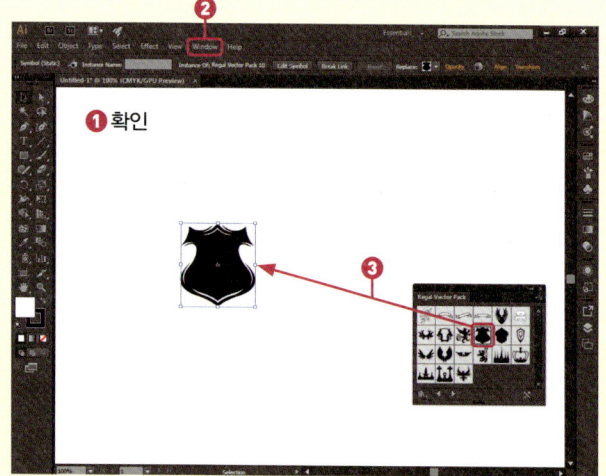

02 심벌을 패스로 만들기

❶ [Symbols] 패널에서 [Break Link to Symbol](🔗)을 클릭합니다. 패스로 만들어집니다.
❷ 컨트롤 바에서 [Transform]을 클릭하고
❸ 🔗를 활성화합니다.
❹ [W]를 '380 px'로 설정합니다.

> **Point**
> 컨트롤 바에서 [Break Link]를 클릭하거나, 마우스 오른쪽 버튼을 클릭해 [Break Link to Symbol] 메뉴를 클릭해도 됩니다.

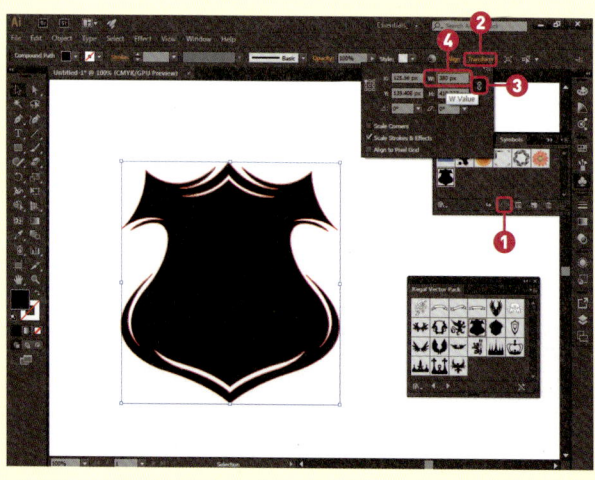

03 색상, 선 속성 설정하기

❶ 칠 색상을 [None](▨), 선 색상을 검은색으로 설정합니다.
❷ [Stroke] 패널에서 [Weight]를 '2 pt'로 설정합니다.

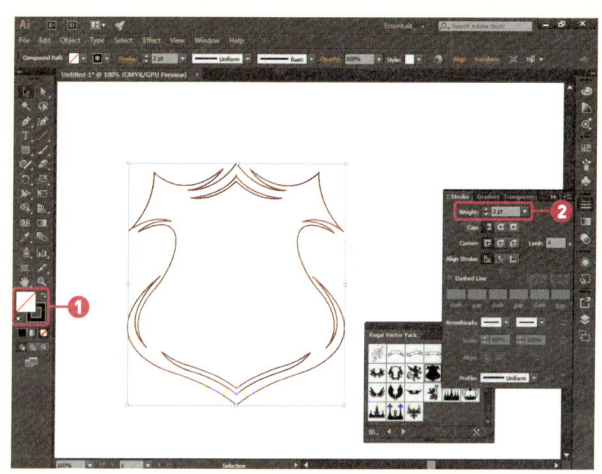

04 [Offset Path] 대화상자 설정하기

❶ [Object]-[Path]-[Offset Path] 메뉴를 클릭합니다.
❷ [Offset]을 '-11 px'로, [Joins]를 'Round'로, [Miter limit]를 '4'로 설정합니다.
❸ [OK]를 클릭합니다.

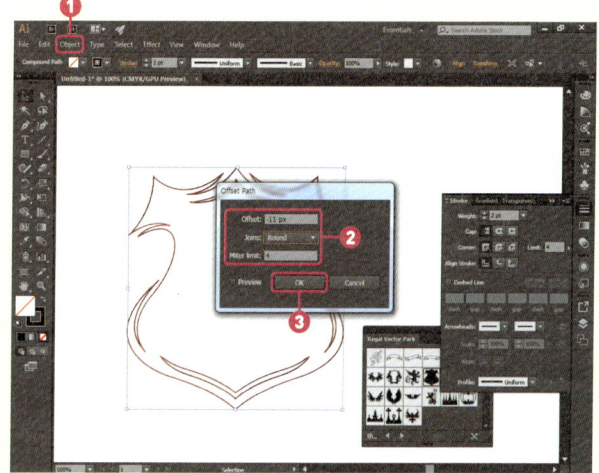

05 그리기 모드 변경하기

❶ [Selection Tool](▶)을 선택합니다.
❷ 만들어진 새 패스를 선택합니다.
❸ 그리기 모드를 [Draw Inside](▣)로 설정합니다.
❹ [Rectangle Tool](■)을 선택합니다.
❺ 선택한 오브젝트의 안쪽으로 사각형을 만듭니다.

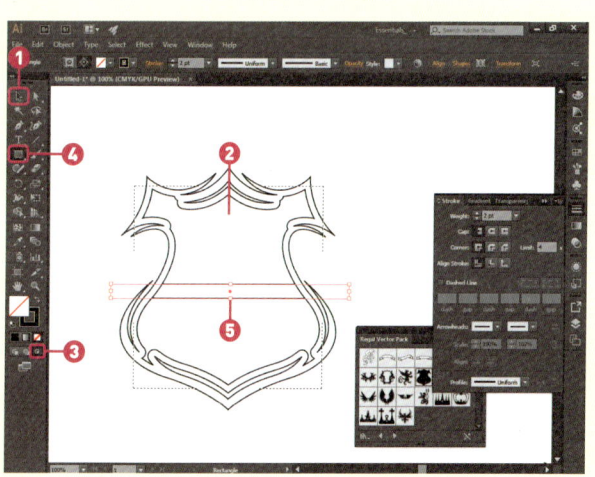

Project 회사 실무에 힘을 주는 프로젝트 실습　**507**

06 오브젝트 복사하기

❶ 칠 색상을 검은색, 선 색상을 [None](◿)으로 설정합니다.
❷ Alt 를 누르고 클릭&드래그해 복사합니다.
❸ Ctrl + D 를 눌러 하나 더 복사합니다.
❹ [Draw Normal](▣)을 클릭합니다.

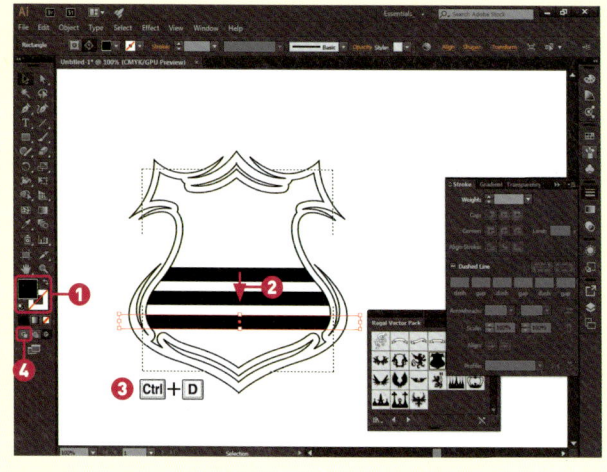

07 원 오브젝트 만들기

❶ [Ellipse Tool](⬤)을 선택합니다.
❷ 클릭&드래그해 원을 만듭니다.
❸ [Stroke] 패널에서 [Weight]를 '8 pt'로 설정합니다.
❹ 선 색을 흰색으로 설정합니다.

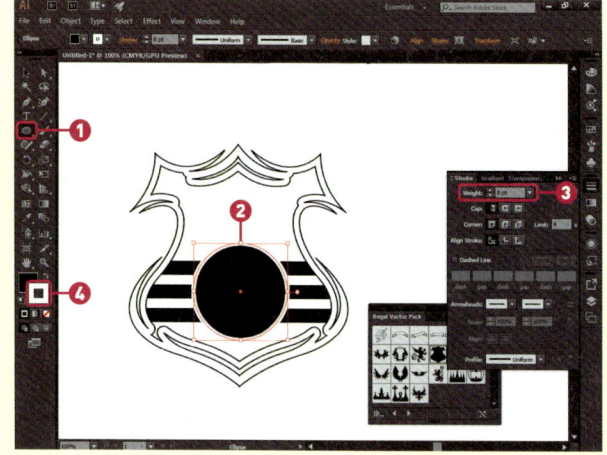

08 심벌을 도큐먼트로 가져오기

❶ 심벌 라이브러리에서 'Regal Vector Pack 18'을 클릭&드래그해 도큐먼트로 가져옵니다.
❷ [Selection Tool](▶)을 선택합니다.
❸ 위치를 이동합니다.
❹ 크기를 조절합니다.

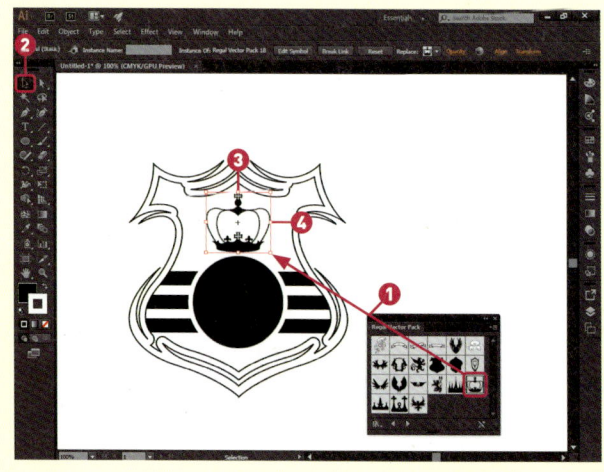

09 이동&복사하기

❶ Ctrl + A 를 눌러 모두 선택합니다.
❷ Alt 를 누르고 클릭&드래그해 이동&복사합니다.
❸ 아트보드 빈 곳을 클릭해 선택을 해제합니다.

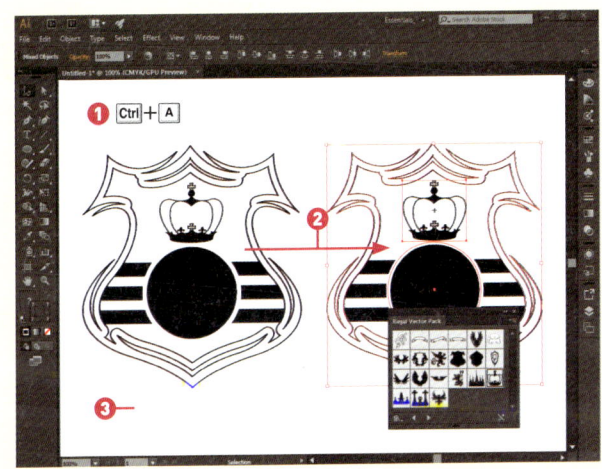

10 심벌을 도큐먼트로 가져오기

❶ 심벌 라이브러리에서 'Regal Vector Pack 09'을 클릭&드래그해 도큐먼트로 가져옵니다.
❷ [Symbols] 패널에서 [Break Link to Symbol](🔗)을 클릭합니다.

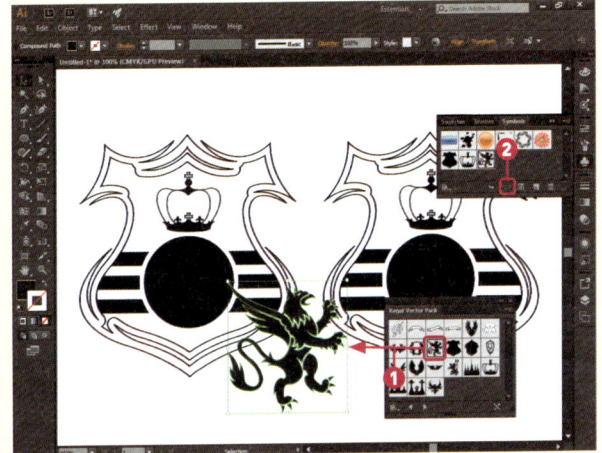

11 칠 색상 설정, 크기 조절하기

❶ 칠 색상을 흰색으로 설정합니다.
❷ [Selection Tool](▶)을 선택합니다.
❸ 클릭&드래그해 위치를 이동합니다.
❹ 바운딩 박스를 이용해 크기를 조절합니다.

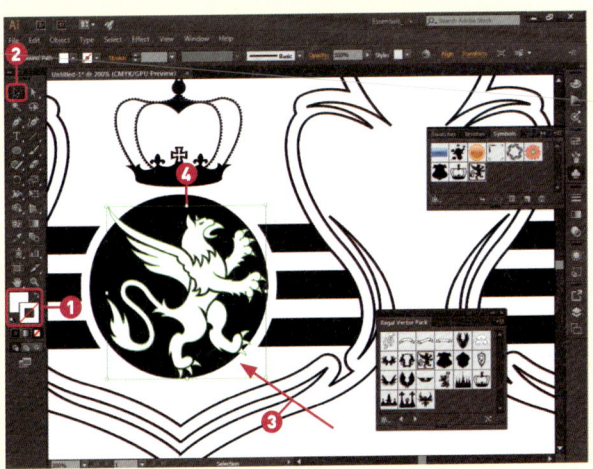

12 마무리하기

❶ 라이브러리에서 'Regal Vector Pack 18'을 클릭&드래그해 가져옵니다.

❷ 따라하기 10~11번 과정을 참고해 심벌을 패스로 만든 후 색을 설정하고 크기를 조절합니다.

Level UP

[Symbols] 패널 살펴보기

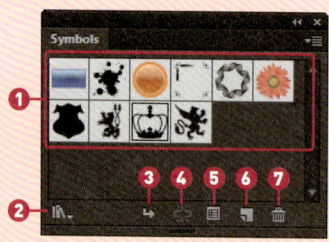

❶ 패널에 등록된 심벌의 목록입니다. 더블클릭하면 해당 심벌의 격리 모드가 시작됩니다. 편집한 후 Esc를 눌러 격리 모드를 종료하면 심벌이 수정되고, 이후에는 수정된 심벌이 도큐먼트에 붙여넣기 됩니다. 이미 도큐먼트에 존재하는 심벌의 경우 수정된 심벌로 모두 변경됩니다.

❷ **Symbol Libraries Menu(**⬛**)** : 심벌 라이브러리 메뉴가 나타납니다. [Window]-[Symbol Libraries] 메뉴를 클릭해도 됩니다.

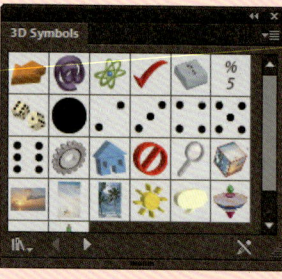
▲ 3D Symbols

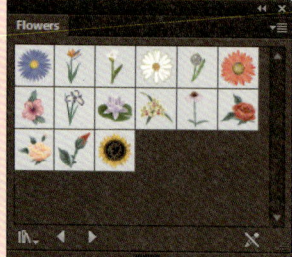
▲ Flowers

▲ Web Buttons and Bars

❸ **Place Symbol Instance(**⬛**)** : 선택한 심벌을 도큐먼트에 붙여넣기 합니다.
❹ **Break Link to Symbol(**⬛**)** : 심벌을 편집 가능한 오브젝트(패스)로 만듭니다.
❺ **Symbol Options(**⬛**)** : 선택한 심벌의 옵션을 설정합니다.
❻ **New Symbol(**⬛**)** : 선택한 오브젝트를 새 심벌로 만들어 패널에 등록합니다.
❼ **Delete Symbol(**⬛**)** : 선택한 심벌을 삭제합니다.

Project

06 비트맵 이미지를 패스로 만든 후 색상 설정하기

[Image Trace] 패널은 비트맵 이미지를 패스로 만들어주는 패널입니다. [Image Trace] 패널을 이용해 비트맵 이미지를 패스로 만든 후 색상을 다시 설정합니다.

● 예제 파일 | Project\소년.jpg   ● 완성 파일 | Project\소년(완성).ai

01 아트보드 크기 조절하기

❶ [Artboard Tool]( )을 더블클릭합니다.
❷ [Width]를 '685 px', [Height]를 '660 px'로 설정합니다.
❸ [OK]를 클릭합니다.

> **Point**
> [Artboard Tool]( )을 더블클릭한 후 [Width]를 '700 px', [Height]를 '640 px'로 설정해도 됩니다.

02 아트보드 가운데로 정렬하기

❶ [Window]-[Align] 메뉴를 클릭합니다.
❷ [Align To]를 'Align to Artboard( )'로 설정합니다.
❸ [Horizontal Align Center]()와 [Vertical Align Center]( )를 클릭합니다.

03 비트맵 이미지를 벡터화하기

❶ [Window]-[Workspace]-[Tracing] 메뉴를 클릭해 작업 영역을 전환합니다.
❷ [Image Trace] 패널에서 [Low Color](🔲)를 클릭합니다.

04 비트맵 이미지를 벡터화하기

❶ 비트맵 이미지가 벡터화 됩니다.
❷ [Preview]를 체크 해제합니다.

05 벡터화한 오브젝트를 패스로 만들기

❶ [Advanced]를 클릭해 패널을 표시합니다.
❷ [Colors]를 '7', [Paths]를 '1%', [Corners]를 '50%', [Noise]를 '1 px'로 설정합니다.
❸ [Trace]를 클릭해 변경한 설정을 적용합니다.
❹ 컨트롤 바에서 [Expand]를 클릭합니다.

512

06 벡터화한 오브젝트를 패스로 만들기

❶ 비트맵 오브젝트가 패스로 만들어졌습니다.
❷ Shift + Ctrl + G 를 눌러 그룹을 해제하고
❸ Shift + Ctrl + A 를 눌러 선택을 해제합니다.

07 동일한 색상 오브젝트 선택하기

❶ [Magic Wand Tool](🪄)을 더블클릭합니다.
❷ [Fill Color]를 체크합니다.
❸ [Tolerance]를 '0'로 설정합니다.

08 오브젝트 선택 후 색상 변경하기

❶ 클릭해 같은 색상의 오브젝트를 모두 선택합니다.
❷ [Window]-[Swatches Libraries]-[DIC Color Guide] 메뉴를 클릭해 라이브러리를 불러옵니다.
❸ 칠 색상을 변경합니다.

09 오브젝트 선택 후 색상 변경하기

❶ 앞의 과정을 참고해 오브젝트를 선택하고 라이브러리로 색을 변경해 그림과 같이 만듭니다.

> **Point**
> 작업 영역을 기본 설정으로 되돌리려면 [Window]-[Workspace]-[Essentials] 메뉴를 클릭합니다.

Level UP

[Image Trace] 패널 살펴보기

❶ **Auto Color()** : 기본 메뉴입니다. 자동으로 이미지를 변환합니다.
❷ **High Color()** : 원본 이미지와의 차이가 최대한 적도록 높은 품질로 변환합니다.
❸ **Low Color()** : 비교적 낮은 품질로 변환합니다.
❹ **Grayscale()** : 회색 색조로만 구성되도록 변환합니다.
❺ **Black and White()** : 흰색과 검은색만을 사용해 판화로 찍어낸 듯 변환합니다.
❻ **Outline()** : 외곽선만 남도록 변환합니다.
❼ **Preset** : 옵션을 미리 설정해 놓은 프리셋입니다.
❽ **View** : 미리 보기 방식을 설정합니다.
❾ **Mode** : 색상 모드를 설정합니다. 색상(Color), 회색 색조(Grayscale), 흑백(Black and White) 세 가지 종류가 있습니다.
❿ **Advanced** : 변환 옵션을 세부적으로 설정할 수 있습니다.
⓫ **Preview** : 체크하면 변환될 모습을 미리 확인할 수 있습니다.
⓬ **Trace** : 클릭하면 패널에서 설정한 옵션으로 비트맵 이미지를 벡터화 합니다. 이후 컨트롤 바에서 [Expand]를 클릭하면 패스가 생성됩니다.

[Transform] 패널로 오브젝트 정확하게 변형하기

[Window]-[Transform] 메뉴(Shift + F8)를 클릭하면 패널이 표시됩니다. [Transform] 패널로 [Object]-[Transform] 메뉴의 변형 명령들을(Move, Rotate, Reflect, Scale, Shear) 한번에 설정할 수 있습니다. 백분율로만 조정할 수 있었던 오브젝트의 크기도 [Transform] 패널에서는 정확한 수치로 변경할 수 있습니다. [Memo] 목록 단추(≡)를 클릭하고 [Show Options] 메뉴를 클릭하면 숨겨진 설정 화면이 나타납니다.

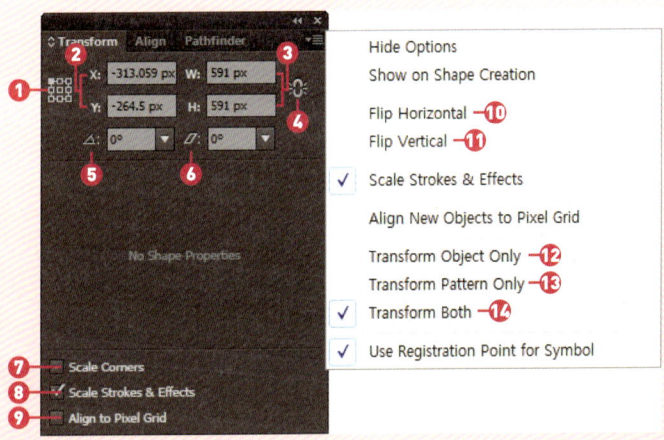

❶ ▦ : 변형 작업을 적용할 때 기준이 될 지점을 설정합니다. 가운데 점은 오브젝트의 중심을, 나머지 8개의 점은 바운딩 박스의 8개점과 같은 위치입니다.

❷ X, Y : X 좌표와 Y 좌표를 입력하여 오브젝트의 위치를 이동합니다. 단위를 자유롭게 사용할 수 있습니다. (cm, mm, px 등)

❸ W, H : 오브젝트의 크기를 입력한 정확한 수치로 변경합니다. [W]에 폭을, [H]에 높이를 입력한 후 Enter 를 누르면 됩니다. 단위를 자유롭게 사용할 수 있습니다. (cm, mm, px 등)

❹ : 가로, 세로 크기를 각각 다르게 설정할 수 있는 상태입니다. 클릭하여 아이콘이 바뀌면( ) 설정된 크기의 비율을 유지하면서 크기를 조절합니다.

❺ : 오브젝트를 입력하는 각도로 회전합니다.

❻ : 오브젝트를 입력하는 각도로 기울입니다.

❼ **Scale Corners** : 체크하면 변형할 때 오브젝트에 적용되어 있는 코너의 둥근 정도를 함께 변형합니다. 예를 들어 오브젝트의 크기를 늘리면 코너의 둥근 정도 또한 그에 비례하여 변경됩니다. CC 버전에서 추가된 기능입니다.

❽ **Scale Strokes & Effects(선과 효과 크기 조절)** : 체크하면 변형할 때 오브젝트에 적용되어 있는 선 설정, 이펙트 설정을 함께 변형합니다. 예를 들어 오브젝트의 크기를 늘리면 적용된 선 굵기도 그에 비례하여 변경됩니다.

❾ **Align to Pixel Grid(픽셀 격자에 정렬)** : 체크하면 변형할 때 오브젝트의 위치를 픽셀 격자에 맞춰 정렬합니다.

❿ **Flip Horizontal** : 클릭하면 좌우 반전합니다.

⓫ **Flip Vertical** : 클릭하면 상하 반전합니다.

⓬ **Transform Object Only** : 체크하면 오브젝트를 변형합니다. (기본 설정)

⓭ **Transform Pattern Only** : 체크하면 오브젝트에 적용된 패턴만 변형 명령을 적용합니다.

⓮ **Transform Both** : 체크하면 오브젝트와 오브젝트에 적용된 패턴 모두 변형합니다.

Photoshop CC + Illustrator CC 찾아보기

ㄱ

격리 모드	444
그래프	476, 479
그래픽 스타일	492
그레이디언트	133, 137, 412
그레이디언트 메시	484
그룹	231, 300, 301, 486
그리기 모드	338, 343, 507
글자 스타일	106, 391
기준점	155, 318, 351

ㄴ - ㅁ

누적 순서	127, 342, 349
다른 이름으로 저장	40
닫힌 패스	317, 320
도큐먼트	288, 295
라이브 페인트	402
레이어	58, 63
레이어로 병합하기	161, 228
레이어 스타일	234, 238, 249
마스크	83, 86, 134
모노톤 이미지	212

ㅂ

방향선	155
방향점	155
벡터	154
변형 테두리 상자	65
복사	77, 301
불투명도	262
붙여넣기	77, 302
블렌드	435, 438
블렌드 모드	96, 98, 135
블렌딩 옵션	228
비네팅 효과	191, 272
비트맵	154

ㅅ

사각형 격자 모양	321
색상 반전하기	261
색상 설정	310
선 굵기	307
선택 영역	74, 68, 77, 165
설치	31
속성 복사하기	308, 493
숨기기	304
스냅숏	125
스마트 필터	273
스와치 라이브러리	311
심벌	430

ㅇ

아트보드	293
안내선	55, 124
어안 렌즈	270
열린 패스	317
오브젝트 선택	298
오브젝트 이동	300
원근감 드로잉	458
원근 변형	244
이펙트	463

ㅈ

자동 보정 기능	198
자르기 상자	38
작업 영역	22
작업 취소	81, 305
잠금 설정	304
저장	288
조정 레이어	196

ㅊ - ㅎ

채널	164
채도	194, 204
축소	34, 296
캔버스	47
퀵 마스크 모드	83
크기 조절	63, 118, 301
클리핑 마스크	93, 236, 239, 444
패널 구성	28
패스	154, 162, 316, 317, 352
패턴	141
화면 구성	21, 29, 279
화이트 밸런스	206
확대	34, 296
회전	63, 118, 301

A

Add Anchor Point Tool	353
[Adjustments] 패널	195, 201
AI	288
[Appearance] 패널	368, 492
Arrange	349
Artboard Tool	511
Auto Color	199
Auto Contrast	198
Auto-Select	60
Auto Tone	199

B

[Background] 레이어	73, 96, 119
Bevel & Emboss	249
Black & White	224
Blend Tool	435, 440
Blur Gallery	192
Brightness/Contrast	185, 199, 207
[Brushes] 패널	423, 426, 500
Brush Libraries	454
Brush Tip Shape	254
[Brush Tool] 옵션 바	84, 144, 148, 151, 253
[Brush] 패널	148
Burn Tool	272

C

Canvas Size	49
[Canvas Size] 대화상자	53
[Character Styles] 패널	106
[Character] 패널	101, 104, 110, 115, 382
[Clone Source] 패널	175
Color Balance	215
[Colored Pencil] 필터	229, 262
Color Guide	408
Color Lookup	201
[Color Picker] 대화상자	130, 138, 306
[Color] 패널	131, 306, 308

Photoshop CC + Illustrator CC | 찾아보기

Column Graph Tool	476
Content-Aware	169, 172
Contour	250
Convert Anchor Point Tool	360
Copy Layer Style	251
Create a new layer	83
Create Gradient Mesh	433
Crop Tool	38, 54
Curvature Tool	327
Curves	222
Custom Shape Tool	156, 163
[Cutout] 필터	264

D

Define Brush Preset	143
Define Pattern	141
Desaturate	228
Deselect	74
Destination	178
Direct Selection Tool	351, 354
[Distort] 메뉴	124, 271
Dodge Tool	272
Draw Behind	339
Draw Inside	342
Draw Normal	341, 345
Drop Shadow	119, 158, 241, 250

E

Edit Clipping Path	347
Edit Contents	347
Edit in Standard Mode	85
[Edit] 메뉴	80
Ellipse Tool	162, 339
Elliptical Marquee Tool	72
Entire Document	61
Extrude & Bevel	466
Eyedropper Tool	308

F

Feather	73
[Fill] 대화상자	146, 170, 251
Filter	227
Filter Gallery	227, 260, 273
Flatten Image	230
[Free Transform] 메뉴	95, 121, 158

G

Glowing Edges	227
[Glowing Edges] 필터	137, 260, 269
Gradient Editor	137
[Gradient Tool] 옵션	133, 136, 137, 416
[Gradient] 패널	412
Group	300
Guides	244

H

Hand Tool	36, 297
Healing Brush Tool	175
[High Pass] 필터	187
History Brush Tool	82
[History] 패널	81, 200
Horizontal Type Tool	101, 110, 114, 164, 249
Hue/Saturation	176, 209, 212

I

Image Size	41, 46
[Image Trace] 패널	512
[Info] 패널	77
Inverse	74
[Iris Blur] 필터	189

J – L

Join Tool	361
[Join] 메뉴	358
JPEG 형식	40, 288
Lasso Tool	169
[Layers] 패널	58, 68
Levels	213
Lighting Effects	242
Line Segment Tool	402
[Liquify] 메뉴	266
Load Files into Stack	263
Lock transparent pixels	146

M – O

Magic Wand Tool	88
Make Guides	479
Make with Top Object	449
Make with Warp	454
Move Tool	62, 63, 92, 157
[Navigator] 패널	37, 297
[New] 대화상자	47, 52, 292
[Oil Paint] 필터	266
Opacity	99, 135
Outer Glow	259

P – Q

Paintbrush Tool	427, 501
[Paragraph] 패널	117
Paster Layer Style	251
Patch Tool	178
[Pattern Options] 패널	417
Pattern Overlay	145
Pencil Tool	330, 332, 439
Pen Tool	318, 322
Perspective Crop Tool	125
Perspective Grid	458
[Perspective] 메뉴	246, 247
Photo Filter	207
Place Embedded	49, 90, 98, 242
PNG 파일	75
Polygonal Lasso Tool	91
Polygon Tool	338
[Properties] 패널	197, 204
Quick Selection Tool	91, 92

R

[Radial Blur] 효과	270
Recolor Artwork	407
Rectangle Tool	157, 339
Rectangular Marquee Tool	69, 73, 77, 118
Revolve	471
Rotate Tool	377
Rotate View Tool	37
[Rough Pastels] 필터	229
Rounded Rectangle Tool	93, 339
Rulers	55, 124

Photoshop CC + Illustrator CC | 찾아보기

S

Scale Tool	374
Scattering	254
Scribble Options	463
Selection Tool	298, 306
Selective Color	220
Shadow/Highlights	206
Shake Reduction	184
Shapen	273
Shape Builder Tool	403
Shape Dynamics	254
Shapen More	144
Shaper Tool	333
Show Options	308
Smart Sharpen	186
Smooth Tool	330
Source	179
Spot Healing Brush Tool	172
Star Tool	340, 348
[Stroke] 대화상자	69, 250, 368, 371, 494
[Swatches] 패널	130, 132, 311, 421
Swatch Libraries	311, 341, 421
[Symbols] 패널	430, 471, 506

T

[Tabs] 패널	489
[Tilt-Shift] 필터	192
[Tool] 패널	24, 280
Touch Type Tool	388
Transfer	255
[Transform Controls] 옵션	123
[Transform] 패널	334, 445

Type on a Path Tool	395
Type Tool	382, 489

U – Z

Underlying Layer	228
Vibrance	194, 204
Warp Text	110
Width Tool	365
Workspace	286
Zoom Tool	35, 124, 296

기타

3D	466, 471